石涛传

（上 册）

A Biography of
Shi Tao

邵盈午 著

团结出版社
UNITY PRESS

图书在版编目（CIP）数据

　　石涛传 / 邵盈午著 . -- 北京 : 团结出版社，
2024.1
　　ISBN 978-7-5234-0258-0

　　Ⅰ . ①石… Ⅱ . ①邵… Ⅲ . ①石涛（1641-1718）-
传记 Ⅳ . ① K825.72

　　中国国家版本馆 CIP 数据核字（2023）第 127439 号

出　版：团结出版社
　　　　（北京市东城区东皇城根南街 84 号　邮编：100006）
电　话：（010）65228880　65244790（出版社）
　　　　（010）65238766　85113874　65133603（发行部）
　　　　（010）65133603（邮购）
网　址：http://www.tjpress.com
E-mail：zb65244790@vip.163.com
　　　　tjcbsfxb@163.com（发行部邮购）
经　销：全国新华书店
印　装：三河市东方印刷有限公司

开　本：170mm×240mm　16 开
印　张：45.25
字　数：601 千字
版　次：2024 年 1 月　第 1 版
印　次：2024 年 1 月　第 1 次印刷

书　号：978-7-5234-0258-0
定　价：138.00 元（全两册）

目 录（上）

第一章

避祸全州空门遁迹
暂栖冰井琐尾流离

"阿长，快起来吧。你忘了，今天是什么日子？"

睡意惺忪的阿长揉了揉尚未睁开的双眼，问道：

"什么日子？"

"你出家剃度的日子啊。昨晚不是已跟你说好了吗？怎么一夜之间就忘了？"

"噢，对，对。"阿长一边应诺着，一边忙着起身。

一段时间以来，阿长都是在师兄喝涛的悉心照拂下生活的，故对师兄所言，无不悉心听从；其实，年仅5岁的孩子，哪里懂得什么"出家""剃度"。

光孝寺。

此寺乃一古刹，池流清静，松柏蔚然。刹中宝网金幢，皆为古物。殿内佛像，威仪齐肃，器钵无声。

掌寺的长老正在禅房闭目诵经，他抬起眼皮瞅了他们一眼，然后沉缓地问道：

"施方从何处而来呀？"

"从来处来。"喝涛答道。

长老听罢一怔，然后问道："来此何事啊？"

"皈依三宝！"喝涛叩首应道。

长老望了望神色茫然的阿长，又问道：

"你们二人都愿皈依莲座，永赞三宝吗？"

二人齐答："是，弟子愿随我师，参证禅理，坚心事佛！"说罢，二人向长老连连跪拜。

"你小小年纪，缘何陡兴事佛之念？"年仅5岁的阿长显然引起了长老的注意。

阿长一时不知如何作答，只好望着紧挨着他的师兄。

喝涛赶紧抬起头来，答道："大师，我们虽然年幼，却历经苦劫，身世实有难言之恫。至祈我师慈悲，化被佛光，俾使我等早皈莲座，脱离茫茫苦海。"

"噢？"长老听罢此言，双目微启，然后又仔细打量了一下阿长，摇了摇头，旋即闭上双目，只感到鼻头发酸，心底涌出一种莫名的悲悯之情。

从长者那枯坐冥思之状中，喝涛看出长老似有不愿收留之意，遂双膝跪地，泣声道：

"大师请勿吝此区区一席地，容我潦倒残生。不然，我们将……"

说到这里，喝涛的声调酸嘶，那刚刚揩干的眼泪又汨汨流下。

长老这时又微启双眼，望着喝涛，忽然厉声问道：

"请问尔等有何慧根，竟兴此参禅之念？"

"弟子根性浅薄，全赖我师提携，佛光化披！"喝涛颤声道。

"嗯，何方人氏？"

"桂林人氏。"

"姓名？"

"贱名喝涛，原名亮。"

"你们小小年纪，离得开父母天伦慈爱吗？"

喝涛听罢此言，双肩不禁微微一震，眼中闪动着泪光，用力地向着长老点了点头。

长老沉吟了一会儿，然后张目开口，像是在自言自语：

"眼下兵荒马乱，贫寺恐怕也并非避难之所啊。"

"三宝地，自是救苦救难之所。至于世乱，又岂是兵荒马乱四字可以容括？"

喝涛一出此言，顿令长老一惊："咦，施主为何竟出此言？"

喝涛面容悲戚，默无一语。

长老毕竟是久阅春秋之人，一看喝涛此状，也就不再追问，岔开话题道：

"请问出家所为何事？"

"依般若波罗蜜多故，得阿耨多罗三藐三菩提。"

长老微微地点了点头，然后恳言道：

"山门清静，且有寺规。尔等因无保人作中，老衲本不当收容。但老衲一向以慈悲为怀，念你们身世凄苦，陷于困境，情实可悯，只好破例了。你们既然决意皈依空门，自当遵守寺规，从今而后，你们能断尽一切欲念痴情，以证佛果否？"

喝涛听罢，立即跪拜于地，俯首答道：

"弟子愿坚心事佛，了断尘绝，永为灵山护法！"

"善哉！我佛慈悲，本师决意收你们为徒。"

长老的话音刚落，喝涛便与阿长一起，"咚咚咚"在地上磕了几个响头，泣声道：

"我佛慈悲，我师慈悲，感谢师父不弃之恩！"

"且慢，尔等即入空门，便当断绝凡身俗缘，一尘不染。本师今赐尔法名——原亮。"

说罢，长老又望着阿长道："赐尔法名——原济。"然后叮嘱道：

"尔等要记住，从现在起，你们就开始修习清静禅。《无量寿经》云：'清净者，谓意乐清净，戒行清净，证清净。意乐清净者，谓于佛宝等，远离疑惑。不希世事，谓作吉祥。戒行清净者，谓能圆满所有学处。证清净者，谓能证得世出世清净故。'"

喝涛跪誓道："师父所言，徒儿已谨记在心。此后定当虔心修习，早证佛果！"

长老听罢微微颔首，然后猛然喝道：

明朝光孝寺全图

"知事们，准备法衣、净水、香火，为新渡师弟二人，剃——度！"

自此，光孝寺又多了两个小沙弥：大的16岁，小的5岁。

一个5岁的孩童，自然要受到成人的监护、教导与各种规约，但对于身遭奇劫、侥幸逃生的阿长（现已改字石涛）来说，只有喝涛是他身边唯一的监护人。

让一个只有5岁的孩子遁入空门，显然非其所愿；但为了避难，为了生存，同时也为了让这个在战乱中颠沛流离的不幸孩子，通过修习"清静禅"，身心都安顿下来，这无疑是喝涛当时的不二之选。

此时，夕阳已掠过寺顶的飞檐，寮房里一片空寂，只有几片脱柯之叶落在院内；它们曾染绿了一个漫长的夏季，如今以其枯黄的色泽随风飘舞。在晚霞浮游的天幕上，偶有晚归的鸟群喁啾相应地掠过。

塔檐上的风铃不时传来浑厚清脆的声响，像是一种穿透空寥的意象，飘散在这朦胧的黄昏里，给略显古板、清寂的僧人生活增添了一点天然的生趣。

在光孝寺的最初几年，兄弟二人修佛习禅，不问世事，日子过得倒也平静。喝涛自幸能与师弟在此觅得一个自在场头，全身放下。寺里的长老也特别喜爱石涛，并多次夸赞道："这个孩子宿根非凡，将来的慧业不可限量！"

但在鼎革之际，天下皆非净土，随处都充满着动荡、叛乱、杀戮与血腥——清顺治四年（1647）8月，清兵在福建杀掉幽死石涛父亲朱亨嘉的唐王隆武帝。11月，瞿式耜等人拥立桂王朱由榔于肇庆，史称永历帝。不久，清军开始进攻肇庆，永历帝逃至桂林，袭封石涛的叔父朱亨歅继为第十四位靖江王，以靖江王府作为行宫。同年，叛将孔有德率清军由湖南长驱桂林，先后攻克长沙、来州，12月攻克全州。顺治七年（1650）初，清兵攻克韶州。永历帝逃奔梧州。2月，清兵围困广州，旋又攻克全州。

为避兵祸，喝涛不得不连夜挈石涛由光孝寺逃至梧州，客居冰井寺。

冰井寺。

年仅5岁便剃度出家的石涛，对寺庙里的一切是再熟悉不过的了。晨钟暮鼓，黄卷青灯；香火萦绕，器钵无声，这些古旧的意象，在夕阳余晖的投射下，透发着庄严神秘的气息，隐示着不同的生命指归和精神向度。雾敛雾散，云卷云舒，石涛早已数不清这钟声有多少次在耳畔响起，然后飘散在时空的苍茫里。他每天所注目凝望的，唯有那座穿透风雨沧桑的古塔，它寓示着庙貌的悠久、人世的代谢与生命的飘忽。

在喝涛的督导下，石涛开始了人生最初的启蒙。

喝涛发现，石涛虽年幼，却有一个喜爱收集古书的嗜好，举凡佛书及经史子集，无不悉心收藏。

"师弟啊，你藏了这么多书，可我怎么没见你读呢！"

"师兄，不瞒您说，我正准备读呢！"

谁知石涛这一读就真的难以释卷了。

说来也真是机缘巧合。在冰井寺的南面，有一座藏经阁，此阁经过岁月的斑驳，加之年久失修，已略显破旧，但因历代僧人的悉心守护，总算留存下不少经书，它们犹如一个个精灵，密密麻麻地封存在陈旧的架子上，神秘的佛教文化在静默中益显出它的深邃与浩博。

这座藏经阁，为石涛打开了一片新的天地。

话说喝涛一觉醒来，发现师弟的床竟然是空的，于是起身找寻，结果把僧寮、方丈寮、斋堂、藏经阁都找遍了，仍不见其人影，最后喝涛来到了佛殿，那紫檀色的供桌上，长明灯依旧长明，秋风穿过纹路细密交织的窗棂，吹动着荧荧忽闪的烛光；透过这微弱的烛光，喝涛发现了石涛——此时，他正靠着这点微光聚精会神地看书。

"师弟，师弟。"喝涛怕惊动了他，不敢把声音放得太大，只是轻轻地呼叫着。一连叫了好几声，才把师弟从书中的世界唤回。

"师弟，这大半夜的，你怎么一个人跑到这里用功？"

"啊，师兄，您怎么找到这儿来了。我翻来覆去，老睡不着，就干脆来这里看书了。"

"这恐怕不是第一次了吧？"

"嘿嘿嘿……"石涛憨憨地一笑，算是回答了。

"以后不许这样了，时间长了把眼睛都看坏了。"

石涛对师兄点了点头，表示心领师兄的一番好意，但他又说道："师兄，今后您就少操点心吧，我已经长大了。我就是不看书，躺在床上思来想去也睡不着，还不如起来读书，读困了再睡。师兄，您说呢？"

石涛这一问，倒真的叫喝涛觉得无言以对；既然如此，他以后对这事也就睁一只眼闭一只眼了。

自此，石涛如饥似渴地阅读各种典籍，犹如一只蜜蜂，飞绕在文字般若的深处。

就喝涛对石涛的原初预设来说，是以佛修为主，辅之以功课学业，厚植根柢。石涛在寺中修的虽是清静禅，但出于开悟、益智方面的考虑，喝涛也经常观机斗教，给他讲一些禅宗的故事，藉以启发其智力。

但没过多久，喝涛便发现石涛对书画有着一种与生俱来的痴迷。

于是喝涛便随其"性分所近"，让他的潜质尽早地得以发皇。

一日清晨，石涛正在专心致志地练字，喝涛走到他的身后，猛地拽住他的笔杆，那笔杆当即从石涛手里脱落下来。

"师弟，你不是听过王羲之从其子王献之身后拽其笔杆而没拽动的故事吗？"

"是听过啊。"

"那为什么王献之的笔杆别人拽不动，而你的笔杆师兄一拽就被拽下来了呢？"

"大概是我的指头在笔杆上握力不够吧！"

"不对，如果你的指头只在笔杆上用力，反而发不出力来。手心一定要像握着一个鸡蛋，下笔时催动这个虚运出来的鸡蛋，这样写出来的字才能力透纸背，明白了吗？"

石涛用力地点了点头，然后开始实践师兄所说的握笔之法。

喝涛看石涛学得已有几分模样，便又启导道：

"关于王献之握笔的那个故事，曾经误导了不少人。其实，如果一味死捏笔杆，那几根指头是抵不住旁人用力一拽的力量的，只有在手心虚运出一个形，以气行之，这个形便有了实感，手中的笔别人就拽不动了。"

王羲之《兰亭序》（神龙本）

"原来是这样。"石涛继续挥动着手中的笔，用心地体会着师兄所教的执笔法。

一次，石涛正聚精会神地临习《兰亭序》，喝涛凑近一看，只见他用的是"神龙本"，这是唐人冯承素的摹本，卷首有唐中宗李显"神龙"年号小印，此乃断为唐摹的一个铁证，故被称为"神龙本"。

喝涛不免有些惊异，便问道："石涛，这摹本是你自己选的？"

"是的。"

"那你为什么会选这个帖本来临摹呢？"喝涛笑问道。

"这我也说不太清楚。只是感到这个帖本比较接近王羲之俊逸多姿、神清骨秀的书风，特别是原迹中的许多'破锋''断笔''贼毫'等，冯承素都摹写得逼真灵动。虞世南的摹本，从时间上说是最早的。以白麻纸张书写，笔画多有明显勾笔、填凑、描补痕迹。此外，还有其他摹本，但弟以为都不及'神龙本'。"

"贤弟说得很对。'神龙本'确实是目前公认的最好临本。学习书法，选帖非常重要，你小小年龄，居然能注意到这一点，为兄甚为高兴。好了，不多说了，你好好临习吧。"

喝涛走后，石涛接着临摹。所谓临摹，在石涛那里，其实就是"摹"。在清初，临与摹并非一回事。所谓临，是临写；摹，则是以双勾填墨的方法加以复制。对初学者来说，"摹"本显然比"临"本更接近原帖，但对技术的要求也相对较高。为了更逼近原迹，石涛宁肯采用最吃力的方法去"摹"，这让喝涛非常高兴，于是又启导道：

"右军的《兰亭序》距今已经一千多年了，漫长的岁月足以改变许多东西，今人再来看《兰亭序》，往往很难触及它的鲜活本质，所以要靠不断地体悟，而这种体悟又是建立在临摹的基础上的。你笔下的线条与前段时间相比，在力度上已经大有长进。这用笔嘛，当然要靠腕力，可是比腕力更神奇的是心力的锋芒，明白吗？"

"嗯。"石涛用力地点了点头，继续着他的临摹。

一天，喝涛看到石涛正在专心致志地临写《兰亭序》，便示意他先停下来，然后告诉他："临习行书最好不要看一画写一画，这样临下去，很难体会法帖中的承接、引带、顾盼、笔断意连等微妙处。下一步要注意意临，先求有法，将古人的笔法熟烂于心，然后再求'化法''出法'。"

有一段时间，石涛不知受到谁的影响，开始临摹董其昌，但临了一段时间便罢手了，因为他实在不喜欢董字的柔媚无骨。

相比之下，石涛更喜欢临摹颜鲁公的《多宝塔碑》《颜勤礼碑》，而且上手不久，便颇有几分颜体神韵，喝涛在惊喜之余，又对石涛教诲道："你再看看颜真卿的《刘中使帖》，通篇浑穆苍莽，透发出颜真卿那种傲然卓立的强烈个性，端庄肃穆的正大气象，真可谓力敌万军，韵高千古，简直令人无从逼近。"

喝涛此言，石涛听得入耳、入心；大概不到一个月工夫，石涛不但能将"二碑"背临，而且还能背临师兄所说的《刘中使帖》，这着实让喝涛大为惊讶，于是又进一步开导道：

"这书法嘛，练到一定程度，就要开始从自然中去体悟。所谓'悟'，就是要悟天悟地，把天地法象都贯注到自己的书法上。"

应该说，喝涛的这番"庭训"，对处在发蒙期的石涛的书艺提升是颇有助益的。如今广东省博物馆还藏有石涛早年的《山水花卉册》，其中有绘于1657年的水仙拳石和1664年的山水小景，笔法洗练富韵律，且蕴含浓郁的书法韵味，这正是石涛在幼年时打下的底功。

由于不断地从师兄那里受到启发，石涛居然对书论发生了兴趣。

一天，石涛从师兄的枕边发现了一本宋人的书论，如获至宝，当即发读；可读着读着，便被其中的"拦路虎"给难住了；书中所出现的诸多术语与人名，他从来就没听说过。于是他把书交到师兄手中，央求道："师兄啊，您给我讲讲吧。"

喝涛大概觉得石涛毕竟年幼，这种书论性的东西，过于费解，现在学起来还为时过早，便随口应道：

"等你大一些再讲吧。"

谁知石涛竟回应了一句："师兄啊，到那时是不是就有点晚了？"

石涛此言对喝涛的精神触动极大；他发现石涛小小的年纪，却有着如此强烈的求知欲，甚至已开始思考一些在成人看来都非常深奥的书论问题，这是非常难能的；唯其难能，所以可贵！

一日，石涛正在冰井寺内散步，无意中发现这座寺庙的后院有个小门，进去便是一个天然花园，里面树木葱郁，花卉盛开，百鸟鸣啭，还有那嗡嗡作响的蜜蜂在花丛间忙碌不停——流连于此，石涛觉得这里的一切竟是那样的可亲可爱，让人流连忘返，遂拿起笔画了起来——这可视作石涛最初的"写生"。

除此以外，石涛还特别喜欢仰望天空，每当他注目那自由轻逸、变幻无穷的流云，灵魂总会欢畅而游——觉得只有在这个时候他才是真正"自由"的，自己才是自己真正的主宰。有时石涛躺在草地上，一望就是几个小时，直到睡了过去。待一觉醒来，月冷星稀，整个身体龟缩成一团。

大约在石涛十多岁时，喝涛开始教他仿绘双勾兰竹、山水及花卉翎

石涛石刻兰花

毛。由于有多年的书法功底，石涛上手极快；虽然是临仿，但那线条不飘不浮，刚柔相济，一下笔便有一种苍劲古雅的韵致，非俗手所能及。看到石涛手握画笔时神有专注的神情，喝涛不禁心中暗喜，他深知——对一个蒙童来说，在其学艺的初始阶段，专注是一种重要品质。

尤其是，这种专注在石涛身上所表现出的不是瞬间的沉溺迷醉，而是日复一日的投入，这就不是根器浅薄者所能为的了。

踵随年岁的增长，以往那种单纯的摄入式的阅读，单纯的临摹研习，已无法满足他的精神欲求。

他需要的是一个世界——一个纯洁的、广阔的、生机勃发、充满灵性的世界。

他需要倾吐，需要创造，需要在一幅幅画作、一件件书法作品中表达对想象世界的重塑愿望。

这种青春所特有的生命的躁动感觉在石涛那被袈裟所包裹的躯体内激跃着、跳荡着、升腾着；这意味着冲动、郁勃、强力和创造。

石涛将此转化为如痴如狂的书画创作，把内心的风暴推入艺术的海洋。

他青春的荷尔蒙随时都要冲破某种禁锢，而让生命作更辽远的飞翔。

仅仅是书画，似乎已无法承载其勃勃欲吐的创作欲望；也不知是受到了什么触媒的激发，石涛的内心此时竟又燃起了诗文创作的热情。

对于石涛这种着魔般的热情，喝涛既惊且喜，遂鼓励道："师弟啊，你将来一定要做个'技进乎道'的画家。为此，就必须藉助学问的浸润与滋养；而对画家来说，这种'学问'是融化在血液中，化为了性灵的东西，而诗文正是它最好的载体。就以你反复临摹的《兰亭序》来说吧，你知道它为什么会千古流芳吗？"

"那还用说，因为它出自书圣王羲之之手。"石涛自信满满地回应道。

"对，你说得不错。但除了书圣那超凡入圣的书法外，你知道还有一个极为重要的原因是什么吗？"

石涛摇了摇头。

"告诉你吧，《兰亭序》之所以千古流芳，还在于它道出了人生的大悲慨，触及了历代文人那根最敏感的神经，那就是存在与虚无的问题。当唐太宗读到'况修短随化，终期于尽。古人云：死生亦大矣，岂不痛哉'时，他一定会惕然心惊。在生死面前，帝王也会像所有人一样，无可逃遁；他甚至于比常人更加紧张、焦虑、痛苦乃至绝望。"

"师兄，您继续说下去！"

　　喝涛所说的虽然是一个沉重的话题，但石涛却对此表现出与其实际年龄极不相称的强烈兴趣。

　　"好吧。王羲之将自己的至性深情、所感所悟，将他为抗衡人生的虚无所做的全部努力，全都倾注在《兰亭序》中；纵然时浪推排，那里面墨香尚在，酒气犹浓，甚至还弥散着永和九年暮春之初那缕阳光的味道，以至于千年之后，王羲之那幽婉忧伤、疾徐有致的笔调，仍能激起我们的精神共鸣，这既是书法的魅力，同时也是诗文的魅力。所以啊，师弟今后一定要多背诗，多作文，而且还要多改，做一个学养深厚、技能全面的一流画家！"

　　"记住了！师兄，弟一定加倍努力！"

　　"那太好了。从现在起，我们就把诗文作为必修的功课。"

　　喝涛之所以如此重视石涛的诗文训练，是因为他本人就是一个"技进乎道"的书画家。在他看来，诗文的优劣在某种意义上决定着一个画家的艺术品位，故对石涛督勉有加。

　　而更难能可贵的是，喝涛本人不仅擅诗，深谙中国传统文化的真髓，而且取法甚高，取径甚严；尤其是其教诗之法，可谓独具特色——他在教授平仄法式之前，先要求石涛"背诵"，由背而悟，悟而复背，解会益深；及至"成诵"，乃付诸吟咏。喝涛特别注重吟咏之道，他尝对石涛说：

　　"必须通过吟咏，方能将诗歌之节奏、气势、格调、意脉、词采、境界熟贯于胸，达到与古人神契于千载之下的境界。"

　　喝涛深知，对一个蒙童来说，此境固不可骤至，但具此"了识""现量""法眼"，再因遇得题，随性而发，其诗境必高，气格必雅正。

　　应当说，喝涛授徒的这一独门"家法"，是一种相当合理的、使受教者"得道"的"不二法门"。

　　为了进一步提高石涛的吟咏水平，喝涛还特请寺里的明慧法师担任"吟咏教师"。明慧法师既擅诵经，复擅吟诗，尤其是他那遥承谢安余脉的"拥鼻吟"，其声冷冷然、悠悠然，极为美听，直让人不酒而醉。

要之，喝涛这种用心良苦的"庭训早启"，对于作为蒙童的石涛来说，无疑是至关重要的，它亦与刘勰所谓"夫才有天资，学慎始习，斫梓染丝，功在初化，器成采定，难可翻移"之说大相符契——无论是制轮还是染丝，功效都在开头显现，一旦"器成"，就难以改变。

如果从这个意义上看，石涛是相当幸运的，在他的童年世界里，不仅有一个能诗擅画且与他寸步不离的兄长与蒙师对其耳提面命，而且这位兄长还能够及时发现他的天才并给予正确的疏导与引领，这就使石涛从幼年开始，便在人类的文化巨川前尽情地啜饮，显示出强大的文化吸纳力，并能够借助佛法的悟力沉潜在禅画的世界里，做着最真实的自己，感受着最本真的自由，浚发着天纵的性灵，这就为石涛日后能够成为一个不世出的天才画家奠定了坚实的基石。

积聚在石涛生命中的那种横绝奔泻的强烈冲动，一旦付诸笔墨，便是创造的萌芽。不过，谁也未曾料到，这萌芽很快便在清初艺林，像冻雷惊笋般生长出一片茂林嘉卉。

第二章

托钵云游泪洒故地

履险犯难习武护生

际逢乱世，百不堪言。梵呗声声的寺庙也早已不复是清静之地；外面此起彼伏的杀伐声，不时地传入刹中。

事情的原委是这样的——

清顺治七年（1650）11月，平西王尚可喜攻克广州。叛将孔有德率清军攻破桂林。顺治九年（1652），明将李定国领兵由湖南入广西，7月破桂林，叛将孔有德在靖江王城纵火自焚。在这种杀机四伏的危急情势下，连梧州也已无法寄身，喝涛遂护送石涛离开冰井寺，先乘船去当时尚属南明势力范围的桂林避避风头。

桂林，素有"甲天下"之称，从桂林到阳朔，蜿蜒的水程与两岸的苍山合构成美不胜收的溶岩。但如此迷人的山山水水，却丝毫撩拨不起喝涛的观赏兴致；论喝涛此时的心情，可用"一则以喜，一则以忧"来形容。所"喜"的是石涛英才初展，前程正未可域限；所"惧"的是如今来到了他的出生地，究竟该不该告诉或如何告诉他的出生来历？他如此年幼竟罹此国难家仇，一旦据实讲来，他幼小的心灵能否承受得住？这些都成为喝涛挥之不去的心结。

而年幼的石涛却被这"群峰倒影山浮水"的美景迷醉了。相对于北方山水的粗犷与豪放，桂林的山山水水则像是经过造物主的匠心设计，山水互映，色彩交融，每一片美妙的景色都精致得像是可以装在画框中。

更妙的是，漓江之美，美在不论是什么季节，什么天气，它都会以其不可复制的神姿仙态接纳游人的赞叹；而在石涛的眼中，则不啻是一幅幅泼墨山水画的现实投射。

一次，他们联袂游览城内的独秀峰，此峰宛如一巨大竹笋，耸立云天，四壁陡峭如削，尽显"独秀"之美。其时正逢雪霁天晴，二涛跃上300多级石阶，登上峰顶。纵目一眺，与天相接的漓江以及倒映其中的奇峰尽收眼底，而在山下不远处，于银装素裹中透出一片金碧，鳞次栉比的红、黄色琉璃瓦盖顶的楼房耸立眼前，各楼房间游廊贯穿，廊宇建成仿排云殿的规模，极显雍容华贵。山石、竹林、亭榭、鱼池点缀其间，不啻人间仙苑，喝涛指着这一大片胜景，不禁慨叹道：

"贤弟，你看，那就是你的出生地——靖江王府。"

"啊，真的？！"石涛5岁即入佛门，从未听说过自己还有个"出生地"。

他不无疑惑地顺着喝涛所指的方向，引领望去——他做梦也不会梦到自己竟会出生在这样一个"钟鸣鼎食"之家！

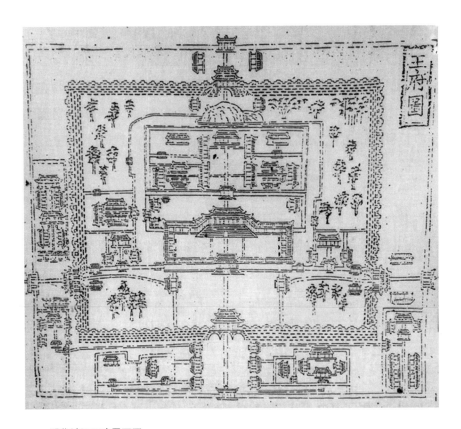

明代靖江王府平面图

为一探究竟，石涛遂提议道：

"师兄，既然已经到了家门口，何不前往一观？"

"绝对不行！"喝涛一把拦住了正欲前行的石涛。

"现在进去太危险！"

"危险？什么危险？"石涛更加迷惑了。

"什么'危险'？"喝涛心想，你可是靖江王朱亨嘉之子，这个时候进去，一旦暴露身份，后果可不堪设想啊！但看到石涛一脸迷茫的样子，他又不知如何向他解释才好。

冰雪聪明的石涛，一看师兄执意不肯带他观看故地，便晓得这其中必有缘由，也就不再继续追问下去了。

可到了晚上，石涛却辗转反侧，一夜未眠。

第二天一大早，他趁师兄不备，竟独自溜了出来，径自向靖江王府奔去。

心机灵透的石涛来到靖王府前，并没有直接往里走，而是站在路口边一个不起眼的角落寻找时机。大约过了一刻钟，石涛看到对面来了一位挑菜的老者，看样子像是王府里的厨师，便赶紧走上前去，与老者搭讪起来，并主动帮他挑菜。

"咦，小伙子，你这是……"

老者的话还没落音，石涛已将老者的菜担挑在自己肩上。

"这……这哪行。"老者被石涛这突如其来的举动给弄懵了。

"老伯，您岁数大了，我看您挑着挺吃力的，反正我也闲着没事。"

"小伙子，谢谢你了！"

"这算什么。咦，老伯，这王府里面好玩吗？我长这么大，还真不知这王府里到底是什么样呢？"

"那我这回就带你进去开开眼，说来还真巧，这几天王爷外出了，府里只留下几个看家护院的；要是王爷在，防卫森严，你可就甭想进去了。"

为免引起不必要的麻烦，石涛几次欲问又止，只管挑着菜跟随老者往里走。

走了百余步，便到了"靖江王府"。

石涛凝视一看，只见两根朱漆圆柱支撑着门檐阔阁。布满金色圆铆的赤红大门上，两只口衔门环灿灿生辉，石阶两侧各蹲守着一尊石狮；尤其是那两只张着大口、目露凶光的狮头，微微地歪斜着，那神态，与石涛在梦中所看到的竟是那样相似……

大门两侧，分别站着两名头戴铁盔、身披锁甲、手持长戈的士卒。他们一看是厨师，连问也没问，就放他们进去。

石涛跟着厨师把菜挑进厨房，然后放下菜担，独自来到院中。从这时起，他那双眼睛便始终无法挪移开这片故地，一种相似的往日情景，一种熟悉的、旧日的生活感情像晚风一样兜上心来；本来，石涛压根不会想到还能再回到"过去"，甚至决意要将它忘却；可现在，他却分明感到，这满院的花花草草，都在无言地凝视着他，仿佛是一种追询；又像是一个个若有夙契的朋友，正对着他耳鬓厮磨。

蓦然间，石涛感到那一根根被悄悄爬动的甲虫惊醒的野草正舒展着腰，轻柔地打着哈欠，又懒洋洋地晃起来；而其他花花草草仿佛也受到感染，正柔缓地摇动着绿叶向它们致意。

石涛忘情地在这片故土逡巡着、寻求着，深感这里的时光因他的用心关注而变得缓慢；那一个个瞬间，似乎是为他从内心发出的微笑而停留；他深感这里的一切鸟虫花木都是来自自己内心的物象，正在向外弥散。

啊，世间的一切都在变，而唯一没有变化的是眼前的朱轩绣柱、舞榭亭台，还有那块峭然而立的灵璧石，它虽然被涂上了一层层岁月的包浆，却仍脉脉地与石涛那双痴迷的眼睛对视。此外，便是园圃中那一簇簇迎风怒放的芍药花，以及那些不肯报名的野花，它们竟在记忆的角落里羞怯地长出来……

此时，石涛感到自己的内心好像也开满了黄黄白白的花儿，那郁郁馨香久久不散。

一种怅惘的意识蓦地跃入石涛的心灵。啊，自己过去的生命竟是那样孤零零地悬浮着，没有前因后果地闪现于记忆中；如今，他第一次朦胧地捕捉到了"家"的影子……

冥冥之中，石涛感觉到这里一定有他的亲人，有他孩提时代的欢愉与梦想，有着一个个隐藏在岁月深处的悲惨故事；他甚至预感到：自己的出家为僧，肯定也与这里发生的一切有关。

此时，石涛觉得已不必计较眼前这金碧辉煌的靖王府是否真实如昨，因为他只要一闭上眼，便可以闻到熟悉的花香，听到熟悉的鸟声，感受到被蜜蜂牵动的一缕缕微风，这仿佛是在告诉他，一切都如此真切。

啊，一种久违了的"家"的感觉，益加强烈；此时，记忆中的树叶哗哗一响，无数个夏日的黄昏竟神奇地聚集到眼前……

石涛忘情地撷拾着童年记忆中的美妙碎片。

不觉间，已将近正午时分，石涛知道必须赶紧离开这里了；可不知怎的，就在石涛向着这片神秘的故地作临别一瞥时，眼里竟噙满了泪水！

在返回寮房的路上，石涛与喝涛几乎要撞个满怀；急得满脸大汗的喝涛一看到石涛那一脸的悲戚，心里就已经有数了，但他还是故意问道："师弟啊，你这一大早去了哪里，真急死我了！"

"我去了靖王府。"石涛照实答道。

"啊，你难道不知道你的身份？你知道这有多危险吗？"

"再危险，我也要回去看看！"

"可你离开靖王府时才五岁啊！"

"这我听您说过，可我一进入靖王府，就好像找到了家，觉得那里的一切都再熟悉不过了。"

听到这里，喝涛长吁了一口气，叹道："那可是我的伤心之地啊！"

"师兄……"

石涛刚要启唇，喝涛却摆了摆手，他知道石涛要问什么，但他不想回答。

为了使石涛尽快忘却这一疑问，喝涛遂带他离开这里，来到如诗如梦的阳朔。

不知是甲天下的阳朔山水激活了石涛的艺术灵感，还是石涛的艺术灵感使得阳朔更形妩媚，反正就在此时此地，石涛开始对山水画发生兴趣，并立下学画山水之志。

如此一来，桂林对于石涛便有了非同寻常的双重意义——它既是石涛的籍贯所在，又是他学习山水画的发源地。

由于二涛是云游僧，不能长期待在一个地方；不久，他们又沿湘江而下，先是到了湖广零陵，后又经过永州府、祁阳、衡州府（衡阳），最后去往南岳衡山。

在一个野云含晦的早晨，二涛又开始动身。他们踏着被

阳朔山水甲桂林

露水浸润得有些滑脚的野草走入深山。不一会儿，云开日出，众鸟绕林。茂密的树木把阳光筛得支离破碎，斑斑驳驳地落在脸上，有一种麻痒痒的感觉。而在他们的头上，不时有猴子或松鼠跃过，偶或落下几片树叶。由于空气透明度很高，几乎可以看到不远处峰顶上的岩石，喝涛看了看已不堪其累的石涛，鼓劲道：

"师弟，我们快些走吧，再过一会儿就能爬到山顶，翻过这座山，就离衡山不远了！"

"嗯，好嘞。'一钵千家饭，孤身万里游。青目睹人少，问路白云头。'"石涛一边行走，一边吟诵起布袋契此和尚的这首描写禅者生涯的名诗。

喝涛则想起了无名尼的那首悟道诗，只听他随口吟道：

"'竟日寻春不见春，芒鞋踏破岭头云。归来偶把梅花嗅，春在枝头已十分。'这首诗我听师父吟诵过好几回，写得何等好啊！如果没有'芒鞋踏破岭头云'的苦行，也就不会有'春在枝头已十分'的领悟。"

"是啊师兄，看来这脚下的功夫是轻视不得的。"

二涛就这样边聊边行，直到很长一段山路走下来，喝涛才意识到刚才所看到的只是一道长满软绒绒的绿草的长坡，待走近才发现，那一层层深深浅浅的坡台，或陡峭或平坦，全被林木遮蔽着，远不像刚才看到的那么简单；尽管他们深一步浅一步地在一丛丛灌木间穿行，都还只是在幽深的山谷前进，根本走不到尽头。

刚才那轮暖阳，此时已变成了毒日头，把他们晒得大汗淋漓，而草叶沾到身上，刺得皮肤发痒。更难以忍受的，是他们的小腿肚上，竟被地上的荆棘划开了一条条血口，火辣辣的疼。

行至傍晚时分，二涛来到了一个叫作生风峡的地方。

处在蛮荒之地的生风峡，人烟稀少，展示着一种亘古的原始寂静；一入此峡，二涛顿觉有股凉气直透心底。他们继续在古藤缠绕、古木森森的峡谷中攀行，不觉天色渐晚，山峦如漆一般，被黝黑的天穹笼罩，接下来便进入了阴风如鬼怒的长夜，可到哪里去投宿呢？二涛这下真的慌了神。

没有办法，他们只好摸黑夜行。

如烟的月光覆在朦胧无边的山野上，树林仿佛融进澄澈的水里，山谷一片迷蒙的银灰，四野阒寂无声，一切都在夜的臂弯里熟睡，一切都在呼吸着梦幻。只有一阵阵秋风，携着秋虫的吟唱，在树丛间拂过。此时，从纵横交错的枝桠间透出的那轮明月，正幽幽地闪动着白光。

二涛走在露华浅浅的山径上，脚下是一层层厚厚的树叶，踩上去有一种松软、酥脆的感觉。空气里除了一丝丝凉意外，还隐约有瓜果皮的甜香与松脂气味；不管是马尾松还是罗汉松，都散发出这种浓重的气味。

然而二涛此时却无心观赏这迷人的夜景，因为他们虽然一直往前走，却不知真正的"前方"究竟在哪里？此时，喝涛想起师父临行时的吩咐：在山里迷了路，千万不要心急发慌，更不能乱撞，一定要设法找到行人或人家问清楚再走。

可此时到哪里去找行人或人家呢？

也不知走了多长时间，石涛实在累得不行，央求道："师兄，我们还是歇歇脚再走吧！"

"不行，夜深后这里会有虎豹出没，我们必须尽快走出去。"

喝涛极力拉扯着石涛向前走，可心里却越来越恐惧。根据他以往的经验，住在这偏远山坳里的人家，一般都是一见天黑便早早闭门熄烛；都这个时候了，到哪里去寻投宿之处呢？

大概又行走了一个多时辰，二涛攀上了一处较高的地方，石涛突然发现不远处有烛光闪动，于是兴奋地喊道："师兄，你看……"

顺着石涛手指的方向，喝涛也看到了那缕烛光，心里顿时升腾起一线希望，于是他们加快了脚步，朝着那烛光走去。

二涛走近一看，那烛光原来是从这院中的两间小屋里透射出来的。喝涛轻轻上前敲打着用竹篱编扎起来的蓬门，提高嗓音问道：

"屋里有人吗？"

话音刚落，院里便响起一阵脚步声，随即"吱呀"一声，竹门打开了，出现在眼前的是一位瘦癯黧黑的胼胝老农，石涛一看到他，便被他沟壑纵横的脸深处艰难浮现的笑容所刺痛；这笑容似乎完全不牵动两颊的"笑肌"，只聚集在嘴的四周，如果不是他两眼中微微透出几分笑意，你简直不会感到他在笑。

这位老农倒是善良机敏，他一看二涛那副狼狈不堪的样子，心里早已明白了几分，于是问道："二位深夜来到这里，八成是迷路了吧？"

"阿弥陀佛！老伯所言正是。我们本想去衡山，可路况不熟，深夜至此，已实在难以再行，所以想在您老人家这里借住一宿。"

谁知老人一口爽快地答应下来，只见他将手向左边一指，说道："你们两人就在那屋将就着住下吧。"

二涛一听，高兴坏了，立即一起向老人鞠躬道：

"多谢老伯留宿之恩！"

"嗨，客气个啥，谁还没个难处呀！我看你们就洗洗早点睡吧，天明还要赶路吧？噢，水缸在外面。"

"多谢老伯！"

二涛早就累得连眼睛都睁不开了，哪里还顾得上洗漱，往板床上一卧便一枕黑甜，浑不知世间还有他物也。

二涛直到翌日天色大亮了方才醒来，起身后，发现老人家并不在屋内。喝涛悄悄地将两块银锭放在了老人的枕旁，然后继续行进。

一开始上路时，天空中还低垂着乌云，不一会儿，一道光束从云层中撕开的一角中透射出来，黎明以她的柔光将雾霭从山谷中轻轻驱散，苏醒的山峦渐渐显现出坚实的形廓。

当他们沿着一条逼仄的山路前行时，竟意外地有了新的发现。

"师兄，你看，这里多像'一线天'啊！"石涛惊讶道。

"啊，果然如此！真没想到，在这荒蛮偏远之地，居然还有如此奇景！"

二涛对此观望良久，只见那粗粝的山体，被岁月的刀镞断然劈开，在主峰与次峰间，竟呈露出瘦削奇异的一线蓝天。当太阳升起后，那一道道被奔泻而下的光瀑所洗濯的光裸岩石，释放出万古风华。

二涛出神地观赏着这一奇景，不忍遽去。

走出"一线天"，二涛沿着山上的石板路复行数百步，一座寺庙已在望中，可这时天却下起雨来，二涛从褡裢中取出油纸伞，继续前行。只见山间林密处墨绿，林疏处碧绿，远远望去，已分不清是细雨还是烟霭，随着乳白色的雨雾弥散开来，眼前的山色迷离恍惚，空翠湿润，几欲沾衣。

虽然际值深秋，山上布满了凉意，但前来烧香拜佛的香客还是不少。其中有几位善男信女十分虔诚，他们挤在殿庑内外，朗声诵经，并燃香触头顶、手臂苦修，空气中飘满皮肉烧焫的气味。

石涛心想，观音大士一向以慈悲为怀，又何忍见此等惨象？进得大殿，但见各具不同心性的人气在此汇聚，各种来此顶礼膜拜的人都怀着各自的心愿向佛祖叩拜，由于长年香火的氤氲渗透，这大殿里的气息简直难以言说。

看到眼前的一切，石涛不禁双手合十，为香客们祈祷道：

怀希望而来也罢，得彻悟而去也罢，但愿佛家清空的观念，能滋润在信众的心田，保佑他们在尘世努力修持，长养灵根，消解人生的种种不幸和虚妄，使身心长浴在佛光的朗照中……

走出这座寺庙，二涛沿着溪水继续艰难地前行，不知走了多长时间，终于发现了一条窄窄的小径，二人遂顺着这条小径奋力攀越岩壁。等他们气喘吁吁地爬上一座高高的山坡时，定神一看，被眼前的一切惊呆了！

横在眼前的是一座用十几块木板铺制的木桥，桥面极窄，下面是深不见底的山涧，只要稍有闪失，就会粉身碎骨！

显然，他们已被逼到生命的死角，绝无退路！

石涛一阵战栗，头发根根竖起；由于猝然的惊吓和极度的恐惧，石涛觉得喉咙发干，整个舌头苦涩异常，像是抹上了黄连。

喝涛心里也暗自紧张起来；但他明白，绝不能让师弟看出来，不然情况会更糟糕。于是他以一种斩截的口气喝令道：

"师弟，现在我们已没有退路，只有横下一条心，将山涧视为平地，泯除差别心，忘却自己肉体生命的存在，才可以安全济度。一定要保持一颗平常心，从从容容地往前走，一旦生起些微的差别念头或恐惧心理，必然会六神无主，后果不堪设想！"

"我记住了，师兄。"

喝涛运起禅定之力，开始过桥。只见他颤颤巍巍地走在前面，山风吹动着他的袈裟。为了稳定石涛的情绪，喝涛极力调整身体的重心，不露出一丝怯惧，而石涛则紧随其后，有好几次险些掉下去，但最终还是安然地渡过木桥。

石涛一屁股瘫坐在地上，连声庆幸道："总算过来了，好险啊！"

他们互相看着彼此额头上的汗珠，不禁发出会心的微笑。

稍事歇息后，二涛继续奋力攀行，猿引而升，至数里，只见樵径已灭，蓬蒿没人。

二涛继续前行。喝涛忽然发现草丛间有几堆乱石，乱石边还有几个蹄印，这使他的心一下子提到嗓子眼儿，头皮发麻，吓出一身冷汗，只听他大声惊叫道："啊，不好！快跑！"

"怎么回事？"

"快跑！"喝涛来不及细加解释，拉起石涛的手拼命狂奔。

可石涛毕竟年幼，又加上惊恐，跑着跑着，只觉得两脚发软，一下子瘫倒在地上。

喝涛一手把他拉起："快跑！"

"师兄，我实在跑不动了！"石涛几乎要哭出来。

"滚！"

"师兄，你……你叫我'滚'？"在石涛的记忆里，师兄还是第一次这样凶巴巴地喝令自己。

"对，快滚，必须赶紧离开这个鬼地方，快滚！快，学着我的样子，用头巾裹脸，双手抱住头。"

石涛这才明白过来，赶紧毫不犹豫地学着师兄的样子，笔直躺下，向山坡下面滚去。

二人连滚带爬，连他们自己也不知滚落到了什么地方，待喘息稍定后，石涛再次急切地问道：

"师兄，这到底是怎么回事啊？"

"我刚才看到了虎窝。幸好老虎都已出去觅食，否则后果不堪设想！"

大概是刚才一路滚爬实在太紧张了，待二涛定下神来，不禁大惊失色，原来他们滚下来的地方，竟是一个陡坡，再往前，便是一块硕大的悬空岩石，无路到达下面的石级。如果要走回头路，说不定会被老虎饱餐一顿，石涛害怕极了："师兄，这下完了，我们该怎么办？"

喝涛走到了岩石前，往下望了望，然后取出自备的麻绳，果决地说："师弟，我们现在只有把绳子固结在这棵树上，然后抓住绳子往下滑行。只要我们能落到下面的那块石阶上，就有生路。来，我先下，你就学着我的样子。"

说罢，喝涛紧攥绳索，开始向下滑行。

可意外情况又发生了！

就在喝涛往下滑行时，原来那棵树在他身体的重力下，根部竟开始松动；而他离那块岩石还有好几米！

喝涛往上看了看，这崖顶有数丈之高，爬上去绝无可能；而在悬崖的下面，一只饿虎正仰首等着呢！

喝涛的心凉了半截。

可就在这时，石涛急中生智，他立即解开腰带与裹腿布，接成布绳，将一头系在另一棵松树根上，然后将另一头悬空垂下。

"师兄，快接住！"

喝涛一把抓住布绳，紧抓着布绳滑下去。

可滑着滑着，喝涛突然发现手中的布绳已到头了；再往下一看，距离岩石竟还有三四米的距离！

喝涛意识到，此时已无别的选择，只能听天由命了。于是他咬紧牙关，放开绳索，往岩石上纵身一跳……

也许是吉人天相，喝涛竟然安然无恙。

稍事喘息后，喝涛让石涛将原先的麻绳与布绳间打成一个牢固的结，固定在另一棵松树上，然后向上喊道："师弟，你抓紧绳索下来吧，千万要小心！"

石涛学着师兄的样子，小心翼翼地抓紧绳索往下滑，由于太紧张，双手直哆嗦，喝涛大声喊道："师弟，冷静，千万别害怕！尽量让身体往下沉！"

石涛定了定神，然后静下气来，尽量按照师兄所说的去做，可身体在惯性的作用下仍摇摆不定，眼看就要接近岩石了，可就是无法稳住身子落下来。他整个人像是挂在枯藤上的吊瓜，在崖边飘来荡去；这时，石涛的双手虽已磨出了血，但仍紧紧抓住绳索，他知道，这个时候绝不能松手，否则就会粉身碎骨。

更可怕的是，由于布绳在凸出的岩石边磨来磨去，眼看就要磨断了！

在此命悬一线之际，喝涛急中生智，他迅疾将绳子固结在树上，一只手紧紧抓住绳子的一端，然后趁石涛的身体摇晃到自己面前时，他极力将身体前倾，用另一只手使劲拽住石涛的衣服向里一拉，终于将石涛拉到岩石上。

这时，二涛都已用尽了最后一点力气，瘫坐在岩石上。

长期的奔波、惊恐、饥饿、疲累，使石涛本来就不太强健的身体实在难以支撑。而此时已进入农历五月，在惊蛰雷声中，蝎蜇毒虫经过一个春季的生长，已随着溽热瘟疫之气的上升蠕蠕而动，加之天气炎热，食物易腐，极易引发肠胃疾病，而石涛正是由于在山中吃了不洁的食物，上吐下泻，浑身乏力，举足为艰，只好在喝涛的搀扶下，来到一个山洞里稍事歇息。但石涛知道以他们现在的身份，不宜在一个地方久留，两天后，他便强撑着病体，与师兄一起继续云游。

但大病稍愈的石涛，身体太虚弱了，连走起路来都颤颤巍巍的，于是二人只好乘舟前行。

但二涛刚一上船，便起风了，随后风势愈来愈大。再看所乘的船只，几十个船客挤在下舱中，密不通气，其中不漱不沐、遗溲遗溺之人多不胜数。而狡猾的船家将一把把纸钱撒在江上，说是安抚水神，其目的是要船客噤声，便于管制。

就在二涛实在难以禁忍之时，忽然发现有一条小舢板呼啸而来。里面是一伙水盗，他们拦住二涛所乘的舟船，跳上去，粗暴地掀开船篷，态度蛮横，口口声声说是要解送官府的银两，需要征借民间大船。

这分明是强行索要船只，以此维生的船老大哪里肯从，据理与他们争执起来。那伙人自知理亏，便痛打船老大，逼他就范，后来干脆把他捆绑起来。

面对这伙势如狼虎的无赖之徒，大船上的其他30多位乘客，个个敢怒不敢言。

石涛实在看不下去了，质问道："你们既然口口声声说是解送官府银两，总得出示官府的令牌吧？"

"好你个秃驴，胆敢多管闲事！"额头上有着两道刀疤的头领闻听此言，顿时大怒，声称事出紧急，来不及领取令牌；然后又声称上方有令，让手下搜查船上所有乘客的行李，凡是值钱的东西暂予扣留。

说罢，几个水盗飞快地跳入客船，开始翻检船客的行李。

这伙水盗搜查到二涛身旁的那两个褡裢时，翻来翻去，只见里面都是些铺盖、衣物、书籍、笔砚、法器之类的东西，不见任何值钱之物，于是甚是恼怒，开始盘问他们究竟从何而来，去往何处。

喝涛一见那伙人如此猖狂，据理呵斥道："我等为守法僧人，你们为何如此不讲道理，无故抢夺乘客的财物，还要强行索船？即便真的要解送官银，也没有中途上船的道理。"

船老大马上附和道："是啊，我们不如先靠岸，这里离府城很近，何不一同前往，由官府出示征借令，再将大船给你们。"

那伙水盗听后，咆哮不已，扯开嗓门大喊道："少啰嗦，快开船！再不开船，一起带走。"

就在这时，石涛突然看到远处有一艘负责江上巡防的官船，正向这里开来，水盗头领也发现了，于是拼命让手下向相反的方向逃离，当此双方追逃之际，石涛练就的一身武功派上了用场，习武之人的身体恢复能力往往是令人震惊的。当那个叫喊最凶的水盗以右拳向石涛袭来时，石涛不招不架，只是将腰迅疾一拧，同时借拧腰之势，侧身骤发右拳；由于拧腰与出拳一气呵成，对方的右拳还未来得及发力，已被石涛直击胸部，应声倒下。

头领一看不妙，挥起右掌就向石涛的头部劈来，而石涛则来了个

"顺风掌"，侧身以右掌向外斜磕，而后并不收掌，随即催劲，仍以右掌从右方横击其头颈部。这是连化带打的一招，其反击方向正是对方难以防守的空当和要害部位。

被石涛击倒的那个头领这时已无还手之力，赶紧叫手下们将他抬到对面的小船上。可令这群水盗万没想到的是，眼前这个不起眼的小和尚竟然纵身一跃，来了个"旱地拔葱"，从大船一下子腾空跳到小船上，以迅雷不及掩耳之势，一手勒住头领的脖子，另一只手紧掐其咽喉，大吼道："马上掉转方向，靠近官船！"

头领既被"拿下"，其余水盗们只好乖乖地从命。

接下来的故事就不必细述了。由于石涛出手相救，不仅船老大保住了船只，所有乘客的财物也免遭损失。

"师弟啊，真没想到你还有这等身手，什么时候练出的这一身功夫，我怎么一点都没发现呢？"

"还不是怕师兄为我担心吗。"石涛朝着师兄憨憨地笑了一下，算是回答了。

说起石涛习武，可追溯到1652年二涛居于武昌时。大约在1655年，石涛开始向曾任县令的陈一道先生学习画兰。

可石涛万没想到，这位陈先生不仅擅画，还是出身于武术世家的形意拳高手，石涛的那一身功夫，不少都是从他那儿学来的。

陈一道先生当年已50多岁，儒雅清秀，目光清朗澄澈，神态慈祥和蔼，两眉正中隐隐若有红光，走起路来步履轻盈飘逸，一派仙风道骨。石涛始终难忘他跟师父第一次"交手"时的情形——

师父让石涛手持一根筷子刺他，可石涛不管从哪个方向、用多快的速度刺去，师父总能用他手里的筷子准确地点在他的腕子上，而且其动作看起来很慢，温温吞吞的，这让石涛大为困惑，遂向师父请教为何能以慢打快？师父告诉他，这就是形意拳中走中门、占中路的道理。石涛悟性极强，顿时从中悟出了书法为什么一定要笔走中锋的道理。

同样令石涛难忘的，是跟师父学站桩的情景——

"徒儿啊，这站桩，你也练了一段时间了，现在是不是总觉得有点站不下去？"

"是的，师父。"

"那为什么站不下去呢？"

石涛摇了摇头，莫知所答。

"告诉你吧，练这桩功要先正尾椎，要让小肚子像打太极拳一般，很慢很沉着地鼓出，然后再这样缩回，带动全身，让气息在丹田中运行，这样既能享受桩功，又能养生健身。还有一点，你要特别注意，这站桩一定要'慢练'，但'慢'，并不是叫你站在那里僵滞不动，而是要找到自发性地浑身轻微颤抖的感觉。"

"怪不得我看师父打八卦，劲力浑身鼓荡，让人感到不是在打，只是在动。但在这种'动'中又蕴含着劲力周全的威势，让人招架不得！"

陈先生说："嗯，你这段时间练形意拳长进不小，还真看出点门道来了。这下一步嘛，你还是要好好体会这形意拳的'意'，它似有非有，玄妙难言啊！"

"师父，徒儿觉得这拳法与画法很有相似之处，章法笔墨并不是事先刻意安排好的，而一下笔自然生发出生动的气韵。"

"你说得很对。这武术与绘画本来就有相通之处嘛。"

一天，陈先生看到石涛正在院子里练形意拳，由于是初练，不免会使拙力。陈先生便给他示范了几种拳法，然后指授道：

"形意最讲究'用劲不用力'。只有不用力才能练出劲，因为劲关系到周身上下，一用力便陷于局部，很难发出'整'劲来。不少人一见到拳谱上写着'形意拳有明劲、暗劲、化劲'，便一味练狠劲，其实这里的'明劲'要结合'暗劲'来体会，所谓'暗'，是由明转暗，在意念中淡忘掉'劲'，让它成为一种自然反应。"

石涛用力地点了点头，认真体会着如何能发出"整"劲。

陈先生又继续指授道："根据师父练武的经验，练出暗劲的人大多神志清爽，精力弥满，刚烈之气日销，柔和之气日充。他往往会将武功深藏不露，不会动辄炫耀武功，恃技欺人。"

"师父，如果是在性命危急的局势下，应当如何应对？"

"除非在被逼无奈而不得不应战的危急局势下，否则的话，轻易不能使毒招，下杀手。记住了吗？"

"请师父放心，徒儿记住了！"

接下来，陈先生一边细心地为石涛做着发力上的示范，一边告诫道：

"这习武嘛，还要防止走极端，如今不少习武人往往被拳谱上'四两拨千斤'这类口诀所误，以为是在叫人学会取巧，而练武人一旦有了机心，就练不出真功夫了。还有不少练八卦的，由于不得法，把八卦练'贼'了。其实八卦掌是雄强正大的，关键要从'双换掌'这一招里去'悟'，'悟'出什么叫'劲力周全'。"

"多谢师父指点，徒儿一定谨记在心！"

……

1657年春，石涛与师父拜别后，跟随师兄开始南游。他们游历了株洲、长沙府，然后渡过潇湘，漫游了"八百里洞庭"，还在此留下了"潇湘洞庭几千里，浩渺到处通天津。不辞双履踏云断，直泛一叶将龙训"的豪壮诗句。

一天，石涛怯生生地向喝涛展示了两张他新画的花鸟画，一兰一竹，着实让喝涛暗吃了一惊；但见此画笔墨清逸，格调高华，尤其是其中曲透出的那一脉神意，完全不像是出自一个十几岁的少年之手，遂赞道：

"师弟这些年的云游、修炼，还是显出了功效，反映在你的画

董其昌《洞庭空阔图》

上，虽寥寥数笔，却禅意十足！记得我曾给你讲过，所谓万法本闲，也非定在直照空寂。它可以是山花似锦，也可以是春水如蓝；郁郁黄花，青青翠竹，无非是法尔本然，无机心、不张扬的裸露，显现的仍是万法本闲的世界。师兄的这两张画，便有这种万法本闲的禅味。真没想到，贤弟的兰竹，一出手便不同凡响，这太让为兄高兴了！"

"这都是师兄多年的栽培！一开始我还是不太敢拿给师兄看，怕又要遭受师兄的训斥呢。"

"瞧你说的，为兄高兴还来不及呢，哈哈哈……"

大概就在此时，石涛开始作画以纪吟踪。值得注意的是，在石涛最早的一本《山水人物花卉册》中，他自题为"丁酉二月，写于武昌之楼"，此"丁酉二月"，即顺治十四年（1657），此为最早出现的，有着明确时、地记载的石涛画作，作者时年尚不满16岁。画面上所呈现的是两株水仙，透发着冰清玉洁的气质，显然寄寓着宋代遗民画家赵孟坚式的国破家亡的象征意涵，亦可理解为石涛的贵族身份与角色的隐喻。

从技法上看，《山水人物花卉册》以干笔为主，偶以淡墨或枯笔皴擦，颇有苍劲古朴之致。

此外，在此册中，有一开着力表现的是一叶于浩渺江水上划行的扁舟，舟之首端坐一和尚，正在捧读《离骚》。从画面内容看，石涛所画乃为明前期跟建文帝一同出走的监察御史叶希贤，号雪庵，他出走后皈依佛门，深秋之际曾泛舟读《离骚》，每读一页，旋即投一页于水中，然后伤心地痛哭；哭罢，再读——石涛显然非常熟悉这个故事，而且他在创作时显然已将自己的悲苦身世、遭际寄寓其中，从而透发出一种悲凉苦涩的况味，这一点从此画左下方的题诗中亦透出端倪：

落木寒生秋气高，荡波小艇读《离骚》。

夜深还向山中去，孤鹤辽天松响涛。

款署：石涛济

若细加寻绎，此诗与石涛在桂林独秀峰上瞻望旧乡而不得入的那段刻骨铭心的经历，显然有着某种隐秘的诗性关联，流贯在《离骚》中的那种"忍而不能舍也"的感情基调、那种"忽临睨夫旧乡""仆从悲余马怀兮"的思阙情怀，亦与石涛当时的心境颇为契合，遂将一腔郁结，倾泻于荒江烟渚之上。

从画法上看，此作以干笔为主，偶以淡墨或枯笔皴擦，益显古朴，用笔劲爽而苍老，可谓肇其天纵之才情的发轫之作。

大概就是从这一时期起，石涛再也放不下手中的那支笔。他被书画所吸引，为书画痴迷。他仿佛生来就与笔墨结下不解之缘；书画之于他，犹如江河之于游龙。书画因他而扬辉增彩，而他则因书画而生发诗性感悟，实现情感升华。

几天后，他们又乘船从武昌顺着长江直下，经过江西九江，石涛由于身体虚弱，无法登临庐山，只好顺流而下，在安徽芜湖一带下船，然后在太湖一带云游……

多年来的云游，使石涛的体力大大透支，饥饿、寒冷、盗贼、遇

《山水人物花卉册》（之一一）

险……不过，比起残酷的政治屠戮，石涛觉得造化还算是仁慈的，它至少没有收回自己这具奄奄一息的羸弱之躯；但石涛心里也早已明白，人的生命是极其脆弱的，一个闪失，一处创口，一次祸患，都可能让你在这个世界上消失得无影无踪。

夜月明净，风涛万里，二涛乘着一叶孤舟，如同一片树叶漂浮在江中，忽而跃上浪尖，忽而跌入深谷，在一个接一个迎头打来的波浪中，随时都有覆灭的危险，此时师弟俩都从对方的眼神里看到了自己的落魄。更糟糕的是，由于路上缺粮缺水，食物不洁，肠胃病一直没有好透的石涛又患上了疟疾，身体每况愈下。几天下来，石涛已耗尽了仅有的一点力气，神志时而清醒，时而谵妄，常常因高烧而昏迷倒下，却又被凛冽的寒风冻醒。

石涛的脑海里开始不断地出现幻象，荒诞而又光怪陆离，他感到在那黄昏降临前的天空上，无数像尘土一样悬浮着的往事已奔赴眼前。一阵江风狂刮起来，整个天地阴森森的，仿佛传来一阵阵鬼怒之声。一天，石涛再次从幻觉中醒来，忽然感到随时都可能到来的死神正拍打着它黑色的翅膀，在头顶盘旋，迟疑着到底要不要落下来。

此时，石涛想到自己不过二十出头，难道这就是命中的定数？

一种悲凉的宿命感强烈地袭上心头。

神思有些恍惚的石涛紧紧地盯着喝涛，那眼神明显有些异样——因为他生怕一睡过去就再也不会醒来！

一直服侍在旁的喝涛，又是喂水，又是施药，然后又小心地将一口口黄米粥送进石涛的嘴里。

一天，石涛在大汗之后忽觉轻爽，身上也有了些力气；他不禁合十祈祷：

感谢佛祖庇护！

啊，幸好死神没有降临，只是在他头上打了个旋又飞走了。

在师兄的扶助下，石涛从床上下来，走到屋外，忘情地呼吸着清新的空气，他不由地感慨道："这段与死神争斗的日子，真像是做了一场噩梦啊！"

"不是噩梦，而是上苍为我们安排的一次历练。能够记得住的日子才有意义！"

"能够记得住的日子才有意义！"石涛反复体味着师兄的这一妙论，由衷地赞叹道："师兄这话说得太好了！弟定当铭刻于心！"

西湖。

这是石涛梦绕魂牵的所在。

际值深秋，金风乍起，蝉声消隐。他们昔日在桂林游湖时的缕缕沁人心脾的荷香，已随着季节的脚步远去了。夕照中的残荷，在冷风中飘摇着，看去竟像是一些闪烁不定的火焰，正在阒静无声的寂寞里追逐着已逝的诗梦。

晚风轻轻拂过，二涛驾着一叶扁舟驶入江渚，他们将青蒿一点，便有栖鹭自水湄飞起，抖落满翅的宁谧。此时，那熟悉的鸟啼之声，正顺着林隙的夕光滴落下来，在湖面上溅起斑斑驳驳的亮痕。

天色不觉间渐暗下来，黄昏，把西湖染成最动人的意象——西子。缕缕丁香在她的发绺间暗暗飘浮，秋波似的明眸正在脉脉地眨动。游兴不减的石涛，看着云影浓淡舒卷，时聚时散，竟感到自己仿佛正站在梦与醒的交界处，那被西湖的万卷柔波撩拨的心，就像在平静的湖面上划过一道凝碧的波痕。

石涛情不自禁地拿起了画本；他觉得一连几天都被西湖的旖旎之美烛照着；他决意要把这束光返回去，让西湖在丹青的点染中再现真身。

据清人汪绎辰所辑《大涤子题画诗跋》第一辑，收有《画山水册子题跋》，款署云："丁酉偶画，漫识于西湖之冷泉。"此为石涛有意以画纪其游踪之始。尤当措意者，此画上题有石涛后来曾多次重复的一则重要画跋：

宋懋晋《西湖胜迹图册》（雷峰塔）

画有南北宗，书有二王法。张融有言：不恨臣无二王法，恨二王无臣法。今问南北宗，我宗耶？宗我耶？一时捧腹曰：我自用我法。

石涛的此段题跋，可视为当肇其创新意识之端倪的标志性宣言。在以董其昌、"四王"倡导拟古、守旧之风盛行的明末清初，此论一出，不啻在一泓死水中轰然掷进巨石，颇有振聋发聩之功。从款识上看，此跋题写于"丁酉"，即1657年，石涛年仅17岁，竟有如此器识与胆气，可谓并世乏俦！（目前学界对汪氏所辑的这则题跋尚存争议，但由于文献阙如，殊难具考，姑从汪说。）

在此，还有一点值得注意，即石涛在此后的画作中，绝少有穷款，大多题有跋语，而且这些跋语往往很长，或交代本事，或抒情致慨，或阐发自己的艺术胜解，随笔点染皆成妙谛；更难能的是，这些颇有可观的跋语，在石涛笔下虽只是信手而为，却灵心浚发，往往不假思索，动辄下笔千言，与画面可谓相得益彰，珠璧同光。这种作跋语殆同抄书一样的画家，即使在古代画家中亦属罕见，此可视作画家石涛向古文的一次跨界，是其万斛才华不择地的一次"溢"出。

如前所述，由于二涛是行脚僧，不能在一处待得太久；离开西湖后，他们便开始到各地云游访道。曾先后游历过湘、鄂、匡庐、吴、越等地。在岳阳游艇上，石涛作《山水人物花卉册》，喝涛以为"此可写胸中抱负，浇无限块垒"，并以"当持之以恒"相鼓励。旋又回到武昌，去黄鹤楼一游。

当石涛伫立在黄鹤楼上，俯视湖光，一碧万顷，不禁慨从中来。啊，繁华短促，自然永存；宫殿废墟，江山长在。萦绕在石涛心头的那一缕愁思、一握柔情，此时都穿越过他所寄身的有限时空，化作穷诘时间和死亡之谜的动人诗行——

> 黄鹤楼高不可登，楚哀湘怨思难胜。
> 黄鹤蹁跹杳何处，楼空惆怅江流去。
> 江流滚滚绕山腰，大别岩峣秋气高。
> 万家废井迷烟树，夹岸征尘卷暮涛。
> 风涛万顷来云梦，叠叠群峦发摇动。
> 飞帆忽蔽夕阳来，惊烽遥起骚人恼。
> 劝君吊古漫沾衣，劝君怀仙早息机。
> 黄鹤楼高登不得，羁心一片忆将归。

此诗因景触情而发，寄慨遥深；且意境开阔，章法井然，劲气直达，堪称作手。在此画中，石涛还题有如下跋语："时壬寅深秋，李泉石山人、胡二传道士、赵还清招予登鹤楼感赋，清湘小乘客复为此者，可见乐事，但时人不足传耳。"从款署的时间"壬寅深秋"看，当为清康熙元年（1662）9月，此时石涛年方22岁，已是笤发颖竖，初展才华。

在此后的山水、花鸟创作中，石涛除了如前所述，题有跋语外，几乎每画必题诗，或律或绝，或古风或歌行，这正是石涛作为天才的外溢性表现；其惊世的才华总是会喷射到艺术的各个门类，而诗歌只是他"跨界"的一个方面。至于其他方面，笔者后面还会论及。

且说石涛此番游历，之所以再度来到武昌暂居，还有一个不为师兄所知的秘密，那就是学武，尤其是剑术，石涛这一时期对此非常着迷。长期的云游生活所经历的种种险难，使石涛强烈地意识到，如无强健的体魄与一身超强的武艺，随时都有可能死于非命。他在武昌时，曾专门叩拜陈一道先生为师学形意拳；而此次与师父见面后，石涛便大胆提出想请师父为他介绍当地那位素有"剑仙"之称的老道士。

陈师父深知石涛悟性超人，又如此喜爱剑术，二话没说，就带着石涛来到一个又黑又潮的石洞前。陈先生让石涛在此等候，他先进去通报一下。过了一会儿，陈先生在洞里向他摆了摆手，示意他可以进来。

石涛赶紧疾步上前行叩拜之礼，可这位老道士微眯着眼睛，看都没看他一眼，只是背靠在石头上，盘腿而坐，像是在打坐诵经。

石涛凑近一看，此人长相甚为奇古，双耳垂珠，长眉如雪，双目炯灿，气宇轩昂；头上道髻高挽，胸前银髯飘拂，一袭道袍，干净利落，一望便知为道行高深之人。石涛再往四周一看，这洞里最显眼的就是一块长方形的大石头，上面铺着一张破竹席，一捆稻草，还有一个铜钵——这显然就是这位老道士的主要家当了！更令石涛感到意外的是，这时，洞里只有老道士、道童和他自己，连师父也不见了。

"大师吉祥安善！"

可这位老道士居然一点反应也没有；石涛以为是自己声音太小，便提高了嗓门，一连问了好几声，老道士才微微把眼睛睁开，把手一摊，示意让他坐下。

"年轻人，听说你一直在找贫道，所为何事啊？"

石涛一听此言，马上起身要行跪拜之礼。老道士连忙阻止道："不必多礼，请坐。"

石涛甫一落座，便急切地说明了来意："贫僧早有拜师学剑之意，久闻大师的剑仙之名，今日……"

石涛话没说完，老道士竟哈哈大笑起来："年轻人，你怎么知道贫道一定会收你为徒呢？"

石涛大窘，一时竟不知如何是好。

"年轻人，不要迷信，什么剑仙，无非是能够以神御气、以气御剑的一种'气功'而已。据说会这种气功的剑仙可在百步之外御敌，这连贫道都没见过。咦，听说你跟陈先生学过武术？"

"是的，他老人家经常在小衲面前称道大师，所以小衲对大师一向仰慕，今日特来拜访。"

"那么，你都学过些什么剑法呢？"

"回禀大师，徒弟曾经学过青萍剑。"

"噢，你不妨在此比划几下。"说罢，老道士示意道童取剑。

石涛接过剑，拔剑出鞘，持剑为礼，然后开始舞动，只见他由慢而快，进退自如，或纵或跳，或劈或刺，或点或削。寒光闪闪，直令人目眩神迷。舞罢，石涛抱剑肃立，气定神闲，然后把剑徐徐插入鞘中，交与道童，双手抱拳道："恭请师父赐教！"

尽管石涛几乎把全身的解数都使尽了，换来的却是老道士泼来的一盆冷水："年轻人，你在剑术上是下过点功夫，不过，千万不要再练下去了。"

"为什么呢？"石涛大惑不解。

"这样练下去是没有用的。"

听罢老道士此言，石涛更加迷茫了："还请大师继续赐教！"

"年轻人，你知道我们当年是如何练剑的吗？"

石涛疑惑地摇了摇头。

"告诉你吧。"老道士从道童手里接过剑，一边比划着一边说道："这第一步，手持剑，站定，叉手，手要直，剑要拿好，就这样练习劈剑，臂膀不动，手腕动。练到一定境界后，在漆黑的屋子里点上一炷香，用剑劈香头，一剑劈下去，香顿时成为两半，而香头的火光还没熄灭，练到这种火候，才可以说你初步学会用剑了。"

听到这里，石涛惊愕地张开了嘴，继而额头上沁出豆粒般的冷汗。

这时，老道士接着说道："这第二步，蹲好马步，手里抓一把绿豆，往空中丢一颗，剑劈下去，绿豆顿时分为两半；如果苍蝇过来，一剑下去同样如此。到了这个境界，然后才谈得上练剑。"

一看石涛听得入了神，老道人开始善意地劝诫道："年轻人，你知道要练就这些本事，需要花费多大的心力吗？必须久久为功，否则难成大器！听说你还懂些佛法，又擅书画。年轻人啊，贫道看你根器不浅，还是应当在这些根本方面用力，学点武术用来强身、防身是可以的，千万不要花太大的精力学这些末技，没有多少用处，浪费光阴啊！"

说罢，老道士微微一笑，示意道童把茶杯端过来，递给石涛，然后将手心向上一抬，说："请喝茶。"

石涛知道这是江湖老规矩——端茶送客。

剑术看来是学不成了，石涛于是继续跟从陈先生习武。

石涛在陈先生面前练了一套腿法的动作，收式后，陈先生问他有何心得，石涛坦言道：

"师父，到现在徒弟也没找到腿的发力诀窍，总觉得一踢出去，浑身的劲便不'整'了。而且，腿法除了隐蔽性外，速度与灵活度好像都远不如手。"

"徒儿啊，这只能说明你尚未悟到腿击之法。其实，腿法是身法的发挥，不注重练身，光一味练腿是不行的。"

接下来，陈先生进一步指授道：

"这身法嘛，主要有八要，即起落、进退、反侧、收纵。起落者，起为横，落为顺。进退者，进要走低，退要走高。这反侧嘛，反身顾后，侧身顾左右也。至于收纵，要做到收如猫伏，纵如虎放也。你再好好体会体会吧。"

石涛一向悟性超人，经过一段时间的强化训练，他的腿法果然大有长进。

看到石涛的武功日益长进，陈先生心中暗喜，他进一步启导道：

"上次师父送给你的拳谱，你要认真体悟。但有一点要特别注意，就是对里面的一些口诀及比喻，要用心琢磨，不要望文生义，作表面化的理解。师父看到不少初学者，没什么文化，又没有名师指点，常常闹出笑话。如有些练武者，一听到'形意一年打死人'这类歌诀，便一味求刚猛，一练便频频出拳发力，与人一交手，果然也很见成效，便以为自己练对了。其实这练拳嘛，光练这刚猛劲哪行，身心都要随着气变化。"

"这大概就是师父所说的'练精化气，练气化神，练神还虚'的道理吧？"

"对。你现在还处在练气化神的阶段，练到一定程度，你的体形和神态也会发生某些变化：一是体形渐趋于瘦健，少臃肿肥重之态；二是步履轻盈而沉稳，无拖沓凝滞之病；三是目光渐趋清朗慈和，临敌时则威神自出。及以至是，就基本上达到了炼气化神的境界。但还不能仅止于此，武学内功的高级境界是炼神还虚，必须完成易髓功夫，练出化劲。"

"师父，徒儿现在怎么一点也体会不出这种'化劲'呢？"

"这谈何容易，从明劲到化劲需要一段相当漫长的过程。再说你现在还处于入门阶段，已经大有长进了。至于这'化劲'嘛，就是要将暗劲练到至柔至顺的地步，所谓'阴阳混成，刚柔悉化''拳无拳，意无意，无意之中是真意'，就是指的这种化劲。"

说到这里，陈先生为石涛做了一个崩拳的动作，然后教诲道：

"武功的高低最终决定于内功的深浅。同是一招平平淡淡的形意崩拳，有人用它难以防身，而有人却可以凭此技屡挫天下名手，其根本原因在于他内功深厚，已臻神化之境。至于能否步入炼神还虚的更高境界，那就得看每一位习武者的天资和造化了。你天分高，悟性强，在师父教过的徒弟里是最有出息的。坚持练下去，师父相信你必可大成！"

"多谢师父！"石涛向师父揖手叩拜道。

在与陈一道先生学武的过程中，石涛发现师父毕竟出身于武术世家，灵异之气远逾常人。

一天下午，石涛登门向师父请教武艺，入得室来，见师父正在睡觉，于是便放轻脚步，转身准备离开。谁知师父忽然一个激灵，醒了。

石涛赶紧走上去，歉然道：

"打扰了师父休息，徒儿深感不安！"

"没关系。你大概有所不知，师父睡觉时是不能叫人看的，人一看就会醒。"

石涛一听此言，颇觉难堪，谁知师父一见石涛此状却笑道："你大可不必在意，这练武之人嘛，练的就是这个；不然，怎么能叫练武之人呢？"

陈先生的灵异之处，还在于他总是能觉察到徒弟的微妙心思。

一天，又将远游的石涛前来向师父辞行，入得室内，看到陈先生正闭目静坐，便放轻脚步准备离开，谁知陈先生早已知道石涛在侧，便叮嘱道："你身为出家人，四处云游，最近又将有远行，一定要学会在脑子里练拳，得闲时一比划，功夫就上身了。这也算是此次师父对你的'临别赠言'吧。"

"谨遵师教！"得此真传的石涛，不由地向陈先生合掌三拜而退。

尽管石涛能够如此幸运地得到陈先生的真传，但由于他后来痴爱于绘画，实在分不出更多精力去深入研习形意拳法，有负陈先生之雅望，石涛为此深感歉疚；但蕴含在武术中的那股"精气神"，那种"刚柔悉化"的"内功"，不仅助成了其强健的体魄，而且还潜化于他此后的笔墨挥运之中。

天才或许永远是一个无法解释的秘密。在武昌期间，不知是受什么外缘所触发，石涛在迷恋剑术的同时，对人物画竟也发生了浓厚的兴趣。

一天，喝涛看到石涛所临摹的梁楷《释迦出山图》，大出意外，遂叹道："贤弟真是具佛性，有灵根啊，这佛画虽刚一上手，却颇有神韵啊！"

石涛兴致勃勃地答道："师兄过奖了！梁楷的这幅《释迦出山图》，弟已临摹了好几遍了，实在是佩服得很啊！弟常想，作为本师，释尊为悲智双运、自觉觉他、觉行圆满的生命，在佛教具有最核心、最崇高的地位，所以在佛像中，总以入法界定或慈悲接引之姿出现，以表佛境圆满之意。而梁楷的《释迦出山图》，只撷取释尊在菩

梁楷《释迦出山图》

提树下悟道后再回红尘度世的一刻；再者说，我们以往所见的在菩提树下悟道的佛陀总是凝然不动、宝相庄严。而梁楷则不然，他笔下的释尊竟瘦削得近乎形销骨立，且胡须满腮，这正是一副苦行道人之貌，此前历代画佛像者从没人敢这样画，梁楷可谓天荒独破。"

"是啊！"喝涛赞许道："如细加寻绎，历史上的释尊在菩提树下悟道的前六年，已饱受苦厄，到了非常人所能忍受的地步。及至释尊来到尼连禅河时，已命如游丝，至此才体得苦行非道。而在牧羊女献上羊奶后，乃入于金刚座上49天而悟道。"

"所以嘛！"石涛指着画上释尊的满腮胡须进一步解析道：

"弟以为梁楷将释尊画成形销骨立且胡须满腮的样貌是有其合理性的；不仅如此，更妙的是，梁楷在《释迦出山图》中，还画出了释尊的一丝愁容，按说得道的佛陀自身圆满具足，本已不假他求，所谓悟道是照于万物、接于万物而不为物所染，可对释尊来说，他于众生之苦必有感念，他在解脱的同时即内证悲心，故知释尊所现悲悯之愁容，必非人间之愁，这才是释尊活脱脱的生命，梁楷所绘《释迦出山图》正回到了圆满觉者的原点。"

石涛的这番话不禁令喝涛大为吃惊，他真没想到师弟竟有如此悟解力，遂情动于衷地说道："师弟啊，直到现在我才明白，为什么每游一地，你总是对那些石雕的佛像看得那样入神、入迷！”

"其实弟对佛像画早就有了兴趣，弟将来既然要'以笔墨作佛事'，这山水、人物画皆为弘法、结缘之具，不敢偏废啊！"

闻听此言，喝涛惊异地发现：这位与自己形影不离的师弟，忽然间竟变得更成熟、更深沉了。

但此时的喝涛绝不会料到：这个看似羸弱的缄默沙弥，却注定要为清代的画坛抹上一痕异色，注定要以其独创的方式去震骇那些墨守成规的迂腐之士，注定要将自己的名字重重地戳在中国美术史上。

第三章

泣听喝涛痛说家史
手泐印章以铭先人

逮至1662年，已是二涛云游的第五个年头了。

此时，石涛年方22岁，但他那漆亮的眸子里分明闪射出一种为同龄人所罕有的笃定与坚毅，不飘忽，不游移，不涣散，一望便知这是禅修多年的得道者才有的面容。

经过了为时多年的历练，石涛对"云游"有了更深的解悟——一切陈旧的东西总是令人生厌的，只有陌生才会激起生命内部的亢奋与颤栗；所谓云游，重要的就是一个"游"字，而不是经过理性盘算后一定要抵达的"游"的目的；正是云游，使石涛对"道"的体认与探寻变得有声有色。

一天，二涛云游到武昌，应本地一位画家朋友之邀，住进了"五柳斋"。此处兰薰桂香，清雅宜人；在此品茗闲话，倒不失为浮生之一乐。

但石涛此时却没有一丝品茗闲话的雅兴。一段时间以来，他的心头堆积着太多的疑云，不论是游于山巅水崖之间，还是暂栖于回廊古庙之中，这团有关身世的疑云都如影随形般地跟随着他；他也曾试图通过绘画极力排解心中的郁闷，但还是无济于事，这种症状用精神病学中的术语说，叫作"强迫性穷思竭虑"。

终于，石涛实在无法禁忍了，竟径直向师兄发问道：

"师兄，近来我一直想问您，为什么我到了老家不能进门？在杭州灵隐寺时，您为什么跟老方丈说您是一个内人（即宫内人之俗称，亦称太监——笔者），这到底是怎么一回事啊？"

对于石涛的这一发问，喝涛一点都不感到奇怪，他料定石涛早晚要问个水落石出。虽然他们兄弟间多年来已然形成了一种默契——该让师弟知道的，师兄一定会如实相告；不该知道的，师兄也不会多说。但到如今，喝涛知道已不能再继续隐瞒下去了。

于是，喝涛轻轻地呷了一口茶，清了清嗓子，然后坦诚地说道："师弟啊，有许多事我本不想过早地告诉你，使你小小年纪便浸泡在仇恨的黑色阴影里，只一心想着复仇，可现在你既然已经问到这个份上，我就不想再继续瞒着你了，反正这些事早晚是要告诉你的。"

透过朦胧的月光，石涛依稀看到坐在石桌对面的师兄的面影，发现他整个人好像苍老了许多，他毕竟才30出头呀。一想到师兄为抚育、教化自己所付出的种种艰辛，石涛便觉得自己刚才问话的语气太重了，心里有着说不出的滋味，但他还是禁不住问道：

"师兄，那您先告诉我，您在灵隐寺跟老方丈所说的话是真的吗？"

"当然是真的，好好的，谁愿意去认个太监的名分来作践自己呢？"

"那您真是？"石涛瞪大了眼睛，还是有点不敢相信。

"这是真的，"师兄加重了语气，"我没有撒谎，我确实是个内人，在师父面前，我不能打诳语。"

"啊！"石涛大为惊愕，一下子觉得一直与他共食同眠的师兄变得陌生了。

"不，不，这不可能！"石涛与师兄相依为命，整整有20年形影不离了，他无论如何也接受不了这样一个残酷而冰冷的事实。

喝涛的嘴角边漾起了一丝痛楚，沉吟了片刻，然后缓缓言道：

"师弟，既然你已经问到这份上了，看来我只有从头说给你听了。"师兄的声音显得苍老而深沉。

"好的，就请师兄从头道来。"石涛已迫不及待地想让师兄解开自己胸中那个扑朔迷离的雾团。

"好吧，师弟，我首先要告诉你，你不是皇帝的嫡裔，但是你们朱家是大明的皇族，你父亲就是封在广西的靖江王，名叫朱亨嘉。算起来，你是靖江王朱亨嘉的嫡长子，大明王朝太祖皇帝的第十一代侄孙，你的宗谱名叫若极。"

"这是我的真名？"石涛睁大眼凝视着师兄，简直不敢置信。因为他只听师兄说过，自己是在兵荒马乱的逃难路上偶然捡回来的，师兄还说自己的内衣里绣着一个"朱"字，这大概就是自己的俗姓；此外，石涛对自己的身世一无所知。

"是的，你还有个乳名，叫阿长。"

"阿长？这不是小时候师兄常叫我的那个名字吗？"

"是的，为了避祸，我不敢叫你的真名，只能叫你的乳名阿长。再说下去你也不必惊讶，这一切都真实不虚，只是为了保全你的性命，20年来我一直缄口不语。师弟啊，按照老规矩，我是不能直呼你的名字的，得叫你一声小王爷。"

"这到底是怎么回事呀？"石涛更加疑惑了。

"你先别急，听我慢慢为你道来。你3岁那年，李自成打下西安，率百万大军向北京进发，城门很快就被攻破，大明朝的崇祯皇帝逃到煤山自尽。这时，大明朝宗室及遗臣相继在南方建立了几个南明政权，其中有弘光政权、隆武政权、鲁王监国等。此外，应天的威宗太子王之明、绍兴的鲁王朱以海、桂林的靖江王朱亨嘉——也就是你的父亲也先后建立了政权。其中以鲁王朱以海较有实力，一度控制了浙东、宁波、温州等地，但没坚持多久，鲁王便自行去掉了监国的称号，不久病死于金门。而这时，大明朝早已四分五裂，气数已尽！你父亲这时候想在广西称监国，可你们朱家的人不让啊，兴兵前来征讨，同室操戈，你们全家都惨死于这场灾难啊！如此骨肉相残，师弟啊，你知道这是为什么吗？"

石涛痛苦地摇了摇头。

喝涛接着讲述道：

"如果从宗族谱系上说，你的先祖，也就是第一代靖江王朱守谦是太祖皇帝朱元璋的侄孙，他的父亲朱文正是太祖的侄子，他从小由太祖抚养长大，视同己出。长大后，他一心辅助太祖皇帝打天下，由于神勇过人，胸有谋略，屡立军功，被太祖任命为大都督。后在固守洪都（即今南昌）一役中，被陈友谅大军包围，但他仍顽强坚守了85天，终于等到救援而解围，立了大功。后又派遣部将方亮烧掉陈友谅的水军，断绝粮道，使陈友谅兵败后退却武昌。因此应该说，平定江西，朱文正功勋卓著，这是你们朱家的荣耀！"

说到这里，喝涛不由地提高了嗓门，显得十分激动。

而石涛也听得十分入神，借着窗外微弱的月光，可以看到他两眼闪动着激奋的光，急切地想往下听。

"可惜的是，你的太高祖父朱文正由于军功显赫而变得骄矜起来，在一次论功行赏时，太祖皇帝考虑到应先让异姓的将领受赏，而朱文正却自以为'功高赏薄'，从此日益骄淫暴横。太祖皇帝一气之下，便罢免了朱文正的官职，将他贬在安徽桐庐县，一代名将朱文正不久便含恨而死。

"朱文正死时，他的儿子朱守谦年甫4岁，太祖念其是兄长的一支血脉，就将他养在宫中。守谦的小名叫铁柱，太祖对他特别偏爱，后封他为靖江王，以追念他父亲平定靖江的功劳。守谦长大后，为继承王位，就到了广西桂林的藩邸。但这个首任的靖江王恃宠而骄，肆意淫虐，他的暴戾专横，闹得民怨沸腾。太祖大怒，将他召回京师训诫，但他仍无悔改之意，竟'复肆怨望，作诗讥刺'，激怒了太祖，遂将他废为庶人，拘禁在老家凤阳。待到恢复爵位，命他徙镇云南，这已是7年后的事了。可他仍暴横如故，奢纵淫逸，胡作非为，直令军民怨恨。太祖不得不将他先后禁锢在凤阳与南京，直到他死后，才由其子朱赞仪袭承靖江王位。

"朱赞仪，也就是你的太祖父，恭俭有让，慊慊有大君子之风，故深得永乐帝皇上信任，曾经代表皇上到各处省视藩王们的表现，有声于时。此后，广西桂林的靖江王位就代代承袭，到你父亲这一代，已经是第十一代靖江王了。

"石涛啊，你要记住：当初你的太祖父朱守谦与九个皇子同时受封时，钦赐了以下20字为该族系宗谱班辈排行，依次为：'赞佐相规约，经邦任履亨，若依纯一行，远得袭芳名。'你父亲亨嘉正好是第十个字。而第十一个是'若'字，你就是'若依纯一行'中的'若'字辈，你的谱名叫若极。你是靖江王的嫡孙啊！"

喝涛的这番话，在心中憋了许多年，如今如数家珍般地倾泻而出，令石涛大为震惊——他万没想到，这位与他同食同寝的师兄，心中竟藏着这么多关于自己家族的秘密。

喝涛这时显然有些累了，可石涛却两眼紧紧盯着师兄，急切地问道：

"那后来呢？"

喝涛呷了一口茶，然后定了定神，接着讲道：

"这就要从顺治二年弘光帝在南京被清兵所杀讲起了。由于弘光政权的覆灭，唐王朱聿键，也就是明太祖的九世孙在福州称帝，明太祖的十世孙朱以海在绍兴称'监国'，而你父亲朱亨嘉看到他们纷纷乘乱称帝，觉得称帝复明，自己也有一份责任，便在桂林打出'监国'的旗号，准备另打江山，却遭到了忠于福州隆武政权的广西巡抚瞿式耜的强烈反对。瞿式耜与两广总制丁魁楚、思恩参将陈邦传以及中军官焦琏串通，突发兵变；他们以你父亲不是太祖皇帝的直系后裔，没有监国资格为借口，一举擒获你父亲朱亨嘉，并迅疾将他械送到福州，废为庶人，幽禁而死。自你父亲称'监国'于桂林，到兵败被械送福州，再到你父亲被活活幽死在连江县的监牢、全家被杀，前后只有短短几个月的时间啊！"

听到这里，石涛始而大惊，继而大感，盘郁在心头的隐痛与苦楚，热烈地上升，泪水从眼里滑到睫毛，凝结成圆圆的光亮，不可重拾地坠下……

此时，月华如羽，夜深到无底，四周静得出奇，连空气都似乎要凝止了。只有天上的星星闪着寒光，像是梦的眼睛在眨动。

师兄弟俩对坐在幽深的夜空下，默无一语，伴随他们的，唯有带着丝丝凉意的夜风。

过了许久，石涛似乎又想起了什么，遂不无天真地问道：

"师兄，既然我家是大明王族的一支，又是太祖皇帝亲自封藩的靖江王府，国难世乱之际，我父亲挺身而为监国，这又不是篡位，有什么过错，难道也算是僭越之罪？为什么同是朱氏皇族的唐王，要下这么大狠心来灭我满门呢？"

"问得好，"喝涛说，"这正是你家的血海深仇啊！"

一闻此言，石涛感到全身的血，像冲进峡湾的巨潮，呼啸着向上猛蹿，拍击着他的脑际，几乎使他晕倒。

过了好一阵，石涛才稍稍镇定下来。这时，在他的心底，积聚着错愕、震惊、痛楚、悲怆等各种复杂的情绪反应；除此之外，还存有一丝迷惘与疑虑；出于了解"家史"的急迫愿望，他干脆把话挑明了——

"师兄，我算了一下，我家遭劫的那年，您也只有16岁，怎么能知道这么多？您到底是怎么知道的？"

对此，喝涛并未马上回答，而是反问道："若极，你知道我做内人是在什么地方？"

石涛神色迷茫地摇了摇头。

"就在你家里。"

"啊，在我家里？我家怎么会有内人呢？"

"若极啊！"喝涛终于把自己的谜底给揭开了——

"由于我一直是你父亲随身的侍从小太监，你父亲待我情同父子，所以我对你们家里的事情都一清二楚。你们家满门遭斩后，我又从不少老辈口中得知了你父亲的情况；我之所以这样做，就是要让你以后对自己的身世有一个真实的了解，这样我对你父亲也好有个交待啊！"

说到这里，喝涛的声音开始哽咽，再也说不下去了。

石涛的眼里也噙满泪水，他恳请道：

"师兄，您再给我讲讲后来的情况吧。"

喝涛一听就明白，石涛这是要求他讲述其父是如何将他托付给自己的。此时，喝涛两腮的肌肉急剧地抽搐着，神色痛苦而悲戚，过了好一会儿，才语气沉缓地追忆道——

"记得那天，也是这么一个夜晚，天气比现在还闷热。我当时正和你父亲聊天，隐隐约约地听到不远处传来吼叫声，紧接着便开始了惨烈的杀戮。当时府中乱作一团，最后的崩溃已在须臾之间。你父亲赶紧把我叫到他的书房。他紧紧地关上门，不让任何人进来。这时透过纸糊的窗棂已能看到外面的火把正闪耀着血色的火光，且不时有刀戟碰击的声音传来。你父亲当时非常镇定，他让我坐在他的案桌前面，叫着我的俗名说：'李亮啊，大难已经临头，本王恐怕自身不保了！你不要哭，我有一事重托！'说罢，他便把尚在熟睡中的你抱起来，深情地凝视了好一会儿，然后含着热泪对我说：'这是我仅有的一点骨血，我就把他托付给你了！李亮啊，你要记住，这孩子就是以后作为靖江王血裔的证据！你一定要把他抚育成人，作为人父，我在九泉之下也会感谢你的！'

"由于情势紧急，你父亲来不及多说，便指了指后院墙角下那道可以逃命的暗门，然后用力地向我挥了挥手，让我赶紧逃身。当我抱起你正要起步时，城外的乱兵已杀进了王府，他们在院子里狂吼着，杀声震天。你父亲使劲推了我一把，急切地催促道：'快走吧，不然来不及了，快……'这时候，书房的外门被砰然推开，一群乱兵杀了进来，我都来不及向你父亲作最后的叩别，便一把抱起睡熟的你从暗门逃出，然后又东躲西藏，历经险难，总算保住了你这条小命。唉，每当想到你父亲，我就……"

说到这里，喝涛嗓音哽咽，竟再也说不下去了。

"师兄！"石涛一下跪倒在师兄的面前，他伏地三拜，颤声道："师兄！原来我只知道您是我的救命恩人，想不到您为了救我竟冒了这么大的危险，我替我父亲终生感谢您！"说罢，长跪在师兄面前。

"不，不，"此时已泣不成声的喝涛急忙把他扶了起来，"千万不能这么说，我从小因家贫，无奈之下被卖到王府，多承王爷待我如亲生己出，我自当涌泉相报。啊，王爷，我总算没有辜负您的重托！"

说罢，喝涛仰天一叹，又猛然间把石涛紧紧搂在怀中，泪如雨下。

不知过了多长时间，兄弟俩的心情稍稍平复；石涛又欲启唇发问，谁知喝涛却抢先说道：

"师弟啊，我知道你现在可能会觉得奇怪，你父亲为什么不让你母亲带着你逃生，而是选择了我呢？现在我告诉你，这全是王爷本人的决定——由于事出紧急，而王妃又毕竟是个女流之辈，恐怕难以冷静地应对这种突发的变故，所以把你拜托给我。我再次如实地告诉你，这一切全是你父亲的决定！

"自你神秘失踪后，到处都是追兵，先是唐王的人，后来又是清兵。按照当时的律法，对于前朝王族，那是要赶尽杀绝的。我万般无奈，只好带着你躲进光孝寺，可怜你一个 5 岁的孩子，一个当年人人娇宠的小王爷，从此做了小和尚。师弟啊，叫你受苦了！"

"师兄！"

随着这一声撕心裂肺的呼号，石涛紧紧地抱住喝涛，将脸颊深深贴在他的肩头，贪婪地吮吸着他身上那再熟悉不过的气息；这气息，混合着他少年的朦胧记忆，曾多少次蹿入他的鼻息，甚至浸入无数个浅浅的梦中。

喝涛虽然一直在极力克制着自己，此时也实在禁忍不住了，弟兄俩抱头痛哭。

"师兄，再造之恩，永志不忘！"石涛跪泣道。

喝涛赶紧上前把他拉起，说道：

"师弟，你千万不要这么说！比起你父亲对我的恩德，师兄做的远远不够。但我喝涛今生不作他求，唯愿以你的成就视作我此生的志业。出家后，你的法名为原济，师兄也不再叫你的乳名阿长，更不能叫你的真名'若极'，而是改字石涛，就是为了纪念你的出生之地清湘。那里是湘江的源头。湘江之水，成自山石间的涓流，而后有波涛之再起于洞庭——这是师兄对你的真切希望！我也因此自名喝涛，有喝涓水而起波涛之责，也有为起涛之涓水喝彩之意。

"师弟啊，从今往后，你必须发广大心，作普济愿，成功德业，证无上果。只有这样，才能不负你父母生前托孤之意，也不负为兄我的一片苦心啊！"

"师兄！"随着这一声撕心裂肺的泣叫，石涛又一头扎进喝涛的怀中。

此时，皓月满轮，幽悬清空。地上、院墙上、石桌上、竹篱上到处都像是被月光镀了一层透明的银箔。院落的空地上是斑驳的树影，墙角边的竹叶在夜风的吹动下发出飒飒的鸣响——一时间，石涛觉得自己凄苦的灵魂宛如在枝杈间徘徊的那轮孤月。面对着苍茫的夜空，石涛真想大喊一声："哀哀父母，生我劬劳！"但他实在不愿再刺伤师兄的心，也不愿惊破那片皎洁的蝉翼般易碎的月光。

自从与师兄的那次深谈后，石涛变得沉默了许多，他身上的那种忧郁特征也渐渐显现出来。其实，在石涛的大脑和基因里，也许早已深藏着某种潜在的忧郁元素，因受到外界的信息刺激而不断地被激活。

一段时间下来，石涛总是恍觉那个夜晚只是一场梦幻，但记忆已被灼伤。此后，他总有一种在岁月中倒行的感觉；常常独自默坐在那天晚上与师兄坐过的那块大青石上，两眼怔怔地望着天空，那神情，像是刚刚从一场噩梦中醒来。啊，仅仅是一夜之间，却让他领受到多少世变沧桑！魂魄里又侵入多少令他梦魇的东西！

蓦然间，身为内人的师兄在他面前变得高大、伟岸起来！

他深感师兄所历经的千辛万苦、千难万险竟完全是为了成就自己！

这是何等无私、博大的胸怀！

这是何等磅礴的爱！

令人匪夷所思的是，就在这个特定时刻，石涛竟以李白的《静夜思》为画材，创作出一幅以"思乡"为主题的画作，这在他的一生中是绝无仅有的。从构图上看，此画只在右下角画出深山中的一个院落，一人正凝神作沉思状，令人油然而生故乡之思。此画的匠心所在，还体现为画家并未正面描绘月亮，只是以浅青的色调，通过虚笔烘染出悬崖峭壁，与院落的色彩相对比，反衬出朦胧的"月光"。墙壁上的赭色，可谓点题之笔，不仅为整个画面增添了几分暖意，亦强化了此幅画作的温馨情调，大大契合了"低头思故乡"的题意。尤当措意的是，画幅左上角的题诗，石涛将"床前明月光"易为"床头看月光"，这两字之易，并非笔误所致，它由陈述句变为动宾句，真实地反映出石涛在获知"家史"后卧床"看"月的痛苦情状，其一片至性痴情，全在此处凝结。

此画绘成后，石涛意犹未尽，为表达慎终怀远之情，石涛又偷偷刻下两方印章：一方为白文方印"靖江后人"，另一方为阔边朱文长方印，上刻"赞之十世孙阿长"七字，意谓自己是明朝第一代靖江王朱守谦的后人，同时又是第二代靖江王（悼僖王）朱赞仪的十世孙阿长！

《唐人诗意图（静夜思）》

一想到自己脉管里流淌着前明王室高贵的血液，石涛便禁不住血脉贲张，神情激奋，他暗暗自誓道——

"我是靖江王的后裔，身上漩流着宗室贵族的血液，绝不能沦于庸常，我要振拔起来，做一流的禅画师，要活出自家的风采！"

由是可见，在石涛身上，忧郁与愤发，这两者有着极其深微的因果关联：事实上，任何一个真正的艺术家都具有与生俱来的忧郁气质。大忧郁，大天才；小忧郁、小天才；没有忧郁，也就没有天才。忧郁，对于石涛作为精神个体的成长而言，无疑是一种激发、一种催化；由于痛苦、忧郁，所以去发愤、发泄；反过来说，发愤、发泄，致使石涛将其所有的生命能量都向着艺术释放，从而大大强化了其创造激情与才气喷发的力度。这对石涛来说，未尝不是一种有效的自我拯救；否则，他极有可能产生严重的精神忧郁，甚至走向自戕一途。

石涛默默地将新镌刻好的两方印章钤在一张素笺上，然后恭敬地将其放入一个精致的锦盒中。对于石涛来说——

这是他一个人的纪念！

也是他一个人心中的仪式！

第四章

九峰拜师初遭棒喝

故地云游几度惊魂

　　1662年10月，兄弟二人又联袂作了一次远游，他们取道庐山，再赴松江，其中的一个主要目的，就是要拜旅庵本月为师。

　　旅庵本月是一位邃于禅学、颇有来历的高僧（他原为天童寺住持木陈道忞的法嗣）。众所周知，自明代以来，佛教已明显衰落，不复有隋唐那样的盛大气象，唯有禅宗一枝独秀。逮至清初，满人虽然崇尚喇嘛黄教，并在北京建立了喇嘛教的总寺雍和宫，但为了稳定政局，不得不对汉族崇信的佛教禅宗加以重视。明末的幻有正传高僧，禅学高深，在他布道的南方影响綦巨，故门徒一时几乎遍布江浙名刹。幻有圆寂后，其得意门徒密云圆悟、雪峤圆信和天隐圆修，在南方也颇具影响。由于密云圆悟住持浙江宁波的天童寺，其门徒木陈道忞再传衣钵，也住持天童寺，故又称"天童忞"，而旅庵本月则是其高足。

　　顺治十四年（1657），顺治帝召见当时著名禅师憨璞性聪，并让其开列一个"南方尊宿"的名单，藉以了解江南的禅林情况。在性聪开列的名单中就有木陈道忞。性聪恐道忞不愿应诏，特专修一书，极赞顺治是"佛心天子""笃情于佛乘"，力劝其"不吝洪慈，慨然飞锡，莫负圣明之诚心，有失宗门之正信"。于是，木陈道忞于顺治十六年（1659）9月，奉诏北上为顺治说法，旅庵本月随师一同进京。不久，木陈道忞还山，旅庵本月继续留京。顺治十七年（1660）7月，旅庵本月奉旨入北京宣武门外的善果寺开堂弘法。此次在善果寺的弘法活动，轰动京华。同年8月，董贵妃薨，顺治帝令旅庵本月率庵徒24人在景山入坛礼诵，由此可见旅庵本月与顺治帝的关系非比寻常。

　　由于旅庵本月在佛教界声望甚隆，且门庭高峻，绝不轻易收徒，故在正式拜师前，喝涛便对石涛叮嘱道："师父身为临济宗第35代传人，颇著声华。而临济宗坚信只有自己才得以质疑外在权威，一向以'棒喝'著称，讲求斗机锋，禅风痛快峻烈，你可要做好心理准备啊。"

"嗯，师兄，我一定努力！"

自从向师兄表态后，石涛便一直将禅学的修习视为重中之重；为此，他专门入禅学院进行了为期半年的禅学训练。一次，石涛在课堂上当面向禅师请教道：

"请问禅师，究竟何为'棒喝'？何为'机锋'？"

禅师解释道：

"我当年作禅修时，宗风仍是黄檗禅师的一脉，打、骂、喝交相为用。其实，禅法的透脱开阔，来自它自在的无法为法。禅要遮人之间，常从不受一尘下手；禅要启人之机，就要从无法为法接引。因此有人问赵州：'狗子有佛性否？'他可以答无。或有人问：'众生皆有佛性，为何狗子无？'因为'伊有业识性在'，对此也可答有。或问：'有，为何会入这臭皮囊来？'因伊'知而故犯'。

"再如，南泉举'道非物外，物外非道'，意指道在现前，不离当下。但马祖称南泉不为法执，却说他'唯有普愿，独超物外'。其实，道非物外，物外是道。横说竖说，都在应机。因此能尽为佛说，所谓'得鱼忘筌''登岸舍筏'。法离了机，就不成法；要谈应机，就要法法无定法，所以能示法；法无定法，化用无穷。"

禅师的这番讲授，在石涛听来，有点似懂非懂；但禅师关于"法"的论说，若溯而言之，倒是其"无法之法，乃为至法"的绘画观念萌发的初始契机。

石涛经过一段时间的禅学训练，禅学水平大有长进；喝涛常得机缘已经成熟，便偕同师弟走下庐山，前往松江拜师。

这一路上，石涛总是想起上次与师兄初见旅庵本月的情形——

"我无道可布，无法可授。"旅庵本月手捻佛珠，双腿盘坐于蒲团上，一再重复此言。

"大师，我们是专程来聆听佛法的，还请大师开示！"

"我无道可布，无法可授。"

石涛听罢，不禁大为失望，遂与师兄跪拜而别。

在下山的路上，石涛道："是不是那老和尚看不起我们这些来历不明的小沙弥，或者他已经看出我俩的身份；而他既已事清，恐怕不便再与前明瓜葛？"

喝涛略加思索后，断言道："不会的。老和尚既已跳出红尘，俗缘已了。什么明了，清了，与老和尚已了无关涉，老和尚是以普济众生为己任的。"

"他既然要普济众生，可为什么……"

"我看啊，恐怕还是机缘未至。"喝涛直截了当地应道。

……

这一幕经常浮现在石涛的脑海中，以至对此次拜师，石涛犹心有余悸。于是向喝涛试问道："师兄，您觉得老和尚会不会再像上次那样？"

"不会的！"喝涛颇有把握地说。

喝涛此时之所以"颇有把握"，是因为他此前已与旅庵本月有过商洽，请求他同意石涛拜师；至于喝涛本人，早已是旅庵本月的弟子了。

经过了山一程水一程的艰苦跋涉，兄弟俩终于来到九峰，在泗州塔院再次拜见到旅庵本月禅师！

由于旅庵本月禅师近来身体违和，加上法务繁忙，看上去清癯了许多，但精神还是矍铄如常。

"阿弥陀佛，师父，徒儿来拜望您了。"喝涛合十趋前叩拜道。

一见到他们兄弟二人，旅庵法师登时来了精神，简单寒暄了几句后，旅庵法师忽然扬起手甩了一个鞭花，然后发问道：

"达摩是祖否？"

石涛答曰："不是祖。"

旅庵本月禅师又问道："既不是祖，又来做甚么？"

"为汝不荐祖。"

"荐后如何？"

"方知不是祖。"

"既然称不上祖师，达摩又来干什么？他要教大家什么？"

"因为大家不认识祖师，所以他来教大家认识。"

"那被他教了之后呢？"

"才知道原来达摩不是祖，达摩祖师来东土，只为了教大家'像他这样的人不是祖师'。"

"嗯。"旅庵本月禅师微微地点了点头，显然对石涛的上述应对还算满意。

旅庵本月禅师在此所拈举的其实是大光居海禅师的一段公案，只是应机权变而已。旅庵本月禅师接着对此阐发道：

"大光居海禅师这一破，破得彻底，但为何破得如此彻底，如此自我否定呢？只因为道不假外求。当我们把祖师神圣化了，以为从他那里可以得到佛法，以为只有像他那样特殊的生命才能悟道，禅就不见了，人人得以成佛就失掉了基点。因此，只有破，而且要破得彻底，才能证无上菩提啊！"

"感恩我师开示，徒儿受教了！"二涛合十向师父叩拜。

旅庵本月师父接着又继续开示道："禅为了让学人与释迦、达摩把臂而游，就常直接把两者拉下，以破圣解，如临济宗风峻烈，生杀同时，他就说：'佛是幻化身，祖是老比丘，尔还是娘生已否？尔若求佛，即被佛魔摄；尔若求祖，即被祖魔摄。'"

"谨记师教，徒儿受益了！请师父接受我们的叩拜！"说罢，二涛向旅庵本月师父行三叩首大礼。

......

拜师后,师弟二人都激奋不已。回到寮房,石涛慨言道:"师父禅学深邃,智慧天发,几句话就把禅的本质说透了。"

"师父当然了不起!当年顺治帝听说师爷木陈道忞学识渊博,道行高深,特召他进京,与之畅谈佛法,师爷便带上本月师父一起前往。顺治皇帝亲闻师爷讲授佛法,大为感佩,便授予他'弘觉禅师'的称号。后来,师爷木陈道忞因年事已高而返山,本月师父便继续留在北京,并于第二年奉旨到善果寺开堂说法,并出任这个寺院的寺监,因此人称'善果月'。

"开堂说法的那天,本月师父骑着皇帝赐予的御马出西华门,然后改乘肩舆,一路上高僧云集,奉旨恭送,缁素两界,据说有万余人呢,轰动京城,风光至极。8月里,皇帝的爱妃董鄂氏病逝,顺治帝在景山追荐宠妃,又诏令旅庵本月率缁流24人入坛礼诵,他简直成了御用的第一号高僧。顺治帝专门赐授他亲笔写的'乐天知命'四字,并送他两副对联,内容分别为'一池荷叶衣无尽,数亩松花食有余''天上无双月,人间只一僧'。评价如此之高,可谓空前。师父后来在北京又住了四个年头,1662年改元康熙后,师父借机离京返山,隐居至今。从此,在师父身上再也看不出当年御马西华门的从容,开堂善果寺的自得,更看不出受联紫金城的荣耀。"

听罢师兄所言,石涛深感自己能有幸拜旅庵本月为师,驻锡于继承名扬天下的黄檗禅师宗风的道场,成为临济宗的传人,不啻为一生的荣耀。为彰此意,石涛又刻了一方"善果月之了、天童之孙原济之章",以纪其殊胜因缘。在此之前,石涛已刻过"天童忞之孙,善果月之子"这两方类似的名章。自此,石涛放眼"八极",开始了新的修持布道的禅僧生活。

次日一早，兄弟二人来到方丈室，准备向师父辞行。而旅庵本月禅师并没打算让他们马上下山，而是命他们先在寺中安顿下来，静心修禅。

可一段时间住下来，旅庵师父却未作任何开示。

石涛毕竟年轻，心里憋不住事，就索性问道：

"师兄，师父这是怎么了，一连几天都不开口？"

"走，我们再去看看师父去。"

二涛小心翼翼地进入方丈寮，见师父正在那里静坐。他们与茶头师相互行过礼，便悄然在一方净几旁坐下。此时，茶铫已沸沸作响，茶头师取出两只白瓷茶具，后提起茶铫，朝那两只茶碗里倒入半杯沸水。

师弟俩此时心里颇觉奇怪，吃茶不放茶叶，只倒了半杯开水？过了半晌，旅庵师父才睁开眼睛，一看到是他们，显得非常高兴，微笑道：

"你们来得正好，这茶才上蟹眼，正是品茗的时分。"

过了一会儿，茶头师看到茶具里已不再冒出腾腾热气，便从一只古韵盎然的白瓷瓶里取出一些茶叶，放到茶具里，然后提起茶铫，再次朝茶具里注水。说来也怪，那茶铫平举齐眉，离茶几有数尺之高的距离，竟没有一滴溅出茶杯之外！注水的时候，那声音似山泉激石般的发出清响，煞是美听；再看碗里的茶叶，石涛不禁暗吃一惊！那晶莹嫩腻的茶叶泡在水中，只见翠绿的芽头慢慢地舒展开来，其形状宛如雀舌，弥散着清幽的香气。一闻到这茶香，石涛便想到在来时的路上闻到的那种清香气。这些茶叶长年生长在繁花如织的山顶，迷蒙的雾气中弥漫着百花的芬芳，而茶叶在生长过程中，又通过蒙蒙雾气充分地浸润、吸收着花香，从而形成了那独特的清芳。

望着色泽清莹、香气馥郁的茶汤，石涛轻轻地品尝了一口，顿觉神清气爽，飘然欲仙，遂起身向师父致谢道：

"今天能喝上这般好茶，实在是平生之幸啊！说到底，还是沾了师父的光啊！"

而本月师父听了，却摇摇手说："不，你这话正好说反了。今天能喝到这样的好茶，是沾了你们的光！"

"咦，师父，这到底是怎么回事？"

"告诉你们吧，按照寺院中的规矩，凡新到僧都待为客礼。黄檗寺规定，给客人要做好茶，但上好的茶数量有限，所以必须控制用量。因此，黄檗师父吩咐要用上等茶来招待客人。而本寺僧众则只能喝普通的茶。正是这一寺规，使得凡是来黄檗山的施主，都有幸得以品尝，所以黄檗茶远近驰名，以至于其他地方的禅院，也说他们的茶叶是黄檗茶呢。"

说到这里，本月师父轻轻地呷了一口茶，然后坦言道："你们今天所品尝的，还不是最好的茶。最好的茶，是茶中极品，如佛陀白眉的毫光，孕山川之灵气，采造化之精华，但这种茶什么人也不得品尝，包括师父也从未品尝过！"

"咦，那到底什么人才能品尝？"石涛瞪大了眼睛问道。

此时，只见本月师父双手合十，虔诚地诵道：

"南无阿弥陀佛！"

石涛一下子明白了，啊，原来最上等的茶要敬献给佛陀！以极品献佛陀，以上品待客人，这不正是一种至高的境界！

石涛于是站起身来，合掌当胸，虔敬地默诵着："阿弥陀佛！"

"阿弥陀佛！"旅庵本月师父反复默念着，然后接着茶道的话题继续谈道：

"佛教一开始传入中土的时候，师僧们大多修习小乘禅法，并且严格遵循过午不食的戒规。为补足午后的营养，提神益思，驱除禅修中的昏沉，同时也为了养生，就得需要一种带有提神功能的饮品，而茶正好满足了这种需要。

要说起这茶道里面的讲究，那可确实不少。其中包括茶的质量、色泽、茶的烹煮技巧、水的质量、茶具的色泽与质感、茶室的环境设施，乃至宾主之间的相互礼节，都有讲究。刚才茶头师开始时只冲了一半的沸水，就是为避免用沸水冲茶把茶给冲老了，所以才用八成开的水来泡。当然，其他种类的茶又另当别论。古时流行烹茶，以陶壶在松烟炭上炖之。在将沸未沸之际，茶水会泛起蟹眼似的气泡，这是火候正好的标志。"

这时，茶铫里的沸水哗哗作响，似松涛阵阵，似空山瀑鸣……

旅庵师父将茶铫里的沸水倒入自己专用的那把茶壶，然后将茶水分别倒入二涛的杯子中。

"多谢师父！"喝涛双手端起茶杯，轻轻抿了一口："咦，这味道不太对了，师父，您喝的是不是再烹之茶？"

旅庵师父微笑着点了点头，然后道："师父以前只喝龙井茶，并且泡两三道就重新换掉，如今想来，真是暴殄天物，罪过啊！"

"师父，那您……"

还没等喝涛开口，施庵师父便已晓得他要问什么，故又接着讲述道："后来啊，师父听了一个故事，说是出关的壮士，走到险恶之途时，道渴欲死，这时寻马尿都很困难，别说茶了。从那以后，师父开始悔悟，绝不能再暴殄天物，于是就喝起再烹之茶；喝习惯了，以后再喝起来也觉得津津有味了。"

接下来，旅庵师父便谈到茶道的真谛："这茶道嘛，如果用简单的几个字来概括，就是'和、敬、清、寂'。"

"和、敬、清、寂？"

"对，和、敬、清、寂。饮茶之时，不分身份地位、年龄、长幼，主客之间和睦共处，这就是和。平息心理躁动，使心境平宁，也是和。由于有这种和的心理基础，主客之间互相尊重，就是敬。至于清、寂，是指茶室环境幽雅，陈设古色古香，隔绝尘世，可以清神静心……"

啊，茶味禅味，茶禅一味。

"师父……"

看到师父只是一味地谈茶，品茶，似无开示之意，石涛又有点迫不及待，后来干脆把话挑明了，"师父，您叫我们留下来，不会只是为了在此品茶谈茶吧？"

"除此之外，师父还能教你们什么呢？"

"刚才闻听师父谈论茶道，深受教益，师父能否再为我们讲讲佛法呢？"

"师父无法可讲。"

"那么，"石涛斗胆进一步追问道，"师父，那么您当年在善果寺开堂说法，又说了些什么呢？"

"哈哈，你这是在将师父的军？"旅庵本月笑道："告诉你们吧，师父所讲的，皆非真法。真法无法，酒、色、财、气四大皆空，苦集灭道也是虚妄，那么，还有什么是能说的真法呢？我只是在那里骑骑马，坐坐肩舆，说说笑话而已。"

"师父，难道您能蒙得了皇帝？"石涛显然不太相信。

喝涛用胳膊使劲捅了一下石涛，然后瞪眼道："你别乱插嘴！"

"哈哈哈……"谁知旅庵师父此时却大笑了起来，并回应道："你以为皇帝是高僧大德？他也是俗人——要听好话的大俗人！只不过我说的，是借用了佛家的语言，他就以为我是在说法。"

"那么，那么……"

"别'那么'了，喝茶，喝茶。"

喝涛轻轻呷了一口，说道："师父，这茶，已经没什么味道了。"

"噢，是这样吗？"旅庵师父用手指了指石涛："你喝喝看。"

石涛随即品尝了一口，说道："师父，这茶确实没什么味道了。"

"好了，师父现在可以告诉你们一个真谛，禅家就是要在别人觉得没有味道的茶中喝出味道来，这就是禅！"

石涛摇摇头："师父，这……这徒儿不太懂。"

"哈哈，不懂就对了。"

"不懂，怎么就对了？"石涛更为困惑了。

"佛法不可言传，可传的都不是佛法。"

"那是什么？"

没想到师父竟来了这么一句：

"你们没听说马祖禅师著名的公案吗？他说：是粪杓子。"

石涛一听此言，顿时惊诧不已："粪杓子？师父，您这是……"

直至这时，本月师父才一改刚才诙谐自在的禅家谈风，正色道：

"谈佛法必须应机。正因自性自悟，自作因自受果，所以佛不能化导无缘。"说到这里，旅庵师父将目光转向石涛，启导道：

"所以，你刚才问师父什么是佛法，讲究禅悟的禅师很可能直接扇你一个大耳光，或者用反语甚至亵渎语来回答。比如马祖禅师所说的'粪杓子'，这与佛法有什么关系呢？马祖禅师之所以这样回答，就是提示提问者，你的提问本身就错了；佛法需要自己参悟，哪里有现成的答案呢？所以师父说经必应机，禅亦如是。"

"师父所说的机，是否即指时机、机会、事物转变之枢纽？"石涛问道。

"对，徒儿聪明。无机即无禅。在《碧岩录》中有一公案，镜清道怤以'啐啄同时'为喻，阐发斯旨道：'只有子啐母啄，才会在蛋临破壳时，子鸡内啐，母鸡外啄，啐啄同时达到临界一点，方能壳破鸡出。'禅家接引，亦复如是。

"对此，风穴延沼以击掌为喻，必两掌相击才会'响'，谈接引，必也识得此机，如不'响'，即便说得唇敝舌焦也是枉然。叩应之际，必也机锋互换，啐啄同时，才会充满机趣啊。"

听至此，二涛不由同时向本月师父跪拜道："多谢师父开示，徒儿受教了。"

本月师父继续开示道：

"对于这种妙境，禅家往往以'剑刃上事'作喻，所谓'两刃相交'为剑客之事，下面师父再给你们讲一段陈尊宿的著名公案：

"或问：'如何是曹溪的意？'

"师曰：'老僧爱嗔不爱喜。'

"曰：'为什么如是？'

师曰：'路逢剑客须呈剑，不是诗人莫献诗。'"

说到这里，本月师父又扬起手来，在空中甩了一个鞭花，进一步开示道：

"祖宗有'生杀同时'之说，为打破人的无始无明、俱生我执，非具大气魄不可，禅家总予人大开大阖、大破大立、独坐大雄的气概，而为大破这根柢无明，禅者须不予自己生命以任何可乘之机，所谓'两刃相交，无所躲闪'是禅修行的基点，在此，以禅为美、以禅为学、以禅为趣，皆为其所斥。正因有了这气魄、守住这基点，才会有禅者悟后的风光，这悟后风光直抒凡圣无别后的自在，无论映现为何，总可见禅者生命的简捷。"

二涛听得入耳、入神、入心，最后一起叩拜道："多谢师父开示！"

回到寮房后，石涛犹兴奋不已，说道：

"师兄啊，刚才师父所言，令弟顿开茅塞。那么，下一步我们应当如何设一机缘，让师父进一步垂示呢？"

"师父乃上智之人，他自会观机斗教。"喝涛忽然发现了桌上的几张禅画，"咦，我看，你不妨就将最近的几幅新作呈上，请师父予以开示如何？"

"那太好了，听师兄的。"

几天后，石涛将自己近来的画作逐一打开，恭请师父赐教。

旅庵师父将画仔仔细细地逐一看过，然后坦言道：

"你最近的画，不论是山水，还是人物，我看都可视作禅画。或工或写，禅趣自在。"

接着，旅庵师父又随缘垂示道："你知道吗？禅家的生涯就叫云水，这云水是'孤云不定家'，随缘而适，在禅门的画作中，最常见的就是你画的这类布袋和尚，他尝谓'一钵千家饭，孤身万里游'，所以历代以布袋入画的大多着眼于这一点，你看梁楷笔下的布袋，无不洒然自得，逸步万里，而其作意，无非是游戏人间，启导世人随处放下而已。但到了一些世俗者手中，所画的就不再是飘然云水的行者，反而成为宝物盈囊、大腹便便的和尚了，这反映出世俗者不重修炼只重功名利养的心理。"

望着神有专注的石涛忽闪忽闪的眼睛，旅庵师父更来了兴致，他呷了一口茶，继续说道：

"所谓禅画，必得见其内外之通透；内，主要是指禅心，是禅者的内证世界、修行境界、生命风光；这外，则是指笔墨法式。只有内外无隔，才称得上应于宗门之旨。

"就禅的本心来说，原即具足，不假外求。这就如同月亮，由人观之，好像有圆有缺；但在月亮本身，则圆满自足。因此，禅家必须焕发本心，方能照见月亮圆满自

梁楷禅画《泼墨仙人图》

足的本性。再比如禅画中的祖师总是以独坐大雄之姿态示现，之所以如此，是祖师虽可契于万法，应于诸缘，而其本则因不动之本心。说到这里，便不能不提唐代高僧百丈怀海那桩'独坐大雄'的公案：

"问：'何为奇特事？'

"答：'独坐大雄峰。'

"这大雄峰，当指佛寺正殿所名的大雄殿，如溯源可至释尊，他初降生时，一手指天，一手指地，周行七步，目顾四方，而曰：

"'天上天下，唯我独尊！'

"最近，经常有僧徒来问我：既然诸法无我、诸行无常，缘何世尊反提唯我独尊？我总是回答他们，这里的'唯我'是指人人皆有的离于生灭的本心。"

接下来，旅庵师父由释尊转入对禅学源流条贯的介绍上来，只听他娓娓说道：

"禅，最早诞生于西域，传入中国后又分道两路：一路为东汉全据普，由安世高、鸠摩罗什、佛陀跋驮罗等自西域来华译传的小乘、大乘；另一路为提达摩于南朝宋末由天竺来华所传之禅。禅，为音译'禅那'之略，意译则有'静虑''思维修''弃恶'诸义。所谓心注一境，正审思虑，故又称为'善性摄一境性'。在中国，人们习惯于将'禅'与'定'并称为'禅定'。'禅'传入中国后，涵义又有所丰富，它不单是指通过静虑的自讼、自觉，而且也指静虑覆盖下的自我审视、自我洗涤、自我否定、自我完善、自我净化、自我升华、自我顿悟……除此之外，'禅'别有禅学之禅、禅宗之禅、禅教之禅等微差。"

讲到这里，旅庵师父呷了一口茶，清了清嗓子，然后继续说道：

"禅学之禅，着重在修行方法上下功夫；禅宗之禅，由达摩西传至六祖，束承释门'即心成佛'宗旨，至臻于最上乘境界；禅教之禅，慧能宗风由经师们代代相传，到宋朝后有了偏离慧能心宗的倾向，专在语言、文字、动作、外物上着力者，如口头禅、机锋禅、默照禅等狂禅，使禅宗渐渐流变为禅教之禅修之道。禅修之道，本有浅、深，层次不同，如外道禅、凡夫禅、小乘禅、大乘禅，只有顿悟自心本来清净，元无烦恼，无漏智性，本自具足此心即沸，毕竟无异，依此而修者，是最上乘禅，只有参透这一悟境，才是一切三昧之根本啊。好了，今天就讲到这里吧。"

翌日一大早，小侍僮便来叩门，告知二涛道："师父已在禅堂等候，说是一会儿要带你们一起上山。"

旅庵师父这天兴致很高，他扶着竹筇，健步如飞，全然不像一个年逾七旬的老者。当他们师徒三人走到一座亭子前，旅庵师父用竹筇指了指亭中的石凳，示意二涛坐下，然后说道：

"这些日子，你们在寺中静修禅道，颇有进境，为师深感欣慰。老衲自幼出家，门徒甚多，年龄也不尽相同，这使师父感到，人的心境的静躁是不能简单地与其身份、生理年龄画等号的。师父最近看了不少出家人的书画，那笔墨里依然可见其内心深处的跌宕和狂躁，点画凌厉暴跳。禅学修炼，讲求的就是一个'虚静'，可总是有起于青萍之末的风使人心幡动摇。明中期以后一些书法名家的墨迹，如解缙、张瑞图、陈淳、詹景凤之流，都有点野狐禅，信马由缰，无甚家法可言。不去遵法、了法、悟法，便想弃法，只会日趋狂野，终难入得高人法眼。"

"多谢师父赐教！"石涛接着请教道："依徒弟之见，唐人一味重法，从而失去了魏晋人的天然之趣。就拿隋代的智永来说吧，他身为僧人，落寞的本性，使他蒲团枯坐，远离俗尘，只是一心致力于书法，光是《真草千字文》就写了800多本，可谓笃勤匪懈，奋勉过人，可弟子总觉得他的书法好像缺失点什么。"

"那么，依你们看，他缺失的到底是什么呢？"

二涛你看着我，我看着你，一时不知如何回答。

旅庵师父望着动于眼前的行云，然后用手指了指亭边的流泉，继续开示道：

"依为师看，智永缺的就是这清泉激石泠泠作响的活泼本性！"

"师父一语中的，徒儿敬服之至！"

旅庵师父接言道："'精熟过人，惜无奇态。'这是唐人给他的八字评价，为师以为此评无误。古贤论书，往往强调'点画振动'，这就是要求用笔要'活'，这种'活'，正是活泼的禅机所显发的妙用。由是反观他的七世祖王羲之，所看重的正是这个'活'字，他经常以'水'喻书，如'棱侧之形如流水激来''如惊蛇之透水，激楚浪以成文''漂碧水而龙驰、滴秋露而垂玉'。水之形、水之势、水之韵，尽在于此了。王羲之笔下所透发出的那种生机勃发的山林之气，莫不与此有关，'浑万象以冥观，兀同体于自然'，他已然将虚灵的山水化作他的心性了。所以，在为师看来，不论是作书还是绘画都要靠腕力，腕不虚灵就画不好画；可是比运腕更神奇、更玄妙的是心性、是感悟、是灵觉！"

旅庵师父说到最后这三个字的时候，为引起徒儿的关注，大大加重了语气。

师父的这番雄谈，令兄弟二人叹服不已；喝涛不禁慨言道："万没想到，师父不仅禅学深邃，而且还如此精通书画之道！"

旅庵师父温厚地摆了摆手，坦陈道：

"为师早年在参禅之余，也曾以书画为遣，偶尔也有过蔡中郎所谓'势来不可止，势去不可遏，惟笔软则奇怪生焉'的快意，但并无家法可言。为师自幼便皈依莲座，以庙为家，这山野生活虽然岑寂清苦，可这林壑之幽、天籁之美，却在精神上给予为师难言的补偿，也让为师从中悟出了书道上的不少精义。为师记得东汉蔡邕论及书法之形、散、势，皆能于篆书中领会自然之妙有，为师最欣赏他论书中所下的那个'散'字，可称妙绝。他说：'书者，散也……欲书先散怀抱，任情恣性。'西晋卫恒后来也提出'体象'。三国钟繇见到蔡邕之字，竟然'自捶胸三日，其胸尽青，因呕血'，因悟'岂知用笔而为佳也，故用笔者天也，流美者地也，非庸凡所知'之理。"

"师父，这大概就是古人以书法的笔、势与自然状貌比拟的发轫吧？"

"徒儿聪慧善悟，甚慰师心，望能潜心修禅，了法出法，不断入悟。噢，对了，"本月师父似乎忽然间想起了什么，遂又开示道，"还有一点也特别吃紧，临济宗主张不住悟境，而要从悟境中转身而出。要得透脱自在，必须能擒能纵，如此方能证无上菩提啊！'摄心勇猛勤精进，为求半偈舍全身'，希望你们惕厉自奋，画出自家面目，自家风采，做一流的禅画师！"

说到此，旅庵师父的右手向空中有力地挥动了一下，算是为这番"说法"画上个斩钉截铁的句号。

此时，石涛直觉天风鼓荡，海雨飞空，胸中的妄情妄识尽被本月师父的一席话摒除荡涤，一个充满内力的声音在心中震响：

"徒儿一定谨遵师教，不负我师厚望！"

自此，石涛将对未来的使命感与他的生命自觉和艺术自觉高度地重叠起来，从而指向一种广大的胜境。

一日，本月师父与二涛共坐禅堂，相与品茗论道。

"经过这几个月的禅修，你们都大有进境，那么下一步有何打算呢？"

没等二涛开口，旅庵师父又发话了："我看啊，你们趁着年轻，手脚灵便，还是应当多多游历。僧人的生涯多称为云水，故这两个字也常常代以行脚、游方；出家人一定要注重参访，所谓'访尽从林叩尽关'。作为僧人，就是要以这种云游的方式，去照见自己的盲点，去除自己的惯性，打破个人的执着，培植胸中的元气。

"师父曾写过两句诗：'谓余八极游方宽，局促一卷隘还陋。'自古以来，无论是僧人，还是诗人、画家，无不与山水相与表里，特别是那些名山大川，非观之不足以发舒胸中之奇气。山水名胜之游，意义在于精神激发与超升，其中也包括其他精神性的发现，比如自我认证等。还有，世间哪有天生弥勒、自然释迦？必须发苦行之愿，发真精进真猛勇，纵遇险难，亦所不辞。所谓不经一番寒彻骨，怎得梅花扑鼻香？从历史上看，历代名僧，无不以坚忍弘毅著称，明人的旅行家徐霞客出行，必与僧人为侣，隐然有与僧人比权量力的意思在。你们身为僧人，一定要精进不已，为佛门添彩扬辉啊！'摄心勇猛勤精进，为求半偈舍全身。'"

说到此，旅庵师父又将禅宗的这两句诗重复了一遍。

"师父所教，弟子定当谨记在心！"说罢，二涛向师父稽首再三叩拜，然后退下。

庐山。

"啊，不到此山游，不识此山美！"虽是故地重游，可一来到庐山，石涛还是情不自禁地发出了如是赞叹。

是日云开新霁，碧空如洗。众鸟鸣啭着，飞绕于林梢之上，像一些灵动的音符，打破了天空与山峦之间的岑寂与虚空。

二涛一路上游兴甚高，此时石涛还沉浸在拜师后的喜悦之中。

"师弟啊，你现在已经正式成为临济宗南岳下第三十六世弟子了，可你知道师祖本陈道忞禅师另演的二十八字派系吗？"

"我还真不太清楚，请师兄赐教。"

"按照法嗣，这二十八字派系为：

道本元成佛祖先，明如杲日丽中天。

灵源广润慈风溥，照世真灯万古悬。

师祖木陈道忞是'道'字辈，师父旅庵本月是'本'字辈，我们

自然是元字辈。你原来的法
名为'原济'，我的为'原
亮'。我们就把那个'原'字
改为'元'，记住了吗？"

"我记住了。"

一路上，二涛谈的最多的
还是禅学，自拜本月为师后，
石涛遂成为临济宗这一法脉的
真正传人，但他自知平素耽于
书画，对禅门里面的许多概
念、名相并不十分了然，故想
借此机会"恶补"一下。

《庐山观景图》（局部）

"师兄，师父在我们拜师
时，曾多次以禅宗的诗句'摄心勇猛勤精进，为求半偈舍全身'来勉
励我们。可什么是'半偈'，弟还真不太明白。"

"半偈，本是佛教专门术语，原指'诸行无常，是生灭法；生
灭灭已，寂灭为乐'一偈的后半偈。据北本《大般涅槃经》卷十四
称：'释迦如来于过去世为凡夫时，入雪山修菩萨行，从帝释天所化
现之罗刹闻前半偈，欢喜而更欲求后半偈，罗刹不允，乃誓约舍身与
彼，而得闻之。'半偈，在禅宗中指不可言传的妙道，或以半偈代指
禅宗。梅清兄在寄予师父的诗中曾写道：'梵诗诸天合，禅从半偈
分。'也说到了半偈，就是说要得无字禅法的妙处。言三乘教门，说
祖师法典，动辄某经某典，动辄谁谁曾言，这都是拉大旗做虎皮，未
得禅之妙法。妙悟之人，通透一切，一法不存，一言不立，《法华》
《楞严》，统统置诸脑后，这就是'一字无'。"

石涛心领神会地点了点头，继续问道：

"师兄，禅宗里一直讲斗机锋，讲棒喝，上次在课堂上弟曾听禅

师讲过，可还是不太明白其目的究竟是什么？”

喝涛从容答道："禅宗机锋是宗师们的方便说法，由六祖肇其端，到了马祖道一与百丈、黄檗、临济禅师们的手里，加以活泼运用，渐渐变为一种最新颖的教授法，机锋对于问答上的运用，有时是说非成是，说是成非，往往不是宿构在胸，而是临机对答，从无定法，其目的在于考量佛子的见地与实证的功夫，使其自参自悟。正如《心经》所说：'无眼界，乃至无意识界。'从此远离一切颠倒梦想，所谓'究竟涅槃'，即在对辩中顿然领悟，识破机关，直悟真谛。总之，禅宗的机锋是一种因时、因地、因人而异的、使人开悟的活用法门，而不是禅的宗旨和目的。"

"经师兄这么一讲，弟总算是明白了。还有，这临济宗为什么老是强调'棒喝'，它到底又有什么妙用呢？"

"所谓'棒喝'，这也是禅宗宗师们常用的一种教授法，大凡真有修持的高僧大德，他们开坛说法，堂下往往会聚居数百众至千众不等，所谓'龙蛇混杂，凡圣同居'。因此，高僧宗师们往往喜欢手持禅杖，作为领众的威信象征，禅宗的所谓'棒喝'，是由于德山宣鉴禅师喜欢用'棒'、临济义玄禅师喜欢用'喝'，因此后世禅宗便有'德山棒，临济喝，云门饼，赵州茶'之说，都是为了破除人们的思维习惯与心理定式。至于这'棒喝'嘛，则是一种在极端状态下使人觉悟的有效方式，酷似雨夜里的闪电。"

讲到此，喝涛又耐心地开启道：

"临济宗还讲究'参话头'，这'话头'当然是指一个问题，'参话头'，也就是参究这句话的来源的方法，所谓参，包括有研究、揣摩、体会、观察、观照、静虑等的综合作用。用'参话头''照顾话头''看话头'的方法等来参禅，那便是一种修习止观法门，先以调身（调整生理）、调息（调整呼吸）等有为的修法做前趋，然后达到澄心静虑，初步使心志专一不乱的境界。依此次第，循序上进，便是禅定所属四禅八定的历程。

"到了宋、元以后，由于'参话头'方法的流行，以及集体同修丛林制度的普及，不少出家衲子，行脚参学诸方，往往抱住一个'话头'，专心用工参究，往往一参就是一年半载，甚至有一生参禅到底的。于是形成以打坐参禅的禅定为主的禅风，三关之说于是大为盛行。所谓'三关'，是指'破参'为明心的'初关'，见性为'重关'，最后的证悟，为末后的'牢关'。到了清初，雍正为了三关之说，还特别提出唯识宗法相学来做注解，这里就不必细说了。"

石涛一连提出三个问题，喝涛竟然都能不假思索地从源流条贯上予以简约扼要的解答，这让石涛大为感佩，遂言道：

"师兄，您的禅学功夫这么深，却要与我一起拜师，师兄用心良苦啊！"

"求珠当入九重之渊，搜宝必登万仞之巅。适才所讲，不过是些禅门常识而已，何足称道？弟过去一直在习清静禅，又耽情于书画，故对禅宗的一些名相还不太熟悉，这不成问题，我们可以随时交流嘛。"

"好的，以后就有劳师兄了。"

一天，二涛攀上了汉阳峰巅，立身云表，顿感心旷神怡。

"师兄，这汉阳峰弟以为虽不及五老峰奇险，但毕竟是庐山最高峰，其雄伟高大之气象似有过之。南望鄱阳，缥缈无际。北顾长江，盘绕如带，东观匡庐，诸峰插天，西瞻翠岭，野芳秀出，直令人有'一览众山小'之感！"

"是啊！前几天我们登上五老峰，其高度虽不及此峰，但确实是奇险啊！李太白游览天下名山，自以为俊伟诡特鲜有能过五老峰者。"

"师兄提到太白，令弟想到了苏东坡，这位千古奇士恐怕也未尝登上五老峰绝顶。"

"噢？何以见得？"

"东坡居士的五老峰诗有'偶寻流水上崔嵬'之句，已透出个中消息。以坡仙之天才，倘若登临五老峰顶，必有惊人之作，岂能如此草草收笔？又如朱子游庐山，曾云'游五老峰诸山'，此'诸山'者，并非五峰绝顶。其所谓'览观江山之胜'，盖指万松坪下镜湖庵、象鼻山、青莲谷、月宫院诸胜，虽云峰千丈，然俯视九江、彭蠡，仍瞭如几席，大有可观，故有'乐之忘归'之语。"

"弟之所言，我亦云然。兄以为振古文杰，未必皆肯轻生而蹈此险绝之境，故不能亲临绝顶可知矣。而我等身为云游僧，自当恪遵本月师父的教导，发苦行之愿，发真精进真猛勇，纵遇险难，亦所不辞。特别是那些名山大川，非亲临绝顶，不足以尽览其胜，亦不足以发舒胸中之奇气！"

"师兄所言，深合吾意。弟以为目前所做的，距师父所说的'坚忍弘毅'四字还差得远哩！"

沈周《庐山高图》

"弟能以此四字默默自励，难能可贵啊！哟，天色已不早，我们也该下山了。"

次日，他们二人同游佛印桥，于淡云居外望，山势最雄，才一进岭，坦然平正，四面峰围，俨如莲华，又宛如一大城郭，内有湖田，祖庭绝胜。

一日，石涛在游山时发现了一块布满古怪花纹的顽石，他忘情地欣赏着，而就在此时，他隐然听到一种细若游丝的滴水之声，于是循声寻去。可由于滴水声太弱，石涛费了好大气力，才从一处被茂密草丛覆盖的阴凉之地找到了它。待定神一看，这里是一条空谷，前面的巨石突怒偃蹇，层层交叠直耸山巅。人站在这终年不见阳光，且欲向天外作倾倒之势的巨石前，不免心生几分恐惧。

但石涛还是来到那发出具有节奏感的"咚咚"之声的滴泉旁，他发现在一处不大的断壁上有一层绿苔，下面有一层泥土，从中可以看出滴水对泥土浸润的力量，而水正是从那儿一丝丝冒出来，最后凝结在一个石尖上，并不断地积聚着势能，直到水滴饱满到有一粒珍珠那么大时，那晶莹澄澈的、精灵般的水滴才"咚"地一下跌入石洼中。那声音清脆之极，美妙之极，它简直就是山体本身深沉而有节律的心跳，是自然界最奇妙的天籁之声。

石涛蹑手蹑足地来到石洼旁，他真想上前掬取一捧，啜饮这来自大山深处的甘美汁液，但他实在不忍搅动这一洼清水，那水实在是太澄澈、太纯净了，一如浑朴未凿的大自然本身。

此时，石涛又将目光凝聚到水洼上，这一处水洼显然是在千年岁月中由水滴石穿所形成的。再细观那水洼的边缘，竟都是非常潮湿的，这同样是亘古如斯的滴水的力量所形成的。唯其如此，才能构成水落下一滴便溢出一滴的奇观——这大自然的杰作真是奇妙到极点！

正当石涛依依不舍地离开水洼时，却又有了新的发现：那几株傲然屹立于水洼旁的松树，生长得是那样浓密茂盛，郁郁葱葱。啊，它们不正是一群日夜吸吮着天然母乳、最为大山所宠爱的孩子吗？

想到这里，石涛的心底不禁涌起了一种莫名的感动，也从中得到一种深刻的启悟——

把幼芽滴成大树，把空寂滴成天籁，把荒土滴成茂林。什么是柔弱，什么是刚强，什么是短暂，什么是永恒，这滴泉——亘古不息的滴泉已然对此作出了最完美的诠释！

在"滴泉"的无声教化下，石涛再次在心中暗自发愿：此后当效法这种精神，长养灵明，精进不已！

从庐山下来后，二涛驻锡于光孝寺。

翌日清晨，喝涛睁眼一看，石涛已先他而起，正在山上出神地凝视着一棵古松，浸入沉思。

这些古松，像巨伞般撑起片片浓荫，让人凉意沁骨；尤其是在夏季，那遮天蔽日的树冠总会洒下一地清凉，使人感到无比惬意。

喝涛轻轻走近石涛身旁，悄声问道："兄弟啊，何思之深呢？"

一看到师兄，石涛的脸上顿时露出一种"发现"后的兴奋，他激动地向师兄倾诉道：

"师兄，弟一直特别喜欢画松，这您是知道的。此次重游庐山，我更发现，那些古松，姿态各异，绝无一点雷同；造化的大手笔，甚至会在每一株古松上都留下不同的风霜感、沧桑感，真令人啧啧称奇。至于那些苍翠挺拔的松群，则不啻是一种汁液饱满的生命，犹如血气充足的壮汉！"

说到这里，石涛又指着眼前的一株古树道：

"师兄您看，在这些如利剑一般直指苍穹的古松旁边，还残存着不少因雷打电劈而伤筋断骨的古树，它们皮骨分离，胶汁尽失，最终化为一截截树桩，挺立在那里，展示着另一种古拙浑朴之美。尽管这些树桩早已被岁月风干，从树心里发出宛如源自太古的

'咚咚'回响，似乎一遇明火，瞬间便会化为一支巨大的火炬。但即便如此，这些古桩所展示的仍然是一种永远不倒的架势。唉，就人的生命的脆弱与短促而言，与这些古树真是不可同日而语！一想到这里，我便打内心里感激本月大师当初命我们多多游历的点拨，那含灵蕴秀的大自然，它的一草一木，无时不在对人惠施着无言的教化。"

喝涛似乎已被石涛的激情所点燃，遂慨言道：

"听贤弟所言，不禁使我深感到这些灵异瑰奇之物，往往生长在空旷寂寞之处，而不适宜在喧嚣热闹之处存活，因为那里太多的是人气、声响，太缺的是空间和阳光。你看这些松树，它们只有在寂寞空旷处，才能尽可能获得充足的阳光和霜雪，使生命得以充分地舒展；它们那种原生美态，尤其是那种历经沧桑不易容颜的古拙苍雄的风韵，的确是不可多得的天然画本。"

"师兄所言甚得吾心！咦……"说到这里，石涛好像又有了新的发现，他用手指着远方，"师兄，你看那棵松，虬枝偃蹇，大有夭矫擎空之势，美得简直无以言表，唯有将其付诸丹青！"说罢，石涛情不自禁地拿出画本，在上面勾勒起来。

喝涛凑近一看，不觉大惊："啊，师弟笔下的松，简直如同一条活灵活现的苍龙，正昂首天外——这种视觉感受，显然与师弟在创作时特别强调物象的'势'有关；再加上师弟的'骨法用笔'，自然会生发出动人心魄的视觉效应。"

"多谢师兄赏爱！弟近来一直注重作画应'先以气胜得之者，精神灿烂'，只有如此，画面上才会呈现动感。"

"是啊，我注意到弟近来写松之法，如三五株，必力求使其似英雄起舞，俯仰蹲立，皆有一种霸悍之气，给人一种气势冲出了画面之外的感觉，而真情则激荡其间。"

"依弟之见，这种'动势'无不可归之于阴阳、动静、刚柔、粗细、长短、曲直、枯湿、反正、聚散、虚实、断连、开合、体用、形神等关系的灵活巧妙的处理……"

正说到这里，忽然有一群飞鸟从他们头上掠过，石涛不禁仰首而望，浸入超然悠远的遐想。

"师弟刚才那种举目仰望的姿态，不由地使我想起嵇康的诗句'目送归鸿，手挥五弦'，这个'送'字，充盈着对自然的无限深情，让人不由地想见古人那一片心醉情痴之态，像是送别自己的至亲好友，直至这飞鸿消融在天边的云霞中，方才转过神来，好一派悠然、闲雅的风致啊！"

"弟以为这种'风致'对一个书画家是非常重要的，只有从笔墨深处去探究生命终生厮守的缘由，才会使'技'进乎'道'，唐人以法则提控笔墨，宋人则用智慧感悟加以观照，法则可以传授，而智慧感悟却只能依赖心灵。元代赵孟頫一日可书万字，每一笔每一画都剔精抉微，中规中矩。但细加品味，唯觉娴熟而已，那种闲雅、悠然之趣，与宋人可就相去甚远了。到了明清，'台阁体''馆阁体'盛行，无非是以'应景''应制'为荣耀，千人一面，死相毕露，苏东坡所标举的那种'适意无异逍遥游'的风韵，已寻觅不到一丝踪影了。这当然不是个人的问题，而是世道使然。"

喝涛道："听贤弟之言，又使我想起当年苏东坡的一句名言：'笔成冢墨成池，不及羲之即献之；笔秃千管，墨磨万锭，不作张芝作索靖。'苏学士这话，为不少'钻故纸堆'者提供了口实，好像只要努力，总会洗去铅华，臻于大成。其实，书画之道，天分、功力、游历，三者缺一不可。"

石涛接道："听师兄所言，使弟想起了一则禅宗的小故事：唐代的神赞禅师有一日在僧房静坐，看到一只蜜蜂尽力往窗纸上撞，一而再，再而三，就是冲不出去，于是深深叹道：'世界如此广阔，不肯出去，却一味钻那故纸，可惜可惜！'弟以为那些不投入大自然的怀抱，不去体悟真法挹取灵源，却一味拟古、泥古而不化的人，不也就像那只莽撞不歇的蜜蜂吗？"

"师弟所言，深合吾意。在天地山川之间，无处不藏有禅机，这大概就是师父让我们云游天下的深意所在吧！"

"师兄说得太好了！依弟看，历史上的法显、玄奘，他们的伟大就在于一个傲视千秋的'行'字！他们的这种取经方式，甚至比取经本身更伟大！"说到这里，石涛感到似有一股不可遏制的激流从胸中奔泻而出。

"师弟能有这等高卓的识见，为兄大感欣慰！啊，前面就是'仙人洞'了，我们快走吧。"

在游山的路上，石涛不时地关注散落道旁的石碑，这些石碑固然坚硬冰冷，却经不起岁月的侵蚀，变得斑驳陆离，犹如浩瀚天际的满目星雨。至于石碑上的字迹，更是模糊不清，但石涛仍兴致勃勃地辨识着那些尚未因风化而漫漶的刻痕——他深知这里面一定与某个年久事湮的人物、事件有关，一定蕴藏着一个个玄机四伏的秘密……

第五章

栖身宣城为避祸难

小住歙县倾力丹青

康熙五年（1666），二涛结束了长期的云游生涯，于次年11月随师父旅庵本月来到了宣城，驻锡于敬亭山广教寺（南双塔寺）。

二涛为什么要在此时随师父匆匆来到宣城，这还要从他们所处的危险情势说起。

康熙四年（1665），清政府曾宣布：明宗室改易姓名隐匿者，皆须复旧回籍。乍看上去，统治者似乎对前朝宗藩嫡嗣实行了较为亲和的怀柔、开放政策，谁料到了次年，明河南安昌王后裔改换姓名，隐置于华亭城北郊龙珠（树）庵为僧，却被松江官府侦知，遂打入"谋逆"大狱，一时间被凌迟处死者达27人，斩首者计七八十人，株连更达五六百人之众。松江府上空顿时弥漫着令人毛骨悚然的血腥气氛。身受清政府宠遇优渥的旅庵本月禅师，深知作为明宗室后裔、四处云游的石涛，面临着随时被屠戮的危殆处境，遂连夜派人潜护他们师兄二人束装就道，去宣城广教寺暂避风头。

广教寺建于北宋绍圣三年（1096），其开山祖师是晚唐的希运禅师，为曹溪六祖之嫡孙。因为他初居高安黄檗山，故又称黄檗禅师。唐大中二年（848），裴休知宣州，迎黄檗断际禅师来宣城，驻锡城内开元寺，第二年，创建广教寺。

广教寺在当时的百姓口中为双塔寺，因寺内建有一对并肩比立、造型独特的方形古塔。双塔形制相同，均为仿木楼阁式砖塔，塔高都是20米左右，各有7层。这两座宝塔兼有唐宋的韵致与风貌。这种沿用唐代四方形平面的宋塔，在我国现存古塔中是颇为罕见的。

由于二涛手中持有本月师父的荐举信，广教寺的住持和尚当即便同意收留他们在此驻锡。

"阿弥陀佛，请问法师，这双幢院后的那眼'金鸡井'还

梅清《广教寺》

在吗？"

　　住持和尚笑应道："阿弥陀佛，毕竟是本月禅师的弟子，见识就是不一般。那眼金鸡井嘛，倒是还在，不过，一代名相裴休当年任宣州刺史时，为迎希运和尚，即黄檗禅师所建寺庙的遗址，到现在却连废墟也不见了。"说罢，住持和尚陪着二涛来到后院的金鸡井，凭吊了一番。

　　"请问二位，此前来过宣城吗？"住持问道。

　　"没有。对于贵地，我只略知'一二'，一是刚才看到的那口金鸡井，这二嘛，就是素有'南施北宋'之称的施愚山先生和大画家梅清。"

　　"噢，这两位，法师都认识？"

　　石涛摇了摇头，然后道："可惜与这两位先生都无缘相识。"

　　"哟，那太遗憾了。听本月法师介绍，法师诗画兼擅，才气横溢，既然到了宣城，理应去拜访他们，以结后缘！"

　　"是的，拙衲正有此意，只是甫抵宣城，还未及拜访呢。"

　　住持听罢，连连点头："是的，是的。"然后又主动地介绍道：

"说起施愚山先生，那可是鼎鼎大名的人物啊。进士出身，曾任湖西首参、江西布政司议。康熙中召试鸿博，授侍讲，参修《明史》，与康熙帝的老师、户工刑吏四部尚书、《康熙字典》总修官陈廷敬友善，沈德潜评纂的《清诗别裁集》即收有陈廷敬与施公唱和的诗。当年体仁阁御试时，他本该名列第一，只因文章里不小心写上'清彝'二字，犯了大忌，后经高阳相国力争，才屈为第四名而进了翰林。"

"下面再请住持大和尚介绍一下梅清吧。"比起施愚山，石涛显然对梅清更感兴趣。

"好吧。这梅清嘛，宣城本地人。工诗擅画，儒雅仁厚，堪称当地响当当的著名人物，他还是宋代大诗人梅尧臣的后人呢，可以说是不愧家声！"

"请问住持大和尚，这二位先生现在都在宣城吗？"

住持和尚又摇了摇头："可惜都不在。施大人现在正在为官任上，一时不会回宣城。而梅先生则喜欢外出云游，恐怕近期也不会回来。"

梅清《宣城胜览之龙溪》

"哎呀，这么不凑巧！"

"不过，我想你们一定会有机会见面的。一有他们的消息，我会马上告诉法师。"

"那太好了，多谢住持大和尚！"

此时，住持和尚好像又想起了什么，遂对石涛道："不过，眼下法师倒是可以去见一个人。"

"谁？"

"半山和尚。此人俗姓徐，也是本地人。"

"法师说的可是徐元太徐尚书的侄孙？"

"正是。怎么，你们认识？"

"不，只是慕名而已。"

"此人曾一度在四川做过幕职，后隐遁于半山庵草堂，当了和尚，此人潜心修佛，亦工诗擅画，你们是同道，不妨尽早结缘。"

"多谢住持大和尚指教！"

几天后，石涛按照住持大和尚开示的地址，在一处宁静的山谷下找到了结庐潜修的半山和尚。

入得屋来，眼前的一切，真可用"环堵萧然，不蔽风日"来形容。来此拜访之前，石涛从住持和尚那里得知此人为修佛之人，但屋内除一案一桌一椅一榻外，既无佛像，亦无香火，唯一一件不具实用性的装饰物，便是随手粘在墙上的那幅山水画。

正在自斟自饮的半山，瞥了一眼石涛，显得有些不耐烦，只听他没有好气地嘟囔道：

"怎么又来了一位不速之客，真难为了你们，居然能东寻西问，找了这儿来。"

石涛闻言一怔，兀立在那里，默无一语。

"你从哪儿来呀？"

"松江。"

"噢，这大老远的，来找贫僧干什么？"

石涛一看对方那一脸鄙夷不屑的样子，便懒得作答，索性跟他斗起了机锋："求佛法。"

半山闻言不胜惊诧，于是将双目一瞪，大声道："什么，求佛法？到我这儿求佛法？哈哈哈……我告诉你，佛不可学，学佛即错！"

石涛佯装不解，又问道："法师何出此言？"

"这就叫作'不学佛时即为佛，非参禅处亦参禅'。"

"这……这还请法师继续赐教。"

"这么对你说吧，你要学佛，可佛又向何人学来？《楞伽经》里不是说过吗，无有佛涅槃，无有涅槃佛。如果佛可学成，那么请问，自古以来有几个是学佛而成的？"

"法师高见！"

由于半山一直没把石涛放在眼里，二人又缺乏心灵的共振，于是半山不想再聊下去了，故言道：

"所以说，你说要求佛，但我这里可是空无所有啊！你年纪轻轻的，放着自家的宝藏不用，却一年到头在外东游西荡，乱求个什么？"

石涛分明知道对方是在暗用马祖道一与越州慧海禅师的公案，却仍装作一脸迷茫的样子，问道："自家宝藏？自家宝藏在哪儿？"

"自家宝藏就在你自己身上！你一切原本具足，无欠无缺，要用即用，自在无碍，为什么还一定要向外求取呢？"

石涛听罢，忽然哈哈大笑起来。

"请问为何发笑？"

看到半山一脸疑惑，石涛又笑道："看来法师对马祖禅师的公案是熟贯于胸啊！"

半山听后也笑了；此时他已隐然揣量出对方并非等闲之辈，这才想起还没请教对方的名讳，实在有些失礼，于是发问道：

"请问您怎么称呼？"

"石涛。"

"啊，原来您就是石涛！"

一直坐在那里喝酒的半山，当即放下手中的酒杯，站了起来，双手合十道："阿弥陀佛，原来是石涛法师，罪过罪过！这几天访客较多，且大多是些伧楚的俗客，故适才多有怠慢，还望法师海涵。"

石涛一听半山已改口称自己为"法师"，于是也回施一礼，然后道："可以理解，法师不必介意！咦，拙僧刚才贸然与法师斗法，恐多失礼之处……"

没等石涛说完，半山便打断道："哪里哪里，法师乃本月禅师之徒，言动皆必以正，自然没得说。快，快请坐。"

二人落座后，石涛问道：

"法师一人居此？"

"贫僧现在除了这个色身，可以说是空无所有。不了解的，还以为我是流落到此。"

"可在拙衲看来，法师可是富甲一方啊！"

半山一听这话，立即面呈不悦之色："法师何出此言，这不是分明在奚落贫僧吗？我们不过是初次见面嘛！"半山似乎有点愠怒了。

石涛连忙凑前解释道："法师千万不要误会，'榻拥惟书帖，窗虚得画图'，此联乃法师亲撰，如此雅室焉有不访之理。再说，今天贫僧来此拜访，除了住持和尚外，还有一位荐举人，但法师未必能猜得出来。"

"这……"半山一时被石涛这话搞得摸不着头脑，他苦思冥想了半天，还是想不明白，只好直言道：

"贫僧实在想不出来，还请赐告。"

石涛用手朝着墙上的画一指："荐举人在那儿呢！"

半山一怔，一时还不明就里。

"告诉你吧。我一进门，就看到这张画，清逸高华，一派云林、石田遗韵，一望便知居于此处者必是一位高士。梅清先生曾以'世外真词客，山中可画师'十字为赞，绝非虚言。有此笔墨，何贫之有！再说了，难道还有比这更合适的'荐举人'吗？"

"哈哈，法师过奖了。这不过是贫僧一时遣兴之作，能蒙法师垂青，吾道不孤矣！"徐半山做了个意味深长的拱手动作，然后起身为石涛倒上一杯酒。

"请！"半山举起了杯。

"出家人最当戒酒，故拙衲从不沾杯。"

"嗨，今天高兴，法师就算是为贫僧破一回戒吧。"

"既然是酒逢知己，那好吧，我喝。"石涛一饮而尽。

"嗬，爽快，法师真乃性情中人，处处见真！噢，对了，刚才我还忘了请教，法师府上哪里？"

"广西桂林。"

"哦，那可是人间仙境啊！家中还有什么人？"

一听此言，石涛的脸上顿时闪过一丝不易察觉的抽搐，然后悲沉地低语道："没有了！"

"没有了？哦……"半山从石涛的表情与语气，已觉察到不能就此话题再谈下去了，故岔开话题，转圜道："法师此前来过宣城吗？"

"没有。"

"听说过敬亭山吗？"

"慕名已久！"

"有无游山之兴？"

"早有此兴。"

"那好，我看天色还早，我们不如现在就去，正好可以欣赏敬亭山的暮色，那可是如诗如画、令人难忘啊！法师以为如何？"

"那太好了！拙衲久有此愿！"

"那好极了，我们现在就准备动身。"

在去往敬亭山的路上，半山便主动介绍起来——

"此地为皖南重镇，东邻江浙，西连九华，南倚黄山，北通长江，是安徽的东南门户，历来为兵家必争之地。此地山清水秀，历史悠久、文风炽盛，名胜古迹甚多，其中最为有名者就要数这座敬亭山了。"

"听说此山原名昭亭山，晋初为避晋文帝司马昭名讳，才改称敬亭山。"

"是的，看来石公真是博学多闻啊。说起这敬亭山，还真是非同寻常。它坐落在宣城北郊的水阳江畔，属黄山支脉，东西绵亘百余里，大小山峰60座，主峰名一峰，此山虽无天柱山之险峻，亦无九华山之灵秀，但在此丘陵地带拔地而起，远看满目青翠，云雾缭绕；近观则林壑深秀，泉水淙淙，别具一番灵奇啊！南齐诗人、时任宣城太守的谢朓曾在此赋诗云：'兹山亘百里，合沓与云齐。隐沦既已托，灵异居然栖。'由于这首诗太有名了，道尽了此山蔓延百余里、峻拔入云的秀美态势，所以没来过的，都以为此山很高，其

石涛笔下的敬亭山

实它的实际高度不过海拔300多米。"

"'山不在高，有仙则名'嘛。"

"哟，这话还真叫石公说着了。正是沾了仙气，这敬亭山才会如此有名。诗仙李白曾先后七次登临此山，并赋诗抒怀：

众鸟高飞尽，孤云独去闲。

相看两不厌，只有敬亭山。

"李白创作此诗，是在天宝十二年（753）。如今'太白独坐楼'尚存，就在山南面半山腰处，一会儿我们就会经过那里。站在此处，只见满目青翠，林壑幽深，为观赏此山的最佳处。后人还在此建'拥翠亭'，并立碑记事。近千年过去了，随着诗仙这首诗的流传，敬亭山声名鹊起，大有直追五岳之概。此后历代诗人如白居易、杜牧、韩愈、刘禹锡、王维、孟浩然、李商隐、颜真卿、韦应物、苏东坡、梅尧臣、阳修、范仲淹、晏殊、黄庭坚、文天祥等，相继以生花妙笔，吟诗作赋，为名山增辉焕采，故此山一直享有'江南诗山'之盛誉。"

"'江南诗山'，嗯，果然名不虚传。就以太白这首小诗来说吧，足为此山增色，诗仙的心性契合于无形的造化，故在观看万物时，自身也在消隐、幻化。"

听了石涛的点评，半山似乎也从中发现了过去未曾体味到的东西，遂赞叹道："妙，太妙了！"

二人且说且行，但见路边阶前，处处刻满历代文人雅士诗文的石碑，或赞名山，或颂古城。看着看着，石涛恍如闻到一股从遥远的古代飘来的酒香，还有李白在听蜀僧浚弹琴的袅袅之音，不觉兀然而醉。

"噢，对了，来到此山，弟忽然想起一个有名的传说，当年的玉真公主广游天下名山，结交有识之士，对才华横溢的李白尤为倾心，遂力荐李白供奉翰林为圣上起草诏诰。李白因傲视权贵，后遭谗言而赐金还山，公主因此郁郁寡欢，愤然上书辞去封号。安史之乱后，玉真公主曾追寻李白隐居敬亭山，后香消玉殒，魂寄斯山，不知史书上对此有无明确的记载，还请半山兄赐教。"

"不敢，不敢！依弟看，这恐怕只是一种传说。不过，当地百姓曾将玉真公主的安息之地称为'皇姑坟'，一直在祭拜。如今时过境迁，当年的'皇姑坟'已无从寻觅了，只有'相思泉'还在。依弟之见，李白与玉真公主之间，所体现的其实只是大唐公主对一代才子的一种爱惜，这里面还有作为同道好友的一份情义。经过后世的不断演绎，人们便在二人的关系中加入了许多爱情的成分，其实未必一定与此有关。"

"半山兄所言，极征卓识。"

二人边说边游，不觉已来到敬亭山的南麓，一座旧迹斑驳的"古昭亭"赫然在目，石涛凑近一看，此三个行书大字，为陈泰来亲笔所书。徐半山又就此介绍道："此亭为明代崇祯九年（1636）宣城县令陈泰来所建。这座亭也称'古昭亭坊'，以巨大石料砌成，两旁为两根方体石柱，上方连接石横梁，坊名刻在横额上，坊前有石砌台级。如今，在宣城这座古城，只有古昭亭牌坊和宋代双塔躲过了劫火，侥幸留存了下来。"说到此，二人皆慨叹不已。

在清风的吹拂下，二人又乘兴登上峰顶，但见烟光凝翠，松竹和鸣，眼前的"众鸟"似乎仍在大唐的时空缓缓归林。从云聚到云散，直到烟霞染醉了整个黄昏，石涛仍不忍遽去。在他看来，敬亭山不仅是诗山，也是一座仙山，而且还因了隐藏幽深的庙宇古刹，而使得此山充盈着禅意的幽芳，每一处胜景都被无数名人的动人故事浸润着、丰赡着……

且说石涛来到宣城后，并未栖止一处，而是经常在歙县太平寺小驻。在视笔墨为性命的石涛看来，这古徽州宛若一方染上厚厚包浆的古墨，被时光缓缓地研磨，然后在水中渐渐洇晕开，为这座古城平添了几分古雅的韵致。

每当黄昏时分，石涛总爱漫步于古镇的石板路上，此时，他觉得人世的一切纷争都止息了，延续着悠长岁月的小镇又了无痕迹地翻过了一天。

披着一身暮色，石涛行走在那些镌刻着精致绝伦的古雅图饰的牌坊之下，觉得这些建于不同朝代的牌坊，似乎仍蕴藏着当年那些忠臣孝子与烈女节妇的迷离记忆，折射出象征着忠孝节义的血泪书写；在夕阳的背景下，它仍然以一种岁月难以湮没的苍茫与斑驳，诉说着千百年的风雨沧桑。

更令石涛醉心的，是那些因黑白反差强烈而益显质朴的徽州古民宅，它好似一幅幅芳泽无加、铅华弗御的水墨画，以一种朴素的大美，静默地掩映在清雅迷人的灵山秀水中。

在石涛看来，徽州还是一个"慎终追远，民德归厚"的所在。其重要标志便是那向外伸展着坚挺的檐牙的祠堂，它不仅是徽州人用来祭祀的地方，还封存着徽州人独有的宗族文化的悠久历史，维系着徽州人千载不变的乡规乡情，沟通着今人与先人灵魂的默契。

行走在青石板铺就的小路上，那些沉淀了多年而不敢触碰的情思再度涌出，在心底跌宕回旋。

在歙县小住了一段时间，石涛又回到了宣城，驻锡广教寺。

次日，天刚微亮，石涛便庄重地来到佛像前，焚香祈祷，这时，他的耳畔响起了悠扬的梵呗声，他顿觉矜平躁释，万虑皆空。

来到宣城，对于石涛来说，意味着已然躲避开如影随形的残杀之危。由于当时的交通、资讯、科技水平的局限，不少地方还都保存着一些相互隔绝的角落；这种隔绝，对于石涛来说不仅是地理和自然意义上的，甚至还是精神上的，乃至艺术上的。

但幸运的是，石涛在此结交了一大批志同道合、各有专攻的文人，尤其是对他日后绘画发展影响綦巨的梅清。

来到宣城，同时也意味着石涛历时十余年的云游生涯已告结束；他需要好好地定下神、静下心来，反刍云游岁月融解在心底的种种秘密。

但在石涛心底，早已立定一个更为长远也更加执着的目标，那就是——

身为靖江王仅存的宗室后裔，一定恪遵师命，做天下一流的禅画大师！

这一发自心底的誓言，已然成为横贯在石涛生命中的一种主导情志。

而他眼下所要做的，是认真整理近年来在各地写生的画稿，创作出一批不负师父期望的禅画。

此时的石涛，年纪不过20出头，但已是一位具有深厚造诣的画僧了。虽说在定居宣城之前，石涛也临摹了不少古代名家画作，这主要是受到当时董其昌提出的仿古、摹古思想的影响——在石涛所处的时代，以董其昌摹古思想为归依的清初"四王"，因受到统治者的重视而占据主流地位。但在继承传统的问题上，石涛的观点是既要重视学习古人，也要注重创新。为此，他力倡"笔墨当随时代"，画家的观念与笔墨必须与时俱进，不断发展。

基于此一认知，石涛在学习古人技法时并未停留在模仿层面，而是融合各家之长，兼收并蓄，为我所用。据李骥《大涤子传》载：石涛到宣城后，"得古人法帖综观之，于东坡丑字法有所悟，遂弃董不学，冥心屏虑，上溯晋魏，以至秦汉，与古为徒"。此一史事切不可小觑；事实上，如果我们溯及清代晚期崇尚碑学风潮之由来，石涛实为嚆矢。

从石涛早期的花鸟画看，笔法洒脱，气格高华，以酣畅淋漓的笔墨直抒胸中的郁勃之气——其中既有沈周之浑融，又有青藤之狂放，还有白阳之清逸，可谓融众家之所长于一炉，初步形成了其独特的风格。

日复一日的绘画实践，已使石涛憬悟到：一个禅画家扎根的地方就是他心脏安放的地方，比起五光十色的外部世界，寺庙才是他的艺术之辇启动、运行的胜地。多年来，赖有本月师父的开示、喝涛师兄的教诲，再加上为时十余年的云游生涯，石涛在画法画理上多有参悟；尤其是禅宗那种"独立悟道""法法不宗而成"的精神，以及觉悟了以后"我心即佛"的自信，都是至关重要的——而他那健硕而丰沛的生命活力，亦将在佛学与艺术的双重滋养中，创造奇迹！

这时，师父本月的寄望之语又在他的耳畔响起——

"摄心勇猛勤精进，为求半偈舍全身"，希望你惕厉自奋，画出自家面目，自家风采，做一流的禅画师！

这声音，在石涛心中，永远都是一种深切的激励；只要生命存在，就必须时刻响应这一亘古长青的召唤！

尽管石涛志向超凡，才气过人，可长年东躲西藏、动荡不宁的生活，导致他无法在绿荫沉沉的几案前潜心做一些"入法"的底功修习；石涛深知"腕若虚灵则画能折变，笔如截揭则形不痴蒙"之理，但艺事"非知之难也，能之难也"，要把画理上的认知转化为实际上的"腕若虚灵""笔如截揭"的创作能力，还需要进一步地潜心修炼。

为了更出色地完成恭绘佛像的心愿，石涛再次投入了临摹古迹的工作，这实际上也是为下一步恭绘佛像所进行的"热身"。

出于为下一步的禅画创作提供技术支撑的考虑，石涛特意选取了一批古代著名禅画作为临摹对象——与往常一样，他一旦投入艺术创造的天地，全身便像上了发条一样，发出持久而和谐的律吕。

运笔如山，泼墨如雨。

依旧是如醉如痴，依旧是挥汗不已。

他坚定而执著地走着自己认定的幽深之路，任何廉价的虚夸与共时性的挑剔都无法阻梗一个纵向生长的独行大师。

在临摹过程中，只见他屏息静气，让内力发自丹田，然后自臂而肘，自肘而腕，自腕而指端，而神经末梢而最后达于毫尖。当此之际，毛笔自能若有神助地传达出心中的微妙感觉。

在创作中，他时以颤掣之笔作铁线描，使转勾勒，信手漤拂，笔底或横或纵，或收或放，或奇或正，或枯涩或华滋，或拙重或轻逸，"虽细如发丝，全身力到"（包世臣语）、"笔断而意不断"，控纵裕如，未可端倪。劲健而灵奇，沉着而痛快，率意而有法度。

随着临摹的深入，石涛愈益体味到超脱古人藩篱、不为形役、万取一收的快意；愈益体味到生命与宇宙的对应关系后的那种充盈和自足；愈益被重性灵、重直感、重诗境的中国绘画艺术的迷人魅力所陶醉。

需要强调的是，石涛的可贵之处，还表现为他在"形莫若和，神莫若就"的临摹过程中，始终骎骎于"古理法"的探求，孜孜于"笔""墨"之间的深度体验，拳拳于"内美"的价值理想与道德自律，执着于对"道"的体悟，这种带有强烈的自律性的艺术修为，在石涛那里却生发出一种极富魅力的人文意境，并从中得到了类似"法乐"的无可名状的畅快与自在。

石涛的"童子功"本来就很扎实，又经过最近这一时期的强化训练，他已然能够准确自如地用笔运腕，其笔下的线条，宛如庖丁那般游刃有余地在纸上穿行，极卷舒自如之致。至于他所临习的古人泼墨写意画，由于兴会飙举，如醉如痴，在整个临习过程中，一种莫名的快感充盈全身，竟达到了"眼不见绢素，手不知笔墨""妙手权奇夺化工"的境地。

这种身心俱畅、若有神助的艺术感觉固然美妙，但究竟如何走出临摹阶段而直接进入佛像创作，石涛的心里着实没底。

第六章

梦绕黄山终遂夙愿

邂逅太守再结墨缘

　　一连几天，云气密集却无雨，坐在寮房中的二涛感到如入混沌之中，眼中空无一物。开窗则云气潜入而不复出，关窗则云之出者旋复飘入，石涛觉得口鼻呼吸之间无非云气，几至昏昏欲睡， 故对师兄道："弟醉云矣！"

　　"弟能为云所醉，亦一雅事耳。"

　　此时石涛正为绘制佛像如何得"法"所纠结、所焦虑，遂感发道："其实，依弟看，这人的七情（喜、怒、忧、思、悲、恐、惊——笔者）也与这云一样，无根而生，由天地阴阳交合而发，当局者往往沉迷其间，灵明生障，失其常度。故儒以发而中节为和，佛以绝无明种子为慧，但毕竟照彻无明，非大智大勇之出世人不能参透也。"

　　石涛此言，非禅修有得者不能道出，喝涛听后颇感自慰。

　　石涛胸中自有庄严法相，广大慈悲，而心境又十分攖宁，这就使得他能够朝斯夕斯、心无旁骛地始终沉浸在一种庄肃纯净、不染凡尘的圣境中。

　　可就在石涛已做好较为充分的案头准备及必要的专项训练，开始着手《十六阿罗应真图卷》的绘制时，喝涛的一番话，彻底打乱了他所预设的创作规划。

　　"贤弟啊，没来宣城前，你就老嚷嚷着要游黄山，如今你来到宣城这么久，这里又离黄山这么近，怎么总不见你有游山之意？你到底打算什么时候去？"

　　"当然越早越好！"石涛爽直地应道。

　　"可我看你一天到晚埋头画罗汉，根本没有游山之意。"

　　"师兄此言差矣！不错，弟是在埋头画罗汉，可这事毕竟不是非要当下立具作结不可。这样吧，反正弟早已做好准备，您说什么时候动身，弟都至为乐从！"

其实，石涛这话并未道出其隐涵于心的全部实情；对他来说，眼前最重要的固然是绘制佛像，但还有一点同样不可小觑，那就是佛像后面的款署："天童忞之孙，善果月之子"，在石涛看来，有了这个身份，就不啻有了护身符——此乃应对眼下危难所必须采用的"生存策略"。

"那好，你再准备一下，我们近日就动身。"

喝涛此言一出，石涛激动得彻夜难眠！

黄山，一直是石涛梦绕魂牵的所在，作为"天下第一奇山"，其所以享有"五岳归来不看山，黄山归来不看岳"的美誉，实因它集泰山之雄伟、华山之险峻、衡山之烟云、庐山之飞瀑、雁荡峨眉山之清凉于一身，其宛若鬼斧神工般的绝代风华，使得游遍天下名山大川的明代著名旅行家、地理学家徐霞客不禁发出"登黄山天下无山，观止矣"的赞叹。历代大文人、诗家，凡登临黄山者，无不以笔墨纪胜，从而留下了一篇篇脍炙人口的优美诗章。

至于书画家，从古至今，无不以黄山为天然画本，从中汲取不可穷遏的艺术灵感。一向"惯作名山游"的石涛，早就亟欲一览其胜。1667年夏，石涛与喝涛、徐半山结伴成行，得偿夙愿。

老友徐半山此前曾与石涛联袂同游敬亭山，他自幼便生长在黄山脚下，此次黄山之游，这位"专家"又主动地担当起"导游"的角色；这不，还在上山的路上，他就如数家珍般地援引着《黄山图经》，介绍起黄山之名的由来："黄山原名黟山，黄玄圣之都，仙灵窟宅，盘踞宣歙二郡百余里。其中七十二峰，三十六小峰。而以天都峰、莲花峰、光明顶三大主峰为中心，最高峰为莲花峰。又有二十四洞，岩溪泉源，不计其数。唐天宝间，敕改黄山。"

接着，徐半山又介绍道："远古时，相传轩辕黄帝在山访道于浮丘公，他说栖隐修真，必假山水灵秀地，唯有黟山，云凝碧汉，气冠群山，神仙止焉。"

"啊，这么看，黄山从黄帝时代，便已享有盛名了。"喝涛兴致勃勃地说。

"可不是嘛，所以历代画家，无不向往黄山；不上黄山，所谓'师造化'就是一句空话！"

喝涛听罢赞道："半山兄讲得好。无怪乎古人总强调要'师造化'，到了黄山，才真正知道'造化'为何物啊！"

此时，远峰的雾霭拔地升起，如主人之掀幕迎宾。

石涛一行来到岩下，仰视嵌空玲珑，幽邃窈窕，纵横错落，弥露天巧。石涛掩抑不住初登黄山的激奋之情，放言道："天好奇故生黄山，黄山好奇，故间生二三奇士快游其上。"

"石兄吐属不凡，乃真奇士也！"

徐半山的话还未落音，石涛忽然惊呼起来："啊，你们看！"石涛指着峰头的那棵奇松，不胜惊叹地说："那棵松树扎于石缝中，上得天唯有云液，下得地唯有石髓。居然能长得如此夭矫蟠屈，千姿百态，真乃灵奇之物啊！"

"嗨，这种奇松只是松树的一种变体，在黄山可以说比比皆是，黄山可以说是无峰不石，无石不松，无松不奇，松石相依，这主要是由黄山独特地貌、气候而形成的。这种松树的种子能被风送到花岗岩的裂缝中去，然而它却能以石为母，以无坚不摧、有缝即入的钻劲，顽强地扎根于巨岩裂隙，生根成长。"徐半山饱含激情地介绍道。

喝涛此时正猫下腰来，仔细观察着这些针叶粗短、苍翠浓密的奇松，赞叹道："你们看，这些松树虬枝偃蹇，形态也是各不相同，或倚岸挺拔，或独立峰巅，或倒悬绝壁，或尖削似剑。有的穿罅入穴，有的破石而出。忽悬、忽横、忽卧、忽起，真是无奇不有啊！"

"师兄所言甚是。来到黄山，我才发现，造化的大手笔最忌雷同，你看这眼前的奇松，或如老僧俯，或如仙鹤立，或踞如虎狞，或屈如盘螭；或伸臂邀客，揖让多情；或蟠若龙腾，翻云作雨；或矫夭拿空，化龙飞舞。它们不与繁花同凋谢，但与烟云共死生，这是何等雄强的生命力啊！"

"哎呀，贤弟所言，简直就是一首歌咏黄山松的诗啊！"一向爱赏石涛之才的喝涛不由地感慨道："听说这些松还有着各不相同的名称，据我所知，有迎客松、送客松、蒲团松、探海松，至于其他的我就记不清了。"

"还有连理松、黑虎松、龙爪松、竖琴松、陪客松、卧龙松，分别生长于始信峰、玉屏峰和卧云峰一带，这些松树都是以它在山中的具体位置而命名的。"

"半山兄真不愧是黄山通啊，说起黄山简直如数家珍，小弟唯有佩服，佩服啊！"

"石兄过誉了。弟从小就在山上摸爬滚打，这算得了什么。承蒙不弃，得与二位同游，弟实在是深感荣幸啊！"

"不，不，不，半山兄何出此言，能与兄这样的通人同行，是我们的荣幸啊！"

"不如说我们三人能够同游黄山，实乃因缘殊胜，这是我们共同的荣幸啊！"

徐半山此言一出，三人相与大噱。

黄山固美，但真正"游"起来，也大非易事。就说这上山的小路，野草丛生，巨石挡道，往往下足为难，有时一天下来，走走停停，也行不了几里路。幸亏徐半山深知游山之难，事先带了砍刀、锤子、铁錾、绳索等，碰到那齐腰深的荆棘蔓草，他便在前面挥刀开路，石涛兄弟二人则紧随其后。

一次，石涛只顾贪看眼前美景，没在意脚下，突然，右脚踩虚，身子一歪，只听他"啊"了一声，整个人便贴着岩边滑了下去，他本能地用两手使劲抓着两旁的野藤，那一根根野藤几乎被他连根拔起，眼看就要掉到深涧中了，幸亏他双手抓住了岩边的一棵小松树……

喝涛与半山惊慌地看着险境发生，吓得脸色发白，待看到石涛已吊在小松树上，才赶紧放下绳索，将他从悬崖边拉了上来，总算保住了性命！

可就在这时，他们突然听到"轰"的一声，原来是石涛在两脚乱蹬时蹬掉了一块石头，那沉闷的声音隔了好长时间才从涧底传出。

"啊，好险啊！"三人的额头上都沁出汗珠，几乎异口同声地发出惊叹。

待惊魂甫定后，石涛却满不在乎地笑道："看来还是天不绝我！其实，当年与师兄外出云游时，遇到的这类险情可不是一次两次了！从那时我就明白，越是遇到险情，就越要沉得住气。"

话虽如此，可石涛再也不敢东张西望了，他双目前视，艰难地攀爬着。大约过了两个时辰，他们三人实在爬不动了，于是便踞石而坐。放眼望去，只见天都、莲花两峰在前方并肩而立，翠微、三海门则环绕于后。

二涛顿时感到异常兴奋。

"我看这样吧，"徐半山提议道，"这里有一条通往天都峰的路，虽然近，但太危险，我们不妨改道而行。前面不远处就是天都峰脚下的鲫鱼背了，这是一块形同鲫鱼背脊的光秃秃的花岗岩巨石，坡度几乎垂直，两边是千仞深涧，且没有栏杆，非常危险啊！依我看……"

石涛听得出半山这话既是为自己的安全担心，同时也是在考量自己的胆力，遂把袈裟的下摆撩起，斜塞在腰际的绳带处，朗声道："走，我倒要看看究竟有多危险！"说罢，抬起脚就要走。

喝涛太了解师弟的倔脾气了，在这个时候，你是不可能拦住他的，遂言道："那好，我先来。"

半山道："不，这鲫鱼背，我不知爬过多少次了，还是由我带路！"

"不！这次一定要由我先行！二位请放心，绝不会有任何闪失！"

话音一落，石涛便疾步走向鲫鱼背，刚开始他的心里还有点慌乱；但类似的体验，他已不知经历过多少回了！他深知，每当这个时候，只有横下一条心，泯灭了差别的观念，将悬崖视为平地，忘却自己肉体生命的存在，保持一颗平常心，才能安全济度。一旦升起些微的差别念头，势必会心乱神摇；稍有闪失，必将摔成齑粉。

于是，石涛运起禅定之力，目光平视，脚步沉稳，终于安然地攀爬过了鲫鱼背。此时，一阵突如其来的山风，把他的袈裟高高地吹扬起来，像一片鼓篷的帆。

接着，喝涛与半山也紧随其后。

鲫鱼背距离天都峰绝顶的那段路程本来就不长，他们三人又鼓起余勇，一口气登上了天都峰绝顶。

此时雾散云消，千岩竞秀，万松偃蹇。登顶趺坐，但见眼前一片银色，如白絮堆积成海，又如浪涛吞并崖崿。浮动的岚气，滟滟潋潋，似乎可在此摇楫。一旦云气乍收，则又如同海水枯涸；骤然间云气忽合，群峰俱匿。唯有远处的仙山楼阁，似有似无，如真如幻，虚渺难测。倏忽之间，云气又铺展若海，这其中，似有蛟龙腾渊，似闻天鼓隐发。谁能从眼前这一片混浊里，辨清元气孕积的所在？这万古不息的云海，大概在太古之初就已然形成了。

石涛以手掌作遮檐，望着这"变幻各纵奇，不复拘绳尺"的云海，不禁一次次浸入诗性的玄思，此时，石涛忽然想起戴本孝所说的"笔墨万理窟""笔墨无不有"，深感画家的笔墨世界自是万物齐、万理备，与天地造化感通为一也。石涛后来将这种"哲思"写入其精

梅清《黄山天都峰图》

心结撰的《画语录》第十三章"海涛"中。石涛在此章中将山海互喻,举凡山的潜伏、拱揖,山的包罗宏富、吞吐烟云,一如海的荐灵,海的蜃楼仙气、鲸跃龙腾;充分发挥了他那种"山即海也,海即山也"的美学观念。

看到二涛的游兴如此之高,徐半山在游山的路上,指着远处的北海,提议道:"我们到北海一游如何?那里奇石甚多,有梦笔生花、喜鹊登梅(山人指路)、老僧采药、苏武牧羊、猴子观海等,必能激起二君的画兴。"

"嗬,太好了,就依半山兄。"

三人继续乘兴而游,一路上,石涛仍不时地申发着他对自然、对艺术、对大道的种种解悟:"当我们追索着宇宙本源的时候,便会发现它的太朴和苟简,那是一种极其单纯的存在。"

石涛显然为自己的这一"重大发现"而深深激动着,嘴里不断地喃喃自语。蓦地,石涛的眼睛里似乎又闪动着某种新的感悟,只听他慨言道:

"'造化'是浑朴的、齐一的、

无待的。当画家将此付诸笔墨表现时，如果过分雕琢则伤其自然，过分陈腐则缺失生气，过分拘泥则缺乏天趣，过分牵连则弊乱壅塞，这都是画家不悟'一画'大法、不知一切皆从氤氲中化来、不解分辟混沌之理所造成的。"

"师弟所言，真可谓入妙通灵！"

"是的，看来我兄此游收获颇丰啊！"

"这就要多谢半山兄的导游之功了！"石涛此言一出，三人相视而乐。

大约两个时辰后，三人便来到了北海。只见眼前的千峰万壑，磅礴雄浑，与四周的云海有机地组合成一幅有节奏旋律、波澜壮阔、令人叹为观止的立体画面。睹此奇景，石涛不禁诗兴大发，他慨言道：

"这几天，我一直注意黄山怪石，我发现从不同的位置，在不同的天气下观看，这些怪石会呈现出情趣迥异的万千形状，如果你站在半山寺前望天都峰上的那块奇石，多么像'金鸡叫天门'；但如果你登上龙蟠坡回首一眺，那雄鸡竟摇身一变，变成了五位长袍飘飘、扶肩携手的老人。此外，如梦笔生花、喜鹊登梅（山人指路）、老僧采药、苏武牧羊、猴子观海等，无不异态纷呈，各尽其妙。至于北海一带的奇峰怪石，简直不可胜数，或耸如天阙，或蹲如巨蟒；或如钵盂覆，或如佛开掌；或如老叟偃卧，或如方丈作揖；或如身披甲胄的桓桓武将，或如面壁参悟的入定之僧；或如春雷震发、冲破玄壤的竹笋。在造化面前，我已深感'妙处难以言说'，唯有向其叩拜而已！"

徐半山此时已深深地被石涛的诗情所感染，但仍未忘记自己身为导游的角色定位，只见他指着眼前正在滚滚翻腾的云海道：

"自古黄山云成海，一年之中有云海出没的就达200多天，由于水气升腾或雨后雾气未消，就会形成云海，波澜壮阔，一望无际。黄山又有东海、南海、西海、北海和天海，故黄山云海又名为'黄海'，要观赏云海，最好是登上莲花峰、光明顶，这样诸海就可尽收眼底。"

石涛久久地凝望着这如梦如幻的云海，不肯移步；显然已为它迷醉了。不觉间已是夕阳在山，鸟迹微茫，三人遂寄居于祥符寺。

次日醒来，天朗气清，三人心情大好，遂开始向光明顶进发。

由于夜间刚下过雨，石磴既湿且滑，举步为难；加之山石荦确，几乎将鞋底磨穿；当他们一行三人经过莲花峰下小道百步云梯时，发现路已断绝，眼前矗立一巨石，状如大鳌鱼，洞如鱼嘴。他们曲折蛇行于"鱼嘴"中，穿腹出背，又复前行，通过炼丹峰前的炼丹台，最后终于登上光明顶。

光明顶为黄山主峰之一，海拔1841米。山顶极其平旷，由此驰目望去，则前海有天都、莲花二峰并立，与光明顶呈三鼎之势，高峻相峙；而其后之后海则有翠微、三海门环绕。下瞰则绝壁万仞，骇目惊心。身临此间，顿有"四顾空茫鸟迹稀，手扪星斗叹崔嵬"之感。由于山风甚烈，石涛的草帽几次都差点被吹落，幸亏有帽带绕于头颈，才未随风而去。

也许是山神使着性子要为这几个不辞劳苦的攀山者作出某种补偿，在这如此峻耸的峰顶，竟有松针铺地，厚软一如毛毯；于是他们三人舒适地坐在上面观赏着四周胜景，大有千古一时之感。平生快意之遭，孰有胜于此也！

二涛此日游兴甚浓，在此大约歇息了两个时辰后，更欲贾其余勇，再登黄山最高峰——海拔1867米的莲花峰，争奈天风益厉，几欲拔山而去；况云积作雨，雷声隐发。在徐半山的再三劝阻下，欲凌极峰的二涛，终于作罢。

为弥补此憾，他们一行三人趁太阳尚未落山，又改登始信峰。

始信峰虽不及天都、莲花峰高峻，但亦属黄山险峰。由此望去，但见两峰夹峙，而其后则有一峰隐立。俄顷间，云海倏地翻涌而来，似白练飘舞，又似素帛散开，石涛指着远处那若隐若现的峰尖，惊叹道：

"此真天然画本也！"

是晚，他们一行三人宿于狮子峰下的狮林寺。

由于白天攀爬甚剧，天一黑下来，喝涛与半山头一沾枕便都进入梦乡，只有石涛激动得无法入睡。半夜时分，他按捺不住内心的兴奋，蹑手蹑脚地走出寮房，踏着月色步出户外。夜里，喝涛醒来，一看石涛的床竟是空的，赶紧外出四处寻找，终于看到他正坐站远处大岩石上，凝视静虑地描绘黄山夜景……

这一发现如同电光石火，让喝涛一下子窥见了师弟那瘦削的身躯内部，竟蕴涵着深藏不露的坚韧与强悍。假如不是这样，他的笔下又怎能一次次焕现"奇迹"呢？

次日，他们又登清凉台，观云铺海。当此之时，但见山水泛涨，声如巨雷，瀑水由高崖直下，如白练银虹，飞舞而来，又如千丈白龙自天而降。

望着这訇然作响的瀑布，石涛兴奋地说：

"过去只是从画上看瀑布，没想到这瀑布的声音如此之大，震得我耳膜都鼓了起来。尤其是，当我越走近它，越觉得这撼动天地的瀑布好像在我的生命里复活了！啊，此时我真的感到有一种弥漫宇宙、无所不在的天籁之声，把我整个淹没了！"

大概是因为太激动了，石涛居然第一次发出了那个语气激越的感叹词"啊"！

喝涛与半山显然也被石涛这种激动的情绪所感染，他们都屏住呼吸，静静地聆听那"万古同一息"的瀑声，久久不忍遽去。

也不知过了多长时间，三人开始沿山路继续前行。方行不远，便遇一桥，隐然出没于水中。他们正欲涉险而过，争奈众水争流，溅花四射。而偏偏在这时，骤雨倾泻而下，挟裹着狂啸的风声，塞满虚空。过了一会儿，那桥身整个隐没在大水之中。眼看着渡桥无望，他们遂回到芙蓉洞。这时，徐半山忽然即兴赋诗道：

> 不觉身迷云霭里，一溪横绝未施桥。

石涛道："半山兄此诗倒是颇有几分禅意啊！不过，眼前的情景倒是'一溪横绝水没桥'呀！"

"哈哈，那不还是等于'未施桥'吗？"

"半山兄所言甚是！"说罢，三人相与大笑。

雨还在继续下着，眼看着过桥无望，祥符寺暂时是回不去了。三人遂沿着小径觅得破屋一所，室漏水深，一老翁见三人如此狼狈，便允许在此夜宿，但所宿何处呢？正在犯愁，徐半山不知从何处找来一扇木板，将其悬架梁上，静坐休息。所携衣裤皆湿，亦不能换。大雨终夜不息，声震山谷。虽身居漏室，三人益觉境寂心空，有快乐无烦恼也。

翌日晨，雨止云消，桥已露出水面，三人渡过后发现不远处便有一庵。庵在叠嶂峰前，壁挂藤萝，与日光相映，旁有明碑一座。举头一望，奇峰蔽天，云海出没。入得山径数十步，便见一老僧已于庵前迎候。原来，在上山前，喝涛便与这位老僧打过招呼，于近日前来拜望。

喝涛快步走上前去，双手合十道："阿弥陀佛，觉妙法师，久违了！"

"阿弥陀佛！"觉妙法师也深施一礼，然后将他们一行三人请进庵内，并取出僧衣让他们换上。这时小侍者已为他们备好了茶点。

在方丈室内稍事歇息后，喝涛便起身向觉妙法师告辞。而觉妙法师今日兴致甚浓，竟策杖前来为他们送行。

与觉妙法师谢别后，他们一行又山行数里，但觉山色溪声，迥绝尘境。沿途可见五老、宝塔、展旗诸峰，皆有老松，偃蹇盘旋于峰石之上。复行四五里，八仙三佛诸峰在望。沿途观览，如同行走于山阴道上，应接不暇。

大约又行了半个钟头，便来到狮子峰，只见危岩挺秀，巨石横前，名曰说法台，他们一行在此稍作小憩。纵目望去，但见遍山松林如海，古柏浓阴，好似终南翠华之境。逮至黄昏时分，他们一行来到狮子峰下的狮子禅林，寺中住持澄空，为喝涛故友，旧雨重逢，又得新知，彼此心喜无量。

是晚，澄空法师设素宴款待来宾。席间，澄空法师向他们介绍了这座建于唐代的寺庙屡圮复修的情况，因有感于近日修庙所遭逢的种种不快，澄空法师慨言道："种松得松，种豆得豆；天网恢恢，疏而不漏；世人只知螳螂捕蝉，却不知黄雀在后！"说至此，澄空法师将嗓门猛然提高了一下，足见法师已愤怒至极。

斋罢，澄空法师引领三人散步谷中，他指着眼前的景物，慨叹道："此地当年老松如伞，遍布山中，后遭恶人斫伐，又被火劫，已毁去大半。此处的松树古名松坞，又名松海，石怪松奇，为一大胜景，他处未有。今欲寻其仿佛已不可得了！"

接下来，澄空又慨言道："佛言财色于人，譬如刀刃之蜜，不足一食之美，实有截舌之患啊！"

澄空法师此言，虽系随感而发，但给石涛的铭感甚深，这也成为他后来绘制《种松得松图》的一大因缘。

是夜，石涛一行仍在祥符寺驻锡。

次日晨起，石涛一推窗，但见雾气弥漫，行路为难。逮至中午，云霁日出，白云翻涌，群峰皆露，澄空法师遂陪同他们游览光明顶散花坞。约里许，经茂林湿径，转过独石危桥，北岩一松，枝桠伸展如攘长臂以迓游人。复前行，则始信峰赫然在目。此峰顶平如砥，四周绝壁悬岩如削。下视则深谷幽壑，频交远近之风。纵目眺望，则梦笔生花、喜鹊登梅（山人指路）、老僧采药、苏武牧羊、猴子观海、飞来石等，一一奔来眼底，令人有应接不暇之概。

澄空法师又带领三人同游石笋峰、绣球峰、圆屏狮象诸峰，罗列奇秀，并老松怪石之状。澄空法师言道："古来真发心住此山者，尝见神灯普照，或放光呈瑞，或天乐盈空。至于历代高僧所演灵异事迹甚多。愿诸位继续探幽揽胜，山川有灵足以助道！"言罢，澄空法师与喝涛一行一一揖别。

三人继续策杖而行，经散花坞，观扰龙松。但见怪石林立，飞泉作鸣。复往始信峰，坐观云流，下临绝壑，古松穿插，千态万状，一片幽奇，黄海之胜也。此处山石负地而出，争为奇状者，殆不可数。又见石笋诸峰，亭亭屹立，大有突怒偃蹇之状。石骨中怪松挺立，倒直横生；而对岸则有接引松，唯渊深谷险，人不敢渡。正静坐间，雾气渐合，顷刻间岭松已被云气笼罩。此时三人已至光明顶西麓，但觉云气溶郁，拂面而来。

石涛一面观赏奇景，一面体悟着画理；只见他情不自禁地赞叹道：

"啊，造化，你实乃天地间给人最伟大启示的导师，无时不在惠施着一种无言之教。如果说天之高与地之厚，是造化的本质特征；那么，风云则是联系大自然与山川的纽带，而水石则具有激发山川生气的功用。天地之于山川，为根为本，它化育山川而生成形势，生成云蒸霞蔚的万千气象。"

感兴至此，石涛遂情不自禁地拿起画笔，勾画出大大小小的各种写生草图。

这时，一阵劲烈的狂风吹来，差点把画板上的画纸吹走。

石涛捡起身边的几块小石子压在画纸上，然后捋了捋被狂风吹动的衣袖，继续奋笔挥写。

这来自谷底的狂风，更激发起石涛写生的兴致。

他觉得这风，是诗，是灵感，是意志，是激情，是热血漩流的节奏！

他于是把风搬到了生宣上。

他要让这生宣尽显出造化的生机！

回到祥符寺后，石涛又乘兴绘出黄山八胜册页。此时，石涛深感诗思的丰沛大有无可控抑之势，遂自题平生第一首描写黄山的七古于其上：

> 十日祥符何足妙，直上老人峰始啸。
> 手携竹杖拨天门，眼底飞流划石奔。
> 忽然大笑震天地，山山相应山山鼓。
> 惊起九龙归不归，五丁六甲争斗舞。
> 舞上天都剿岃峥，岩开万丈之劈斧。
> 银台金阙在天上，文殊座立遥相望。
> 迎送松环一线天，不可阶处如蚁旋。
> 立雪岩分前后澥，云生浪泼采莲船。

在此诗末，石涛记曰："游黄山初上文殊院观前海诸峰。"按，文殊院是黄山名刹之一，背倚玉屏峰台，左为天都峰，右为莲花峰，面向前海。此诗在石涛后来的作品中屡见。

情韵悠悠，足涤鄙吝。从石涛那高度个性化的表达中，在在可见其对黄山的独特感受与审美发现。

从某种意义上说，黄山属于一种"公共资源"，无论是谁，都有"进入"它的可能。可真实的情况是，极少有人能够做到这一点。在公共语境中，黄山的诸多构成元素，比如云海、苍松、飞瀑等，皆为入画的首选，属于一种群体趋同的共享资源，而细节这种最"小"的元素却是无法"共享"的，它显现出个人天资与客体自然之间的某种

《黄山八胜图》（之七）

私密性对应，属于个人最隐秘最独特的发现，它只能来自一个天才画家特殊资质禀赋的直觉。因此，蕴涵在黄山原生形态中的那些细节，它的审美价值以及与"发现"因素相关的信息冲击力，对于石涛才是最重要的，它最终将演化成为画家的"个人产品标记"。

一天，石涛像往常一样，正聚精会神地对着山景写生，忽听后面有人啧啧赞道：

"这位大师画得好啊，把黄山的风神都勾勒出来了！"

正在写生的石涛回头一看，是一位慈眉善目的长者，身边还跟着一个仆从；石涛一心只顾着画画，故没有与他们进一步交谈。

大约过了一刻钟，石涛收起画具，刚想起身，发现刚才那二人还没走。这时，那位主人模样的长者上前笑问道：

"请问您就是在双塔寺挂锡的石涛大师吧？"

石涛打量了一下对方，觉得此人面容和善，气宇不凡，殊非等闲之辈，故反问道：

"您是如何知道的？"

那人笑道："上山前，我曾到双塔寺找过大师。"

"噢，原来如此。咦，请问先生找拙衲有何贵干？"石涛此时已知对方是有备而来，故有此问。

"噢，这样吧，我来介绍一下，敝人曹鼎望……"

那人话还未落音，石涛已不胜惊诧："啊，您就是大家经常提起的新安知府曹大人！"

按清代官制，文官最下层的州、县官是真正的临民而治，再上是知府（从四品）、道台、巡抚总督（从二品），都是治吏而不治民；也就是说，举凡催征钱粮、处理讼案、力行保甲这类具体事务他们都不会亲力亲为，故一般老百姓是接触不到的——这也正是石涛"不胜惊诧"的原因。

对方淡然一笑，接着说道：

"久仰大师画名，可惜一直未能相见。今日冒昧相扰，只因敝人宦游将要期满，任上曾数次游黄山，每次都流连忘返。我怕离开后会时时苦恋此山，故想请大师为我绘制一幅黄山的写真图，以慰长想。"

"大人心系故地，固然可佩。可拙衲从没画过黄山，唯恐画得不好，有负雅意啊。"

"大师太过谦了！敝人曾拜观过先生漫游江浙时的不少画迹，格调高华，笔墨清雅，足见'山到成名毕竟高'，就请大师不要推辞了吧！"

一听知府大人言辞如此恳切，石涛实在不忍推辞；虽知府这一级都是临官而治，但这位曹大人从处理讼案、催征钱粮到修路兴学，总是要亲力亲为，故政声远播，石涛也一直对他心存好感；再说，自己的山水画尚在探讨之中，并不成熟，居然能被知府大人所赏爱，石涛的心底不由地漾起一种莫名的感动。

"好吧，那就让拙衲试试吧！"

曹大人一听此言，知道这就算是答应了，顿时面露喜色；他随即与身边的仆从俯耳了几句，那仆从点了点头，便走下山去。

不一会儿工夫，只见山下走上来两个伙计，分别挑着挑子，那位紧随其后的仆从选了不远处相对平缓的一块坡石，在上面铺了一方土织的蓝印花布，然后摆开酒肴杯具，将手一摊，示意他们可以入座了。

石涛他们一行这几天只顾游山、写生、交谈，根本没有吃好；而此时天已过午，早就饥肠辘辘了；一见到如此丰盛的酒菜，高兴得两眼直冒光，这时，曹大人首先端起酒杯，发话了：

"今天，老夫聊备薄酒，略表心意，这山肴野簌，实在不成招待，就请诸位屈尊享用吧。来，老夫敬诸位一杯！"

四人一饮而尽。

"嗨，曹大人太客气了！"石涛放下酒杯，笑言道：

"曹大人贵为新安知府，统管歙、黟、太平、休宁四县，今天幸蒙赏饭，我们算是沾了土地爷的光了，哈哈哈哈……"

"可不是吗"，喝涛拿着酒杯，笑道：

"今天土地爷真的是与民同乐了。"

"诸位言重了。老夫可不敢与太守欧阳修相比列，不过是做官做累了，上山来透透气，散散心。就像你们做和尚一样，和尚做累了，不也就上得名山来了吗？"

"曹大人德高位重，却与我等席地而坐，举樽共饮，就冲这，我也要敬大人一杯！"徐半山说罢，一饮而尽。

"来"，曹知府对仆从招了招手，"再给各位满上。"

酒过三巡，菜过五味后，曹大人彻底放下了仅有的一点矜持，他看着眼前这三个和尚不择荤素、狼吞虎咽的样子，不由地露出狐疑的目光，遂发问道："你们出家人也可以吃荤呀，不是有戒在身吗？"

石涛听后，噗哧一笑道："出家人在做客时可以随人吃荤。真正的僧人追求的是一种自然圆通的信仰方式。如果把戒荤绝对化，那么，你开水不得喝，饭也不得吃。因为《毗尼日用》上说：'佛观一杯水，八万四千虫'，如果用放大镜看，一滴水中确有无数微生虫和细菌，你烧开水烧饭时全把它们煮杀了！如果连开水和饭都是荤的，那么，割稻、采豆、拔萝卜、掘菜，也都成了残忍的行为。其实，上天有好生之德，天创生万物，并不是为了给人割食。可人为了生活而割食它们，实在是出于不得已，只要不觉得残忍，不伤慈悲，那么作为佛徒，他护生的主要目的就已经达到了……"

"大师所言极是！"曹大人对石涛的这番解说显然十分赞赏。

石涛接着又说道：

"其实，所谓戒荤，那主要是对初学者说的，怕其五色乱目，五味乱性。但修到最高境界，我就是佛，这'戒'还有意义吗？"

"'我就是佛'？嗯，高论，高论！"曹知府闻之敬佩不已。

"是的"，石涛阐发此旨道，"佛性正在人性中。佛祖说过，一切众生皆有如来智慧德相，只因妄想执着，不能证得。比如您曹大人，您今天不当官了，忘情于山水之中，忽然开悟，您就是佛！"

"说得好，看啊，曹大人已经成佛了！"喝涛笑道。

曹知府一听也开怀大笑起来："真是没想到，敝人这辈子还能成佛，哈哈哈……"

大家也都跟着笑了起来。

"噢，对了，今日敝人特地为大师带来了两刀泾县产的上好宣纸，以作写七十二峰之用。"

"阿弥陀佛！咦，贫僧不明白，宣纸以宣城所产为上品，请问大人，为何要从泾县带来？"石涛问道。

这时曹知府噗哧一笑，解释道："大师有所不知，徽墨、端砚、湖笔、宣纸，全是借着供货的大码头而名。泾县虽盛产宣纸，但地望不高，非借宣城不可，故不说泾纸，而说宣纸。"

"这就好比徽墨其实应叫歙墨一样。"徐半山补充道。

"噢，原来如此。"石涛说："看来'地以人名，物以地名'，这话确实有道理啊！"

"是啊，我看这往后啊，宣城可就要因石涛大和尚而名了！"

"哈哈哈……"

曹知府此言一出，又把大家逗得哄堂大笑。

第七章

独运匠心恭绘罗汉

但凭我法传写黄山

从黄山归来后，石涛应太守之邀，客居徽州府治歙县（新安）的罗汉寺（太平十寺中的一寺），在此开始创作徽州太守曹鼎望命作的黄山七十二景图册。

一日，曹太守前来看望石涛，一入室内，但见画稿狼藉，墨气四溢，遂调侃道："石公啊，你这是要把黄山全搬到这寺里来了！"

石涛笑应道："曹大人见笑了。大人要贫衲画黄山七十二景，这谈何容易？别看眼前这一垛垛画稿，恐怕未必能挑出几张令曹大人惬意的作品来呢。"

曹鼎望随手拿起几张墨渖未干的画稿，不住地颔首道：

"石公未免过谦了。我看其中张张都是精品！有这些佳作相伴，老境堪慰啊！"

"曹大人过奖了。依拙衲看，这其中至少有一半都是废稿，必须重新来过，"说罢，石涛随手捡起一张画稿，准备撕掉，曹大人赶紧上前制止，"石公且慢！待我仔细看来。"

"不必了。"

石涛用力将此画揉成一团，仍进纸篓里。

"曹大人对拙衲一向赏爱有加，岂敢以此等劣品充数！"

"唉，可惜了！好吧，那就有劳石公了。不过，石公也不必用力太猛，还是要注意节劳啊。"

"多谢曹大人关垂！"

关于石涛遵从徽州太守曹鼎望之请所作的黄山七十二景图册，最终完成得如何，因无相关文献记载，已不得而知；但现藏于日本泉屋博物馆的石涛《黄山八胜图册》，大概就是其中的八幅。揆诸史实，石涛一生中许多重要的作品，几乎都是以八开或十二开为一套的册页形式进行创作的。

　　《黄山八胜图册》，淡色山水，是石涛游览黄山后，凭印象绘制而出。每开各系一诗，幅面虽小，却诗意盎然，大有尺幅兴波之象，无疑是石涛在宣城时期创作并存世的代表作之一。

《黄山八胜图》（之一）

　　其表现内容颇为繁富，第一开题为《山溪道上》，画上绘有石涛作品中常出现的人物，很可能即为石涛本人的自画像。画册的最初一页有吴昌硕在金笺上的题款"清湘山水，听帆楼珍藏"。可知这是清末广州的收藏家潘正炜的旧藏。

　　第二开《黄山道上》有"黄山道上冠五曹郡守"的题记。曹冠五曾令其次子曹钤带"匹纸"七十二幅与其同行，并请石涛在每一幅上描绘一座山峰。

　　第三开《黄山白龙潭》，石涛书有"今以飞白法写之"款，运用渴笔画出的岩石，犹如小楷书法一般的墨竹，清逸隽雅。题语结尾处有"冰琳上人"字样，此人为住在黄山南麓桃源庵的一个僧侣。

第四开《莲花峰》，画上题有《前海观莲花峰》一诗："海风吹白练，百里涌青莲。壁立不知顶，崔嵬势接天。云开峰堕地，岛阔树相连。坐久忘归去，萝衣上紫烟。"此画在构图、色彩、松树的画法上，显然受到在宣城时的密友梅清画风的影响。

第五开与第六开分别为《鸣弦泉》《汤泉》。

第七开《炼丹台扰龙松》。远处层峦叠嶂，近景松林散布，石涛分别用淡墨和擦笔画成。一老者扶杖而立，正观赏山景。此页工整细致，有林秀气清之妙，迥异于石涛后期粗笔重墨的风格。

第八开《文殊院》。为突出黄山的高峻与幽深，石涛施以群青、丹赭、绿青，并运用了渴笔的精细笔法。几株参天巨松以细笔重墨勾出，极苍劲挺拔之致。上有人影三五，极目送手挥之致。而画中的题款则从右侧上下及左下角两相呼应。整个画面，章法超俗，疏朗清新，盈溢着一派脱略俗尘的逸气。

总之，《黄山八胜图》虽然在画法上吸收了梅清的一些东西，但在韵致的空灵、笔法的多变以及风格的多样性上，则又超而过之。这表明石涛此一时期艺术风貌的形成，虽介于自觉或不自觉之间，但过人的天分与深邃的学养毕竟是石涛进行审美判断的重要基础。没有博览、浸润、比较、借鉴，就谈不上所谓"真体内充，大用外腓"，更谈不上转益多师的戛戛独造。

几天后，曹鼎望又来到罗汉寺看望石涛，二人于庭院信步漫谈。

"曹大人，拙衲目前所居之罗汉寺，因昔日供养唐僧贯休禅师《十六尊者》于内而得名，今寺在而罗汉莫知所向矣。请问大人，这寺虽名罗汉，却看不到罗汉，岂非名不副实？"

"是啊，不瞒石公说，敝人一直在为此事发愁，自从遇到石公，敝人才有了重新修寺的规划。至于这罗汉像嘛，自然要仰仗石公的妙笔了！"

"曹大人言重了，身为画僧，为庙宇、为施主绘制佛像实乃拙衲效力禅门的职守所在。一般来说，固定的宗教场所供奉泥塑木雕的佛像，而普通信众供佛多是画像。如果这画像出自焚香沐手后的僧人之手，那自然就会被民间奉为神物。总之，此事拙衲定当竭心尽智，不负厚望！"

"那我曹某就先在此向石公道谢了！"说罢，曹鼎望向石涛深揖一礼。

石涛则双手合十，念道："阿弥陀佛！"

自此，石涛开始投入《十六阿罗应真图卷》的创作。

如前所述，早在甫入宣城之时，石涛就开始临摹并考虑如何绘制罗汉像，在技法训练的基础上，他也尽可能深入地研究有关罗汉像的历史渊源及相关知识。

从历史上看，宗教造像，大多为圣者。而佛教造像则微有不同，它主要是依其不同生命层次而大致分为佛陀、菩萨、明王、罗汉、诸天五类。由于佛陀造像广及于无量诸佛，这体现出佛教最根本的觉悟观与宇宙观。南传佛教只供释尊；汉传佛教除释尊外，还要供西方极乐净土的阿弥陀佛、东方琉璃净土的药师如来等；而密教则更有五方佛：中央毗卢遮那、东方阿众（加门）如来、西方阿弥陀、北方不空成就、南方宝生佛乃至其他诸佛。

佛陀是自觉觉他、觉行圆满的生命。菩萨虽自觉觉他，但尚未觉行圆满，所谓菩萨，意为"觉有情"，此为佛心慈悲的体现。中国造像往往特别标举文殊、普贤、观音、地藏四大菩萨。

与菩萨的宝相庄严相比，明王则现愤怒之相，之所以如此，是因为明王乃智慧的化身，故欲以智慧剑斩烦恼丝，非具降魔之能量不可，而显形为愤怒之相，正可激起行者生命之能量。质言之，佛、菩萨、明王是觉悟的生命，这类圣者在寺院供奉中皆可为主尊，至于诸天，指的是护法众天神，虽皈依佛门却并未得解脱、未尽缘起，其作用只在护持山门。

又，我国佛教本于大乘，但受到密宗供奉曼荼罗的影响，因之为庄严殿堂，除佛、菩萨外，亦塑一些罗汉像以为烘托。佛教圣者的造像中，位格较低的是罗汉。罗汉是阿罗汉的简称，广义上的罗汉指的是佛教十法界中的声闻（直接听闻佛说法的弟子）、缘觉（因悟十二因缘法而解脱的独觉者），它主要具有以下三种含义：

第一是"杀贼"，杀尽了一切烦恼之贼，即无明烦恼已断；

第二是"应供"，可受人天尊敬供养；

第三是"无生"，即了脱生死，永入涅槃，不再生死轮回。

质言之，罗汉是指脱离一切执着与烦恼，而达到精神清净境界的、学行兼优的、功德圆满的比丘，因为他已证道得灭！在佛经中，罗汉占有重要的地位——只有"五根"成就圆满者，才可成为罗汉。这五根是：

一、信：表示应当信仰如来的正觉；

二、勤：表示奋勇努力抛弃恶法而获得善法；

三、念：据说是对做过说过的事情应当保持良好的记忆；

四、定：表示约束心意，不使散乱外驰，集中贯注，达到"四禅"；

五、慧：表示理解"四谛"的缘起与寂灭。

在身为临济宗传人的石涛看来，禅门之所以将位格较低的罗汉作为主要造像，正体现了佛教不落阶级乃至超圣回凡的特质。

在历代画家的笔下，罗汉可谓千奇百怪，或缄默无言，或长于舌辩，或金刚怒日，或神闲气定。若以世俗眼光看，颇多佝偻古怪之士，极富趣味。其中的因揭陀尊者、阿氏多尊者、迦诺迦伐蹉尊者，尤为典型，其貌皆愚拙鲁钝，不似智者，而因揭陀更有喜憨儿之态。他们皆为释迦牟尼佛的弟子，受佛的嘱咐，不入涅槃，常住世间，受世人的供养而为众生作福田。

据北凉道泰所译《入大乘论》载："尊者宾头卢、尊者罗睺罗。如是等十六人诸大声闻，散在诸渚……守护佛法。"但是书中并未列举出十六罗汉的名字。

石涛还了解到，现今所有的十六罗汉皆本源于印度，5世纪时传入中国，但直到玄奘（602—664）于唐永徽五年（654）将《大阿罗汉难提蜜多罗所说法住记》译成中文后，中土对十六罗汉的崇拜才普及开来。所谓"十六罗汉"的典据，基本上是依唐玄奘所译的《大树罗汉难提密多罗所说法住记》（以下简称《法住记》）。《法住记》分别记载了十六罗汉的名字及居处，《法住记》译出后，十六罗汉受到佛教徒的普遍尊敬与赞颂。

为了画好十六罗汉，石涛根据《法住记》的记载，将十六位罗汉的名字依次排列出来，他们分别是：

第一位：宾度罗跋罗惰阇尊者。

第二位：迦诺迦伐蹉尊者。

第三位：迦诺迦跋厘惰阇尊者。

第四位：苏频陀尊者。

第五位：诺讵罗尊者。

第六位：跋陀罗尊者。

第七位：迦理迦尊者。

第八位：伐阇罗弗多罗尊者。

第九位：戎博迦尊者。

第十位：半托迦尊者。

第十一位：罗睺罗尊者。

第十二位：那迦犀那尊者。

第十三位：因揭陀尊者。

第十四位：伐那婆斯尊者。

第十五位：阿氏多尊者。

第十六位：注茶半托迦尊者。

在十六罗汉中，居首的宾度罗跋罗惰阇尊者的塑像常被供在禅和食堂里。因为这位罗汉银白色的眉毛长长地垂向左右两边，所以俗称"长眉罗汉"。第六位跋陀罗尊者因为主管佛的洗澡，所以禅林常把他的像供在澡堂。第十位半托迦尊者和第十六位注茶半托迦尊者是对兄弟，兄长聪明，弟弟愚钝。第十一位罗睺罗尊者，是悉达多出家那天妻子怀胎，元年后成道那天出生的佛的唯一亲生儿子。后来罗睺罗十九岁出家跟佛修行，终于成为释迦牟尼十大弟子之一。因为罗睺罗出家后不毁禁戒，诵读不懈，所以称"密行第一"。至于十六罗汉中的其他罗汉，亦各有特点，兹不逐一介绍。

关于图像方面，早在佛教盛行的南梁时代，张僧繇（活动于6世纪上半叶）就画过十六罗汉，见于《宣和画谱》卷二。《法住记》译成后，十六罗汉的塑像和画像大增，及至乾元中叶，卢楞迦尤好绘制十六罗汉像，《宣和画谱》卷二记载他绘有多种这类作品，又同书卷十中记载王维曾绘有十六罗汉图48幅。

逮到唐末五代到宋初，十六罗汉图像更是蔚然成风，遍及北方的后梁、后唐和江南的吴越、南唐，西南的西蜀等地。虽然在佛教经典中只有十六罗汉，但苏轼（1037—1101）暮年得见五代张玄（10世纪）和贯休（832—912）所绘十八罗汉图。苏轼为贯休所绘十八罗汉作赞十八首，每首标出罗汉名称，于十六罗汉外，第十七位为庆友尊者，第十八位为宾头卢尊者。这表明至迟在北宋中期已有十八罗汉之名目。

至于降龙入钵的典故，佛教典籍中相关记载甚多，或为保护世尊、护持佛法的善龙，或为发大嗔恚、危害信众的恶龙。释迦牟尼和弟子都有降伏恶龙的事迹，降龙入钵之事亦肇始于释迦牟尼：

……

尔时，世尊即往石室，敷座而宿，结跏趺坐，正身正意，
系念在前。是时，毒龙见世尊坐，便吐火毒。尔时，世尊入慈三
昧，从慈三昧起，入焰光三昧。尔时，龙火、佛光一时俱作……
尔时，世尊入慈三昧，渐使彼龙无复瞋恚。时，彼恶龙心怀恐
怖，东西驰走，欲得出石室，然不能得出石室。是时，彼恶龙来
向如来，入世尊钵中住……

故事发生于佛陀初成正觉时，外界尚未知晓其神威，也还没有弟
子追随，仍作沙门装束。故事辗转相传，降龙入钵的神迹遂延伸于佛
弟子诸罗汉（但印度并无降龙罗汉的相关图像）。

在中国，最早表现降龙入钵的传世作品大概为杭州烟霞洞刻于五
代吴越国时期（907—978）的十八罗汉石雕，其中一尊左手托钵，仰
视壁上飞龙，飞来峰也有造型类似的北宋石雕。画迹似乎出现较晚，
南宋周季常或林庭珪于淳熙五年（1178）绘制的《五百罗汉图》百轴
中，存于日本京都大德寺的第二十号和藏于大德寺龙光院的《十六罗
汉像》十六轴中的第八尊者，应为传世的早期范例。烟霞洞和飞来峰
的石雕、大德寺《五百罗汉图》第二十七号以及龙光院《十六罗汉
像》中第三尊者都可见伏虎罗汉。则五代、宋代时，持钵降龙和伏虎
已成双出现于各种罗汉群像。元代的例子则见于中国的"台北故宫博
物院"的元人《十八应真像》双轴，一轴有虎，另一轴最上方的罗汉
托钵降龙。日本京都国立博物馆所藏昙芳守忠（1275—1348）于1348
年题赞的《十八罗汉图》轴则又是一例。

又，降龙归瓶的图像晚明时出现于吴彬和丁云鹏的画作，应与当
时的心学思潮及诠释收心理论的通俗小说《西游记》有关。

虽然石涛追忆《十六阿罗应真图卷》卷创作缘起的跋文和梅清

的题语都只提到李公麟，但以当时的环境，石涛得见李公麟真迹的可能性极小，真正的启发应来自数量大、流传广的丁云鹏画作。以台北故宫博物院所藏丁云鹏《十八罗汉图》卷为例，此卷山水景观的分量重，而且刻意经营，布局疏密有致，富有节奏感，墨色一般浓于人物。罗汉的五官和袈裟用淡墨勾勒，线条细劲流丽，细看更见物象之精致微妙。罗汉和动物的眼神尤其灵动多样，炯炯有神。这些特色均见于石涛的《十六阿罗应真图卷》。

显然，石涛是在充分掌握有关罗汉及降龙相关知识的基础上，进一步借鉴了前人绘制罗汉像的种种优长。在整个《十六阿罗应真图卷》的创绘过程中，石涛力图将笔墨技巧、禅学境界与他本人那种亟欲超凡成圣之心性紧紧扣合在一起，使三者共同融贯于十六罗汉的创绘中。

下面就让我们走近《十六阿罗应真图卷》的文本，并对此作必要的论析。

《十六阿罗应真图卷》高46.36厘米，长598.8厘米，现存美国大都会艺术博物馆。

作为宋元以来常见于十六或十八罗汉像的"降龙"和"伏虎"题材，历代画作的母题和构图均有大致模式，其中的降龙罗汉惯例持钵。而石涛此卷却独树一帜，风格虽继承传统，远溯李公麟，近法丁云鹏（1547—约1628），但在内容上却采用了迥异传统的构图和云龙形象，使降龙归瓶一段成为全卷的核心。若细加寻绎，全卷呈三段式，前后是山石园林，十六罗汉分别错落于山岩水畔之间，或独坐冥想，或三两交谈阅卷，间有番王、蛮奴、山民、侍从等数人及龙、虎和其他异兽。其中一罗汉结跏趺坐于岩洞中，一虎徐徐迈出座右。

须加措意的是，此卷正中约有三分之一的段落绘一惊愤巨龙，隐现于洞口澎湃的云水间，右端束收为一云带，连接一罗汉手中倒握的净瓶。龙的体态失衡，身躯漫漶，尾部蜿蜒云带中，伸向瓶口的方向，后腿指爪怒张，似与躯干脱节。右方另一罗汉与其侍从匿于山石后窥视，侍从乱发飘飞，固然因为大气的波动，但也体现内心的震惊。降龙一景的尺幅和视觉效果远超过清和闲散的伏虎段和其他诸罗汉，其核心位置、规模和强烈动感，皆异常突出，分明构成全卷的最高潮，他段皆为烘托。

如进一步寻绎，我们还会发现，此卷最引人注目之处，为中段用约三分之一篇幅所绘场景：一罗汉倒持净瓶，收摄左方云水间惊愤翻腾的巨龙。石涛之所以对十六或十八罗汉像的"降龙"和"伏虎"题材作如是处理，显然关乎石涛当时的创作心境。他本人在追忆此卷缘起的跋文中曾就其当时的创作心态作如下总结：

> 余常论写罗汉、佛、道之像，忽尔天上，忽尔龙宫，忽尔西方，忽尔东土，总是我超凡成圣之心性，出现于纸墨间。下笔时，使其和具一种非常之福报、非常之喜，舍天龙鬼神不得。而前者观世于掌中，立恒沙于意外。后是前非，人莫能解。此清湘苦瓜和尚写像之心印也。

如果我们不把绘画创作简单地视为一种纯理性的活动，而是要受复杂的创作心理机制的制约，那么，一种合理的解释是，石涛作此图是基于一种如他本人所言的"超凡成圣之心性"；他之所以抉取降龙归瓶这一佛典入画，并以此作为核心，演出全卷，显然基于石涛创作状态中心理重力的某种外现。

如前所述，松江事件之后，石涛有感于松江官府大肆杀戮隐瞒身份的明朝宗亲成员的血腥气氛，遂想尽快地让世人知道他的禅学师承关系，并藉助曾给顺治帝开堂说法的天童忞与善果月在佛教的煊赫声望，来隐匿自己避祸为僧的事实。正是这种心理重力，让石涛形成了

《罗汉图》（局部）

一种神经性的信息指令：潜心修道，不务名位。

似乎可以在此基础上对石涛的《十六阿罗应真图卷》作出进一步的读解。

为了突出象征"收心""求其放心"的降龙归瓶典故的意涵，体现石涛绘制此图的作意所在，石涛在此尺幅颇大的长卷上以龙作为全画的重心，并对龙的形象进行了迥异传统的处理——

该龙身全无鳞甲，只脊背上有一列短毛，体态失衡，肢爪零散。异常浅淡的墨色，造成朦胧飘忽的效果，暗示此非真龙，而是象征痴迷妄想的毒龙。罗汉将其收摄入瓶，反映出他本人的一种强烈的"安禅制毒龙"的主体意向，这无疑是石涛在当时的政治危机下，对自己的真心期许。

尽管"降龙归瓶"的传统图像已流传了数百年，石涛却能藉中国本土的降龙这一人们所熟悉的佛典，匪夷所思地赋予其"自传言志"的独特意涵，这无疑是李公麟至丁云鹏以来的罗汉画大师所不能梦见的。明乎此，我们也就不难理解石涛在此卷中为何煞费苦心地列出宗门三代之名："天童忞之孙，善果月之子，石涛济"，其主旨只在于在罗汉与绘制者之间加入诠释性的联结；这里面，未尝不隐喻着石涛本人"超凡成圣"、晋身大师的强烈意愿。

下面请看石涛为明人陈良璧所作《罗汉图卷》的跋语：

　　初一稿成，为太守所有。次一卷至三载未得终，盖心大愿深，故难。山水林木皆以篆录法成之，须发肉色，余又岂肯落他龙眠窠臼中耶？前人立法，余即于此舍一法；前人于此未立一法，余即于此出一法。一取一舍，神形飞动，相随二十余载。末署：戊辰七月，清湘石涛济跋。

由此可以寻绎出以下相关讯息：

石涛从黄山上下来后开始画罗汉，第一卷绘成后归于曹鼎望，以践前诺。此卷后归美国大都会艺术博物馆收藏。此后，石涛还曾绘制过《十六阿罗应真图卷》，这大概就是后来丢失的《十六阿罗应真图卷》，上面有梅清的题跋。至于石涛所说的"次一卷"，且"至三载未得终"的那一巨制，应当就是后来的《百页罗汉》——因为《十六阿罗应真图卷》乃一长卷，人物也不比五百罗汉，即使画得再工细，也不至于"至三载未得终"。如果从石涛为此卷所题写的"岂肯落他龙眠窠臼中耶？前人立法，余即于此舍一法；前人于此未立一法，余即于此出一法。一取一舍，神形飞动，相随二十余载"等跋语看，亦与上述推断相符。石涛对此《百页罗汉》期许甚高，且不断完善，故对此卷倍加珍视，殆无疑义。

且说好友梅清欣悉石涛的《十六阿罗应真图卷》绘成，遂将此卷借来，摆在自己的案头把玩，爱不忍释，认为此卷足以传世，宋代的李龙眠岂能专美于前，故镌刻了一方"前有龙眠济"的印章赠予石涛，并于卷后跋云：

　　白描神手，首善龙眠。生平所见多赝本，非真本也。石涛大士所制十六尊者，神采飞动，天趣纵横，笔痕墨迹，变化殆尽。自云此卷阅岁始成。予尝供之案前，展现数不能尽其万一，真神物也。瞿山梅清敬识。钤印：梅子，臣清。

梅氏跋语，洵非虚誉。细观此卷，其人物线条、用笔用墨、造型布局等俱臻超妙之境，初步显现出石涛山水人物无所不精，细笔粗笔、工笔泼墨无所不能的"全能型"的天才创造力。

当人们对这一传世名作连连发出惊叹时，恐怕都不会想到：其作者当时还只是一个20出头的僧人，而这本身就是一个奇迹。如果说，一个画家的成长与成熟总需要一定的时间与过程，那么，石涛显然属于那种"野蛮生长"型的天才，他一上手就才华震耀，度越俗流。不论是《十六阿罗应真图卷》，还是后面笔者将要着重评介的《百开罗汉册页》，只要一读到它，我们总会对此"神物"（梅清语）的作者产生一种强烈的敬畏感与神秘感——那是怎样的一个匪夷所思的，甚至是几百年才会出现一个的异才！

《十六阿罗应真图卷》在创作上的巨大成功，再次昭示出一个颠扑不破的真理：在艺术领域，天分与灵性，应当属于"第一义"的东西，在澄心静虑进而达至应感之会、通塞之纪的绘画创造中，讲究的就是灵眼觑见，灵手攫住，灵气充盈。

这种非"滞者、熟者、木者、陋者"的内在精神气质，往往非学问、功候所能企及。前贤尝谓学有上、中、下三等之说：上学以神，中学以心，下等以耳。多年的禅修之功，使得石涛早已逾"心听"之境，而骎骎乎优入"神听"之域。

弹指间，石涛来到宣城已近两年了。

钟声，日复一日地在石涛的耳畔鸣响。这钟声，在石涛听来，它的每一次鸣响皆具灵性；那富有时间节律感的钟声，仿佛是一种感召，一种源于他内心深处的音乐，生动地在拂晓、清晨、黄昏、夜晚这些时间节点上发出警示，使他比平素更感清静寂寥，更能谛听到时光流逝的足音。多少如浮云、如朝雾的生命都随它而消逝。在这悠扬的钟声里，石涛一次次感领着那些生生死死的奥秘，体悟着蕴涵在钟声里的无尽禅意。

随着心性的修炼，石涛的笔墨也呈现出前所未有的清灵与高华。此时，石涛忽然萌生出一种新的激动：既然生命如此短暂，如此飘忽，自己为何不用手中的笔墨去尝试一种独自前行的方式呢？

在这个"前行"的路途上，即使没有观众，没有同行者，但如果能够藉此享受独行之乐，倾听生命的脉息，穿过时光的钟摆，指向一种广大的圣境，不也是很有意义的吗？

一千次的创作冲动与渴求，抵不过一次迷狂的实践——石涛当时那种跃跃欲动的感觉就像高塔上的风铃，被吹动后，便永远无法静止下来，永远在期待着好风再来，再次猛烈地响起。

于是，石涛在画案上铺开了一张六尺整宣，略加沉吟后，开始濡墨挥毫，投入了以黄山为主题的系列创作中。此时，整个画室一片寂静，就等着石涛笔下那一团团正在洇化的墨迹显形。

石涛用笔由慢而快，由敛而放，由和风细雨而风雨交加，而电闪雷鸣；接下来的泼墨更像是行为艺术，只见石涛用蘸满水墨的大笔往纸上恣意泼洒，让人简直辨不清究竟是水墨的洇化还是心像的投射！此时，石涛就像一个手持指挥棒的大师，在音乐般即兴演奏的高潮处戛然而止……

短短几天，石涛竟用去了三刀宣纸！

连日来废寝忘食，超负荷劳作，石涛早已疲惫不堪；可一沾上"黄山"，他浑身又像是上了发条，持续地发出和谐而有力的律吕。

可一段时间画下来，石涛虽深深感到创作所带来的精神亢奋，但更多的是陷入一种从所未有的烦躁与焦虑；之所以如此，是因为他愈来愈发现无法找到一种与黄山相符的笔墨语言，无法径情直遂地画出自己心中亟欲表达的一切。

为此，他经常痴痴地望着窗外被树影割碎的月亮，陷入苦思。

而时间，就这样一点一点地踅过去了。

大凡真正的艺术家，从本质上说，都是用自己默默吞咽的那份痛苦与孤独去献祭心中的圣坛。孤独并不能使他们失语，他深知自己寄身在这个孤独的世界中，却仍不失本真地追寻着、求索着、创造着——此乃一个艺术家无日无夜的焦虑与期望所在。

在此之前，石涛的山水画中尚有古法可寻，但当石涛面对黄山时，原先的那套笔墨技法已然成了"过去时"；为了画出心中的那片圣境，石涛必须直接处理笔墨与物象的关系，必须不断地进行深度的笔墨实验，寻找属于他本人独特的笔墨语言。

每当他拿起画笔，黄山上的那些奇峰怪石、冷泉飞云、绝壁古松，在他的灵视里皆化作一片片瑰奇无比的意象云团，翻腾着、运旋着、迭化着；但令他深感困惑的是，黄山的精魄究竟何在？什么东西最能显现出黄山的风采神韵？

——不错，黄山一向以奇松、怪石、云海、冬雪著称，但是否将这些东西组合进一幅画里，画出的就是黄山，尤其是他心中的黄山？

再说，黄山有七十二峰，三十六小峰，又有二十四洞，岩溪泉源，不计其数。那么，到底哪一峰、哪一泉最能代表黄山呢？难道仅仅画出主峰天都峰、莲花峰的外在特征，就算大功告成了吗？

在日复一日的笔墨实践中，石涛几乎尝试过前人画黄山的各种技法，并一次次把墨渖未干的新作挂在墙上，可看来看去，总觉得其中写生的东西太多，笔触过于呆滞，前人的法迹是那样明显；更要命的是，他觉得自己始终走不出被"习惯"所笼盖的阴影！石涛由是深深感到——

习惯是感觉的厚茧，它使灵悟与激情都趋于麻木；

习惯是一种看似"合法"的运思方式；一种机械的接受与表现；

习惯是一座精神的狱墙，它使真正富有个性的东西都被挡在

《黄山八胜图》（之八）

外面。

总之，习惯就是停滞，就是衰退，就是死亡。

一个画家如果不能打碎这种习惯的樊篱，笔墨就会失去血气与色泽。

一个被内化了的黄山必定会更彻底地打开自己，更彻底地敞向那些簇新的、充满生气的意象，石涛深信在这个"神与物游""物我合一"的创造过程中将收获更多笔墨语言的奇观。

由此一悟解出发，石涛再回过头来观看自己那些被习惯所包围的画作，简直难以禁忍，他干脆把这些作品撕得粉碎。

于是石涛忍不住去想——最初是自发地、冷静地，继而是内含激情地、颤栗地——究竟如何用"我法"为黄山传神？如何在灵光一闪中制造出那个属于黄山的瞬间？

石涛隐约地意识到，这将是一场与笔墨展开拼斗、充满各种未知因素的艺术探险；既然是"探险"，就不可能总是顺风顺水，必有一种巨大的，并且是"看不见的关隘"横亘在前——石涛陷入了一种前所未有的焦虑之中。

这种焦虑，显然与石涛一开始就持有的创新话语立场有关，与他不肯俯就的内在生命激情有关，这不断提升着他创作上的难度。在随即而来的笔墨实验中，石涛愈来愈深刻地发现："法"这个东西真是如轮扁斫轮，万言难尽。相比之下，那些毫无难度可言、可以批量生产的所谓"行货"往往是光滑的，它似乎非常完美，有一种似曾相识的制造感，但就真正的创造而言，这种光滑本身就是大忌。

再进一步说，所谓"善火者焚，善水者溺"，己之所擅亦即己之所限，必须舍弃向之所依，让笔墨从自己胸襟流出……

由此一认知出发，石涛认定他眼下所要罄力追求的，就是由新质所派生的生涩。

但究竟如何追求这种"生涩"？如何舍弃向之所依的一些固有元素而自立新法？如何才能达成自己所期待的那种笔墨效果呢？

对此，石涛虽感到一筹莫展，但已隐然感觉到，必须与常规的思维模式拉开距离，这样艺术掘进的路径才会越深，笔下才会有奇境生焉。

被某种未能实现的艺术蜕变弄得形销骨立的石涛，在内心里掀动着日益强烈的、由焦虑而引发的躁动甚至绝望，这情形宛如渴盼闷热的空气里爆出一声惊雷，去催生一场望眼欲穿的及时雨。

石涛精神的旷野又是何等需要这样一场及时雨！

随着梅清的到来，这场"及时雨"竟如期而至！

在此，有必要着重介绍一下对石涛的绘画产生过重要影响的梅清。

梅清（1623—1697），字渊公，号瞿山，又号敬亭山农，宣城人，清初著名画家、诗人，唐代诗人梅尧臣之后。

顺治十一年（1654），梅清中举人，曾四次北上试礼部，皆以不第告终，遂息影稼园，日夕以诗画自遣。其所绘山水，笔法挺秀，墨色苍浑，而诗亦多奇气，故在宣城书画社中享有"宗坛"之誉。生平尚气节，重交游，敦古谊，尝开坛讲授孔孟之学，举花果会，羣孺群集，流连竟日。尤其是当他屡次"试礼部不第"之后，不但未受冷落，反而"游接日繁"，足见梅清是一位颇受尊敬的乡贤。据

梅清《仿梅花道人》

《清史稿·列传·文苑》载：梅清"朝士争与之交，王士禛、徐元文尤倾倒焉"。

石涛比梅清小17岁，早在康熙六年（1667）11月，石涛甫抵宣城后不久，便与师兄喝涛联袂前往拜访梅清，并赋诗一律以志仰慕之情。梅清不久亦赠二涛一律，内云：

选兴偶然聚，相携问二涛。
草枯郊路近，水落石桥高。
啸自林中出，禅于画里逃。
山楼闲半日，直觉此生劳。

本色当行，洵为大家手笔。自此，石涛与梅清便成了忘年交。以论石涛在宣城的好友，结交时间最早、往来最多、关系最为密切的当

推梅清。石涛对梅清的品节学问素所敬慕，尝谓梅清是影响其一生的一个关键人物，其"法我派"的思想观念即深受梅清影响。至于石涛那与众不同的气质，那种纯真无瑕、率真不羁，甚至他那心不在焉、神有专注的天才型独特质性，亦同样深深地吸引着梅清；以故，二人一见面，不需要任何客套，只要随意起个话头，便可以毫无拘束地放谈起来；这不，二人又聊起书画来——

"石公啊，我听了你刚才的诉说，又看了你的画，这倒使梅某想起当年屡上黄山，发现其特点是土少石多，便运用了'金刚杵'法来表现黄山的怪石，又用'攒点法'表现黄山老松的盘曲偃骞。我当时曾刻了一方闲章，印文为'古人在我'，藉以表达我不为古人奴的艺术观念。石公啊，刚才我反复观看了您的画，总感到您好像还是太看重'法'了，甚至依稀可见梅某当年的某些画法。'法'固然重要，但'无法之法'，又未尝不是一种'法'呢？"

天机灵透的石涛，经由梅清的这一点拨，顿时豁然开朗，颇有拨云见日之感，他激动地说：

"梅兄，您说得太对了！弟近来一直在考虑如何将禅家的'法'转化为画家之'法'，弟通过最近一段时间的笔墨实验，发现这个过程的感觉确实非常微妙，一方面是源源不断的来自身后的推力，似乎挥洒起来不受任何羁勒；另一方面是一种来自前面的拉你前行的力量，比如某个目标或某种标准，像是要把你整个人给掏空了。有时我愈画愈觉得艰困，愈感到难以继续，来自前面的拉力好像失灵了。现在经兄一点拨，弟忽然明白了'至人无法''法法我法'的道理，这正是弟多日来苦思而不得的。"

说到这里，石涛走到案前，一把抓起案头的那些画作，正欲将其撕碎，梅清忽然大声道："且慢！"

眼疾手快的梅清迅步上前，一把将石涛未来得及撕碎的画抢了过来，然后又小心地将其展开道："撕它干什么？这些画正代表着你这个阶段画作的特点，为将来留下点艺术印迹不是也很好嘛？"

石涛笑了起来："那好吧，就依梅兄。不过，对这批蹩脚的画，我现在是连看也不想看了。"

"那也不妨留着它。要知道，当你悔其旧作时，正表明你的观照已高于你的技法。你不妨大胆地放手去画，在你的画中，有不少点线看似无法，却隐涵着高度独创性的笔墨意味。不要怕'走极端'，这正可打破目前捆缚你的技法定势与僵局，它往往比那些虽合乎'规范'却陈陈相因的东西更有价值与意义！还是那句话，你不妨大胆地放手去画，画出你真正感悟到的、活在你心中的黄山，用你自己的观照，用你自己的'法'！"

听罢此言，石涛站了起来，紧紧握住梅清的手，动情地说：

"梅兄，弟一定努力！听了梅兄的一番教言，弟忽然觉得一切从现在起才真正开始！"

如果说，在此之前，石涛的内心宛如一片等待春光点染的枯叶，其所有的艺术语言诉求都被搁弃在无人赏识的枝头上；那么，此刻，随着梅清的这番悉心点拨，这道春光竟一下子闯了进来。

几个月后，石涛特地下山去拜望梅清，行囊里装着两幅墨渖未干的新作。

"阿弥陀佛！啊，梅兄，别来无恙乎？"石涛双手合十道。

"阿弥陀佛！石公啊，我们又有日子没见了。"

"阿弥陀佛！是啊，"石涛向梅清双手一拱，满怀歉疚地说道："弟近来一直埋头作画，久疏音问，尚祈梅兄海涵！"

"言重了！言重了！石公既已埋头多日，新作必盛，能否出示一二呢？"

梅清话音刚落，石涛便从行囊里将画取出。

"这两幅都是我近来的新作，一幅送与梅兄，聊表寸忱；另一幅《黄山图》是我刚刚完成的，敢请梅兄赐教。"

梅清在此画前驻足良久，认真地观赏着其中的每一个细部，然后评断道：

"尊作采用'高远'法构图，强调一种因仰观而生发的突兀峥嵘的气势。从章法上，尊作分为上、下两个部分，基本上各占一半，这本是章法上的大忌，但石公却由此显示出超凡的手段。从上部看，画上画出两个重叠的山头，远山虚上去，山脚上虚以云气，起到了分清层次、突出山势的作用。峰下是茂密的山林，用浓重的笔墨隔开上部与下部的联系。中间的留白，断而似连，使人感到有气机自然地流荡其间，这种感觉，显然来自贤弟身临其境的写生观察，妙，妙！"

说到此，梅清又把目光移向了此画的下部，然后继续评断道："从下部看，一块巨石从右侧斜插底部，与顶上的山头形成鲜明对比。旁边一块巨石斜横之上，同样有点缀与映衬的作用。为强化虚实效果，贤弟又绘以树木和云雾，使整个画面既丰富又浑然一体。那两块巨石的下端，一道瀑布自缝隙之间飞流而下，更生出动势。而在两块巨石之上又生出另一组山石，它实中有虚，上边生长出这么多植被，由近及远，慢慢地虚了过去，与上边两段之间的云雾形成一体，妙哉！"

讲到这里，梅清又指着此画的题款处说道：

"为了避免出现画面下部过实、过重，贤弟有意用了参差不齐的长题，使画的重心平稳，这显然是出于整个章法的考虑，匠心在焉。此外，从用笔用墨上看，此画上下全以浓墨线条出之；为了取势，基本上又都是用的斜线，这种老辣的用笔，大大增强了山石的质感。至于山石轮廓线和皴法，虽用笔极简，却足以凸显出山石的气势和风骨。此外，尊作在虚实关系上也处理得很好，虽上下基本都是浓墨，但通过虚实与转折，利用水墨的晕渗变化，给人以云烟泮合、疏旷清远之感，看来这丹青之道，于无墨处皆是学问啊！"

说到这里，梅清将目光移到了此画上方的跋语：

　　画有南北宗，书有二王法。张融有言：不恨臣无二王法，恨
二王无臣法。今问南北宗：我宗耶？宗我耶？一时捧腹曰：我自
用我法。

　　古人未立法之先，不知古人法何法？古人既立法之后，便不
容人出古法。千百年来遂使今之人，不能一出头地也。师古人之
迹而不师古人之心，直其不能一出头地也，冤哉！

　　这两则跋语，石涛在其他画上也曾一再题过，足见他本人对其重
视程度。事实上，每一位画家都要自觉或不自觉地处理自己与时代的
关系。如果说，石涛后来的"一画论"是他处理与时代关系的经典文
本，那么这两则跋语已初显端倪。

　　梅清站在这两则快利无双的跋语前品味良久，终于发出由衷的
赞叹：

　　"今观石公的《黄山图》，颇有耳目一新之感。石公能够自觉地
摆脱'四王吴恽'的影响，在学习古人成法的基础上，独出机杼，强
调'我自用我法'，实在是难能可贵，特别是画上那两段题跋，卓见
崇论，着实令梅某不胜叹服啊！"

　　"梅兄过奖！此画本系习作，幸蒙梅兄如此称赏，令弟十分不
安。梅兄所评点的许多地方，是弟在创作时都不曾意识到的，这真可
谓是'不虞之誉'啊！"

　　"不，石公乃实至名归也。梅某不过是如实道来而已。"

　　"多谢梅兄赏爱。自从上次受梅兄点拨后，弟就总是在体味佛说
'昨说定法，今日说不定法'，其中确有至理存焉。其实，古人立一
法，即如宗师之示一机，关键看他如何领会也。弟的《黄山图》之所
以'自用我法'，实则出于不得已，因为受到黄山烟云的驱染，当时
心头真的是一团活气；可当我濡墨为画，却发现我用过去惯用的那些

《黄山图》（之七）

技法根本无法表现我的感觉；至于古人过去画黄山所用过的一些技法，弟也曾试图加以借鉴，但所表现的只是黄山之形，根本表现不出我心中那座圣山之魂。

"逮至后来，我干脆用'我法'来画；也就是说，当我根本不再考虑'法'的时候，'法'却自成。这种'破法'，大概就是所谓'无法之法，乃为至法'吧，不悉我兄以为如何？"

"无法之法，乃为至法。"

梅清眯起眼睛，微微地晃着头，反复涵咏着这八个字的意蕴；忽然，梅清睁开了双眼，激动地放开喉咙大声道："妙哉，妙哉！石公从学法到化法、创法、自成一法，又回到不立一法也不舍一法，可视为一次重要的艺术回归啊！由这八个字，梅某不由地想起早年习武时听师父讲的一个故事。"

"噢，什么故事？请梅兄为弟道来。"

"好吧。咦，对了，石公知道张无忌这个人吧？"梅清问道：

"弟略知一二，他好像担任过明教第三十四代教主吧？"

"对，正是他。此人武功盖世，且聪慧绝顶，他只看过一遍张三丰的太极剑法，便记住了全部的招数。但张三丰却告诫他要忘记刚才所记住的一切，最好忘得一干二净。张无忌悟性过人，很快便领悟出张三丰的良苦用心；在与敌手过招时，他果真'忘掉'了刚记住的招式，而使出了太极剑的剑法精髓。张无忌在这里的出色表现，说明他并没有受张三丰所授剑法的约束；或者说他虽然学到了张三丰的剑法，但未受任何约束。从武功上说，这实际就是在'无法'之后，又建立起了'万法'，从而达到自由自在的境界。"

"无法……万法……"石涛反复品咂着其中所蕴涵的深厚义理，然后惊叹道："梅兄啊，您讲的这个太有意思了！看来武道也好，画道也罢，其实道理都是相通的。"

"是啊。"梅清摊开手，示意石涛入座，然后从容言道：

"石公啊，上次见面，我有许多想法，都未及细谈。其实，中国山水画到了明末，已渐衰微。由于董其昌提倡所谓'南北宗'论，过分强调对古代传统的继承，主张仿古，特别是主张摹仿北宋及元代的山水，即所谓'南宗山水'，一时间仿古、摹古、拟古之风盛行。到了清初，以'四王'为代表的山水画坛，拟古之风依然炽盛，墨守成规、因循守旧。"

"弟特别讨厌王原祁，终身陷入拟古的泥坑里不能自拔。至于吴渔山、恽南田，如能自拓衢路，还是能开出一片创新之境的，可惜受'四王'画风影响太深，拟古不化，只知有古而不知有我，结果只能自误误人。而环顾当今画坛，大多数画家最爱干的事就是炮制'四王'的偶像，这显然是他们在艺术上缺乏自信的脆弱心理的投射，他们总想一劳永逸地解决艺术上的问题，消解各种矛盾与焦虑，于是就死死地抱住一种以'四王'为代表的复古原则不放。他们的所谓艺术立场，其实就是一种狭隘的极端主义的自我表达。依弟之见，艺术创造的可贵处就在于它的多元，有如具体的世界一样丰富多彩。它绝不应该固化为一成不变的法规定理之类的东西，作为画家，更不应该一根筋地去执着追求这种东西。"

"是啊，可日前像这种一根筋地去死守成法的画家，实在是太司空见惯了。不少人在艺术功力未具时，拼命摹古学法，甚至焚膏继晷，不辞辛苦，可摹古守法到最后，反而阻碍了天然之趣的发挥，这种为法所缚且终身不得摆脱的弊病，甚至也发生在不少颇有名气的画家身上，真是令人痛惜啊！"

说到这里，梅清又凝视着墨渖未干的《黄山图》，热诚地鼓励道：

《清湘大涤子三十六峰意》

"石公法不犹人，智慧天发，不妨将此视为创作的起点，凭老弟的过人天分与悟性，真积力久，必可大成，老朽拭目以待矣！"

"梅兄奖誉太过，弟实不敢当，但弟一定不负梅兄厚爱！"

"好！"说罢，梅清快步来到案前，濡墨撰书《题石涛〈黄山图〉》古风一首，权作"临别赠言"。诗云：

石公飘然至，满袖生氤氲。
手中抱一卷，云是黄海云。
云峰三十六，峰峰插紫玉。
汗漫周未能，揽之归一掬。
始信天地奇，千载迟吾师。
笔落生面开，力与五丁齐。
觌面浮丘呼，欲往愁崎岖。
不能凌绝顶，踌躇披此图。

在梅清看来，黄山三十六峰的奇势雄姿，千百年来，唯有在石涛的笔下别开生面，独具一格，深得其神韵。观览斯图，始信天地造化之奇。若无五丁力士之神力，何能达此妙境？由此足见梅清对石涛的画技赏契之深。

石涛恭敬地接过诗幅，感动得热泪盈眶。他自知自己一向不擅交流，且早已过惯了独来独往的禅修生活，只是一味地耽溺于自我营造的艺术世界之中。可他万没想到，眼前的这位师长，竟与自己有着如此天然的默契；他既是自己精神世界的知己，也是苦难人生的救赎；石涛从来不曾像今天这样，强烈地渴求与他分享自己的一切，包括自己的苦恼、焦虑乃至孤寂。

正是在这种渴求与分享中，石涛真切地感受到一种从所未有的巨大幸福。

所谓幸福，对于真正的艺术家来说，其实非常简单，它不需要其他的人生附着物，而只是源发于内心的一种微妙的感应，是一种建基于文化对应关系上的精神共鸣。

石涛回到广教寺不久，竟又收到梅清托人送来的一首长诗，题为《石公从黄山来宛见贻佳画，答以长歌》，再度申发此意：

我陟岱宗三万丈，倒涧扶桑起泱漭。

手摘片云归江东，梦中缥缈碧霞上。

碧霞峰正青，忽然接黄海。

石公贻我图，恍惚不可解。

绝巘阴林四壁寒，云峦窅冥惊漫漫。

玉屏五老争拱立，海门九龙纷乘骖。

骤疑仙峤合，转讶真宰通。

卧游当岳表，乃在天都峰。

天都之奇奇莫纪，我公收拾奚囊里。

掷将幻笔落人间，遂使轩辕曾不死。

我写泰山云，云向石涛飞。

公写黄山云，云染瞿硎衣。

白云满眼无时尽，云根冉冉归灵境。

何时公向岱颠游，看余已发黄山兴。

梅清对石涛极尽赞赏黾勉，如高山流水般在彼此的心壁上鸣奏出和谐动人的律吕。

如果进一步从书画创作的内在机制着眼，所谓的书画创作，其实就是能量的摄取与转移，是在对自然客体能量的摄取中，将之转换为笔墨语言。但这种摄取与转换却是有前提的，它关乎一个画家的天分。一个处于庸常状态下的画家是无法写出黄山的真魂真魄的。而石涛笔下所传递的，则是被黄山性灵化、魂魄化了的大胸臆、大气度、大境界，是一种不可复制的大自然的化境——它是气运与造化的双重产物，非人力所能为！而梅清真正叹赏的，也正是这一点！

自从上次与梅清进行了深度交流后，石涛更加坚定地认定：作为一个真正的画家，必须站在自己的峰头，描绘属于自己的生命意象，他所吐纳的每一寸风景都应该是独一无二、不可复制的；而梅清的悉心点拨，则不啻是一记棒喝，将他从这种艺术困境中走了出来。

也就在此一时期（1667），石涛又绘制出《山水册》十五开（现藏故宫博物院），这部肇其创新思想端倪的作品向人们透发出一个强烈的信号：艺术贵在胆识，贵在将豪放不羁的个性和真山真水的感受融合在一起；只有不一味临摹古人，"从于心也"，方有妙品出焉。

石涛的此一认知，若究其根，实源自临济宗那种活泼泼、泼辣辣，生杀临时、随破随立的家风，我行我素，直心而为。为此，尽可"不以万法为侣"，尽可"逢佛杀佛，逢祖杀祖"。由此一悟解出发，再来读解《山水册》，不能不深感其下笔之果决，用墨之虚灵，点画之活脱，章法之新异，功力之控纵裕如，尤其是用"法"的出神入化，皆为晚明清初所罕见——由此我们看到了一种"野蛮的生长的力量"。这种"生长"的"力量"，实际上也融入了"野战"与梦境的力量，将此二者放在一起并非矛盾修辞，而恰恰是各得其所——如果没有二者的合力，就不足以与那个长期扼制创新精神的泥古现实对峙，也不足以言"生长"。

如所周知，石涛一生似乎有着拂之不去的黄山情结，在不可自拔的迷醉中，石涛曾不断地画黄山，并不断地为画出黄山之魂而努力寻找着与他在艺术上的雄心伟抱相副的笔墨语言。直到1699年，当他听到刚从黄山归来的友人许松龄"游黄山还广陵，招集河下，说黄海之胜"时，石涛追怀昔游，仍按捺不住内心的激动，在事隔30年后，再次乘兴挥笔绘制出《黄山图卷》，并在卷末题诗寄怀：

> 太极精灵堕地涌，泼天云海练江横。
> 游人但说黄山好，未向黄山冷处行。
> 三十六峰权作主，万千奇峭状难名。
> 劲庵有句看山眼，到处搜奇短杖轻。
> 昨日黄山归为评，至今灵幻梦中生。
> 不经意处已成绝，险过幽生冷地惊。
> 昔谓吾言有欺妄，卅年今始信生平。
> 几峰云气都成水，几石苔深软似绒。
> 可是山禽能作乐，绝非花气怪天呈。
> 石心有路松能引，空处无声泉自争。
> 君言别我一千日，今日正当千日程。
> 人生离别等闲情，愧余老病心凄清。
> 有杯在手何辞醉？有语能倾那不倾？

满堂辞客生平盟，雄谈气宇何峥嵘！

座中尽是黄山人，各赠一峰当柱撑。

请看秀色年年碧，万岁千秋忆广成。

此诗一出手便盈溢着黄山的灵气。作为才华骞举且诗画兼擅的天才画家，其高度的视觉感受力无疑大有助于其诗作的运思谋篇，而作为诗人的灵气则又大有助于对画面的捕捉与营建，这就使得石涛彻底摆脱了对客观物象的忠实描绘；所谓"画中有诗""诗中有画"，石涛这一坚执的"精神性"追求，使其笔墨语言总是盈溢着一种令人品味不尽的"画外之意"。

如果就此诗的妙旨作进一步地寻绎，我们还会发现，那无数被造化所创设的鲜活而独特的物象细节，已然鬼斧神工般地迹化在属于石涛的"黄山"上；在石涛看来，倘若没有这些细节，必须导致大自然的同质化，这意味着诗意、创意的泯灭。

作为大自然的经典，黄山只在细节中存活；

细节导致意义，细节生发诗意。

总之，石涛从自然里汲取灵源，然后化为一个个经由画家意蕊心香的鲜活细节，再以"我法"出之——这正是石涛笔下的黄山独具魅力的奥秘所在。如果说，自明末清初以降，中国画坛就已经形成黄山一派；那么就创作成就而言，石涛当推此一流派的杰出代表！

若进一步循此推阐，石涛可谓他那个时代当之无愧的艺术先锋——他是成功的、成熟的、成就型的先锋！

他的这种"先锋性"不仅体现在文化姿态上、观念上，更重要的是将此迹化为一系列奕奕煌煌的笔墨文本，使他在中国画坛上成为一个伟大传奇的缔造者。

"至今灵幻梦中生"，考诸石涛与黄山的墨缘，我们会惊异地发现，石涛仿佛生来就是为了逐梦，为了那一个个令他心醉的细节；他穷尽一生，为笔墨特性、形式边界的探索以及某些书画观念的颠覆性更新做着不懈的努力，并凭藉着超人的智慧与定力，在山水创作上不断地开拓出前人未尝走过的广阔疆土。

第八章

书画为缘结契众友
巨制遭窃失乐三年

在宣城期间，石涛在紧张的创作之余（当时主要是为寺庙绘制《十六阿罗应真图卷》），还积极参加宣城书画社的诸多文学活动。石涛以其惊世超群的文采、独具一格的画风，赢得了当地一大批志同道合、才华横溢的文人雅士的青睐。在《清湘老人山水卷》上，石涛曾自题七言长诗一首，以纪一时文酒之胜，石涛显然是通过这种亦诗亦史的方式，留下那一个个"极一时之盛"的精彩瞬间。此诗固不乏纪实之笔，文献可珍，虑以原诗过长，兹不具录。

一天，石涛正在寺院里临时主持工匠们修庙，忽见梅清从远处兴冲冲地跑来，手里还拿着一个印盒。

"石公啊，我最近刻了一方印章，你打开看看吧。"

石涛打开一看，印样上呈现出两个字：我法。

石涛久久地凝视着这两个有着千钧之重的字，感动得泪水在眼眶里打转，过了半晌，他才将万语千言凝聚为一句肺腑之言：

"至感梅兄高情！"

"这不过是梅某一时情至之作，留个纪念吧。噢，对了，明天诗友们要在山上举行一次雅集，大家都提议一定要邀请你参加，好一瞻你的风采啊！"

石涛听罢此言，顿时面呈难色，他支支吾吾地说道：

"梅兄，弟极愿前往，一睹盛况，可弟眼下要主持修庙，事繁人少，实在难以脱身啊！"说着，石涛不断地向梅清双手合十致意。

一见此状，梅清劝慰道："好吧，还是随缘自在吧，很多事情原本就难求两全，错过了春花秋月，还可以欣赏雪意梅情嘛。"

石涛以一种无限感激的目光，久久地凝望着眼前这位为他的艺术人生发力助航的故友，不由地再度俯身合掌，深表敬意。

几个月后，石涛再次收到了梅清的邀函，该函语语恳诚，难以固辞，遂于寺务倥偬间，趁机下山前往拜访。

行走在下山的路上，石涛发现眼前的大片田野，在湛蓝色的天空下，似乎要把它那硕大而肥沃的身体扭转。一根根质地柔软的草，如液体般缓缓流动，全部倒向远方；那绿色的导体，似乎在向天边输送着巨额的光线——石涛为眼前这一派田园风光所陶醉，遂从行囊里取出了写生本……

且说梅宅此时高朋满座，胜友如云，大家正尽情地谈笑着。

"咦，石涛大师怎么还没到，不会又是庙务缠身，抽不开身吧？"高咏道。

"我想大概不会吧。"梅清嘴上这么说，其实心里也没底。

"这和尚心高气傲，说不定根本没把我们放在眼里。"

"孙卓兄切莫胡言！石公不是您说的那样。"

正说着，石涛走了进来。

一见到石涛，梅清自然十分高兴，他首先隆重地向他介绍了年高位尊的施愚山先生，然后又将在座的诸位友人逐一向他介绍，他们分别是：

施闰章，号愚山，宣城著名诗人，进士。

方公，人称观湖道士，宣城著名画家。

吴肃公，号晴岩，又号逸鸿，著名学者，入清后不仕，以卖字行医为生。

梅庚，号雪坪，黄山派著名画家，甚佩石涛画艺。

徐半山，和尚，与石涛关系最为契密的友人，擅画，亦擅诗。

高咏，号遗山，宣城人，诗书画三绝。

孙卓，号如庵，宣城人，著名诗人。

介绍毕，为活跃气氛，梅清说道：

"上次雅集，石公未能参加，大家都在念叨您呢！"

"阿弥陀佛！"石涛双手合十，恳言道："上次拙衲寺务繁忙，实在不克分身，还请诸位海涵。"

"大师法务繁忙，可以理解。"高咏先生拱手道。

在座的毕竟都是宣城书画界的精英，大家寒暄了一阵后，便不由地将话题转到书画艺术上来。

"诸位！"吴肃公首先开了腔，他随意地拈出魏晋人书法作为话题，侃侃言道：

"兄弟最近颇痴迷于魏晋人的书法，深感魏晋人并非无法，流贯在他们笔下的一点一画、一波一拂，看似率意而为，却自有法度在。从内容上看，王羲之、王献之、王珣等名流皆以简札传世，这是任何朝代都不曾有过的。这些简札无非就是'致睽离，通讯问'，什么'新妇服地黄汤来似减，眠食未佳'了，什么'今送梨三百，晚雪，殊不能佳'了，所写的不外乎一地鸡毛的生活琐事，但这正与魏晋人那种自然朴拙的书风相适应，所谓浓亦美，淡亦美，蓬头散发不掩其美，此之谓也。"

素有"诗书画三绝"的宣城名士高咏接着应和道：

"晋人心无挂碍，随意点染，如游刃于解牛，运斤于斫鼻，自然风神万种，美妙绝伦。说到底，晋人的书法艺术为后人提供了一种混沌初开、带着雨露和阳光的原生美态，书法家真正获得了内心自由。而唐人一味尚法，字字讲求规范，结果不免会悖离书道。"

梅清接道："高兄此言，倒使我想起古代文人有个颇有意思的说法，那就是官告不如私告，私告不如简札。这里指的是书写心态：写官告必须一本正经，毕恭毕敬，而写私告便可以放松一些，率意一些。至于写简札，则尽可信笔草草，称其心之所欲言，看似不经意，意到笔随，写错了也无甚要紧，尽可随意涂抹，穿插增补，而法度自在其中，自然能'达其情性，形其哀乐'。这就难怪历史上流传下来的那些经典书作，不少是简札之类的东西，读着它们，我们仿佛又亲炙到那种拂麈清谈的'魏晋风度'，那些衣冠皆古的魏晋人，仿佛正越过了时空的藩篱，向我们走来。"

"梅公所言极是！"

梅清一听此言，赶紧起身向施愚山先生拱手，然后道：

"下面就请施大人发表高论。"

"老朽无甚高论，不过是与在座诸公相与探讨而已。"施愚山接着说道：

"老朽每读魏晋人的帖子，便有一种穿越千年时空与我契阔一叙的感觉。那些神行纸上的铁划银钩，怎么会有那么攫人魂魄的神奇力量，以至令人一日不品读，不摩挲把玩，心中就老大不自在。说起来，古代的这些书家，与我们可没有一丁点儿的亲缘瓜葛，可一看到他们遗留下来的墨迹，顿时有一种如逢故人的巨大亲切感。至于时间的那种所谓不可逆性，也就显得没有想象的那么遥远、可怕，敝人总觉得魏晋人都有一种弄笔为快的积习，即使是一地鸡毛的生活琐事也要研墨铺纸，尽兴一挥。魏晋人的风度与个性正是在这种洒脱与自由中脱颖而出，他们似乎就是为翰墨而生的。"

孙卓接过此话题补充道："是啊，每一个时代的人都会受他那个时代风气的浸染，比如汉末的郑玄，连他家里的婢女都熟读诗书。一次，一个婢女因没干好活而被郑玄罚站于泥水中，而另一婢女走过来，竟引用《诗经》中的话问道：'胡为乎泥中？'而站在水里的那个婢女也不简单，同样用《诗经》中的诗句答道：'薄言往愬，逢彼之怒。'及至魏晋，整个生存环境都弥漫着墨香；那种高雅超逸的书风，更为后人所不及！"

对此，吴肃公先生却独持异论，他说道：

"以上诸公对魏晋人的书法可谓推崇备至，照此看来，后来者就只能步其后尘，无法超越吗？"

梅清毕竟是邃于艺道的大家，他坦然应道：

"书法艺术作为文人高度灵智活动的结晶，恐怕不能用一个简单的前后序列来界定其高下。况书画创作，总是系于当时的历史背景与个人天才，并无一定之轨辙，故后来者未必就能居上，后出者未必就能胜前。"

梅清所言，娓娓井井，鞭辟入里，听得石涛不断颔首。而一直在屏息静气地倾听的施愚山，则禁不住击节赞道：

"梅公所论，陈义甚高。其实，书法一入唐，便充满庙堂气色，而宋书又偏于倜傥诙谐，在气格上远不及'魏晋风度'啊！"

说到这里，不知怎的，施愚山忽然心生感慨，遂径直言道：

"孟子有云：'君子之泽，五世而斩。'其实，根本要不了五世，到了二三世就已经衰败了。远的不说，就拿晚明以来的一些豪门来说，如今已没有多少值得炫耀的了。家道破落，文脉不继，'旧时王谢堂前燕，飞入寻常百姓家'，时光终归是不认世袭门第的，贵与贱、贫与富、朝廷命官与平头百姓，都在岁月无声的嬗替中不断地流变着。敝人曾在京城几家大画店看到不少名门望族之后的墨迹，那笔墨实在太平庸了，但在落款处却无不显赫地标明与祖上的亲缘，一个字，俗！"

初次参加这样的雅会又习惯于保持缄默的石涛，深为宣城诸友这种由艺术激情所点燃的热烈气氛所感染，他正欲启唇，却被徐半山给抢先了，只听他言道：

"施大人当年也是宣城大户，乃一风流倜傥、衣食无忧的才子，家道中衰后能有此番见识，实属难得。依我看，书画这东西，正如施大人适才所言，与门第、名声，甚至官位，都无关涉，虽然古来就有'诸子出于王官'之说，可宦海沉浮，官场倾轧，销蚀着历史上多少才人的智慧与光华；真正能在官场上立足的，其实都是以丧失自己本真的东西为代价的。仍以魏晋来说，当时不少名门望族，父子皆嗜书画，但子跃居其父之上的终归是少而又少。细究其因，主要是父辈声名、成就太高，作为后来者，由于条件优渥，往往缺乏筚路蓝缕的开拓跋涉精神，屋下架屋，床上迭床，大气象萎落成了小格局。"

这时，石涛终于打破了他一贯的缄默，接着言道：

"半山兄所言极是。其实，一位真正能够开宗立派的书法大家，在历史的长河中，究竟能占有多大的分量，这是大家都清楚的，因为大家的标准是趋同的。至于艺术上的汰选，历来都是严酷无情的，它始终遵循着'胜者通吃'的铁律；即使是丹青世家，也难以幸免——因为这里面没有什么'独门秘诀'可传，大多数后来者，都被笼盖在前辈那浓重的阴影下讨生活，真正能够像王献之那样走出其父浓厚的影子，形成自家面目，甚至在当时名气能超过乃父的，实属寥寥。"

"说得好，请石公继续发表高论。"梅清知道石涛一向不擅多言，显然意在鼓励，没想到这一下还真的引发出石涛的一番妙论——

"刚才施大人谈到了'俗'，拙衲也想借此机会对此略陈己见，请诸位指教。依拙衲看，一提到俗，一般都会笼统地认为此乃书家心地不净、人格卑微所致，而没有从根本上着眼。其实，对于书家来说，一定要做到'无为而有所为''法法我法'，才能超越外在的环境，才能物随物蔽，尘随尘交，才能'心不劳'，如是方有妙品出焉。故依拙衲看，凡不能明理、具识、化性、了法、去障、化法者，皆不能'远尘'，更不能从根源上摒除'俗气'。"

梅清听罢，不禁击节赞赏道："石公所言，深契鄙怀。为了去俗，传统的做法往往是从技法上制定出一些浮于表面的具体法规，或从人品上对书家加以贬毁，而石公却能独出机杼，卓尔为一家之言，佩服，佩服！"

石涛似乎兴犹未尽，又继续说道："以论书画，作者的学养、境界、灵悟固然是第一义的东西，传统书论往往过于强调以古为雅，故摹古之风逮到今日仍盛行不衰；又往往谈'俗'色变，由于怕沾染俗气而人为地设定许多禁忌，如以院画、职业画为俗，以重设色为俗，以工笔界画为俗，等等，结果这些禁忌成了束缚身心的枷锁。其实，只要法为我用，大胆着色，章法奇绝，也未尝不可创发'无陈俗之境'，'笔墨当随时代'嘛。因此，拙衲认为，凡是历史上的书画大师，其成就都是其学养、胸襟、胆识、才情、功力、人格境界乃至独特禀赋的综合体现；倘若无视于此，只是书中求书，画中求画，纵使能够将历代大师的原迹临习到乱真的程度也无济于事！"

"石公所言，足可息争！"这回终于轮到观湖道士发言了。这位道士号方公，是宣城诗社中相当活跃的一位，他年纪最高，尝为梅清诗集作序，在同人中颇具声望，只听此翁侃侃言道：

"一幅书法杰作，其中的技法成分，其实并不难分析、考量；难在化古而出新，写出自家面目，诚如石公适才所言，要'我用我法''笔墨当随时代'。如果每一代人都沿袭着'二王'的路子走，墨守成规，那还有什么出息？以故，老夫平生最佩服徐文长，他那高视阔步的古怪脾性使他'师心横纵，不傍门户'，哪里还会像明初人那样拈着小笔、小心翼翼地枕腕去写二王行草，他求的是'信手扫来，醉抹醒涂'的畅快，霸气十足。在他那里，写意是第一位的，有时毫端上的残墨已用尽了，仍不掭墨，依旧奋力狂驰，纸上顿时枯涩飞白，一派诡形怪状。这些或粗服蓬头或淋漓散乱，或怪伟跌宕或抛筋露骨的笔墨一面世，有些人就看不下去了，于是跳出来骂：'如醉酒巫风、丐儿村汉，胡行乱语，颠仆丑陋矣'。可骂归骂，他毕竟是'眼空千古，独立一时'的人物，无人可与比列！"

这时，梅清笑道："观湖先生真乃性情中人啊，总是越说越激动。愚以为历史上那些'眼空千古，独立一时'的大师，无不是经过岁月淘洗、检验的，时日越久，就越显魅力，越能诱使我们走近这些桀骜不驯的灵魂，去挹取那股淋漓滂沛的生命元气，以滋养自身。孟子一再强调要'善养吾浩然之气'，就书法来说，由气而成势，由势而焕采。风神万种，各尽其妙。"

　　还没等梅清说完，观湖居士又紧接道："人身上的精气神，原本充足，可惜的是，它在各种私心俗念的支配下渐渐消耗殆尽。老夫最近读魏晋人的法帖，深感他们的性情从未被各种俗念、陈规所阉割、污染，故透过魏晋人那种灵奇百变、盈溢着至高精神活力的线条，随处都可强烈感受到其中所透发出的那种山林之气，气格高华，情深韵纯，老朽真是佩服得很啊！可临到老朽濡墨为书时，总感到精气神凝聚不到一个焦点上。唉，观湖老矣，如今即使勉强在点画上用心发力，但自知已经力不能穿鲁缟了。"

　　"哈哈哈哈……"

　　此言一出，立即引来一阵笑声。

　　此次雅集的"茶叙"节目就在此欢快的气氛中结束。

　　这是多么豪奢的一次语言盛宴啊！

　　一个个饱学之士用一种无拘无束、自由交流的方式来表达各自的玄妙思想，用尽情倾诉的快感抵消现实的困顿。

　　此次雅集，给石涛的铭感甚深，他尤为激赏宣城诸公在对书画艺术的研讨中不时撞击出的灵智火花；在深深的解会中，彼此都发掘出埋藏在各自灵魂里的东西。他们互相赞赏、赞美、赞叹，仿佛是为了成全彼此的才华而来。

　　在这种融融泄泄的氛围中，石涛起身向梅清告辞。

　　梅清极力挽留道："石公啊，你就再多住两天吧，我还有许多话要对你说呢！"

　　石涛道："阿弥陀佛！多谢梅兄盛意！"

　　尽管他很想留下来与梅清继续畅谈，但他心中却隐然有一种不祥的预感，他决意尽快回去。

　　在回广教寺的路上，石涛仍沉浸在与宣城故友谈书论画的巨大幸福之中，可一入庙门，便接到一个令他无比痛惜的坏消息——寺庙遭窃了!

　　常言道：不怕贼算计，就怕贼惦记。且说石涛近年来画誉鹊起，画价越来越高，早就有人打他的画的主意了。尤其是前首座惟宽及原住持智严，虽已落选为清众，但一直住在庙里，知道石涛的住处有不少藏画及古董；尽管石涛在离开寺庙前，已将自己的画作及藏品隐藏于秘室，但还是被惟宽一伙摸了个底透，他们暗中勾结了一伙舞刀弄刀的亡命之徒，一俟石涛外出，便乘机下手。虽石涛为防万一，特安排专人暗中看守，怎奈寡不敌众，石涛的秘室最终还是遭窃。

　　石涛那幅用时最多、用笔最精的《十六阿罗应真图卷》，连同其他一些藏品，悉数被人窃去。

　　石涛听到这一消息，五雷轰顶，整个人几乎昏厥过去。

　　此后，他闷闷不乐，沉默不语几达三载。

第九章

目睹庙貌乱象丛生
接管寺务祖庭重振

1670年，二涛在宏信方丈的大力支持及寺中多数僧众的拥护下，正式接管庙务，这就使得重兴临济宗祖庭——宣城广教寺成为可能——这也是旅庵本月禅师交给二涛的一项重要任务。

宣城广教寺肇始于唐代高僧黄蘗希运，希运乃临济宗的宗师，故广教寺历来被视为临济宗祖庭。据《宣城县志》载：在唐宋之时，"广教寺规模宏大，有庙宇千间，僧人数百，佛殿前有千佛阁，慈代宝阁，寺后有金鸡井，寺内有法常曰雨华，轩称松月、雪屋；亭有数座，曰怀李亭、碧莲梵花亭、律海亭、迟贤亭、江东亭、福地亭等。还有藏经阁、观音阁。宋太宗赐御书眉百二十卷，元帝赐广教寺住持荣佑崖法师金袈裟"。

由此可见，广教寺自创寺以后在历代寺院中地位显赫。但是当二涛初来此寺时，由于战乱，已基本荒废。该寺的宏信方丈虽一直抱有重振祖庭之愿，但毕竟到了风烛残年，力不从心；而旅庵本月禅师与宏信方丈是多年老友，深知其未了之愿，故将重振祖庭这一重任寄托在他的两个爱徒身上。

二涛初到广教寺时，整个寺院没有一栋完整的殿宇，所看到的庙貌，因长期破败而无人修茸，墙倒壁坏，瓦砾遍地。再看那大雄宝殿前院坪中的茅草，竟足足有三四尺高，几可没人，诸殿之中的佛像也大多残缺不全，真可谓乱象丛生。

更令人痛心的是，庙里的僧人，虽然身着袈裟，挂着念珠，却多失庄严，规矩扫地；不少僧人蓄养妻妾，饮酒吃肉，平时不问佛事，唯收香火。寺院门外，则杂摊遍布，市声聒耳。好端端的一座十方丛林，竟被首座惟宽、智严等人搞得乌烟瘴气，几乎沦为子孙庙。一时间，挂名比丘，竟成为不少俗人热衷之事，只要捐金若干，即尊为首座，坐享尊荣；捐金略少，则名列知客，把持客堂，坐收财钱。尽管广大僧众对此十分不满，但由于首座背后有地方官僚势力的支持，故此风一直盛行不衰，致使一寺首座多达二十人，就连知客也有三四十人。

又，因寺中无寺规可循，故不少僧人在寺中私收徒众，子孙相续，结帮成伙，明争暗斗。此外，还有不少僧人在寺中私设伙食，小灶比比皆是。而禅堂则徒有其名，除一两个老年僧人看管门户外，连坐安息香的人都没有，更不要说坐长香和打禅七了。整个禅堂中冷冷清清，尘积灰堆。不仅如此，就连法堂、大雄宝殿之中，也只是连日经忏，且不如法。道风颓败，乌烟瘴气。

总之，修建寺庙、整顿寺规，已刻不容缓！

为便于庙貌的修葺，二涛以身作则，并以"我不入地狱，谁入地狱"的精神开示众僧。甫一晋院，二涛便率众到后山砍取葵蓬茅竹，搭盖出20多间棚屋，辟为大寮、客堂，并率领僧众住在其中。

为进一步整顿寺风，除旧布新。作为主持修庙的首座，石涛当众宣布：

不论过去曾在寺中担任过什么职务，凡落选者即为清众，各归寮口。全寺僧众各视情况，分属寮口，参加农禅，各司其事。为加强僧众职责，肃风整纪，上殿过堂，出坡参禅，必须悉遵规制。如有违者，均按祖师规约处置。同时，寺中还恢复了僧众每日坐十二支安息香的参禅制度，每年冬天加香打禅七。僧众除老弱病残者外，每日必须参加农禅修持。

一天，石涛无意间发现寺里的一间禅室门窗紧关，便问侍从这间禅室是做什么用的。侍从的回答让石涛颇感意外，原来里面住着一个僧人，已经坐关两年了，终日闭目静坐，默无一言，甚至连眼睛都不睁。大家都觉得这是一个十足的怪人。

石涛推开门，只见里面一片漆黑；过了好一会儿，才看清了那个坐得像一块石头的和尚。他兀自紧闭双眼，像是入定了很长时间。石涛一连叫他几声，他也不加理会。

忽然，石涛猛喝一声："你这个和尚！终日念念有词，究竟在说些什么？终日双眼睁睁，在看些什么？"

和尚闻言大惊，赶紧站起来向石涛深施一礼，疑惑地问道："小僧在这里闭关，不言不视已有两年，你却问我终日口巴巴说什么、眼睁睁看什么，此话究竟从何说起呢？"

石涛没有立即回应他的提问，只是继续问道："你上下怎么称呼？"

"法名素喜。"

"府上哪里？离家多少年了？"

素喜答道："湖北人，离家有十多年了。"

"家中还有什么人？"

"还有一位老母亲，也不知道如今是死是活。"

"想念她吗？"

"怎么能不念想啊！"

"既然如此，你虽然终日双目紧闭，但心里什么都看见了，所以我说你终日在说，在看，在想，难道说错了吗？"

素喜听罢，猛地合拢双掌，又向石涛重重施了一礼，说："檀越妙言惊人，足启灵根，还望继续开示！"

"《观无量寿经》曾云：'欲生彼国者，当修三福，首重孝养父母。'佛祖当年作盂兰之会，即报母恩也。对了，你知道道纪和尚吗？"

"只知道他是南北朝高齐之初的名僧，至于他的事迹，所知不多。"

"告诉你吧，就是这位道纪大师，曾将其领悟的佛理撰成一部文集，名《金藏论》，共七卷，分门别类讲述寺院法器之由来、经文佛像戒律之本源，流传甚广。不仅如此，他还有着一颗醇厚的孝心，每次出门都自己挑一副担子，一头挑经书佛像，另一头则是自己的老母亲。"

"啊，原来道纪大师还是一位孝子！"素喜听罢为之动容。

石涛说："父母者，人之本也；《大乘本生心地观经》云：'父有慈恩，母有慈恩，若我住一劫中说不尽'，'经于一劫，每日三时割自身以养父母，而未能报一日之恩'。人生于世，想念父母乃是天性，怎么能够断灭？你说不能不想，那是你的真性发现，你既然已经发现了，还被这思念苦苦折磨着，那就不如听从心里发出的指令，尽人子为孝之责，而你却终日呆坐在这里，徒乱心曲？这又是何苦呢？"

石涛的话还没落音，素喜已号啕大哭起来。过了良久，才泣声道："檀越说得太对了，我明日一早就准备回乡，去看望我老娘。"说罢，他迅疾从蒲团上跃起，向石涛深鞠一躬，然后开始准备行囊，天还没亮，便挑着行囊回老家去了。

通过这件事，石涛深感自己肩头的重压：寺庙亟待修整，僧众也需教化；他发现，这里的僧人剃度之后，受戒与否无人过问，更谈不上随机接引。其实，佛祖生前最重弘法；佛祖之所以将法门分为诸宗，正是为了相机接引不同根基的僧人，而照目前这样下去，如何能使玄风四播，龙象骏兴？

总之，不仅是有形的寺庙，连那无形的庙宇（人心）都亟待修整。

为了加强寺庙的管理，石涛又进一步制定制度，重订《僧人共住规约》《客堂规约》《斋堂规约》《禅堂规约》等。为屏除旧习陋规，石涛经过宏信方丈的批准，又颁布了以下举措：

一、加强常住人员管理。对百余个以捐金而获目座尊号者，一律取消。当家、知客人选严加选择，废除原有的七八十人，重新礼请五人。

二、不许任何人在寺内私收徒弟，以铲除子孙派系的出现。

三、严禁僧人在寺中蓄养妻妾。

四、严禁僧人在寺中私造伙食，取消小锅饭菜。常住僧人上至方丈，下及沙弥一律过堂。外来客人施主，由客堂接待。

此外，为清理山门内外的酒肆肉铺，石涛还主持在寺外大路旁，盖起板屋十多间，安置善良和气的商贾在此卖茶叶、素果及纸烛拜香。

在宏信方丈的大力支持下，经过二涛的多方努力，庙貌有了初步的改观。在治理寺务的紧张工作中，石涛仍未完全放下手中的画笔，由于时间与条件有限，石涛无法"搜尽奇峰打草稿"，亦无法从事那些主题性的创作，只能见缝插针，做一些笔墨技巧上的训练。一次，石涛在随意性的笔墨挥运中发现了笔墨与空白之间那种阴阳、有无互生的关系——不仅是笔墨创造了空白，空白本身也创造着笔墨，二者之间隐藏着一种微妙的和谐。

《唐人诗意图（望天门山）》

这一发现，令石涛激奋不已。于是，石涛以此为契机，从唐诗中撷取了像《望天门山》《送孟浩然之广陵》《静夜思》之类特别适宜"入画"的名作进行创作，藉此尝试如何使诗画二者互融互洽，进一步开拓中国山水画的艺术表现空间。

在石涛看来，以诗句入画，画未必能佳；以有画意之诗为诗，诗亦未必皆妙。个中奥理，往往非言语可以道断。

如果从作为艺术表现符号的不同特性来看，诗歌"尚言情"，绘画"主气韵"，二者各有所长，共同体现着超越固有物质手段的美学精神。

若分而论之，诗固然不如绘画的线条那样宜于"模写物态，曲尽其妙"，可触可视的意象与"目击可图"的画境同样具有不可替代的审美价值，藉迁想妙得而融时态动感于画面空间之中，此即所谓"画中有诗"。

至于诗歌，它固然不能像造型艺术那样具体而细微地去描绘视觉性的物象，但它的言情表意功能恰恰可以在"意态由来画不成"之处大显身手。对此，如顾恺之就曾对嵇康"目送归鸿，手挥五弦"两句诗发论道："画'手挥五弦'易，'目送归鸿'难"；董其昌也认为："'水作罗浮磬，山鸣于圆钟'，此太白诗，何必右丞诗中画也？画中欲收钟、磬不可得！"至于像嗅觉（香）、触觉（湿、冷）、听觉（声咽、鸣钟作磬）里的事物，以及不同于悲、喜、怒、愁等有显明表情的内心状态（思乡），也都是'难画'，'画不出'的。

诗画兼擅的石涛对此早有会心，故在《唐人诗意图》（八开册页）中，他力求做到一画兼此二妙（即诗中有画，画中有诗），独具匠心地将"如画"之景变为"如诗"之画。下面即以其《唐人诗意图》之二（《黄鹤楼送孟浩然之广陵》）为例，对此略加申说。

在石涛的笔下，远峰逶迤直入云天，江水浩淼横无际涯，而石涛的一片匠心，全在一个"送"字上凝结，通过强化"我"微微前倾的身体及凝目远望"孤帆"的神情这一"富于包孕性的片刻"，从而完成由视觉语言向诗性语言的转换，使人如禅之有"机"而待"参"然。

《唐人诗意图（黄鹤楼送孟浩然之广陵）》

再请看《唐人诗意图》之五（《九月九日忆山东兄弟》），在此作中，峻岭直耸云天，花树环绕屋舍，最妙的是，石涛并未直接描绘"插茱萸"这一细节，而是通过草舍中两个高士倾谈这一"富于包孕性的片刻"，藉助蕴涵着充满视觉想象力的言说，从而给人以一种"每逢佳节倍思亲"的定向联想——而此画的主旨也就在这种审美的直觉化与物象的生动态势的相互默契中，在感觉复合的意象结构中顺理成章地完成了——这种"与造化争巧"的绘画美学效应，正是石涛在绘画实践中，充分发挥想象的自由，始终以"玄览""神思""迁想"为艺术思维之模式、自觉地追求着一种"言外含不尽之意"的虚灵境界的结果。

由此可见，将诗融于画中，使二者互补互融，其重要的美学功能就是要把模写物态、曲尽其妙的绘画艺术与"意态由来画不成"的诗歌艺术综合起来，从而使二者通过互洽互参获得双重的优势。

总之，"画中有诗"也好，"诗中有画"也罢，其美学意义并不仅仅表现为所谓"诗画互补"，更重要的是要打开诗中的想象空间，使其向着不断更新的时间敞开，从而超越瞬刻空间的局限而臻于时空交融、诗画交融的境界。

苏轼尝谓："观摩诘之画，画中有诗；味摩诘之诗，诗中有画。"（《书蓝田烟雨图》）这一"观"一"味"，大可寻绎。所谓"观"，必将诉于有形（画），不离"情景"，关乎审美主体的感觉真实与透视观照；而"味"，则必诉诸于无形（诗），超越具象，关乎审美主体的想象自由与兴托发生。隽智的石涛通过《唐人诗意图》的系列创作实践，在探求"诗画兼融""合则双美"方面迈出了可贵的一步。在此后的绘画实践中，石涛更是充分发挥了这一"观"一"味"的审美功能，通过诗画的互融互洽，大大地开拓了其画作的审美空间与文化内蕴。

《唐人诗意图（九月九日忆山东兄弟）》

石涛是个一拿起画笔就忘乎所以的艺痴，但摆在他眼前的第一要务是修复寺庙，他必须舍其所好，义不容辞地回到他的"现实角色"中来。

且说在修复寺庙之初，确曾得到部分徽商和不少当地信众的捐款。但由于工程浩繁、复杂，所需资金数额巨大。一段时间下来，石涛深感在资金筹措方面的进展并不理想，缺口甚大；眼看着施工时作时辍，不能如期进行，石涛常常夙夜忧叹，不能成眠；此时，他忽然觉得身上的袈裟，手中的念珠，似乎都成为无声的讥讽；如果说，此前石涛还是一个心如止水、"斋罢垂垂浑入定"的僧人，一个以纯然的禅家心性观赏与描绘着世界的画僧，一个只愿与高士及禅僧道士往还，不喜俗士，尤不屑于结交达官富豪的淡雅之僧，可如今，现实却狞笑着把最严酷的一面撕开给他看。

无奈之下，石涛想到了自己手中的那支画笔！

想到了能否以此作为筹集资金与广结善缘之具。

石涛生性孤傲狷洁，最厌恶在某种利益驱动下作画，变成在钱币中打滚的庸人。在石涛看来，绘画艺术作为对现实境界的超越，它所拒斥的是平庸、贫乏、猥琐和鄙俗；绘画艺术之门，只为那些自由心灵和高贵灵魂而轩敞。

在石涛的认知中，绘画创作过程中许多生机勃发的生命都是在一种自由状态中喷薄而出的。绘画之道一旦进入功利的轨道，它那种从容闲雅、孤绝清远的文人气味就消失了。从历史上看，"必也言利"的商场竞争，曾淹没了多少纯真的欢愉、浚发的性灵，自己一直以要做一流禅画家自期，难道一定要进入这个功利世界中吗？这当然是石涛所不愿接受的。

但石涛又深知自己既是一名禅画师，又是广教寺的首座，肩上担负着师父所重托的让庙貌庄严、法轮恒转的弘法使命；就目前来说，完成这一使命，才是他当下生命中"第一义"的东西。

为此，他必须厕身"世间法"。

否则，完成师父所托之重任只能是一句空话。

1671年，石涛花费了一个多月的时间，为新安太守曹鼎望绘制十二幅风格各异的绢本山水轴作为寿礼，耗力甚巨，而新安太守所付与巨额报酬，则被石涛悉数用作修庙之资。与此同时，石涛又积极地与几位徽州赞助商合作，为筹集修庙资金尽心肆力。

第十章

不改狂性依然故我

略施小技为筹巨资

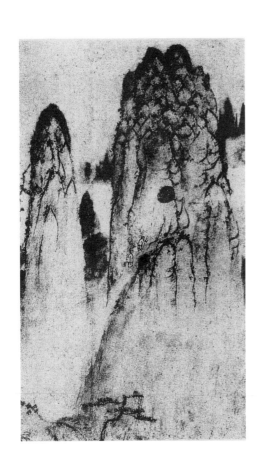

石涛为修寺募化资金而卖画的消息不胫而走。一时间，慕名前来求字求画者愈来愈多；尤其是当地著名徽商，如许松龄、程浚、汪世栋等人，早就倾慕石涛其人其画，此时纷纷争相解囊认购，这些人后来大都成为石涛的好友。

过去一直被石涛拒之门外的一些富豪俗士，听到这一消息，也纷纷附庸风雅，前来购画。

一日，石涛应友人之邀赴宴，于席间遇一富商，自称姓阮名从礼，他当众表示愿出重金以求画，其自恃财力雄厚，话语中傲气十足，石涛十分反感，罢席而归。

未几，阮某负钱数十缗，亲自叩门求画，石涛得知此人在地方上口碑不佳，遂再次断然拒之，厉声道："古人谀墓得金，书碑酬绢，尚须有交接之礼。我卖画，实出于不得已，难道能行同市侩吗？"石涛这一席话，搞得阮某灰头土脸，只好拂袖而去。

阮某当然不会就此善罢甘休；在他看来，在宣城的地盘上，自己还是头一回这样栽面儿，必须尽快将面子挽回。其实，对这些一味附庸风雅、根本不懂书画的富豪来说，是谁作的画、写的字，比字画本身的好坏更重要；如果买到了像石涛这样的大名人的墨迹，就好像把名人请到了家里一样，这是何等风光！想到此，阮某便请了当地一位颇有名望的黄姓乡绅作陪，再次叩门求画。

"大师，阮某从商多年，别无他好，平日唯以书画自遣，还请先生成全，赐绘山水、书法各两幅，尺幅不限，至于润金，亦悉由大师定夺。"

石涛一听阮某已把话说到这份儿上，便问道：

"除此之外，还有什么要求？"

阮某一听此问，马上满脸堆笑道："最好能题上款。"

"还要题上款？"石涛把眼一瞪，一脸的鄙夷。

黄某一看此事有点不妙，赶紧趋前帮衬道："大师千万别误会，大师若愿题，阮公自当引为无上光宠；如不愿题，亦悉听尊便，切莫勉强。"

"好吧，容拙衲再考虑考虑吧。关于笔润，你就直接交与监院（寺中掌管财务者——笔者）吧。至于画嘛，半个月后再来取吧。"

石涛之所以让阮某半个月后来取，乃其"拖延术"之妙用——既表明应酬求画任务的繁重，也显示出他本人性格上的一种矜持——艺术家并非呼之即来；即使有钱，也要按先后顺序"排队"。如此一来，石涛虽迫于为修庙集资而鬻书卖画，但在相当程度上还是能够按照己之愿，体面地行事。

半个月后，阮某如约前来取画，他打开一看，只见其中只有一张落了上款，上面题曰："阮某 雅属"。石涛故意将"雅属"二字写得特别大，而把阮某二字反衬得特别小，让人忍俊不禁，一望便知这其中大有"故事"在。

阮某心中虽感不快，但自忖与大师毕竟缺乏交情，既已题了上款，也算给了面子，便不好再说什么，只好交足润金，称谢而去。

通过此事，石涛进一步悟出了一个道理：名气本身就是一种无形资本；必须充分利用自己所拥有的"无形资本"，并辅之以其他种种策略，才能维护自身的尊严，进一步实现自己的既定目标。

几天后，又有一位在宣城当地臭名昭著的富豪得悉石涛擅绘黄山，便托请各方关系再三央求，欲重金订购其所绘黄山图；石涛本不想答应，但在友人的极力劝说下，只好违心地先将钱收下，以供修庙之急用，而画却一拖再拖，历时一年竟只完成一半；待到此画快杀青时，这位富豪已等不及，撒手而去了。

由于石涛擅工笔作画，且画风十分工细，故一幅画动辄需要数周、数月甚至更长时间。友人们纷纷劝说他不妨苟且应酬，不必如此费时费力，致损身体。而石涛则明示道："宁愿辛劳，绝不草率作画。"

由于"绝不草率"，石涛可谓吃尽了苦头，其中有一次最让他难堪：一位宣城当地的富商向石涛定制画作，并已预支润资，却总拿不到画。后来由于买家催得太紧，而石涛又"绝不草率"，为了早日交货，只好打夜工，足足赶拼了两个多月，整个人都瘦得骨销形立，画才告成。

又，石涛因擅绘人像，故登门求画像者络绎不绝。遇到贫民而求为先人画像者，石涛往往不计酬资，甚至慨然奉送。一天，诗友李梦川前来求画，他已年近五十，却一直没有子嗣，最近终于有了弄璋之喜，石涛大为高兴，当即送他一张"石榴图"，并在上面题贺诗一首，李梦川高兴得合不拢嘴，并奉上润金，石涛接过一看，立即勃然变色，厉声道："没想到你也如此俗气！"

石涛对朋友一贯慷慨，但若遇上他所讨厌的富豪俗士，虽付与重金亦不为也。他常挂在嘴边的一句话是："我为什么要以传神阿堵之笔，为这号人描绘食肉相呢？"

在卖画筹资的过程中，也曾发生过不少令石涛不堪的事。

一次，有个富商明知石涛的僧人身份，却故意托人前来洽谈，表示其家主人愿出巨资求作"秘戏图"，石涛听罢愤然拒绝，说道："诲淫败俗，无过于此。我虽为贫僧，不为也。"

一段时间下来，通过卖画，石涛确实筹集到不少资金；但只是如此消极地等人上门求画，绝非上策。一向天机灵透的石涛，竟匪夷所思地设计出了一个妙招：垂饵诱其上钩。

一天，石涛经友人介绍，来到了一位高姓富豪的宅第做客。入得室来，石涛便开始观赏其壁上的书画，然后按照既定的套路，提议道：

"高大人收藏赡富，颇有可观。但拙衲以为，与其这样零散收藏，不如专收一两位大家，方与大人的身份相合。"

这位富豪一听，觉得颇有道理，可转念一想，又感到此事大非易事，便问道："收藏谁的呢？"

石涛又提议道："依拙衲看，就收藏倪云林吧，而且一定要收藏其精品，最好是世间无二的镇堂之宝。恕拙衲直言，高大人堂庑如此广大，却挂着这样一幅不大不小的中堂，未免与大人的身份太不相称了吧？"

这富豪一听顿时来了劲，可转眼间又皱起了眉头："大师所言甚是，可大家名迹，到哪里去求呢？再说，我也不太懂……"

"这就要靠大人的运气、缘分了。"

"此事请大师一定要帮忙，至于银子嘛，好说，好说！"

"好吧，必要时拙衲可替你掌掌眼。还是那句话，这事就要看大人的运气了。"说罢，石涛合掌而辞。

回去后，石涛便找出一张六尺整张的明朝纸，并进行"做旧"处理，然后开始仿制倪云林的山水画。

喝涛在一旁看着，已明白了几分，遂问道：

"师弟啊，你是在做倪云林的假画吧？"

"正是。反正这些为富不仁的家伙，银子的来路都不正。眼前为了修庙，也管不了这么多了。况且，对这些胸无点墨却要附庸风雅的家伙来说，墙上挂什么都一样，摆摆样子罢了。"

喝涛一听，觉得此言有些道理，也就没再作声。

一个月后，石涛找来一个书画掮客，叫他将此画交与那位姓高的富豪，并叮嘱道："一定要卖到五千两，不准还价！"

此画送到高府，高大人展卷一看，顿时喜形于色，当即表示就按原价买进；但他同时又开出一个条件，那就是一定要让石涛看过，才肯认购。

那掮客立即请石涛前往鉴定，并自认为此单生意已成，佣金即将到手。

可这掮客万没想到，石涛当着高姓富豪的面打开此画一看，竟脱口说道："假画！"

"啊，假的！大师，您再仔细看看！"

"不必。"

姓高的富豪一听此言，立即厉声对那位掮客呵斥道："你赶紧拿回去，我高某从不收假画！"

在回来的路上，那掮客气哼哼地正欲与石涛理论，石涛却笑道："你不必开口，如想赚佣金就要听我的。明天你再去高氏那里，告诉他这张画我石涛买下了。"

掮客毕竟是生意场上的老手，一听就明白了，他当天就依照石涛所嘱来到高宅。

姓高的富豪一看到掮客，便一脸的不耐烦，嗔问道："你又来干什么？"

"鄙人前来是为了告诉高大人，那张画被石涛买去了。"

高氏大感意外，"噢，那不是一张假画吗？"

"石涛后来又对此画作了仔细的鉴定，认为是真画。"

"那……那你是以什么价钱卖给他的？"

"四千两。"

"四千两？"高氏紧皱起眉头："我若多出，此画还能不能卖给我？"

"鄙人当然想卖给大人。可鄙人拿来，大人能相信此画是真的吗？"

高氏一时语塞，思索片刻，对掮客道："烦请您再把它弄回来，价钱我加倍。"

"这恐怕很难。"掮客面有难色。

"做生意只要有钱赚不就行了嘛，何难之有？"

"那好吧，鄙人一定再想想办法。"

几天后，捐客又来到高宅，告诉他："鄙人总算搞清了，石涛大师并非有意夺大人所好，只是一时看走了眼，待仔细研究后，才发现笔墨都对，确实是真迹。但事已至此，再改口，便像是我们串通好了有意骗大人似的，所以他干脆自己买下了。"

高氏从心里想得到这张画，一听此言，便急切地问道："那石涛大师到底卖不卖呢？"

"当然卖。"

"价钱呢？"

"大人已出到八千两，依鄙人之见不如凑成个整数，一万两，您看如何？"

"好，就依你！"

一幅仿品，就这样在石涛的幕后导演下，最终以一万两的高价成交。

经过一段时间的努力，大大出乎石涛之意外的是，筹集到的银两已非常可观，总算解了当前修庙的燃眉之急。

有了财力的支撑，石涛所主持的第一期修庙工作进展得十分迅速，他们首先修复了大雄宝殿。整个定殿高有数丈，宽敞庄严，正中塑了三尊五丈多高的大佛像，迦叶、阿难二尊者侍立旁侧。四周内壁环则分塑五百罗汉像，文殊、普贤二菩萨圣像分塑左右两侧，背后则是巨幅海岛观音菩萨全图塑像，栩栩如生，气势恢宏。然后，石涛又率众相继修复了天王殿、斋堂、库房等。为方便寺内有志于行持佛法的众弟子长年念佛，石涛还将念佛堂、讲经堂等进行了重点改造，大大改善了二堂的采光与通风条件。

此外，又重建报恩堂、延寿堂、钟楼、鼓楼、禅堂、云水堂。还在新建的法堂二楼辟设藏经楼，供奉佛典经籍。同时，又新塑、重塑百余尊佛、菩萨圣像，庄重肃稳，整个广教寺庙貌庄严，焕然一新。

石涛的声名由是大振。

为使僧众更加信孚，石涛主动让出临时首座一职，让从南京栖霞寺请来的印月法师担任，而石涛的主要职责是主持戒律学院，教习毗尼，垂范众僧。

为强化僧众对戒律的奉持与对常住规矩的遵守，石涛认真奉持释迦牟尼佛"以戒为师"的教导，严于自责自律，率先垂范，严守毗尼，恪守规约，举凡上殿、过堂、参禅、普请从不间断，更不逃脱，同时也从不私营饮食，为僧众树立严守戒律的榜样。全寺常住数百人，六和共住，一心修持，整个寺院呈现出一片祥和之象。

第十一章

殿宇重光旧貌一扫

禅堂说法饶益众僧

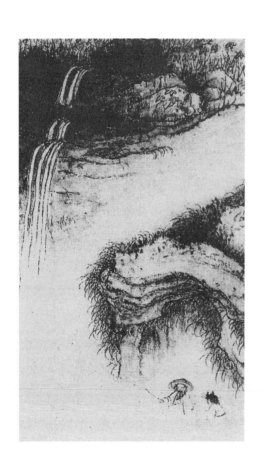

如前所述，在二涛的亲自主持下，整个广教寺旧貌一扫，再现祖庭雄姿。

在整顿寺貌颇见端倪后，石涛又将主要精力放在培育僧才上，他主持在寺中创设学戒堂；专门为僧人教授戒律，讲说僧众当具的日常仪范，客堂、斋堂以及上殿、过堂、普请等仪制与规范，佛教基本知识以及诸宗要义。与此同时，石涛还准备亲自登坛说法。

众僧听说此一消息，无不欢欣喜悦；由于石涛声名远播，故不限于常住寺中的僧众，不少外地僧人也慕名前来闻法。当然，这其中也有一些在落选后流为清众者，因心怀不满想伺机寻衅；这不，他们已开始密谋策划了——

"哼！自从这两个家伙进庙后，我们就一直灰头土脸的，没过上一天好日子。"首先发泄怨气的是前首座惟宽。

"是啊，我就是咽不下这口气！过去高僧大德说法，按惯例都会在讲经后留出时间回答僧众的问题，这可是一次难得的机会，我们一定要利用这次机会让他出丑，狠狠煞煞他的威风！"智严恶狠狠地说。

"对，就按我们上次商定的办。噢，对了，他不是口口声声称他是临济宗的正宗传人吗？我看我们就从这条法脉入手，以初祖达摩、六祖惠能为话头，逼着他展开论旨，只要答不上来或在史实上稍有差池，我们就以数典忘祖为由，毫不客气地把他哄下台。"惟宽一副颐指气使的样子。

"对，你们都下去好好准备吧，这回可就看你们的了。"惟宽、智严似乎已将宝全都押在了手下的那帮小喽啰身上。

为了教训石涛，惟宽、智严等人还暗中与官府中人勾结，企图将二涛驱逐出寺。

在众僧的盛邀下，石涛如期开始讲法。

檀香弥漫，梵呗悠悠。

在清扬的引磬声里，石涛举步上坐。

这时维那师朗声宣布法会开始举行。

石涛的目光掠过全场，神情庄肃而威严。虽然他当时只有20多岁，但长期的潜心修炼，使他一走上法坛便自带气场；一落座，便有一种超强的摄受力。

"好，现在开始讲经。"

石涛在对《心经》（全称《摩诃般若波罗蜜多心经》）的贯解中，着重强调了佛教是以信仰为体，修行为用的，故题名的"心"字是核心、中心之意，也就是如何由"般若"（智慧）到达彼岸，脱离苦海，得大解脱。至于"波罗蜜多"（即到达彼岸）的修行法门共有六种：布施、持戒、忍辱、精进、禅定、智慧。而《心经》就是要解决如何以"般若"（智慧）到达彼岸这一核心问题的。

接下来，石涛对经文中所出现的两个"得"作了必要的解释。

"《心经》前文说'无智亦无得'，后面又说'得'，所谓'依般若波罗蜜多故，得阿耨多罗三藐三菩提'，这两个'得'，在梵语原文中并不是一个字，后面一个'得'是'证得''亲证'，与前文的'得到'，其涵义是不同的。"

《心经》讲毕，依循惯例便进入了问答这一与僧众直接交流的环节。

这时惟宽、智严等人在堂下频频诡谲地交换着眼色，颇有几分得意。

这时，堂下忽有一着官服的人站起，气势汹汹地责问道："广教寺乃天下名寺，本来秩序井然，香火旺盛，可自从你们来后，把整个寺庙搞得乱七八糟，怨声鼎沸，县衙几乎每天都会接到举报，对此，法师又作何解释？"

石涛据理力争道："国有国法，寺有寺规。我们是在宏信方丈的领导下，进行寺庙的修复工程。我们自筹资金，日夜苦干，只用了不到两年的时间，就把一个破败不堪的寺庙修葺一新，缁素同喜，究竟何过之有？所举报的又是些什么具体内容？不妨在此公示出来，以正视听。"

"是啊，何过之有？只怕有些人再也捞不到好处了吧？"堂上有人高声道。

这时，又有一个朝官模样的人站起来质问道：

"法师自开始主修寺庙以来，破费了大量钱财，建造了那么多的泥塑、木雕及佛像，请问这对弘扬佛教究竟有什么作用？"

石涛从容答道："释迦牟尼佛当年创立佛教，总以济众利民、慈悲一切为本分。其实，自古佛教皆与政教并行，政以齐民，教以化民……至于建造泥塑、木雕及佛像，其目的只在令人起敬畏之心。佛言法相，相以表法。不以相表，于法不张。塑雕佛像的效用，只在令人心有所归。人心若无所归，无敬畏，那就会无恶不作。人若无恶不作，社会就会祸乱四起，不得安宁。就拿世俗社会而言，所谓尼山塑圣，也无非是使人心有所归，进而起敬信之忱，其功效不可思议。"

石涛此言一出，立即引起堂下的啧啧称赞。那位质问者也怒颜稍霁，但他接着又发问道：

"佛祖虽慈悲，教人向善，可有不少和尚不但不习静言善，反而做了许多坏事，岂不是败类？至于拈香燃烛，参经拜佛，也不过迷信陋习而已，这是否说明佛教已日趋衰微？"

石涛从容答道："盛衰变化，原本事之常理，不足为怪。今中华一切旧文明悉遭革除，不独佛家为然，至如和尚，出家男众之通称也，但有圣凡的区别。不能看到一两个恶僧就抱怨全体僧人，这就好比因为一两个读书人做了坏事，而去大骂孔子。再者，佛法以性为海，无所不容。僧人秉承佛化，护持三宝，默化潜移，发用盛大，岂能全视为败类呢？至于佛教的外部形式，虽几经变易，而深义奥旨依然存在，世之推移必有以使我佛法渗化到世间诸事理之中，而更广披普化，深入人心深处，此正所谓衰所以盛，灭所以兴也。"

石涛的上述应答一出，立即博得了众僧的赞叹。

这时堂下一位青年僧人站起来，语带讥讽地问道：

"听说法师为临济宗传人，从法脉上看，达摩当为初祖，法师能否谈谈达摩来华传法、与梁武帝会面的经过呢？"

关于达摩与梁武帝的会面，是一段聚讼纷纭的禅门公案，若不能将禅学精义熟贯于胸，便很难作出透彻的通解，而石涛一向以达摩的弘法精神自勉自励，故谈起这一话题，自然是如数家珍，只听他从容讲道：

"大哉此问。限于时间，拙衲只能择其荦荦大端而言。

"达摩祖师在印度摧伏外道之后，声名如日中天。但他毫不眷恋在印度获得的赫赫功业与声望，竟然不辞辛苦，渡越波涛汹涌的大海，来到了震旦大地。至于梁武帝与达摩的会见，则是在普通元年，也就是公元五二零年十一月一日。当时的迎接场面是非常隆重的，梁武帝坐在皇辇上亲自率满朝文武出城恭迎，全城的人也争相涌到大道的两旁，盼望能一睹西天二十八祖达摩的风采。

"达摩步入大殿后，鼓乐奏起，大殿里灯火辉煌，正中摆放了一桌丰盛的素宴。武帝坐在上方，请达摩坐在旁座。

"'法师为西天二十八祖，万人仰慕。但不知法师从天竺带来了什么教法，以化度我东土众生？'梁武帝向达摩发问道。

"达摩直视着武帝，答道：'贫僧不将一字教带来。'

"武帝听罢大感诧异，他不明白达摩既然来到东土弘法，怎么竟然不将一字教带来？那他到我东土来究竟想做什么？莫非他不是西天二十八祖？

"怀着这样的疑惑，武帝开始仔细打量达摩，只见他眼窝深凹，眼睛碧蓝，固然是典型的印度人的面相：满脸的络腮胡子，乱蓬蓬的，仍不掩其威猛的气质。只是他身披的那一袭袈裟，已破旧不堪，哪有一点西天二十八祖的风仪？武帝于是又问道：

"'朕自即位以来，起寺度僧，布施设斋，为弘扬佛法不计所费。请问法师，我这样做，功德如何？'此语一出，武帝显得满面得意。

"谁知达摩大师竟以一种斩截的口气，断然答道：'无功德！'

"梁武帝一脸茫然，心中大为不快。"

这时堂下那位青年僧人大声质问道：

"梁武帝口诵《放光般若经》，还几度舍身，起寺度僧，所谓'南朝四百八十寺，多少楼台烟雨中'，指的就是这种古寺众多的景象，这足以证明梁武帝是一位虔诚无比、发愿行善的佛心天子！怎么能说他无功德呢？"

石涛不假思索地答道："梁武帝所谓的功德，乃是一般世俗谛的看法。梁武帝虽然起寺度僧，但他只停留在贪求福报的层次上，毕竟是太浅薄了！在达摩看来，如果执着于这些有为的功德，还自以为了不起，反而变成了有漏之因。而人心一旦有了欲望，就会使内心原本清净的种子，变成污染的种子。如此说来还有何功德？况且达摩此次来中土，担负着传扬正法的神圣使命。因此，达摩正言道：'皇帝所做的一切，只是想希求回报，而这终归是有漏的功德。就如同影子随形一样，虽有非实，因此不是实在的功德。'"

"那梁武帝接下来又怎么回应呢？"另一位身穿僧服的听者提问道。

石涛答道："梁武帝强忍着心中的怒火，紧紧地追问：'你说我没有什么实在的功德，那么我请问，怎样才是实在的功德？'

"达摩不假思索地随口答道：'清净智慧，微妙圆融，本体空寂。这样的功德非世间有为法所能求，这才称得上是实在的功德。'

"梁武帝连连受到反驳，不禁怒形于色：'达摩法师，你可知道何谓圣谛第一义？'

"不料达摩只回应了四个字：'廓然无圣！'"

"请问法师，这话如何理解呢？"提问者是一个年长的僧人。

石涛从容解答道："对于悟道者而言，一旦他体悟到了什么是圣谛第一义，他就直接进入了廓然无碍的境界。而对于已开悟者而言，其实并无什么凡圣的差别。只有那些愚痴的凡夫，偶然听了几句偈颂，获得了一点知解，就自以为与圣人无异了。就梁武帝而言，他对所谓'廓然无圣'显然并无深解，但却进一步咄咄逼人地问道：'既然本无圣谛、圣人可言，那么请问，当下在朕对面的这个人又是谁呢？'

"梁武帝自以为这抓住了对方的软肋，足令对方缄口无言，不料达摩竟然又以四个字作答：'我自不识！'"

"哈哈哈哈……"石涛话音一落，堂下顿时响起一片笑声。最初提问的那人此时又站起来，摇头晃脑地问道："石涛法师对此又作何解释呢？"

石涛淡然一笑，从容应道：

"达摩在这里实际上是在与梁武帝斗机锋。未开悟的众生总是自以为是，自以为了解自己，殊不知这是最大的迷执。而达摩的一句'我自不识'，其实正是启示武帝从自我的迷执中走出来，以识得真正的'我'。可惜梁武帝不仅一点也没领悟出达摩话语中所含的机锋，反而认为这是一派胡言。

"其实，智慧超人的达摩，早已预知到这一结果，因为他看出梁武帝只注重事相而不明佛理，但要想让他一下子理解大乘教义的奥秘，大非易事。想到此，达摩毅然放弃了对梁武帝再行开示的打算，不辞而别，扬长而去。

"梁武帝乃九五之尊，受此轻慢，不禁怒气冲天，而这时他最为崇信的宝志禅师恰好来了。梁武帝遂转怒为喜，寒暄几句后，梁武帝便把刚才发生的一切如实地告诉了宝志禅师。

"宝志禅师听罢，连连顿足，痛慨道：'哎呀！陛下，达摩法师所说的'无圣''不识'，实乃大乘之精义，意在启示陛下彻悟一切，空却一切！此人必是西天二十八祖，而陛下竟当面错过，实在是太可惜了！'

"梁武帝听后顿时悔恨不已，立即下令派人去追。而宝志禅师却摇了摇头：'陛下现在就是把全国的人都派出去，恐怕也追不回来了！'

"梁武帝心有未甘，派出几路人马连夜追赶。接下来就是达摩'一苇渡江'的故事了。"

石涛的以上讲述与应答，义理精严且生动有趣，那几个想让石涛当场出丑的劣僧一看石涛对达摩的弘法事迹熟极而流，实在找不出什么破绽，便在六祖能惠身上打起主意来。

"请问石涛法师，佛教中一向有南北宗之说，请问二者究竟有何区别？"提问的是一位由智严指派的中年僧人。

石涛答道："南宗的优越性，在主张顿悟，所谓'立地成佛'。而北宗则主张渐悟，即神秀所谓'渐入佳境'。顿悟和渐悟，是南北宗根本分歧所在。由于神秀主张循序渐进，逐步修成正果，所以要'时时勤拂拭'。而主张顿悟的惠能则与之相反，认为既然可以一步到位，当然要说'本来无一物'了。其实，顿悟也好，渐悟也罢，原本无是非对错的问题，只不过人与人有个体差异。有的敏捷，有的迟钝。迟钝的人修渐教，敏捷的人修顿教，立竿见影。但只要自识本心，自见本性，即无差别。可惜的是，人们都不愿承认自己迟钝，都希望速成，这正是南宗作为顿教会大受欢迎的原因。"

石涛的回答，简括明畅，要言不繁，且令台下的对手无懈可击；他们面面相觑良久，原准备猛轰石涛一阵的诘难之炮不得不哑了火。

这时，又有一僧人起来发问：

"请教法师，大乘佛教认为：一切众生，悉有佛性。既然如此，那么请问：坏人有没有佛性？再者，既然众生皆有佛性，为什么他们不能成佛？佛与众生的区别究竟何在？"

石涛以一种不容置辩的口气应道：

"所谓众生皆有佛性，这里面当然也包括坏人。如果众生都是好人，则普度众生、慈航普度就没有了意义。度得了恶人才是真普度，容得了小人才是真宽容。在佛陀那里，慈悲为怀不看对象，普度众生也不设门槛。佛陀虽然也谈论善恶、美丑，但他最为关心的是觉悟与不觉悟。因为佛的本义就是觉悟，佛陀则是觉悟了的人。相反，不觉悟，未能觉悟，不肯觉悟，那就是众生。迷即佛众生，悟即众生佛。"

石涛此言一出，立即又赢得堂上的啧啧称赞。

"不过，话还需分两头说，"石涛接着补充道，"所谓'成佛''觉悟'，谈何容易啊！它就像孔子论仁，他一方面说'我欲仁，斯仁至矣'，另一方面又认为难以企及，所谓'若圣与仁，则吾岂敢'。所谓佛，也是如此。倘若成佛那么简单，容易，岂非满街是佛？"

这时，堂下又有人发问：

"请教法师，众生为什么不能成佛，问题究竟在哪里？"

石涛答道："佛陀悟道之后，曾感叹：'异哉！一切众生，皆具如来智慧德相，只因妄想执着，不能证得。'拙衲以为，红尘俗世芸芸众生，为何鲜有一闻妙法就能豁然彻悟者？皆因有贪嗔痴妄横梗于心，然贪嗔痴妄之心，实由于利名声色之外诱。不屏除外诱之私恶，又何能自复本来之善？佛祖当年充其坚忍之力、雄毅之气，国城妻子俱舍弃之，独居于绝无外诱之地，以养其灵明无垢之心，以复其天命无私之性。此性既复，则幽明之理、死生之故、鬼神之情状，悉能深知，但未免痴愚顽冥者执着于贪嗔痴妄，甚至导致贪残仇杀，遂又创为六道轮回、三生果报之说，以启民觉世。

"由此可见，众生之所以难以成佛，其通病就在于这个'执'字，执则迷，迷则不悟，这就是所谓'执迷不悟'。其实，就连某些号称禅师的人也难免'执'于贪嗔痴妄而不能自拔。举例来说，比如唐末禅师祖印明，便曾这样向惠能叫板：

六祖当年不丈夫，请人书壁自糊涂。

明明有偈言无物，却受他家一钵盂。

"意思也很清楚：你既然已知菩提无树，明镜非台，四大皆空，万法皆无，为什么还要夺人衣钵？这说明禅师祖印明其实并不真正理解惠能。下面不妨再为诸位讲一个著名的禅宗故事。

"某寺有兄弟二人，师兄睿智博学，担任方丈；师弟则根机迟钝，且一目失明。师兄立下规矩：凡来投宿的僧人，一定要与方丈辩论佛理，胜者方能挂单寄宿，否则概不接待。

"这天，又来了一位游方僧，要求寄宿。师兄因身心太过疲惫，便嘱咐师弟以'无言相对'法应对来僧。

"于是师弟便与游方僧来到法堂，展开法战。

"不一会儿，来僧承认自己已被击败，恭敬地来到方丈室，施礼三拜后，准备告辞。

"方丈稳坐蒲团，淡然一笑，说道：'试将经过道来！'

"'遵命！'来僧应道：'首先，我竖起一指，表示大觉世尊，人天无二；他就竖起两指，表示佛、法二者，一体两面，是二而一。之后，我竖起三指，表示佛、法、僧三宝，和合而住，缺一不可，谁知他竟在我面前捏起拳头，表示三者皆由一悟而得。至此，我已山穷水尽，无法再战。因此，我彻底服输，无权挂单寄宿，只好离去！'

"来僧走后不久，师弟追至方丈室，问道："咦，刚才那位来僧躲到哪里去了？'

"'我知道你已经赢了他，恭喜师弟了。'师兄说道。

"'师兄分明是在笑话我！我哪里赢了，我正要揍他一顿呢！'

"'这到底是怎么回事？师弟快将辩论的要旨说给我听听。'

"'哼！'师弟应道："这僧好无礼！他先是向我瞧了一眼，接着就竖起一指，这不是明明在讽刺我只有一只眼睛吗？我因他是来客，必讲礼数，所以就竖起两指，表示他有两只眼睛，非常幸运。谁知这个家伙得势更加猖狂，竟然傲慢无礼地举起三个手指头，这岂不是暗示我们两个人共有三只眼睛！我气愤之下，于是举起拳头，想要好好揍他一顿，给他点厉害瞧瞧，谁知那个家伙拔腿就跑到你这边来了！'

"听到这里，师兄不禁捧腹大笑。

"通过这个故事，我们可以看出，这两人都陷入的'我执'之中；只有破'执'才能入'悟'，才能真正'种诸善根'，成就大自在。"

石涛不仅深通禅理，而且善于"法从例出"，使得堂下僧众顿有豁然开悟之感。

这时堂下又一僧人提问道：

"请问法师，在佛陀看来，'当知是人不于一佛、二佛、三佛、四佛、五佛而种善根，已于无量千万佛所种诸善根'。所谓'无量千万佛所'究竟指的是什么呢？究竟如何做，才能成就大自在呢？"

石涛开示道："所谓'无量千万佛所'，佛陀确实没有说得很清楚，听后容易迷糊。接着佛陀的这句话，惠能如是解释道："所谓于诸佛所，一心供养，随顺教法，于诸菩萨善知识师僧、父母、耆年宿德尊长之前处，常行恭敬，承顺教命，不违其意，是名种诸善根；于一切贫苦众生，起慈悲心，不生轻厌，有所需求，随力惠施，是名种诸善根；于一切恶类，自行和柔忍辱，欢喜逢迎，不逆其意，令彼发欢喜心，息刚扰心，是名种诸善根；于六道众生，不加杀害，不欺不贱，不毁不辱，不骑不华，不食其肉，常行饶益，是名种诸善根。'

"所谓'于无量千万佛所种诸善根'，就是在很多方面做了善心之事。这善心之事的根本作用其实就是使心变得无贪、无嗔、无痴，这实际上已经是大自在的境界了。

"在惠能心目中的大自在人，除了最常接触的对象，如对师长要孝敬之外，还有一点非常可贵，即他强调要'于一切贫苦众生''于一切恶类''于六道众生'也要起慈悲心、欢喜心，'随力惠施''常行饶益'。在佛教看来，最可贵的就是这种平等地、无差别地待人处世的精神。"

"阿弥陀佛，小衲受教了！"

语音未落，一青年僧人站起身来，恭敬地提问道：

"贫僧有一问题一直想不明白，现在有不少学佛者，虽自称佛教徒，但在禅修中全然不把戒、定、慧放在心上，饮酒食肉，甚至呵佛骂祖，还美其名曰得大自在。请教大师，究竟应当如何把握禅修与持戒二者的关系？"

石涛听罢此言，遂信手拈举出《五灯会元》中一段关于马祖禅师的记载，启导道："洪州廉使既想喝酒吃肉，又怕触犯佛门大忌，左右为难。于是马祖遂对其开导道：不必为吃不吃酒肉这一问题而烦恼，问题的关键是你必须按照你的本来面目，自然而然，这就是所谓的'任运自在'。至于喝酒吃肉，只不过是日常生活中的平常事而已。

"还有，黄檗希运禅师曾经如是说：'终日吃饭，未曾嚼着一粒米；整日行走，未曾踏着一片地。'黄檗希运禅师在这里所强调的是不着相、不住相，随立随扫，不留痕迹，不被世间诸相牵着鼻子走。虽然我们整天面对外境，诸如美色、佳肴、名利、地位等的影响，始终不离这个外境，却丝毫不能被这些外境所动。用惠能的话来说，这就叫作'于相而离相'。也就是说，修行要'不离世间觉'，所谓修禅也并不是要你独自躲到深山老林里去，远离红尘。

"其实，即使你远离了红尘，到了深山老林，但如果心不清静、不干净，你所产生的种种妄念也并不比你在热闹的地方少。所以，后来黄檗希运禅师还说了一句话，叫'终日不离一切事，不被诸境惑，方名自在人'。学佛者应当将此言铭记在心。"

说到这里，石涛环视四周，发现在堂下听法的大多是青年僧人，于是又"法从例出"，进一步对其开启道：

"在禅宗史上有两位得道高僧，在不少出家人看来，简直是异类，其中一位是北齐时期的禅宗二祖慧可，他晚年不但饮酒吃肉，还去嫖宿名妓；另一位是南宋时期的济公和尚，禅宗的第五十祖，他的行径尤为引人注目。他有一首诗这样描述自己：

削发披缁已有年，唯同诗酒是因缘。
坐看弥勒空中戏，日向毗卢顶上眠。
撒手须能欺十圣，低头端不让三贤。
茫茫宇宙无人识，只道颠僧绕市廛。

"活脱脱一幅酒肉穿肠过、佛祖心中留的'无法无天'的自画像。二祖与济公之所以这么做，是因为他们已然达到'无念'的境界。惠能曾对此解释道：何名无念？若见一切法，心不染著，是为无念。这实际上就是一种般若三昧的境界。达此境界，自净本心，于六尘中，无染无杂，来去自由，通用无滞，这就是惠能所说的'住而不住'。

"当然，他们的做法并不值得众僧推崇，这容易产生误会，或给一些劣僧行不法之事提供借口。世间善人，尚不饮酒食肉，况为佛弟子。要教化众生，而自己尚不依教奉行，则不但不能令人正念起信，反令人退失信心，故饮酒食肉不可学。"

说到这里，石涛对济公的吃肉喝酒又做了一番解释——

"据《济颠大师醉菩提全传》（天花藏主人编次）记载，沈员外派家仆给济公送两只熟鸽子和一壶酒，仆人路上偷吃一个翅膀，偷喝了几口酒，以为神仙也难知道。济公见他一味抵赖，便到阶前吐出两只鸽子，其中一只果然少了一个翅膀。由此可见，济公'吃了死的，会吐出活的'，这是他人绝对学不来的。

"济公虽然看似不受戒律拘束，嗜好酒肉，举止似痴若狂，但他曾说过：学我者下地狱，谤我者下地狱。他为什么这么讲？因为一般人没有像他那样经历过一番艰苦的证悟。这番证悟不是由外而入，而是从内心深处来的。并且，每个人由于自身烦恼、执着等因素不同，他们证悟到的感觉是不一样的，自然证悟之后的所思所想乃至所为也不一样。因此，我在此要向诸位强调——

"修行虽有各种法门，但要成就任何形式的'无法无天'的大自在，都需要经历一番异常艰苦的证悟，这是被禅宗史上几乎所有的得道禅师所证明了的。当然，最值得每位佛子铭记的，是达摩祖师所说的一段话：

诸佛无上妙道，旷劫精勤，难行能行，非忍而忍。岂以小德小智，轻心慢心，欲冀真乘，徒劳勤苦。

"这就告诉我们，要想证悟佛道，就必须发大愿力，长时间地勤苦精进，行常人不能行之事，忍常人不能忍之苦。所以，佛道绝非是那种耍弄小聪明、常行散漫之人所能得到的。如果以此就想证得无上菩提，那只能是痴人说梦。"

这时，当年那位闭关不出的素喜居士站了起来，情动于衷地说道：

"今日再次聆听法师的法教，深受教益，最后，我想请教法师，作为一个在家学佛者，面对着浩如烟海的经书，主要应当读哪些？还有，身为居士，最应当注重哪些方面呢？"

石涛结合个人的修行经验，恳言道：

"佛经确实浩如烟海，而且五教十宗，纷其有理，但有一本简短经书，一共才二百多字，却代表着佛陀的最高智慧，也是大乘佛教的精义所在，那就是《般若波罗蜜多心经》，你既然是在家学佛，建议你就从拙衲刚才讲解的《心经》入手。

"出家修行也好，在家修行也好，在拙衲看来，以下四个字最为吃紧，那就是'活在当下'！《金刚经》上讲：'过去心不可得，现在心不可得，未来心不可得。' 这就是说，过去心、现在心以及未来心都是没有自性的。因为过去的已然过去，无法改变，未来的还没有到来，无法预知。就拿'现在'来说，当我们一说完这两个字，其实已成过去，因为时间不会停止，一般人杂念丛生，看不透这三世心的虚幻不实。作为修行者，千万不能'前念方生，后念又来，绵绵不绝，利刀难断'。一定要把心'定'于此'地'。此'地'即是《金刚经》里说的'无余涅槃'。"

"请问大师，什么叫'无余涅槃'？"

"这'涅槃'嘛，也是梵文音译，原意是指吹灭，后来专指燃烧烦恼之火灭尽，证悟到了菩提的境地，这是佛教修行的终极目的。惠能在解释这个概念时说：无余者，无习气烦恼也。涅槃者，圆满清净义，灭尽一切习气，令永不生，方契此也。可见，'无余涅槃'是指把所有的习气烦恼全部斩断灭尽之后的状态。众生因有欲念，致使无穷的习气烦恼滋生，所以只有把心静下来，定下来，把欲念扼止在这'无余涅槃'之中，那个心才会显出慈悲、清静、干净之性来。 因此，如何能把心安放好，这是一个大难题。要不然，佛陀也就无须现世了。

"说了半天，诸位大概已经听得很累了，最后我想再给诸位讲一个故事，作为这次说法的结束——

"有一位僧人外出参学时，不小心一脚踏空，掉下山崖。幸好衣服挂在悬崖间的一棵小树上，绝处逢生。可待他回过神来，定睛往四周一看，不禁大惊——原来那棵小树在他身体的重力下，根部已开始松动；而他离崖顶有数丈之高，爬上去绝无可能。

"这位僧人料定此生休矣！可就在此时，他忽然发现就在眼前的崖壁上，长着一颗鲜红的草莓，他伸手摘下草莓放在嘴里，赞叹道：'这草莓好甜啊！'至于这个故事的结局如何，我想就不必再说了。在这个故事中，最令拙僧叹赏的，就是在此千钧一发之际，这位明知在劫难逃的僧人，竟还能如此潇洒快乐，还能细细品尝草莓的美味，这可视为'活在当下'的典型。这个故事还启导我们，不管过去发生过什么，都不要再去纠结；未来会发生什么，也不要做过多的预测。应该抓住机会安住于当下，尽可能地享受眼前的福缘。可大多数人往往只是沉迷于回忆，或寄望于未来，而忽视当下，等到生命一点点溜走，才恍然大悟'时不我予'，到头来只能是'徒伤悲'或'空悲切'。"

石涛的登坛说法到此圆满结束，四众无不法喜充满，感恩无尽。皆愿生生世世跟随大善知识，护法护教，广度一切有情入佛智海，以诸佛菩萨誓愿为己愿，同得解脱，共登觉岸。

第十二章

谣啄四起竟遭劫掳

心生一计终脱险情

如前所述，由于二涛从内外两个方面对寺庙进行了大刀阔斧的整顿，大大打破了其固有的"生态平衡"；尤其是二涛严格按照寺中规矩，清理职事，取消空名闲职，致使以惟宽、智严为首的劣僧因既得利益被剥夺而引发出对二涛的刻骨仇恨。他们把二涛视为眼中钉、肉中刺，公开谩骂、威胁、寻衅，无中生有，恶意中伤。扬言不把二涛赶出广教寺，誓不罢休，甚至有丧心病狂者恶意设置陷阱、制造事端来暗害石涛。

一时间，有关石涛以修复寺庙为由，变卖字画中饱私囊的谣言，四处弥散开来——一向以修复寺庙、光耀祖庭为第一要务的石涛，对人从不设防，他只是将一颗至纯至善的心，向世人洞开；这一谣言，让他六月的心中，骤然飘下漫天大雪！

身为方丈的宏信法师，深知石涛的为人；为平息谣言，他不顾年老多病，亲自出面予以澄清，并让监院（寺中掌管财务者——笔者）公开了所有账目，谣言很快便不攻自破。

但石涛的劫难远未结束。

某日，忙于法务的石涛离开广教寺，前往浙江，竟有人去信放出狠话，声言只要石涛再回到宣城，必将置其于死地，绝不留情。石涛接到信后，淡然一笑，从容应道："如属业报，虽避何益？唯有以身殉佛耳！"

时隔不久，石涛突然收到一封来自金陵的书信，开缄一看，不禁喜上眉梢——来信者自称是一位虔诚的居士，对石涛备极钦仰，并反复申言自己极愿为修庙予以赞助，但因年迈力衰，行动多有不便，故望大师能大驾尽快前来，以遂微愿。

石涛接到此信时，修庙工程已近尾声，但由于银两短缺，已停工多日，石涛正为此犯愁，见对方言辞恳切，遂决定马上动身，前去拜望这位热心的居士。

怀着满腔的热望，石涛大步流星地走在前往码头的路上。到了金陵后，石涛按照对方开示的地址开始寻找，不觉间已来到郊外，走着走着，他的脚下突然被人绊了一下，尚未回过神来，他的双手已被人反剪过来，眼睛也被蒙上黑布。

石涛这才意识到，自己已落入了他人预设的陷阱。

一路上颠颠晃晃，也不知走了多长时间，待到松了绑，取下蒙住双眼的黑布，石涛眨巴了半天昏花的双眼，总算看清了眼前的一切——

这是一间废弃不用的仓库，透过一扇小小的窗口，可看到外面的天井。石涛仔细向四周看去，发现在墙角有一张小木板床，这显然是为自己临时支起的。

这时，一个手持烟袋、长着一脸横肉的人走了进来，一双吊角眼透发着一股狞厉的杀气。在他的后面，紧跟着两个马仔，显然此人就是这里的首领；因他排行老五，所以手下人都称他"五爷"。

"五爷"睐起眼锋，死死地盯着石涛，仿佛想看穿他的五脏六腑。

"听说你是个富僧，兄弟们最近手头有点紧，想从你那里借点银两用用，您看如何？""五爷"一开口还算客气。

而石涛却傲然应道："我乃一贫僧，所筹银两，悉归修寺之用，从不蓄置私产，何富之有？"

"不过，据我等所知，大师仅卖书画所得，便很可观。这件事我们希望私了。我看大师是见过世面的人，应该懂得我们的规矩。"

"五爷"说这话时，语速很慢，尤其是说到最后，每一个字都像是从牙缝里挤出一般。

说罢，"五爷"命手下搬来一张旧桌子，上面备有纸笔。

石涛一看便明白了，这是勒索！

自己本来是为得到赞助而来，现在却反而自投网罟，落入他人预设的陷阱中。石涛越想越来气，飞起一脚，将桌子踢了个底朝天！

"五爷"着实被石涛这突如其来的举动吓了一跳，"大师身为出家人，这脾气倒是不小，功夫也着实不简单啊！"

"你们无端勒索僧人，就不怕遭到报应吗？"石涛怒声问道。

"报应？""五爷"听罢哈哈一笑，"什么报应？老子手底下有百十号人，要吃要喝，可现在手头吃紧，老子不过是想跟你借点银子救救急！"

"贫僧四处募化所得，早已用于修庙；如今是一无所有，唯命一条！"

"五爷"听后把眉毛一拧，"哼，这秃驴，还挺横，告诉你，如不交出两千两银子，休想从这里活着出去！"

"哈哈哈哈，出家人四大皆空，难道还怕恐吓吗？"石涛傲然应道。

"五爷"一听此言，把桌子用力一拍，"先给我关起来，我倒要看看这秃驴的嘴有多硬！"

自此，石涛开始了将近一个月的囚禁生涯。

窗外，正飘着大雪；这骤然而降的大雪，与天上的彤云，把天地箍得如同一个严严实实的巨笼，当世人都在这个巨笼里酣睡的时候，石涛深感没有什么比醒的滋味更让人痛苦的了。

当寒风带着冬夜特有的凄厉从小窗吹进时，身拥薄衾的石涛，觉得黑夜无边无际，漫无尽头。为修寺募化之事，石涛长期操劳，奔波甚剧，如今遭此重厄，神疲力溃。而瞻望前路，生死未卜，一种空茫无寄的意绪油然而生。中夜难眠，辗转反侧，愈觉时光难挨。他索性什么也不去想，只让自己彻底屈从于睡魔；不一会儿，石涛便进入梦乡。万千怨愤，都付诸一枕黑甜。

　　第二天一早醒来，石涛开始打坐——看他那副禅定的样子，酷像是一个婴孩在天地合成的母胎里入眠。

　　从第三天开始，石涛决定绝食。

　　长期的云游生涯，迫使石涛为防备饿死，练习过道家的所谓"龟息法"——就是要人像龟蛇一样地每天望着东方，吞吸着太阳的光华。据说如此可以长时间不饮不食，这本为身处无粮断炊的困厄之境的救命之方，没想到却在这里派上了用场。

　　幽禁的日子把时间抻成了一根长绳，也成倍地放大了石涛的孤独。

　　他思念高墙外的亲友，也深知他们此刻的焦急之情。此时伴随着他的孤寂的，只有那忽而窜上床来，忽而又隐匿不见的狡猾的老鼠；而且愈是心烦意乱，这些声音就愈是无限地放大。

　　可就在这时，一种卑惭意识蓦然跃上石涛的心头——自己学佛多年，可到头来只能"心由境转"，却不能做到"境由心转"。石涛深知自己的内心修证仍很肤浅，定力依然微弱；每念及此，石涛自惭业障深重，必须努力，再求精进。

　　"哼，我的肉身可以被囚禁，但你们囚禁不了我的思想！如果我不将眼前的处境视为绝境，而是把它作为调心修性、参禅悟道之所，岂不妙哉？"

　　想到这里，石涛不由地想起历史上那些身遭缧绁之灾的先贤，如周文王在"因于羑里"的监禁中演出《周易》、司马迁在圜墙中撰成"无韵之离骚"的《史记》、作《汉书》的班固死于狱中、作"兵法"的孙子被膑去双脚，再说那位有着词圣之誉的李后主，其腾誉千古的不朽词作不也是在幽禁中完成的吗？

　　想到此，石涛不禁双手合十，感谢命运又赐给他一次"以群魔为法侣，以逆境为园林"的修炼机会！

　　于是，石涛拿起毛笔，在纸上写下一个关于"一画"的提纲，然后盘腿静坐，陷入深思——

哦，世人所膜拜的佛，原本是无依而生的，不了悟这一点，只执着于凡圣的名相上，就会被名相遮蔽了道眼。比如十二部类的佛典，都只是启人开悟的方便手段而已，并非佛法本身。而识破机关，直取真谛，才是禅宗的正法。

石涛由是想到自己曾读过不少古代的画论、书论，虽不乏微言妙理，但毕竟都是些碎金散珠，很难得其要领，所谓"法法不宗而成"，那么，究竟什么是能够使人得其要领的绘画根本大法呢？

经过连续几天的苦苦思索，石涛终于想到了"一"，想到了六祖慧能在《坛经·般若品第二》中所提出的"一即一切，一切即一"的万象圆通、相与包容的思想。

而石涛的"一画"说，正是由此而生发。

如果说，世界万物都有自己的法则，那么，作为一种审美创造的绘画，又怎能例外呢？可这种根本法则究竟是什么呢？石涛由"一"想到了最初萌发于石涛在黄山写生之时的"一画"命题，但他过去一直无暇对其进行深入思考。

初看上去，这"一画"是人画出来的一根普通的线条，但它却是画家从体察天地万物的存在和变化形态中获得的，是先于书法、绘画而存在的，它实际上体现出画家对天地万象的综合理解。因此，对于"与天地精神相往还"的"画家"来说，这一画，却是收尽了鸿蒙之外，即亿万万笔墨，都是由此而始，由此而终，唯有听从画家所握取。

一念及此，石涛顿觉激奋不已；接下来，脑海里又涌出如下微言妙理——

画法于何而立？立于一画。一画者，众有之本，万象之根；见用于神，藏用于人。

> 立一画之法者，盖以无法生有法，以有法贯众法也。（《画章第一》）
>
> 以一画测之，即可参天地之化育也。

获致以上悟解，石涛顿然沉浸在一种巨大的"法乐"之中！因长期的禅修，石涛对南禅宗体悟甚深，所谓"我心自有佛，自佛是真佛"，石涛由禅宗的这一重要思想悟出了"一画"与"法自我立""我自用我法"的画理，也认清了以古为尊、恪守陈规的理论谬误：

> 规矩者，方圆之极则也；天地，规矩之运行也。世知有规矩，而不知夫乾旋坤转之义，此天地之缚人于法，人之役法于蒙。虽攘先天后天之法，终不得其理之所存。所以有是法不能了者，反为法障之也。……一画明，则障不在目而画可从心，画从心而障自远矣。
>
> ……
>
> 法无障，障无法。法自画生，障自画退，法障不参，则乾旋坤转之义得矣，画道障矣，一画了矣。（《画语录·了法章》）

如此藐视古法，不以权威是从；这种破除"法障"与"画障"的大勇，显然来自禅宗那种"超佛越祖禅""超佛""越祖师"精神对他的巨大影响。在石涛看来，禅家讲求"自悟"，强调"亲证"，除了凝视深思、神超理得、应目会心外，还要进入一种与大化为一、物我两忘的生命状态，这一点是绝不能通过"言说"的方式获得的。若心悟诸相，触处皆禅，所谓权威偶像、古法旧规，又何足迷信哉？想到此，石涛的内心不禁涌起一阵阵莫名的激动；而他身处的幽暗阴湿的"沮洳场"，竟成了精神上的"安乐国"；更准确地说，成为他那对后世画坛具有深刻影响的"一画论"诞生的摇篮!

这无疑是人类艺术史上的一个奇迹!

石涛无疑是一个相信奇迹、以自己的方式不断创造奇迹的人!

且说到了石涛绝食的第三天,"五爷"终于沉不住气了,一双狡黠而又不安的吊角眼老是在石涛身上打转;为了防止他逃跑,"五爷"派了专人紧盯,这人就是常在石涛身边转悠的那个姓李的伙夫。为免生事端,"五爷"还给了他一个重要任务,就是一定要让这位富僧尽早停止绝食。

石涛深知眼前这个长着红红的酒糟鼻子的伙夫,就是决定自己能否逃出虎口的关键人物,故对他采取了预定的应对之策:只要有他人在场,便闭目沉思,默无一语;而当与伙夫单独在一起时,石涛则利用他深湛的佛学知识与高超的"话术"对他加以开导,感化,最终促使他对自己援手相救。

一天,趁匪徒们外出,石涛又与他摆起了龙门阵,他坦言自己发现住在这个院里的,都被外面人称为土匪,其实他们之中有不少原来都是安分守己的农民;之所以经常要打打杀杀,只因生计无着。

这话正说到李氏的心坎上,他没想到这位遭到绑架的和尚并不是一味地仇视他们,反而有不少同情与理解,不由地对石涛生出几分好感。李氏毕竟在土匪窝里做了多年的伙夫,说起话来可谓"三句不离本行",只见他问道:"听说你们出家人都一直吃素,可我就不信这里面没有偷吃荤的?"

"当然有,其实也不必'偷',按照小乘佛教的《四分律》《十诵律》等,僧人可以食用'三净肉'。"

"什么是'三净肉'?"伙夫显得很好奇。

"这'三净肉'嘛,一是我眼不见其杀,二是没有听说是为我而杀,三是没有为我而杀的嫌疑。具备这些条件,就是'净肉',一般僧人可以食用。"

"噢，原来是这样。"

"其实，在汉传佛教地区，如果按照《涅槃经》《梵网经》《楞严经》等大乘经典，明确要求僧人禁断一切肉食，不能食荤破戒。但即使是著名僧人，也有破戒的。"

"噢，你说说看。"

石涛一看这伙夫来了兴趣，便从容地与他讲起了名震一时的破山和尚的故事——

"明末的张献忠杀人不眨眼，所过郡县，往往没有幸存者。一日，破山和尚为拯救生灵而向张献忠的部下李定国请命，要求其放弃屠城之念。李定国知道和尚都是食素的，尤其是像破山这样的名僧，便叫人摆出牛肉、猪肉、狗肉，对破山和尚说：'你如果吃了这些，我就封刀。'谁知破山说：'老僧为百万生灵，何惜如来一戒。'说罢，就立刻吃给他看。李定国盗亦有道，话既出口，无法收回，只好封刀。"

李伙夫一天到晚在山里跟那些打打杀杀的匪盗在一起，满耳听得大多是污言秽语，哪里听到过出自大师的这一席话，不禁有些动容，遂感叹道：

"这破山和尚能舍素食身，真是了不起啊！"

"其实，舍素食身的事，过去也有不少人做过，甚至比这更厉害，如残肢燃指、烧臂截足、带铃挂灯，这也仅是形式而已。诸般毁损身体，戏弄道具，符禁左道，甚至妄称还魂坐化，施展妖幻之术，不过是一些把戏而已，并非真为生民舍身。而破山和尚是深通佛法精神的人，所以能以心利众，大胆破'执'。他的舍素食身，是从佛法大义出发，以出世精神，做入世事业，这正是他的了不起之处啊！"

既然龙门阵已经摆下，石涛又小施他的"观机斗教"之法。对于自己的身世，他过去一直缄口不言，如今却主动向李伙夫谈及，他不仅谈到自己5岁时便失去父母的悲惨身世，还谈到与师兄四海云游、九死一生的各种经历，谈着谈着，石涛竟动了真情，禁不住声泪俱下！

李伙夫的脸上也呈现出平素绝少有过的悲容，遂情动于衷地说："这些年来，我先后伺候过江湖上不少有头有脸的人物，可像你这样的出家人还是第一次遇到。听说你们出家人都讲'四大皆空'，我没读过什么书，真的不懂，可听你刚才所说，你们出家人好像也并不是'空'得一点牵挂也没有？"

"能够做到'空诸所有'，其实是很难达到的境界。现在我就给你讲一个明代著名金碧峰禅师的故事吧。

"金碧峰禅师自从证悟以后，能够放下对其他诸缘的贪爱，唯独对一个吃饭用的玉钵爱不释手，因为那是皇帝所赐。每当入定之前，他一定要先仔细地把玉钵收好，然后才安心地进入禅定。

"有一天，金碧峰禅师预感世寿将终，应该把业报还清，这时阎罗王便差几个小鬼要来捉拿禅师。金碧峰预知时至，想和阎罗王开个玩笑，就进入禅定的境界里不出来，看你阎罗王能奈我何？那几个小鬼左等右等，日复一日，就是捉拿不到金碧峰。眼看没有办法向阎罗王交差，就去请教土地公，请他帮忙想个计谋，使金碧峰禅师出定。土地公这时忽然想到这位金碧峰禅师最喜欢他的玉钵，说：'假如你们能够想办法拿到他的玉钵，他心里挂念，就会出定了。'

"小鬼们一听，就找到禅师的玉钵，拼命地摇动它。禅师一听到他的玉钵被摇得砰砰响，心一急，立即出定来抢救。小鬼见他出定，就拍手笑道：'好了！现在请你跟我们去见阎罗王吧！'金碧峰禅师一听，方意识到自己自以为有'自受用三昧'，如今因一时的贪爱而生起了涉境心，几乎毁掉千古慧命，于是立刻把玉钵打碎，再次入定，并留下一偈：'若人欲拿金碧峰，除非铁链锁虚空；虚空若能锁得住，再来拿我金碧峰。'当下进入了无住涅槃的境界。"

讲完这个故事，石涛不禁叹道："禅功如此深厚的金碧峰禅师尚且如此，更况一般出家人？就拿我来说，身为出家人，四大皆空，但父精母血，天恩地德，总不能浑浑噩噩，枉来一生。'如梦如幻'也好，'如露如电'也罢，贫衲之所以苟活人间，只因还有两桩未了之愿：一是要完成师父重振祖庭的重托，二是要做一流的禅画师，用书画弘扬佛法，普济众生。可如今，这两大心愿都未完成，贫衲实在是心有不甘啊！"

"大师说的修庙，为行善积德之事，这个我懂。可大师说什么'以笔墨作佛事'，这个我就不太明白了。"

石涛解释道："从佛门的历史看，不少僧人为求法而舍身，也有一些僧人用书画、著述进行弘法，以利众生，这些都是心血所化，其精神与舍肉身是一样的。"

李伙夫虽是个大老粗，但毕竟见过些世面，是个"听话听音"的聪明人；他既对石涛心生敬意，便不想再与他绕弯子，干脆把话挑明了——

"大师说得太好了！我是个粗人，因家里太穷，一直跟着'五爷'在江湖上混，也算见过点世面。说实话，我们这山上先后绑架过不少人，但像您这种派头的我还真是头一次见。"

"噢，什么派头？"

"您啊，一点都不惊恐，更不服软！从您被关进来的第一天起，我就看出大师绝不是凡人，武艺更是了得！"

"咦，你怎么知道我会武功？"石涛问道。

"大师可能忘了吧？也是在这间屋子，您一脚把桌子踢翻，我当时就看出您的身手不凡！"

"啊，原来是这么回事，贫僧当时也实在是气不过了，不得已而为之。"

聊到这里，这位伙夫起身为石涛倒了一杯水，然后道："大师，请喝水。"

"阿弥陀佛，谢谢！"石涛接过杯子，一饮而尽。

"大师啊，经过这些日子的相处，我很明白大师的心思，也很愿帮你一把，这样的话，我也算是积了德！"

"阿弥陀佛！"石涛双手合十，起身致谢。

"可是大师，我今天要跟你交个底，我不可能就这样放了你，因为我们山寨也有我们的山规，如果我放你走了，等'五爷'一回来，就一定会按照山规，砍我的头，不然无法向众弟兄交代。我现在能做的，就是尽量给你提供机会。我在柴堆里放了一把斧子，如果你哪天破门逃出去，出了门向左拐，走大约两里路再向右拐，你会看到不远处有一茅屋，里面住着一个老汉，你一提我，他自会给你领路。"说罢，李伙夫往墙角一指，然后叮嘱道："在逃离前，你一定要换上我那套衣服，戴上草帽，不然很容易被人认出来。"

"阿弥陀佛！"石涛双手合十，再次起身致谢。

没想到机会很快就来了！

一天，坐探来报，说是山下来了十几挑软货，但有镖师护送。"五爷"一听这是一桩大买卖，立即来了精神，决定倾巢下山。只见他把烟具用力一扔，从烟榻上一跃而起，放声道：

"好，兄弟们最近在山上坐吃山空，这下有活路了！"

"五爷，这次生意大，少不了拼杀，我也想跟五爷去！"李伙夫主动要求请战。

"可那个秃驴怎么办？""五爷"问。

"没事的，就把他锁在屋里，给他留些干粮。这天些，在我的劝说下，他总算进食了。吃完饭就一直在那里打坐，你跟他说什么他也不搭理，我实在是懒得伺候了。"

"可这秃驴，我还是有点不放心。"

"嗨，五爷，你想想，就算他逃出来了，这山上荒无人烟，到处都是我们的兄弟，他一个秃驴，我们的人一眼就能认出，他还能逃到哪里？"

"五爷"想了想，觉得有些道理，便点头道："好吧，这次行动与以往不同，少不了一番拼杀，那你就去吧。你那把斧子我看也该见见红了。等我回来再好好收拾这个秃驴！不行就再动点家法，我就不信他不从！"说罢，"五爷"用一双冒着凶光的吊角眼狠狠盯住石涛，恶声恶气地威胁道：

"你这个秃驴，休想逃出我的手心。这山上方圆十几里没人烟，你如果想逃走，我手下绝不会放过你，到时不要说我翻脸无情。山上规矩，私自逃跑者，杀！"

说罢，"五爷"带领同伙们匆匆结队下山，走在后面的李伙夫手拿一把斧子，掉头看了石涛一眼，那眼神里蕴涵着同情、眷顾，此外还有一丝自慰；毕竟，他选准了这个既不担干系，又能积德行善的两全之策。

就这样，一代著名画僧从这帮土匪的眼皮底下逃走了。

第十三章

重游胜地深究画境
手挥慧剑力斩情丝

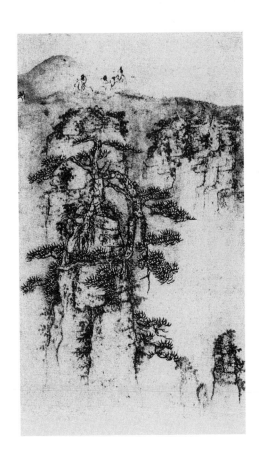

逃出魔窟后，石涛又回到广教寺，根据被绑架期间所产生的一些构想，开始撰写"一画"的某些段落。

也就在这时，他的内心又涌动起一个强烈的愿望——

再上黄山！

自从第一次登上黄山后，这座名山对于石涛来说，便成为一个挥之不去的情结，一个日夜追逐的梦。

梦绕魂牵的黄山，曾向石涛展现出多少云谲波诡的形态啊！作为一个对自然有着至性深情的人，又怎能不将所感悟尽施于腕下？

与终古如斯的黄山相比，作为寄蜉蝣于天地的匆匆过客，其生命个体的短促、匆遽，几乎可以忽略不计；在如此短暂的人生中，唯有将灵性与造化相通，才能"欲将有限事无穷"。在石涛看来，集天地之众美于一身的黄山，始终蕴藏着挹之不尽的灵性，它那种无言的启示，弥漫于云海松涛之间；从它那里，画家能一次次感领其慷慨无私的精神惠施。很难想象，书画之道，如果没有来自造化丰富而博大的滋养，将会枯竭成什么模样？

一种无可抵御的诱惑，驱策着石涛。怀着一片感恩之情，他于1669年9月，再度重游黄山。

石涛之所以亟欲再上黄山，来自他独特的"尊受"观（他曾将此专列一章，写入《苦瓜和尚画语录》）。

石涛认为，画家对大自然的感受有一个自循环的过程：感官之受、心之受、理之受、性之受、自我之受；而只有将此上升为"智识"，进而去发现"自性"，才能心受一体，心画一体，最终与造化浑沦一体，从而摆脱巨大的传统包袱，达到"如天之造生，地之造成"的自由创造境界。

石涛此次重上黄山，正是基于如上认知。

阅尽沧桑的黄山，又一次慷慨地接受着石涛的叩拜；而石涛也正是在这里，找到了灵魂的栖息地。

作为历代画家从中汲取无尽灵感的天然画本，黄山在石涛的艺术生命史上具有特殊的意义——

只有到了黄山，一向"惯作名山游"的石涛才真正体悟到什么叫"师造化"，为什么要"搜尽奇峰打草稿"，为什么要"法法我法"。他在《画语录》中所提出的不少妙论，也同样结胎于此。

只有到了黄山，石涛才彻底地打开了自己：他感到自己仿佛化作了一片云彩、一泓水、一只鸟、一片林叶；又感到自己仿佛已化为自由翱翔于昊空的大鹏，其培风而上的双翼，正被太阳的光瀑所洗濯；那种放飞自我的快感，一时间席卷了他的全身全灵。

只有到了黄山，石涛的灵魂才会受到从所未有的震撼。他惊叹，造化的大手笔所孕化的一切都深具魔力，雄奇与灵异在此碰撞，激发出多少才人感悟的火花，演绎出古往今来被膜拜、被赞颂、被创化的不朽传奇。

只有到了黄山，石涛才会真切地感领到天地在它身上所集合的动感之美，它们的神姿仙态，各美其美；它们的气象千变万化，灵动飞扬。

只有到了黄山，石涛才能将自己真正融入创辟万物的造化那博大而深情的呼吸。

石涛此次重上黄山，同游者除了喝涛外，还有曹太守的公子曹钫，他也是一位地道的"黄山通"；此次游山，他主动担任着"导游"的角色。只见他指着眼前的一处胜景，介绍道："唐天宝间，李白曾来黄山，游鳌鱼背，见有洞，穿洞怪石林立，半壁飞泉而下。壁宽约尺许，长约二三百步，下临绝壑，不见其底，惊险异常，名曰百步云梯。相传明代徐霞客过此，意骨俱苏。不知石公意下如何？"

"但游无妨。"石涛显得自信满满。

百步云梯位于莲花峰北麓的峭壁上。在"莲梗"不远处，有两块形同龟蛇的巨石。在石壁上凿成的百余级险峻的磴道从平行的两石间穿越下行，从对面的鳌鱼洞看，磴道下临深渊，如同靠在峭壁上的长梯，云遮雾绕，险象异常，故曰"百步云梯"。

当石涛一行历经艰险，走下"百步云梯"时，曹鈖取出毛巾，揩干了头上的汗珠，笑问道："石公此游感觉如何？"

石涛应道："确为天下奇绝之境！上次游黄山，未及游此，诚为一憾。自忖游山数十载，大凡崎岖险绝处，必有奇异之观。至于无路可攀时，壁坡皆能行。非畏境险，只怕身心隆疲也。"

石涛与同游者边说边行，不觉间已转过山坡，前面隆然而起者，即莲花峰。峰下有古花庵址，为昔僧灵虚结茅处也。不远处有泉，曰月池泉，旁有老龙松，下刻"天海大观"四字。

石涛一行继续策杖前行，但见幽谷百级，曲折陡险，仅容足尖，遂俯身盘旋而上，忽遇数石当关。他们逶迤而上，不觉间已入得一虚洞，洞上如井通天，举目一望，高约数十丈，但觉太华之猴狲梯亦无此险。出洞登顶上，平周约二丈许。下临千仞，与天都对峙，令人几乎不敢旁视。顶台静坐，北望九华，东观天目，西看白岳。四顾溁泱浩渺，恍如置身霄汉，惊为天人。

三人游兴正浓，只见曹鈖跃石而上，指着头上的那块匾额，介绍道："行人来山，如猴穿洞，从黑暗中转出见天，众山尽露。清凉顶之旷，桃花源之幽，石笋之异，惟我文殊院普见其胜，所以额曰'到者方知'。"

望着这一处昔日未尝游览之地，石涛心中顿时生出无限感慨，只见他纵目远眺，慨言道：

"此次重上黄山，我忽然有了一个重要的发现：这个世界不会因为一个生命的消亡而显得空寂，也不会因为众多生命的加入而变得拥塞，也许是上苍不经意的安排与创化，黄山上的种种物象各显其姿，各尽其美，却又彼此回护与应和，它们用声音、用目光、用形体、用气息、用色彩，共同完成一种浩浩荡荡的盛大演出。如果只将目光停留在局部的欣赏，便很难领略黄山的大美所在！”

喝涛显然被石涛这一重大“发现”所感动，遂应道：

“师弟所言极是。真正的艺术创造就应当在墨海中把握天地精神，这是为艺不可失却的灵魂；依为兄之见，即使是一山一水，也必须从整体着眼，目击道存地去传达造化的勃勃生机。”

“师兄所言，深契我心！我近来常想，要想做一个真正的画家，就必须在笔墨的混沌气象中分破出天地无邪的真元之气，一如生生不息的太阳，放射出无量的光明，这就是画家修养具足而进入化境的表现。若能如此，纵使下笔不同于他人，其中却自有我在，这就是创造精神的价值所在。”

“说得好！一个具有大胸襟大抱负的画家，必须向高高山顶立，深深海底行，如是方可大成！”喝涛兴奋地赞道，“黄山灵气融厚，道力充足，师弟第一次来黄山，只是被黄山之美、之奇、之灵所迷醉；此次重游，弟已能自觉地通过‘观造化’参悟画理，并总结出不少精辟的见解，足见师弟固有超悟，智慧天发。前贤谓‘画理不明，笔墨无法’，希望师弟在画法与画论方面再作努力，真积力久，前程必不可限量也！”

“弟一定不负师兄厚望！”

喝涛在此所说的石涛“参悟画理”的“精辟见解”，虽大抵皆为即兴而发，但其中不少观点都被石涛在他后来的《苦瓜和尚画语录》中作了文本化的处理；从这个意义上说，黄山可谓是催生《苦瓜和尚画语录》的精神酵母。

且说石涛他们一行三人边聊边游，不觉已临近黄昏。傍晚时分的夕阳，将亢奋炽烈的光焰射到云海与对面的远峰上，山体舒展流畅的曲线与缓缓游动的云海，形成一静一动、一明一暗的奇妙映照。石涛出神地观赏着这眼前的胜景，浑然不觉暮色将至。此时，只听曹鈜又热心地介绍道：

"二位兄长，现在我们来到紫云庵下，再行数十步便是温泉了，它与奇松、怪石、云海、冬雪齐名，并称黄山'五绝'。而在黄山温泉中又以朱砂温泉称最，相传这个温泉每隔300年就要流涌出一次朱砂，泉水变成红色，并散发出芬芳的气味，故名朱砂汤泉，清澈滑润，温暖如春，故唐朝著名诗人贾岛在《题黄山汤泉》中，曾赞其有健体养生的神效。怎么样，二位兄长是否要体尝一番？"

"那太好了！我们这就去。"喝涛发话了。

石涛已很久没有享受这种沐浴之乐了，此时泡在温泉里，感到浑身的肌肉都舒展开来。

大约用了一个时辰，三人浴毕；尘垢涤净，多日来的疲乏亦为之一扫，顿觉通身舒泰。这时，石涛忽然忆起宋人焦静山的《汤泉》诗，遂脱口吟道：

> 淳淳灵水养灵珠，籁定波生注玉壶。
> 洗尽尘劳多少客，不知还解洗心无。

"'不知还解洗心无'？嗯，好诗，好诗啊！"喝涛击节叹赏道。

翌日晨，石涛又起了个大早，他选择了一处最理想的观景地，开始写生。

由于过于专注，石涛浑然不知师兄来到了他身旁。

喝涛仔细翻看着石涛近日的那一摞画稿，只见上面画满了各种形状的怪石、古树，又分别施以不同的皴法。看着看着，喝涛的心底不禁漾起一种莫名的感动，遂自叹道："师弟勤勉可惊，为兄自愧不如啊！"

"师兄怎么也起得这么早？"直至这时，石涛才发觉了师兄的存在；此时，石涛显然又浸入某种悟境中，遂径直言道："师兄啊，前人曾创造了不少皴法，如卷云皴、劈斧皴、披麻皴、解索皴、鬼面皴、骷髅皴、乱柴皴、芝麻皴、金碧皴、玉屑皴、弹窝皴、矾头皴、没骨皴，等等，可谓名目繁多，但弟以为这些皴法，大多非黄山所自具。如果要表现出黄山独具的风神，就必须创发出黄山的自具之皴。"

喝涛一听此言，激奋不已，遂鼓励道："凡为艺者，当有百折不回之意志，方有万变不穷之妙用。弟以此躬行，我用我法，是最上乘！深信弟一定会创造出自家皴法，兄将拭目以待也！"

眼看着入山已一月有余，一日，喝涛问道："师弟可有归意否？"

石涛答道："我观山灵之气，大有助于画道，故觉入山唯恐不深，不欲遽去。再说，我们还没有看到日出呢！"

"对，这黄山日出可是不可不看呐！"

可一连几天，由于山上多云多雾，四周一片迷茫。但很快石涛便真真切切地看到了令他终生难忘的日出。

为观看日出，他们一行三人在拂晓时分便来到光明顶，此处位于黄山中部，海拔1860米，是观看日出的最佳位置。此时他们站在一块岩石上，向东翘望着，只觉得仿佛有无数染工正在层层云底工作。刹那间，只见由斑斓的彩云托起一道道金线，四射出炫目的强光；它揭去了满天的睡意，唤醒了四隅的明霞。俄顷，血红的朝阳露出了一角；此时，云海也活了，刚才还在熟睡的兽形的云涛，又恢复了它博大的呼吸——光明的神驹，正在热切地奔驰。在云霞的变幻中，那披着雀屏似的金霞的朝阳已一跳一荡地跃出了地平线……

石涛忘情地观看着这一轮喷吐着万古光华的朝阳，感到它比平常大，比平常红，它是柔和的、鲜活的……

面对着这轮连晨鸟都在向它婉转鸣唱的朝阳，石涛一次次做着深呼吸；他感到生命在扩展，活力在增长；感到周身正被蓬勃的朝气、希望与跃跃欲试的创造力所充盈……

此次黄山之行，石涛他们三人在山上一住就是一个多月。石涛从那嶙峋的怪石与翻涌的云海中，挹取了汩汩的灵源。

他深信，拥抱山岳、拥抱云海、拥抱太阳，比拥抱浮名要重要得多！

下山后不久，石涛便在其所绘制的《山水人物图》卷，以铁脚道人自况，并特意提及自己再度攀登黄山一事：

> 铁脚道人尝赤脚走雪中，兴发则朗诵南华《秋水篇》，又爱嚼梅数片，和雪咽之，或问此何为，曰："吾欲寒香沁入肺腑。"其后采药衡岳，夜半登祝融峰，观日出，仰天大叫曰："云海荡吾心胸！"竟飘然而去。

接下来，石涛又在跋语中写道：

> 余昔登黄海始信峰，观东海门，曾为之下拜，犹恨此身不能去。

由此可见，石涛对黄山的虔心膜拜，已然到了要像铁脚道人那样羽化而登仙的地步——这就在相当程度上解释了石涛为何不断画黄山，并不断为黄山注入新的性灵、赋予其以恒久的生命力。

其后，石涛在他的题画诗中如是写道：

书画非小道，世人形似耳。出笔混沌开，入拙聪明死。（《题春江图》）

笔墨之趣非寻常……奇情四出不可当。山川物理纷投降。或者抑，或者扬，造化任所之，吾亦乌能量。（《七夕诗》）

自笑清湘老秃侬，闲来写石还写松。人间独以画师论，摇手非之荡我胸。（《山水册》题跋）

石涛之所以不愿以"画师"自居，以至于"摇手非之荡我胸"，显然缘于石涛通过长期绘画创作实践所确立起来的一个重要理念，那就是：绘画要能得山川物理，感通天地造化，使山川万物荐灵于我，成为天地山川的代言者。他在后来的《画语录·变化章》中亦曾强调道："夫画：天下变通之大法也，山川形势之精英也，古今造物之陶冶也，阴阳气度之流行也，借笔墨以写天地万物而陶泳乎我也。"此番妙论，深刻地阐发出画家必须感通天地之变化、形势、化育、运行，方能立本于道；如是，所谓绘画创作就不复是"小技""小道"，而是"圣贤事"；画家也就不是所谓"画师"，而是"造化在乎手"，是可以"破鸿濛"以开天地、辟万物的"圣手"。

《铁脚道人》

应当说，石涛的上述这种"道外无画""画全则道全"的绘画观念是相当超妙、凌越时人的。

且说石涛一行三人从黄山下来后，徐半山亲设徽宴款待他们。席间，徐半山举起酒杯，歉然道：

"记得前年，石兄初游黄山，徐某叨陪在旁。本与石公说好，一年后联袂再游黄山，争奈徐某近来身体日衰，已力不从心了。未能践行初诺，令徐某快怅不已。今日在此设徽宴，一是为诸公接风洗尘，二则为此特向石公致歉……"

徐半山话还没说完，石涛便打断道：

"半山兄言重了！凡事要顺应人情，切勿矫强，石某固乐游，又岂能视同游之人苦病而不顾，此则谓无情之游，何乐之有？且游黄山非比寻常登山，千重危磴，纵是身强体壮之人，谁又敢保证无颠扑之失，所以你半山兄就是想去，可弟能放心吗？"

"那是那是，石公所言极是！"曹鈖赞道。

"好，不说这些，来，为你们的安然下山，我们再干一杯！"

"好，干，干！"四人共同举杯，一饮而尽。

罗汉寺。

应新安太守曹公之敦请，石涛下山后并未直接回到广教寺，而是在罗汉寺寓居。

罗汉寺为太平十寺之一，因过去曾供养过唐僧贯休禅师十六尊者，故而得名。应当说，曹太守将石涛安排在此寺休憩，并请他绘制《白描十六尊者卷》，可谓因缘殊胜——至于石涛究竟是如何恭写十六罗汉乃至五百罗汉的，笔者下章再表。

从现有资料看，石涛在此一时期共绘制了两卷《罗汉图卷》，其中一卷是应曹太守之请而绘，另一卷则由他本人秘藏。

又，为了兑现自己在黄山上对曹太守的承诺，石涛在罗汉寺专

心致志地为其绘制了《黄山
七十二峰》。

　　似乎是两度结缘的黄山赐予
了石涛挹取不尽的灵气，他每日
泼墨不已，几乎到了寝食俱忘的
程度。

　　在习惯的世界里，一切都是
重复；而在感觉的世界里，没有
雷同的物象。

　　仅仅几日，画稿已盈室，黄
山之雄奇、之壮美、之峭拔、之
灵秀，皆在石涛那高度个人化的
"感觉"中显形出神，并充溢于
笔墨畦径之表。待完稿后，石涛
遂请曹太守前来观瞻。

　　曹太守一入得室来，顿觉
满室光华，气象万千，不禁惊呼
道："石公，看样子你又要把整
个黄山都搬到我这里来了！"

　　"不这样，又如何能完成大
人所重托的七十二峰图呢？"

　　"哈哈哈，那倒是，那
倒是。"

《山水清音图》，此为石涛描绘黄山的
代表作之一。

　　曹大人凑近一看，不由地竖起大拇指，赞叹道："石公此画气韵
高华，笔墨苍润，真乃神品也！"

　　"曹大人过誉了！"

　　"不不不，我曹某从不作违心之言，石公啊，你先忙着，我就不

多打扰了。等你上好色，题上款，我再过来拜观。"

为曹太守画完《黄山七十二峰》后，石涛回到广教寺，生活又回归到以往的常态：诵经、绘画、修庙、交友，几乎构成了其生活的全部内容。在此期间，他还收了几个绘画弟子，分别是萧子佩、李永公、许上闻和刘雪溪……

除了这几个弟子外，在石涛的身边，还多了一位女弟子。

这个女弟子姓许，名灵珠，年方23岁。椭圆形的脸庞，白皙细腻，俊秀动人。其脑后盘着一个心形发髻，颀长匀称的身材，透出几分丰腴。只是她的两眼略显忧郁，即便是笑的时候，也是如此。

这个女子，虽正值妙龄，却自有一段"伤心史"。

此女子世居宣城，原来也是一位出身官宦之家的名门闺秀，从小知书达理，琴棋书画皆精。可不幸的是，她父亲后来因为一桩科考案，遭人诬陷，身陷囹圄，衔恨而死。不久后，她母亲也郁郁而终。她父亲生前曾娶了三房姨太，大姨太看灵珠年轻貌美，便打起了歪主意，托媒婆为她找了一个富家的纨绔子弟，并收了人家的彩礼。没想到灵珠死活不从，冒险逃了出来。故如今虽已20出头，仍是独身一人。

得知灵珠的悲凉身世，石涛的心头陡然升起怜香惜玉之情。

一天，石涛正在埋头作画，丝毫没有察觉灵珠已在一旁驻足观看良久，待石涛收笔后，灵珠不禁拊掌赞道："此画苍茫古逸，令人悠然如置身清古之域。"

灵珠的这一声赞叹，倒着实让石涛一惊；他凝视着眼前这位弱女子，遂漫应道："此画不过一时兴致之作而已。"

"师父过谦了。依我看，如今作画者，大多追求形似，取悦世俗，远悖画道。昔贤谓画水能使人似觉终夜有声，今天看到师父这幅画，弟子颇有此感。师父的这幅画，较之当代名手，自有瓦砾明珠之别，弟子甚爱之。"

石涛万没想到，此女子竟是赏画里手，于是慨然道：

"你既然如此喜爱此画，那就送给你吧。"

闻听此言，灵珠腆然道："多谢我师赐画，弟子虽喜绘画，但性分不高，学乏师承，迄今一无所成，囊中尚存近作一幅，但不知……"

"那就快请展开一观。"没等灵珠把话说完，石涛便抢先说道。

灵珠于是从囊中取出绩绢一帧，在石涛面前徐徐打开。

石涛屏息看去，只见莲池之畔，环以垂杨修竹，有女郎兀立，风采盎然，碧罗当衣，颇得吴带当风之致。再看画中女郎，皆以圆活灵动的线条出之，飘然有凌云之概。

"啊，美哉伊人，实不啻真真者也！"石涛不禁由衷地惊叹道："画笔秀逸无伦，固是佳品，远非时下俗手所能及！尤其是这些圆转自如的线条，自出手眼，绝非一日之功啊！"

"师父如此过誉，弟子岂敢受之。此画不值我师一粲。弟子自幼学画，然苦无良师，年复一年，殊无进境，还望师父有以教我，以期日臻高明。"

石涛颔首微笑，但他并未直接在画法上加以指授，而是给她讲述了一个唐人的故事：

"唐代的康昆仑为琵琶名手，当时因长安大旱，两市祈雨赛乐，康昆仑在街东弹新翻羽调《绿腰》，街西有一女，以此曲移于枫香调中弹，'及下拨，声如雷，奇妙入神'，昆仑自觉不如，于是拜请对方为师，这才得知此人实为庄严寺僧段善本所化装，段善本以康乐有邪音，故'使忘其本领然后可教'。其高明之处在于，他深知艺术虽重法度，但这法度也往往会将人缚住，沉溺此中，一生不得脱困者不知凡几，故使康昆仑'忘其本领'，读书养气，即以学问观照，复以他艺相济，待得葛藤尽去，再取琴一挥，必是另一番风光。"

灵珠夙具灵根，悟力过人，听罢师父所言，深感师父的一片良苦用心，遂颤声道："今生得遇良师，不胜荣幸！还望我师今后不吝指教，以启愚蒙。"说罢礼谢而退。

几天后，灵珠再次来到石涛的寮房。

此时石涛正在焚香作画，灵珠闻此香气，便慨言道：

"一入斯室，便觉檀香宜人，这种香气使人恬淡幽雅，意态悠闲。只是此香不闻久矣！"

石涛没想到灵珠居然略通香道，来了兴致，遂道：

"说起这香道，可就大有讲究了。这香嘛，其幽闲者有妙高香、生香、降真香……"

灵珠接着道："其恬雅者还有兰香、速香、沉香，这香气令人觉得温润如玉。"

"此外，香之温润者，还有越邻香、甜香、万春香、黑龙桂香。其蕴藉者，又有玉华香、龙楼香、馥兰香。"

灵珠说："师父，您说的这几种香，徒儿还真没感受过。"

石涛说："这香嘛，实在是名目繁多，连师父也不能一一悉举。这香道，贵在淡而韵，盈盈冉冉，神韵天然，如云出岫，如芳兰之在幽谷也，令人欲仙欲醉。"

灵珠："徒儿真没想到，师父对香道还这么有研究！"

"其实，香也好，古董也好，皆非草草可玩也。 先要居幽轩静室，有山林之致，于天朗气清之际，扫地烹泉，先与二三素心人谈艺论道于花丛竹荫间，饭余茶后，别设净几，铺以文锦，然后可以焚香，次第出其所藏，相与把玩之。师父前些年曾受邀于徽州诸公，得享此闲雅之乐。个中全趣，如今只能托诸梦寐了！"

说到这里，石涛不禁轻微地叹了一口气。

这时，灵珠无意间看到床上放着一件缀满补丁的袈裟，便随手为师父缝补起来。

"师父，你看你这件袈裟，补丁摞补丁的，实在不能再穿了！"

石涛平生还是第一次得到来自女性的细心入微的关爱，一时不知如何回应；为了缓和这种紧张气氛，他索性吟起了当年师父教他的歌谣：

黄菜叶，白盐炒，只要撑得肚皮饱。

若因滋味妄贪求，从兹俯仰增烦恼。

粗布衣，无价宝，补上又补年年好。

盈箱满箧替人藏，何曾件件穿到老。

灵珠听罢，叹了一口气，然后把补好的袈裟细心地叠好，嗔笑道：“唉，好吧，那就由着师父继续穿吧。”

当石涛看到灵珠用她那比湖水还要清澈的目光，含情脉脉地注视着他，并拎起领口，要为他穿上袈裟时，他那颗滚热的心，不由愈跳愈快，犹如无数浪花在奔涌、翻腾，让他感到窒息。他哪里想到，这种浓浓的爱意会来得如此突然，让人无从抵御。

对于石涛来说，他已强烈地感知到爱情的热力，并为之而沉醉。在大多数艺术家身上，艺术与爱情可以交颈而眠，构成彼此灵魂的一部分。但对石涛来说，二者却始终隔着天堑鸿沟。随着时光的流转，他渐渐明白：

眼前的一切，都属于他个人隐秘的内心世界；一回到现实，他只能听命于自身以外的其他因素。

爱情并不仅仅是一种精神上的陶醉，它往往会在甜蜜与苦涩之间来回摇摆，它要求把人的精神局囿在一个相对封闭的系统中；身为僧人，又深居寺中，对他来说，生命中最重要的东西实际上是一种超越生命本身的存在。

于是，他忍痛中断了与灵珠的往来。

他不愿陷入“我执”；

他不愿让她打破自己生命中原有的和谐。

他宁可揪住自己的影子回到那青灯黄卷的孤独中去。

由此可见，愈是特异的人物，愈是有着特异的情结；愈是纯真无邪的爱，愈是隐藏着深刻的禁忌、无法解释的自我抑制；若无此情结，就无法照见那个光怪陆离的感情世界的种种奇异的纠葛。当然，对于石涛来说，这种类似"慧剑斩情丝"的举动对其精神上的戮刺是残酷的，但上苍似乎注定要让他在爱情的世界里真实地痛一回；只有如此，才能使灵魂得到净化、提升，并实现真正意义上的心灵自由。从这个意义上说，艺术家都是一些殉自我者，就算置身在黑夜中，密林里透不出一颗星星，他也要独自擦亮心头的灯盏，负重前行。

第十四章

馨力倾心妙绘罗汉
垂光禅画宜载汗青

作为一个尚在探索中的禅画家，长期以来，石涛的内心是相当孤寂的——尽管他身边有喝涛、梅清（甚至包括灵珠）这样的艺术知己，但从本质上说，石涛仍是孤寂的——当造化之神赋予天才以早慧的光芒时，也就必然让其同时陷入一种无人解会、砭入骨髓的孤寂，这就是天才的宿命。

但从另一种意义上说，历史上的那些精笔妙墨，无不是画家在孤寂的寒斋中孕育的撄宁之果。石涛朝斯夕斯、心无旁骛地沉浸于自己宁寂而庄严的心灵王国中，人世间的谀诈、世俗的事功，早已离他远去，他只是渴求着通过一次次对笔墨、对"理法"的深层探究，与大化融而为一，使精神升腾到一个清明而纯净的、不染凡尘的境界，这对石涛来说，又不啻是一种高逸的幸福。

自从上次他所精绘的那张有着梅清题跋的《十六阿罗应真图卷》丢失后，石涛一直"忽忽不乐，口若暗者几三载云"，足见这一事件对石涛的精神打击！

但石涛迥异常人的卓荦之处就在于，他并未就此陷入悲沉，为了更出色地完成恭绘佛像的心愿，石涛毅然作出一个重大的决定：绘制五百罗汉，即后来的《百开罗汉册页》。

对石涛而言，这无疑是一项高难度的创造工程。

在濡笔创制前，石涛的灵魂想象之翼已穿越了千古时空，看到了这样的情景：

两千多年前的高僧佛徒们，终日兀坐在菩提树下、岩穴深处苦思冥想着那些永恒命题——

灵魂与肉体、瞬间与永恒、生存与寂灭……

在石涛的灵视里，真实向往的佛土净界变成了真实可触的空间意象，石涛仿佛从中亲睹了罗汉修道、悟道、证道的一腔虔敬，哦，他们在向慕什么，反对什么？在倾听什么，言说什么？他们为何冥思，为何参悟？……具体到这五百罗汉（实际只有321位）的性格刻画、情节安排、故事叙述、气氛营造、背景设置乃至服装设计等，这一切繁杂的问题，在智慧天发的石涛看来，答案已然内在地给定。

此时，石涛的脑际正被各种场景、情态、线条、图形所萦绕；他要通过一个个精心创设的细节去构筑一个宗教氛围浓重的神性之场。

随着一阵泪涌般的激动，石涛拿起画笔……

接下来伴随着他的，是一场无声无响的艰巨劳作。石涛将自己的全心全灵投入到这一巨作的绘制上！

藉助那些形貌各异的罗汉，连同那如曹衣出水的衣袂、百灵光怪的造型，将感悟的精灵一一放飞出去——这几乎构成石涛生命的全部意义。

石涛那勃勃欲吐的虔敬情怀与创造激情，往往使他废寝忘食，在现实层面上毫不怜惜地折腾着自己；而一旦进入艺术创作，他则会紧紧抓住每一个"天赋的瞬间"，像一个虔敬的工匠，佝偻着身躯，日复一日地与劳役相伴——这正是天才的双重特征。他的肉身虽匍匐在广教寺寮房的几案，灵魂却早已进入深不可及的真如妙境……

如前所述，石涛绘制《百开罗汉册页》时，不过20出头，正是他事佛最为虔诚、愿力最深的时期，其胸中自有庄严法相，广大慈悲，其心境又是如此攖宁，这使得石涛能够超越自我、超越功利，在智慧般若的观照中与佛道冥契。

从创作地点与时间上看，石涛的《百开罗汉册页》画于敬亭山广教寺，始于丁未年，即公元1667年，止于壬子年（1672）。前后历时六年。从罗汉的数量看，共计310位，加上童子、恶鬼等也仅320人。罗汉有十六罗汉、五百罗汉、一千六百罗汉等，但未有三百一十罗汉之数（石涛最后似乎并未将《百开罗汉册页》完成）。

观念、识见、修为、技法，这一切固然重要，但这一切最终还是要落实到笔尖。诗歌也好，绘画也好，它首先是一门技艺，其次才是一门艺术，像其他行业一样，在工作过程中是毫无浪漫可言的；任何天才与灵性都不能取代单调、艰辛的劳作。

但石涛难能可贵之处在于，他既有弘法布道的虔敬与热诚，同时又能够自觉地把从黄山上挹取的无尽灵感注入这份"手上的活儿"——于是，石涛心无旁骛地奋战在几案旁，从白日到黑夜。

超负荷、超强度的苦役般的劳作，常常使得石涛的肉身接近崩溃，但他的灵魂却仍在兴奋地吟啸狂歌。

而这种"方天机之骏利，夫何纷而不理"的创作快感，来自石涛对摆在他面前的一系列难度的克服。下面就让我们走近石涛所绘制的《百开罗汉册页》，通过文本分析，进一步领略石涛的天才运思与独创技艺。

一、石涛强调"我用我法"，以独创为本。

石涛是一个高擎艺术创新大纛的杰出艺术家，这一点在其创作《百开罗汉册页》中得到彻底的贯彻。须加措意的是，由于在此册页上盖有梅清赠送的"前有龙眠济"印章，石涛也曾多次提到李公麟（龙眠），致使很多学者认为石涛的人物画主要是学李龙眠的，也有学者认为石涛在创作中以丁云鹏、吴彬为主要参照。

但世传李龙眠的《五百罗汉图》，大抵出于伪托，经后人加以完善。而《宣和画谱》卷七记载御府所藏李龙眠的画一百有七，其中并无五百罗汉图。至于明人吴彬和丁云鹏的罗汉画作及临品，相对较为出色。对此，石涛确实有所借鉴，如石涛根据构图与创意上的需要，在《百开罗汉册页》中也融进了山水的元素，但这些山水（包括树木、岩石），与他所描绘的罗汉分明构成了一种浑然大成的有机整体，而不像丁云鹏笔下的山水，带有明显的晚明时期所特有的装饰意味。因此，我们不能过于夸大丁云鹏对石涛的所谓"影响"，因为石涛在骨子里就不是一个在他人影子笼罩下从事创作的画家。

丁云鹏《十八应真像》　　　　　　　　　吴彬《画罗汉》

　　其实，从某种意义上说，罗汉亦属于一种公有的共享资源，但具体到五百罗汉，欲将其"入画"，必然涉及对整体的把握以及对无数细节的精妙处理，它显现出个人天资与客体对象（罗汉）的某种私密性对应，只有这种无法"共享"的艺术直觉对于石涛才是最重要的——由此再来看石涛笔下的山石树木和云水，便会发现此乃他本人的戛戛独造，虽然其中有梅清的影子（"云染翟硎衣"），但其笔下的山水林木皆以篆、隶法成之，乃直承董其昌所谓"士人作画，当以草、隶、奇字之法为之，树如屈铁，山如画沙"的理论。石涛所绘山石皴染很少，基本凭借粗细变化不大、呈平行的干笔长皴勾勒形体，笔法类似篆书。远景树丛用墨色浓淡表现空间远近，不出传统文人画的写意作风，但他画得洒脱自如，苍润清逸，这显然是基于他的某种独特的艺术直觉，殊非俗手所能及。石涛还擅用画石和画水的笔法勾皴，比如第八十八开中的大象，既似象又似巨石，颇为耐人寻味。总之，石涛自觉地选择了一条"于一切法一行思量"的独创之路，并在此册的每一个细部都自出手眼，殊足令人叹赏。

二、石涛在形制、风格上完全打破了册页的传统画法。

为了充分尊重五百罗汉这种宗教题材的内在规约，与五百罗汉的本事相合，石涛打破了册页在章法构图上要以小见大、以简驭繁的传统画法，大多采用繁复构图，甚至满构图，从而展示出自成系统的罗汉形象，真正做到了法为我用，化简为繁，化难为易，从而径情直遂地去捕捉艺术感觉的精微，进而实现文本意义上的自洽与自足。单幅看来，已见奇警；连贯起来，更见波澜。

又，册页的制作材料又有异于卷轴画，有别于常用的宣纸、绢纨。它因胶矾云母的渗入，表面光滑异常，并很难吃水，这使得着笔赋彩，落墨行笔，时断时续，渍痕不断，难以把控，这势必要求作者在章法构图上要以小见大，以简驭繁——正是形制的这种隐在要求，致使画家在风格上尽力追求简逸，而石涛却通过自创的"我法"打破了前人绘制册页的传统格套，并创造出一种与简逸相对的繁复、丰盈的风格，可谓超越前人的一大创发。

三、巧妙地克服来自佛教题材处理上的难度，善于概括、提炼和突出主要情节，力求将各种罗汉性格化、情节化。

由于石涛在绘制罗汉前，已下足了相关的案头功夫，故对每一位罗汉的特征、个性都熟贯于胸，故下笔其来有自，"应物象形"，如触灵源，形神兼备，尤其是石涛擅长对各种罗汉作"性格化""情节化"的处理，大大增强了此作的观赏效应。如第六开，画的是一罗汉把龙王吸入钵中，显然是基于"服龙王尊者"的"本事"。按，服龙王尊者，又称降龙大尊者，俗姓李，名诚惠，蔚州灵丘县人，年二十正式受戒出家，拜法顺为师。据载，当年东台东南一百余里有一处龙宫池，尊者曾在池边结庐修道，并在净瓶中畜养一条龙。一次，龙从瓶中逃走，入清水河，隐于巨石之穴。尊者见一道白气从水中蒸腾而上，知龙潜隐其下，遂大声喝叱，龙惧而出，复回瓶中。须加指出的是，石涛并未完全按照佛典作画，而是把瓶画成钵；龙潜穴中，画成在空中，这种出于情节及视觉

《百开罗汉册页》（第九十七开）

效果的考虑所作出的变通，基本上仍与"本事"相符。再如第九十七开，画面最前（右）的那位罗汉乃"心胜修尊者"，因《无地寿经》上有"等心，胜心、深心"之说。《净影疏》亦云："行上所分，各为胜心。"而第九十七开上那位骨相奇古、脱略俗尘的罗汉，显然与之殊为符契。

相比于前人多少有些概念化的罗汉造型形象，石涛的人物除了大部分保存了罗汉的"梵貌"之外，几乎找不到那种大致雷同的"概念化"特点——他只是尊重自己的"艺术直觉"，极力将罗汉"人物化""性格化"，故观之栩栩如生，倍觉鲜活。例言之，石涛笔下的秃顶罗汉，前面光亮，后面浓发与之形成强烈对比，再加上石涛对人物神情的精心刻画，故从视觉效果上看，不但生动，而且突出，大异于前人所绘的罗汉图。

又，石涛深知各种罗汉在佛书上各有出典，故下笔必切合各个罗

汉的具体身份、修为、性格气度、神情,同时又通过合理化的艺术想象,"因事制宜,从意适变"。否则"活蛇当作死蛇弄",鲜有成功者。如现标为第三十八开, 画的是西天十三祖迦毗摩罗,乃五百罗汉中的伏龙施尊者。迦毗摩罗乃古印度华氏国人,初学外道,后皈依佛教,成为西天的第十三祖,曾率众弟子游访西印度国,当朝太子请他进宫接受供养。他皆以出家人所应遵奉的各种戒条为由予以婉拒。当他率弟子到城北一个石窟中居住时,不料被盘踞于此的一条巨蟒所阻。迦毗摩罗于是讲授《三归依经》,蟒蛇深受感化,变成一老叟归服他。又,据载,洞窟北方十里有株万年大树,下居栖五百条大龙,也因感于迦毗摩罗的德行之高、事佛之诚,悉归附之。

石涛在描绘迦毗摩罗时,既不悖本事,同时又力图从视觉效果出发,考虑如何使其更加"入画"。以故,石涛并未如数细细刻绘佛书所载的"五百条大龙",而只是着力刻画伏龙施尊者迦毗摩罗的神态和身份,这充分表现了他善于概括、提炼和突出主要情节的高超能力。

又,历史上许多画罗汉的画家如贯休、吴彬都强调笔下的罗汉形象系从梦中所来,石涛显然也从前人那里有所借鉴,但他力图避免人物的单调乏味与物象的雷同,故在罗汉身上引入情节化、故事化甚至戏剧化的因素,从而引发观者兴趣;为此,石涛自始至终都采用一种更自然、更流畅、更生动的线条来完成罗汉形象的刻绘,且服从于一种统一的宗教意境。在这一点上,石涛远逾晚明或清初画坛诸家,可以说是罕有其匹。

四、调动各种笔墨手段描绘配景,烘托宗教气氛。

除了罗汉外,石涛还在配景上下足了功夫,精绘出诸如山水、松树及各种走兽怪物,增加了画面上神秘的宗教氛围。那些形态各异的罗汉,或骑鱼涉水而行,或乘凤飞翔于天;狮虎总是温驯地伏卧在罗汉身边,而龙则总是藏露于涛洣翻涌的云雾之中。石涛通过这些灵异的组构，已然在向人们昭示其笔下的一切皆非现实世界的延伸，而是一个灵奇百怪、迥异人间的奇幻世界。

又，据史籍载，石涛最善绘松，多得法于黄山。作为佛教绘画题材中的重要象征物，松最宜作为配景。如第七十七开，石涛以中侧锋勾勒出松树盘屈的虬枝，松针画得较宽，出笔短促略带圆弧形，六七笔成一组，颇具自然生态之野趣。至于松树以外的其他树木，石涛则喜用双勾夹叶法画树叶，且极为注重树叶的整体形状、态势与结构的自然变化，妙在于浓密处见虚灵。再如第十一开，画面上那虬枝蟠曲、麟鬣三千的古松与重叠的山峰只是作为一种"背景"存在着，且松树只占据画面右上方极小的空间；石涛虽最擅画松，在此却绝不炫技，而是恰到好处地解决了局部与整体意境的关系。

再如第九十一开那奇崛的古松，夭矫拿空，极尽盘螭伸屈之势。至于第四十一、四十六开中的松树，云翻雨作，似欲化龙飞去。石涛真可谓画松圣手矣！

奇峰怪石，是石涛绘制《百开罗汉册页》的主要背景。而绘制此类物象则又是石涛的独擅之长。从《百开罗汉册页》看，石涛擅用各种别开生面的技法表现奇峰怪石，如出现在画面上的山石造型，或直耸，或斜出，或横卧，石涛以充满强烈的书法意味的中锋勾勒，间用侧锋，线条粗犷有力，蕴藉有度，而转折处则棱角分明，极见功力；特别是他那

《百开罗汉册页》（第四十一开）

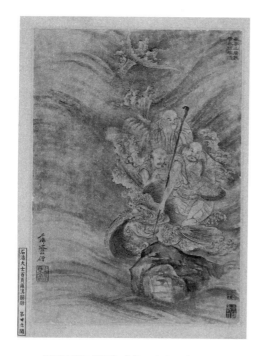

《百开罗汉册页》（第二十六开）

种连皴带擦的用笔，虚实、浓淡、干湿、刚柔、顺逆并用，瘦劲腴润，苍郁恣肆，极灵奇变化之妙；限于篇幅，笔者在此无法具论其中各种山石的画法，只拟简要介绍两种石涛最常用也是最具特色的"卷云法"与"海涛法"——

前者是在借鉴郭熙、王蒙的基础上，又有所增益。石涛通过其自创的皴法，在运笔上以弧线为主，使皴线向内旋转，使山石呈现出云卷气旋之势（如第二十六开）。而后者则显然来自黄山赋予的灵感，是石涛"师造化""搜尽奇峰打草稿"的产物；通过这一独门皴法，石涛竟使原本静态的山石，尽现出风翻浪卷的态势，这方面的显例为第一百开。

五、以书法用笔入画，用墨用线俱臻妙境。

石涛的书法脱胎于魏碑，而能加以雅化，笔势灵动，逸宕开张，温婉清拔。特别是到了宣城后，其书风冲淡质朴，精严净妙，闲雅冲逸，于朴拙中见风骨。境界枯寂、笔致散淡、结构浑穆、气息古厚，充满宗教哲学的玄远幽思。

在《百开罗汉册页》中，我们随处可见石涛以这种充满书法意味的线条去绘制罗汉，极冲逸超尘之致，妙不可言。石涛信手漆拂，力求使线条劲健而灵奇，沉着而痛快，率意而有法。故其笔下那一根根收放自如的线条，或枯涩或流畅，或拙重或轻逸，既放得开，又收得住，把力量稳稳地送到每一细微处，充溢着强烈的视觉张力及动态美感。即以第五十四、五十六、七十九开为例，由于石涛本人对线条的把控能力极强，故其笔下的每一根线条都极具雄厚、稳健而内敛的力量，不激不厉，刚柔相济，这显然得益于石涛那"婉而通""精而密"的篆隶用笔。在此基础上，再"凛之以风神，温之以妍润，鼓之以枯劲，和之以闲雅"，必呈现出一种清虚高华的美学风神。

又，线条质感的极致，往往内源于画家生命的微妙感觉。仅以第六五开、七十一开为例，那些出自石涛笔下的充满生命质感的线条，看似一挥而就，却能够线随心转，一笔之中方圆兼济、阴阳向背，奇正相生、虚实有致，浑雅蕴藉却又灵奇百变，石涛笔下的人物之所以生气远出，形态各异，端赖于这种强烈的韵律感与流动感的线条；较之李公麟或丁云鹏，石涛对线条的独立艺术表现价值解悟更深，其笔下的线条更具个性，更有魅力，此中神妙，未易一言以断，惟识者能妙悟毫端理趣。

除此而外，石涛还特别擅长绘制罗汉们身上的衣物，罗汉的服饰、身下的坐垫都以细密的铁线描加以勾画，他仿佛是一位服装设计大师，每一个罗汉的服饰图案都被他"设计"出来——在一张画中，不管是几个人物（如第八十五开，人物多达十一个），都力避雷同，圆转生动，衣袂飘举，在保持白描画线条的抒情本质的同时，还特别富有装饰意味（如第九十四开），但是这种装饰性并未沦为"工艺设计"，而是大大提升了文本的观赏性，使读者不能不惊叹石涛那出神入化的线条与超凡的写实造型能力！要之，从笔墨技法层面上看，石涛那独特的、精妙入微的艺术直觉是他人所无法企及与重复的，他对空间、图形、线条的精妙把控比现代画家不知要强多少倍，直令人叹为观止，这一事实本身，也足以引导我们对当下的美术教育制度、美术人才的培养模式作深刻的检省。

从用墨上看，石涛亦全然不同于一般禅僧的奋笔狂涂，亦非像文人画家那样率性而为的"墨戏"。除了线条是浓墨之外，人物的墨色几乎都是浅灰色的，充满了质感。衣服的褶皱处，也只是用稍深的一些灰墨，使画面拥有立体感，这种严格控制用墨的方法，当然只能出现在石涛以白描为主的风格中。

六、虚静、庄重与平和的创作心态。

从审美创造的视角看，所谓虚静，实即一种超越自我、超越功利，在静穆的观照中达到与自然的契合，这就是所谓"凝视遐思，妙悟自然，物我两忘，离形去智"；唯其如此，一个艺术家才能够朝斯夕斯、心无旁骛地始终沉浸于一种虚静之境中。

常年的禅修功夫，使得石涛能够始终葆有此种虚静心态，故能"万缘俱却"，洗净灵府，疏瀹五内，毫无乖戾、浮躁与嚣张之气，下笔则淡定而从容，毫无荒率、匆促与游移之痕，举凡人物的眉毛、衣纹，罗汉袈裟上的每一个图案，以致他笔下的牛、虎、猴子等动物身上的每一根毛发，都纤毫毕现，一丝不乱。他那楷中带行、兼有《石门颂》《曹全碑》的碑刻韵味的题款，端庄浑厚、舒展自如，且笔笔到位，极庄肃沉稳之致。至于其所用的印章，亦经过精心选择，印章钤盖的位置也与整个画面高度契合——举凡这些，无不与石涛在绘制此作时的那种高度虚静、庄重与平和的心理互为表里。

当梅清听到石涛完成《百开罗汉册页》的佳讯后，激奋

《百开罗汉册页》（第六十七开）

不已，立即上得山来，与石涛同享品茗赏画之乐。

石涛将《百开罗汉册页》一页页在梅清面前打开，看着看着，石涛竟情不自禁地据实道来：

"梅兄啊，最近不知怎的，弟看到这些再熟悉不过的罗汉，总觉得像是见到前世的相识，甚至从中看到了自己。"

"那是您照见自性的结果！"梅清紧接道，

"石公啊，拜观了伟制，其中那种在艺术造型上的严整周谨的分寸感，那种如微雕艺人般在用笔用线上的精准工细、灵妙入微，皆令梅某敬佩不已；这其中固然是石公天分、阅历、深邃的禅学修为以及其他诸多综合要素相会合的结果；但梅某以为，石公之所以能够创造出我国人物画史上的这样一种奇迹，在冥冥之中，必然有着佛祖的加持！"

闻听此言，石涛顿时面色肃然，只见他双后合十，双腿跪地，连声念道：

"阿弥陀佛！"

如果从艺术文本创造的视角看，任何一部皇皇巨制的价值生成，往往取决于它在多大程度上能够构成其不可替代的唯一性。

而对石涛来说，他在中国画史上所构成的这种唯一性，却正是他本人用其旷日持久的"雕龙之功"层层堆垒起来的！

从本质上说，真正的大师都是"雕龙者"以及用雕龙之功创作的人。他们作品最终的恢宏气象，无不有赖于每一笔触、每一细节上所浸渗的这种"雕龙"的汗血与心力。执是以衡，再来看石涛笔下那些行乎简而近乎道的逸品，其造型之精准，气韵之生动，格调之高华，线条本身的浑涵灵变和虚实、阴阳、藏露、有无之间的相互渗透，抑扬顿挫中所蕴蓄着的那种沉着痛快的节奏感，无不尽现出石涛拨灰见火的超凡功力与文采光芒，出神入化，未可方物——正是缘于以上诸因的会合，石涛的这幅皇皇巨制获得了那种真金足赤的艺术含量，进而具备了"经典"的性质——它不仅大大地填补了清初人物画史的空白，在我国美术史上享有彪炳千秋的独特地位，更意味着这一具有里程碑性质的杰作将以其不可复得的经典性而拒绝克隆！

这一无可争辩的经典性将再次证明：在艺术领域，天分实属"第一义"的东西；有了它，在澄心静虑进而达至应感之会、通塞之纪的灵智活动中，一切就会被灵眼觑见，灵手攫住，灵气充盈，一切都"法法我法"，若有神助！

这一无可争辩的经典性同时还证明：艺术家愈是才华横溢，其开张性愈大，开合度愈强——相对于石涛以大写意笔法出之的黄山系列，人们简直难以相信这种用线如此工细、俨如出自微雕艺人之手的《百开罗汉册页》竟是出于同一个人！正是由于反差之大，不少人始终怀疑《百开罗汉册页》的真伪。如果我们将艺术家分为两类，一类是开创类；另一类是工匠类，那么石涛则是二者兼之，可谓戛戛乎难哉！

同样是在这一无可争辩的经典性面前，用所谓"大师"这类高耸伟岸的赞词都似乎不必要了，因为这离不开某种人为的标准与色彩。

一句话，他是"天才"的代名词！

他的出现，是一个天才与一种传承千年的笔墨语言命定相遇的奇迹！

如果从"史"的视角出发，作进一步的推阐，一部艺术史其实就是一部彻底的天才史，其中的区别仅在于，一类天才代表着一种流派，一种艺术宗旨、文化理念；而另一类天才则以惊世的才华涵盖了几十年甚至几百年的艺术发展历程。从表象上看，一部美术史由于历代画家的参与，总会呈现出一个个热闹、喧腾的时段，但相对于天才横空而起的不朽创造，这一切不啻是过眼云烟！

第十五章

双塔种松挥毫绘像

故友临歧宝物寄情

《黄山图卷》《黄山七十二峰》《十六阿罗应真图卷》《百开罗汉册页》等一系列经典性作品的相继完成，已然奠定了石涛在我国山水、人物画史上的重要地位。

但石涛仍感到《百开罗汉册页》存在着一些不足，便打算将此百开册页自歙南带回宣城广教寺作进一步的加工、完善。

一回到广教寺，石涛便发现有一人已在寮房等候多时。

石涛凑近一看，原来是缪清先生，此人虽出身于官宦之家，但并不热衷于做官，倒是更钟情于文物古董，举凡瓷器、玉器、钱币、木雕，无不悉心收藏。虽入行时间不长，对此道已颇有心得。自从与石涛结识后，又耽迷起书画收藏。他每次来看石涛，都忘不了要赠其一两件古董，同时带上几件古画请石涛鉴赏，而石涛则必以书画酬谢。如此一来二往，彼此便成了亲密无间的藏友。

"啊，缪公，少见，少见啊！"

"近来琐务缠身，无暇拜望，还祈海涵。石公别来无恙乎？"

"托兄之福，贫衲一切安善。快请坐，请坐。"

寒暄了一阵后，缪公又拿出两件新购的古画。

石涛打开一看，原来是今人仿元明人的画作；石涛逐一指出其中的瑕疵，说得缪清心悦诚服，连声称赞道："石公真是好眼力啊，佩服，佩服！"

"不不不，"石涛谦逊地摆了摆手，说道：

"最近拙衲对元明人的画看得比较多，一些名作也都临摹过，所以心里比较有底。如果换成其他画家，不瞒您老兄说，贫衲就不一定拿得准了。"

"石公过谦了！依弟之见，这书画鉴定大非易事，弟近年来对此所费心力不少，可为何总是难以得其门而入呢？"

石涛沉吟了一会儿，然后坦言道：

"这个问题嘛，实在不易一言以断。如果从大的方面说，有唐以来，画家们不少出身豪门，如阎立本、李思训、李昭道、韩滉、李林甫、王维等。另一类则是像吴道子这样靠手艺吃饭的画工，因手头没有银子，故与收藏无缘，只能向师傅学习。出身豪门贵族的画家，因不靠作画吃饭，家中所藏书画甚富，故可向收藏品学习，闲情逸致一来，则付诸笔墨，成了雅士。而靠画艺吃饭的画家则成了画工。雅士与画工，其作品的风格、气象、韵致是大为不同的。

"如果再进一步说，收藏涉及画家的眼界与见识。自唐以来，所谓的收藏家，严格说来都是个人收藏家，不论他们的收藏多么丰赡，都难免带有地域性特征，这对他们画作的风格必然会产生影响，由此入手，也是鉴定之一法。当然，这都是从大的方面说，如每个书画家由于时代、出身环境、地位、收藏条件与眼界的不同，都有着各自的艺术趣味、风格样式、技法特点。作伪者虽然竭力模仿，但他不可能考虑到这方方面面；再说，他们那种刻意求真的创作心态注定了他们即使能做到形似也不可能神似，表现的技法总不如真品流畅。"

"石公所言，足启愚蒙。除此之外，缪某还想请教石公，是否还有一些具体的鉴定方法？"

"说到具体的鉴定方法，当然非止一端。如凡是流传有绪的书画名作，大多经过行家的过目，这就会在原作上留下与此相关的题跋、收藏印章等，如一幅古画出现了'六如居士'的印章，此画就可能经明代唐伯虎鉴定过；如果是出自宫中的书画名作，就会盖上乾隆、嘉庆等皇帝的'御览之宝'。我之所以说'可能'，是因为对这些印章，也还需进一步鉴定，这就需要将这些收藏大家的印章熟贯于胸，真赝立判，这当然不是一蹴而就的事情，需要长期的经验积累。

"再者，作为一个收藏家，要能够识别纸绢的质量高低，在宋明之际，绢的质地精良，而到了清乾隆之后，绢的质地大不如前，像清库绢，你用手摸上去，明显有一种粗糙之感。还有，每个时代，每个地区，其装裱风格、用料也都不尽相同，比如说你拿到一幅清人的画作，在装裱形式上就应该带有民间装裱的特点。如果用了清代宫廷装裱法就很有可能是赝品，因为清代宫廷院画的装裱是相当讲究的，如卷轴的天头绫多为淡青色，副隔水常为牙色绫，临近画心的那一部分为米色绫或绢，在形制上自有一套不同于民间装裱的规格。"

石涛以上所言，看似随口而来，但毕竟是他多年浸淫此道的心得，这不禁让缪清先生大为感动，久久难以去怀。

谈到这里，石涛忽然想起了缪清上次拿来的那张后人仿宋人的古画，然后结合缪清险些上当的亲身经历，恳言道：

"缪公啊，你入古人字画收藏这行时间不长，这一进一出，要特别措意。大体说来，要注意以下两点：

"一是偏执。对某件自己喜欢的东西志在必得，一陷入'执'，便很难冷静下来，这时看东西往往容易走眼。

"二是急躁。特别是某件东西稀贵难得，好不容易遇到，而且又有了下家，你自以为反正是一手托两家，自己不过是从张某手里将东西买过来再卖给李某，坐收渔利而已。心里这一急，往往会被对方蒙骗。而古董这行，即使被蒙，也不能对外讲，所谓'舌头底下压死人'，怕招人笑话啊。"

"石公所指出的这两点，在弟听来，像是一种不点名的批评，令弟既感且愧！"

"其实啊，这两点是初入古玩行的新手所难免的；别说是新手，就是一些精明过人的老手也常犯此病。"

"石公提醒得太及时了，多谢石公教诲！"

"缪公千万不必客气！"

石涛那天兴致甚高，待到缪清起身告辞时，执意要送他下山。

　　二人走到山脚下，看到前面不远处有一小茶寮；此时二人都感到有些疲累，便在此歇脚品茗，尽兴而谈，好不痛快。可待到付茶资时，彼此却面面相觑，殊觉尴尬，原来他们都没携带钱囊。实在不得已，石涛只好上山取钱，嘱缪清在此稍等。

　　可谁知石涛上山入寺后，适巧有人送来一批古画，石涛一打开，立即被这高华绝俗的笔墨吸引住，那位坐在茶寮中等候结账的缪清完全被他抛在脑后。缪清久候不至，眼看天色将晚，又不识途，甚为焦急；茶寮掌柜见他一副沮丧无奈的样子，便过去问其缘由，然后与他商量，结果是派一小僮送他回家，再由他付给茶资和小费，才总算摆脱困窘。

　　事后，石涛将此事告与喝涛，喝涛听后眼泪都快笑了出来，他指着石涛道："这事啊，也就只有你能做得出来！"

　　"是啊，事后连我自己都感到难以置信，我怎么能把缪先生一个人丢在茶寮里，一点都不记得了呢？"

　　"这事啊，如果往好了说，就是你对艺术用情太深了！"

　　石涛没想到师兄居然还能如此为自己开脱，一时不知该如何回应，只接了句："那……那倒也是。"

　　"噢，对了，"石涛好像突然想起了什么，道：

　　"师兄，弟最近常想起当年游黄山时蒙受澄空法师款待的情景。记得澄空法师曾为遍布山中的老松惨遭斫伐、又被火劫而痛慨不已，深为当年的'松海'胜景不可复得而叹惋。弟由此想到眼前的双塔寺，它在历史上曾以万松著称。可随着岁月的流徙，如今早已无复当年那种郁郁葱葱的松林气象了！"

　　"是啊，抚今追昔，为兄深感不安啊！"

　　"师兄，我看我们不如率领僧众，在双塔寺旁遍栽松树，使其苍然成林，恢复黄檗道场当年的原貌。师兄以为如何？"

　　"那太好了，为兄早有此愿！"

"那好，我们说干就干！"

经过十多天的艰苦劳作，初期工程告竣。

二涛望着眼前这一株株苍翠的松树，不由地遥想起当年黄檗道场的盛景，深感这些天的劳动没有白费——

他们将一己的美居之心推及广大；

他们用汗水让一切变得葱茏繁盛、生机勃发；

他们通过富有激情的诗意"书写"，在大地上留下动人的诗行！

松林既成，二涛遂邀梅清、施愚山先生前来品茗赏松。聊到兴头，被眼前的盛景所陶醉的梅清不由地提议道："石公啊，眼前之盛景可入画否？"

老友施愚山亦附议道："久闻石公腕下有驱山铎，能将宇内名山大川，任意驱遣，供人于纸上卧游。但不知施某今日有此眼福否？"

石涛一听就明白，二位是想让自己以此为画材，当场作画以纪其盛，当即表示："二公之雅命，弟至为乐从！"

正当石涛准备濡笔作画时，梅清居然来了一个"激将法"，已先于石涛绘制了一幅《石公种松图》。

"好！梅兄此画笔墨清逸，意境超妙，颇有宋元神韵啊！"

"喝公所言，甚合吾心啊！"老友施愚山亦附和道。

石涛于兴奋之下，决意当即绘成一幅种松图。

当他含毫吮墨之际，他忽然萌发出一个强烈的意愿，那就是要在此画中，为自己留下一幅自画像。

石涛此举在今天看来不足称奇，可在明末清初，画家的自画像却极为少见，况且石涛又是明宗室后裔，其身份一旦暴露，极有可能引来不虞之祸，故欲绘制自画像，必有非凡之胆略与过人之智慧不办。

然而石涛毕竟是敢为天下先的英迈之士，但见其天机骏利，风发胸臆，情畅而笔顺，不一会儿工夫，一幅《自写种松图小照》杀青。

这是石涛平生画作中，唯一一幅有他本人真实形象的自画像，在整个画面中，居于右侧显赫处的便是石涛本人，他把自己描绘成一个监工者，正在静候小和尚与猿猴带着松苗来此种植，眉宇间透发出一派英姿勃发的超凡气象。

石涛敢于制作自画像，标志着对个性的张扬及自我意识的觉醒。

如果与西方油画以暗色背景映衬明亮头像的画法相比，石涛的这幅自画像所采用的显然是地道的中国画法。从画面上看，这幅自画像中的主人一手扶膝，一手持长竹竿，双腿自然前伸，双臂下垂，从容地倚石而坐。但见其眉棱英发，隆准坚挺，双目炯炯有神，更透显出几分明睿坚毅；那一头微微蓄起的黑发，与自然翘起的嘴角漾动着微笑，显示出人物情绪的欢悦与自信——须加措意的是，这种"活灵活现""气韵生动"的效果呈现是以简括的线条与黑白对比效果生发出来的，迥然不同于那种通过追求细节真实、采用复杂的色彩关系、讲究光影与透视效果的西方画法。从画面背景看，人物身后的苍松蟠屈如龙，翠竹随风摇曳，远山依稀可见，天籁隐约可闻。人物的近旁则

《自写种松图小照》

有一僧一猿在相互嬉戏，既与整个画画和谐无间，又能引发人们对猿猴种松传说的丰富联想。

在此幅自画像的左上方，还有石涛自题的一首五律：

双瞳垂冷涧，黄蘗古遗踪。
火劫千间厦，烟荒四壁峰。
夜来曾入定，岁久或闻钟。
且自偕兄隐，栖栖学种松。

款署：时甲寅冬月，清湘石涛济自题于昭亭之双瞳下。尤其值得注意的是，此画钤上了"臣僧元济"的用印，自有深意在焉；既暗喻自己为曾在宫廷担任国师的师祖道忞、师父旅庵本月的弟子，同时亦曲透出石涛对个人"身份恢复"的隐秘期待。

在此卷后还有汪士茂、戴本孝、苏辟、王概、语山祖琳、汤燕生等六位友人先后题跋。跋语中所谓"甲寅冬月"为康熙十三年（1674）11月。

"嗯，妙，妙！石公笔墨，高华超逸，真乃神品也！"梅清朗声赞道。

一向珍重文墨的施愚山，从不率尔挥毫，观毕此画，竟破例以《石公种松图歌》为题，作七言古诗一首如下：

梅翁石公皆画松，倔强不与时人同。
石公飞锡腾黄岳，万松诡异罗胸中。
竭来黄蘗袈裟地，便拟手擎双塔寺。
茎草拈成丈六身，旧时云鸟来依人。
金鸡舞罢吼龙象，短松欲遍无荒榛。
上人逸兴多如此，黄岳千峰归眼底。

　　高坐松荫自在吟，役使神猿及童子。

　　客来笑把种松图，看取新松种几株。

　　俄顷空中声谡谡，青天万松齐浮图，

　　为问西飞黄蘗归来无？

　　赏会词间，锋露文外，非邃于诗道者安能为之。

　　转眼间，石涛来到宣城已经八年，自此以后，石涛渐生离开宣城的想法。在汪士茂为石涛《自写种松图小照》所作的题识中，曾提到有人邀请石涛去西天寺。据相关资料显示，石涛曾于1678年、1679年与1680年到过南京，而且不只与西天寺往来，还与另一座位于溧水的永寿寺联系密切，并有画迹留存。但不知是何原因，石涛一直未能成行。逮至康熙十九年（1860），石涛决意离开宣城，其直接的契机来自丁钟山西天道院之请，前往金陵（南京）养病。

　　老友梅清听说石涛要去南京定居，心里自然不是滋味，但他深知石涛倔强自持的性格，强留也留不住，故在送别诗中如是写道：

　　何地堪投足，东西南北人。

　　风萍原不系，海鹤固难训。

　　墨泼云千嶂，瓢县雨一春。

　　金陵栖定处，双锡是天亲。

　　在宣城的其他朋友得知石涛要离开此地，无不黯然神伤，纷纷前来送行。

　　交情有味是临歧，信然！

　　徐半山不胜感慨地说道："宣城十余载，与石兄雅论清谈，无间晨夕；更有黄山之游，恍如昨日。岂意风流云散，行将马首各西东矣。此后恐后会难期，令弟陡生屋梁落月之感！"

石涛听罢，神色不免黯然，但还是劝慰道："金陵之地，殊非三舍，故合剑有时，及门可望。惟耐久之交，一时难得。此次金陵之行，不过暂离而已。待榴红蒲绿之时，拙衲定当来宣，与兄一樽共话。"

"与石公肺腑深交，共晨夕而不厌。此一为别，怀思之切，固非诵采葛可释也。"方公恳言道。

对石涛之画艺一向倾慕有加的梅庚亦情动于衷地慨言道："士得一知己，足可无憾。而梅某得石兄知赏，何其厚幸也。奈何尘务牵缠，未能时与素心人作片刻之叙。无怪乎山灵亦笑我碌碌也。"

"梅兄未免太自谦了。窃以为交友之难，于今为甚。往往一片热肠，转视为千重城府。执是之故，能得一二知己如兄者，足以快慰平生。"说罢，石涛紧紧握住梅庚的手，久久不愿松开。

著名诗人施愚山见此情景，亦不免动情地说道："石公啊，忆昔陋巷蓬庐，与足下剧饮雄谈，兴会飙举，极尽一时之快。争奈海萍风絮，堕溷飘茵，盛宴难再，思之黯然！常念足下每一挥毫，则渊渊出金石之气，座中无不叹服啊！"

石涛听罢，向施愚山深施一礼，然后道：

"施翁过奖了！拙衲性不宜时，才非应世，硁硁自守，不肯乞怜于人，更不能于名利场中，添锦上之花。且也贫衲之贫，实乃士之常也，洁己自持，直道而行，不图逸乐，或可稍轻罪孽，免于配报。至于阿堵物，适足为身心之累。如能箪食瓢饮，息影于钟山秦淮之间，于愿足矣！"

说罢，石涛慨然将其寝室中的书橱钥匙交到宣城诸友手中，然后道："弟多年收藏的古玩书画都在这里面，诸公如有所好，尽可取去，以结后缘！"

"啊，这如何使得？此乃石公心爱之物，我等何忍夺公之所好也。"施愚山如是言道。

"是啊，夺人所爱，岂君子所为。"众声附和道。

石涛道："诸位仁兄所言差矣。拙衲以为古物字画各有归宿，因人而异。大体说来有三：一是'善趣'，就是要有精于品鉴的同道，于风日清和之时，二三好友雅士，尽兴摩挲把玩。自有清灵之气集于身，恶浊之气消于外。二是'恶俗'，即古物落入暴富者或败家子之手，以此易金、换酒甚至作为豪赌之具。三是'厄运'，即或遭逢乱世，或毁于兵燹，或亡于水火。而诸公皆为蓄道德精的好古之士，拙衲将此物分赠诸公，可谓物得其所，适得其人；况诸公每一摩抚，自会想起拙衲，则拙衲与诸公及此物犹同在也，岂非一大佳事！"

这就是重情尚友、仗义疏财的石涛，不可无一，不可有二也。

在石涛此番移居金陵前，只有一个人他并未告知，那就是灵珠。石涛深知人生斯世，情之一字，熏神染骨，不唯自累，又足以累人乃尔；况且自己负有"以书画作佛事"的使命，又岂能沉溺于男女之情？尽管如此，但他还是托人转赠给灵珠一枚他最为心爱的田黄章料、两枚鸡血石，还有几幅他的书画精品。这些物品，既可用来赏玩，一旦生计困窘，亦可变卖，以应不时之需。用心至此，足见宅心！

石涛离开宣城时，虽散尽资财，广赠旧友，但有一件东西他却没有送人结缘，那就是他平生最心爱之物——《百开罗汉册页》。此物后来一直由他本人秘藏，"相随二十余载"。

一枝阁中潜修画道

乌衣巷口竟遇奇人

　　1680年的初春一直寒意料峭，尤其是南方，进入梅雨季节后，往往个把月都不见天日，这对需要带着画具、书籍及其他行李（其中包括他最珍爱的那件《百开罗汉册页》）且要水陆兼程的石涛来说，是极为不便的。因此，直至是年的闰八月，在一位南京的僧人朋友"勤上人"的迭番盛邀下，石涛才终于成行。

　　来到南京，已到了1680年的夏季，从这时起，石涛正式脱离与广教寺的关系，暂居于长干寺（又名报恩寺）。

　　如前所述，石涛之所以在此时离开宣城而去金陵，一个主要目的就是养病，诚如他本人在《生平行》中有所谓"羯来游倦思稍憩，在友长干许禅寄"（原注云："勤上人"）之句，足可为证。梅清亦有"吟成帘更卷，病起杖还支"之句（《题石公一枝处》），可为参证。

　　长干寺。

　　此寺位于南京南城的聚宝门外，曾是南朝故都的长干里。该寺院创建于三国时代的吴国，时为赤乌十年（247），在此以后的1400多年中，曾先后被称为建初寺、大报恩寺和天禧寺，但是人们最终还是将它与古长干里联系在一起，称为长干寺。

　　这座江南的著名古刹，在朱明王朝定都南京时，被钦定为皇家的功德林。1664年，清圣祖康熙皇帝下令重修了这座寺院，并增建了五色琉璃佛塔，长干寺再次名播遐迩。距长干寺不远处，就是著名的雨花台。

　　一走进长干寺，石涛便看中了其中靠近山坡上的一处清幽雅静的小阁楼，大概七八平方米，仅能"容膝自安"。石涛忽然想到明代画家徐渭曾命自己的书房为"一枝堂",于是将这座小楼阁命名为"一枝阁"。

《金陵往事》(之二)

比起金碧辉煌、宽宏诡丽的长干寺,一枝阁确实太小了——小到只能摆下一张床,一张画桌以及两把椅子;仅仅这几件家具,已经把整个阁楼的空间撑得满满当当的了。

但石涛毕竟是禅修功力甚深之人;禅学思想不仅贯穿在他的绘画实践中,亦深入到他的整个精神生活;以故,即使住所逼仄、寒伧,他心里仍充盈着一种"君能解禅悦,何地不高峰"的自足感。

石涛素喜梅花,而庭院中所植之梅正值含蕊破萼之时,石涛遂乘兴采摘了几枝,斜置于几上净瓶,芟剪得宜,顿觉如同置身烂漫香雪中,足以领略殊清,使冷韵幽香,弥漫于曲房斗室。

一枝阁虽小,但户外环境甚佳,推开窗户就是满目云山,缕缕清风。兴奋之下,他真想朝着对面的群山放声一啸,但身上的那一袭袈裟提醒了他——此举非僧人所宜。

在此后两年多,石清便以此作为栖身之所。

喝涛本来还打算与石涛同住,便于照顾;可他进屋一看,心里就全明白了,于是坦言道:

"师弟,30多年来,我俩同吃同住,从没有分开过,看来这回是要分开了。"

石涛努正想启唇说什么，喝涛紧接着说："这些年来，我一心静修禅术，而你则倾力于书画，对当年跟师父许诺的'以笔墨作佛事'，一直未敢稍忘啊！"

听到这里，石涛一把拉住师兄的手，感动地说："师兄，你可真是我的平生知己啊！"接下来，石涛又坦诚地说道："师兄啊，这些年，我实在是感到说易行难。既要以画证道，画首先就要凌越时贤，如果画得平平，那就什么都免谈了。"

喝涛一听这话也来了劲，两眼放出异样的光芒，他情动于衷地说："师弟呀，我知道你一向心气高，抱负大，愈是这样，就愈需要潜心修炼。我看这座小阁很幽静，倒是非常适合你；既然这样，为兄也就不再老是打扰你了。我们都渴求宁静，那就按各自的方式去寻求吧。"

"可是，师兄，"石涛深感歉意地问，"你打算在何处栖身呢？"

"我再做打算吧。"喝涛应道。

"那不行，"石涛好像忽然想起了什么，"对了，要不这样，离这儿不远就是西天禅院，那地方比长干寺更安静，更适合修禅。勤上人正好是那里的住持，他一定会热诚接待的。"

"那好吧。这样也能各得其所。"喝涛说："只要不远，我们能经常走动就好。"

"师兄，这30多年来，我们朝夕相处，情同手足，你付出得太多太多！一旦分开，我也会很不适应，我会经常过去看望你的。"石涛说着，眼圈有些红了。

"好吧，那我们就先过去吧。"说罢，二涛联袂向门外走去；可刚了几步，喝涛却又回到一枝阁，左顾右盼，最后不胜伤感地说道："师弟啊，我们都别太难过了，一切都是缘分！"

喝涛此言，不过是强自宽解之辞，石涛一时也不知用什么语言对这位暂时分开的"至伴"加以"宽解"。他们二人，原本没有任何血缘关系，却情逾骨肉，历经患难，友爱弥笃，可谓并世罕靓！

石涛常想，能够拥有这样的手足之情，是多么巨大的幸福，又是何等难得的生命奇缘！

的确，如此完美的手足之情本身就是人间一首最珍贵、最温馨的诗，它是二涛用全部真诚共同谱写的，其中那种打动人心的强大爱力又岂是"缘分"二字所能涵盖。

由此推阐，古往今来所有卓然不群的人物，皆有着强大的爱力在内部充盈，那无疑是一种持久的、深入的、绵绵不绝的生命能量。设若没有喝涛，且不说石涛将如何度过生命最黑暗的危难时期，大概在他刚刚起步时便已扑倒在地了。

一枝阁。

1680—1686年间，石涛一直在此过着刻苦严谨、与世隔绝的生活，他将大部分心力都投入禅宗修习与书画创作之中，除与个别僧人来往外，他的生活几近闭关。每值清晨，石涛都会静静地坐在院子里，呼吸着新鲜空气，再用梅清在宣城时送给他的那把精致的宜兴紫砂壶，泡上从黄山采摘下来的毛峰，将心事熬成经久淡雅的芬芳；一闻到这芬芳，他就仿佛呼吸到黄山的气息，感到心头跃动着勃然的画意。每次沉浸在清幽的茶香里，往事总会依稀重现，石涛不禁微叹道："啊，梅兄，您送我的这把壶，可真是太受用了！"

参禅、诵经、作画、读书、赋诗……

日复一日……

……

而在此之前，石涛给世人的印象似乎是摆荡于各种欲求之间：一方面被社交、行吟与绘画创作所吸引；另一方面又渴望成为一名实至名归的禅宗大师——他始终摆脱不了这种张力的撕扯。

天机灵透的石涛，对此早有体察，故此次来南京之前，他就已经暗下决心，一定要潜心禅修，调养病体，了悟画法，参透画理，彻底了断当下这种于两极中摆荡的浮躁状态，这已然成为横贯石涛生命活动中的一种主导情志。诚如他本人所言："谢客欲尽难为情，客来妙不惊逢迎"（《生平行》）。

在一枝阁定居期间，石涛作画甚勤，且不乏精品。之所以如此，首先来自于石涛骨子里的那股盎然的诗意；有了它，人和世界的关系都会有所改变，生活因此会变得迷人，富有光彩，且有一种神秘而不可思议的魅力。

泼墨如雨，运笔如山。

先请看著名的《黄山八景》图册（现为日本住友氏所收藏），此图册石涛在宣城时曾经画过，这是石涛在金陵时期完成的重要作品。此一画册虽以黄山为画本，却是石涛时隔多年后凭记忆所及而绘成，画中所呈示的那种深具原创力的构图显然与画家强调感发、强调独创的一贯主张互为表里；石涛在画黄山的过程中，总是力图将自己亲眼之所见、亲身之所感直接融于图画，并"用我法入平生所见为之"，以突破各种画派画风之藩篱——正是在这一点上，石涛笔下的黄山与同时代的其他画家的黄山画拉开了距离。在《黄山八景》图册中，那个居于画面显著处的孤行观景者，无论是在凭窗向外凝望烟霞胜景，还是在驻足远眺天际归帆，都会使人感到他就是石涛本人——因为在整个画面中有"我"的至性诗情，有"我"的生命呼吸。

更妙的是，石涛在此一时期（1685）所创作的精绝之作《万点恶墨》。

凡是看过石涛以"黄山"为主题的山水系列的读者，大概都会对其所自创的皴法印象深刻。但石涛的过人之处在于，别人费尽心力都未必能得到的东西，他却能毫不犹豫地放弃，而这种"放弃"的过程也就是"从于心也"的过程。他从不满足于某种固定风格，这一点在

《万点恶墨》中表现具足。

《万点恶墨》不拘成法，墨点狂飞；恣肆豪纵，元气淋漓；笔笔生发，满纸飞动。呈现在画面上的各种鲜活灵动的点法，以及由此所生发出的元气淋漓的视觉酣畅感，表明石涛已将点的丰富表现力发挥到极致。或有论者认为从此作可以看出金陵画派（如龚贤）的意韵风神。其实，这种"偶合"，恰好表明石涛因地利之便与金陵派画家交往，自觉或不自觉地受到启发，正在进行着尝试性的笔墨体验与探索；但无论如何，流贯于此中的那种"似董非董，似米非米"的点法上的独创性仍属第一义的。对此，石涛在此画跋语中尝自我揭橥道：

万点恶墨，恼杀米颠。
几丝柔痕，笑倒北苑。
远而不合，不知山水之濚回；
近而多繁，只见村居之鄙俚。
从窠臼中死绝心眼，
自是仙子临风，肤骨逼现灵气。

以如此桀骜不驯的态度对待在当时画坛上被奉为至尊的"米颠"（米芾）、"北苑"（董源），足见"但出但入，凭翻笔底"的石涛从未稍减其我行我素的豪纵自信。

在另一则画跋中，石涛曾如是题道："翁命余作画，余兴发……亦用攒点法。"点，既可表现丛草、山石、烟树、苔藓，亦可表现远山、烟岚、苍林，故北宋米芾作画多用点法，被称为米氏点法，明人唐志契甚至强调："画不点苔，山无生气""画山容易点苔难"（《绘事发微》），足见点苔并非"为画之助"的一种辅助手段，而是一种高难度的重要技巧。石涛的卓荦之处就在于他深刻地理解到点法在绘画中的独立性，并以其天才的绝妙之手，将米家点法推向了一

《万点恶墨》

个新的境界。他本人曾在一则画跋中如是题道：

> 古人写树叶苔色，有淡墨浓墨，成分字、个字、介字、品字、厶字，已至攒三聚五，梧叶、松叶、柏叶、柳叶等垂头、斜头诸叶，而形容树木山色、风神态度。吾则不然。点有雨雪风晴四时得宜点，有反正阴阳衬贴点，有夹水夹墨二气混杂点，有含苞藻丝璎珞连牵点，有空空阔阔干燥没味点，有有墨无墨飞白如烟点，有焦似漆邋遢透明点，更有两点未肯向学人道破：有没天没地当头劈面点，有千岩万壑明静无一点。噫，法无定相，气概成章耳。（《苦瓜妙谛》第一幅题款）

点之为法，自此发用盛大矣！这一点在他此一时期创作的《高崖挂杖图》（山水册页中的一页）中得到充分的体现。此作的独到之处全在于点法的妙用，像描写前景悬崖的那些点法，看似率意而为，却如折带、如卷云。而那些"有墨无墨飞白如烟点""邋遢透明点"，尤其是"没天没地当头劈面点"，似丛树，似草丛，似苔藓，用得出神入化，妙趣无穷，皆令人叹赏不已。从"点"切入，正是探究石涛在技法上戛戛独创的一个重要视角。

　　此作在构图上亦颇有创意，石涛只是从自然万象中截取一角，用一个"特写镜头"表现高士（不妨视为画家本人）驻足观望的瞬间，其超妙之处在于石涛并未就那位高士的视线着墨，而是以一种"空故纳万境"的虚灵手法，让文本成为一个能够衍生多重诗意的生成性作用场，大大拓展出令观者充分驰骋想象的自由空间。石涛本人尝谓："可知画即诗中意，诗非画里禅乎？" 可谓邃于画道之言。需要在此着重指出的是，此画虽以"截取法"构图，却几乎让人感受不到"经营"的痕迹，画家"省略"掉许多不必入画的衬景——这正是最妙的"经营"。

　　由这种"最妙的经营"所生发出的视觉效应，亦不妨以所谓"后现代性"视之；只不过对于石涛来说，这种"后现代性"早已出现在他的笔墨中了。

　　总之，较之其他画家，石涛的笔墨挥运，始基于一种盎然于胸的诗意，而在创作过程中，他最看重的是那种不可替代的差异性；石涛一向视创新为使命，在他看来，差异就是价值！差异的强度、力度、稀缺度就是对其绘画进行价值评判的重要根据。

　　在此论述的基础上，我们似应对石涛的书法成就予以必要的论析。

石涛的书法与画作，若合而观之，可谓异声而齐响，异翮而同飞。但长期以来，鲜有论及石涛书法者。究其因，一是石涛本人在绘画上用力较书法为多；二是由于石涛在其《画语录》中以论画为主，故人们对石涛的书法研究，远不及"四僧"之一的八大山人，更鲜有论者从石涛一以贯之的独创精神与开拓性贡献的视角去抉发其书法的内在价值。

事实上，石涛自幼学书，未满弱冠，便卓然而具自家风神。他痛感当时那些泥古不化的"传统型"书家，他们在深厚的传统背景的笼罩下，重蹈着前人的步履；前代画家的幽灵始终"活"在他们身上，并习焉不察地"代替"他们书写。有鉴乎此，石涛总是能够选择与自己"性之所近"的碑帖加以攻习，绝不走清初书坛的秀逸之路。纵观石涛的书法，实乃多种资源的集合，取径宽广，众体兼擅，且无一不精——

他的隶书微有魏碑风格的行楷意味，浑朴苍古，苍润厚拙，迥异时流。

其行书直承晚明的恣肆，而尽弃清初的柔媚，波磔飞舞，飘逸灵动。在势态与结体上，既吸收了苏轼的绵里藏针，又融入了黄庭坚的斜倚多姿，尽显大家气格。

小楷字体奇崛，用笔多变，于倾斜欹侧中自出神采，神似倪瓒，极得萧散闲雅、朗润松灵之美。

草书颇得苍茫雄奇之势，而又饶有活脱灵动之致。

此外，石涛的书法，在章法上大小不一，参差错落，左右逢源、随机而化，为郑板桥的"六分半书"与李鲤的行书开了先河。

需加措意的是，石涛的卓荦之处还在于他并不满足于仅仅把字写好（哪怕是"众体兼擅"），因为在石涛看来，这种"可以习得的形式"是规范与不断重复的结果，这绝非书法的至境；石涛更注重的，是一种"心灵的书写"；本乎此，只见他用笔变化多端，不可端倪，他常常若有神助般地将点画线条中那些飘忽不定的即兴感觉倾注到笔端，往往是中锋、侧锋并用，神来之笔与误笔甚至"败笔"共存。在石涛看来，书法创作的真髓就在于与某种未知的境域密切攸关，故他极力促使书法朝着更为复杂的层面转化；也就是说，石涛通过书写行为，最大程度地释放出其生命深处的潜在能量、微妙感觉与自由精神，由此传达其书法创作所包孕的那种特有的精神性内涵与特质，"以追光蹑影之笔，写通天尽人之怀"……

在此还需着重指出的是，作为书法家的石涛，同样有着求新求变的开拓精神与驭古出今的非凡胆气。他从不满足于以单一书体进行书写，他总是善于根据他所追求的书意以及画面内容而选择与之契合的书体，如较为工细的山水，题款则往往多用楷书；泼墨大写意画则多用行书或草书；题材严肃的用篆隶使之庄严。总之，或寓朴厚于婉转，藏劲健于圆活；或存矩度于灵逸，含激扬于冲融，出杼轴于己怀，虽袭旧而弥新。在题款方式上，或长款直下，或横款拦腰而起，或洋洋洒洒半幅满款，或寥寥数语，妙悟不在多言；或点角几字，恰到好处；或诗书画三绝巧妙合璧，或真行草隶篆各体不一，或别出心裁，或险中求胜、出人意表，那一行行、一列列的书迹有节奏地参差着、错落着、掩映着、排列者、映衬着，在空间流布，仿佛一篇美妙的乐曲，使书、画与章法之间的"互动"在每一次的随意书写中都更微妙得体，耐人寻绎，并最终在风格上与画面达成高度的契合，所谓"法无定相，气概成章"，这就大大提升了其绘画创作的美学内蕴、文化品格与个人风格。

石涛在书法上之所以能达此境域，细究起来，其实不足为奇；作为天才的石涛，绝不是画家这样一个单一的身份所能域限的。他的才华无时总是呈现出"横溢"之势，随时都会奔流到艺术的其他门类；况且书画同源，神理相通，石涛在书法上众体兼擅，色色精工，不过是在绘画领域为其天才的发皇提供了技术支撑而已。

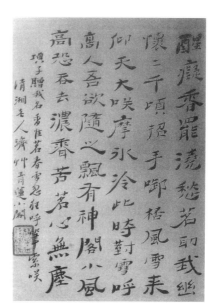

石涛行书书法　　　石涛隶书书法

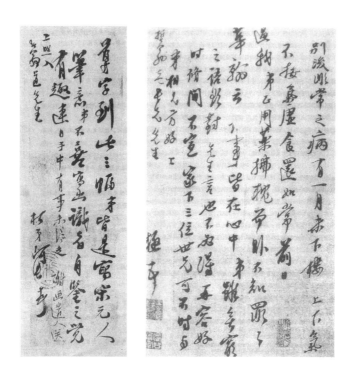

石涛致哲翁手札　　　石涛行书书札

在一枝阁期间，从形迹上看，除了绘画、作诗外，石涛似乎过着"斋罢垂垂浑入定"的日子，但他并非心如止水，其内心仍经常陷入难以自持的孤寂与痛楚之中……

一天清晨，石涛沏上茶，研好墨，选了一支他惯用的羊毫笔，即兴在纸上写下一个题目：初得长干一枝。接下来又趁着诗兴，连作了七首五言律诗，以寄心迹。其后，石涛曾分别将组诗抄录在好几个本子上，其中一首还写在以水墨绘成的一枝阁画上，足见他本人对这组诗的重视程度，兹录其中六首如下：

得少一枝足，半间无所藏。
孤云夜宿去，破被晚余凉。
敢择余生计？难寻明日方。
山禽应笑我，犹是住山忙。

身既投云水，名山信有枝。
篱疏星护野，堂静月来期。
半榻悬空稳，孤铛就地支。
辛勤谢余事，或可息憨痴。

清趣初消受，寒宵月满园。
一贫从到骨，太寂敢招魂。
句冷辞烟火，肠枯断菜根。
何人知此意，欲笑且声吞。

楼阁峥嵘谪，龛伸一草拳。
路穷行迹外，山近卧游边。
松自何年折，篱从昨夜编。

放憨凭枕石，目极小乘禅。

倦客投茅铺，枯延病后身。
文辞非所凭，壁立是何人。
秋冷云中树，霜明砌外筠。
法堂尘不扫，无处觅疏亲。

多少南朝寺，还留夜半钟。
晓风难倚楫，寒月好扶筇
梦定随孤鹤，心亲见毒龙。
君能解禅悦，何地不高峰？

款署："庚申闰八月初得长干一枝七首。清湘石涛济山僧又画。"

从诗中的具体描述看，石涛的栖身之所的确是非常贫寒逼仄的，那年久失修、"半间无所藏"的小屋，石涛以"半榻悬空稳，孤铛就地支"加以形容。当然，所谓环境描写在此诗中还只是"衬笔"，诗中所强烈透发出的，是一种砭骨的孤独，一种无人赏会的寂寞，"贫""枯""穷""寒""孤"等字眼的相继出现，显然与诗人的抑郁情怀相对应。然而，石涛既已独得"一枝"，显然对"一枝"以外的世界，早已没有太多的奢望，一切皆归于清贫无欲，一切皆归于清虚禅静——这是一种境界，一种超凡脱俗的境界，一种将物质的我缩到最小、将精神的我恣意放任张扬到最大的境界。

读解这组诗，尤当措意的，是第四首的末句"目极小乘禅"。石涛在金陵期间，尝自称"小乘客石涛"。所谓"小乘客"，本于佛教中的三乘之说，即声闻乘、缘觉乘、菩萨乘。声闻乘又名小乘，通过听闻觉知而觉悟，可证阿罗汉果；缘觉乘是缘自内在觉性而觉悟，是自觉，可证辟支佛果；菩萨乘又名大乘，最高的乘法，可证无上佛果。在禅宗看来，小乘为低等之禅，《坛经》上说："见闻读诵是小乘，悟法解义是中乘，依法修行是大乘。"本乎此，所谓"小乘"，在禅门中，不过仅得禅之皮毛。但事实上，石涛的禅悟并非来自见闻诵读，即非小乘所可言状。但由于当时禅门盛行吹嘘之风，人们争相标榜大乘，认为自己得佛之无上妙法，说某某"小乘"实乃贬损之辞。

因此，石涛有意自称"小乘"，并非对声闻觉知、流于形迹的禅法感兴趣，而是反其意而用之。他时常被禅门俗夫攻击为小乘，而他却偏偏以"小乘"自居，并致慨道："时人皆笑小乘客，吾见有口即当哑。"他深信"是非以不辩为解脱"，权且做一个聋瞽之人，他甚至宁愿承认自己"戒行全无"；既然如此，便尽可哭之笑之，舞之蹈之，让禅澄明地显现，让性灵恣意地飞扬。

还有一点需加措意，石涛之所以以"小乘客"自称，其实也是他本人的一种极具个性的"反讽"方式。石涛内典功夫甚深，他之所以反对坐禅，不念经书，如行脚僧，四处漂泊，若迹其由来，皆源自临济早期宗风，源自黄檗希运、临济义玄的"道不在修"的禅修主张，但这并不意味着他本人对佛学缺乏研究。在书画上，石涛充分汲取了南禅的智慧，故能笔移造化，墨吞山河。他本人尝以"掷笔大笑双目空，遮天狂壑晴岚中"自道行藏，所谓"非烟非墨杂遝走，吾取吾法夫何穷。骨清气爽去复来，何必拘拘论好丑。不道古人法在肘，古人之法在无偶。以心合心万类齐，以意释意意应剖"，所谓"我写此纸时，心入春江水。江花随我开，江水随我起"，完全是一派大乘气象。

在艺术的取法上，石涛在他的《画语录》中一再强调"不立一法，是吾宗也；不舍一法，是吾旨也"，也充分展现出他那种转益多师、万取一收的大乘器识。

相比之下，倒是那些根器浅薄却轻狂乖张、追名逐利之辈，虽出尽风头，却被石涛弃如敝屣，不屑为伍，故以"小乘客"自称，这实在是一种反讽式的言说方式；他尝自号为"瞎尊者"，也同样是基于一种反讽立场。

若由此一指认出发，对石涛所谓"小乘客"的内涵作进一步的历史语境还原，便不难体识这其中隐涵着几多悲慨，几多无奈！

"法堂尘不扫，无处觅疏亲"，第五首的尾联两句，曲曲透出石涛作为宗室后裔在根脉上与皇家的某种隐秘关系；毕竟，他所寄居的南京是前明王朝的首都，永乐时代以后又一直是王朝的陪都。在位于钟山的明孝陵，埋葬着明朝开国君主朱元璋的遗骨；虽江山易代，然而作为都城的王气犹存。作为覆亡王朝的王室后裔，一想到祖先的辉煌业绩，想到覆亡于王族内部的血腥屠杀，这灭门之仇顿使石涛血脉贲张——尽管那些悲惨的杀戮发生的时候，石涛因年幼并未留下什么清晰的记忆，但那种来自情感的判断，让他陷入复杂的内心纠葛，不能自拔。

一日，二涛联袂游古鸡鸣寺，他们绕过"度一切苦厄"的巨碑，来到了附近的一座茶楼上，二涛俯身而望，"无情最是台城柳，依旧烟笼十里堤"的台城，依稀奔来眼底。不远处的紫金山上，隐然有云气浮动，其中有孙权墓、朱元璋墓。而脚下的玄武湖水，正慵懒地拍打着明城墙，令人不由地想起刘禹锡"潮打空城寂寞回"的名句。

走出古鸡鸣寺，二涛漫步于秦淮河南岸的钞库街，喝涛问道：

"师弟知道这条街最早叫什么街吗？"

"沉香街。"

"对。说起这条街，还有一个流传很广的故事呢。"

"噢？这倒没听说过。"

"相传有一位嘉兴富豪项某，在金陵时迷恋上一个娼女。分别时，那娼女泪眼模糊，一副不胜依依的样子，令项某非常感动，回去后便重金收集沉香木制床，又用上等绸缎做了几箱衣裳，然后坐船去了金陵。谁知那个娼女见了他却表现得非常冷淡，直到项某说到有重礼相赠时，那娼女才变得热情起来。

　　"项某于是把自己带来的东西全都摆在院子里，让青楼女子们尽情观赏，然后大摆宴席，并奏乐助兴，待酒喝到微醺时，他忽然手指那个娼女，大骂她情比纸薄，然后当众用锤子把床砸碎，当场焚烧，烧了四天四夜，火还没有熄灭。一时香气靡天，因此这条街就取名为沉香街。"

　　说着，二涛来到了秦淮河畔。

　　二人来到一座茶楼，选了一处僻静之所，落座后，点上一壶茶，刚开始啜茗交谈，忽见一歌妓缓步来到他们面前，此人虽施以浓妆，仍难掩其东施之姿；只见她转轴拨弦便欲献上一曲，却被二涛谢绝了。

　　可这位歌妓并未离去，只听她垂手敛容道："两位大师，小女子虽风尘憔悴，却也是良家女子，不好以青楼相比。只怪小女子命苦，偏偏嫁了一个赌汉，不光输光了家产，还欠了一屁股赌债，被债主逼得连家都不敢

陆寿柏《鸡笼云树》（鸡鸣寺北极阁）

回，那没良心的便以收成不好为由，硬把小女子赶出家门，逼小女子以卖唱为生。"

说到这里，这歌妓重重地叹了一口气，接着说道："自从沦落风尘后，小女子一心想从良，却一直没遇到真正称心如意的，至今仍孤苦一人。唉，小女子命好苦啊！不过，小女子虽然流落风尘多年，可至今仍未失节……"

二涛此时正沉浸在对秦淮旧事的追思中，并无好怀，哪里还有心情再听她没完没了地唠叨下去，赶紧给了她两块碎银将其支走。

待歌妓称谢而去后，石涛感慨道："其实，这个风尘女的节操，全赖貌丑而成全，而她不知感谢上天眷顾只一味归怨于命，这就如同那些不得仕进而自叹命穷者，殊不知历史上因功名未遂而免于祸难者正不知多少，此乃天佑之也。"

"师弟适才所说，固为见道之言，非根器浅薄者所能悟出。可世人总是'船到江心补漏迟'，真是无可奈何之事啊！"说到这里，二涛皆沉默良久。

望着眼前的秦淮河水，二涛不由地想到这座曾会集着潇洒的公子、落魄的书生、卖笑的歌妓、风雅的名士与避难的绅士的六朝古都，也曾是上演过侯方域和李香君、冒辟疆与董小宛的爱情故事的风流之地；孔尚任的《桃花扇》和冒襄的《梅影庵忆语》也在此广布流传；再加上沈寿民、吴伟业、沈士柱一班名士和李卞京、顾横波一班风华绝代的佳人，将这座古城演绎得有声有色。又想到当年那种"秦淮灯船之盛，天下所无，两岸河房，雕栏画槛，绮窗丝障，十里珠帘"（《板桥杂记》）的繁华不再，石涛不禁致慨道：

"想当年金粉楼台、画舫凌波，此为六朝名门望族聚居之地，衣冠文物，盛于江南；文采风流，甲于海内，转眼间不过繁花一梦耳。泣蕙草之飘零，怜佳人之凋谢，叹社稷之厄运，慰忠魂之精诚，若非宛转雄奇之笔，恐不能写此江山美人杜鹃魂魄。”

“是啊，一来到这十里秦河，为兄便想到那些泪洒新亭的慷慨悲歌之士，想到天下可悲事多，虽欲不哭，岂可得乎？有道是‘男儿有泪不轻弹’，虽不欲哭而不得不哭，方为见性，方为真哭。哭固为不得已，但挺立于天地间的奇男子伟大夫决然不肯一味痛哭，因哭者毕竟不祯不祥。但在易代之际，八大山人竟将其八大二字连笔写出，宛若草书之‘哭’，足见其胸中确有无法掩止的深悲大恸啊！”

“师兄所言寄慨遥深，令人动容。依弟看，这十里秦淮，既是男儿泪落如注之地，又是风月流连意志消磨之地，历史上曾有多少商贾官人学士在此挥金如土，又有多少才人在此醉花迷径，不思归里。当时有一位官员，在这里转了一下，就被迷住了，从此不愿回京城，他曾写下这样一副对联：‘大抵浮生若梦，姑从此处消魂。’”

喝涛接下来又感叹道：

“是啊，想想当年那些饱受十载寒窗之苦的寒士，他们一个个从天南地北跑到南京，就是为了挤‘应试’这座独木桥，经过为时两天三夜的奋笔疾书后，头也不回地走出这位于秦淮河北岸的拥挤不堪且散发着潮湿霉烂气息的贡院，一头扎进这金粉之地，尽情地流连诗酒，纵情声色。这些人在此温柔乡里大发豪兴，呼朋引类，一掷千金，或金樽檀板，舞袖歌扇，或引领红装，曼歌长啸，全然置国事于不顾，如此醉生梦死，岂不是枉来一世！”

“师兄所言深合我意。生当斯世，弟惟有‘以笔墨作佛事’耳。然弟一置身于六朝烟水之中，不觉间便有一种抑塞郁勃之气盘绕胸中。”

“我等生于斯世，自不必斤斤于境遇，不戚戚于困穷，精探力索，笃勤不怠，如是方不负师父之厚望啊！”

“师兄之言，弟自当铭刻在心！”

此后，石涛仍不止一次地身着僧衣，晋谒前太祖的孝陵，游历朝天宫、玄武湖、大行宫、莫愁湖以及那上演过无数兴亡活剧的秦淮河；对于石涛来说，这些对于他的生命具有特殊意味的胜地是不可或忘的。

在金陵期间，他还曾将一腔郁结迹化为整整20帧风景画，集为《金陵怀古书画册》，并在每一幅画上都分别冠以"伤心玄武湖""如此黄天荡""九思朝天宫""怕听凤城钟"这样一些直露胸臆的标题，且逐一系之以诗，兹选录数首如下——

> 水阔山横世莫侵，万口策注到如今。
> 欲明玄武歌中月，不照咸宁创国心。
> ——《伤心玄武湖》

> 昔年车马拥香尘，结容长桥衬玉人。
> 多少胭脂俱卖尽，还他零落几般春。
> ——《还想旧名院》

> 几番血战几朝防，望入江天荡且黄。
> 更想先时开浩渺，至今无复水朝王。
> ——《如此黄天荡》

> 巍巍玉阙具民瞻，至道无声万象先。
> 暂借星辰与日月，时时来往面朝天。
> ——《九思朝天宫》

> 如今王谢昔时稀，可问无风王谢鑂。
> 只有衔泥双紫燕，年年不改旧乌衣。
> ——《乌衣巷总非》

钟隐铜龙漏莫催，千宫万乘几时灰。

欲嫌宫阙无人固，便有旌旗撞不开。

——《怕听凤城钟》

一般来说，金陵怀古诗的各个意象，在后世文人那里往往呈现为遁世之地的隐喻；而在石涛笔下，却被描绘成一种与现实相对应的具体化的存在。它容涵着石涛的诗性想象，充满着历史的沧桑感与反思性——本来是一个个空间概念的“古迹”，由于融进了王朝兴衰、是非成败、人事更替、功名得失、红颜白发等具体内容，有了时间上的向度，被记忆装填起来成了历史。正是历史，将当下与过去、活人与逝者黏合在一起。

若从动态的视角看，那大大小小的历史事件与人事更替，皆一瞬耳！然而作为历史的当事人，却不能不以一种有情的眼光加以观照；尤其是身处易代之际的石涛，那承载、见证一切变化沧桑的古迹，怎能不激起他内心深处的痛楚、哀怨与悲慨？

然而，艺术的神奇不仅仅在于它可以表现内心世界的痛楚，更在于它能使精神得到净化，使灵魂得到大慰藉、大自在、大超越。当石涛沉浸在他那渗透泪血的笔墨文本，一次次体味、品咂时，他突然感到了一种前所未有的释然，一种像死亡一样强烈的解脱。蓦地，一种簇新的意识涌入他的心头——

“这个王朝，与我何干？难道我命中注定要遭受那个不复存在的王朝的羁縻与纠缠？我就是我，一个出世的和尚！不知何所来，不知何所去！”

想到此，石涛又从行箧中取出经书和笔墨、砚台，整齐地摆放在画桌上，再铺开一叠生宣，以其心之所欲言的笔墨纵情为之——对于一个拥有卓荦不群的性格与清峻绝俗的笔墨的画僧来说，一旦拥有了笔墨，不就等于拥有了整个世界吗？

须加措意的是，石涛在南京期间（1683）曾题过一段颇有意味的画跋——

> 　　唐画，神品也；宋元之画，逸品也。神品者多而逸者少，后世学者千般，各投所识，古人从神品中悟得逸品，今人从逸品中转出时品。意求过人，而究无过人处，吾不知此理何故？岂非文章翰墨，一代有一代之神理，天地万类，各有种子，而神品终归于神品之人，逸品必还逸品之士，时品则自不相类也。若无斩关之手，又何敢拈弄笔墨，徒苦劳耳。余少不读书，而喜作书作画；中不识义，而喜论诗谈禅，自觉又是一不相类之一汇也。
> （广西壮族自治区博物馆藏）

石涛虽以"不相类"自称，实寓顾盼自雄之意。在石涛的心目中，他是以"神品"自居的；以故，他借用了禅语中的"斩关"二字，表明自己将再图精进，骎骎于"逸品"之境。

于是，石涛在这个小小的一枝阁中，又开始向更为广远的艺术长途迈出新的步伐。

一天，石涛正在一枝阁作画，耳畔忽然响起一个再熟悉不过的声音：

"石公。"

石涛循声一看，不禁大为惊喜，立即将双拳一抱，"啊，梅兄！别来无恙否？"

梅清也将两手一拱，"啊，贤弟，少见，少见啊！近来安善否？"

"托梅兄的福，一切均好。咦，梅兄，怎么就您一人来此？"石涛问道。

"这次人多了去了，张南村、张山来他们都来了，说来凑巧，刚才在路上正好碰上了喝兄，他们几个都被喝兄拉走了，我因为思弟心切，就叫他们先聊着，我一个人找到你这儿来了。咦！"梅清四下打量了一下，然后眉头一蹙，"怎么，你就住在这里？"

"梅兄以为这里不好？"石涛笑道。

"太简陋，太寒酸了。"梅清一向心直口快，心里藏不住话。

石涛淡然一笑："梅兄呀，您还不知道它的妙处呢。"

"这阁名起得倒是有点意思，令人想到庄子的《逍遥游》，所谓'鹪鹩巢于深林，不过一枝'，而人又何尝不是这样呢？"

"梅兄此言甚是！"接着，石涛便向梅清解说一枝阁扑窗而来的自然气息如何如何清新，说到了自己的禅修体会，接着又讲了一番"静生虑，虑生慧"的道理。而这些，正是自己目前最为需要的。

可梅清偏偏听不进这一套，他亢直地说："不管怎么说，这屋子实在简陋得有点不成体统了。"梅清说罢，又仔细端详了石涛，然后道："咦，石公，你的气色看上去也不是很好，近来有恙乎？"

"没什么，只是偶感风寒而已。"石涛起身泡茶。

"石公呀，已过了不惑之年，要学会自我调养，不能再像年轻时那样没日没夜了。"说着，他定了定神，开始为石涛切脉，然后从画案上随手拿起一页信笺，一边开方，一边叮嘱道：

"先发发表，再慢慢调理吧。"

石涛接过药方一看，除紫苏、麦芽、姜片、连翘外，其他几味草药他此前从未见过，遂言道：

"梅兄啊，您早年自学医理，在宣城一带颇有盛名，真可谓'医不经师，方不袭古'啊！"

经此一夸，梅清更来了劲，遂言道："这医道虽小，必有可观者也。这为医啊，说来不易，'一团血肉中，经络自分晓；肺腑似能言，与君为向导'，至于这开方嘛，更要本乎'用药如用兵，巢穴恣攻讨'的大旨。噢，对了，这附近有药铺吗？我得赶紧去抓几服。"

"干嘛非要您自己去，我找个小僮侍去不就行了吗？"

"不行，这事必须我来。"

"这又是为何呢？"

"石公有所不知，我去了，药方上的草药如果缺了哪一味，我会当即用别的草药替代；如果是别人去，遇到这种情况，就只能干瞪眼了。"

"嗯，是这个理。不过，梅兄，您还是先别走，请坐，我们再聊一会儿嘛，反正这事又不急在一时。"

梅清一看石涛执意不肯让自己去，只好勉从。就在这时，忽见张南村风风火火地跑上楼来。未进门，就扯起嗓门嚷嚷道："你们猜谁来了？"

"啊，师兄来了？"听到楼下传来脚步声，石涛立即兴奋地迎上前去，"啊，师兄请坐！"

喝涛一入得室来，便慨言道："唉，岁月不饶人哪，就走这么点路，就有点喘了，老了！"

石涛急忙走上前去，将师兄扶到座上。

"我到大行宫办点事，顺便到这里来转一下。"

"您这顺便一转，也转得远了点吧？"石涛说："好几里路呢。"

喝涛听罢笑了起来："是啊，其实我是一直想来看看你……"见到梅清站在一边，喝涛道："梅兄啊，你也坐。"

"不，你们俩先聊着，我去一趟药铺，一会儿就回。"

"急什么？你坐着，一会儿南村兄还要给我们谈谈宣城的消息呢。"

"宣城那点事，对我来说，哪有什么新鲜的？"梅清说罢，疾步下楼而去。

石涛听着梅清下楼的脚步声，摇了摇头，叹道："这个梅兄，还是老脾气，恐怕这辈子是改不了了！"

是晚，梅清又来到一枝阁，准备与石涛作倾心之谈。

毕竟是书画大家，从骨子里就丢不掉对艺术的那份痴爱，寒暄了一阵后，梅清便开始言归正传了。

"石公，最近又有何大作，能否让梅某一睹为快？"

"当然可以，我正想向梅兄讨教呢。"说罢，石涛便从箧中取出一摞尚未装裱的山水近作，"这批画大多为弟的近作，还请梅兄赐教！"

梅清将画作轻轻展开，逐一看过，最后将目光停留在那张《李白诗意图——孤帆一片日边来》上观赏良久，然后道：

"石公啊，看了您近期的画作，梅某发现您在章法上有了很大的创变。此幅在章法上便采用了'两段'法：画幅下边是常见的山石、树木、屋舍、亭树、小桥，画面上方则画出山峰，二者之间留出或云或水的大片空白。这种章法如果'位置经营'不当，往往会使画面上下隔成两段，互不贯气，此乃中国画构图之大忌。而石公为使此画的'两段'贯通一气，巧妙地在空白处用浅青色轻染，缀以舟楫数点，并将右上角的题款下移，从而大大增强了'两段'章法的整体感与完美性。"

说罢，梅清又指着《山水册页》第十幅（上海博物馆藏）中的《三老论道》，继续评鉴道：

"此画同样采用了自然分疆的'两段'章法，位于画面左下方的三位老人漫步江边，赏景论道。作为中景的树，略加勾染，笔墨清爽，看上去形态各异，尽显生机。此画以典型的'骨法用笔'出之，作为远景的一抹云山，则以极淡的花青略为点染，益显虚灵。此画最高妙之处，在于分疆两段中间的留白，靠着两岸景物的巧妙安排，虽未着一笔，却使观者产生江水浩渺之感，足见石公手眼之高，功候之深，非大手笔如不能造此妙境。"

"梅兄过奖了！惭愧惭愧！下面再请梅兄看一幅大画，这是我前几天刚完成的。"

此画题为《游华阳山图》，纵239.6厘米，横102.3厘米，上海博物馆藏，是石涛此一时期不可多得的细笔巨幅设色山水。

华阳山，位于安徽宣城县南七十里，跨宣、泾、宁、旌四邑之境方圆数十里。此画为石涛居宣城亲身游历、感怀良深的山水精品。

梅清在此画前凝视观赏良久，不禁称赞道：

"从此幅看，则又是另一种路数。石公采用高远章法，打破了传统的'三叠两段'法，画面前景巨石矗立，古松盘桓，松阴蔽合，楼阁半掩，山石纹理用细笔勾皴，松针夹叶，亦一丝不苟，使画面显得既空灵又质实。山林间有古松一株，极夭矫偃蹇之致。松石旁的夹叶用朱砂圈叶填彩，甚为醒目，画面精神为之一振。远处的高峰迥出云表，飞流如注，薄云轻绕，山谷间庙宇历历，飞檐翼然，令人有出世之想。而这一片云雾，则在前山远山之间以留白处理，极得虚实相生之妙。细加寻绎，石公近期的山水，不论是形体、风格还是构图、笔墨皴法，总是处在不断变化之中，给人以新鲜、奇奥之感。"

说到这里，梅清将目光停留在此画上端的那段题识上——

似董非董，似米非米，雨过秋山，光生如洗。

今人古人，谁师谁体？但出但入，凭翻笔底。

梅清看后不禁露出会心的一笑，然后道："石公啊，你近来所作，笔法皆合造化，皆有真意，且不肯犹人，境界高化，佩服，佩服啊！"梅清连连颔首，眼睛总也不舍得从画卷上移开。

"岂敢，岂敢，梅兄过誉了。其实弟近来画的很少，但对画理、画论倒是考虑较多。"

"噢，那么请问石公，您对师古与自创这二者的关系是否又有了新的感悟？"

石涛沉吟了一会儿，敛容道：

"从历史上看，一代代名家作手的存在，在画史上已然叠加成厚重的影子。如果再想自拓衢路，逸步万里，就必须进一步深入传统、重新发现传统，然后才能丰富传统，乃至超越传统进而作出个人的贡献。这也就是说，对于一个真正的画家来说，他越是能够重新发现传统，对自身的创新使命认得越清，属于他的'个人创造空间'才越大。最近，弟提出了'一画'法则，目前虽不成熟，却也不妨谈谈心得，请梅兄指教。"

《游华阳山图》

"愿闻石公高论。"

"弟最近看了一些古人的画论，深感其中不少都是些无关痛痒的东西；为言者，往往就其自心所解以为极耳。其实，欲主融通，或乖其本旨；遽下裁断，又遗其菁英。从知解人不易，立言尤不容不慎。况解人难得，喻于己者，未必能喻于人。"

"石公所言极是！"梅清点头赞道。

"弟近来常想，法是从画中生出来的，没有画也就没有法。既然如此，有法就不能有障；有障，法就会失去作用。如果能将'一画'

的原理悟透阐明，人们自然就会明白其中的画理，就会理解'法'与'障'的关系。"

"关于'法'的问题，记得我们在宣城时已谈论过，刚才听石公旧话重提，我觉得您对'法'的理解更深化了。至于您所说的所谓'一画'法则，我倒是未得要领，愿闻其详。"梅清坦直地说。

"所谓'一画'之说，弟实受佛说影响，《金刚经》说：'如来说法，如筏喻法者，法尚应舍，何况非法。'弟所创'一画'之法，其实也不过是一种'喻'，目的是使人得'悟'，舍筏登岸，最终超越'有法''无法'，进入一种绝对自由的创作境界。再者，弟创立'一画'说，也是强调画家作画要'从于心'，不要仰人鼻息。从绘画艺术的角度看，'一画'论就是要求画家从整体上对天地万物进行观察、理解和表现，要画出'氤氲''混沌'以及天地万物的生命元气和精神气韵，画出天地万物的这个'一'。依弟之见，画家胸中必须包孕宇宙万物氤氲浑化的元气，才能使气韵在画面上真正'生动'起来。因此，弟提出'此一画收尽鸿蒙之外，即亿万万笔墨，未有不始于此而终于此，惟听人之握取耳'的主张。"

石涛的这番"一画"论，令梅清大为敬佩，故语气诚挚而恳切：

"石公的'一画'之论，陈义甚高，且关乎画家与天地万物的关系及其他一系列根本性问题。石公刚才说'一画'论是受佛说影响，可梅某却认为此说出自《老子》亦无不可，所谓'道生一，一生二，二生三，三生万物''圣人抱一为天下式'。庄子也有'通于一而万事毕'之论。如能遵循这个'一'便是'生门''活门'，失此则必入乎'死门'。看来这个简单的'一'字，蕴涵无穷，发用盛大啊！"

"梅兄所言，切理餍心。所谓绘画，自当含道应物，体现天下万物的运行变化规律。弟之所以提出'一画'论，是深感不少画家都昧于此理，一天到晚总在考虑到底要在哪家哪派立足？用哪一种方法点染？用哪一种手段勾勒皴擦造势经营？如何让自己的画作逼似古人？像这种不通'一画'之法，不知如何取法、一味泥古不化的人，只知有古人，而唯独不知有自己。如此画下去，只能是自误误人，于艺事何补焉？"

"妙哉此言！"说到这里，梅清忽然发现了石涛放在案头的部分《画语录》的手稿，便随手翻阅起来。当他读到"尊受"一章时，不禁赞叹道：

"真没想到，石公竟在《周易》上用功如此之深；梅某治《易》多年，不能说毫无心得，故一读到大著的'尊受'章，便感到其基本思想总不脱'天行健，君子以自强不息'之意。不知石公以为如何？"

"正合弟之微旨！"

"啊，今日与弟接谈，梅某不由地想起古人所言：'士别三日，当刮目相看'，此语用在石公身上倒是再适宜不过了。梅某老矣，看来只有步弟后尘了！"

"梅公何出此言？贫僧今日能粗有所成，全赖梅兄当年的启沃提携，对此，弟可是未敢一日忘怀啊！记得……"

"别老去拣过去那些陈芝麻烂谷子了。"梅清用力地摆了摆手，有意打断了石涛的话头，然后拉着石涛的手，情动于衷地说："此生能够与石公笔墨结缘，实乃梅某之大幸啊！"

"梅兄此言差矣，这话应当由我来说。"

"不不不，此乃梅某的肺腑之言。"

"梅兄实在是言重了，弟实在不敢当啊！"

石涛此话刚一落音，喝涛与张南村正巧抓药回来，见此情景，张南村遂调侃道：

"瞧你们俩，平常都是心高气傲、不肯屈就之人，今天怎么怪怪的，你推我让的，还有没有个完？"

"这个南村兄啊，就是嘴下不饶人呐！"梅清此言一出，四人相视大笑起来。

谁知石涛这时斜瞥了张南村一眼，径直说道：

"我还真有话没说完呢。"

"好，那您接着说。"张南村说。

石涛于是又接过刚才的话头说道："适才弟简要地给梅兄介绍了我的'一画'论，其中的要略，弟在二上黄山时已向师兄作过介绍，最近又有了些心得，下面……"

石涛刚要开讲，却被喝涛打岔道：

"好了，我看啊，今天诸位好不容易聚集在一起，可谓因缘殊胜，我们就好好地同乐一番吧。喝某近来偶染微恙，累日不舒，今日见到诸位，我这病啊，顿时霍然脱体。敝人因病，已久疏笔墨，现在手真有点发痒了，很想出手献献丑，助助兴，不知诸位意下如何？"

"那太好了！对了，听说师兄近来除参禅之外，诗力也是猛进啊。"

"哪里，哪里。"喝涛谦逊地摇了摇头。

"对了，师兄何不就在这幅山水上题几句诗，以结墨缘呢？"

"好啊。"喝涛说着，拿起笔，略一思考，便用他所擅长的行书题了一首七言绝句：

溪深石黑前峰影，树老婆娑倒挂枝。

不尽滩声喧落日，诗成独啸响天时。

然后跋曰：再题石弟画，粲然一笑，喝涛亮草。

石涛迭番吟诵此诗，叹赏不已，遂道："师兄近来所作之诗，或如江城玉笛，余韵荡肠；或如空谷幽兰，殊绕清逸，弟唯有敛手而已！"

"是啊，喝兄真是诗力猛进啊！"梅清也由衷地赞叹道。

"你们别老夸我呀，梅兄才是当今大诗人，今日能否权当小试牛刀，一展身手？"喝涛说着，就把手中的笔递了过去。

梅清接过笔，动情地说：

"梅某来南京已有好几天了，明天就打算回去了。真怀念我们当年在宣城那些日子，说来就来，说走就走，各抒己见，兴尽而返。"临歧之际，梅清显然有点不胜依依。

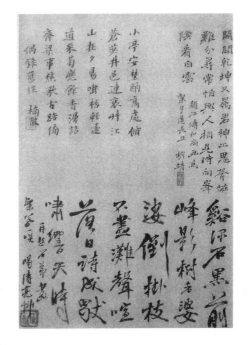

喝涛书法

"弟又何尝不是如此呢？已与师兄说好，过些天，我们一定联袂前去看望诸位。"

"那太好了，梅某跂予望之！"

"梅兄，您既为丹青名手，又是大诗家，临歧之际，就请兄赐诗一首，以慰长想！"石涛恳言道。

"好吧，我也正有话要说。"梅清素有子健之才；只见他于濡笔之际，略一沉吟，顿成五律一首：

小楼齐木秒，如鸟独蹲枝。

万事都无着，孤云或与期。

吟成帘更卷，病起杖还支。

舒啸堪三昧，逃禅借尔为。

　　梅清毕竟是诗道高手，他并未着墨于朋友们相聚的具体内容，只是写出石涛的"生存境况"：万事无着，亲离众散，病杖还支，孤云与期，无一语不关乎石涛的窘迫处境，无一语不为石涛这样一位天才的画僧鸣不平。

　　石涛接过墨沈未干的诗稿，再四诵读，眼里噙满了感动的泪珠；为了不让故友难过，石涛自我转圜道："出家人四大皆空，切虚妄，绝物欲，灭奢望，心外无物；倘非如此，又何能跳出六道轮回，得阿耨多罗三藐三菩提？"

　　梅清一听此言，把眼一瞪，厉声道："别跟我来这个，僧人总归也是人，你又何必如此苦自己呢？"

　　"哈哈，还真让梅兄给说着了，兄大概有所不知，弟最近又新增一号。"石涛说。

　　"什么号？"喝涛问道。

　　"苦瓜和尚。"石涛答罢，微微一笑，显得颇为得意。

　　"苦瓜和尚？"梅清把头一摇，径直言道："不好不好。"

　　喝涛却笑了起来，解释道："苦瓜者，外丽心苦。"

　　"苦瓜的皮是青色的，疙疙瘩瘩的样子似乎不中看，然而它的内心却是鲜红的。'青'谐音为'清'，红取意为'朱'。"

　　听到这里，梅清把脑袋一拍，说："噢，我明白了，你这是暗寓朱明王朝，而苦瓜的特征正是'清皮朱心'。"

　　"梅兄果然厉害！用不着弟来解释了。此外弟还有一个名号，梅兄大概也不知道吧？"

　　"您不说，我哪里知道？"

　　"那就告诉梅兄吧，叫瞎尊者。"

　　"什么，瞎尊者？"梅清把眉头一蹙，问道："你双目无疾，怎么起了这样一个名号？"

"弟确实双目无疾，所谓瞎者，乃'失明'之意也。弟既失去大明家国，便只能做一个'失明'的'尊者'（即和尚之意——笔者）。"

"噢，原来如此。"梅清这时才恍然大悟。

"梅兄啊，说起这个名号的由来，还有一段外缘。上次弟去扬州，看到一批盲人组织了一个'瞎子会'，在每年的3月19日——即崇祯皇帝殉国的日子——有数百盲人聚集在通济门外的太阳宫，备了旗锣伞扇，各色仪仗，以一顶神轿，抬出'眼光菩萨'巡游。瞎者所祈求的无非就是'复明'；而太阳宫，则取意太阳的'红'与'明'，隐寓朱明王朝。"

"你这个和尚，真亏得你想得出来！"

这时，窗外的日影不觉间又移动了几分，梅清一行遂起身辞行。当石涛与他们一一话别并将他们送出一枝阁后，已是朝暾初上，金鸡三唱了。

石涛来到院中，深深吸了一口清晨的空气，顿感五内清爽透明，他的心情已经很久没有像今天这样舒畅了。

石涛决意乘兴放松一下自己，他去斋堂食了粥饭，便踱步向夫子庙一带走去。

位于秦淮河边的夫子庙，亦称孔庙，是金陵这座古城文化氛围最为浓厚的所在，三年一度的应天府春闱便在此举行。在熙熙攘攘的集市里，常常能发现在一般集市所看不到的东西，如雕版的古籍佛经、瓷器玉佩、文房四宝和书画对联。从四方八面汇聚于此的文人雅士，也都会在这里找到各自的精神乐园，尽力地打开自己，释放自己。

在这万头攒动的人流中，大概没人会在意一位孤身踽踽其中的和尚，而这位云游惯了的和尚，无意中打量了一下街市两旁，却发现除了七行八作的各种摆摊的商贩外，还有不少卖文鬻字、代写尺牍契约文书的，而从事这类营生的，一望即知是仕途失意或不肯仕清而混迹江湖的落魄文人——想到这些人当年都曾胸怀兼济之志，如今竟沦落至此，夫复何言！

当石涛穿过乌衣巷，走进那被两边高耸的马头墙挤压而显得逼仄的巷口，忽然发现在接近巷尾的地方，有一个生意寥落的书画摊，墙上拉了一根麻绳，挂着几幅山水的中堂，还有若干条屏和斗方。摊主正悠闲地坐在他的小马扎上闭目养神。

石涛背着手，走到摊前，脸上透出一副鄙夷不屑之态；他知道在这里出售的书画，大多出自江湖艺人之手，不足一观。可当他凝神一看，眼睛不禁一亮。啊，展现在眼前的几幅画作，笔墨清华，气韵高古，尤其是枯笔干墨的运用，可谓神乎其技！石涛当即断定此画一定是出自修养深湛的高士之手。待一看题款，方知作者为"鹰阿山樵"。

咦，这位"鹰阿山樵"是谁？怎么看着如此眼熟？可石涛想了半天还是没有想起来，索性不去想了。何必呢，这笔墨已经在为这位"鹰阿山樵"说话了。

尽管石涛站在摊前赏画良久，可摊主却并未发现他的存在，倒是石涛趁机对这位摊主仔细端详了一番：这是一位60开外的老者，虽衣衫褴褛，面如菜色，但眉宇间却透出几分桀骜之气，一望便知是一位饱经沧桑、命途多蹇的落魄者。

"先生——先生。"

一连叫了好几声，这位老者才把眼缓缓睁开。

石涛俯下身来，谦恭地问道："能否唐突地问一下，画上的这位鹰阿山樵，究竟是何方高人？"

这位老者并未立即作答，而是先把石涛数落了一番："我看你这位方外之人见闻还是有点孤陋啊，居然不知鹰阿山樵其人。"

"请恕贫衲谫陋，一时真想不起来了。不过，此画格调高古，逸气充盈，难得啊，实在难得！"石涛再次打心底赞叹道。

那位老者此时才仔细打量了一下眼前的石涛，说道："你还算有些眼力。"

说罢，老者随手拿起一本书，旁若无人地看了起来。

石涛也缄口不言，只是站在摊前，反复欣赏着那几幅画，大约过了将近半个时辰，才慢慢离去。

那位老者凭着自己多年的卖画经验，料定这位僧人肯定是个懂画的高人，遂问道："先生就这么走了？也不问问价钱？"

闻听此言，石涛又转身回到老者的摊前，尴尬地笑道："看来贫僧今日是与这些好画无缘了。"

老者未解其意，疑惑地问道："先生何出此言？"

石涛干脆交出了实底，"唉，囊中羞涩啊！"

一听此言，老者立即说道："先生既然喜欢这些画，价钱好商量，我再便宜点就是了。"

"不不不，不是价钱问题。贫僧今日乘兴出门，未备银两，实在是不好意思！"

老者看出石涛确实面有难色，竟慨然道："既然如此，那你就任选一幅，老夫奉送。"

石涛一听，便有点着急了，赶紧推辞道：

"万万使不得，您老以此为生，晚辈岂能白拿？"

"'以此为生'？哈哈哈……"老者听罢笑了起来："当今有几个人识货？老朽若真要'以此为生'，岂不得饿死。今天幸亏遇到您这位识得真货的，老朽高兴，非要送你一幅不可。"说罢，这位老者从墙上取下一幅山水斗方，卷好后硬塞到石涛手上。

石涛实在推辞不掉，只好将画收下，他连声拱手道："愧领，愧领，多谢，多谢！敢问老先生尊姓大名？"

"山野草民，何必知其名讳，恕不奉答了。"老人如此应道。

身为晚辈，石涛自然不便勉强，遂拜谢而别。

此时已是黄昏时分，西下的夕阳洒落了一地金辉。石涛怀兜着那幅斗方踽踽独行，当他快要走出这条巷子时，不禁回头一望，但见那位长者正忙着收拾东西，准备收摊。望着老者那瘦削的身影，石涛不禁为手上这件心爱之物而深感不安。忽然，石涛心生一念，决定尾随那位老者，看看他究竟住在何处，是个什么样的高人，说不定日后可以通过他与那位擅用枯笔干墨的高人结缘。

于是，他远远地跟随着那位老者出了城，踏上了郊外的土路。

两人一前一后、不紧不慢地走着。晚霞的余晖，把树木、人和牲畜的影子拉长后又投向大地，空气中已悬浮起无数光的颗粒。那被夕光映成锈铜色的土路越往前延伸，身后的城墙也就被甩得越远。就这样大约又走了半个时辰，夕阳完全落下山来，野风四起，在郊外的林木间一阵阵呼啸着荡过，料峭的寒意使人的毛孔不由地一阵阵紧缩。

啊，老者的居处终于到了。

这是在郊外野村的一条狭巷里临时搭建的一间低矮破旧的茅屋，看上去应该是某户人家废弃的放车具、杂物的仓库，没有窗户。

待老人进去一会儿，石涛才慢慢走近这间茅屋，门上没有门闩，一推就开。

入得屋来，隐约可见床上坐着一个老人，头上披散着长长的银发，双目微睁，正是那位卖画的老者。

石涛生怕惊动了老人，蹑手蹑脚地走上前去，悄声道：

"老人家，贫僧石涛前来拜见。"

"石涛？"老人的两眼眯成了一条缝，端详了良久，总算将他认了出来。"啊，你就是石涛？先生大名，我已久闻。适才在画摊前相见，深感先生才藻如许，当是天人。"

听罢此言，石涛顿感拘束不安，遂拱手道："先生过誉，殊不敢当，不敢当！"

可石涛万没想到，此言一出，却让这位老者不悦了，只听他语带牢骚地嘟囔道："我偌大年纪，好像没必要言不由衷地称赞您吧。"

石涛一下子领略到了什么是"真人"，什么是"名士风范"，不禁对老者肃然起敬，遂躬身敛手道：

"请恕晚辈失言！"

"没关系，请坐，请坐。"

石涛在一只小板凳上落座后，环顾了一下四周，只见屋内黝黑如漆，既潮又暗，而且几无长物，唯有一把铁壶在煮茶的小火炉上，冒出沸腾的热气；比起屋子的昏暗阴冷，这里算是唯一有点温光的地方。此外，便是安在屋角的一张小木桌，两个板凳。

石涛又仔细打量了一下老人的床头，见上面摆放着两册已翻阅得有些破烂的线装书，一为谢翱的诗集，一为郑思肖的《心史》，这两人皆为南宋爱国诗人，显然是老者所敬慕的人物。在床脚处，堆着一团发黑的破絮，石涛指着它问道："您老人家就靠它过冬吗？"

老者笑答道："有了它，就足以御寒。老友古度先生曾有诗解嘲：'老来贫困实堪嗟，寒气偏归我一家。无被夜眠牵破絮，浑如孤鹤入芦花。'哈哈哈……"

这位老者已潦倒至此，言语间仍不失幽默，实属难得。

"敢问前辈尊姓大名？"

不料老者对此却避而不答，仍回到刚才的话题上来——

"我这间草屋，冬天倒还可以勉强对付，一到夏天，饕蚊成阵，可就难熬了。有一次，一位喜爱书画的富商前来索画，实在看不下去，便给我送来一顶蚊帐，可没过几天，便被我拿去换米了。后来朋友们又送来一顶苎麻蚊帐，为了防止我再把它典当掉，就请了不少文人在蚊帐上题诗，其中一位老友居然把梅耦长赠予老友林古度的诗写在帐子上面：

从今睡稳芦花被，孤鹤宁教白鸟欺。

"诗中的'白鸟'指的是蚊子,意思是说一尘不染的孤鹤怎么能让蚊子欺负呢?一身倔骨头的老朽居然成了孤鹤了!哈哈哈……"说罢,老者竟又大笑起来。

石涛不由地也跟着笑了起来,然后道:

"敢问前辈,您老除了卖画外,想必也经常弄笔为快吧?"

"偶为词章,聊抒己怀而已。唉,老朽往日之穷,以不举火为穷;近日之穷,以举火为穷啊!"

这位老人知道石涛未必能明晓其意,遂解释道:

"这就是说,老朽过去因穷,家里从不生火做饭。而现在呢,穷得只在家中生火烹茶,因老朽爱饮茶也。其实这人啊,活在世上,穷一点倒没什么可怕,图的无非就是个名节,所谓'立身一败,万事瓦全'也。"

在接下来的交谈中,老者转入了"遗民"这一敏感话题——

"就拿'四公子'(指明末四公子——笔者)来说吧,方以智身为明末遗臣,最后被迫遁入空门,陈贞慧受南明异党排挤,入清后,十年隐居山野,流连痛饮,在顺治十三年就死去了。而侯方域前期积极反清,后期则参加了清朝乡试应举,尽管他对此痛悔不已,内心抑郁,但也阻挡不住人们对他的微词。四人中,只有冒襄坚决不入仕,清兵入关后,他就隐居山林,不事清朝,全节而终。"

老人家呷了一口茶,又接着说道:

"除了明末四公子,在当时文坛上有影响力的江左三大家钱谦益、吴梅村、龚鼎孳,作为文士,也长期为人们所诟病。钱谦益在南明官至礼部尚书,降清后也被封为礼部侍郎,被列为贰臣之列。这人有学问、有名望,但缺乏血性,叫他投水为大明殉节,他却因畏水寒而推托,在气节上还不如一个风尘女子,这就难怪被后人所诟病了。而吴梅村,明朝会试第一、殿试第二,以榜眼的身份,历任翰林院编修、东宫讲读官、南京国子监司业等职。入清后，任国子监祭酒。后来他深为自己降清出仕而悔恨，曾记之于诗：'忍死偷生廿余载，而今罪孽怎消除？'后绝意仕途，辞官归里。而龚鼎孳则先仕明，后仕李自成，最后仕清，可谓气节丧尽，但因为他敢爱敢恨的性格以及后来对自己因'失路'所表现出的深深悔恨，也博得了人们的同情和怀念。"

听罢这位老遗民对上述人物的臧否，石涛不禁深深佩服这位老者的一身铮铮傲骨，纵使穷困，绝不失名节，遂拱手道："前辈臧否有度，吐属不凡，拙衲甚为钦佩！"说罢俯身合掌，向老者深表敬意。

见到石涛对自己如此礼遇，老人家更来了兴致，只见他蹲下身来，从床底取出一个粗粝且布满积尘的陶瓶，将封在瓶口上的木塞轻轻揭去，一股酒香顿时扑鼻而来。接着他又从床下拿出两个破碗，颤巍巍地走到火炉前烧柴热锅。

不一会儿，锅里冒出了热气，老人家将酒倒入两个破碗中，朗声道："我还有一壶老酒，今天您是贵客，能饮一杯无？"

"好，恭敬不如从命。"

说罢，二人举杯共饮。

几杯老酒下肚，这位老者又发起感慨来——

"哎，到了如今，老朽我除了这身傲骨和这张不肯饶人的嘴，可以说是一无所有。人家都说我爱骂娘，你看看这世道，再看看我这样子，如何能让我不骂？我孤身一人，除了骂，还有什么能耐？做宦、力田、处馆、入幕，哪一门我都干不了，也没那本事去跟那些豪强争雄。骂，我还能图个一时之快；不骂，让我低眉顺眼，我如何能做到？我已一无所有，如今只有抖擞些精神去骂了。如果到我这里来的人都像你一样，我还去骂谁呢？"

发了一通恶气，老者似乎有些释怀，这才将话题转移到画上。聊着聊着，石涛不由地问起"鹰阿山樵"其人。

　　"我知道你会问到他的。告诉你吧，这个鹰阿山樵，他的本名叫戴本孝，那画，我是代他卖的。"

　　"啊，原来是大名鼎鼎的戴本孝先生！"

第十七章

妙论诗画神思渺渺

雅集秘园风骨铮铮

话说石涛对戴本孝素所仰慕，但一直无缘拜访，及至今日，方觉机缘已至，遂对老者恳言道：

"老人家，拙僧对戴先生既仰其人，复慕其艺，不悉前辈能否惠赐戴先生尊址，以便近日登门拜访？"

"尊址？您要戴先生的居址？"

"是啊。"

"这就难了，老朽还真给不了您。"

"何难之有？还请前辈明示。"石涛越听越觉得离奇。

"到了地方你自然就明白了。"看着石涛一脸迷惑的样子，老者叹了口气道：

"唉，看来我这老朽还得陪你跑一趟。我看这样吧，明天白天老朽还在夫子庙出摊，但可以早点收摊，然后从那里直接带你去见戴公，你看如何？"

"阿弥陀佛，那太好了！多谢前辈！"石涛向前辈合十称谢。至于这老者为什么不给自己开示居址，而是要亲自带过去，石涛估计这其中自有缘由，故不再细问。

翌日下午，石涛如约来到原定地点，然后跟随老者前去拜访戴本孝。

一路上，这位老者默无一语，只是匆匆地行走着，看样子是想在太阳落山前赶到目的地。

出了城后，老者继续向郊外行走。此时，风声骤起，夕阳愈来愈红，天际尽端的血色晚霞已变成深紫的斑痕，衬出城墙那沉重的阴影。

那位老者不由地加快了脚步，石涛则紧随其后。这时天已完全黑了下来，银盆似的月亮静静地挂在天上，幽幽地闪着光，夜空中布满了早秋的肃穆与冷冽。

近处的墓草微微地晃动着，四处散发着泥土的气息。不远处，但见萤火虫一团一团地飞着，然后落在野草丛中，乍看上去，宛如一堆将要熄灭的纸钱，又像是冥冥中的烛光。风从树枝上发出阵阵狂吼，阴森一如鬼怒；石涛虽然长年在外云游，但听到这样的声音，还是有些发怵。

石涛此时心里直犯嘀咕，他实在不明白这位老者为什么会带自己到这儿来？

"前辈这是要去哪里呀？"石涛终于忍不住了，遂问道。

"去见戴公啊。"

"去见戴公？"石涛的心里布满了疑云。

老人从一堆堆墓冢间空行而过，不一会儿就来到一座墓庐前，老人指着荒墓中的一间草屋，朝着石涛点了点头，意思是已经到了。

"怎么，戴先生就住在这里？"想到这里，石涛心里咯噔一下，啊！这位戴先生原来是一位守墓人！

此时石涛心里一阵阵发瘆，他感到有无数幽灵正游荡于地下。

那老者神秘地点了点头，然后敲响了草屋的木门。

过了好一会儿，门总算"吱"的一声打开了。

开门人也是一位老者，他满含惊诧地望着石涛。

石涛与他相与对视着；凭多年修炼的艺术感觉，他一眼就断定此人是戴先生。

"请问先生是……"

石涛本以为那位老者会代为介绍，可他往四周一看，那位老者居然不见了。

石涛只好自我介绍道：

"拙僧石涛。"

"啊，您就是石涛，久仰，久仰！快快请进。"

石涛走进小屋，过了好一会儿，才依稀看出油灯烛照的墙上悬挂的几张山水画。

"敝人戴本孝，先生请坐。"

"啊，戴先生，久仰，久仰！"石涛向戴本孝深揖一礼。

戴本孝还礼道："久慕先生大名，只惜无缘拜识。幸有茶村先生从中引介，才与先生得以良晤。"

"茶村先生？"

戴本孝见石涛一脸迷茫的样子，也不免心生几分疑惑，说道："怎么，先生不认识，就是陪先生来这儿的那位老者啊。"

"哎呀，我哪里晓得他就是诗名昭著的杜濬先生，作为晚辈，实在是多有冒昧！茶村先生狷洁自守，皦然绝俗，他的《变雅堂集》，拙衲有幸拜读，气格高古，情深韵纯，一如其人，拙衲佩服得很啊！"

说着，石涛竟背诵起茶村先生一首专咏松柏的五绝："'松知秦历短，柏感汉恩深。用尽风霜力，难移草木心。'韵高味永，足见高怀。"

"是啊，茶村先生明亡后，坚不出仕，为避乱，先后居南京、扬州几十载，忠义可风啊！"

"是啊！"聊着聊着，石涛便将话题转到了戴本孝身上。

"戴先生也是一门忠义啊！拙衲早就听说，尊大人戴重乃抗清志士，起事失败后绝食而死，何其忠烈！令弟戴移孝继承父亲反清复明之志，甘冒白刃以行之。明亡后，终生不仕。而先生则遵从父训，支持兄弟尽忠而自甘守护乃父的墓茔，且以庐为家，以卖画为生，终生不仕，操守如此，令石某不胜倾慕！"

"石公过誉，岂敢，岂敢！"

"戴先生啊，说老实话，在此之前，拙衲总认为墓地乃荒凉阴冷

之所，脑子里所充斥的皆为阴风、凄雨、蒿草、厉鬼等意象；而见到
戴先生之后，拙衲才发现墓地绝非冷清之地，而是一块可以使生者触
摸到逝者的音容、呼吸与体温之所；在这里，生者与逝者可以随时相
遇，互诉衷肠，以消弭思念之苦……"

"石公固至性之人，语语出自肺腑！唉，往事既已如过眼云烟，
不提也罢。"

石涛见戴本孝似乎不愿触及这个"沉重话题"，便开始将话题转
入书画上来；对他们二人来说，此乃魂梦所系的东西。

石涛首先言道："戴先生当年游历华山后，便有《华山图册》面
世，画名远播大江南北。今日有缘与先生结识，甚感快慰。拙衲曾两
上黄山，造化在前，拙衲总会想到戴先生所说的'笔墨万理窟''笔
墨无不有'的妙论，深感画家的笔墨若不能与天地造化感通为一，又
岂能称为作手？最近看到先生近作，以枯笔写元人法，笔墨苍润，气
格高古，令拙衲佩服得很啊！不知先生能否赐教一二？"

"大师画品居上之上，又何必如此过谦？大师今日既然屈尊前
来，正可就便与大师交流心得，探讨画道，再求精进，还请先生不吝
赐教。"

"先生客气了，还请先生畅其所言。"

戴本孝呷了一口茶，款款言道：

"方今之世，趋利附势者众，见道抱真者少。既昧于道，则笔
下便无生动之气韵。依敝人之拙见，气韵是画家在体道后迹化在画面
上的一种美感。敝人特别信奉宗炳的'澄怀观道'思想，也特别欣赏
'以形媚道'之说；对画家而言，'澄怀观道'的'道'是其胸中气
象、气息、气势、气机之呈现，是画家的生命力场被观者所感知的一
种美感。"

戴本孝出语不凡，令石涛大感快慰，深幸自己遇上了知音，遂坦
陈道：

"先生所言，与拙衲所提出的'山川与予神遇而迹化也'，属意正复相同。所谓画者，从于心也。上士用法，取法之意。下士用法，得法之似。对于'法'，须从上乘具正法眼，悟第一义。善用法者能用法于无法之先。所谓无用法之迹，而法自行乎其中，方为高手。不以意运法，却以意从法，必为死法！"

"大师卓见明论，非深于'法'者岂能道出！"

"记得世尊曾云：'昨说定法，今日说不定法。'拙衲之所以提出'画者，从于心者也'，其用意无非是强调'活法''我法'，凡用'活法''我法'画出的东西，必有一种生命的律动与气韵，所谓'以气韵求其画，则形似在其中矣'。相反，如果徒具形似或形象，而缺乏气韵，便只能乱人眼目，完全谈不上大气、逸气、正气、雅气。"

戴本孝显然已被石涛所特有的强大气场所震慑，他茗味着"吾心""我法"等几个关键词，沉吟道：

"本孝近来曾三上太华，二上黄山，北游燕、赵、齐、鲁，但最后我还是深佩大师那五字心法，'从于心者也'。"

接下来，石涛又对这一话题作了进一步的延展：

"拙衲刚才讲过，'画者，从于心者也'，这无非是在强调'活法''我法'。其实，最高的境界是'无法'，故拙衲在'一画论'中又提出'无法之法，乃为至法'。'无法'意味着绘画创作通神的化境，其妙处在于无意于佳乃佳，连画家本人都不自知其然。天下事，出于智巧之所及者皆浅显也，庄子尝谓'大道不称'，达到绘画化境的'道'，往往不可言说，使人'知其妙而不知其所以妙'，这也就是庄子所说的：'可以言论得，物之粗也；可以意致者，物之精也。'"

说到这里，石涛起身从褡裢里取出一幅近作的山水画，然后指出画面上方的那些山林说："中国画素有'远山无皴，远水无波，远人无目'的说法，对此其实也不必过于拘泥。在拙衲的一些山水画中，往往将远景画得清楚实在，却把近景画得模糊虚幻。不少行内人以为这是违背了古人遗法和生活原理，其实他们根本没弄明白，拙衲在画这类山水时，是将焦点集中在远方，所以近处反而显得模糊不清。"

"这大概就是大师所谓'我自用我法'吧？"戴本孝问道。

"是的。拙衲还有一种画法，即用浓墨绘远山，目的是使近景更为明亮，这并非乱画，而是与拙衲的'心觉'相吻合的笔墨效果，是对'法'的活用，是符合生活逻辑的，也是拙衲在'搜尽奇峰'后所创造出的一种艺术形式。"

"先生下笔不肯犹人，且自立主骨，佩服，佩服！"

"戴先生过誉了！拙衲近来常想，实际上，吾国绘事自宋元以来，之所以成就卓著，跟宋元人那种超越成法、不蹈故常的创造精神有绝大的关系。对于画家来说，不能忘法就会板滞，不能自由就会僵化，依拙衲看，最妙的状态如同参禅：'恰恰用心时，恰恰无心用。'"

"恰恰用心时，恰恰无心用"，戴本孝反复体味着其中的妙旨，转叹道，"嗯，妙，妙！不过，依戴某之见，这里的'无心'并非无所用心，而是要有个'无心'在起作用，那才是真'用心'。"

"戴公高论！纵观历史上的每一位大家，他们存在的真正价值都不在于因袭传统，而是发扬传统。作为后人，要与他们建立一种纵向的'创造性的联系'，就不能徒慕其形，而必须得其神，要具有一种透过古人之法去理解并超越他们的智慧！"

"大师此言极是。作为一个活在当下的画家，必须要正视一个问题，那就是你表现在创作中的个性与能量，是否配与前贤进行对接与抗衡！"

"戴先生此论陈义甚高，贫衲十分倾服。窃以为这也是我等亟须面对的问题，任何毁谤、误解都不足为虑。如果我们回过头来看，一种流派、一个画家要获得历史性的认可，需要时间的沉淀。就拿明代来说吧，由于徽州的经济发达，'贾而好儒'的风气大大地促进了书画收藏的发展。一些大收藏家与董其昌、陈继儒交往，这不仅推动了文人画的发展，也使得人们对元四家的认识上升到一个空前的高度。此后又经历了百余年，当时附着在元四家身上的名气、地位、身份以及市场价值等表面化的影响力已完全淡化，而他们的历史性贡献才真正被认可。所以贫衲常说，一幅画的好坏，时间是唯一公正的判官！"

"聆听大师高论，戴某忽然想起石公常说的另一句话。"

"噢，哪一句？"石涛急切地追问道。

"余画当代未必十分足重，而余自重之。"

戴本孝说罢，双眼紧紧盯着石涛，似乎想从中求证某种东西。

石涛点了点头，表示自己确有此说。

戴本孝这才放下心来，叹赏道："戴某现在算是掂量出这句话的分量了！"

"不瞒戴公说，拙僧一向认为文人有两条命，两张嘴；不但嘴能讲话，笔也可以说话；不但形骸在世上活着，躺在土里依然'活'着——只要他的著述、笔墨能够替他讲话，他就永远不死！"

"嗯，先生此论甚妙，深契鄙怀！"戴本孝以为石涛还会就此问题大发一番宏论，谁知石涛只用一句话便结束了这个话题："所以拙衲还是那句话，一切由时间说了算！"

听罢此言，戴本孝激动地伸出大拇指，"噢，对对，由时间说了算！"

此时二人相视一笑，莫逆于心；仅此一笑，却足以体现出二人在艺术上的充分自信。

谈至此，石涛似乎兴犹未尽，遂又结合自己最近的笔墨体验，进一步申发道：

"戴先生啊，拙衲最近老是在思考'法'这个问题。譬如作为自然界本然存在的山水丘壑，其所呈现出的那种圆中寓方、兼方带圆、方圆兼备、亦方亦圆、不方不圆的'形相'，对于高明的画家来说，正可藉此领悟出天地鸿蒙之道；他们通过虚实、黑白、轻重、疾徐、顿挫、抑扬、浓淡、干湿、繁简、方圆等关系的处理与之并生互动，别构一种灵奇，从整体上体现出一种'阴阳'之道……作为这种由画家灵智活动所迹化的结果，如细究起来，其中实乃有法而无定法；也就是说，'法'是死的，是谓定法，而用法的原理则是'活'的，只有洞悉此理，方能做到法乎法而不废于法，法乎法而不滞于法，进而变古出新，力臻化境，达至绘画本体与宇宙本体的完美统一，回归于自然之朴。"

石涛的话音还未落，戴本孝已不胜倾倒，他连声赞叹道："妙，妙！记得敝人在自题《象外意中图卷》的跋语中，曾题道：'盖天地运会，与人心神智相渐，通变于无穷，君子于此观道矣。'近来，戴某又提出'真形'之说，并有《题世外山》一诗：'老笔从来当五丁，划开岳渎见真形。虚堂谁想乾坤外，不尽苍茫入画屏。'未悉鄙意是否与卓论相合？"

"戴先生所论甚妙！拙衲拜观尊作后，深感境界苍茫，笔力奇崛，层次深幽，吐纳由心，章法大开大阖，足见先生胸中深具庄子'独与天地精神往来'的气象、境界，这是时下那些徒有虚名的画家不能望其项背的。其实，黄山也好，华山也罢，对先生来说，不过是一吐胸中块垒的载体和酵母。记得足下曾赋诗：'一心可以周万里，一室可以摄千峰。但恨此身少大翮，所至不能与心从。唯有老笔恣肆到，云气呼吸当相通。'可谓自道行藏，足觇所尚。而足下笔墨世界的虚淡奇伟与山水境界的雄浑苍茫，无不可以'高远虚灵'四字涵括之。"

"大师所言如剔灯见光，凿石见火，发覆破的，切理餍心，只是戴某的笔墨实不足当之。大师乃当今丹青圣手，竟对本孝赏契如此之深，令本孝大有快慰平生之感。"

"戴公言重了！拙衲曾言：'我也无如之何，后世自有知音。'今日幸遇戴公，看来我这话应该收回了。"

"大师智慧天发，造述惊人，戴某岂敢谬托知己啊！"

"戴公过谦了！此次拜访，对拙衲来说，真可谓实归不负虚往啊！"

"大师言重了，戴某万不敢当，不敢当！"

二人经由此番长谈，大有相见恨晚之感；直至夜阑，石涛才踏月归去。

自从与戴本孝订交后，石涛便开始涉入南京的书画圈子。渐渐地，他结识了不少本地的画家，如垢道人程邃、黄仙裳黄云、穆倩、冯蓼庵、周向山等，皆为享誉当时的南京艺坛名流。当然，过从最密的，还是戴本孝。

由于戴本孝擅画华山，石涛擅画黄山，故书画圈内将他们合称为"双绝"。

在绘画理论上，戴本孝主张"取意于言象之外"，石涛强调"以形写画，情在画外"；戴氏主张"写心"，石涛则强调"画从于心"；更重要的是，他们二人皆一贯强调"我用我法""我自用我法"，艺术主张上的这种趋同性，使他们经常在一起研摩技艺，切磋画法，这份契密无间的心心相印，令石涛久久不能去怀；15年后，基于这种怀旧之情，石涛还特为绘制了一幅《访戴鹰阿图》，并题旧作以志停云落月之思：

> 迢迢老翁昨出谷，夜深还向长干宿。
>
> 朝来策杖访高踪，入座开轩写林麓。
>
> 细雨霏霏远烟湿，墨痕落纸虬松秃。

君时住笔发大笑，我亦狂歌起相逐。

但放癫，得捧腹，太华五岳争飞瀑。

观者神往莫疑猜，暂时戴笠归去来。

文理允备，情采芬芳，可谓至性之作。此诗既丰富了画意，又深化了题旨，足可为后人留下一段画坛佳话。

且说人生中还有一类心志相通的朋友，他们虽天各一方，难于谋面，但精神的契合终究会使他们幸福地占据着同一个时空，屈大均与石涛即属此类。

屈大均，名翁山，隶籍广东番禺，其先世楚人，为屈大夫之后，是当时极负盛名的诗人，被誉为"岭南四大家"。屈氏一生备极艰辛，早年密谋抗清复明，后削发为僧，因感于佛门亦非净土，遂还俗。浪迹南北，广交文友。此次屈氏路过南京，因震于石涛之大名，遂叩门拜访。

屈氏太丘道广，且性情豪宕，才气过人，故处处不掩形迹。这不，才一进门，便大声嚷嚷着要拜访"如来"。

"拙衲何以变成'如

《访戴鹰阿图》

来’了？”石涛对来访者笑问道。

“此话差矣，”大均说，“先生乃至人。至人者？佛性所显也。先生的画出神入化，难道不是佛性的显现？佛说，一叶一世界，一花一菩提，佛性固然也。石公既以佛性现画性，岂非如来？”

石涛一听此言，便知来者绝非等闲之辈；再细看此人的做派，石涛已暗自为其号上了脉，气宇不凡，声若洪钟，谈吐间有一种大才人特有的不拘形迹、挥霍谈笑的锐利与亢直，遂问道：“敢问足下尊姓大名？”

“番禺屈大均。”

石涛一听，乐了：“啊，原来是岭南大诗人屈翁山先生！不知枉驾敝舍，多有怠慢。请，请上座。”

屈大均向四周略一打量，顺手拉过一把椅子坐了下来。

“你这里其实也分不清上座、下座。好吧，我就与如来平起平坐了。”

石涛一听，又乐了：“哈哈哈，我倒是第一次听人作如是称。”

“那又何妨！”屈大均说：“我早年曾皈依佛门，也曾被人称作如来。”

“屈先生以诗名扬于四海，且善作诙谐语，一开口便见性，实属难得啊！拙衲早年读先生的《广东新语》，心目中的先生，那可是一位胸怀奔流烈火的忠愤之士啊！”言毕，石涛竟双目微闭，背诵道：“‘圣人不作，大道失而求诸野；忠臣孝子无多，大义失而求诸僧；春秋已亡，褒贬失而求诸诗。以禅为道，道之不幸也；以僧为忠臣孝子，士人夫之不幸也；以诗为春秋，史之不幸也。’先生所言，一字一泪，何其沉痛啊！”

见石涛对自己早年的著作竟通贯于胸，熟极而流，屈大均顿有神交已久之感，遂慨言道：“想当年，一念愤激则握拳攘臂，虽在路人，亦欲与之同日死。唉，天下事不痛则不快，不痛极则不快极啊！”

“先生此言极是。所谓强弩溃痈，利锥拔刺。立地一刀，郁积尽化。良方者，猛药也！”

“咦！”屈大均显然听出了石涛口音里的广西味，遂问道：

“先生是广西人吧？”

“对。”石涛点了点头。

“可为何又自号清湘？”

石涛应道：“俗家在广西全州。”

“哦，那就对了。那里是湘江之源。湘水流出广西后，方与潇水合，故湖南又有潇湘之称。”屈大均说。

“一听先生此言，便知游历甚广，且通堪舆，佩服，佩服！”

“岂敢，岂敢。敝人当年只是为循帝舜重华之迹，略知一二而已。”

“先生未免过谦了。拙衲以为凡大诗人，无有不善游历者；不涉山川，历奇险，度关徼，实不足以发其飞扬沉郁、牢落激楚之气。”

屈大均听后，不禁为之心折，遂情动于衷地慨言道：

“石公出语超旷，惊为天人，看来敝人此次拜访，是来对了！”

石涛谦和地摆了摆手，又就此话题继续说道：

“历代文人，无不与山水相为表里，所谓‘彼慧业文人者，即山川之神也’。一代大儒黄宗羲到了82岁，还想作黄山之游，曾发愿名山，拼十年为头陀行脚，因嗽咛汰，涤濯滓竆，倘非如此，即不免做一‘尘网俗人’。此种情怀，大可钦服啊！”

“石公当初与师兄长年云游，弘毅卓拔，坚忍逾常，屈某亦时有所闻，深为钦佩。此来南京，满耳皆是石公，足见先生声誉之隆。不悉先生最近于画道又有何心得？”

“这个嘛，说来话长。拙衲近来一直在琢磨‘法’的问题，为什么古今画家总是被法则束缚，其原因就在于不明白‘一画’之理。这

‘一画’嘛，不同于具体的形式法则，它既超越具体法则的局限，同时又不是全无制约，任意而为。只有掌握‘一画’才能进入创造的自由境界。”

屈大均此前并未听到过什么“一画”论，但凭着诗人的睿智，他顿时感悟到此中必有至理存焉，遂感慨道：“看来石公所说的‘一画论’，其中倒是颇具禅机道境啊！”

“弟之‘一画’与‘太古’‘太朴’，庶几相近，此乃浑然的整一，乃根本之大法，是无法而法，其他具体的法则均生于‘无法’‘大法’，即创谓‘一画’，‘众法’‘众理’都是‘一画’的具体显现，都要受它的驾驭、统辖。画家只有掌握了‘一画之法’，才能‘应诸万方’‘一画落纸，众理随之，一理才具，众理付之’。”

“石公穷厥画法之旨，而不发‘死于句下’之语，屈某甚为佩服。依屈某看，不光是画法，包括书法、诗法，无非是一切前辈们的积习与定见，不能说全无道理，但也不必过于迷信。作诗作画，一定要有佛祖那种‘天地间唯我独尊’的气概，只有空诸所有，方会偶有妙品出焉。”

两人越谈兴致越浓，不一会儿，便相互引为心照知己。接下来，他们就诗的“活法”与“死法”展开了讨论。

石涛首先坦言：“拙衲以为，诗中之意如能让人不断追问下去，并能用语言道断，或存有一个现成答案的，即为死句。而只可意会，不可言传，甚至‘不着一字，尽得风流’，就是活句。

“至于这上乘之诗嘛，缥缈无定，神思超然。如水中月、镜中花，言有尽而意无穷，能让人放弃‘我执’，这就是所谓禅诗相通。真擅诗者，行所不得不行，止所不得不止，而起承转合，自有神明变化其中。如果过泥于诗法，作诗前必设定此处应如何，彼处又当如何，而不知以意运法，所作之诗，必为死句也。”

屈大均对石涛所论显然颇为称意，遂赞道："石公洞烛幽微，足启灵智；对于愚鲁如弟者，更有豁蒙导滞之益。"接着，屈氏又随意拈举出释道原禅师《景德传灯录》的那首偈诗："我东道西道，汝则寻言逐句；我若羚羊挂角，你向什么处扪摸？"并问道："不悉石公对此有何高见？"

石涛从容应道："此即道膺禅师所言：'如好猎狗，只解寻得有踪迹底。忽遇挂角，莫道迹，气亦不识。'说的是羚羊晚上睡觉时，为防虎狼，以角悬树，脚不着地，有歹心者难以觅其踪影。"

说至此，石涛似觉意犹未尽，便就此话题继续说道："先生适才提到'羚羊挂角'，这不禁使拙衲想起《世说新语》里那个支道林和尚，他养了许多马，人们以为他养马是为了卖钱，便责其养马不雅，落入俗道。可支道林和尚却说，他养马是为了欣赏马的神骏，这个神骏，与诗词创作中的神韵、境界略同，其中的妙处，很难用言语道断，就只剩下'悟'的成分了。所谓'禅机诗学，总一参悟'是也。拙衲昔读名僧觉阿山中诗：'竹户无人风自开，茶烟满榻梦初回。老猿饮涧垂藤下，落叶打窗疑雨来'，虽觉其妙，却不知何以妙。后来云游到庐山，因住山久，始领略其妙，从知天下事往往非亲历者难入悟境也。"

"石公所言，理法圆融，胜义络绎。"屈大均对石涛所论赞赏有加，遂又恳言道：

"敝人论诗，最推袁子才所谓'不着一字，尽得风流'，以为此乃诗之上品。太白诗云：'牛渚西江月，青天无片云。登高望秋月，空传谢将军。余亦能高咏，斯人不可闻。明朝挂帆去，枫叶落纷纷'，孟襄阳（浩然）亦有诗云：'挂席几千里，名山都未逢。泊舟浔阳郭，始见香炉峰。尝读远公传，永怀尘外踪。东林精舍近，日暮空闻钟。'诗至此，色相俱空，正所谓如羚羊挂角，无迹可寻。

"又，东坡居士曾作《十八大阿罗汉颂》，予最爱其中两颂，其一为《第九尊者》云'饭食已毕，襆钵而坐；童子茗供，吹籥发火。我作佛事，渊乎妙哉；空山无人，水流花开'。其二为《第十六尊者》云：'盆花浮红，篆烟缭青；无问无答，如意自横。点瑟既希，昭琴不鼓；此间有曲，可歌可舞'，此颂真有拈花微笑之妙。这表明东坡先生是颇得诗中三昧的，此二颂皆不着一点迹象，没有'我'在，只有'不着一字'的风流自在，冲淡闲远。这种'无理而妙''得意忘言'，正是羚羊挂角、无迹可寻的真谛所在，这大概与画论家所推崇的所谓逸品，庶几相近吧？"

"屈公所言极是。"石涛赞罢，又坦陈了自己的看法：

"拙衲亦颇爱东坡诗，如'我持此石归，袖中有东海'。黄山谷题郑防画夹诗：'惠崇烟雨归雁，坐我潇湘洞庭。欲唤扁舟归去，故人言是丹青'，亦言近旨远，在灵明境中，此乃诗之禅髓也！"

谈至此，石涛忽又有所感，遂致慨道：

"最近拙衲行经夫子庙一带，于坊间看到不少所谓蒙学诗法之类的书，无非教一些起承转合、平仄对仗之类的法式，都是似是而非的东西，而初学者因无作诗的经验，极易被误导。其实，诗之起承转合，并非无法，可一旦过事拘泥，作诗便无圆活生动之致，未悉先生以为然否？"

"石公真乃邃于诗道之人。窃以为若论诗之声调，其清浊高下，必当附气以行，平仄自然随顺以成节奏，故不能离平仄以讲节奏，但也不能拘泥平仄以论音节。音节与平仄，必当有气机鼓荡于其间，神韵流溢于句外，方可称妙。即以古体而论，较之近体，它虽无一定之平仄法规，却自有由自然之平仄所形成的节族气味。但此等境界，非熟读精思，不易悟得啊！如以为七古诗必当一韵到底，必当三平押韵，则少陵、昌黎即有未合处。王摩诘之七古，往往平仄皆调，韩文公之七古则往往七字皆平或皆仄，足见法不可泥，乃真法也。先生适才所言坊间如《声调谱》一类的蒙书，确乎不必尽信，尽信则必以死法绳活法也。"

在大智者之间，思维的灵光相撞总是一大难得之快事。二人越谈越深，越谈越兴奋，不觉已至深夜，但谈兴依然不减，索性秉烛而谈，竟不知东方之既白。

"不知石公近来可有新作，可否一睹为快？"

如此彻夜长谈，屈大均居然毫无倦意，兴致也依然不减，这令石涛不胜敬佩，遂言道：

"屈公元气充盈，精力弥满，真乃当今奇士也！"

"奇士不敢当，只是与石公相见恨晚；一见到石公，早已把疲倦忘到一边去了！"

"哈哈哈……"说到这里，二人不禁发出会心的大笑。

"屈公诗兴正浓，拙衲这里倒是真有旧作可为助兴。"

说罢，石涛从箧内取出一个画轴，这是他深藏多年的一幅得意之作。他一边轻轻展开，一边向屈大均介绍道：

"此画为拙衲在宣城时所作，当时曾在双塔寺旁种了一大批松，意在恢复黄檗道场的原貌，因心生欢喜，故即兴而成此作，名为《种松图》，还请先生有以教我。"

屈大均立于画前，观赏良久，却默无一言，只是摇头晃脑，若有所思，嘴里还念念有辞。

石涛见状，丝毫不以为意；他深知在大诗人身上，都有点怪癖异样；因为他们本来就异于俗常。

"吼！"屈大均像气师功一样，终于发出了声响，兴奋异常。"哦，石公，能否借笔一用？"

石涛立即将一支他惯用的羊毫笔交到其手中；当他与屈大均的目光交合在一起时，他发现对方的眼神很"烫"，他强烈地感到其内心深处有某种奇异的物质在燃烧。

屈大均二话没说，就濡墨题写长句于此画的边款上：

石公好写黄山松，松与石合如胶漆。

松为石笋拂天来，石作松柯横水出。

泾西新得一山寺，移松远自黄山至。

髯猿一个似人长，荷锄种植如师意。

师本全州清净禅，湘山湘水别多年。

全州古松三百里，直接桂林不见天。

湘水北流与潇合，重华此地曾流连。

零陵之松更奇绝，师今可忆蛟龙巅。

我如女萝无断绝，处处与松相缠绵。

九嶷松子日盈手，欲种未有白云田。

乞师为写潇湘川，我松置在二妃前。

我居漓南忆湘北，重瞳孤坟竹孃娟。

湘中之人喜师在，何不归扫苍梧烟。

毕竟是岭南著名诗人，切题而发，洋洋洒洒，爽利流转，浑然天成。最难得的是如此长诗，竟似不假思索，挥笔而就，足见大诗人超逸常人之才情。

石涛读罢，不禁击节叹赏道："好诗，好诗啊，足为拙画增辉添彩，妙，妙！"

"石公过誉了，这不过是屈某一时即兴之作而已。"

"哟，屈公这话可是有失本色啊！"

"哈哈哈……"屈大均听罢也不由地人笑起来。

"相视而笑，莫逆于心"，此乃文人间的一种极为难得的境界。至于屈氏所独具的那番庄谐相兼、"妙入心坎"的挥霍谈笑，更是使石涛久久不能去怀。

就在屈大均刚走不久，石涛便接到友人孔尚任发起的扬州秘园雅集的邀请，石涛早有在扬州立足的打算，眼前正是扩展人脉、广结群贤的一次机会，遂欣然应允。时在康熙二十六年（1687）的三月三日。

寒冬消逝，万物回春。按汉代的规定，每逢此日，官民都要去东流的水上洗濯，涤除宿垢，祓除不祥。自曹魏后，此日被确定为上巳节，亦可视为古代诗人们的"狂欢节"。

若追溯起来，最早的文人雅集，当推永和九年（353）王羲之的兰亭雅集，它已然有着形成精神共同体的诗意仪式的意味。而此次由孔尚任主办的秘园雅集，正是对此一悠久传统之承继与回应。

秘园位于扬州的西北角，那是一座由本地盐商筹资建造的著名园林，曲径通幽，奇峰峻岩，向来为文人雅士所赏爱。至于此次雅集之所以选在此处，亦可谓其来有自——因历史上所有的雅集，如金谷、兰亭、辋川、云溪，都无一例外地在园林之中举办，且都以园林命名。藉此可见，园林是雅集不可或缺的组成因素，而雅集则构成了园林的一项重要文化功能。

且说三月初三这一天，天色明霁，微云舒卷，繁英偶落，碧波荡漾，歌台舞榭掩映于淡烟疏柳之间，令人心旷神怡。

扬州春江社社友王学臣、望文、卓子任、龚半千、查士标等30余人，纷纷应邀参加此次雅集；此外，还有不少应邀前来的外地社友，可谓萃八省之彦，极一时之盛。

石涛身着他过去常穿的那一袭袈裟，胸挂佛珠，出现在参加此次雅集的诸公面前。

"啊，石公，欢迎，欢迎石公远道而来！"孔尚任早已在寒碧堂前恭候。

这位孔大人，为孔子第六十四代孙，受康熙帝的擢拔，以一诸生授国子监博士，后虽官至户部员外郎。但他对入仕似乎并不太热心，倒是喜交江南士子与前朝遗老，如冒辟疆、龚贤等。他尝有诗自道行藏："厚道群瞻今主拜，酸心稍有旧臣来""萧条异代微臣泪，无故秋风洒玉河"。孔氏还曾苦心经营十余年，撰成《桃花扇》，一经问世，竟轰动到"王公荐绅，莫不借钞，时有纸贵之誉"的程度，足见其在江南文士中之所以声望益隆，大非偶然。

因与会者除卓子任、查士标、倪永清外，其他人与石涛并不熟识，孔尚任遂逐一向石涛作了介绍。当介绍到龚贤时，二人皆双手高揖，互道："少见，少见！"

"噢，原来二位认识啊？"

"是啊，只是没想到在此幸遇半千先生。"石涛向着孔尚任微笑道。

龚半千也不失礼数地向石涛拱手道："幸会，幸会！"

在此有必要简略介绍一下龚半千。

此人名龚贤（1618—1689），一名岂贤，字半千，号野遗，自明亡后，终生不仕，崇尚气节，不求闻达，因筑半园于南京清凉山，且尝自绘一老者持帚作扫叶状悬于居所楼上，故名其寓所为"扫叶楼"。石涛在金陵时曾与他有过一面之缘。此人性孤僻，诗文不苟作，唯恐落入恒蹊。工画山水，其画重视写生，且擅用墨，上承董源、巨然，下开苍黑山水，故有"金陵八家"之冠的美誉。由于他长年隐居清凉山专心绘画，除孔尚任、方文等少数同道故友外，几乎断绝了所有的应酬交往，故一般人很难与他见上一面。此次秘园大集，石涛与画家龚半千不期而遇，实在是机缘巧合。

卓子任是石涛的老友，此人瘦削的脸上露着石块一样的骨骼。两道眉毛像剑·般往上挑着，有一种凛然不可侵犯的威猛。此人又精于剑术，素以狂侠名世，且有浓重的遗民情结，尝与石涛"吞声说国事，以酒蘸诗喉"，在扬州、金陵、黄山一带极具声望。由于此人对石涛一向诚敬有加，故卓氏一见到石涛，当即拱手拜道："啊，石公，幸会，幸会，别来无恙乎？"

"托贤弟之福，尚留微命作丹青而已。"

孔尚任目睹来宾之多，嘉会之盛，遂"即席分赋"七律一首，诗云：

> 北郭名园水次开，酒筹茶具乱苍苔。
> 客催白舫争行到，花近红桥赌胜栽。
> 海上犹留多病体，樽前又识几诗才。
> 蒲帆满挂行还住，似为维扬结社来。

"嗯，好诗！好诗！"与会诗友们于击节叹赏之下，纷纷依韵奉和。

接下来，雅集便进入了品茗畅叙的环节。

由于与会者都是经常晤面的春江诗社老友，故彼此杯箸交觥，无话不谈；宴饮之际又杂以雅歌投壶，点诗牌论赏罚，酒酣耳热，不亦乐乎！

而石涛由于是初次参加这样的诗会，与社友们并不都很熟悉，故有意选坐在一个不显眼的角落。

这就是石涛——面对极为熟稔的老友，他才会滔滔乎雄词；像今天这种特殊场合，他一如其旧，习惯性地保持缄默。

石涛的这种缄默，多少还来自于其内心深处的某种顾虑。因在康熙一朝，因文人聚会或由文字而获罪的事例时有发生。如康熙六年（1667）4月，江南奸民沈天甫、吕中、夏麟其、叶大等人为诈骗钱财，篡改伪造十卷《忠节录》（又名《启祯集》），并对外声称此集由顾炎武刊刻，其姐夫陈济生编集，吴甡（明末相国）、归庄等作跋，黄宗羲之父黄尊素等170多人创作。由于该书刊、编、序、诗者皆为前明旧臣，难免有"讴吟思汉、讥讪朝政"之处，故康熙以"奸民诬陷、大干法纪"为罪名，将沈天甫等一千余人逮捕后交刑部严审。

时任直隶省巡道的吴元莱（吴甡之子）也被卷入此案。不久，沈天甫等人全部于弃市斩首。石涛作为侥幸存活下来的明代宗室靖江王的后裔，心头蒙络着"文字狱"的阴影并不足为怪。不过，揆诸情理，石涛并非畏生怖死之人，他在此次集会上，之所以显得落落寡合，主要还是他那种狷洁自傲的性格使然。

正当社友们畅怀痛饮、气氛热烈时，主会者孔尚任又发话了——

"石涛大师，刚才诸位畅所欲言，各有胜解，现在大家都想倾听大师的高论啊。"

"是啊，请大师赐教一二。"大家附和道。

石涛一看这势头，知道不能再缄口不言了，遂将两手向诸位一拱，说道：

"今日猥蒙孔大人之邀，躬逢其盛，可谓因缘殊胜。适才又有幸聆听诸公的高论，大饫知闻。拙衲素以言善习静为怀，本不擅谈。最近在一幅画上，曾题诗道：'迷时须假三乘教，悟后方知一字无'；在拙衲看来，倘能做到'无言''不作'，正可高卧横眠，得大自在。"

这时，一位在扬州颇有诗名的名士语带讥诮地说道："大师总爱说'无言''不作'，可如果真像大师所说的那样，又有谁能知道大师所'悟'为何物呢？"

石涛循声望去，此人他并不认识；但闻此言，他知道此人分明是在与自己"较劲"。

"是啊，还请大师明示。"这时又有人附和道。

石涛木不想多言，可既然已被逼问到这个份上了，遂化用宋贤邵康节之言漫然应道：

"其实，天下之物，可以意得者，物之性也；可以言传者，物之情也；可以象求者，物之形也。用也者，妙万物为言者也，可以意得，而不可以言传。"

"大师所言，似有至理存焉。可是，既不以言传，又焉知其妙在何处呢？"

石涛接下来的应答更令众人瞠目，他径直言道：

"非独拙衲不能言传，即圣人亦不能传之以言也。"

"这、这……"众人闻之大为惊诧，面面相觑。

刚才那位名士此时又咄咄逼问道："请问大师，圣人既不能传之以言，则六经非言也耶？"

"是啊，请大师赐答！"

在座诸公本以为经此一问，石涛自会舌结语塞，无从应对；谁知石涛又给出了一个极其睿智的应答：

"时然后言，何言之有？"

一听此言，大家都有点懵了。

"大师陈义过高，还请详示。"

石涛缓缓言道："天地万物之性，尽显于万物之运行；故天地虽然不言，却通过自然变化的消息而'言'。因此，圣人关于万物之性的言说，其实并未比万物所显现的奥秘多说了什么，个中道理非'言'所能'传'，只能由诸位去'意会'了。"

"嗯，妙，妙，大师智慧天发，学究天人，所言甚妙啊！"

"是啊，大师的学问确实高超啊！"

这时又有一位身着长衫者走过来发问道："听说大师作画主张'无法之法'，这气派嘛，确实不小。不过，倘若'无法'，则又与'野狐禅'何异呢？"

另一人亦附和道："是啊，有道是'有龙泉之利，方可议于断割'啊！大师以'无法'相标榜，不知是不为也，还是不能也？"

石涛一向自尊心极强，一听此言，立即质问道："这两位先生一直将'法'挂在嘴边，那么请问，在'法'尚未立之时，古人所取的又是什么'法'呢？"

这二人经此一问，顿觉大窘，一时竟不知何言以对。

石涛接着说道："拙衲在画跋中，曾多次强调：'不立一法，是吾宗也；不舍一法，是吾旨也。'所谓'不舍一法'指的是对古法之继承，而'不立一法'，则是强调不能囿于成法，法随意转，方能孕化生机。"

"石公所言甚是。仅从石公的书法看，取法甚宽，转益多师，其所谓'无法之法'，实乃'至法'，与'野狐禅'岂可同日而语哉！"

素有"新安四家"之称的著名诗人、书画家查士标接过此一话题，径直言道："子任兄刚才说石公的书法'取法甚宽，转益多师'，此论甚合鄙意。前些天还有人问我，石公的书法到底从何处取法？取法《石门铭》乎？抑或是取法《孔庙碑》《夏承碑》乎？

"其实，从石公的书法看，这些碑他确实曾下过极深的功夫；但其路数远不止上述这些。他的书法既有魏晋风骨与二王的潇洒气度，又有汉隶的朴拙大气与代表大唐的'颜体'的雄浑朴重。除此之外，他还学过董其昌、苏东坡等人。他后来之所以悖离董其昌及当时流行的'台阁体'，而悟东坡丑字法，并集古人法帖综观并研习之，这其中既有不满清初书坛的保守倾向的原因，亦表明石涛乃一真正的'善取法者'，他不只是'师古人之迹'，更能'师古人之心'，故石公的书法虽不离传统，但更多的是建立在对自然的感悟与个人的灵感经验之上的，他同时又能自觉地结合自己的性情，发挥自己的潜能，故具有'法法我法'的特性。

"如果我们通观石公的书法创作，便会发现：其书风多变，不拘一格，或洋洋洒洒，信手信腕；或顿挫有致，一丝不苟；或奇纵开张，不拘一格；或浑厚沉雄，不失古雅。随意所适而绳规自在，不激不厉而风规自远。"

"查公所言极是！依卓某看，如果从书法与绘画的关系着眼，石公还深谙'书画用笔同法'之旨，他不仅分别以行、草、隶、楷等不同的用笔之法作画，更讲求笔笔生发的随机性，画上的题跋亦各具神采，绝少雷同，这是极难达到的境界，求之兹世，罕有其匹！"

"二公过誉了！"石涛对他们拱了拱手，然后朝着龚半千瞥了一眼，他不想在这种场合冷落这位在金陵结识的、性格十分孤僻的画友，遂将话题转到龚半千身上——

"说到'法'，我们不妨以半千先生为例，他用墨层层染渍，浓郁苍润，自成创格。有人认为半千先生用墨太重，而无清疏秀逸之趣。其实，半千先生用墨，有色沉光清之效，非邃于墨法者焉能知之？"

一向珍重其口的龚半千，拱起双手频频向石涛示意，然后道：

"依敝人之见，此次关于'法'的争论可以休矣。从石公的书画看，先从法入，后从法出，在在有迹可寻。依龚某之见，所谓学'法'是为了悟'法'、化'法'，然后以无法为有法，以至无迹可窥，然后入神，方为高妙！"

"半千先生所言，深契吾心。依拙衲之见，古今画家法障不了，实由一画之理不明。一画明，则障不在目而画可从心。画从心而障自远矣。所谓画者，形天地万物者也。如舍弃笔墨，又用什么来描绘它呢？因此，拙衲一向认为，墨受于天，浓淡枯润随之；笔操于人，勾皴烘染随之。古之画家没有不遵循'法'的，如无'法'，则与信笔涂鸦有什么不同？因此，拙衲提出'一画'论，是从长期的绘画实践中概括出来的。只有'了法''驭法'，那些陈规旧套才不会捆缚画家的手脚，所谓'法自画生，障自画退'，必也如是，这才算真正得到了'一画'论的真谛。"

"嗯，一画既明，则画道彰矣。石公此言，陈义甚高。诚如他本人所言：'法自画生，障自画退。'若一味死守古法，何来笔头灵气？敝人注意到石公最近的画，在原来的面貌上又有新变。他的不少

龚贤山水画

画常常采用一种'藕断丝连'的章法，从表面看来，好像几种景物各不相干，在位置分布上也似乎颇为松散，很随意、自然，毫无拘束。但在景物的交叉点，全局的枢纽处，画一座小桥，一片风帆，一行飞鸟，或题几行诗，盖两方名章，就使整个画面气脉贯通，使各个松散的景物顿时凝结为一个整体，这种'藕断丝连'、平中见奇的章法，显然是在宋元人采用边角章法的基础上进一步发展、创造出来的，令龚某不胜佩服啊！"

龚半千的这番话，入情入理，足以压服众口。

可就在这时，有位身着官服的人发话了，他直接提议道：

"大师啊，今日雅集，笔墨俱在，大师何不现场挥毫，让我等都开开眼呢？"

"是啊，请大师开笔！"

这位官员一派颐指气使、狂傲凌人之态，令石涛十分反感；但碍于情面，又不便发作，遂借此机会，连讽带讥，一吐积愫——

"诸位，不消说，古时早有'诸子出于王官'的说法；其实，每一个时代里声名显赫的书法家大多为官僚，文人的身份只是披上一袭长衫而已。东晋的王谢家族就不必说了，在唐代书家群体中，像虞世南、褚遂良、欧阳询、薛稷、钟绍京等，都身居高位，甚至是皇帝的近臣。从书法上看，他们确为一代大家，非常人所能及。但他们位高权重，吹捧者也就多，不免要端起一个架子；尤其是他们的字，是要经常写给皇帝看的，这就难免恭谨拘束，唯恐法度不严，点线失准，而书法本身所应有的灵动圆活之美就这样流失了。予谓不信，不妨看看柳公权的《玄秘塔》《神策军》，太中规中矩了，你看着它都觉得累得不行。"

"是啊，大师所言甚是！"有人附和道。

石涛接着正色道：

"你再看看李太白的《上阳台帖》，气势清雄宏大，走笔从容开阔，可谓无意于佳而自佳。"说到这里，石涛才开始回应刚才那位官员所提出的要求："至于拙衲嘛，向来不习惯当众作笔墨表演，所谓'对客挥毫'，我看就免了吧！"

说罢，石涛把袖子一拂，又坐回他原先的位置上。

大凡人有英气，必出圭角。大艺术家都是有大脾气的人。同时，石涛又是一个气场极大的人，不论到了哪里，都会把一般的生存常态加以戏剧化；同时他也会故意制造"冷场"，从中展示出其独特的人格魅力。

说来也巧，正当人家听罢石涛这番宏论崇议而莫知所对时，不远处有一伙计模样的人匆匆向这边走来，手里还拎着个布袋。

一见到石涛，这位伙计立即恭恭敬敬地从布袋里将画轴取出，双手呈上，然后道："大师，画已裱好，您要得急，我只好送到这儿来了。"这位送画者原来是经常为卓子任裱画的师傅。

"哈哈哈……不是我要得急，是子任兄催得急，因拙衲明天就要回金陵了。"

"送的正是时候，快快打开。"卓子任向送画者用力地挥了一下手。

裱画师小心翼翼地将画打开，大家凑近一看，其中一幅是《黄山图》，其中有石涛那段著名的"我自用我法"的题跋。

另一幅则是仿倪瓒笔意所作的《山水图》。在后面一幅山水画中还有石涛本人的一段题识：

> 倪高士画，如浪沙溪石，随转随注，出乎自然。而一段空灵清润之气，泠泠逼人。后世徒摹其枯索寒俭处，此画之所以无远神也。丁丑冬日，清湘老人苦瓜偶意。

看罢此画，诸公不禁啧啧赞叹。

此时，查士标瞥了那位那位官员模样的人一眼，坦言道：

"石兄汲古功深，仿前人笔意作画，足可乱真。若不看画款，我还真以为是出自倪云林之手呢。"

"是啊，大师的笔墨功夫真是了得，我等这回算是开了眼了。"

刚才还在讥诮石涛的那几个人，在这两幅古韵盎然的画作面前观赏良久，最后只好垂首耸肩，一副颓然之态。

这时，诗社雅集已进入到必不可少的环节，那就是，由诗会的主持者先拟定好诗题，并将诗完成，然后由众人唱和并书之册页。

由于孔尚任临时有事，方才短暂地离开了雅集现场，故对刚才发生的一切全然不晓，此时，他依循惯例，提议与会者各据一景，或自命一题，即兴作诗，诗不限韵，人各一体。

于是众人挥毫泼墨，每人一体，其中包括五古、七古、五律、七律、五绝、七绝六种诗体。孔尚任此次分得五律，竟一气呵成，赋就五律十首。

不到半炷香的工夫，与会诸公也都分别赋就。

孔尚任深知石涛才思敏捷，但半天不见动笔，遂高声道：

"下面请石涛大师挥毫献诗。"

孔氏此言既出，本来簇拥在书案前的社友，立即不约而同地向两侧走开，给石涛留出了足够的挥洒空间，可石涛偏偏不喜欢"对客挥毫"，遂将双手向孔尚任用力一拱，坦言道：

"拙僧素不喜欢在众目睽睽之下进行笔墨表演，因拙衲实在没有这么大的本事，使书写的灵气'腾地'蹿上来。拙衲以为书者就应'先散怀抱，任情恣性，然后书之'，可像现在这样，只要铺陈停当，就必须逞才使性地对客挥毫，'偶然欲书'的书法创作便成了剑拔弩张的草莽野战，笔下难免会烟火气、江湖气十足，还谈什么清趣、古趣、雅趣、野趣、拙趣？"

石涛此言，实非全出于意气；其作书绘画，基本上都是在几案精严的书斋里；当其研墨时，已然开始调和心境，经营位置。当他从从容容地将柔顺的羊毫笔反复在砚台上裹墨，然后疾涩有致地在雪白的宣纸上行笔时，这将是一种何等优雅高逸的诗性感觉；也唯有在这种诗性感觉的催化下，才能使其笔下的点画灵动爽利，通篇畅达疏沦，沁人肺腑，充盈着清新奇逸之气，可像现在这样……

想到这里，石涛索性把笔往笔架上一放，言道："拙衲今日书兴毫无，恕不献丑！"

孔尚任这时才意识到刚才的"点将"实在有失随意，故又自我转圜道："大师未免太持重了。这雅集嘛，本来就是要让诸位即兴挥洒一番，找个乐子而已。"

可石涛仍不肯勉从。

不知是谁从人群中轻轻地冒出一句：

"真是个怪僧！"

秘园雅集后不久，卓子任前往金陵一枝阁看望石涛，还随身带了本册页。见了面，彼此略事寒暄后，卓子任便取出册页，往画案上一放，坦言道：

"石公啊，上次秘园雅集，弟便将此册页带去，想请兄惠赐宝墨，可兄始终不肯当场运笔，弟也就不便再提。今天，兄总不会再以书兴毫无而推拒了吧？"

"你我兄弟乃至交也，岂有推拒之理？来，弟现在就题。"

不一会儿工夫，册页便已题就。

卓子任凝视一看，四个大字赫然在目：

"巨伯之俦！"

"啊，石公过誉了，卓某岂敢与巨伯比列呢？"

"子任兄急公好义，侠气干云，与古之巨伯相比，略无愧色也！"

一向豪爽伉直的卓子任此时倒真有点不好意思了，连声说："岂敢，岂敢！"

石涛在此所说的"巨伯"，乃东汉时人，据《世说新语·德行第一》载：荀巨伯有一天到远方探望患病的友人，恰好遇到外寇来攻打郡城，友人对他说："我眼看活不成了，你快走吧。"可巨伯却正色道："我老远地来看望你，你却催我走，抛弃道义求得生存，难道是我荀巨伯的所为吗？"俄顷，外寇至，一见到巨伯，便叫嚣道："大军一到，全城的人都走空了，你是什么人，竟敢单独留下？"巨伯说："朋友有病，我不忍丢开他不管，宁可一死以换他一命！"外寇听了，面生愧色，纷纷自责道："我们这些不义之人，今天侵犯有道之邦，实属罪过啊。"于是下令收兵，整个郡城得以保全。石涛在此暗用此典，足见卓子任在他心目中的分量。

"石公啊，弟此次叩访，还有一事相扰。"

"卓兄不必客气，但讲无妨。"

"好吧……"

卓子任所说的"一事"，其原委大抵是这样的——

秘园雅集后，孔尚任立即驰函卓子任，请其在石涛处代求画册，并在信中透示出他与石涛接触后的初步印象：

> 石涛上人，道味孤高，诗画皆如其人。社集一晤，可望难即。
>
> 别时又得佳笺，持示海陵、昭阳诸子，皆谓笔笔入悟，字字不凡。仆欲求一册，以当二六之参。不敢径请，乞足下婉致之。
>
> （《湖海集》卷十一）

从此札中的"笔笔入悟，字字不凡"诸语看，孔氏对石涛的书画成就可谓赞许有加。但从"道味孤高""可望难即"诸语中，又可窥见石涛给孔尚任留下的印象似乎过于狷介孤傲，故欲求一画册，却又"不敢径请"，只好转请好友卓子任"婉致之"。

听罢卓子任的一番讲述，石涛不禁笑言道："孔兄未免多虑了；其实，他又何必托兄转求呢，弟早有赠画之意。"说罢，石涛便开始研墨作画。

此时，在一旁观画的卓子任却不由地笑了起来。

"咦，子任兄因何发笑？"

"哈哈哈……弟笑尚任兄有所不知，眼前这位'道味孤高'的高僧，哪里像他所说的那样'可望难即'。"

"哈哈哈……是啊，不过这也难怪，弟与尚任兄毕竟相知不深嘛。"

第十八章

长干天平两迎圣驾
青龙天印独自寻梅

且说石涛一生中，曾两度参加迎接圣驾的活动。

第一次是在金陵长干寺。

康熙二十三年甲子（1684）11月，康熙皇帝亲临江宁（今南京）巡幸，他先到位于南京中山南麓独龙阜玩珠峰下的明孝陵致奠，然后回銮离开了南京城区，乘船到了南京市东北郊岩山的燕子矶。

当时的长干寺，又名大报恩寺，是南京乃至全国最大的佛教寺院。康熙皇帝出于缓和国内各种矛盾、调动各种积极因素巩固政权的考虑，临时决定去大寺院一观——这就是石涛后来在诗中所谓"甲子长干新接驾"的本事。

这一消息传来时，石涛心头的反应是相当复杂的；尤其是当他接到通知，他将是康熙帝巡幸长干寺时列队欢迎的一名僧人，他更是辗转反侧，浮想联翩，以至彻夜无眠。

自清定鼎中国之后，前朝士子大抵可一分为三：一为誓不妥协者，二为降从者，三为逆受者。第一类因不愿仕清而成为遗民，这些人轩昂磊落，突兀峥嵘，不乏英才俊彦，如能为新朝所用，自是一笔巨大的人才资源。作为康熙皇帝，他当然不希望遗民身上的"前朝情结"无限期地延续下去，但要实现这一点，则要视遗民反抗的程度、新朝统治者怀柔政策的具体施行而定。

当时的科举，选取的大多为古板、迂阔之士，"问以经济策，茫如堕烟雾"。为了进一步笼络人心，开创太平盛世，康熙皇帝开设博学鸿词科招贤进能，石涛的宣城老友施闰章、高咏皆由此入仕；与此同时，康熙皇帝又对明朝陵寝进行保护，并亲予致祭。举凡这些，在石涛看来，正是其向南方士子施行怀柔政策的重要举措。作为明朝的南都——南京毕竟是当时明遗民最重要的汇集处。

若从个人信仰而言，康熙皇帝其实并没有明显的宗教倾向，故登台执政后，他并不直接插手宗教内部的派别纠纷，也不禁革佛道的传教布道活动，而是经常接见一些著名的宗教文化界人士，藉以显示皇恩广博。总之，康熙皇帝对于宗教文化的考虑是有着明显的政治意图的，绝不能将康熙的这些行为视为是他本人的信仰与志趣。至于皇帝的召见，则不过是政治家为了怀柔所惯用的小小伎俩。

想到这里，石涛心里又不由地涌起那个与他如影随形的"家仇"。

其实，所谓"家仇""国恨"，对于石涛来说，不过是个近乎抽象的概念；感性经验是谈不上的，因为他当时只有 5 岁，即使有点朦胧的童年记忆残存，那也只是唐王朱聿键带来的"家仇"，而在他依稀的印象里，满人与其家庭并没有血海深仇。那些因所谓"失国"而在某些遗民身上所存在的隐痛，在石涛那里，更像是一个遥远的梦影。明乎此，我们也就不难理解石涛为何最终会同意参加迎驾康熙皇帝的活动。

1684年11月某日一大早，就有好多人赶到了迎驾皇帝的集结地——金陵长干寺。

当石涛等僧人来到时，人们因好几个时辰的久候已显得疲惫不堪，没精打采。看来，迎驾也并非一桩美差。

"啊，皇帝来了！"人群中不知谁突然喊了一声。

"快跪下！你们怎么还不跪下？"不知是谁，扯起嗓门厉声人叫。

不少人应声跪倒在地。

"皇上没有召见，都不准抬起头来。"那口气显然是在下令。

可接驾人群中有几人既没下跪，也没低头，只是垂手而立；这其中就有石涛。

"喂，你们怎么还不跪下？"听这嗓门，还是刚才那个人。

可还没等话落音，皇帝的仪仗已经到了跟前。一阵慌乱中，谁也没看清皇帝究竟是怎么来的。石涛用眼一瞟，只见武整行严，旌旗翻卷，这使他不由地想起杜甫的诗："云移雉尾开宫扇，日耀龙麟识圣颜。"至于皇帝的"圣颜"，由于人头攒动，他并没有看得十分真切。

参加了这次迎圣驾活动后，石涛一连数月都沉浸在一种平素罕有的"激动"与亢奋之中，他甚至欲乘兴北上。作为旅庵本月之弟子，石涛这种"欲向皇家问赏心，好从宝绘论知遇"的心情是不难理解的。早在1683年，宣城官员郑瑚山受命募集画家绘制江南地区的地图与胜景图；当郑氏为此造访石涛时，石涛竟将此视为通向晋身之阶的一大契机，并激动地在赠予郑氏的诗卷上钤上难得一用的"臣僧"之印——仅此一端，足征作为个体的存在，石涛并非某种抽象概念的木乃伊，他只能扮演历史所规定的角色。

然而，郑氏的造访并未给石涛带来任何他暗中期待的结果。于是，石涛又开始与南京官员，如江南学道赵崙往来，但同样没有任何结果。

兴奋了一阵后，石涛一无所获，只好又回归到青灯黄卷、诗文书画的生活常态。一日，石涛搁笔后，走出一枝阁，漫步于小院中，竟蓦然生出一种强烈的出游之想。

屈指算来，寄寓南京已有6个年头了，他突然变得自责起来，觉得自己太世俗化了，他感到没有任何激动、风险与期待的生活本身就是一种活着的死亡；在这种死亡面前，任何鲜活的性灵悟力都会钝化，任何诗化的语言都会褪色。此时，石涛忽然想到了在禅门有着"古佛"之称的赵州从谂，他到了80岁还在行脚，而自己则长期居于一处，自然容易流于惯性，不起觉照。一念及此，石涛对云游与提升生命境界的关系又有了更深切的体悟——所谓云游，其实就是一次次没有预设的灵魂越界，是一次期待已久的生命破茧，是生命自由的一次隐秘觉醒；这种觉醒愈彻底，生命飞翔得愈高。

于是，石涛决定再一次用这种超越庸常、打破成规的云游方式来寻求生命本身的诗意，以淘洗这颗在尘世埋藏已深的心灵，并藉以摆脱一种致命的压抑与虚空感，而就在他考虑下一个具体的远行目标时，一个偶然的发现，竟加速了这一计划的施行。

一日清晨，石涛在院中漫步，恍然间有梅花的幽香自庭院飘来；循香而去，但见水榭旁一朵梅花正悄然绽放在寂寞的枝头。啊，那傲雪冲寒的冰洁芳瓣，在石涛看来，实乃天地赋予它的独放使命，是大雪孕化的精魂，是造化所钟的一种灵秀，其神奇之处就在于当万类俱寂的时候，它却默默呈献出皭然脱俗、冷艳清绝的本色。

"为什么万花纷谢而一梅独放？"石涛痴痴地问着自己，而心底却早已有了答案——在石涛看来，这一瓣寒梅，代表着它对整个世界的一次探望与问候。想到此，石涛的心头竟漾动起一阵阵莫名的感动；他深情地凝视着那朵寒梅，仿佛从中得到一个神谕般的启示，不禁热泪盈眶。

可就在石涛决意外出访梅之时，窗外却忽然下起了雪。

这纷纷扬扬的雪，像大地的素衣，密密匝匝地覆盖了大地上所有的生灵。

覆盖不住的，是石涛那勃勃欲吐的一腔幽情。

两天后，大雪初霁，天地一片混沌苍莽，万类皓洁凝辉。石涛策杖走出长干寺，开始了踏雪寻梅之旅。

茫茫雪意，在石涛的灵视里渐次打开，他不由地想到了五代时的清耸禅师。当有僧问他"何为摩诃般若？"（即大智慧之意）时，清耸禅师当即答道："雪落茫茫。"身临此境的石涛，此时心中忽有所悟——这沉静、内敛、深邃、肃穆、空寂的雪光，不正是智慧的渊海！啊，且让我尽情地消受这无边的沉静、内敛、深邃、肃穆与空寂吧！

所谓"踏雪"，在石涛那里不啻是一种行为艺术；这个概念虽起源于现代欧洲波普美术，在中国却有着极为悠久的实践历史，而石涛的这一行为与他此前"搜尽天下奇"的云游，未尝不可视为是一种生命的诗意言说，他堪称是一位杰出的"行为艺术大师"！

石涛独自一人，先后爬上了青龙山、天印山、东山，又瞻拜了太祖的孝陵，游览了灵谷寺。他白日就食于僧舍人家，夜来则投宿于荒村野店。石涛就是这样，默默策杖行走——他就是要在白雪的映照下，行走出禅味、行走出诗意、行走进天地间那种亘古俱来的寥廓与浩茫……

《灵台探梅》

雪天的山径，浮漾着湿润的白光。石涛纵目望去，一派白雪皑皑，天浑地莽，全然不见了古人雪景图中时常出现的霜天木落、孤舟月影、疏木渔火、断雁啼鸦，只有他一人的微茫身影，融入这无尽的雪海，成为天地间微不足道的唯一点缀。此时，石涛深感人实在是太渺小了，宛如一幅山水巨制上的一个不经意打上的苔点。

也不知越过了多少个山头，石涛终于有了他期待已久的发现——眼前的郊原，俨如一片世外桃源，那满树怒放着的梅花，把小溪的流水映照得一片艳红。石涛看得如醉如痴，遂情不自禁地在溪边啸吟为快，而四面的青山顿时为之和鸣不已。

流动的白云，鸣啭的飞鸟，构成了一个动静相宜、有声有色的迷人世界。

呵，梅花！

这个被它的香气浸润的世界，涤尽了石涛脏腑中的所有淤气郁火，他再一次感到了生命的活力。

他深信那如火如霞的梅花能为他抹去心灵中最后的阴影，为他沉淀血气中最后的浮躁。

是夜，石涛的诗思在梅香的浮动中飘荡不已，夜深如水，可他却难以成寐，于是振衣而起，将他在此处所观赏到的梅花一一付诸丹青。这些妙墨真迹，后来被大风堂堂主张大千所藏，现藏于美国普林斯顿大学博物馆。尤为可贵的是，在这一梅花长卷中，石涛一一系之以诗，堪称书画双绝。一向擅作古风、歌行的石涛，此次竟以七律出之，且一作就是9首。须加措意的，是这里面的逻辑顺序：是先有了"寻梅"之行然后才有了诗歌；从行动话语到文本话语，是石涛平衡生命的超常能量的一种方式，是他对内蕴于胸的诗性与激情的一次天

《秦淮探梅》

才的挥洒。

下面我们不妨将石涛的这组"梅花诗"录之如下，以觇雅怀——

潦倒山僧遗兴奢，杖藜昏黑探梅花。

雨侵玉树藏云窦，无数青山到我家。

白土桥生飞柏子，黄茅屋破随枫丫。

两声笛弄乌衣巷，蓦地魂销西浦鸦。

　　　　　　——《上访道中梅花》

餐尽冰霜始破胎，寒情幽绝傍林隈。

犹疑老鹤庭中立，仿佛孤云溪上来。

踏雪几回劳杖屦，乘风一夜散香台。

主人能使宽杯兴，谁道花枝不忍开？

　　　　　　——《南村书院梅花》

薄雾中开香雪斋，野夫心眼放形骸。

二更月上枝平户，几点珠沉影弄阶。

绕座踞窗诗未稳，披裘拥被梦初回。

疏钟忽破晓烟荡，人爱青铜峡里埋。

　　　　——《夜宿天印山古定林寺梅花》

铜枝铁干非常见，玉蒂冰条蜀锦囊。

何似镂心千仞放，化为龙骨一溪长。

轩辕鼎废馀丹灶，古佛光生只听香。

日暮上方云气薄，绕空浮翠碧波茫。

　　　　　——《青龙山古天宁寺梅花》

沿溪四十九回折，搜尽秦淮六代奇。

雪霁东山迟着屐，风高西壑早吟诗。

应怜孤冷长无伴，且剩槎牙只几枝。

大地正花先结子，酸心如豆耐人思。

　　　　　——《东海旃祖塔院梅花》

霜雪离披冷淡姿，任情疏放可人思。

奇枝怪节多年尽，空腹虚心太古时。

似铁逢花槎眼乱，如藤坠石补天知。

有僧大叫连称绝，略与还同总是痴。

　　　　　——《古祈泽寺梅花》

兴致飞扬向所同，看花不约始相逢。

山僧对酒输三昧，处士逃禅大化中。

绕涧踏沙悲辇道，停舆问路惜珠宫。

座闻仁主尊尧舜，旧日规模或可风。

　　　　　——《钟陵梅花兼赠友人作》

芒鞋细碎落纷纭，灵谷山含蛱蝶云。

冷织晴烘冰骨就，腊催寒尽玉肌氲。

两升熟酒骚人醉，十里香茅野客闻。

日暮孝陵峰顶望，影随白凤入鸥群。

　　　　　——《孝陵梅花坞同尚栎山、张亮公、家喝兄作》

看遍梅花花巳尽，更留藏本赠予还。

若无昔解冰霜案，那得相逢节操缘。

树到古寒根本健，花当初放色香全。

主贤客爱风流甚，孤月悬空情已寰。
——《长干寺梅花归来作》

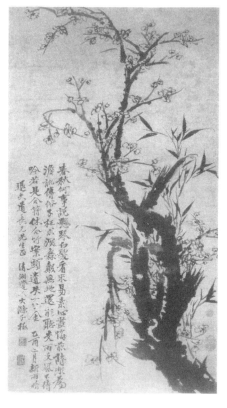

《梅竹图》

细品这组梅花诗，何曾一字着梅，又何曾一字不关梅？梅之骨、梅之品、梅之神、梅之韵，皆寓其中矣。以为是梅，却分明非言梅；以为非梅，却又分明在言梅，具徵大家手笔。此类诗，最贵自证，不重义解。有神韵，自然活泼圆融，若专以知性强与解会，终不免沾滞也。

如前所述，石涛一生曾参加过两过迎圣驾活动；相比之下，第二次迎圣驾更让他刻骨铭心；事隔多年，每想起来仍激动不已。

那是在1689年，康熙皇帝沿着运河南下，开始第二次南巡，扬州是其必经之地，而皇帝此行的一项活动内容，就是视察黄河和淮河的入海口治理工程。到了扬州，皇帝着意要接见当地文化界和宗教界的人士，石涛遂被列入参加接驾的名单。

"师弟，这次你是去还是不去呢？"喝涛问道。

"弟打算去！弟以为康熙帝执政的这几十年，海内澄清，人民安居乐业。去年康熙帝还祭祀了明陵，使朝野震惊，不少遗民也大受感动，就连本孝兄对朝廷的态度都发生了转变。再说了，弟只是去迎驾，又没有蓄发留辫归顺朝廷。"

"贤弟所言甚是，那你就去吧。"

在平山堂接驾时，石涛万没想到的事情发生了。

"谁是石涛？"前面有人问，"石涛来了没有？"

没有任何回应，因为在场的石涛根本没有在意，他本以为他今天的出场，只不过是迎接圣驾这一大型仪式中的一个小小道具而已。

"宣石涛大和尚。"这是内官正式的敕宣。

这时旁边有人用肘子使劲捅了石涛一下："喂，宣你呢。"

石涛这才醒过神来："在，石涛在此。"

"石涛见驾。"

内官发出了妇人般的尖厉之音。

这时有一人走了过来，将石涛带到皇帝面前。

对于石涛来说，皇帝虽非初见，但是他的心还是一下狂乱地跳动了起来。

他看到一位面容清癯瘦削的中年男人被许多人拥簇着，坐在一张临时安置的座椅上。啊，没错，那就是皇帝！上次见到他时就是这个模样。

"臣僧石涛叩拜皇上。"石涛急中生智，用了双手合十的佛家礼拜方式，双膝跪地。

"起来吧。"皇帝语气平缓地说。

"是。"石涛赶紧起身，恭敬地伫立在一旁。

"听说你的师父是旅庵本月禅师？"皇帝问道。

"是的。"石涛回答道。

"那么，木陈道忞就是你的师祖了？"

"正是。"

"那的确是个学识渊博的人。朕小时曾经听过他在法会上讲经。"

"是的。臣僧幼时常听师父提起。"

"那么，你的佛学比起你的师祖、师父，是否有出蓝之概呢？"康熙忽然径直地问道。

"回禀皇上，臣僧的师祖、师父都是缁素同仰的高僧，臣僧愚钝蒙昧，根器浅薄，岂敢妄加比列！"

皇帝听后微微点了点头，似乎对石涛的回答还算满意。他接着说道："你应当发扬师门，继续弘宣佛学。这佛学五教十宗，各缘所会，义理可是深奥得很啊！"

石涛俯首应道："皇上圣明，所言极是！"

"听说你的画名气很大？"皇帝又问道。

"臣僧一向以画证禅，以笔墨作佛事，不敢稍自暇逸。"

"嗯，好！那么，朕以后来向你学画证禅如何？"

"臣僧不敢。"一直肃立一旁的石涛不由地又做了一个合十的动作。

"唉，朕其实也只是说说而已。方今天下事百废待兴，百端待举，朕哪里还有闲暇学画？依朕看，如今大清江山天下乂安，你身为名僧，尽可放笔为颂。我大清江山如磐，哪一处不可付诸丹青？"

"皇上圣明，臣僧遵命！"

……

一回到大树堂，石涛立即以《客广陵平山道上见驾恭记》为题，赋成两律：

> 无路从容夜出关，黎明努力上平山。
> 去此罕逢仁圣主，近前一步是天颜。
> 松风滴露马行疾，花气袭人鸟道攀。
> 两代蒙恩慈氏远，人间天上悉知还。

甲子长干新接驾，即今己巳路当先。

圣聪忽睹呼名字，草野重瞻万岁前。

自愧羚羊无挂角，那能音吼说真传。

神龙首尾光千焰，雪拥祥云天际边。

这两首应制诗从诗艺上看倒也平平，其唯一的价值仅在于披示出了石涛在"迎圣驾"后的真实心态——在石涛看来，师父旅庵本月曾受顺治帝的恩遇，而自己又受到康熙的召见，此真可谓"两代蒙恩慈氏远，人间天上悉知还"。至于"自愧羚羊无挂角，那能音吼说真传"，则是自责没有旅庵本月师父那样深厚的禅学根柢，故无法在康熙皇帝面前崭露机锋，阐扬出"羚羊挂角，无迹可求"的佛法至理。由此可见，以上两律，既是"诗"，又有"真"——他深信如果师祖、师父在天有灵，也一定会为自己此次"圣聪忽睹呼名字，草野重瞻万岁前"的恩遇而大感欣慰。

在此次迎驾过程中，石涛还认识了一位促成他下一步进京的重要人物——他就是陪同康熙南巡的辅国将军博尔都。

大概就在第二次迎接圣驾不久，石涛的情绪呈现出高度亢奋的状态，他由是想到了康熙帝曾经说过的一句话："我大清江山如磐，哪一处不可付诸丹青？"此时，石涛感到这似乎是对自己的某种暗示，不有画作，何申"两代蒙恩"之感戴之情！想到此，石涛立即研墨濡笔，开始绘制《海晏河清图》。

此图致力描绘在康熙王朝统治下国家的昌盛繁荣之象，康乐承平中的子民们正引颈企盼着皇帝的南巡。为申足赞颂之意，石涛又题诗一首于其上：

东巡万国动欢声，歌舞齐将玉辇迎。

方喜祥风高岱岳，更看佳气拥芜城。

尧仁总向衢歌见，禹会遥从玉帛呈。

一片萧韶真献瑞，凤台重见凤凰鸣。

　　站在芜城扬州的石涛，此时神往北京，心潮难平。值得措意的
是，就在这首诗作成后，石涛感于圣恩，竟又特制一方"臣僧元济"
的印章，重重地盖在了画上。从"臣僧元济九顿首"的落款来看，此
画显然有呈献皇帝之意。由此看来，正是从这时起，石涛萌发出以画
入仕之想，同时也更坚定了北上的决心。

　　以画入仕的急迫愿望，大大地激发着石涛的绘画创作热情；而卓
子任的到来，更为他带来了直接的创作契机。

　　"啊，石兄，少见，少见，别来无恙乎？"

　　"啊，子任兄，这一别就是半年，念甚念甚！"

《海晏河清》

"石兄，您看弟给您带来了什么东西？"说罢便把一摞罗纹纸放在画案上。

石涛打开一看，"嗬，宋罗纹纸！难得啊，弟不用此纸久矣！"石涛反复摩挲着纸面，激奋不已。

石涛之所以在宋罗纹纸面前表现出异乎寻常的激奋，正显示出一个艺术大师对材料的某种特殊敏感与认知——一个艺术家不论多么出类拔萃，如果长时间在同一种宣纸上作画，难免会形成某种习焉不察的惯性或习气；倘如换一种书写材料，就不能仅靠习惯，必须要跟新材料有交流，而新材料对惯性与习气则会形成一种抗阻——在克服这一抗阻的过程中，往往会有"不测之神"出焉。

"嗯，好纸啊！"石涛再次称赞道，并向卓子任道出了自己为何独爱此纸的理由："此纸制作起来非常不易。在编纸帘时，就必须把丝线或马尾纹间距缩小，在捞纸时又要保持丝线纹与竹条纹纵横交错，在纸上印成罗纹。至于弟之所以独喜这种纸，主要是因为它能为弟提供一种像是在时光积淀中所形成的'火气退尽'的古旧气氛。好啊，这下总算不愁虞礼所谓的'纸笔相称'了。"

《细雨虬松图》。

此作为纸本设色，纵100.6厘米，横41.3厘米（上海博物馆藏），为石涛中年时期的力作。

此画之笔墨于中段着力，水道上有一座木桥沟通两山岩，桥上著一头戴风帽倚杖而行的老人，显系此画的"画眼"所在。在后山山腰处，似有一高士临窗而坐，遂与桥上那位老人发生了饶有诗意的关联，匠心在焉。画面近处，有古木一株，虬枝偃蹇，矫夭盘曲，颇有拏空之势，与中景的青松遥相呼应。画面左上方和右下方以大量留白表现水天相映，显然受到元人倪瓒和同时代弘仁的影响。山石则以折带皴勾勒为骨，很少皴点。此画纤细精美、意境幽深，组合紧凑入理，章法严谨，墨色淡雅清润，笔致清丽、秀劲，浅绛设色，淡远内敛，不失安徽派画风，却又脱化出别一种韵致，显示出石涛在山水创作中正在进行着一种新的探索。

"嗬，此乃石兄近年来之精品也！妙！妙！"对此画创作的整个过程一直观赏下来的卓子任不由连声赞叹道。接下来，他将目光由画面移到画跋上：

《细雨虬松图》

泼墨数十年，未尝轻为人赠。山水杳深，咫尺阴荫，觉一往兴未易穷，写以赠君子，尝有句云：细雨霏霏远烟湿，墨痕落纸虬松秃，能入鉴赏否？

款题：时丁卯夏日，子老道翁出宋罗纹纸，命余作画，风雨中并识于华藏下院。清湘石涛济山僧。

读毕此跋，卓子任激动得半天说不出话来。他深知老友在赠画上的态度是相当矜持的，诚如此跋开首所言："泼墨数十年，未尝轻为人赠。"如今竟以如此精品慨然相赠，这是何等的福缘。人生至此，夫复何求！

话说回来，对于石涛而

言，他之所以"未尝轻为人赠"，是因为他的每一幅画作都是高度的灵智活动的产物，是呕心沥血的创造过程，容不得半点敷衍与草率，故春兰秋菊，各竞其妍。说到究竟，石涛毕竟是一代天才画僧，拥有一双清澈明锐的眼睛与万物对视，故天地皆是奇迹，满眼簇新，触处灵源，汩汩而来，而下笔则若有神助，境象常新；可以说，石涛给这个世界留下的遗作之多，罕有其匹。相比之下，当时大多数画家，甚至是名家高手，出于投赠，其笔下往往难免流于模式化与重复化的"行活"；还有不少名家，在创作出引人注目的佳作后，很快就被随之而来的不断复制所"稀释"。而在这方面，石涛始终表现出一种可贵的警觉。

同年，石涛还绘制了一幅山水页（现藏北京故宫博物院），并有一段妙趣横生的题跋，可并读参印：

> 客广陵十月，无山水可寻，出入无路，如堕井底。向次翁东老二三知己求救，公以扇出示之，曰：和尚须自救。雨中放笔，游不尽的三十年前草鞋根了，亦有放光动地处，有则尽与次翁藏之，使他日见之，云当时苦瓜和尚有这等习气。丁卯十月清湘石涛济山僧。

如此"若游戏之状"的跋语，在石涛笔下并不多见。若细加寻绎，则不难想见《细雨虬松图》正是石涛三十年前穿着草鞋在黄山"搜尽奇峰打草稿"的产物。石涛"外师造化，中得心源"，重在师古人之心而不师其迹，尤善吸收古人遗法并使之与真山真水相融合，故能"我自用我法"，诚如他本人自谓："纵有时触着某家，是某家就我也，非我故为某家也，天然授之也。我于古何师而不化之有。"（石涛《画语录》"变化章第三"）仅从石涛的这幅《细雨虬松图》看，足徵此语洵非虚言！

对于石涛的"自用我法",笔者曾多次言及,在此需要进一步强调的是:对于所谓"自用我法",实不宜作某种简单化、概念化的理解,因其中有着非常复杂的意涵,殊难一言以断。

如果从艺术创造的视角看,现成的"法"与创作主体内心中激荡不已且尚未成形的生命冲力往往很难成为"天作之合";作为创作主体,他必须创造出一种"我法",从而把那个正在萌生显形的生命元气活生生地呈现出来。但必须看到,这种"法"往往是极其隐秘、诡谲的,它只有与属于它的那个灵魂相合成,才能显出其生命的脉动。从这个意义上说,"法"的寻求与确立,具有相当的难度。

而石涛的天才性就体现在他将这种"难度"消弭于即兴神驰的笔墨挥运之中;也就是说,当石涛濡笔作画时,一种强大的能量已充溢到他的生命中,此时必有一种"天然授之"的相应笔墨语言形式伴随而来。细瞻石涛笔下的写意山水,我们便会发现,其中每一笔皆非出自事先预设,而是"临机制宜,随意适变"的结果,这里面包含着太多的"偶然"。接下来,在思逸神超、心手双畅的笔墨挥运中,石涛一任天机行于纸上,故其笔下的每个"偶然"在敏锐的艺术直觉的控抑下又契合得那样天衣无缝,它们"得之神功""造化发灵""直以神遇而不以力致";即使是画家本人,也不能再"用"这种"我法"加以复制与克隆——因为它是"天然授之"的、自生的、活的,你要随意捏弄它,它就会反抗——而无法复制与克隆,这正是石涛笔下所有经典之作的根本特征,也是石涛善用"我法"、巧夺造化的窔要所在。

石涛传

（下册）

A Biography of
Shi Tao

邵盈午 著

团结出版社

目录（下）

第十九章

受邀赴京终难遂愿
运笔如山化古开新

1690年春，石涛应其广西同乡王封溓之邀，终于北上。

甫抵北京后，石涛暂居"且憨斋"。

且说"且憨斋"主人王封溓此时正因丧亲丁忧在家，他虽还在吏部右侍郎任上，却过起了"闭关却扫"的退隐生活。王氏早在南京时便与石涛相识，石涛曾赠画结缘。而王氏之所以在此时邀请石涛前来，除看重其画艺以及在佛教界的名望外，亦与他本人丧亲之事有关。

按清代官制，官员在亲人亡故后都要在家丁忧三年，这种强制性的休假相当于政治上的间歇性休克，对那些迷恋权位或正处于炙手可热时期的官员来说，可谓一记闷棍。于是，他们四处奔走，极力谋求各种合情留任之策，但帝国庞大的官僚机器缺了谁还不是照样运转，况且不知有多少人对他这个位子觊觎已久；而对早就厌恶官场的王封溓来说，三年的丁忧，正好得个清闲自在；这使得本来就痴爱书画的王氏，可重拾旧好，从而抚慰自己因为政务繁忙而荒芜日久的心田。

而对于石涛来说，他之所以选择这个时候应王封溓之邀来京，也绝非偶然——

此前，石涛闻知某僧人从华山被召到御前赋诗作画，画毕皇帝赏赐他一座香炉，并派人将他护送到陕西，这一非凡举动，似乎表明康熙皇帝对画僧特感兴趣：以故，石涛通过禅宗界或地方发出自己将要赴京的信息，意在引起皇帝关注。

再者，如前所述，石涛曾在南京、扬州两度迎接圣驾，这透示出他作为传统文人的崇儒思想。

在此须顺带阐明，石涛之所以对康熙皇帝表现出如此强烈的兴趣，其潜在的心理动机还是出于对自己宗室后裔的身份考量；他试图通过种种努力，使自己成为一位获得宫廷支持的禅宗高僧、画师，甚至像他师父那样，成为帝师，进而找回自己的皇族根脉以告慰先人——正是这种渴望获取认同感的心理，使得石涛的人生规划变得复杂起来。

且说王封溇刚从官场上暂退下来，与石涛又是同乡老友，故一见面，稍事寒暄后，他便与石涛谈起了在京为官一事。

"唉，这京城可真是一言难尽啊！这其中的人脉系统，各种门槛、纠葛、明暗、深浅，以及围绕它所展开的攀附、应酬、周旋、盘算、交易，非八面玲珑、曲意奉迎者谁能拎得清？玩得转？可话又说回来，你纵有天大的本事，如果不精于此道，你又能干什么？唉，干脆说吧，这京城根本就不是人待的地方！"

"噢，愿闻其详。"王氏此语，显然激发起石涛的强烈兴趣，其双眸顿时闪动着炯炯亮光。

"简括地说吧，京城这地方人精太多；既然多，也就无所谓人精了。哪怕他再平庸，再不入流，只要他能在京城待得住，就肯定有着或明或暗、盘根错节的各种关系。否则的话，你人品再高，能力再强，也没戏。所以我说，这京城根本不是人待的地方！能待下去的，都是阉人、昧心人、草包、软蛋！"王氏一股脑地将他在官场上所遭受的冷落、憋屈、愤懑都发泄了出来。

石涛与王氏相交多年，第一次看到他发这么大的火，一时竟不知应当如何劝慰。

而王氏却愈说愈来劲了："这官场的险恶，非亲历者是很难体会的。要想在官场立足，不会拍马溜须，当然不行，但如果拍得不是地方，或者说没有拍到皇上的心坎里，也会自取其殃。我就随便给你举一个春秋时代的例子吧——

"宋王有一次问他的相国唐鞅：'我杀的人很多，但是臣子却并不畏惧我，这到底是什么原因呢？'

"唐鞅为了讨好宋王，便回答说：'大王您所治罪的，都是坏人，惩处坏人，好人当然不怕。大王要让臣子对您感到害怕，就不要区分好坏，要不断胡乱给他们治罪；如果这样，臣子们就会对大王感到害怕了。'

"可过了没多久，宋王竟然把唐鞅给杀掉了；因为唐鞅如此'出谋划策'，实在太让宋王失望了！"

石涛听到这里，不禁感慨道："看来这官场还真是险恶，一言不慎，就会送命啊！"

"那是当然。不过，要说京城这些在官场上混的都是草包，也不尽然。他们对于如何捞钱，如何整人，如何结党营私打压对手，各有一套看家本领；不少人初涉官场，尽管能耐很大，心气甚高，但稍不小心就会栽在他们手上。记得晋时有位名士殷浩，当有人问他为什么将要做官，却梦见棺材？将要发财，却梦见粪秽？他径直答道：'这官，本来就是丑恶腐败的，所以将要做官会梦见棺材；钱财，本来就像粪土一样臭气熏天，所以将要得到它时会梦见污秽。'这可真是伤心悟道之言啊！"

王封溁深深地叹了一口气，又接着说道：

"说心里话，我是真心追慕历史上那些具有魏晋风骨之人，特别是那位叫殷觊的，根本不把权势与生死当回事。他当年在荆州做南蛮校尉，有人便向荆州刺史建议削其职收其权，殷觊得知有人听信谗言后，无争无辩。一天，他趁服五石散在外漫步之机，顺便走进了一处平民住宅，从此托病再也不回官署，令同僚们大为惊异。可在殷觊看来，为官为民都在自己漫步的　念之间，不值得权衡，更不值得蝇营狗苟地去经营。这样的品节，着实令人钦佩啊！好了，叨在我们是同乡老友，今天就先跟你聊到这里吧。"

石涛虽冰雪聪明，才智过人，但有关官场方面的种种，从未真正撞入他的生活；即使如此，凭着他的悟力，还是能掂量出王氏这番

"此中人语"的分量，遂起身向王封溁拱手合十道：

"阿弥陀佛！听兄之言，大饫闻识，受教，受教！"

离开王府，石涛走在京城的大街上，他深感这座皇城与他长期居住的南方城市大不相同，仅仅是紫禁城的午门便有37.95米高，它始终向你敞开着它的威严与神性。京城的街道平坦而笔直，宽处可供15匹马并行，所以街道虽然很长，却能一眼望到尽头。

石涛由是想到当年那硝烟弥漫的战场，那被黄尘湮没的古道，那个在骨子里便带有蛮悍血性的游牧民族，告别了塞外的狼烟，在文明的疆界里坐拥山河，君临天下，身为九五之尊的大清皇帝，他的龙袍御辇装载着贵胄与荣华，在群臣的簇拥下，穿过紫禁城里的亭池楼阁，水榭歌台，走上金碧辉煌的金銮殿；在整个京城中，唯一的至尊就是那个坐在金銮殿上的人！但在石涛看来，这位坐在金銮殿上的皇上尽管被大臣们比作太阳；但这轮太阳总是傲然地独照着，绝不会将其温热洒向每一个人。

《乾隆南巡图》中所绘正阳门

甫抵京城，石涛一方面要忙于各种应酬，一方面又在热闹的覆盖下感到了一种前所未有的落寞；有时落寞得只剩下时光游动的影子。于是，他只能日日以作画自遣。

《山水堂轴》。

这是石涛用了一整天，为友人绘制的一幅精品。须加注意的是，石涛郑重地在落款处盖上了一方新近篆刻的印章：善果月之子，天童忞之孙原济之章。显然，他意欲使人们透过那方印章，看到他正宗的师承，撩起人们对其师父当年金殿说法的追忆。当然，在加盖此章的背后，还有一个更为重要且隐而不彰的潜在期求，那便是得遇明主。

时隔不久，石涛又分别作了《竹外荷花图》《长安雪霁图》，后者是送给素以为官清廉著称的户部尚书王骘的。石涛听说这位在百姓中颇有口碑的王大人，最近以钦差大臣的身份刚从陕西的灾区放粮回来。为了表达敬意，特意主动为其精心绘制这幅《长安雪霁图》，以彰其德。为使立意更加显豁，石涛又趁着余兴赋得古风一首并题于画上：

> 君不见长安市上走车马，渔樵牧竖共肩摩。
>
> 琼沙自古为天堑，萧萧腊月北风多。
>
> 北风吹断天山云，下士咸瞻日月心。
>
> 朱门此时乐圣武，农民尚复忧岁春。
>
> 春耕不藉岁杪寒，粝时无由得饱餐。
>
> 忽惊夜半玉龙退，晓来银甲散长安。
>
> 铜柯结地成础碗，金城比屋注波澜。
>
> 山川草木尽玲珑，近日梅花待好风。
>
> 蓬门父老咸叹息，啧啧称道大司农。
>
> 谓是精诚格天意，泽及四海非神功。

野人伏处蓬庐久，优游兀坐俯青松。

敲冰取水供笔墨，磊落奇观意不穷。

特来一展经纶地，世外烟霞纸上逢。

表象地看，此诗似乎是在不加掩饰地歌颂王骘治理下的京城如仙境一般，但从"敲冰取水供笔墨，磊落奇观意不穷。特来一展经纶地，世外烟霞纸上逢"诸语细加苔味，似亦暗喻自己笔墨造诣的"超凡成圣"，毕竟京城之仙境亦只有非凡笔才能绘成。诗旨丰赡，兼涵数义。不过，如此显露的颂歌，毕竟不似出于一位僧人之手。石涛搁笔后，看来看去，连他自己也觉得有点啼笑皆非了。

通过博尔都的介绍，石涛将这幅画送进了王尚书府第。王骘展卷之下，不禁连声赞叹道："好画啊！好诗！性灵独出，叹为神技！"

"阿弥陀佛！王大人过奖了！"

"上人不必过谦。作为著名画师，上人在南方早已被奉为至尊，敝人将为你大力推毂，他日上人必将名满京城！"

有谁能知晓，王尚书的这番话，在亟欲"得遇明主"并成为"帝师"的石涛心底，将会激起怎样的反应呢？

说来也巧，石涛刚从王尚书的府邸回到"且憨斋"，便受到了博尔都大将军的盛情邀请。

博尔都（1649—1708），满人。其父是清太祖努尔哈赤的曾孙，封恪僖公。若按辈分，他为皇帝玄烨的族侄。官为辅国大将军。此人能诗善画，有《问亭诗稿》《白燕栖诗草》传世。又雅好收藏，是石涛极重要的文化赞助人，在京城文化圈内颇有影响。石涛早在1684年（至迟在1689年）康熙南巡时便与他相识。此次于京城聚晤，两人自然十分高兴。

一见面，石涛便对博尔都拱手道："大将军妙年高第，履官从政，真如宝剑之出新硎，琼花之吐鲜萼，对大将军的一片精锐之力、森秀之才，贫僧甚感钦佩！"

博尔都见这位颇具声望的画僧对自己如此推崇，心头着实一团快活，但嘴上仍自谦道："先生言重了，岂敢，岂敢！敝人近有拙作一首，还请先生赐教！"

石涛接过一看，是一首题为《赠苦瓜和尚》的七律：

> 风神落落竟忘机，定里钟声出翠微。
>
> 石火应知着处幻，须眉果是本来非。
>
> 座标海月群心悦，语夹天花百道飞。
>
> 高步自随龙象侣，惟余元度得相依。

"大将军此诗禅意深邃，足见旷怀，只是这末两句，拙衲实不敢当啊！"石涛不胜惶恐地向博尔都深施一礼。

"先生乃当今丹青圣手，就不必过谦了！"博尔都也向石涛回了一礼，然后热情地将石涛请进了自己的将军府。

此时正近黄昏，在落日余晖的掩映下，这处位于东城的府第愈发显得清新幽静——曲径重门花木掩映，树丛竹林绿意撩人。那高高的墙头上爬满了紫藤，使刺眼的阳光也变得柔和起来。

入得月亮门，但见烟树葱茏，与黄瓦红柱、牡丹海棠相映衬，烘托出一派皇家的富贵气；石涛平生还是第一次见到这样的私家园林，它集中体现了其主人的皇室气派，恨不得把天下所有的奇珍异宝都搬到自家宅院里来；尤其是那些置于园内的赏石，集尽瘦、皱、漏、透、秀之美，令石涛爱赏不已。

"啊，石公请，这里就是'白燕楼'。"博尔都将石涛带入自己的书房。

石涛入室一看，那用小叶紫檀精工制成的书柜里，摆放着大量为世罕见的孤本秘籍、缥缃卷帙；而那些横陈于博古架上的古色斑斓的鼎砚古器，沁人心脾的桂影兰蕙，更为这间书房平添了几分古雅与韵致。能拥有这样一所奕奕煌煌的"琅環福地"，着实令人生羡。

看到石涛如此痴迷于室中的这些藏品，博尔都径直道："我看先生就住在这里吧。这样观赏起来岂不更方便。"

"多谢大将军的盛情！石某乃一方外之人，闲云野鹤，邋遢散漫惯了，如果忽然住进大将军府里，岂不让人感到滑稽？"

"可先生总得有个地方歇脚呀。"

"拙衲已在慈源寺挂锡，离尊府不远。"

"那过些天还可以搬过来嘛。我最近刚修建了一栋东皋别墅，那地方清雅幽静，很适宜先生居住。"

"多谢大将军！大将军的东皋别墅，拙衲早有耳闻，不胜倾慕啊！"

一听此言，博尔都顿呈诧异之色，"噢，先生也听说了？"博尔都眨了眨眼睛，略加思索，马上笑道："噢，我知道了，先生想必是听孔先生说的吧？"

"是啊。"石涛接着又补充道："准确地说，是孔先生在他的诗中透露出来的。"说罢，石涛竟脱口把那首诗背了出来：

> 杏墅东皋胜辋川，王孙好句等人联。
> 如何五里春城路，不见谁来问酒船？

博尔都听罢哈哈大笑道：

"尚任兄这是在挖苦我，说我的别墅无人问津。"

"不会吧，我看孔先生并无挖苦大将军之意。"

"先生很快就会知道了。依我说啊，您以后就别左一个大将军右一个大将军叫了。我这个大将军，何尝有过攻城野战、斩将搴旗之功，不过是个挂名的虚衔而已。你们佛家不是提倡'持平等法'吗？

我这人做人讲究个随缘自在，朋友们有缘走到一起，只要开心就好，何必强分尊卑贵贱？我看，先生以后跟其他朋友一样，就叫我博先生吧。"

石涛这时又仔细地将眼前的博尔都打量了一番，觉得此人骨相奇古，面容清癯，嘴上留着一撇小胡子，显得精瘦练达；特别是那一双炯炯有神的眼睛，透发出一种沉毅、儒雅之光，颇有几分仙风道骨，这使得石涛打破了原先的拘谨，对博尔都增进了几分亲近感——

"好吧，那就恭敬不如从命了，博先生。"

说罢，二人相与大噱。

"石公啊，"博尔都似乎忽然又想起了什么，说道：

"最近随驾南巡，觅得仇实父（即仇英——笔者）的《百美争艳图》，是仿唐周昉之作，为内宫之物，极为珍贵，因恐本朝人士所忌妒，很想劳驾先生临摹一份。不知先生意下如何？"

"没问题，博先生，拙衲一定尽力。"

石涛之所以如此爽快地一口应承下来，是因为他深知在京城画家里，高手如林，而博尔都却独独垂青于自己，足见其对自己画艺的高度认可。再者，石涛之所以应承此事，还有一个深藏于心底的"欲向皇家问赏心"的隐秘愿望——他深知北京乃天子之城，是帝国政治与文化的中枢，也是一个隐藏着各种机会的神秘之地。当然，更重要的是，在京城里，有那么多谈吐高雅而见识不凡的官员和无数来自五湖四海的俊杰硕儒；如果能够承蒙他们举荐，何愁不能够像师祖和师父，做一个"国师"式的高僧。

不过，石涛心里也明白，要实现这一夙愿，眼下对他热情有加的博尔都显然不是最合适的人选，因为他只是一个耽迷于琴棋书画的皇亲贵胄，还称不上是心契神交的知己。

不过，作为朋友，博尔都对石涛可真是关爱有加，他一直鼓励石涛到北京发展，甚至专为他订制画作，让他有机会观赏京城重要的私人收藏，并着手将他的画介绍给以创作仿古风格闻名的画家王原祁，藉以提升石涛的声望。

可对石涛来说，博尔都（包括在京的其他朋友）对他愈是热情，愈是使他感到隔膜，因为大家只把他当作一名临时寄宿的画僧，而不去关注他的禅学境界，更没人去关注他的内心愿望，把他视为当代高僧禅师，并从法脉上与当初名动京师的木陈道忞和旅庵本月联系起来。

一句话，他缺乏一种与其画艺和禅修相符的基本认可；为此，他默默地承受着一种无人解会的孤独与寂寞。

但这种非其所愿的生存状态，对石涛倒也是一种玉成，因为这使他拥有大量的闲暇时间去从事书画创作。

置身于京城这一当时的文化中心，石涛痛切地发现：所谓的传统，在以"四王"为代表的主流派画家那里，几乎成为他们自我保护、固步自封的武器。至于那些只知在艺术上一味仿古的平庸之辈，则根本无视真正的传统的存在，这不啻是拱手让出了自己创新的权利和资格。而对于真正具有创造精神的画家来说，则应当通过个人的创造，对传统进行新的解释，丰富甚至影响传统——因传统不是死的，而是活的；它会融入历代画家的创造，然后超越个人有限的存在，深入未来，并对未来作出规定。

正是基于这样一种可贵的认知，石涛决意充分利用这一时机，通过他那自出机杼的笔墨语言对传统作出新的诠释，进一步强化其画作的"个人面目"；同时他还要向世人证明，在他的"个人面目"后面隐藏着传统文化原型的"集体面目"。他深知：越是能够以自己的方式加入传统，超越"集体面目"对"个人面目"的限制，所获得的自由就越大，其作品的生命力也就越强。

《余杭看山图》。

这是石涛在京城完成的一件精品。为纸本设色长卷，描绘的是位于浙江余杭南部的大涤山。此画以豪放宏博的气质，潇洒狂逸的艺术格调和苍莽奇异的境界引人入胜。画面的右下角为余杭城一角，城外湖岸绵延，高树参差于山坡前。二位老者一坐一立，似醉心于眼前美景。此作以平远法取景，笔法精妙，墨色苍润， 而最大的看点是用画水之法表现似波涛起伏的逶迤山峦，此乃石涛"山海相通"的画学观念的具体体现，也是石涛在山水画方面的一大创发。他在《画语录》"海涛"一章中云：

> 若得之于海，失之于山；得之于山，失之于海，是人妄受之也。我之受也，山即海也，海即山也。山海而知我受也。皆在人一笔一墨之风流也。

在此"山海相通"理念的统驭下，石涛以画水之法，极松灵活脱之致，那如波叠浪涌的远山，尽显其如音乐般的节奏感与旋律感。

《余杭看山图》

再请看《庐山观瀑图》。

关于此作的创作年代虽难具考，但从笔墨、风格上加以寻绎，显然是其晚年在京城期间的杰作。在此作中，石涛以其灵异的诗心，于一刹那间捕捉到了主客之间于动荡变幻中的平衡感，遂以其生花妙笔，创造出"变幻各纵奇""万古同一息"的雄浑意境。此画最妙处，在于利用大块浓淡不一的墨色的染渍效果，充分发挥粗放恣肆的水迹斑驳所形成的自然山势的纹理轮廓，使得整个画面元气淋漓，形成一种云气冲荡、潺潺泱泱的视觉效果。

又，石涛在长期的笔墨实践中，深深体悟到在中国画中，有些应该交接之处宜作模糊化处理，不能像钢条两端焊接那般死板，故在将干未干之时，石涛又施以铺水之法，通

《庐山观瀑图》

过"虚化"的处理，使画面中的各个细部在气脉上相互连接。画面上端的远山，则用不显笔痕的渲染法画成，虽无成法可依，却具有视觉上的真实感，这显然是石涛通过"师造化"，对古法的领悟、活用而逐渐"化"出来的，尽显"造化在胸"的石涛对光、雾、山脉的物性和构造的透彻理解与把握。必也如是，才能使整个画面"气韵生动"。而站在崖底的那位沉入冥想的高士，仍可作石涛观。

石涛有胆有识，手眼俱高，这在他在京城期间的一些册页创作中亦得到充分的彰显。如《书画杂册》（16开之七），这是一幅妙用

水墨法的山水精品，款识云："时癸酉夏日，客吴山亭喜雨，喜作此纸，湘源老人苦瓜济。"从风格上看，大概是在京城或从京城回扬州后不久所绘。近处的云山，全以泼墨法出之。为了酣畅地抒发其"喜雨"之情，石涛大大地淡化了线条在此画中的作用，甚至基本不用皴擦，只是将墨泼于素纸上，或破或积，然后随形就势，再用施水之法，使整个画面呈现出自然渗化的水墨效果，其中的晕渗变幻，曲传出一种迷蒙清明的朦胧之境和一种空明苍润、清雅虚灵之美，令人胸中栩栩然而升腾起一种轻盈的逸气。

再如书画杂册（14开之一）。

此幅（38厘米×24.5厘米）甫一展开，便觉有一股弥漫的烟雨之气扑面而来；泼墨的妙用，更强化了黑云翻墨、风雨交作的气氛。

此画远处的浓云全用不显笔痕的渲染法加以完成，当其墨迹将干未干时，再以不同水量、墨色破之，以求得水墨浓淡相互渗透掩映的效果，此即"破墨法"之妙用。山耶、云耶、雨耶、水耶，几不可辨，一切都笼罩在烟雨中，一切都是湿润的，迷蒙的。积墨、破墨之法的妙用，致使整个画面中的物象趋于抽象朦胧，但由于墨色层次的丰富，整个画面仍不失浑厚凝重的体积感与高下远近的空间感。

由此可见，用墨之道，无论是渲渍、晕染、积叠、破醒、皴擦，还是先干后湿、先温后干，其难度全在于要做到干而不枯、湿而不滑、浓而不滞、淡而不薄。石涛正是通过其所独创的"临事制宜，从意适变"的"我法"，演绎出一幅极具抽象效果的视觉精品。

从以上分析看，石涛在技法上的创发，与其所要呈示的内容是如此契密无间，这无疑是石涛在艺术上达到成熟与自觉后的生动体现。更匪夷所思的是，在北游京师期间（1691），石涛竟出色地完成了传世力作——《搜尽奇峰打草稿》。

《搜尽奇峰打草稿》为一长卷，纸本水墨，石涛用隶书自题"搜尽奇峰打草稿"七字作引首，笔法盘曲灵动，疾徐有致，卷尾落款

为"辛未二月"（康熙
三十年，1691），并有
长篇画论题跋。此卷
纵42.8厘米，横285.5厘
米，现藏于北京故宫博
物院。

《搜尽奇峰打草稿图》（局部）

画幅虽非巨制，却
有江山万里之胜概。此
卷集中体现了他所神会
的"奇峰"精神，笔精
墨妙，苍润浑雅，元气
氤氲，一片化机。气象
万千，奇格毕出，堪称
目前所能看到的石涛山
水创作题材中的翘楚。

此幅起首即以篆法出之，绘出奇峰峥嵘、危崖耸立的态势；一条
小溪，分隔开石壁耸峙的两岸；潺潺河流上有一座小桥连接，小船上
有人悠然垂钓。

由于画面所着力表现的是峰峦起伏的远山，而石涛以圆见长的用
笔正足以副之，观之深感盘曲灵动，疾徐有致，有如波浪追逐，光色
潋滟。

此卷的中段，最夺人眼目的，是那层峦叠嶂的山峰，山势如潮，
奔腾似怒。近看则峰回路转，樵径曲折，茂密的树林中，有村舍瓦屋
掩映，山间坡陁，满布苔草，画面上有主客二人，相谈甚欢。

为了营造奇峰峥嵘、危崖耸立的动势，石涛将"荷叶""披麻"
与"卷云"等不同皴法揉而为一，化而用之，但见山路迂回，林木挺
立、斜出、倾倚、倒悬，彼此呼应，既综揽群山之势，又与怪石、奇

岩、茅舍相互依存。

疏密相间，浓淡相宜，开合有致，收放自如。画家更以千点万点，点出了峰岩重列、山川掩映的浑厚华滋。从技法上看，有先润笔而后加以干点的，有以渴墨勾皴然后复加积染的，虽点画密集，皴法稠迭，却绝无阻塞板滞之病，既深得王蒙密体山水之精髓，却又别有机杼，新意盎然，充分体现出其《画语录》中的"海涛"理念。

经过中段的平缓过渡，山势更具海涛的"吞吐"之势，为了强化这种"鲸跃龙腾"的视觉效果，石涛同样采用了将以上各种皴法（如披麻皴、卷云皴等）糅合为一的画法，使山势更形飘动起伏，状如"海涛"。

画卷的后段，经此层层的铺陈发展，在接近尾声处，江面渐渐开阔，水流萦回，一带江水，悠然而逝，坡岸上有高士席地而坐。一岛屹立江中，游艇随波，渔舟唱晚，一抹淡淡的远山呈咫尺千里之势，整个画面在此由奇险渐趋沉静，令观者悠悠意远，得象外之趣。值得注意的是，此画还首次出现了长城，画中出现的长城等景物应是画家北游之后的有感而发。这一细节恰好表明其一向反对盲目地闭门造车、力倡"搜尽奇峰打草稿"的创作理念。

若循此作进一步的推阐，石涛之所以倡导"搜尽奇峰打草稿"，其目的在于做山川的代言人，所谓"山川使予代山川而言也，山川脱胎于予也，予脱胎于山川也。搜尽奇峰打草稿也。山川与予神遇而迹化也，所以终归之于大涤也"，所强调的是在"人与自然"的关系中作为创作主体的一种精神性的超越。

大凡精心结撰的巨制，在艺术上必有足资揣摩之处。石涛十分注重线、面的有机结合，黑、白的层次变化，干、湿的相间交叠，加强画面整体气势和视觉效果，使画面上的一切都统一在一种和谐的墨韵之中，使线的交错、笔墨的枯湿变化丰富耐看，这一切均体现在《搜尽奇峰打草稿》长卷的笔墨挥运中。

石涛妙手权奇、肆意挥洒，却又不失"我自用我法"的法度。他一贯将"不立一法，是吾宗也，不舍一法，是吾旨也"奉为圭臬，此一理念在《搜尽奇峰打草稿》长卷的创作中亦得到彻底的贯彻。

下面就让我们走进《搜尽奇峰打草稿》的创作文本，着力从笔、墨两个方面略作技法上的分析。

先看笔法。

石涛以坚实凝重的笔线勾取奇峰，山石皴线稠密，依山势而盘曲交错，笔法遒劲，以一及万，笔笔生发。从画面上看，此长卷经过中段的平缓过渡，山势更具海涛的"吞吐"之势，为了强化这种"鲸跃龙腾"的视觉效果，石涛采用了荷叶皴与披麻皴，同时又揉进卷云皴的技法，使山势更形飘动起伏，状如"海涛"。更令人称奇的是，石涛所画的虽是冬山，但从整体气象上看，却毫无云林的萧索之感。在技法上，点中有圈，圈中有点，圈点相间，各致其极。尤其是用圈法来表现山石的纹理，在石涛之前，未之见也。至于"荷叶""披麻"与"卷云"等不同皴法糅而为一的技法，同样出自石涛本人的创发。无怪乎石涛在艺术上的知音张笨山慧眼识珠，特为此赋诗赞曰：

> 石公奇士非画士，惟奇始能得画理。
>
> 理中有法人不知，茫茫元气一圈子。
>
> 一圈化作千万亿，烟云形状生奇诡。
>
> 公自拍手叫快绝，洗尽人间俗山水。
>
> ——《观石涛上人画山水歌》

张氏可谓第一位深谙石涛圈法之妙的知音。

石涛还极为擅长用较淡墨色的曲线形态大致绘出山体轮廓，随即用墨色变化不大的小点打在原本已流畅的线条上，使其时断时连，无迹可寻。同时，石涛还善于以淡墨线破淡墨线，甚至不顾原本已出现的结构性线条，在上面再画出反复交错的许多条类似的线。线与线之间的相互交错、重复，不仅增强了山体的质量，丰富了山石的结构，而且使原本结构清晰的山体变得结构迷糊复杂起来，这正是石涛所要追求的效果。如果太清晰了，反而导致物象的失真。这一点在此卷中体现得尤为显著。

下面再看用墨。

作为一位将墨法玩到极致的大师，石涛往往会根据立意与视觉表达效果上的需要，在用墨上不拘一格，灵奇百变，他往往是泼墨、积墨与破墨相互为用，各致其极。下面略作分述。

所谓"泼墨法"，其功能是利用水墨晕染的不确定性，随其形状，营造某种特殊效果，故具有某种酣畅、荒率、简约、狂放、粗劲的特点，这正与石涛一向狂放不羁的性格互为表里，诚如石涛本人在一幅山水画跋中所云："……每兴到时，举酒数过，脱巾散发，狂叫数声，泼十斗墨，纸必殆尽，终不书只字于画上。今观此纸，气韵生动，笔法直空。欲令清湘绝倒故书数字其上。"

需要指出的是，石涛虽极擅"泼墨法"，但在《搜尽奇峰打草稿》中他并未采取"放纵"式的、大面积的"泼墨法"，而是用"小泼墨"法，随着水墨的自然洇化先定出大体的形势，然后在远处山头的几处用浓墨泼出。由于石涛对山体形态的把握相当娴熟，故能妙用"泼墨"的形式使原本不太相融的各个山体自然地得到转换，在墨渖淋漓的一片浑莽中展现出无限空间。

如何在泼墨中恰到好处地融以积墨，是墨法中的一大难点。从此作看，石涛在用积墨法时，总是"由干入润，由润入干"，反复交替进行，力求苍润相济，浓郁酣畅，使画面上盈溢着浑莽苍茫之气。在这个过程中，一个最大的技术难关就在于：由于多次积叠，往往难免会导致脏、死、板、腻，而石涛不仅通过浓淡墨的不断积叠洇染，使画面透发出无尽的活气，且雅洁素净，使整个画面氤氲着一种"元气淋滴嶂犹湿"的水墨效果，由此可见石涛因难见能、拨灰见火的深厚功力。

破墨法，也是石涛所精擅，且用的较多的一种墨法。在《搜尽奇峰打草稿》中，这种"破"具体呈现为两种：一为浓破淡，石涛首先在宣纸上以淡墨多水绘出，未干之时，以重墨破之；二为淡破浓，即先以较重的浓墨绘出，趁墨迹未完全渗化时，以清水淡墨破之，使浓墨变得温润和谐。石涛正是通过这种浓淡互破之法，去营造一种烟涛潆洄、云气冲荡之象。至如此作中段那与水岸相连的丘状山脉，由于山体随势起伏，且越推越远，石涛施以"泼墨"之法写出远峰，水墨自然散发，而邻处的山体则作了模糊迷离的处理，甚至只留下些白色的斑点，这恰好与近处山上的重墨点形成强烈的对比，此种效果，看似率意而为，实则匠心在焉。

须加措意的是，在《搜尽奇峰打草稿》中，石涛并不局限于淡墨、浓墨的互破法，而是根据物象的差异与相互关系，"随宜适变"，将破墨与泼墨、积墨法并用，在这个过程中，笔墨的挥运并非全出于纯理性的活动，画家的潜意识乃至无意识也参与到整个创作中来，这也正是"笔无定姿""法无定法"的内在理路所在。及以至是，势必造成画面上"不确定"性因素的增加，而误笔、误墨亦势所难免。有鉴乎此，石涛竭尽所能地把"从意适变"发挥到最大化。山头处，墨点飞溅横出，山脚处杂木纵生，则加以"漫无纪律"的繁密皴点，这种"似是而非，以乱为工"的"误笔、误墨法"的大机大用，与其所要呈示的内容是那样地契密无间，以致"无间"到水乳交融、浑然大成的境地。

总之，《搜尽奇峰打草稿》充分体现出一种集成性的恢宏气象。毕竟，零散的星辰与 个庞大光体所产生的视角震撼效果是绝对不一样的！

《搜尽奇峰打草稿》充分揭示出"天地之大美"，大力张扬了石涛在笔墨上的自由创造精神。其中的每一种圈点、每一根线条、每一种意象、每一块墨团，都透发出画家从现实中超拔而出达到审美自由的惊人高度——磅礴的自由情思的释放，浩荡的创造激情，笔墨运用得出神入化，在整个画作中形成了生命气浪的强力顶冲。只要你弹指轻叩，定能听到宇宙大时空的雄浑交响。

《搜尽奇峰打草稿》长卷创作的巨大成功，正是石涛在艺术上达到峰值后的必然归宿。它再次证明：化古开新的大师无一不是靠笔墨说话的；一切思想、观念、激情，最终还是要藉助戛戛独创的笔墨语言，才能迹化为不朽的皇皇文本而进入艺术圣殿。

第二十章

以画入仕忽遭棒喝

乞食诸方绝意南还

　　且说博尔都这几天一直被一种莫名的兴奋所鼓荡着，他的关注焦点始终围绕着以下这两个名字而闪动：一个是王原祁，代表着清初画坛正宗的"四王画派"；另一个是石涛，"清初四僧"之一，为擅于借古开今、守正出新的"在野"派代表。从身份上看，王原祁是最高权力层捧场的画坛盟主、皇家画苑的总裁；而石涛只是一位颇有名气的地方画僧，革新派的代表。在清初，北京是正宗派的重镇；这两派泾渭分明，门户森严，但博尔都却偏要在打破门户之见方面出一头地；在他看来，这两位来头都不小，皆为震烁当世的画坛巨擘，理应相互切磋，各致其极，而不应当在胸中横亘着各自的门户成见。至于这一意愿能否实现，博尔都心里暂时还没有十足的把握——毕竟他们都是天马行空、特立独行的人物。

　　一天，博尔都差人传告石涛，请他务必前去将军府一叙。

　　一见到石涛，博尔都立即热情地把他带往书斋的耳房（那是他的画室）。石涛隔着窗户看去，发现有一位陌生人正端坐在那里，看上去倒是颇有几分气象。

　　石涛一入得室来，博尔都立即热情地为他介绍道："来，你们认识一下。这位是王原祁王先生。"

　　"噢，原来是王先生，久仰，久仰啊！"

　　"不敢，不敢。"王原祁将双手一拱，算是回了礼。

　　"王先生，您不妨猜猜看，这位和尚是谁？"

　　王原祁与石涛从未有过任何交集，但艺术家的直觉往往精准过人，不可思议。王原祁只轻轻地瞟睨了对方一眼，便自信满满地对博尔都说："石涛大师！"

　　博尔都听后哈哈大笑，说："看来你们还真是心有灵犀啊。你猜对了，他就是大名鼎鼎的画僧石涛。"

王原祁立刻向石涛施礼道："久仰，久仰，还请大师多多赐教。"

"岂敢，岂敢！"石涛一边回礼，一边在想，这位王原祁倒也不失为一位温厚儒者，完全不像书画圈中传说的那样霸气十足。不过，要说起这位老先生的履历，倒也并不简单：他1670年中进士，后以绘画供奉内廷，负责鉴赏古今书画，是《佩文斋画谱》的总裁官。据《清史稿》载，康熙"几余怡情墨翰，常召入便殿，从容奏对。或于御前染翰，上（指康熙皇帝——笔者）凭几观之，不觉移晷"。显然，王原祁那种以摹古为特征的山水画风格，深得皇帝赏爱而风行全国，故成为主宰清初画坛的著名"四王"（王时敏、王鉴、王石谷、王原祁）之一。

"来来来，二位请坐。"

待二人落座后，博尔都开门见山地说道：

"今天邀请二位来到敝府，一是想让二位互相认识一下，我这个人最讨厌文人相轻那一套，也从不看重什么师门、流派，所谓'英雄不问出处'嘛。画得好就是好画。只有博采众长，万取一收，才能卓然而成大家。如果看到一个漂亮的孩子，非要问他爷爷是谁，这又有什么意思呢？"

"博先生之言，深得吾心。所谓文人相轻之风，古已有之，于今为甚；但依拙衲看，在文人相轻这一点上，古今还是大有分教在。"

"噢，还请大师明教。"王原祁显然也对这个话题产生了兴趣。

"对，愿闻其详！"博尔都也急于想听下去。

"好吧。二位想必都熟知苏东坡当年与山谷论书的典实，东坡认为山谷的字笔势太瘦，'几如树梢挂蛇'。而山谷则认为东坡之字体势褊浅，'甚似石压蛤蟆'。苏黄二人皆作喻互嘲，但绝无讥诮挖苦之意，故两人能够声气相求，最终相与大笑。"

"先生所论，吾亦云然。苏黄二人原系师徒关系，故契密无间，无所不谈。虽比喻有失典雅，但毫无恶意。"

博尔都接过王原祁的话头，调侃道："噢，看来二位的观点完全一致，绝无相轻之意。"

三人相视一笑。

石涛似乎意犹未尽，接着直抒己见道：

"拙衲适才说过，这文人相轻，古今确实大有分教。依拙衲看，古之文人相轻，为名也；今之文人相轻，为利也。古之文人相轻，求同存异，怀仁持善；今之文人相轻，求全责备，尖酸刻薄。古之文人相轻，自己德艺兼备然后再要求他人，自己不行绝不会轻易批评他人；今之文人，自己德艺皆劣却偏偏去强求他人，明明自己有缺点反而苛责他人的缺点。"

石涛在发此宏论时，王原祁一直在微微点头，显然对石涛的才气与见识深感倾慕。

"还有，古之文人相轻，为求大道之行也；今之文人相轻，只逞一时之忿。古之文人相轻，恃才傲物；今之文人相轻，邀宠卖乖。古之文人相轻，我行我素，卓尔成一家之言；今之文人相轻，人云亦云，倚势作应声之虫！"

听到这里，博尔都不禁击案赞叹："嗯，妙，妙，看来石公确实识见过人，吐属不凡啊！"

王原祁此时起身敛容道："啊，真没想到一个'文人相轻'的话头竟引发出先生的如此高论，佩服，佩服！"

"拙衲不过一时快语，辱蒙二位错赏！"石涛听罢此言，将双手一拱，接言道：

"一句话，古之文人相轻，如负天之鹏，蛇、鼠之辈不入于目也；今之文人相轻，如井底之蛙，江、海之声不入于耳也！"

说到这里，石涛不由地提高了嗓门，以一个富有激情的斩截手势结束了这个话题。

"好，说得好，痛快，痛快！来，请二位入席吧，我们边饮边谈。"

王原祁与石涛毕竟都是灵悟超人的大师，他们心里明白今天之所以能受邀在此聚谈，绝非只是一般谈宴——博尔都肯定是想利用自己的特殊身份和影响，完成一件他人想不出更办不到的事。

果然，博尔都径直言道：

"今天请二位来，敝人还有一个想法，那就是想请二位在此合作一幅墨竹。"

看到二位皆呈颔首微笑之状，博尔都心里明白，这二位当代画坛巨擘算是同意了。

可不知怎的，酒过三巡，菜过五味后，一直诙谐幽默、挥霍谈笑的博尔都却突然变得严肃起来，只听他慨言道：

"我这个人一向不信邪，什么这不可能，那不可能，哪来的那么多的不可能？就说你们两位，本来各画各的，无非是想画得更好，得到更多人的认可。可在京城，就被一些好事之人夸大成势不两立，形同仇雠。这简直是笑话，其实哪有那么严重，最多也就是彼此的艺术见解不同，绘画趣味不同嘛，有什么值得大惊小怪的？这就像吃菜，你喜欢咸，我喜欢淡；你爱吃鱼，我想吃肉，口味不一样，难道就不能在一个桌上吃饭了？笑话！"

说到这里，博尔都用力敲击了一下桌子，与他平素的温文尔雅简直判若两人。

其实，博尔都的这番直白倒真有点"旁观者清"的意味。在当时的画坛上，石涛在主流派眼中一直是个异类；他长期奉行他那套毁誉参半的"无法之法"，给书画界造成了某种难以有效阐释的困境。而在博尔都看来，这一切不过就是个艺术趣味的问题，尽可各行其是。

但博尔都接下来所说的，就不是在与二位交流，简直就是对他们厉声训斥了——

"最近有一帮无聊文人，动不动就拿皇上说事，说什么只要皇上召见过了、皇上承认了就是正宗。如此说来，你们俩都曾受到过皇上的召见，这又该怎么说？所以，敝人一直认为，画画就是找乐子，自娱娱人，不要搞得太严肃，太正经。动不动就叫它'载道'，屁话。我今天画座山，明天画只鸟，能载个什么道？所以，画家只管画你的画，不要自作多情，动不动就要'载道'，甚至想靠这东西挤进官场，要知道这官场可不是好混的，什么荣华、富贵、光耀，一夜之间就会化为乌有，甚至会跌入万劫不复的深渊。再说说你们吧，让人一看就是心高气傲、抗流违俗那路人，心性投合的一见面便可引为知己；看不上的，别人就是把他捧上天你们也是白眼相看，也不知你们哪来的这种不知天高地厚的狂劲？就你们这德性，看到人家瞌睡了就送枕头的事根本做不来，却想跻身官场，你有几条命？你看我这个大将军，到头来又能怎么样？还不是跟你们一起谈画作诗？"

如此率性见真的肺腑之言，竟出自一位皇室贵胄之口，这不禁让王原祁、石涛大为震悚。同时，也使他们不得不对这位大将军另眼相看；不论是石涛，还是王原祁，毕竟都是见过大世面的人，且久阅春秋，他们深感博尔都是位胸无城府的性情中人，在他身上，没有一点虚与委蛇、工于心计的官场习气，甚至没有一点世故的杂质；他一旦与你订交，就绝对拿朋友当朋友；这对像博尔都这样位尊望隆的皇室贵胄来说，无疑是极为难能的；唯其难能，所以可贵！

博尔都毕竟不是等闲之辈，他一看二人的表情，便知道此话他们基本上听进去了，于是他举起酒杯，"来，我们再同干一杯！"

三人一饮而尽。

接下来，博尔都说得更直截了当了——

"我看呐，你们二位都不要把什么'户部给事'、什么'高僧'太当回事了。别老想着做什么高僧，能做个画家，这是你们的福气！”

说到这里，博尔都瞥了一眼石涛，接着说道：

“出家人嘛，本当以参禅习静为怀，刻什么印章嘛，还唯恐天下人不知你是谁的徒，谁的子，费这些心思，有什么用？弄得不好还会带来大麻烦！说来也怪，你身为和尚，却偏喜欢跨界玩点新鲜的，如同将军游文章之府，书生践戎马之场，虽乏本色，还自觉别有况味。其实，舞文弄墨之人，哪有真能践戎马之场的能耐，却偏喜欢谈兵说剑，似乎自己牛气冲天，其实不过就是纸上谈兵的轻狂而已。”

说至此，博尔都又把刚才的话重复了一遍——

“所以啊，我奉劝你们别老想着做什么高僧，做什么‘户部给事’，能平平安安地做个画家，这就是你们的福气！”

也许博尔都意识到刚才那番话说得有些过重了，故语气稍转和缓：

“其实，皇上礼不礼佛，这要看他治国的需要。康熙帝的时代，江山稳固，人心思安，百姓都在礼佛，康熙帝顺势而为，佛教道教，尽可盛行，只要臣民能够和平共处，绝不干涉，这是康熙帝的治国方略，与顺治皇帝大为不同，所以你的师祖、师父在顺治皇帝当朝时出尽了风头，可你没赶上那样的时代，就不要老是去做‘国师’‘高僧’的梦了！时乎？命乎？‘时来天地皆同力，运去英雄不自由’，老子也常讲要‘动善时’，时运不至，你再踌躇满志跃跃欲试也是徒然，历史走到今天，真正起决定作用的往往就是皇上的一个眼神，一个手势！”

多年来，石涛哪里听到过如此逆耳的“忠言”？只见他脸上红一阵白一阵，以一种不无惊异的眼光望着博尔都；他简直弄不明白，一向儒雅温厚的大将军，为什么忽然涨红了脸，还不时情绪激动，像是变了一个人！

而博尔都却愈讲愈来劲了，而且这回是“法从例出”——

"我不妨再举一个真实的事例,北宋末年,香山匠人沿着大运河北上,来到开封给皇帝造园子。主事的朱动绝对是个造园高手,开封著名的艮岳就出自他的手笔。就规模而言,天底下恐怕没有比那更大的人工园林了,周遭十余里,全用江南的太湖石堆叠而成,再加上楼台亭阁和从各地搜集来的奇花异草,俨如阆苑仙境,因此博得了艺术眼光很高的宋徽宗的赞赏,命他出任'苏杭应奉局'的官职,奉命采办'花石纲'。一个造园子的,你说你去当什么官呢?老老实实造你的园子不就得了。一旦沐猴而冠,涉足官场,命运就惨了。后来,朱动与蔡京、童贯、高俅等人一起被斥为祸国殃民的'六贼',杀的杀,流放的流放。像朱动这种没有什么靠山的只能掉脑袋。他死后,家境一落千丈,好在子孙都有这门手艺,可以游走于王侯之门,俗称'花园子';其实,只要有口安稳饭吃,即使一辈子做个'花园子'又当如何?总比混迹于险恶的官场要好得多!"

说到这里,博尔都的语气更为激厉:"哼,说来真是可笑,我身为将军,却什么都无所谓。可你身为僧人画师,却什么都那么在乎!"

博尔都这番话,"话糙理不糙",如同一盆冷水浇在石涛那被热情烧灼的身体上,惊异、委屈、痛苦、失望甚至怨悔,像无数只小虫子噬咬着他的心。一向自尊心极强的石涛,此时真有点坐不住了,额头上不断地渗出细细的汗珠。

但石涛毕竟是禅修甚深、悟性极高之人,通过博尔都的这番参透勘破、一针见血的话语,他看出了博尔都的器识、睿智与气度,也看出了他的仁厚宅心。身为天潢贵胄,博尔都深知自己的性格,更深知官场的险恶,他实在不愿自己有出仕之想,哪怕是"以画入仕",做个所谓"国师";因此,博尔都要为自己"洗脑",让自己"开窍",不要再像佛家所说的那样一味"执迷""不悟"。

想到此,石涛不但没有一丝觖望,反而从心底涌起一股莫名的感动。

"好了，"博尔都显然说得有点累了，要收官了，"今天，我乘着酒兴，讲了很多，都是我的心里话。其实，你们当户部给事也好，当和尚也好，都不必太认真，大家有缘走在一起游戏一场，不亦乐乎！好了，不多说了。下面请二位再干一杯，一会儿我们去'白燕楼'茶叙，如有兴致，不妨合作一幅墨竹，不知二位意下如何？"

"大将军既已发话，乐为乐从！"说罢，三人一起来到"白燕楼"，石涛放下茶杯，来到画案前。他一边磨墨，一边谦和地问道：

"王先生，你看我们如何合作？"

王原祁也不失风度地应道："一切悉听尊便。"

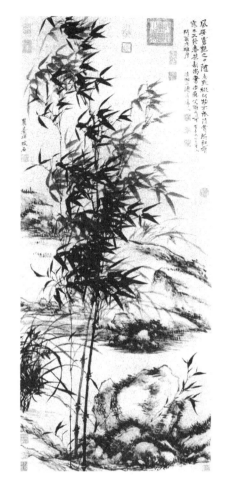

《坡石墨竹图》

"那我们俩谁先开笔呢？"

坐在一旁的博尔都这时又发话了："你们二位同庚，都到了知天命之年；再说，你们二位都有大本事垫底，谁先开笔还不都一样。"

"好吧，"石涛说，"那就由拙僧先画兰竹，先生衬以坡石，如何？"

王原祁一向以擅绘坡石见长，苍劲老辣，不让古人；一听此言，顿时来了自信："那好吧！就依上人。"

于是，石涛开始大刀阔斧地劈竹写兰，而王原祁则细心地补以坡石；他们互相谦让，一切进行得有条不紊。当石涛作画时，王原祁一直在凝神注视着他那些以"我法"出之的创新笔法，且频频颔首，脸上不时微露出惊讶和赞赏。而王原祁"小心收拾"时，石涛也立于一旁目不转睛地观赏着，深感其扎实深厚的传统功底、娴熟老到的笔墨技法。

这无疑是清初画坛上的一次最高级别的艺术交流，也是两位顶尖级的绘画大师仅有的一次完美无瑕的高端合作。尽管他们流派不同，取法各异，但在合作中彼此绝无隔阂，融融泄泄，一幅难得的千古杰作《坡石墨竹图》就这样在一片祥和的氛围中完成了。

更令人匪夷所思的是，它看上去竟是那样的天衣无缝，俨如出自一人之手！

此次被传为画坛佳话的艺术合作，对于石涛和王原祁来说，其意义都显得非比寻常，它再次证明了一个真理——

任何一个时代的艺术舞台，都不会是一个人的独角演出。

是年秋，有故友绘制《摹石涛执佛小影图》，石涛观赏后，颇觉惬意，遂濡笔自题一诗如下——

> 快活多，快活多，眼空瞎却摩醯大。
> 岂止笑倒帝王前，乌豆神风摩直过。
> 要行行，要住住，千钧弩发不求兔。
> 须是翔麟与凤儿，方可许伊堪进步。

此诗中关涉到两位临济宗的重要祖师，一位是与广教寺关系密切的黄蘗希运，另一位则是临济宗的创立者临济义玄，因黄蘗目盲，故义玄称其为黑豆老和尚。从表面上看，诗中似有客居京城去留不定之意，然细味此诗，其中所透发的，是对自由境界的心驰神往，是对昔日"走火入魔"的幡然醒悟，同样还曲透出一种自遣自嘲的意味。看来，博尔都的一片苦心没有白费。设若不来京城，彼石涛恐怕未必是此石涛，也断然不会发生如此巨大的内心变化。

正当石涛依违于去留之际时，另一桩"非所愿闻之事"传来。

1692年，康熙皇帝敕令京城名手绘制十二卷的历史大型图卷《南巡图》，身在京城的石涛却并不在受邀之列，反倒是从千里之外请来了王石谷，与杨晋等人共主其事。

这则消息，对于石涛来说，不啻是一记棒喝，他切身地领会到"四王"作为在董其昌理论支持下的复古画派，其艺术与政治联姻后所形成的那

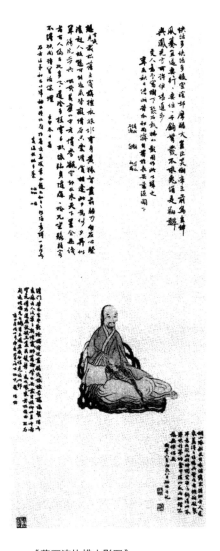

《摹石涛执拂小影图》

种压倒性势力，也意识到"四王"已然成为一统天下的画派，自己不过是一个边缘人物而已；至于此次赴京所做的全部努力，已然悉数化为泡影。

不过，作为"四王"之一的王原祁毕竟还是颇有眼力的，他对扬

州、南京的画家素有贬辞，唯独对石涛另眼看待，从未将他与一般扬州、南京的画家等量齐观。他曾在某种场合，对石涛的画艺予以高度赞誉：

> 海内丹青家不能尽识，而大江以南，当推石涛为第一，予与石谷皆有所未逮。

此论出自王原祁之口，洵为难得。由于清初画坛的主流以北方为中心，王原祁把石涛当作区域性的地方画家看待是理有固至、势所必然的。"有所未逮"四字下得颇为微妙，王原祁把自己和石谷也陪了进去，确实给足了石涛面子；而石涛对此却似乎并不领情，他直陈己见道——

> 此道从门入者不是家珍，而以名振一时，得不识哉！高古之如白秃、青溪、道山诸君辈，清逸之如梅壑、渐江二老，干瘦之如垢道人，淋漓奇古之如南昌八大山人，豪放之如梅瞿山、雪坪子，皆一代之解人也。吾独不解此意，故其空空洞洞、木木默默如此。问讯鸣六先生，予之评定，其旨若斯，具眼者得不绝倒乎？

石涛将那些游离于画坛主流之外的在野画家放在一个更宏大的背景中予以立体观照，对所谓"地方性画家"的不朽价值和重要地位，给予了历史性的还原。基于此一知见，石涛又作出卓越的阐发——

> 此道有彼时不合众意而后世鉴赏不已者，有彼时轰雷震耳而后世决不问闻者，皆不得逢解人耳。

　　此真掇皮见真、放眼千秋之崇议伟论，什么"四王"，什么"中央画坛"，在石涛看来，虽能"名震一时"却终难傲立千秋，真正能够存活在时间的深度里的，是那些自拓衢路、化古开今的伟大画家。有着长期的艺术实践经验、并对画学历史的源流条贯了然于胸的石涛，早已悟透了通行于艺术史上的这一无情的铁则——

　　在艺术领域，永远奉行着"胜者通吃"的残酷法则；光前启后、开宗立派的大师席卷了所有荣誉，却从不给泥古者留下一杯残羹！

　　基于此一认知，石涛又作出更进一步推阐：对于梅壑、渐江、八大山人、梅清这类"极个别者"，既不可限以地域，也不可限以地位，甚至不可限以年龄与资历，他霍然而起，卓然而立；其得以生成的复杂的内在奥秘，是那些循规蹈矩的迂腐之士难以窥其万一的。

　　这就是石涛一贯坚守的批判性立场，也是石涛的天才洞见！

　　如果就石涛的初衷而言，此次北京之行，为时三年，远未遂其所愿。在此期间，康熙皇帝并未召见过他一次，也没有让他画过一幅画；除了与王原祁、王石谷合作了几幅画，得到了一些上层人物的赏识及著名商家的经济赞助外，他甚至也没有成功打入刚刚重建的中央画坛。

　　一直致力于以书画（包括诗赋、禅学）入仕、欲求取高阶僧职的石涛，在来京前曾是何等真诚地期望康熙皇帝也能像当年顺治重用木陈师祖与旅

《书画》（之四）

《诸方乞食山水图轴》

庵师父那样，将皇恩泽及"善果月（旅庵）之子""天童忞（木陈）之孙"，使其"冀王道之一平兮，假高衢而骋力"（王粲语），一展"以笔墨作佛事""盛世以建功"之志。如今这一期望已然落空，他试图通过各种渠道以亲近康熙并以画僧身份赢得皇室支持的私愿亦无果而终。虽然表面看来，石涛所受礼遇甚隆，似乎煞是风光，但他在京城的真实内心感受却是"落落无知己，满面生灰尘"，《诸方乞食山水图轴》就是在这种心境下完成的。

画面上呈现出的是一片秋景，萧瑟的树木，荒疏的野屋，透出一种凄寒衰飒的况味。居于画面醒目处的，是一位手持拐杖的孤独老人，举止四望，若无所归，令人联想到这位老者其实就是石涛本人。其实，在石涛看来，除了那些来自画商、富豪及附庸风雅者肉麻的吹捧、违心的阿谀外，自己在本质上与那些天涯漂泊的行乞者并无二致；想到此，他轻微地叹了一口气，然后在这幅画上题上一首诗：

> 诸方乞食苦瓜僧，戒行全无趋小乘。
> 五十孤行成独往，一身禅病冷如冰。

自嘲亦复自哂，正曲透出石涛当时的真实心态。

类似的心态还表露在石涛于1691年冬写赠张霖的诗中：

半生南北老风尘，出世多从入世亲。

客久不知身是苦，为僧少见意中人。

此诗透发出他与佛教圈的某种疏离，亦流露出身在京城的石涛始终处在一种被热闹所覆盖的孤独之中，可谓情怀抑郁，万绪悲凉。

更耐人寻味的是，石涛在离京前，曾为东道主王封溁绘制山水册，在最后一页上，石涛将他本人那种空茫无寄却又不无萦系的难堪情状作了戏剧化表现（其中显然大有本事在）：画面左边一位孤寂的僧人驾舟向前方渡头划行，在右方一面岩壁之后，有一寺庙，似乎是为访客所提供的暂栖之地——联系到石涛当时已从王封溁的宅邸移居到慈源寺，并打算由此返回南方，那么此页山水册便具有了某种"自画像"的性质，同时也是石涛对自己当下的生存状态的隐喻式描绘。当然，此中最值得用心体识的，是石涛用行草书所题写的如下跋语——

吾昔时见"我用我法"四字，心甚喜之，盖为近世画家专一演袭古人，论之者亦且曰："某笔肖某法，某笔不肖。"可唾矣。此公能自用法，不已超过寻常辈耶？及今翻悟之却又不然。夫茫茫大盖之中，只有一法，得此一法，则无往非法，而必拘拘然名之为"我法"。

情生则力举，力举则发而为制度文章，其实不过本来之一悟，遂能变化无穷，规模不一。

吾今写此二十四幅，并不求合古人，亦并不定用我法，皆是动乎意、生乎情、举乎力、发乎文章，以成变化规模。噫嘻！后之论者指而为吾法也可，指而为古人之法也可，即指为天下人之法亦无不可。

　　石涛将自己与今人截断，并移置于古今二极之外。他"悟"出无垠宇宙中只有一个独立且无所不包的"法"，石涛虽拘拘然名之为"我法"，但此"法"必动乎意、生乎情、举乎力、发乎文章，以成变化规模，与天地之"法"连为一体，方能从法而不逾矩。

　　正是基于这样一种超越古今的视点，石涛此后作画并不一味"求合古人"，亦不复一味强调"我用我法"（这一点仅从他本人为王封溁所作的山水册画册借鉴了王鉴及王原祁的若干构图特点已可窥其端倪），充分示出石涛破除偶像迷信、与古今画家进行对话的开放姿态——石涛在不断自我完善的画学理论基础上更向前迈进了一步。

　　是到了对石涛几十年来所走过的艺术道路进行要简要回顾与总结的时候了。

　　石涛绘画艺术的发展大致可分为三个阶段：

　　第一个阶段是1678年之前（即宣城以前至宣城期间），此为石涛绘画的早期阶段。石涛尚未完全摆脱新安派画法，还处在"了法""悟法"与"役法"及"从于心也"的"我法"之间作艰苦探索的过程中。

　　第二个阶段是金陵时期，一直延续到石涛自京城南下时期，此为其绘画发展的中期阶段；在这一阶段，石涛虽取径多方，但已进入"法法我法"的"非从属"境地。

　　第三个阶段是定居扬州时期（1691—1697），这一时期，由于石涛已由佛转道，且以"大涤"精神自励，在艺术上已达到"六经注我"的境地，其笔下则呈现出更加恣肆豪放、从心所欲的画风。

　　在此需要说明的是，对于石涛这样一个不断地独辟蹊径且不为任何画派所局限的画家来说，勃勃难抑的创造欲望，注定了他会不断地给自己出难题，同时也会不断地给评论者出难题——石涛总是以他穿梭飞扬任性游心的灵悟和文心打通各个领域，从而进入"自由创作"的境界。因此，石涛给我们展现的是一片竹篁密布、清气沁脾的感性思维丛林，若对此按不同时期进行某种人为的划分方式来加以界范，则显然是以过滤掉其生命主体、创作个性的生动性、多样性以及生命原生状态的丰富情状为代价的。至于从"风格学"的视角对石涛不同时期的创作特点加以总结，这对于富有求变善化的创新精神的石涛来说，恐怕亦有失空疏、简单与浮泛。

作为一个不断跨界且艺术上的开合度极大的天才，横贯于石涛艺术创作的一个主脉就是他总是开辟传统而非因袭传统；总是把传统视为无施不可的活体，能容纳诸多自我生成或嫁接生成的东西（这就是传统的活力），而不是静止地理解传统；总是把自己新的艺术感觉与追求目标转化为新的笔墨语言；在这个具体的笔墨探索的过程中，石涛所着力追求的其实就是一个"化"字，感觉也好，技法也罢，都必须"化"而出"新"；他绝不容许某种形换神不换的同质性东西的存在——如果一个画家现在画的画和十年、二十年前一样，那为什么还要继续画呢？

于是我们看到——

在石涛在笔墨创造中，没有庸常、重复、因循、狭隘与苟且；他只是在不断地探求、创造，不断地在对旧壳的蜕变中实现全新的超越与飞跃。

于是我们惊异地发现——

石涛总是自觉地追求着一种化自在之物为为我之物的审美自由，而作为释放这一能量的笔墨语言，几乎非人力所为，它远远高于一切人为的技术层面的非操作性。它看上去是那么匪夷所思，具有鬼斧神工的奇妙和浑然天成的密致，这种"画受墨，墨受笔，笔受腕，腕受心，如天之造生，地之造成"（石涛语）的神奇效应的出现，说到底，还是源发于一种稀有的天资。

总之，石涛此次北京之行，在他的生命史上还是非常有意义的，这集中体现为以下两点：

其一是利用京城的地利之便博览了大量历代名画，这对石涛书画艺术的提升，作用綦巨。由于古代资讯欠发达，故名家一般都注重收藏，这关乎画家的眼界与见识。但溯自有唐以来，所谓的收藏家，严格说来都是个人收藏家，不论他们的收藏多么丰赡，都难免带有地域性特征，而石涛利用京城的地利之便博览了历代的大量名画，又通过与当时文化重臣的频繁交流，大大扩展并提升了文化视野与精神境界。

其二是在北京期间，石涛创作了大量书画作品，进行了一系列卓有成效的笔墨探索。大天才、大智慧与大精进合而为一，终于使他厚积薄发，创作出像《搜尽奇峰打草稿》那样的巅峰之作，触处灵源，一派化机；他以其"尽其灵而足其神"的笔墨，达到了艺术创造上"山川与予神遇而迹化"的化境。

此外，还有一点必须在此提及，在北京期间，石涛对自己作了一次严厉的自省，他发现自己仿佛是出于自愿又仿佛被某种外力劫持着，因贪图名声而误入歧途，因攀炎随势而违背初衷，几乎是把自己的生命与才华交给了自己的虚荣来主宰，结果是险些迷失自我！想到这里，石涛不由得在心底升腾起对博尔都的深深谢意，幸亏他在酒席上的那番"当头棒喝"，这为他后来生命历程中所出现的重大转折提供了契机；也正是那番"棒喝"，使他对官场的混乱与险恶产生了某种感同身受的精神认同。权势、名利、争斗、盘算、谄媚、城府……这一切与生命何干？与灵魂何干？在"欲将有限事无穷"的伟大追求面前，一切都变得渺小了、虚诞了！

"好从宝绘论知遇"的好梦既已破灭，石涛遂又重新回归到此前为自己所确立的"角色定位"——那就是听从生命最本色最天然的召唤，做回一个真实的不折不扣的自己，丢掉妄想，潜心作画，矢志成为光前裕后、炳耀千秋的一代画僧。

"三年无反顾，一日起归舟"，康熙三十一年（1692）秋，石涛买舟南下，决意定居扬州。

第二十一章

激浪大作至宝无恙
扬州甫抵贫困交侵

听说石涛将要南下，博尔都、王封溁等京城好友纷纷前来送行，时在1692年秋季。出于安全考虑，博尔都还特意派了两个仆役负责护送。

石涛一行沿着大运河舟行南返。刚一上船，石涛顿感那清凉的水气扑面而来，于是整个身心彻底放松了；其实，船只不过是让人作了一个从陆地到水上的位移，可石涛一到了水上，空间的感觉就完全变了，与那个使他感到压抑与憋屈的京城大大地拉开了距离。

可令石涛万没想到的是，船刚开出十几里外，狂风开始大作，河流发出巨兽般的吼啸，像是要把天地整个翻转过来。在一个接一个迎头打来的波浪中，石涛所乘的一叶孤舟忽而抛上浪尖，忽而跌入深谷，随时都有覆没的危险。随着那一阵阵令人晕眩的巨大颠簸，石涛随时都感到死神正拍打着黑色的羽翼在头顶盘旋。当此千钧一发之际，他首先想到的就是他爱逾生命的《百开罗汉册页》——只见他使尽浑身的解数，拼命地将《百开罗汉册页》举在头顶，一任风击浪打；在两个仆役的全力保护下，他的性命连同这件《百开罗汉册页》总算得以保全，但他随身携带的行李却不幸丢失。

护送石涛的那两个仆役正为此深感自责，唯恐无法回去向主人交代，没想到石涛却忽然哈哈大笑起来。

这一来，那两个仆役更加慌了神，一时不知所措。

"你们知道我刚才笑什么吗？"

两个仆役都把头摇得像拨浪鼓。

"我笑你们那一副魂不守舍的落魄样子，你们以为我真的会在博大人面前告你们的恶状吗？哈哈哈……"

那两个仆役一听石涛此言，一颗悬着的心总算放下来了，连忙向石涛鞠躬称谢！

　　"好了，不提这些了。咦，你们还站在那里干什么，坐下吧。这一路上，你们不是老想听我讲故事吗，好，现在有的是时间，我就再给你们讲个故事听听怎么样？"

　　"大人啊，都这时候了，您还有心思讲故事？"

　　"此时不讲，更待何时？"

　　"好，好好，大人请讲。"

　　"现在就给你们讲一个德山禅师的故事吧。当年德山禅师前去参访龙潭崇信禅师。一天晚上，他侍立在龙潭身旁，龙潭说：'天色已晚，你可以回去睡觉了。'德山听后就走了出去，可不一会儿又转身回来，说'外面太黑'。龙潭一听，马上点上纸烛递给德山。德山伸出手来刚准备接，谁知龙潭却'忽'的一声把纸烛吹灭了！这一下德山顿时大悟，倒地便拜，说：'今天，我终于领悟到禅法的神圣了！三乘十二部经典，不过是人心里的纸烛而已。人心一亮，纸烛就无用了……'

　　"第二天早晨，德山把自己最珍爱的《青龙疏钞》，以及自撰的其他有关佛法的全部著作堆在法堂上，然后举起一支火炬，说道：'就算是穷尽了一切最高明、最严密、最有系统的理论与经典，也只是像把一根毫发放在宇宙中那样有限和渺小；就算是用尽了全部的聪明和才智，也恰似把一滴水投入巨大山谷那样的可怜和无益！'说完，便将自己的著作一把火烧了；在熊熊的火焰中，德山获得了新生。"

　　"大人这故事好深啊，奴才一时还没品咂出味儿来呢！"

　　"你这脑子哪行？大人分明是借这个故事表达他对刚才丢失行李的态度，大人您说，是吗？"

　　石涛听后不禁又哈哈大笑起来："看来还是你聪明！对了，你们知道我那行李里都有些什么吗？"

　　那两位仆从都摇了摇头。

"告诉你们吧，那里面有我多年所积存的诗稿、书籍以及画作！"

"哎呀，这可太可惜了！"

"咦，你刚才不是已经了解到我对丢失行李的态度了吗？"

"噢，对对对，还是大人说得有道理。"

三人就这样说着笑着，不觉间客船已渐渐驶入扬州港。

石涛惊喜地发现：不少朋友早已伫立在码头上，热切地迎候着自己的到来，他们分别是——程浚、费密、李骥、张山来……——朋友们知道，石涛这次来扬州不再是匆匆过客，而是要在此定居。

甫抵扬州的石涛，一看到眼前的繁盛景象，眉结顿时舒解开了，其心情如同一条打开缝隙的窗口，"千家养女先教曲，十里栽花算种田"的扬州挟带着它特有的富丽温软的眩目光色映入眼帘，娥眉粉黛，画舫笙歌，人烟辐辏，花头翻新，置身在这商贾云集的繁华市景中，石涛觉得这里既没有北方的官僚气，也没有江南的地主气，有的只是一派在新型的商业和经济之上形成的雍熙气象，它既是市侩的、实利的，也是活泼的、充满生机的。石涛任其胸腔里的那股气流，软软地、汩汩地流淌，那里面有诗意的芳香，也有朦胧的憧憬……

作为一座古老的名城，扬州的姿色尽在于水，其魅力也尽在于水。而扬州的水又不同于苏州，苏州的水一如苏州的"吴侬软语"，是轻柔舒缓、慢条斯理的，它仿佛都浸润在一张不动声色的水网中，把整个小城分割成一方一方滋润的小日子，所谓"小桥流水人家"，此之谓也。

相比之下，扬州则显得更加繁盛热闹；它居于运河与长江交汇处，自然成为漕运和盐运的枢纽，而两淮盐运使署即设在扬州。据文献记载：江苏、安徽、河南、湖北、江西等省及山东、山西、陕西、四川等部分地区所需的食盐全从扬州"引盐转运"。逮至明代，则设有盐官负责其事，两淮、两浙还专门设了巡盐御史。及至18世纪初，扬州盐税竟占到全国赋税的四分之一，可谓"利甲东南之富"。那仿佛春笋般拔节而起的精致园林、茶庄、酒肆和壮观的夜市以及那片富有灵气的瘦西湖，无不由此雄厚的财富堆积而成。更妙的是，在古城扬州还孕育出一座长萦着玉人箫声与香艳脂粉气的二十四桥，那是一处宜诗入画的所在。

"春风十里扬州路，卷上珠帘总不如"，繁盛一时的扬州是傍着古运河而铺展的。河流上那五颜六色的波光，映照着岸上的绿树芳草、红楼粉墙与明艳的时尚。至于晚唐诗人杜牧所谓"腰缠十万贯，骑鹤下扬州"已不复是个神话。在17世纪末及18世纪上半叶，扬州无疑是最具人性化、最令人神往之地。

屈指算来，石涛已三年没来扬州了。在他的印象中，商贾云集、人烟辐辏的扬州既是一座辐射着生命热力的都市，同时又是一座弥散着世俗气息的销金窟。放荡的文人在此狎妓冶游，无聊的官僚们在此附庸风雅，奢靡的商人在此炫财斗富，妖冶的女人在此搔首弄姿。如果是在北京，一个英气勃发的青年人的生活重心肯定会放在科考与功名上，而一来到扬州，这一切自然而然地被转换成了诗酒与宴饮，以及那难以抵御的来自风月场上的征逐。

来到扬州不久，石涛便深感这座历来"多富商大贾，珠翠珍怪"的古城，变得更加世俗化、商业化了。奢靡浮华的世风往往与艺术品的消费并存，扬州俨然成了中国当时书画作品的最大集散地。任何人只要到了这里，都会撕下温情脉脉的人格面具，变得赤裸裸地真实起来。这就无怪乎文人、墨客与画商都喜欢往扬州跑，反正这里热闹得很；再加上水上交通的便利，各类人物尽可在此展露一番身手，而扬州也正敞开胸怀热情地迎接着他们的到来。

不过，来到扬州的也不全是春风得意的，别看他们一个个轻裘缓带，酒暖香温，高吟朗笑，意态倜傥，那些伫立在月光下的身影背后也同样有着各自的失落和凄惶。至于石涛，他一来到扬州，首先便想到了师父旅庵本月，他从大红大紫的京城国师骤然间退守到松江的偏乡僻壤——如此强烈的落差，旅庵法师却能处变不惊，应对裕如，这需要多么高超的智慧与大彻大悟的境界！石涛由是反观自己，虽为方外之人，可这几年介入红尘实在太深了；各种世俗的欲望，像一具无形的枷锁，紧紧地禁锢、诱惑着他，这在一定程度上影响着他的创作心态，使他难以一展在绘画上的雄心伟抱——石涛之所以选择扬州作为定居之所，其原因固不止一端，但与石涛上述这种精神自省显然大有干系。

就在这时，石涛忽然想起一个人——天津的张笨山。此人虽为居士，却是大悲院世高则的法嗣，属临济第三十六世，石涛之所以乐与相交，固有着法系上的原因，而更重要的是彼此在艺术上的灵犀相通；石涛于半年前去天津，曾在张笨山家中当场作画，二人深相投契——石涛又想起了不久前在京城与笨山相与论画的难忘情景——

"啊，笨山兄，相传兄乃当今大隐隐于市的高士，所谓'门业甲三津'，今日一入其室，方知兄乃曾参、颜回之俦。"

"弟虽'萧然无所与'，要在'不改其乐'也！"

"咦？"石涛忽然看到室内的"帆斋"二字，一时难解其意，遂问道："兄以一'帆'字名斋，不知取义何在啊？"

张笨山答曰："既为'帆'斋，容有常处乎？"

石涛这下明白了："噢，原来这就是'帆'字的命义所在啊！"

语毕，二人皆唏嘘太息良久。

最后还是张笨山打破了这一难堪的沉默："石兄，近来可有新作否？"

"有啊。"说完，石涛从褡裢中取了几张尚未装裱的新作，并打开其中一张，道："笨山兄，这是弟刚刚完成的一幅《春雨图》，还请兄赐观指教。"

"岂敢，岂敢，石兄太客气了。"笨山一边说着，一边急切地等

待着石涛将画打开，谁知此
画甫一展开，笨山竟然失声
高叫起来：

　　"哎呀，太妙了！弟
以为此乃兄在京城所画的一
件神品！ 妙在几乎舍弃了
线条，也极少用点，而是以
不显笔墨痕迹的渲染法出
之，再以'我法'着色上
墨，表现树后雾气弥漫的雨
中之山。由于色墨中所含水
分较多，经过充分洇染，边
缘模糊，看上去具有一种元
气淋漓的美感效应。再如前
景那两株刚刚吐翠却不知名

《春雨图》第二十幅

的树，树的主干完全用大笔蘸以饱满的水墨画出，既无勾勒，亦无皴
擦，这种一反古人成法的路数，一方面表明石兄对这种'老树逢春发
新芽'的景象观察细致、感觉精微，且富有鲜明的形象记忆，一方面
又表明石兄极擅以'我法'来表现胸中所感。"

　　说到这里，笨山用手指着前景的那几株从两株古树后面斜伸出
去的枝干，恳言道："这些枝干，虽为衬景，却起到丰富画面层次的
作用。树非绿色，却给人以苍翠欲滴之感。而树后与远山之间的那片
留白更是非常重要，它既像云，又像雾，使得整个画面都'活'了
起来。"

　　接下来，笨山开始观赏另一幅，题为《桃花锦浪图》，只听张笨
山啧啧称赞道：

　　"石兄此作一望便知是'师造化'之作，在画法上也几乎不用墨

线，作为前景的桃树林同样不见勾写树干树枝的线条，只用大笔头的墨点、红点多层点染而成，与远处的草地遥相呼应，更觉妙趣横生。画的左上方则施以一片水渍淋漓、略带花青的水墨，给人以云雾腾绕之感。至于中间部分，则是大面积的留白，只有两张略施赭石的风帆，在桃花丛林后面隐然露出，妙在虽未着一笔，却使观者产生江水浩渺的视觉感受。显然石兄是从自然的山石与林木中受到启发，然后自出手眼，这正是石兄'无法法亦法'的精义所在啊！"

"以上几幅画作，都是弟京城闲居无聊时所作，不料竟博得我兄如此谬赏，对弟来说，这真可谓是'不虞之誉'啊。噢，对了，这里还有几幅小画，也请兄一并赐教！"说罢，石涛又从褡裢中取出几幅画，并逐一展开。

"咦，这张太有意思了！"笨山显然被那张《三老论道图》深深吸引住了，他津津有味地观赏着，然后又称叹道：

"此真神品也！此画既有传统山水画的立意及'骨法用笔'的技法，同时又融入了兄自创的家法。在章法上则采用了'截取'之

《三老论道图》

法——在茫茫天地之间只截取一棵古松入画，而在古松上，竟坐着三位赏景论道的高士，可谓奇绝！像这种匪夷所思的卓异之作，恐怕只能出自胆魄过人的石兄之手了！"

"笨山兄过奖了，此不过弟一时兴至之作而已。再请兄看看这张《悠然见南山》。"

"嗯，此幅与上一张同一机杼，其画眼全在采菊'东篱'的陶彭泽，石兄将其置于画幅的右

下方，形简而意足，势奇而机畅，而作为远景的一抹云山，则以略带花青的水墨略为点染。为平衡画面，石兄将画款题于左上方，与主要部分遥相照应，妙合无垠，这种雅趣横生的整体视觉效应，皆归因于'截取法'之妙用也。"

《悠然见南山》

毕竟是丹青里手，张笨山评论起画来可谓本色当行，句句入理。而接下来的评断更是师心独见，发人之所未发——

"石兄啊，刚才看了您在京城的这一批近作，弟深感这一幅幅杰作，都充分体现出我兄自出机杼的独创勇气，其突出特点就是敢于把中国画画得不像中国画——至少不像出自他人之手的国画，从而在一种'无法之法'中展示出笔墨表现的无限可能性。对此，弟唯有钦佩而已！现在，弟很想赋诗一首，以申鄙怀，不免博石兄一笑耳！"

"笨山兄客气了，快请！"石涛赶紧将笔递到笨山手中。

笨山接过笔，稍一沉吟，随即濡墨写道：

> 书有一笔书，画有一笔画。
> 一气行人机，少滞身则懈。
> 画理虽高妙，与书或同派。
> 临摹泥形迹，心手两扭械。
> 师也挺渴笔，扫墨如风快。
> 明明古狂草，化为丘壑怪。

种纸庵中人，岂曰非针芥。

张氏在此以"一笔书、一笔画"兴端，旨在引发正论，张氏认为石涛之画之所以高出同侪，乃在于其有特殊的气势，一气贯通，一气运转，自在鼓荡，而使画面形成一个盎然的生命空间。此诗还提到石涛善用渴笔以及融书法之法入画诸端，皆为切中肯綮之言。当然，更令石涛铭感的，是笨山后来所赠予的《观石涛上人画山水歌》：

> ……
> 公之画也不媚俗，出乎古法由乎己。
> 古法尚且不能拘，沾沾岂望时人喜。
> 忆我初得见公画，亦但谓其游戏耳。
> 岂料观其捉笔时，一点不苟乃如此。
> 既于意外得其意，又向是中求不是。
> 倘有痕迹之可寻，犹拾古人之渣滓。
> 奇气独往以独来，奇笔大落复大起。
> 人间绢素空纷纷，只画宋明旧府纸。
> 知公之画世为谁，公但摇头笑不止。

此诗作于1691年石涛客居津门之时。张笨山以一"奇"字，极赞石涛"无法而法"的创作特点，可谓慧眼如炬，末两句则将他们在艺术上深深契会之情表露无遗，不愧是自己艺术上难得的知音。

石涛接过诗稿，感动得只说出八个字：

"亲味醍醐，深沐法乳！"

回忆着这发生在不久前的一幕幕往事，对石涛来说不啻是一种高逸的幸福——像往常一样，只要一想到张笨山，石涛总会不由地从囊中取出笨山临别时送给他的两把小扇，细细地品味着笨山题写在扇面上的小楷，当时在天津相与论艺的欢聚情景立即便会浮现在眼前。甫抵扬州后，石涛非常悔恨离京时未能取道天津，与老友一晤；谈艺论文，只能暂托梦寐了。有感于此，石涛信手赋得一首透发着淳厚的人伦情味的七言古诗《雪中怀张笨山》——

眼中才子谁为是？燕山北道张天津。

此时破雪拥万卷，手中笑谢酒半巡。

一觞一韵字字真，的真草稿惠何人？

羡君颠死张颠手，羡君撮折李白神。

赠我双箑称二妙，秋毫小楷堪绝伦。

至今停笔不敢和，至今缩手时为亲。

知我潦倒病，念我无发贫。

授我以心法，忆我相思陈。

入城出郭两苦辛，倾心吐语皆前因。

落落无知己，满面生埃尘。

奇哉奇不已，长啸谢西秦。

情深几许，俱见乎辞。

说起来，人生的欢乐种种不一。有些快乐，即使失去了，尚可从繁富的世界中找到新的补充。唯有友情不能代偿，来自朋友间的那种深度的精神契合，不啻是一种无可言说的无上愉悦，这是世间任何东西都无法替代的，笃于情义的石涛最懂得这一点。再说，作为一位腾实飞声的艺术大师，其"热爱生活"总是呈现出非常具体的形式，而"会友"便是其日常生活中的一项重要内容。这不，石涛刚在扬州"大树堂"安顿下来，便不断有友人招饮；为驱遣孤寂，石涛往往借酒以遣闷怀，喝得酩酊大醉，被友人搀送而归。

一天清晨，石涛照例像往常那样作画，研墨之顷，他不由地回忆起此次北上的种种不堪为怀的遭际，遂作《二童放风筝》一幅寄怀。
画面所绘的，是两个稚童在桥上放风筝的嬉戏情景。

这在石涛的画作中是颇为罕见的，更耐人寻味的，是画上的
题诗：

> 我爱二童心，纸鹞成游戏。
>
> 取乐一时间，何曾作远计。

此画刚一作毕，忽又传来叩门之声。

来者是张潮，字山来，号心斋居士，文学家，批评家，刻书家，
著作等身，官至翰林院孔目，为石涛在宣城时的故友，后定居扬州。

石涛赶紧将此画收起，然后启关一看，不禁大喜过望："啊，山
来兄，多年未见，甚念甚念！"

"彼此，彼此。不然，弟怎么能找到这里来？"

"是啊，快请坐。怎么样，这里不好找吧？"

"是不太好找。弟一大早就出来了，现在呢，都已是正午时分
了。石兄，您……您就住在这里？"张山来问道。

"出家人四海为家，居无定所。于此处不过是暂栖而已。哈哈，
有道是'来得早不如来得巧'，兄今天来得正是时候，前两天为人鉴
赏古董，店主见我不肯收钱，非要送我两坛陈年花雕，还有不少土特
产，够享用一阵了，哈哈哈……"

说着，石涛起身从里屋拿出一个酒坛，打开酒盖，一股酒香顿时
飘满屋子："来来来，山来兄，快请入座"。

"好好好，多谢石兄赐酒。"

"这话可就见外了。记得弟当年三上黄山，都路过贵府歙县，可
没少蹭了老兄的酒菜。来，我们先干上一杯。"

二人一饮而尽，相与大乐。

几杯老酒落肚后，二人不由地怀念起昔日的故人，如龚贤、程穆倩、冒巢民、郑谷口、笪重光等，都先后作古，虽说是"存亡见惯浑无泪"，但顾念旧谊，二人还是黯然神伤，久久默无一言。

为打破这沉寂难堪的气氛，石涛有意将话题转入《幽梦影》，这是张山来的新著。

"山来兄，最近经友人力荐，拜读了大著《幽梦影》，格近《世说》，颇见晋人风致啊！"

"石兄过誉，此乃弟一时情至之作，何劳石公过听友人之言。"

"不，山来兄不必过谦。尊作所言，大契鄙怀，故迭番启读，其味弥旨。不瞒山来兄说，我对尊作已贯通胸次，熟极而流矣。"

"噢，果真如是？"张山来显然有点半信半疑。

石涛窥破了张山来的心思，索性背出几段：

赏花宜对佳人，醉月宜对韵人，映雪宜对高人。

对渊博友如读异书，对风雅友如读名人诗文，对谨饬友如读圣贤经传，对滑稽友如阅传奇小说。

情必近于痴而始真，才必兼乎趣而始化。

张山来听罢，不胜惊诧，遂慨然道：

"世间竟有知己如石公者，弟也算没枉费多年心力。"

"应当说'方不枉在生一场'。"

"哈哈哈……"张山来听后大笑道："看来石公对拙著真的是熟极而流了！"

"尊著精言妙理，言人欲言而不能言，道人欲道而不能道，回诵数过，自能烂熟胸次。尤其是'情必近于痴而始真，才必兼乎趣而始化'二语，足尽此书之妙趣也。"

"聆公此言，弟大有'赏音难得遇桓伊'之感！"

"岂敢，岂敢！"接下来，石涛又把话题移到《幽梦影》中所谓'方不枉在生一场'的话头上来：

"兄以为'人生必有一桩极快意事，方不枉在生一场'，并举出贵妃为太白脱靴、文君为司马相如当垆事，弟则以为兄能著此得意之书，亦人生一大快意事也！"

"石公过誉了！弟不过弄笔为快而已。"

"不。"石涛神情庄重地说道："山来兄，自古文人珍爱自著之书，一如美人自赏其色。窃以为兄当尽早将此稿本刊行于世，嘉惠士人，但不知兄以为如何？"

"既蒙石公如此抬爱，弟一定尽快将此刊出！"

"太好了，一言为定。来，为山来兄大著早日面世干杯！"

二人聊得正开心，忽闻外面有叩门之声，石涛开门一看，是位伙计模样的陌生人。

来者自报了家门，然后说："小人奉我家老爷之命，两次去尊府拜访，均未如愿。"然后说明来意："我家老爷想向大师订制一套'四君子'题材的四连屏，价格好商量，可先付订金，然后再商议取画时间。"

石涛与老友正聊在兴头上，一听这事，顿时面呈不悦之色，只见他不耐烦地说道：

"画连屏这种装饰性的东西，你大概找错了人，此事免谈，请回吧。"

"且慢！"张山来大声喊道，然后对转身欲走的这位伙计转圜道：

"你今天来得不凑巧，这位先生近来心情不太好，我看这样吧，你先回去，我再好好劝劝他，你过两天再来，如何？"

"谢谢先生，小人遵命就是。"说罢合掌三拜而退。

来人走后，张山来禁不住责问道：

"石兄啊，这送上门的好事，你为什么要将人拒之门外呢？"

"我最讨厌画这种装饰门面的东西了！早年都不屑为，何况现在。"石涛厉声道。

"老兄啊，你知道这是什么地方吗？是扬州。你不卖画，吃什么？"

"弟当年在宣城为筹修庙之资，确曾卖过画，不过那是迫不得已啊！"

"老兄就不必再提当年了。听说兄下一步打算在扬州定居，不卖画，你拿什么定居？"张山来又咄咄逼人地发问道。

"嗯，那倒也是。"

"什么叫'那倒也是'？石兄啊，我们就姑且以宋人晏殊来说吧，他当年曾写过'楼台侧畔杨花过，帘幕中间燕子飞''梨花院落溶溶月，柳絮池塘淡淡风'这样优雅的词句，这表明晏殊确实是一位真正懂得享受富贵的人。但话又得说回来，如果他一贫如洗，连肚子都填不饱，面对那些杨花柳絮，那些'溶溶月''淡淡风'还有什么'韵致''风雅'可言呢？再说了，依老兄的才识，不会不懂'士有代耕之道，而后可以安其身'的道理吧。兄既有这么高的画名，以后又何愁以书画'代耕'，在扬州立足？"

山来此言，可谓倾心之论；但石涛似乎仍心存顾虑，只听他嗫嚅道："不过，弟身为僧人，做这般营生，不知他人可有闲话？"

"什么'闲话'？这本来就是天经地义的事！"石涛没想到老友一句话便把他顶了回去。"看来啊，老兄还不太了解扬州。在诗人的笔下，扬州被写成了人间仙境，而这人间仙境的主角是谁？自然是女人。她们的羽衣宽裳、娥眉粉黛以至一颦一笑，无不成为一种时尚，引导着当下的消费潮流，激发着男人的虚荣心、好胜心和喜新厌旧的贪婪天性。那么，能够管控男人的幕后主角又是谁？是银子，是银票！即使像杜牧那样的主儿，看上去好一派风流潇洒，还老是做着他的'扬州梦'，但手头没了银根，也难免'落魄江湖'，最终还落得个'薄幸'之名！"

"啊，弟尝观大著《幽梦影》，可谓雅韵欲流，远隔俗尘，没想到老兄对'世间法'也入得很深，可谓能雅能俗啊！"

张山来听出了此话隐含着讥讽之意，但他并未加以理会，而是径直应道："石兄在扬州待长了，自会明白弟所言不诬。"

张山来以上所言，应当说全出于一片好意；但他有所不知，石涛原本就有他独自的"代耕"之道（这主要体现在他与几位徽商的长期合作上）。但自从来到扬州后，他发现光靠这种"代耕"，常常会弄得他捉襟见肘，入不敷出，严峻的现实生活，逼促着石涛必须重新思考画家与市场的关系问题。于是石涛坦诚地言道：

"过去有所谓'穷养工匠富养艺'之说，这句古话现在看来不可尽信。从历史上看，既有在困厄中崛起的艺术家，也有在富贵中成就的艺术家。依我看，画家既不能拒绝市场，但也不能受其左右，最好是能寻求两者适当的结合，把市场看作取得成功的条件；弟近来常想，任何画家的个人抱负与独立追求都是需要条件的，这恐怕不是妥协，而是一种明智的选择！"

张山来一听此言，顿时两眼放光，把桌子一拍："是啊，石兄能这样想就对了嘛。弟再说一遍，以兄的名望、才气，又何愁在扬州城立足。哎呀，今天，弟真是太高兴了，来，我们兄弟不妨喝个痛快，一醉方休！"

"好，'我饮不须劝，正怕酒樽空'，来，一醉方休！"

二人又是一饮而尽。

趁着微醺的酒意，石涛又即兴绘制《金山龙游寺册》，那点点黑墨，看似信手信腕的狂涂，却分明构成一个个跃动的音符，在浓墨重点中透发出一派禅静之美。

在接下来的《山水花卉图册》中，无论是寒梅、幽兰还是秋菊，更像是点画横飞的恣性墨舞，激荡不已的节奏感在整个画面上搏跳而出。看似一派恣意纵横、无法无度的狂禅风度，却自有"法自画生"的至理在焉。

这两幅画作杀青后，石涛兴犹未尽，故又乘兴作《与友人夜饮》诗一首，以抒其慨：

忆昔相逢在黄蘗，座中有尔谈天舌。
即今白头两成翁，四顾无人冷似铁。
携手大笑菊花丛，纵观书画江海空。
灯光晃夜如白昼，酒气直透兜率宫。
主人本是再来人，每于醉醒见天真。
客亦三千座上客，英风飒飒多精神。
拈秃笔，向君笑；忽起舞，发大叫。
大叫一声天宇宽，团团明月空中小。

此作率性见真，语不犹人，颇具诗家本色。张山来读罢，精神顿时为之一振，遂赞叹道："尊作大有太白遗风啊！"

"山来兄过誉了，此乃一时情至之作而已。"

"不，从尊作中，弟仿佛又看到了石公那种'我用我法'的气象风神，磅礴睥睨、目空一切、廓落恢宏、豪放豁达。这么多年过去了，可我兄的诗、画却并无一丝衰老、萧飒之气，依然是豪情犹在，童心未泯。因此，弟完全有理由相信，兄在晚年，必将以洒脱恣纵、排奡跌宕的画风称雄于世！"

"哦……那……"石涛一时竟不知如何接话。"那么看来，知我者，非山来兄莫属也。"

"岂敢，岂敢！不过石兄既出此言，这尊稿嘛，就归小弟秘藏了！"

"哈哈哈，山来兄笑纳便是。"

于是，张山来小心地将诗稿收好，然后起身告辞。

而石涛此时兴犹未尽，一看山来要走，便执意要出门相送。

两人在洒满月光的路上边走边聊，不觉间已走出七八里地，直至夜阑才走到山来家。石涛本欲乘如烟如水的月色返回吴山亭，可山来同样感到未能尽兴，复送石涛往回走，二人又边谈边行，不觉天色大亮。经过这一夜送迎，二人确实都累得不行了，待定神一看，张山来不禁大惊道："啊，石兄，前面不就是吴山亭了吗？哎呀，我们俩走了一夜，竟又回到了原处！"

"哈哈哈哈……"石涛也忍不住大笑起来："果然如此！看来我们兄弟比起王子猷当年乘舟访戴，毫不逊色啊！"

"是啊，看来我们兄弟皆可同入《畸人传》了！"

"哈哈哈……"二人相与大噱。

"好了，石公，我看你也有点累了，赶紧回去歇息吧。"

"嗯，是有点累了。山来兄，我看你也累得不行了。干脆你就先去敝处歇息歇息再走吧。"

"不行，石公，我必须回去。"

"怎么，府上有事？"

"无事也必须回去。"

"噢，那是为何？"

"弟怕在兄那里歇息过来，又会像昨晚那样，没完没了地送来送去。我看不如就此分手，改日再谈吧。"

"好吧，那就悉听尊便。山来兄，我们改日再会！"

"再会！"

两人相与拱手作别。

当张山来远远地回望着身着一袭破旧袈裟、颤颤巍巍地往回行走的老友那瘦削的背影时，不禁慨从中来——

在这个世界上，有谁能想到，眼前这位蹒跚街头的老僧，竟是遥领一代新风、横扫百年积弊的一代绘画大师！

自此以后，石涛开始大量作画，频繁地与画商往来；从他当时与画商或朋友的书信中，隐约可窥出其从事艺术品市场交易的某些规则：

1. 买画必须先付订金；
2. 可以在家画，也可以上门作画；
3. 对于中间介绍买画人，必有酬金；
4. 画作订有润格，但不对外公开。

凡诸种种，足可表明：正是石涛，开了中国古代艺术品走向市场化的先河——这直接影响到郑板桥与"扬州八怪"的审美倾向与生存方式，而一向主张"自法我法""自立门户"的石涛则理所当然地成为"扬州派"的开山宗师。

而这，也恰好证明了一个真理——

真正的卓尔不群的大师往往是那些跟社会潮流与时代风云变幻关系不大的人；他们真实地活在当下，留住的却是时间，一种永恒的时间！

而那些刻意复古、一味因循守旧的人，或不断地标榜"前卫"、不断地紧跟时尚的人，却总是不断地被时间与潮流所抛弃。

虽说石涛在书画作品市场化方面的观念已经大有转变，但他并没有培育出自己相对成熟的艺术市场，故经常陷入炊爨难继的窘境。"生计"不再只是一个中性的词，而是一张钢制的不断勒索他的网，它竟变得如此具体：下一顿饭钱、上次赊下的药费、一瓶白酒、一碟花生……

石涛能够抵御住一次次世俗"成功"的诱惑，却实在难以禁忍这无比严酷的生存压力——尤其是一回到"大树堂"（石涛在扬州的又一暂居之处），便不啻身陷冰窟。由于屋内太冷，且无任何取暖之物，甚至连个手炉都没有，石涛往往只能借助酒力来御寒并作画。

有一次，石涛连续画了好几张山水，且颇为得意，便乘兴打算将囊中的现钱兑换成水酒，痛饮一番；可当他再想买点酒肴，才发现已身无分文了，只能闻着浓郁的酒香发愣。

还有一次，石涛冻得实在受不了，便想去买酒，却发现阮囊空空；无奈之下，他竟要拿自己的书画作抵押。由于石涛刚来扬州不久，而酒店的掌柜偏偏又不识字，硬是不愿接受抵押，既然如此，石涛只好准备拖着寒冻之身回去。可就在这时，恰巧碰到一个商人模样的行人路过此处，他一听说是大名鼎鼎的石涛，立即取出纹银，把画买走，并一再向石涛鞠躬称谢。

直到这时，店主才明白过来，连声向石涛道歉，并表示以后若有急需，尽管赊取，绝无二话。

初来扬州的石涛，往往以这种方式应对眼前的困窘；可是，生活窘迫到了这个地步，毕竟不是长久之计啊！

石涛为生计犯愁，老友张山来就在暗中帮他解困。

一天，一位身着长衫的商人经由张山来函介前来拜访石涛，看了老友的信后，石涛脸色一沉、板起面孔说：

"荀先生，实不相瞒，我石某最近经常会碰到此类事，大概是觉得我石某还有点虚名吧。但我感到如今这墓志铭的书写之风实在太坏，大多假得可笑。无论什么样的人，只要肯花钱送礼就有人愿写；也不管此人德行如何不堪，都一概涂抹粉饰，堆砌美言。因此，对墓主完全不了解的，石某一概拒写。但因为你是张先生的朋友，就容我再考虑考虑吧。"

两天后，石涛居然把这篇谀墓文写毕，那位荀先生付了一大笔润金，得意扬扬地走了。

翌日一大早，张山来便叩门来访，他一进门就问道："石兄，事情弟都晓得了。弟知道石兄的脾气，实在不愿让兄为难，就介绍这位荀先生自己上门求文，一切就看他的造化了。咦，兄一开始不是已拒绝了吗？怎么后来又同意了，是不是看在弟的薄面上，实在是愧疚之至啊！"

"山来兄也大可不必如此自责，弟后来改了主意也不完全是考虑兄的面子。不错，一开始弟是不想动笔，因为在弟看来，碑文在体制上兼具'传'与'铭''诔'的特性，贵在真实地昭示出逝者的'清风之华'与'峻伟之烈'，展现出其'死而不亡'的精神与人格价值所在，故碑文最忌作伪，'词多枝杂'。由是弟想到文起八代之衰的韩文公，他名声显赫，一些有钱有权的豪门贵族便以巨金润笔费请其为先人撰写墓志铭文，此类谀墓之文写多了，他的文名难免受到影响。不过后来我想，韩文公当时之所以那样做，恐怕也有其苦衷。至于弟目前的境况，山来兄是知道的，弟总要想办法生活下去呀。再说，此人愿出资歌颂其父之功德，至少表明他还是有善恶之心的。所以这事说起来也简单，这位荀先生是花钱买墓文，我是出门不认货，我们不过是在生意场上做了一次交易，而在这场交易中'一手托两家'的正是你山来兄，如此而已。"

"哈哈哈，石公什么时候成了精明的商人了？"

"山来兄是在笑我在扬州待久了，身上也沾上不少世俗气吧？"

"那倒不是，那倒不是。"张山来一连说了两个"不"字，因为他深知老友平生最讨厌"俗气"二字。

第二十二章

睹圣迹风雨惊旧梦

居许园说法结胜缘

且说石涛与张山来痛痛快快地来了个一醉方休后，第二天便病倒了——他这段时间又是作画，又要赶撰《画语录》，终积劳成疾！

躺在病榻上静养的时光，像蜗牛般缓缓蠕动。窗外断断续续的雨声，似乎无休止地持续着；那种单调的节奏早已变成一种不堪入耳的听觉负担。在石涛的印象中，自入春以来，雨就一直下个不停，从清明时节的纷纷扬扬，到盛夏的如倾如泻，再到入秋后的淅淅沥沥，反正从无间歇。淮南、扬州两地几成泽国，极目茫茫，一片汪洋。幸亏石涛的居所地势较高，总算没有进水；但连日的降雨，已使得整个园子里的空气变得厚重，湿黏黏的，让人感到窒塞。

然而，雨还在下，落入心里的全是忧郁。

古人云：最难风雨故人来。人一旦长时间被风雨所困，往往孤寂难当；这时，如能有故人来访，以破岑寂，那将是何等惬意之事；惜乎"故人"此时往往也被风雨困在家中，哪里还有出门访友的兴致呢？

可大大出乎石涛意料的是，在这样令人窒塞的雨天，居然还真有人登门。石涛应声开门，来访者居然也是一位僧人。石涛定神一看，不禁大惊：

"啊，嚼公大师，快请快坐。这么大的雨，您是怎么摸到我这里来的？"

嚼公摇了摇手中拄着的木杖，意谓自己是蹚着水一路摸索来的；石涛再往下一看，嚼公已把裤腿卷到了膝盖上。

一落座，嚼公便四下张望，一副神秘兮兮的样子。

"家中除了你我，没有别人。"

"那好，那好。"

"但不知嚼公有何贵干？"

这时，嚼公颤颤巍巍地从褡裢里拿出了一个油布包。只见那油布包里里外外包裹了好几层，嚼公逐层打开，最后小心翼翼地将最里面的一块油布解开，以一种极为诡秘的口吻悄声道：

"贫僧给石公带来一件圣物。"

"什么圣物？"石涛问。

"石公一看便知。"

石涛小心翼翼地接过来，打开凝神一看，不由得眼前一亮："啊，这是神宗的御笔？"

嚼公点了点头。

神宗即万历皇帝，而这支御笔则是前朝君主的圣物；石涛这时才明白嚼公刚才一进门时那种诚惶诚恐之状，毕竟这里是扬州啊！在这块热土上，究竟聚集了多少前朝的遗民？究竟有多少人怀有复明的隐秘愿望？又有多少人能够真正淡忘当年那类似杀人表演的"扬州十日"的惨剧？

正当石涛精神专注地凝视着这件前朝君主的圣物时，立于一旁的嚼公却轻声说道：

"就请石公把它秘藏起来吧。"

"嚼公这是何意？"石涛大惑不解地问道。

"这叫物归原主。"嚼公说。

"物归原主？此乃圣物，本非我之所有，何来'物归原主'？"石涛更感困惑了。

"石公，您且听我道来。您以前在画上不是常署'靖江后人'吗？依老衲看，这就是你们朱家的遗物；除了您，谁还配珍藏它？"

石涛听罢大为感动，遂颤声道："嚼公如此重情尚义，只是拙衲如何收受得起啊！"

"石公言重了！我当时一看到这件圣物，首先想到的是故友方文，老衲平生最赏爱他的两句诗：'莫道人心尽渐灭，也留一线在乾坤。'可惜天不永寿，方公未满60便死在芜湖了。他临死时，身旁恰好有位专擅占卜扶乩的术士，便叩以扶乩冥府事。见术士不答，方公便在乩盘上写下一诗：'平生诗酒是生涯，老死江干不忆家。自入黄泉无所见，冥官犹戴旧乌纱。'题罢掷笔长逝，此诗一时传遍大江南北，这'旧乌纱'便成为方公人格的象征。"

"方公身为遗民，风骨铮铮，令人感佩！他自号涂山，并将其诗集命名为《涂山集》，显寓不忘故国之意。他去世后，同乡潘江还依原韵和其诗道：'浪游踪迹总天涯，客死江湖即我家。知尔心憎武灵服，喜从冥府见乌纱。'"

嚼公没想到石涛对其故友的生平本事如此熟稔，顿时将其引为心照神交，遂言道：

"'文章有神交有道'，所以老衲今天一定要把这件圣物奉送给石公。其实，也谈不上奉送，老衲不过是把你们家的东西归还给您而已。"

嚼公既已把话说到这份儿上，石涛感动得一时竟不知如何置辞。静默良久，石涛突然疾步来到画案前，濡笔写下其即兴赋成的五律一首：

> 磁管祛炎笔，年从万历开。
> 几曾经固恋，半臂托蓬莱。
> 化却江南梦，情怀故土灰。
> 感诚无可说，一字一徘徊。

书毕，又题跋语于左：乙酉新夏，感嚼公大师尊宿以先神宗故笔见赠，把玩不忍释手，书以顶谢。清湘大涤子极。

嚼公手捧着这墨渖未干的诗作，迭番吟诵，连声称谢。

送走了嚼公后，石涛不禁再次陷入沉思——

呵，大明，当石涛手捧着万历帝的御笔时，深埋于心底的那种朦朦胧胧的血缘情感被再度激活；同时被激活的，还有那潜藏于精神深处的某种隐秘期待。在嚼公眼中，自己显然是个典型的"遗民"（不然他不会把万历帝的御笔慨然奉送），可他哪里知道，自己几十年东躲西藏，东游西走，不正是为了掩饰这个"遗民"身份吗？

想到这里，石涛双手合十，默默感谢佛祖，庇护自己活了下来。但他同时也感到自己活在世上，就像无根无着的浮萍。每当朋友问起身世，自己只能像阮籍那样，装出一副浑浑噩噩、如痴如醉的样子来应对。至于像嚼公这类孤独以致孤绝的遗民，非藉悖逆出格、使时俗骇异的姿态就不足以自彰其存在、自明其心迹；与此相比，自己委实是个异数。

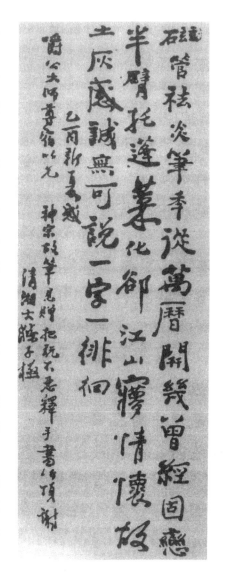

赠嚼公大师行书书稿

在自嘲自责的同时，石涛也清醒地看到，在明亡之际，不乏继续儒者的使命承当，于鼎革后仍以民生利病、以兴利除弊为己任者。至于他们的不仕，则更是出于对"故明"的情感态度，如报所谓"养士之恩"。但饶有反讽意味的是，遗民中虽不乏义不仕宦者，而其家子弟仍习举业取科第，甚至仕"新朝"，这一现象足以表明"大明"确已覆亡，"报恩"不妨及身而止；所坚守的，不过是一个"遗民"的名节。

比起那些孤愤欲绝的守节之士，石涛的高明之处在于，他睿智地认定，遗民可以学术传，以书画传，以文章传，以忠孝传，而唯独不能以"遗民"这一名称传。价值观念毕竟因时因地而变动，与其让"遗民"活在时人的骇异中，活在文献典籍中，不如让其活在当下的艺术创造中；而这，不正是"遗民生存"的意义所在吗！

这一个无眠之夜，石涛似乎一下子解开了那个困扰他许久的心结。

随着雨水的退去，石涛的身体也略有恢复。

大约在1693年春，石涛连续接到两位徽商的盛邀，遂抱病前往。先是去了歙县，在此住了将近一年；后又在位于黄山脚下的"山中"住了大半年。1695年春夏之交，石涛回到扬州后，只作了短暂的停留，然后又于是年夏，受到前大学士李天馥和太守张纯修的盛邀，前往合肥相聚，李、张二人设盛宴款待，彼此谈宴甚欢，只听石涛即兴道：

"这饮酒嘛，大体可划分四类：善饮而不饮，不善饮而饮，善饮而强人不饮，不善饮而强人必饮。"

"噢，这倒挺有意思，请问大师属于哪一种呢？"李天馥问道。

石涛略一思索，然后答道：

"拙衲恐怕很难归于这四类中；如果一定要归类嘛，拙衲应当属于另类，即不善饮而喜与人共饮，尤喜与有真性情者共饮！"

"哈哈哈……"李、张二人听了石涛这诙谐风趣的回答，都忍不住笑了起来。

待饮到微醺后，太守张见阳便提出想敦请石涛在此多住几日，尽览徽州风光，可没想到石涛却坚持要尽快返回扬州。

"大师既已大驾来此，何妨多住几日。大师的挂笠处早已安排妥当，就在芝麓先生的稻香楼屈尊下榻如何？"李天馥问道。

"多谢李大人！争奈拙衲性懒，万不能受；再者拙衲近来琐务丛集，此次就恕不渎扰了。日后若有机缘，再图良晤。"

张见阳一看强留不住，遂言道：

"大师既然去意已定，不敢强留，卑职将亲为送行。"张见阳道。

"阿弥陀佛！"石涛起身拱手道：

"二位大人为上智之士，经济之才，读千古圣贤之书，察百代兴废之脉。且为官一方，民沾其惠，可谓贤劳。今拙衲承邀前来，已多有渎扰，岂敢再劳大人亲为护送。再说，拙衲本为云游僧，这双腿啊，跑惯了！"

"不不不，大师切莫推辞，既蒙惠顾，张某理应尽地主之谊。"

"既然大人执意如此，拙衲只好随缘了！"

"那好！大师今晚不妨就在稻香楼下榻，我们明日一早动身如何？"

"那就多谢张大人之盛情了！"

在返回扬州的途中，必经巢湖；在太守张见阳的提议下，石涛乘兴游览了圣妃庙，此庙在县西北焦湖北岸，离县九十里，离郡所亦九十里，故又名"中庙"。可石涛万没想到，就在他刚离开此庙时，竟为来势凶猛的风雨所阻，只好暂栖于巢湖岸边，先后历时"五七日"。

本来是历历可见的山川草木、亭榭楼台，只因有了越织越密的雨幕、雨帘而全然消失。

夜，已深到无底，而雨脚如麻，敲瓦如诉，声线密急一似军声。睡意全无的石涛遂披衣而起，点亮油灯，满室顿然光焰荧然。而窗外的雨势更急，如倾如注，这使得石涛不由地跌入无尽的愁绪之中。于是，他缓步来到画案前，开始濡笔绘制《巢湖图》。

因眼前的雨景与石涛由羁旅所引发的心境相契合，而那愈下愈急的滂沱大雨更濡染、延伸着他那浓重的愁绪，"无端织得愁成段，堪作骚人酒病衣。"（陆龟蒙《溪思雨中》）待《巢湖图》画毕，石涛的心头已被一种充塞于天地间的大悲苦所弥漫，遂泚笔题写两首七律于其上——

　　　　百八巢湖百八愁，游人至此不轻游。
　　　　无边山色排青影，一派涛声卷白头。
　　　　且踏浮云登凤阁，漫寻浊酒问仙舟。
　　　　人生去住皆由定，好信神将好客留。

　　　　波中遥望凤崔嵬，凤阁琳琅台壮哉。
　　　　楼在半空云在野，橹声如过雁声来。
　　　　巢湖地陷赤乌事，四邑水满至今灾。
　　　　几日东风泊沙渚，途穷对客强徘徊。

石涛身历百劫，灵心善感，较常人愈加悲深，故其一腔痛切哀悯之情，弦外音传。迭番涵咏，真不知是那一天骤雨化作了诗人的万重悲苦，还是这万重悲苦化作了一天骤雨？

次日一大早，张见阳前来看望石涛，一入斯室，便看到了画案上的那张《巢湖图》。

"此画乃石某昨夜苦雨所为，墨渖尚未干，为感谢张大人殷勤护送之情，此画就由张大人雅藏了。"

张见阳郑重地接过此画，观赏良久，然后道：

"大师在此阻雨五日矣，犹不废翰墨，诗画日增，勤勉可佩！

尊作笔精墨妙，诚为神品。张某实在是受之有愧啊！不过，既承大师慨然奉贻，张某还有一不情之请……"

"噢，张大人请讲。"

张见阳指着此画的左上端道："尊作上端已题有两律，词旨哀婉，令人动容。依愚所见，此处尚有余纸，大师何不再题数行，点明本事；张某将什袭宝藏，以寄停云落月之思。不悉大师以为如何？"

《巢湖图》

谁知石涛却一口回绝："那可不行！拙衲就是要师法东坡，挥毫后，必留有余纸，要'留与五百年后人跋尾'。"

张见阳一听此言，顿时感到自己太过冒失，只好自我转圜道："如此也好，一切悉听尊便！"

谁知石涛忽然大笑起来："哈哈，拙衲刚才不过是开了个玩笑而已，张大人不必当真。"

"噢，大师，您这是……"张见阳被搞得一时有点懵。

石涛看了看此作左上方的空间，略一沉吟，遂笑道："好吧，就依张大人之雅命。"俄顷之间，石涛已将一首七绝题写于其上，并在画跋中记下与创作此画相关的"本事"：

且喜无家杖笠轻，别君回首片湖明。

从来学道都非住，住处天然未可成。

款署：乙亥夏月，合肥李容斋相国与太守张见阳两先生相招予，以昔时芝麓先生稻香楼施予为挂笠处。予性懒，不能受，相谢而归，过巢湖，阻风五七日，作此。今与张见阳道兄存之，以记予生平游览之一云。清湘瞎尊者原济。

尾跋题毕，石涛放笔笑道：

"这画跋嘛，本戏技也，聊以自遣而已。左思尝作《三都赋》，历时十载方成，可谓工致之极，然亦太过劳苦，要非才士本色，似不足为倡。拙衲此作成于一日，虽未敢称工，然借此酬答张大人迎送之遐情，不亦差强人意乎！"

张见阳这才完全明白过来，"哎呀，大师过谦了！张某刚才还真为自己的冒失后悔不已呢！"

"哈哈哈……"想到张见阳刚才那副紧张的样子，石涛又忍不住大笑起来。

从《巢湖图》的创作背景看，此作原不过是"阻风五七日"，"以纪予生平游览之一云"。但在笔墨挥运过程中，因"感惠徇知"，竟成为石涛晚年的一幅以独创见长的精品。

此画的妙处尽在水的画法，全从"网巾纹"中变化而来，以写意之笔出之，用略侧中锋和疏密有致的线条勾出水波。从笔墨上看，石涛自出机杼地采用了如下画法：一是在某些部分施以稍浓的水墨，再以极淡的水墨加花青烘染，藉以强调远近与明暗关系；二是将近处的线条细密化，稍事烘染，而愈远处愈淡，且以虚灵之笔出之，观之自有一种波光云影、潋潋滟滟之视觉效果。

此外，是作的独到之处还体现在其上端已被密密匝匝的题款占满，几乎密不透风，但由于石涛将水波的浩渺之势造足，大有冲出画面之感，故题款虽已占满上端的空间，却并不使人觉得窒塞、拥堵，反而成为整个画面的一个有机组成部分。大匠手段，非俗手所能为——而这一切，皆取决于石涛那种天才的艺术直觉与对视觉语言的综合把握能力。

1695年秋，石涛又应著名徽商许松龄的邀请奔赴真州。石涛之所以如此，显然有着一些非常"个人化"的原因——他深感自己从京城回到扬州后，心态一直都是比较浮躁的，眼下亟需加以调整，让自己真正地沉静下来；而扬州由于商业气氛太浓，市声太过喧嚣，各种非其所愿的干扰也太多，这对于一个视笔墨为生命的画家来说，绝非理想之居所。石涛深知在艺术的王国里，自己永远都是一个天马行空的"独行侠"，而真正的笔墨探索也从不意味着像奔赴一场场集体的文化盛宴，他必须遵从内心的自由律令，并且只能是：继续孤身深入！

许松龄，号劲庵，著名徽商许承远之子，工诗，善书法，为廪生，官中书舍人，继承祖业，在扬州与毗邻扬州的仪征都有房产。又好佛事，在他的真州别墅中建有僧堂。许氏平生喜广交有道之士，与石涛为多年老友。不仅如此，就连其子许新也是一位虔诚的居士、画家，而且还是石涛的弟子；许氏父子此次恳请石涛前来，主要是因为他们要在"许园"外另建一座园林，拟请造园名家石涛进行总体设计；再者，此时正是新茶采摘之际，有友人送来"毛峰""猴魁"等上等名茶，许氏父子想请石涛一起品尝；说白了，他们都是石涛的"铁杆粉丝"，这爷俩无非是想以此为由头，与石涛见上一面，以慰长想；至于其他，一切随缘。对他们父子来说，能够亲聆石涛谈禅论画，此乃天下最快意之事。

许氏父子欣悉石涛大师于次日上午到达真州，第二天一大早便已来到村头恭迎。

"啊，看到师父了！"

此时，只见石涛身着那一袭旧袈裟，背着一个褡裢，手里提着一个长长的布袋（那里面装着他最心爱的《百开罗汉册页》），正从不远处走来。

许氏父子疾步迎了上去，许新忙着取下师父身上的褡裢，正当他要帮师父拎他手中的布袋时，石涛却连声说：

"不，不，这个我自己来。"

"哈哈哈……徒儿知道，这是师父的心爱之物。"

一见到石涛，许松龄双手合十，俯首致礼，然后道："哎呀，石公法务繁忙，能够拨冗来此寒舍，真是不胜欣幸啊！快请，快请！"

"有二位雅士在，寒舍不寒也。"

石涛此言一出，引得三人都笑了起来。

入得室内，三人开始品茗赏画，话题不由地转入文人画与禅画的区别上来。

"从题材上看，文人画多为山水花鸟，而禅画则多为人物；一为纵身大化以寄情骋怀，一则直现道人风光。然则，这并不意味着禅家即昧于山水，所谓'天下名山僧占多''儒在钟鼎，禅在山林'，僧家与山林向来契密无间，大文人苏轼在《宿东林寺》一诗中曾云：

> 溪声便是广长舌，山色岂非清净身。
> 夜来八万四千偈，他日如何举似人？

"这意思无非是说溪声、山色，虽动静不同，其致一也。溪声不断流淌，如广长舌在说话，而山色却像禅定后的寂境；这种通过心性悟得的东西，本然具足，不假外求，又如何'举似人'呢？"

听罢石涛所言，许氏父子频频点头称是。

"还有一个问题，一直想请教石公。"

"劲庵兄不必客气，但问无妨。"

"那好，请问石公，禅宗一向注重顿悟，强调在心性上下功夫；

既然如此，那又何必一定要分在家出家呢？"

石涛略一沉吟，然后答道：

"佛教在创立之初，并不倡导天下之人皆弃其父母妻子为僧。这一点从佛陀不自炊爨，躬率其徒入国城乞食即可知之。倘若众人尽为僧侣，则何从乞食？再者说，佛陀如不欲国人有家室，则又何必作盂兰之会报母之恩？

"又，佛陀创教时就设立了僧团，修行只在僧团内部修。后来普传于社会时，并未针对新情况修改修行方式，发展出居士修行法，为何会如此呢？这就要归因于佛教的宗旨。因四圣谛第一谛即是'苦'，一切佛教义理皆由此展开。要知人生是苦，起厌离心，才能知'集'、入'灭'、证'道'。出家在家，厌离心是不等量的。再说，历代高僧大德的著作，即便讲得明明白白，其法专为僧侣作。从义理上说，佛法毕竟是要离世绝俗的，其修行法也并非为一般世俗人而设，此乃佛教教法之传统，故不宜笼统地说'都在心上下功夫，何分出家在家'？"

"茗味大师此言，直觉如太牢之悦口，其味无尽；又如明珠之夺目，宝光不绝。受教，受教啊！"许松龄由衷地赞道。

"拙僧不过即兴而谈，松龄兄过誉了！"石涛放下手中的茶杯，双手合十，然后又开示道：

"禅宗注重坐禅，此乃佛门必修的功课。所谓坐禅，是一种'凝住壁观'的境界，必须做到'无自无他，凡圣等一''无有分别，寂然无为'。相传初祖达摩曾在少林寺面壁九年，连小鸟在肩上筑巢都浑然不知，这表明初祖达摩已彻底进入一种空寂虚无的境界，此时，人与宇宙融为一体，整个空间既在身外又在心中，时间既在流逝又归于静止，于是禅修者就获得了一种'凝心入定，自观自静'的永恒感——这就是历代禅人都要在深涧幽谷、空山密林中去打坐入定的原因，因为这种禅修容不得半点干扰。拙僧早年出家，所修习的就是清静禅。"

"多谢石公开示!"许松龄再次起身合十。

一直在旁入神聆听的许新,自然不愿失去这一难得的闻法机会,他先起身给师父的茶杯里注水,然后请教道:"师父,徒儿最近读了《长阿含经》《中阿含经》《杂阿含经》《大般若经》《妙法莲华经》《华严经》,据说这是大小乘佛教的主要经典。怎奈徒儿根器浅薄,始终弄不太明白'大乘'和'小乘'的分别,敢请师父赐教一二如何?"

"好吧。"石涛呷了一口茶,清了清嗓子,然后从容言道:

"所谓'乘',在这里指的是运载工具,比喻佛法济渡众生,就如同舟、车能载人一样可以登渡彼岸。所谓'小乘',乃'小乘教'之略称,梵文音译'希那衍那',亦称'声闻乘''缘觉乘'。小乘佛教在中国曾相当流行,禅学以及此后的毗昙学、成实学、俱舍学等,均属小乘类,甚至律学和创始于唐代的律宗,也无不以小乘律本为依据。"

"那么请问师父,这两者究竟有什么区别呢?"

"说起大乘佛教和小乘佛教的区别,主要可以从信仰修证和教理义学两方面理解。从信仰修证方面来说,小乘部派佛教奉释迦牟尼为教主,认为现世界只能有一个佛,即释迦牟尼,不能两佛并存。信仰者通过'八正道'等宗教道德修养,可以达到阿罗汉果(断尽三界烦恼,超脱生死轮回)和辟支佛果(观悟十二因缘而得道),但不能成佛。

"大乘佛教则认为,三世十方有无数佛同时存在,释迦牟尼是众佛中的一个。信仰者通过菩萨行的'六度'(布施、持戒、忍辱、精进、禅定、智慧)修习,可以达到佛果(称'菩萨',意为具有大觉心的众生),在此教义上,大乘的理论扩大了成佛的范围。此外,由于小乘佛教要求即生断除自己的烦恼,以追求个人的自我解脱为主,以灭尽身智为究竟,纯是出世的,所以大乘佛教讥讽他们是'自了汉'。咦，你听过'自了汉'的故事么？"

许新摇了摇头："没有。"

"好吧，师父这就讲给你听。黄檗禅师自幼便出家为僧，有一次游天台山，途中碰到一个举止奇怪的同参，两人一见如故，谈笑甚欢。不一会儿，他们走到一条小溪前，此时正好溪水暴涨，那个同参便拉着黄檗的手要他一起渡河。

"黄檗问道：'老兄，溪水这么深，能渡过去吗？'

"那个同参未作回答，提起裤脚便开始过河，好像在平地上行走一样自然。他边走边回过头来说：'来呀！来呀！'

"'嘿！你这小乘自了汉，如果我早知你是个如此有神通的小乘人，定会把你的脚跟砍断！'

"谁知那位同参遭受了黄檗的一番痛骂后，居然大为感动，只听他站在河流对岸叹道：'你真是位大乘的法器，实在说，不如你啊！'说罢，他便消失了。

"这个故事，对你理解大乘、小乘的区别应当不无启示吧？"

"师父所言极是。黄檗斥责渡河者为自了汉，竟使小乘圣者感动，并赞叹其为大乘法器，确实耐人寻味啊！看来自己未度，先能度人，这才是菩萨发心。"

"看来你对大乘小乘的分别已有初步领悟。如果从教理义学方面来说，则大小乘佛教都有各自编集的经典作为立论之依据。总括起来说，大乘重在利他，小乘则重在自我解脱。大乘在灭谛上进一步主张'无住涅槃'，即到了佛的圆满觉悟的境界，就能不住生死，不住涅槃，在因缘生灭的世界中做着'庄严国土，利乐有情'之事，随时随处安住在涅槃的境界。而小乘圣者，纵然得道，也不及初发心的大乘行者。相比之下，大乘佛教特别注重发扬菩萨行的人生观，特别鼓励'六度''四摄'的行为。至于什么是'六度''四摄'，都有些什么具体涵义，待师父有机会再给你细说吧。"

"多谢师父开示！"许新起身向师父合掌三拜而退。

是晚，许松龄设素宴为石涛接风洗尘，宾主纵兴而谈，直至深夜，石涛方下榻于许园。

所谓许园，是许松龄在真州的私人别墅，也是一处著名的园林，中有半山亭、古柏庵、留松亭、读书学道处等景点，石涛深为这里堆石为山、凿地为池的精巧别致，以及由茂密的竹林、玲珑的池台所构成的层层叠叠、移步换形的胜景而心醉不已。这园林虽占地面积不大，却有蕴含峦岫、吞纳烟云之大气象。游走此间，每转一境界，辄自有丘壑，斗胜簇奇，令人往往迷其所入。置身于此，石涛觉得空气是那么明净，那随着烟霭浮动的绿色，几欲沾衣；此时如打开晨窗，把卷而读，那书上的每一个字也似乎都变成绿色的了。

许园不仅是一座私家园林，而且还是许松龄的"琅嬛福地"，里面藏有他历年搜罗的经、史、子、集、兵、刑、礼、乐、文选、志考、经济、农圃、医术、数算、地理、历法、小说、杂技、释道、俳优以及野史等各类书籍数万卷，琳瑜纷陈，广大悉备。更出乎石涛意外的是，与一般商业型或鉴赏型的藏书家不同，具有相当的旧学功底的许松龄既注重书籍的版本，更注重其文化价值，且乐于与友人们"资源共享"，这无疑延揽了许多文人学士，而石涛也正是利用许园的文献资料之便，日复一日地从事着《画语录》的撰写。

一天，许松龄父子又请石涛在"许氏园"茶叙，席间话题不由地转到了园林上来。

"石公啊，您知道我这人除了念佛、藏书、书画、交友外，再有一个爱好就是园林，它可以说是我情感寄寓、生命投注的承载体。记得上次跟您提过，在我这个园子后面，还有几十亩地，十几间屋子，我一直想再建一座园林。石兄名高事繁，本不敢以此区区渎扰，可拙园已名声在外，且来此游乐者大都为文人雅士。如今要再建一座，如果搞得不好，便有狗尾续貂之嫌，贻笑后人呀！故只好有劳石兄费心了，但不知石兄能否屈尊俯允？”

“劲庵兄何必如此客气，弟这些天来，已有了个初步的构想，过两天便可将草图绘出，到那时再与你们父子酌商吧。”

“在造园方面，我们爷俩实属门外汉，石兄乃造园名手，所谓‘酌商’我看就免了吧，一切由石兄裁定。”

“劲庵兄过谦了！”

两天后，石涛果然一承前诺，将设计草图绘成。

许新趴在草图上看了半天，一副若有所思的样子。

“看来许公子对造园也颇有兴趣啊？”

“不瞒师父说，徒儿从小就对此很感兴趣，怎奈无人指点，故至今也只能在门外徘徊，今日有幸追陪师父，还望师父能够不吝赐教！”

“好吧。今天师父就跟你说说这造园的几个要则，首先是雅，雅是整个园林的基本艺术格调；其次是新，就是要打破造园的庸笔腐套，所谓‘探奇合志，常套俱裁’‘制式新翻，裁除旧套’；再次是因，就是要根据地形地貌等自然条件来规划园林，‘巧于因借，精在体宜’；最后是借，就是‘借景’，讲求的是‘景到随机’‘极目所至，俗则屏之，嘉则收之’。在下一步的具体施工中，师父会指导工匠们把‘因’‘借’之法则贯穿于叠山、理水、造屋等各个环节，或因材致用，或因地制宜，最终达到‘虽由人作，宛自天开’的总体效果；也就是说，园林虽为人工建造，却浑然天成，这里面所体现的是一种崇尚自然、师法自然、‘天人合一’的造园理念。”

“多谢师父指点！徒儿受益了。请问师父，这造园除了师父所说的这些要则外，是否还有一套具体的造园之法？”

“没有什么一成不变的‘法’。至于如何造园，这里面‘大体则有，定体则无’。造园与绘画，门类虽不同，但内在理路都是趋同的。你看……”

石涛用手指着那张设计草图，然后说道："师父准备在这里凿池、种荷，养几尾鱼，再在池边种上杨柳。西边的那块空地上我想建成一片竹林，这都是根据这个园子的地形地貌特点所设，造成一种园外远山缥缈、园内清水萦纡、山石起伏、林木蓊郁、荇藻纵横的视觉效果。此外，草图上所标示的其他各个景点的分布，目前还只是一个初步的方案，需要反复修改，以尽显斗胜簇奇之致。至于在何处筑亭，师父还没考虑好，因亭子的妙处在于令人一望而生远山如屏之感，可以说是整个园子的点睛之笔。"

说到这里，石涛端起茶杯，轻呷一口，接着说道：

"总之一句话，建园必须'巧于因借，精在体宜'，不能程式化，拘于成法。师父在作画时，一再强调'无法之法'，造园其实也是这个道理。如今人们造园，总是不离古人的模式，可古人在最初造园时，又哪有成法可依？所以我在画论中曾说过：'古人未立法之先，不知古人法何法？'"

"噢，无法之法，妙，妙，师父说的太妙了！"

一向天机灵透的许新不断重复着"无法之法"这几个字，似乎在从中领悟某种深奥的道理。

"师父所说的'以无法为法'，这个'无法'，极易被人误解。其实，所谓'无法'，并不是叫你随心所欲，任意胡来，而是强调因宜适变，与自然之道相合，进而达到天人合一的境界。"

接下来，石涛指着他所设计的草图，对许新进一步解说道：

"比如假山布局通常不把主峰石置于中心，但我偏要把主峰设置在中心，这是考虑到此处的地形和周围建筑物的影响而作出的设定。如今人们造园叠山，动辄以'下洞上台，东亭西榭'为既定模式，千篇一律，也就不足观了，所以我在设计上有意打破了这种固定的模式，不知你们意下如何？"

"石兄所言甚是，许某至为佩服！"许松龄不知何时走了过来，他听罢此言，深感中有至理存焉，不禁俯身合掌，向这位造园大师深表敬意。

"劲庵兄先不必多礼，这还只是一个草图，在施工过程中还要根据情况不断调整方案，力求使观者一入此园，就能听到溪声、涧声、竹声、松声、山禽声、幽壑声、芭蕉雨声等天地之清籁，他们的感官，也就是释家所说的'六根''六尘'——眼、耳、鼻、舌、身、意以及与之相对应的视觉、听觉、嗅觉、味觉、触觉、感觉随之一一打开，并化入到一种幽深雅逸的意境之中……"

听到这里，许松龄不禁大喜过望，竟有点急不可待了，遂问道："请问石公，建成此园需要多少时日？"

"'将子无怒，秋以为期。'"石涛在此用了《诗经》的句子作答，可谓微妙得体。接下来，石涛又戏谑道："斯园既成，劲庵兄可以不朽矣！"

许松龄虽知此乃调侃之语，但还是禁不住喜形于色，遂拱手道："那许某就因石公而名了！"

"哈哈哈……"三人都不禁相视而笑。

石涛以上云云，虽还只是"纸上谈园"，已足徵他无愧于名驰清初的造园大家。

不过，话说回来，造园之于石涛，不过"余事耳"。对于石涛来说，他倾尽毕生精力、用笔墨建构起来的那个奕奕煌煌的艺术殿堂，扬辉耀采，腾誉艺坛，那才是令人仰止的最大"建筑"奇观。

转眼间，石涛已在许园住了五个多月了。一日，石涛正在书房作画，许松龄手持一卷宋罗纹纸进来，此时窗外竹影摇动，飒飒有声，石涛胸中饶有画意，遂濡笔自画修竹一枝于庭，并题绝句其旁曰："未许轻栽种，凌云拨地根。试看雷震后，破壁长儿孙。"

石涛笔下的墨竹，最能体现其独家面目。一般画家画竹叶，总是拘守古法，总有一个"个"字、"介"字、"分"字横亘在胸。而

《墨竹图》

石涛却在继承前人画竹程式的基础上，自出机杼；他以书法入画，以水墨写意，干湿浓淡，横涂竖抹，极尽纵横宕逸之能事。那一丛丛聚散适宜的竹叶，在微风的吹拂下，似乎正发出天籁般的鸣响。无怪乎平生最擅长画竹的"扬州八怪"之一郑板桥论及石涛画竹时，曾盛赞道："石涛画竹好野战，略无纪律而纪律自在其中。燮…… 极力仿之，横涂竖抹，要自笔笔在法中，未能一笔逾于法外。甚矣石公之不可及也！"郑氏此语洵非溢美之词。

此时恰好许氏父子进得书房来，一看这墨渖未干的新竹，许松龄不禁激动地赞叹道："啊，石公此竹，气韵备极生动，观之足涤鄙吝，真乃神品也！妙，妙！"

接着，许松龄又仔细观赏了画上的跋语："'试看雷震后，破壁长儿孙。'啊，石公此诗奇峭惊人，大有不可一世之概啊！"

许新虽跟随师父多年，却还是第一次亲眼看到师父画竹；没想到擅长山水的师父，其笔下的竹子竟如此清逸高华，遂慨叹道：

"徒儿过去见过不少名手画竹，但到了师父这里就完全不一样，一上手就入化境，徒儿只能说是'叹为观止'了！徒儿过去在画竹上也曾用过不少心力，但画来画去，总觉得长进不大，难以摆脱前人故套，后来也就很少画竹了。"

石涛并未直接回答许新的问题，而是反问道：

"徒儿啊，你知道什么叫'变幻神奇懵懂间'吗？"

许新摇了摇头："还请师父赐教！"

"这个嘛，可不是一两句话能讲明白的。这么说吧，所谓'懵懂'，虽不受精神的严密控制，但它绝非不知所以的原始混沌形态，而是超越了然之思的自由状态，是超越客体物象的主观即兴抒发。具体到画竹，古人有许多讲究，主要是强调其书法性，即所谓'书画同源'，写竹如写字一样，必须中锋，写竹竿如篆，竹节如隶，竹枝如草，竹叶如楷如八分。古人还有所谓'半生兰花一世竹'之说，这当然是一种夸张的说法。但写竹要写得精妙，不入俗眼，确实大非易事。凭师父多年的经验，这画竹嘛，其实并无一定之规，但不可在画前预设法式，关键在于画家'落笔倏作变相'的即兴发挥；但在运笔前，一定要有一团活气在胸中盘绕，而下笔则要'临事制宜，从意适变'，然后一气呵成，往往有'不期然而然'之妙。"

"师父前些天曾说过'真人难遇，正法难闻'，徒儿觉得这话正好可用在师父身上。徒儿这回真的是受教了，多谢师父！"

"徒儿啊，师父今天还要告诉你，画竹并不难，但要画出竹子独特的神韵，那可就难了，这既要熟悉竹子的物理特性，如竹生于石，其体干必坚而瘦硬，有侠士之气；生于水边，则性柔而秀婉，枝叶疏朗，有君子之致；生于土石之间，则不燥不润，枝叶劲茂，有仁人之风。当然，更重要的是画家的气格、修为。其实，每个人身上都有着成为艺术家的潜质，关键要有临艺以敬之心，有了它，整个追求的过程，其实也就是艺术的修为过程。至于画画嘛，无非是人精神生活的一种延伸，它必须贴近人的自由的生命感觉，不能以功利或炫技为目的，画竹亦然，非妙在形似之工巧，而妙在能得其趣、其韵、其神。必须画出竹子的峭拔孤矫，如异人举止，方为上乘，不然只是一段枯木枯竹，哪有灵秀之奇，生动之趣呢。"

"多谢师父赐教！"许新敛手正色道。

"新儿啊，这些日子来，你不但沐受大师的光霁，还不时得到大师的悉心点拨，此乃不可多得的福缘啊！"许松龄此时不禁动情地说道。

"是的，父亲，为儿自当倍惜胜缘，锐志求进，以报大德！"

"瞧你们这爷俩，今天怎么跟我一本正经起来了，哈哈哈……"

"师父，夜已渐深，您大概也有点累了，也该歇息了。"

"徒儿有所不知，师父可是吃过大苦头的人。过去几天几夜不吃不睡是常事，这才刚聊到兴头上，何累之有？一会儿师父还要作诗写字呢！"话音刚落，石涛便来到画案前，摩挲着许松龄刚刚送来的罗纹纸，连声赞叹道："嗯，好纸，好纸啊。"只见他略一沉吟，便乘兴为许松龄赋得七言古风一首，并书写在老友送来的罗纹纸上：

男儿堕地贵奇气，生不逢辰语难吐。

四十无闻五十过，草衣木食何章句？

敢云知己在孤竹，未是千峰不肯住。

肉身大士谪仙才，三章今见君再来。

妙语琳琅清到骨，摩空高韵奋风雷。

感君命驾心悠然，至今林壑光鲜妍。

猿鸟傍人吹月白，珠丝结网任风牵。

空山啸发声振天，群灵知有机关息。

吾门道大若何支？千佛出世空气力。

以水洗水清净身，以心合心非无人。

几回亲见光明顶，忽自化为荧光噴。

不知老病随痴顽，大千一瞬情境闲。

写来尺幅谢东山，有人著屐绝追攀。

钟陵红树白云外，天印飞泉响到轩。

除却荆关无笔意，绘成我法一家言。

此诗妙用"孤竹"（暗指伯夷、叔齐）一典，以喻与许氏相契之深。又将许氏称作具足大智慧、大悲心的"肉身大士"，且富谪仙之才，故能"妙语琳琅清到骨，摩空高韵奋风雷"。至如"以水洗水清净身，以心合心非无人"，则不啻是将许氏视为并世罕觏的知己了。情挚意切，莫此为甚！

次日上午，石涛正在打坐，许新走了过来："阿弥陀佛，师父早安！"

"阿弥陀佛！"石涛微微地睁开眼睛。

"师父，您打坐多长时间了？"

"大约两个多时辰

《兰竹图》

了吧。"

"这么长时间！"许新掐指一算，惊问道："师父，昨晚我们走后，您就一直在此打坐？"

"师父已习以为常了，只要一冥然入定，便'内忘身心，外遗世界'，即使坐上一整天，也只不过是弹指一挥间，这都是师父早年修清静禅时所练就的功夫。咦，今日天朗风和，空气也特别好，徒儿啊，你就陪师父在园中散散步吧。"

"好。"

师徒俩在园中一边散步，一边随意闲聊。当许新问及师父近来的生活起居时，石涛欣然回应道：

"师父自幼出家，四海云游，住在这里，简直成了'行地神仙'了！"

"依徒儿看，师父这些年来，实在太累了，不妨就从容地做一回神仙，长久地住下吧！"

"哈哈哈，那怎么可能？师父老在你这一个徒儿这里待着，其他的徒弟恐怕就不干了！"说罢，师徒俩相视大笑起来。

"噢，对了，师父，现在正是桃花盛开的时节，最近您如果方便，徒弟想陪您前往桃花潭一游，不知师父意下如何？"

"那敢情好！师父久欲前往一游！"

"那好，我们明天就动身如何？"

"好啊！"

一提到桃花潭，石涛的脑际立即浮现出"桃花潭水深千尺，不及汪伦送我情"的名句；正是有了李白与汪伦，桃花潭才得以"复流深心于永思"，成为亲朋间美好情思的代名词，并在时光的流播中不断得到发皇与演绎。从这个意义上说，桃花潭作为一处古意盎然的名胜，其存在的真正价值就在于它将不断地在读者心目中对汪伦送别李白这一经典瞬间进行回溯和重放，并在各自的视觉空间中挽留住属于李白的那个诗意的空间。

桃花潭。

此处名胜位于泾县以西40公里处，南临黄山，西接九华山，与太平湖相连。青弋江在太平湖以下西岸群山中奔涌而出，至泾县万村附近，被一座石壁所挡，水势潆洄，遂成一汪清幽的深潭，水光潋滟，映空涵影，这一处曾令石涛不胜神往的古代名胜，一旦身临其间，石涛才发现所谓"向者兹潭十数里而近桃林缤纷，夹岸无杂树，匪直芳飞红雨"的文学描绘其实只是一个饶有诗意的"谎言"，唯有盛开的桃花与婆娑的树影真真切切地倒映在两岸。

石涛来到桃花树前，细细观赏着；他发现桃花虽已在枝头绽放，但还有不少含苞待放的，这些含苞的尖是艳红的，被一点青翠的蒂托着，石涛打趣地向徒儿问道："你看这像不像一个个丰腴的梦呢？"

潭水微微作皱，像柔滑的绸缎，熨帖着诗仙动人的情意。与这种情意相比，所谓人间的荣华富贵，在石涛看来，则一如沙尘般微末，哪里抵得上汪伦那一声跨越千年的深情呼唤。就在此时，石涛分明看

李白在桃花潭送别好友汪伦

到了澄碧的潭水在木桨下划出的一圈又一圈依恋的波纹，似乎仍在诉说着诗仙那被深情浸湿的眼中的故事。也就在这时，有阵阵踏歌之声从对岸传来，令石涛心醉不已；这踏歌，曾飘入李白至情的诗行，并化入他那渐渐远去的身影……

在许新的引导下，师徒俩游赏了东岸题有"踏歌古岸"门额的踏歌岸阁，西岸石壁下的钓隐台，还有垒玉墩、书板石，以及李白醉卧的彩虹岗与文昌阁、中华祠、怀仙阁，石涛不禁感慨道：

"啊，桃花潭果然名不虚传！'一生爱作名山游'的李白，来到这'山水入画里，一步一惊奇'的皖南，一定别有一番感受。"

在从桃花潭回到许园的路上，许新又抓住这一难得的时机向师父讨教起佛法。

"师父，记得您当年在双塔寺说法，曾讲到达摩弘法的事迹，师父能否为徒儿讲述达摩'一苇渡江'后的故事。"

石涛并未立即作出应答，而是反问道："怎么，我那次说法，你也去听了？"

"如此难得的机会，徒儿岂能错过。"

"唉，阅年久了，师父已记不真切了。至于达摩祖师，则一直是师父心目中的圣哲。其实，不论是出家学佛还是在家学佛，首先要解决的就是一个心性的问题。所以，师父下面就从这个角度来跟你讲讲达摩，你看如何？"

"那太好了！徒儿洗耳恭听。"

接下来，石涛简要地叙述了达摩来到嵩山少林寺的种种行迹，然后开始讲述了达摩与少林寺僧人的那段著名的对话——

"请问大师自天竺而来，究竟带来了什么佛教经卷？"

"我不曾带来一字经卷，但却带来了一部心法。"

"心法何在？"

"在佛陀心中，在我心中，在你心中，在所有人的心中。"

"可我为何看不到这部心法？"

"因为你的心性被妄想的俗尘所覆。"

"那就请法师为我破除妄念如何？"

"妄念既在你心中，只能由你自己破除。"

"再请问法师，您作为西天二十八祖，究竟有没有妄念？"

"当然有。我在此坐禅，正是为了破除妄念。"

"难道法师身为西天二十八祖，居然还有妄念未被破除？"

"正因为我是西天二十八祖，所以天下人的妄念就是我的妄念，我必须为天下人破除妄念！"

"怪哉！法师刚才还说破除妄念只能靠我们自己，怎么转眼间又要替我们破除妄念了？"

"你只知其一，不知其二。我长年面壁坐禅，反观自己的心性，无非是想警示世人，如果你们都能像我这样，从迷执的人生中觉悟出来，以心为观，去除一切妄想杂念，必能救度自己。"

"可依我看，法师终日面对的只不过是一块顽石罢了！"

"可对我来说，却是佛法的示观。如果你能摄心正定坐观此石，坚定不移，也就能够做到得失随缘，心无增减了。"

"话是这么说，但在我看来，它仍然还是一块顽石。"

"这正说明了你心中有差别高下的念头。"

"难道世间不存在差别高下吗？"

"差别高下总是存在你的心中。这正说明你妄念太深，需要切身地反观自照。"

"请问法师，怎样才能做到反观自照，达到得失随缘、心无增减的境界？"

"这就需要在日常行事中下苦工夫，要念念顺法，事事应理，守护根门，时刻关照自我的起心动念。只有这样，才能空一切相，断一切差别，灭一切迷惘；也只有这样，才能够做到逢苦不忧，得失随缘。"

"师父讲得太好了！足启灵根，破执解缚。"

石涛接着继续讲道：

"达摩的此番议论，感动着少林的每一位佛弟子。此时，肃杀之气已隐隐地弥漫在达摩的四周，但他毫不畏惧，依然壁观坐禅。此时少林僧众却是心急如焚，他们劝道：'师父，还是到少林寺内避一避吧！如果您有什么万一，我们少林僧众又如何向大众交待？'

"达摩一笑置之，淡然说道：'你们不必为我担心。如果我遇害，自是我在娑婆世间的因缘已尽，又有什么可悲伤的？如果我大难不死，那不正说明了我在世间还有未了的因缘？'

"此后，达摩虽数次被毒害，但每一次他都能坦然面对，不忧不惧。他悲悯众生的愚痴，更加坚定了他弘法度众的大愿。

"为了完成这一大愿，达摩必须寻找到承传佛陀衣钵的人，从而将法脉延续下去，不负师命，这正是达摩此来东土的一个重要目的。

"自慧可立雪断臂之后，达摩便认定已找到了传法之人，也就结束了长达九年的面壁坐禅，住进了少林寺。一天，慧可向师父请教安心法门，并问有没有文字上的记录。

"达摩一口答道：'我法以心传心，不立文字。'

"'不立文字？'慧可大惑不解。

"达摩缓缓答道：

"'对！现在有很多佛家弟子，只是执着于教理文字，以为这就是道，就是佛法，而不能做到即知即行，从而彻底地把'观照自心'这个最根本的出发点给遗忘了。所以我才强调'以心传心，不立文字'。

"听罢师父此言，慧可终于悟出文字般若只是辅助的工具，直截心源，才是究竟根本的道理。于是坦诚地说：

"'师父，从前，我总以为自己博学多识，但到了30岁时，却又感到对世间的迷茫。出家以后，我自以为贯通大小乘佛学，已对佛法了然于心，但这一切却又无法使自己心安理得。经过师父的开示，弟子终于悟出真正可以安身立命的，并不是外在的知识理论，而是内心对佛法的体悟，这让弟子受益终身。弟子愚拙，最后还想请师父开示安心入道的法要。'

"达摩慈爱地看了慧可一眼，一字一句地诵道：

"'外息诸缘，内心无喘；心如墙壁，可以入道。'

"慧可在心里默默体会师父这十六字真言，不禁感慨万千。

"徒儿啊，有关达摩的故事，师父今天就给你讲这么多，无非是希望你能够冷静地观照自心。师父知道你将来会做很多事，肩头会担负很多责任。可你要知道，我们的心只有拳头那么大，所以什么都不要往里装；如果不论是痛苦还是烦恼，得意或者失败，统统往里装，会把这颗心撑破的！师父在你这里住了这么多日子，明天就准备回去了，这也算是师父给你的'临别赠言'吧！"

"多谢师父再次给以醍醐灌顶、豁然而醒的点化。徒儿一定将师父的教诲铭刻在心！"说罢，许新站起身来，向他所仰慕的师父深鞠一躬！

自1695年秋季始，石涛在许园客居了将近一年的时间，水乡泽国的灵气，滋润着石涛的幽幽玄思；在此，他还对《易经》进行了深入研究。作为一个学者型画家，石涛深知不论是意象结构上的自成气象，还是艺术境界上的别开生面，抑或是精神内涵的博大深邃，皆离逸不开知识的浸润与滋养，故治艺唯精，治学唯勤，积学唯厚——而他那部对画坛产生深远影响的《画语录》初稿本正是在此基础上杀青的。

第二十三章

纾解贫士千金散尽

巧遇灵珠一鉴息争

回到扬州后，石涛移居至吴山亭。

此时的石涛，已然成了一名"久罢参"的"高僧"；寺院的生活来源既已切断，此后也就只能自谋生路了。好在石涛此前通过帮助老友造园，与徽商合作，积攒了不少酬银，再加上卖画，他足以应对眼前的生活。

可谁知没过多久，石涛又陷入经济上的困境。

之所以如此，与石涛那种乐善好施、急公好义的性格大有干系，而他本人的财富观亦迥异常人。

一天，石涛与前来看望他的弟子洪正治闲聊，话题不知怎么转到了财富问题上来，结果引发了石涛对财富的一番妙论：

"徒儿啊，你刚才谈到财富，对此，师父是这样看的：一个人的财富与才能分不开，除非你出身于贵富豪门之家。而才能是天赋的，与出身及后天的努力关系不大。如果一个人的才能为他带来了财富，那应该说这个世界对他还是很眷顾的；如果由才能所带来的财富还能使其幸福，那这个世界对他就极好了。如果才能并没有给一个人带来财富，却帮助他提升了精神境界，使他能够超越功名利禄，而获得内心的一种攖宁与自足，那也应该感恩。"

正因为石涛拥有这样一种通达超旷的财富观念，所以他一有钱，便大大咧咧，四处散金；即使是身陷困境，一文不名，骨子里也不失一种不肯俯就的高贵气质——他从来不在乎、更不需要以别人的眼光肯定自己；在他看来，越是没有高贵感气质的人才越会想着高人一等。

一天，一位多年未见的宣城老友来到吴山亭。石涛定神一看，不禁惊呼道：

"啊，缪兄！久违了！您何时来到扬州的？"

"因差路过此地，特来看望石兄，以慰长想！"

"彼此彼此，快请坐！"

缪清落座后，石涛仔细端详了老友的面容，不禁暗吃一惊：在他身上，哪里还能找到当年在宣城时那个风流倜傥的男子的影子，那张长方脸倒是没变，但苍白、瘦削；原来油光可鉴的一头乌发，如今却像一团乱蓬蓬的枯草；身上的一袭长衫，污渍斑斑；尤其是当年又浓又黑的眉毛底下的那双眼睛，早已失去了往日的神采，显得混浊而呆滞。

"缪兄啊，我们这一别，怕是有十多年了吧？"

"嗯，是的。"

"别来无恙乎？"

"马马虎虎。如今只是为人当差，勉强糊口而已。"

"那此前呢？"

"此前？"缪清努了努嘴角，叹气道："一言难尽啊！"

"还请缪兄为我道来！"

"唉，不说也罢！"缪清用力摆了摆手。

"缪兄，我们是老朋友了，何妨说来听听。不瞒兄说，这些年弟可是一直记挂在心啊！"

对自己的家庭变故，多年来饱受屈辱的缪清一直隐忍着，从不愿对人谈起；但透过老友的眼神与语气，缪清还是感受到了一种久违的善意与温情，于是他以一种如怨似恨的语气述说道：

"这就要先从家父谈起了。当年由皇帝颁旨，在全国各省举行了一次'恩科考试'，我家六弟也参加了此次科考。因主考的安德杰与父亲是同科进士，他们互称'年兄'，有位乡友就拿出一万两洋银，想通过父亲买通主考，赚取举人。虽说科场行私贿赂已成风气，但那毕竟是有违国法之事；可父亲极重乡谊，经不住乡友的再三苦求，犹豫了一阵后，就把这银票派人送呈安主考，还在信中写道'小儿第六'。后来事情败露，父亲怕株连家人，主动投案自首。为了保他早点出狱，我当尽了几乎全部的古董收藏，可父亲最后还是瘐死狱中。"

"那后来呢？"

此时，缪清两腮的肌肉痛苦地抽搐着，其精神显然已被某种无形的重力击倒了。

"缪兄，请用点茶，慢慢说。"

缪清端起茶杯，轻轻呷了一口，接着讲述，但语调更加低缓抑郁，蕴含着无限凄凉：

"后来为了一家人的生计问题，弟经一位同乡华某的介绍，接受了吏部尚书钱某的五十两聘银，去他那里当起了幕客。可到任后不久，便发现钱某为人阴毒刻薄，根本不把所聘用之人放在眼里。吾等白日在文案前处理公务，晚上还要给他的两个儿子作塾师，动辄呵斥，甚至责骂，与他所雇佣的家奴无异。不论是过年过节，还是家有要事，一概不准回家，整个人像是被关进了牢笼，毫无自由。几个月下来，我神疲力溃，几不可支。于是我提出了辞聘的要求，可钱某却逼我退还聘金；本来我就是迫于生计才出来做幕客，如今那五十两聘银早就花光，拿什么退还他啊？"

石涛紧绷着脸，愈听愈觉得憋气，最后把眉毛一挑，径直问道：

"那缪兄下一步还打算继续干下去吗？"

"哎，还能怎么办？为了这笔聘银，弟正在东筹西借；如果实在没办法，也只能再回钱府，任他宰割了。"

"不回！有道是'好马不吃回头草'，难道缪兄还要再受他那份气！不就是那五十两聘银吗，还他就是了。"

"石公说得轻巧，可弟到哪里去筹集呢？"一脸愁容的缪清，像是在自言自语。

"我这儿有啊！"

说罢，石涛迅疾从柜子里取出五十银两，交到缪清手里。

缪清原本是个富家子弟，可自从父亲去世后，他才真正感到什么是严霜四逼，世态炎凉；可他万没想到这位十多年未见的老友竟会如此慷慨地援之以手，这使他顿时被人间温情包围。

但缪清转念一想，却又犯了愁，这是一笔重金，如何偿还呢？于是缪清又把银两交还给石涛。

"咦，缪兄，您这是干什么？"

"石兄啊，弟非常感谢您能在这个时候出手相助，但这不是个小数，弟可怎么还呢？"

石涛把眼一瞪，大声道："还什么还！谁说叫你还了？我看啊，你这老弟也太不把朋友当朋友了！"

在石涛身上，此类行侠仗义之事不胜枚举。

一次，石涛外出散步，当他走到二十四桥附近，碰到一青年有气无力地向他问路，此人虽满面愁容，但眉宇间仍不掩英锐之气。通过闲聊，石涛得知这位青年原为真州秀才，刘姓，本打算来扬州一游，顺便置办些年货，谁知刚到扬州，行李便不慎被人偷走，此时身无分文，连吃饭、投宿都成了问题，至于接下来怎么办，更不知如何是好。

对于这位青年的遭遇，石涛不由心生怜悯，但又觉得不能尽信，因他确曾碰到过不少假装成落魄公子而骗人银两者，万一其中有诈呢？于是，石涛灵机一动，上前问道："你自称为真州秀才，可如何能让人相信呢？"

青年一听此言，当即申言道："刘氏三代书香，遐迩皆知。晚生束发授书，耽味古经，虽器陋斗筲，难胜大受，但年甫十二即已将《四书》章句'包过本'（即全部背诵——笔者），大人如果不信，尽可试之。"

石涛乃冰雪聪明之人，一听此言，便知此人的经史之学已无需细考，于是问道：

"不悉刘君爱作诗否？"

秀才答道："吾家三代以诗传家树誉，予自幼即秉承家学，虽未敢以步吟之才自诩，但尚能勉叠尖叉之韵。"

"噢，这我倒要考考你。"

"大人请便！"

"嗯，今日天朗气清，老夫倒也颇有几分诗兴，我们不妨联吟一番如何？"

"悉听尊便。"

"那好，我先出上联，你来对下联。"

"请。"

石涛未假思索，脱口便出句道："初春山意润梅柳。"

没想到那位秀才俄顷间便对出下联："数日湖光作雨晴。"

"嗯，妙，妙，神采渊秀，属对严整，看来刘君果真是家学渊源。我看这样吧，下面由君出上联，老夫来对下联如何？"

"好，请大人听好。"

"翁醉非为非醉醉。"刘君此联虽仅七字，却叠用了三个"醉"字，两个"非"字；应对下联者，也必须赓其词性巧密，这对石涛来说，分明构成了一种"高难度"的智力较量。而石涛毕竟是"因难见能"的此道高手，大知内藏，灵珠在握，只见他稍思片刻，随即出句曰：

"吾狂不向不狂狂。"

"妙哉！大师树义高古，涤扫凡猥，苍昊异作雕橡，大块任其天放，其可状也如此，其不可状者何极耶？敬服，敬服！"刘君万没想到眼前这位大师吐属如此奇绝，出句如此迅捷，与他平素所见惯的那些含毫欲腐的酸儒何啻霄壤！想到此，刘君不免心生倾慕，遂神情庄肃地向石涛拱手致礼。

对自己刚才的对句，石涛显然颇为自得，故一直在摇头晃脑地茗味着。

"看来大人兴致似犹未减，晚生再出一五言上联如何？"

"好，请！"石涛素有子健之才，一艺之成，而此时又正在兴头上，自然不在话下。

"曾涉万峰险。"

"为求一画工。"石涛几乎又是不假思索，脱口而出。

"啊，大人对句一出，竟使此联生发出流水对的意味，佩服，佩服！"

"刘君大概有所不知。老夫此处的'一画'既指画本身，亦指老夫所创发的'一画'论。"

"噢，有双关之意，故妙！"

"对，对，对！"石涛一向不善谦卑作态，故直接应承道。

"大师，晚生今日能与您对句联吟，何厚幸也。但刚才只顾与大师对句，竟未及请教大师尊姓大名，疏慢之罪，未敢乞恕也。"

"吾乃石涛。"

那秀才闻言大惊，"啊，您就是石涛大师！哎呀，晚生刚才真是太失礼了，让大人见笑，见笑了！"

"哪里哪里，刘君上德若谷，虚衷善受。素履冰清，言动以正，何失礼之有？况老夫平生最喜与有肝胆、有才识之人交往。看来呀，我们还真是有缘啊！"

言毕，石涛随即从褡裢中取出银两，放在刘君手中，然后恳言道："刘君乃当今俊才，今日一见，令老衲不由得'喜从心上起'，这区区三十银两，不知能否解尔燃眉之急？"

"不，不，大师，这可使不得！"

"这秀才嘛，也有落难之时，老夫今日既与君以诗结缘，焉有袖手旁观之理。快收下，不必多言！"

石涛平生行事，大多类此，故老友李驎在《大涤子传》中尝谓其
"怀奇负气，遇不平事，辄为排解，得钱即散去，无所蓄"。看来此
语洵非虚言。

说来也巧，石涛与刘君分手后，便准备去花局里散散心，正走
着，忽然听到身旁传来熟悉的女人声音："师父！"

石涛定神一看，表情惊愕又疑惑，口微张，"你是……灵珠？"
石涛几乎认不出来了。

"嗯！"灵珠用力点了点头，但已控制不住自己的感情，泪水夺
眶而出。

一晃已经十多年过去了，岁月的车辇在她身上留下了明显的辙
痕，人也消瘦了很多；当年那像鸥鸟一样扑扇着翅膀的明眸，已经有
些凝滞，眼圈周围罩着一层痛苦的黑晕，但她的风姿仍如梦如幻般动
人，她的微笑仍如虹如霞般妩媚，她那深潭一样的眸子里，仍有一种
温柔的旋律流溢出来，浸润着这个黄昏，也浸润着石涛那颗日渐衰老
的心；他能够体味出那旋律中飘出的淡淡忧伤，宛如于晓风残月中，
静听一曲低回的箫吟。

灵珠望着石涛，"师父，一转眼十多年过去了，您变得老多了，
徒儿刚才差点没认出来！"

"'怕看人间镜里花'，人嘛，总是要变老的。"

"师父，您身体还好吧？"

"还好，胃口还好，但有腰病，走起路来嘛，蹒跚而已。灵珠
啊，这些年，师父总在念叨你，你……你怎么来扬州了？"

灵珠嗫嚅着，没有应答，那噙在眼睛里的泪水又顺着面颊流了
下来。她寻觅了师父多少年，其实不就是想找到一个倾诉衷肠的机会
吗？可当师父真的出现在面前时，她那勃勃欲吐的一腔话语，却又不
知怎的，都噎在喉咙里……

"跟师父说说吧，别老憋在心里。"

师父那充满怜爱的目光，再次打动了灵珠的心扉，她再也抑制不住多年的憋屈，泣声道：

"上次回去，大姨太她们又要在我身上打主意，逼着我嫁给当地的一个富商做姨太，见我不从，就把我关在屋里，打骂、恐吓。我豁出性命，好不容易才逃了出来！眼看着宣城是待不下去了，我就逃到桐城，在我姨母家躲了几个月，可这毕竟也不是长久之计啊，后来我就独自一人来到了扬州。"

"那你这些年都是怎么熬过来的？"

"幸亏当年从师父那儿学了点本事，靠教画、卖画，徒儿也能勉强糊口。"

"唉，身处这个五浊恶世，可也真难为了你了！那你今后有何打算呢？"

"这不碰上师父了吗，弟子以后就在师父身边，侍候师父！"

"这？"

"师父，您当年驻锡广教寺时，徒儿即有此意，这些年也一直在打听师父的下落，徒儿经常想，这辈子大概除了屈辱就只剩下孤苦，今日有幸遇到师父，徒儿再也不要离开您了！"

"你呀，还是那个倔脾气！"

灵珠一听，知道师父这是同意了，嘴角不禁流溢出一丝微笑；这微笑，是她心中本能的幸福的流露——对于一个长年流落他乡的弱女子来说，也许她一生的幸福和快乐都不会超过这一刻。

这微笑，再次唤起了石涛内心深处的怜香惜玉之情；透过灵珠那隐含在微笑里的羞涩，石涛忽然感到眼前这个飘然无归的女子，脆弱得如同一根芦苇，一触即碎。

自此，石涛身边多了一位女弟子。

一天，灵珠正在室内作画，石涛走过来，他没有作声，只是悄立一旁默默观看着。

"灵珠啊，你最近这山水长进不小啊！"

"啊，师父，您什么时候进来的，徒儿一点都不知道。"

"那就对了嘛，说明你在专心画画。"说着，石涛拿过灵珠的笔，示范道："你还要注意，要把蓄在笔中的淡墨深深灌注到纸内，用笔还要慢，让画更显层次，给人的感觉更加丰富、厚重。"

石涛又指着画上那一片浓墨说："毛笔在手中要尽量用得松活、虚灵，使浓墨看上去充满活气，而不是一片透不出气的深黑。同时，在使用含水量多的笔时，要考虑到墨色受到笔、胶性和纸的洇染等综合因素，不要让它在纸上任意洇化。"

接着，石涛又指着画面上那些淡墨、淡线说：

"使用含水含墨少的毛笔时，也不能像这样在纸上一带而过，要像师父刚才所说的，通过手腕的力量把少量的墨渗入到纸内，用笔要慢，要找到能使线条弹起来的那种感觉，力避轻飘、虚浮。还有，刚才师父看你作画，觉得你运腕还不够虚灵，这运腕嘛，是由画家的'心'掌握的。师父不是跟你说过'画受墨，墨受笔，笔受腕，腕受心'的道理吗？腕要虚灵，画才能折变自如，你在这方面还要强化练习。好了，师父今天就说到这里，你再慢慢去体悟吧。"

"多谢师父教诲！"

也许是在画室里待得太久了，石涛忽然来了兴致："灵珠，今天你陪师父到城里转转，透透气如何？"

"好的。"

不一会儿，师徒俩便来到一家酒店，灵珠为师父叫上一壶酒，又点了几样菜，石涛本想乘兴喝它个痛快，谁知几杯落肚后，已不胜酒力，遂颓然而卧，不知天为幕而地为席也。

大约过了一个多时辰，酒意初醒的石涛拖着蹒跚的步履，在灵珠的搀扶下，跟跟跄跄地来到了花局里。

花局里一向是喧闹的，那光色富丽的街面上，一排排紧挨着的橱窗被各种眼花缭乱的货物挤得不留一点空隙。店面掌柜们那各具乡土特色的吆喝声，混合着街边那汤圆、豆花和凉粉摊贩的叫卖声，在空中卷成一个个无休止的市声旋涡。

拐了几个弯后，师徒们便来到了一家瓷器店前。石涛与店主并不相识，可这位店主一见到石涛，立即表现出异乎寻常的热情："请问，您就是石涛大师吧？"

石涛微微点了点头。

"啊，贵客光临，不胜荣幸。请坐，请坐！"店主说罢，向店仆挥了挥手："上好茶。"

石涛落座后，店主又是敬茶，又是问安，可谓殷勤备至。一聊起来，方知这掌柜的是地道的宣城人，这使得石涛不由地对他产生了几分亲近感。聊着聊着，掌柜的小心翼翼地从阁楼上取出一件东西，恳切地说：

"久闻大师精于瓷器鉴定，我最近收购了一件元代青花瓷瓶，敢请大师过目，并指点一二如何？"

石涛接过瓷瓶一看便笑了："掌柜的，你大概看走眼了吧，这可不是元代的东西。"

店主听后一怔，恳言道："请大师赐教！"

石涛从容地呷了一口茶，有板有眼地说道：

"入元后，夷狄入主中华，少文尚武，国祚早衰，不足百年，但瓷器业却继续发展，尤其是景德镇工匠用瓷石加高岭土'二元配方'制胎的成功，开创了烧制大型器物的先河。还有，元代瓷器用釉厚而垂，釉浓之处往往会起条纹，虽浅处仍见水浪。至于花纹嘛，则有印花、划花、雕花等形状。而你的这件东西全然不见以上特征。还有一点，在元代，官窑仅存景德镇一处，烧出来的只有青器、白器，划花、雕花等，全为宫廷之用，故而这些瓷器上均烧印有'枢府'字号，表明元代的瓷器只在受命时才烧制，这也正是元朝官瓷甚少且售价昂贵的原因。"

石涛如此"说瓷"，令店主佩服得五体投地，他连声向石涛称谢，并不断为石涛斟茶。然后又发问道：

"请问大师，这件东西到底是……"

石涛知道他想问什么，便径直应道：

"你这件瓷器，是清初仿明代官窑的，而且仿的还不是官窑中的上品。"

"噢？"店主显然大感意外。

石涛深知古董行里的规矩，本不想多说，但看店主也像个厚道人，便侃侃谈道：

"说起明代的官窑，主要有洪武窑、永乐窑、宣德窑、成化窑、正德窑、隆万窑等。

"所谓洪武窑，是专门烧造御用器皿的官窑，由此窑烧制出的器型硕大的青花、釉里红大盘、大碗及大罐，浑朴、沉雄而粗犷，独具一格，尤以纯素者为上品，在质地上足可与宋时媲美，但数量极少。

"永乐、宣德两朝，是明代瓷器制作的第一个高峰。就青花来说，永乐、宣德两朝差别不大，所以有'永宣不分'之说。需要注意的是，在永乐时期，曾烧制出一种脱胎素白器，最薄者能映见手指上的纹路，堪称稀世之宝。由宣德官窑烧制出的白瓷，固为后出，但其精致程度，足可与定窑、汝窑比肩。而青花瓷之精美，更是空前绝后。这主要是当时采用了外来供品———苏泥勃青制作瓷原料，此时工匠们已完全掌握其性能，可烧制出青花、祭红、豇豆红、美人祭、娃娃脸、杨妃色、桃花片、桃花浪、苹果红等不同颜色的瓷器。

"至于成化窑，则以生产五彩瓷最为著名。其画样以草、虫、鱼、藻、瓜、牡丹、葡萄、美人墨客为主，所画人物多半笔意高古，与程梦阳笔法相似。这种五彩瓷极其昂贵，一般藏家根本买不起。

又，成化窑烧制的青花大件胎釉洁白，胎体轻薄，半透明度极高，迎光透视，微泛肉红色。胎质白润如凝脂，故有‘如脂似玉’之誉，但此种大件青花极其少见。

“再说弘治官窑烧制的青花瓷器，无论从胎釉、胎体及造型看，都非常接近成化，故又有‘成弘不分’之说。到了正德时期，官窑烧制的青花瓷胎体较为厚重，大型立器胎厚有失精细，以致有的出现缝隙，釉面肥厚光润，白中闪青或闪灰。到了正德后期，开始使用‘回青’，色彩浓艳闪紫，往往用双钩平涂法绘画，带有仿宣德瓷的痕迹。又，正德时期，开始出现以阿拉伯文字装饰器物，这是正德瓷器的一大特点。

“除官窑之外，景德镇附近还有大批民窑。如嘉靖、隆庆时的崔公窑，所产瓷器多仿宣德、成化年间的精品；到了明穆宗时，有制瓷高手周丹泉，专门仿造古瓷器，几可乱真；明神宗时，吴十九所烧瓷器与官窑几乎毫无二致，甚至超而过之；此外还有蛤蟆窑，专制小碗等，都是极为珍贵的精品。”

石涛以上所言，几乎把元明官窑瓷器的源流条贯大体梳理了一遍，这位店主一直专心致志地听着，不禁叹服道：

“大师啊，可惜我是个粗人，不善文墨，不然的话，把大师的话记下来，稍加整理，就是一篇绝妙的‘元明瓷器考’啊！”

为表谢意，店主执意要送给石涛一件明代瓷器，被石涛婉言谢绝。

这时掌柜的又从阁楼上取下一件瓷器，自称出自宋代官窑。

石涛上手一看便笑了，说道：

“掌柜的，您又看走眼了，这件东西明显不对呀。”

掌柜一听，大感意外：“噢，请大师明教。”

“鉴定古瓷，必须了解瓷器的款识。明朝以前，瓷器绝少有款识者，只偶尔出现一些刻画或书写得很潦草的行书，其内容多为记年、记事。逮至明朝，瓷器的款识渐渐成了一种装饰，瓷器工艺也开始讲究。从字体上看，大多以楷、篆出之；横款、竖款，往往而有，品种、形制繁复多样。到了清代，这种官窑器物年款装饰依然盛行，但又出现了不少家藏款，主要以书写款为主，也有少量的刻印款和其他各种款识。归纳起来，不外下列几种：

"首先，从款识的彩料来看，以青花为主，另外还有釉里红款、金字款、金彩款等。

"其次，从款识的字体来说，明代多为楷体，几乎不见篆体。清初仍多为楷体。从雍正开始，篆体盛行，楷体极少出现。您这件东西是仿宋的，但款识却用的篆体，一看便知是赝品。"

说至此，石涛端起茶杯，轻呷了一口，继续说道：

"由于瓷器的式样、形状多样，不一而足。作伪者往往会根据旧器的形制改头换面。高颈长瓶而颈有破损者，则干脆将颈的上部磨去，改为短瓶。如制作上过于困难，则干脆将口部磨成毛边状，给人感觉原来是有盖的。"

"大师所言太对了！我就不止一次碰到过这类仿品。"

"对一般作伪者来说，还有一种最常用的方法是用黏瓷药黏对残缺之处沿贴，也几可乱真，必须仔细识辨。另外，宋瓷中有铜铃口者，因稀而贵，故后来不少作伪者，往往会在这方面下功夫，他们会将宋代原物中边口有伤者磨平，再以铜圈镶边，对于这类赝品，最有效的鉴定之法是细看其连接之处。此外还要细看釉的新旧，火光的强弱。只要是真品，无不自然合理，圆整浑成。如遇到那些在气格上有失自然、有人为造作痕迹的瓷器，就必须谨防上当……"

通过石涛以上所言，足证其绝非那种完全走"技术路线"的"白痴天才"；其实人的才智大致均等，所谓"白痴天才"，是因其能量过于偏重一端后难免会带来某种缺失。但对天才的石涛来说，他的生命体中拥有多个出口，每个出口的能量喷涌都呈现出溢射之状。

且说石涛刚才的话还没落音，便听到门外有人在喊：

"石公。"

石涛微微一怔，待循声望去，不禁惊诧道："呦，逸鸿兄！"

"哈哈，我一听声音就知道是老兄。这一别可真有些年头了！"

"是啊！早就听说逸鸿兄来扬州了，但不知近来生意做得如何？"

吴逸鸿，字肃公，号晴岩，又号逸鸿，为石涛在宣城时的好友，后来还专程去南京一枝阁看望过石涛。此人入清后不仕，曾言"宋之天下亡于蒙古，而人心不与之俱亡"。一度以卖字行医为生，后来因家道日衰，便在扬州开了一个小画店。俗话说："生行莫入，熟行莫出。"这位逸鸿先生本来只擅书法、医术，如今却转行搞起画店来，结果看画老是走眼；开店已有两年，非但没赚到钱，反而赔得一塌糊涂。经石涛如此一问，吴逸鸿顿觉有些窘迫，慢应道："马马虎虎吧。"

石涛一看老友的气色，心里便明白了几分，遂提议道："逸鸿兄，今日既然有缘相遇，去贵店看看如何？"

"好啊，敝店就在旁边。"

进得店来，吴逸鸿立即为老友沏上一壶上好的碧螺春，二人边喝边聊了起来。

"逸鸿兄，您来扬州有几年了？"

"已近三年。"

"噢，兄近来生意究竟如何？"

在石涛的再次追问下，吴逸鸿只好摇了摇头，径直答道："不好，连老本都快赔光了！"

"啊，怎么会这样？逸鸿兄，你不妨将你店里的镇店之宝拿出来，让我们同赏一番如何？"

"好吧。"

不一会儿，吴逸鸿便从楼上取出一张唐伯虎的仕女图，画面上一个婀娜多姿的仕女，纤手轻托香腮，双目脉脉含情，樱桃小口似张似闭，正独倚在紫藤架下。

石涛的目光只在画上轻轻扫了一下，便笑道："哈哈，无怪乎老兄开画店老是赔钱，看来您这眼力还很成问题啊。"

"怎么，石公，这画不对？"

石涛用力点了点头。

"不会吧，我这货来路很正啊！"

"怎么个'正'呢？"

"这是兄弟从苏州购进的，据说持画人的祖上与唐伯虎还结过金兰之交呢！"

石涛诡秘地朝着吴逸鸿眨了眨眼睛："那就能证实此画为真品？"

吴逸鸿将手一拱，恳求道："还请石公有以教我。"

石涛坦言道："告诉你吧，假画一张！"

吴逸鸿疑惑不解地问道："那……那它假在哪里呢？"

"这类假画属于典型的模仿作伪。具体一点说，就是先选定某一个书画名家的作品，然后对着真本进行模仿，从明以来，古玩商们就惯用这种方法。伪作完成后，再用薰旧法使纸本、笔迹、印色变旧。这具体的方法嘛，就是将仿画用清水浸透，贴在漆几上，干了再继续浸、贴，一天往往要二三十次，大约两三个月后，再用白芨煎水喷在画上，这时墨痕已渗入肌里，即使淡墨也可见光润，有一种古旧之感。

"这些工序都完成后，他们再照古旧式样用料精裱装帧。如真迹有破损，就在伪作上进行人为破坏，直至乱真的程度。这些作伪者非常狡猾，伪作制成后，他们并不在当地出手，而是拿到被作伪者的出生地，与当地的古玩商串通一气，委托他们代为出售——这也就是兄所谓的'来路很正'。"

吴逸鸿听后搔了搔头："原来如此，我有几张画就是这样收购的，看来我是上当了。咦，石公，那你再说说，你怎么就能断定这是一张假画呢？"

"从作假的手段上看，这张画是很高明，作假者以寥寥数笔勾画出仕女苗条的身段和鹅蛋形的小脸，再以细楷描出女郎云鬟下的发际，那丝丝青发，也以工细之笔出之，表面上似乎没有露出什么破绽。但你要注意，作为丹青名手，唐伯虎下笔时往往信手信腕，笔笔生发，故线条生动灵奇，圆活自在，别有一种真气。而临摹作伪者，在临摹过程中，往往局促拘谨，处处小心，那线条必呈犹疑之状，假气在所难免。明白了吗？"

吴逸鸿点了点头，情动于衷地说："闻听石兄所言，大饫闻识，虽钝智颛蒙如弟者亦当如泽之受风，小弟在此向兄鞠躬了！"

"你我兄弟，何必如此客气。"

谁知吴逸鸿又向石涛深施一礼，接着恳请道："石公适才所言极是，还请兄继续指教。"

"好吧，看来逸鸿兄是深受作伪之害。"

"不怕石公笑话，确实如此。"

石涛清了清嗓子，接着指授道：

"书画作伪，古来有之。其作伪手段又何止一端，我刚才所说的不过是其中一种。

"再比如唐人，往往在绢上作画。唐代虽已有浆碓、六合、硬黄等名目不同的纸，但唐人大都是用绢作画，杜甫所谓'诏谓将军拂绢素'，即指此。唐绢因年代久远，已不复有原来丝的韧性。绢浸的糨糊，则全然成为灰分，如以指挖即成粉状。碎裂的纹路皆随轴势，作鱼口形，即使破裂，丝也不会起毛，外表光滑鲜亮，别有一种古香。这是在鉴别唐画时要特别注意的。

"此外还有其他几种作伪手段，最常见的，就是补题或改题旧书画。这种方法主要是针对宋元时期的画多不落款和不盖章的现象进行移花接木，将本是元明人的画作，题上宋代某著名画家的名字，借以高价出售。但识破这种作伪方法要有点学问，难度也大，不仅要熟悉各个朝代纸质的特点，而且要掌握被补题或改题的画家们不同时期的创作习惯与专擅之长，对其在各个时期所习用的字体别号、题款特点及用印情况，都要胸中有数。

"还有，由于纸绢破旧，上浮绒毛，难以入墨，作伪者往往会将绒毛压平，调制原作所用之墨，以求乱真。为了避免装裱墨迹阴湿，作伪者往往会用矾水将题字之处圈涂，然后再用熏旧法，对题款及图章作老化处理。这种造假方法，很容易蒙人，即使是内行，也会经常走眼。"

"啊，听石公教言，真是收获颇丰。石公请用茶，不妨慢慢为弟道来。"

石涛轻轻地呷了口茶，清润了一下嗓子，接着说道：

"此外，还有一种，就是割裂题跋。在宋以前，画是极少落款的，画家如要署名，也只是谨慎地写几个小字隐藏于树干、枝叶、石隙之间，唯恐破坏画面。自宋以来，由于苏东坡、米氏父子等文辞高妙，又擅书法，才开始讲究题跋、用印，行内人将它称作'帮手'。

"元朝后，文人画兴起，如果画家在画上落了个穷款，便会为人耻笑，故必须得以书法来补画之不足。尤其是清朝的画家，他们往往集诗、书、印于一身，题款的工夫已登峰造极。

"从鉴定的角度看，年代与题跋的多少往往成正比；年代愈久的作品，题跋愈多。但一幅画的价值高低并不仅仅取决于题跋的多少，而是取决于题跋者的名气；只有大名家题跋，才会凭附增值。如果藏家邀请了外行或半瓶子醋的人进行题跋，则会被行家耻笑为'佛头著粪'。于是作伪者便在这上面动起了脑筋，他们往往会裁去那些不太知名者的题跋，而换上名头较大者的题跋，以抬高作品的市场价值……"

吴逸鸿万没想到，这位昔日的僧友，竟如此邃于鉴定之道，遂情动于衷地称扬道：

"石公啊，今日真是'听君一席话，胜读十年书'啊！老实讲，弟开了这个画店，实指望它养家糊口，可照这样开下去，那可真是无颜见宣城父老了！"

"嗨，老兄何出此言，你不是还有我这个和尚兄弟吗？"

一听此言，吴逸鸿顿时乐开了怀："石公啊，就冲你这句话，弟今天一定要请你好好地酒叙一番。噢，对了，前面不远处有一家菜馆，刚刚开业，那地道的扬州味，堪称一绝啊！"

"经兄这么一说，我这肚子，还真有点饿了。有道是'法轮未转，食轮先行'，看来这肚皮才是第一神灵，最需要供养啊！"

"那好，我们现在就走。"

来到了这家菜馆，吴逸鸿乘兴让掌柜的打开一坛老酒，正欲让其斟于碗中，却又犹豫地看着石涛，不知这样是否犯戒？而石涛闻着这坛透发着酱香的老酒，高兴得直点头。

石涛晚年虽酒量不宏，却颇好杯中物，三杯两盏下去，即有微醺之意；如再喝上几杯，便开始自我放纵起来；这放纵，在石涛身上似乎验证了力学上的三个定律：一、惯性定律。一旦开饮，就刹不住车，不会轻易停下来。二、加速定律。只要气氛足够热烈，且有人跟着助兴、称赏或追捧，石涛的酒兴自会一路飙升。三、万有引力定律。席间，石涛与大家推杯换盏，互相感染，互为较劲，自然便有了"不让千盏"的豪情。当此之际，石涛并不需要有歌妓伴奏，红袖添酒；尽管她们都是绝对的专业水准，足可使俗客不由得心旌摇荡，生出几分轻狂，而石涛却从不愿为此破其禅定。

酒既然喝到一定份上，段子就成了不可或缺的佐料，或者叫催化剂。设若没有了段子，还能称之为文酒之会吗？

段子不仅可以活跃气氛，还能显示出个人的见识和才情。石涛平素并不善言，但几杯老酒落入肚肠后，便一反常态，开始滔滔不绝地讲起"段子"来——他所讲的"段子"，一般会有以下几个特点。一、大都是亲历亲闻的片断；二、是精彩的佛典、公案，最后往往归结到自己的"心性体悟"；三、讲述某种知识性、经验性的东西。今日石涛所谈，便是后者；但这回他所讲的不是"段子"，而是关乎书画鉴赏的实实在在的"干货"——因为他实在太想帮助老友"脱困"了，只听他继续侃侃说道：

"刚才弟讲了不少书画作伪的手段。下面弟再补充几点。这一嘛，就是补描旧书画。从书画始兴的晋代算起，至今已有1400多年，这期间书画家往往以纸和绢等为创作原料，作品保存不易。绢的耐久性不过数百年，纸的耐久性虽然长些，也不过千年。所以唐宋时期的作品几乎绝少品相完好者。即便是元明清时期的作品，也因保存不善，残缺破损甚多。但这些残破作品到了古玩商手中后，他们往往会选择与原件相同的旧纸进行装裱，然后由擅长此道的书画家照样添补或酌照原意添补。

"此外，还有一种作伪之法，需要特别注意，那就是揭裱旧书画，这是一种高难度的作伪手段。从明代始，书画多用宣纸，而宣纸一般由多层黏合而成，普通宣纸也有四五层。作伪者正是利用了明宣的这一特点，将原件劈开几层，将劈下来的薄片进行添补，然后进行做旧处理，即用糊屋的旧纸加上碱水与画共煮若干时间，待晒干后，作旧的新画颜色即变成鼠灰色。这是其中主要的作伪方法，当然还有其他方法，待下次再向兄细加介绍吧。

"再有嘛，也是较难入鉴的一类，是不取著录的作品，无规拟之迹，直接以意为之。如明朝的白麟，学宋四大家无不神似，可以乱真。苏东坡的《醉翁亭记》就出自他的手笔，由于他本人就擅书，且得东坡书法神韵，故虽系伪作，亦无人怀疑其非真迹，因为你无法判别苏东坡未曾以草书写过欧阳修的《醉翁亭记》。

"此外还有一种，就是利用旧传闻著录、旧文献记载或偶然的考古发现作伪，还有的利用有关野史材料炮制出一些作品，这种作品有时也不易辨析，需要有比较丰富的历史、考古与书画鉴赏方面的专业知识……"

吴逸鸿听罢，感动得又是揖手，又是鞠躬；他深知石公是个具有菩萨心肠的仁者；他的这番话，不啻是将自己几十年来在书画市场上拼拼打打所积累的宝贵经验倾囊相授，而绝不是酒席间被无数人口水稀释过的所谓"段子"。

酒足饭饱后，石涛与吴逸鸿依依作别，灵珠搀扶着师父慢慢返回住地，她以一种不胜倾慕的口吻说道："师父，您可真是无所不通，鉴识过人啊！让徒弟大开眼界！"

"哈哈，这下你知道师父为什么要带你出来了吧？画家必须精于鉴赏，眼力不高，手又能高到哪里呢？至于开画店嘛，眼光更要精准。打个比方吧，如果一个连味道好坏都品尝不出来的人，怎么配当一个好厨师呢？因此，要成为一个有出息的画家，就一定要多长见识，所谓'家有万贯，不如一技在身'啊。你看你这位师叔，当初要是有师父为他掌眼，怎么会把店开成这个样子呢？"

"嗯，徒儿记住了！噢，对了，师父，徒儿今天陪师父进城，发现这里的人对您都十分敬重；师父既然有这么大的名气，也就有同样大的价值，这扬州人可是现实得很啊！"

"灵珠，你这是何意？难道你要师父去跟他们谈价论酬？"

灵珠一看师父的脸色，知道再谈下去，肯定会惹师父不高兴，遂转圜道："不不不，徒儿绝无此意，徒儿只是觉得师父有点太苦自己了！噢，对了，师父，徒儿刚才一直想问您，您这身绝技是怎么学来的，怎么以前从没听您说起过啊？"

"哎，说起来，还不是当年在宣城修庙时缺钱给逼出来的。记得有一次，一位朋友不知从哪里买来一块20多斤重的璞石，因心里没底，非要让我来鉴定。我就先用清水冲净，在日光下验其成色，果然晶莹澄澈，温润有光，于是我就把璞石交给玉雕师雕成一只龙尾觥、一只合卺杯，结果光这件合卺杯就卖了三千多两。赚了钱后，我希望这位朋友发心支持修庙，他欣然答应，这一下就缓解了当时的燃眉之急。所以师父常说'家有万贯，不如一技在身'，就是这个意思啊！"

"嗯，今日跟师父出来，徒儿可真的是长了见识了！"

"以后师父还会经常带你出来。你大概已经看出来了，师父从不反对'多能鄙事'，并始终认为，一个迂阔的书呆子，如果别的事什么也不会做，那么，他本行的造诣往往也非常有限。"

就在师徒俩离开花局里，正边聊边往吴山亭行走时，天上忽然下起了雨。灵珠赶紧为师父撑起了油纸伞，师徒二人继续边走边聊，正是通过这看似随意的闲聊，灵心慧质的灵珠从心底对师父愈加敬慕！

事实上，除去石涛所独擅的书画领域外，还非常容易在他身上找到其他"外延"——他的造园技艺，他的鉴赏眼光、收藏兴趣，他的禅学修养与诗文造诣；而他的感悟能力、生命能量乃至工作效率，亦远逾常人——这不能不使人深自惊叹，一个艺术家的精神空间竟会如此广阔，其精神上的开张性、开合度竟会如此之大，其所跨界的领域竟如此之多——这只有在一些不世出的天才人物身上才会偶尔一遇。

第二十四章

古扬州谁不识狂名

松风堂呕心成巨制

天地有情，石涛再次成为行者。

1696年夏，老友程浚诚邀石涛来他的私邸避暑小憩，石涛欣然前往，再次离开了扬州——那个市井喧哗的繁闹之地。

但离逸不是逃避，而是笔墨语言在其生命内部的重启；正是这种重启之力，使得石涛像花朵绽放那样打开自己，在一个远离喧嚣之所，那纷至沓来的种种灵思，皆汇成生生不息的静水深潭。

程浚是安徽歙县（即新安商人的发祥地）人，在扬州的徽商中，程氏可谓远近闻名的大户人家。程浚由于幼时读过家塾，故一直喜爱吟诗作画，精于鉴赏，收藏石涛的书画甚多。

由于程浚平生最喜与文士交往，故在歙县老家建有"松风堂"，那是一处备极清雅宜人的书斋（用现代的话说，那是一处档次颇高的"文化沙龙"），盈溢着一种古旧的气息，那一件件砖雕、木雕与石雕，浅绘着形态各异的花鸟虫鱼、人物故事，将不同朝代的文化意象提纯为一次超时空的聚合，这一座小小书斋竟能浓缩、容纳进乾坤万象，且弥漫着历史的陈香，令人惊异——毫无疑问，以如此雅致的书斋接待来自各地的文人名士与长年往来于扬州的两淮盐商和新安商人，是再适宜不过的了。

且说扬州地区，在清初钱多得烧包的富人甚多，他们有的豪赌暴饮，纸醉金迷，有的甚至用万金狂购金箔，然后在山上任其随风散尽，与这类竞尚奢靡之风的富豪相比，扬州地区也确有不少"以古书朋友山水为癖""以朋友为性命"且热心赞助文化的儒商（程浚即是其中的一位），他们当中不少幼时都读过家塾，后来虽弃学从商，但所奉行的立身准则还是那句老话："士不得已而贾，寄耳。"正是"以商为寄"、贾而后儒这一点，构成了石涛与程浚密切交往的人格基础。

或许是一种来自祖先的文化基因使然，不少长期受到扬州文气熏陶的徽商富甲一方后，往往会衣锦还乡，兴建宅院，将徽州的民俗民风锲入那一道道马头墙后面的宅院里。尤为令人称赏的是，这些徽商一旦从商场抽身而出、相与论艺时，那谈吐、那派头，与文人墨客简直毫无二致，而程浚更是此类徽商中的典型。

与书画家交往既久，程浚深知愈是名头大的画家，愈是在生活上不擅自理，而石涛尤然，故专门养了女佣，用来侍候其日常的饮食起居。优裕的物质生活、幽美的人文景观与宽松惬意的创作氛围，大有助于石涛从事艺术创造与学术研究。

像往常一样，石涛出门从不带徒弟杂仆，他总耽于玄想，总爱独自思考一些萦绕于心的问题；而独行正为他提供了这种便利。此次来歙县，石涛还有一个在心中盘绕已久的计划，那就是要利用这难得的销夏机会，创作出一批"从于心也"的精品力作。为此，石涛还带上了友人送来的好纸与称心应手的笔墨；当然，他还是忘不掉肩上那个用黄布包裹的行囊，那里面有他历时 6 年精心绘制的《百开罗汉册页》。每到一处，石涛总会背上它，并小心翼翼地呵护它；不论驻锡何处，他总要四处打量一番，看看有无最适合存放此物的地方——毕竟，在宣城发生的《十六阿罗应真图卷》遭窃一事对他的精神戕刺实在太深了！

歙县。

这是位于黄山东南麓的一座古城，新安江的清流绕着城墙缓缓流过。从这里走出的徽商很多，这显然与地利之便大有关系——从这里可通过水路直抵杭州，再转入运河即可北上，如转入长江则可西进。程浚的松风堂就位于这座风光古朴、民风淳厚的小城的西北角。

在繁华闹市待久了，石涛十分喜爱这宛如桃源仙境的"松风堂"。

徽州古镇风情

它掩映在一片蓊郁的茂树修竹之中，隔着竹影树丛，便能望见近处的花圃菜畦和不远处那徐徐流动的新安江。这江水，其实倒更像是一条萦绕在山麓的溪流，徜徉其间，顿令人感到有一缕缕湿润的情思氤化在心头挥之不去。在溪流两侧，茂树的浓荫里不时有蝉的低唱，鸟的鸣啭，它应和着林间的阵阵清风，不时地越过窗扉，传入耳畔……

置身于这样幽美的乡景中，石涛的眉结马上舒展开了。一切尘世的纷扰、争斗和喧嚣，都随着眼前这一泓犹如万千生灵在絮语的江水远去，胸中顿时变得开朗而澄明，且勃然饶有画意。

不过，石涛作画一般只在上午进行，因为下午是他与故友品茗叙旧的时间，当然也是他最为轻松、惬意的时间。

一天下午，石涛照例与程浚品茗谈禅，为强调如何破"我执"，石涛向他讲述了一个颇有禅意的故事——

"一日，苏东坡要来见佛印禅师，并且事先写信给禅师，请他一定要如赵州禅师迎接赵王那样迎接自己。自以为了解禅的妙趣的苏东坡，料定佛印禅师肯定会以最上乘之礼来接他——不接而接。可当苏东坡看到佛印禅师居然亲自走出寺门迎接时，自以为终于抓住取笑禅师的机会，遂笑道：'看来禅师还是不如赵州禅师洒脱，我叫你不要来接我，你却不免俗套，跑了大老远的路来迎接我。'

"自鸣得意的苏东坡以为佛印禅师这回必然会甘拜下风了，而禅师却以一首偈子回答道：

　　赵州当日少谦光，不出山门迎赵王；
　　怎似金山无量相，大千世界一禅床。"

"这四句到底是什么意思，还请石兄开示。"

"好吧，我来告诉你：赵州不起床接见赵王，那是因为赵州不谦虚，而不是境界高；我佛印出门来迎接你，你以我真的起床了吗？整个大千世界都是我的禅床！虽然你看到我起床出来迎接你，事实上，我仍躺在大千世界这张禅床上睡觉呢！你苏东坡所知道的只是肉眼所见的有形之床，而我佛印的床是尽虚空遍法界的大广床啊！"

"啊，这太有意思了，受教，受教！"说到此，程浚恭敬地向石涛做了一个合十之礼。

听说石涛大师到了歙县，程浚的几个朋友纷纷慕名而来；人一多，松风堂里的生活浓度一下子就提升了，气氛也开始热闹起来，大家你一言我一语，不由得将话题转到禅修。

一位张姓徽商请教道：

"大师啊，我最近一直在坚持食素、盘坐、诵经，可一段时间下来，仍觉得难以入定，似乎也不见什么长进，不知是何原因，还请大师赐教。"

应当说，在一代名僧石涛面前，提这类"小儿科"的问题，多少有点不太适宜。但石涛同时又非常"接地气"，只要有利于普法、弘法，皆乐为接引，普化有缘之人，故坦诚地开示道：

"禅修贵在渐入自然，不能走偏。有些佛教徒把食色两戒讲得绝对化、神圣化，好像不吃素不出家就不是佛教徒甚至不是好人，这是不对的。许多虔诚的居士，先是吃连佛祖也没吃过的素食，把身体搞坏了；再是用力过猛，致使精神耗弱，心气虚羸，甚或把发疾视为'好转反应'；把怔忡晃神看作修行证验，这都是不足为训的。"

"那么请问大师，如何才能真正入定呢？"

"如今不少修行人一说入定，就认为必得要跌坐冥想，固然是受了佛教的影响。但光是盘坐，只是痴定，往往昏沉掉举而无观慧，并无作用。何况佛家之定，也不全在跌坐中。历缘而修者，于一切行、住、坐、卧中修定；对境而修者，于一切色、声、香、味、触中修定，不一定要打坐，但必须把功夫用在收摄己心、观想念头上来，要在一切行住坐卧时反观己心，随时止住妄念驰动，定而后能静，静而后能安，安而后能思，思而后能悟。凡是主张禅修一定要打什么坐、结什么手印，坐要单盘或双盘，卧要如什么狮子卧，定要进入若睡若觉状态者，都是胡扯瞎说！至于以符箓丹汞种种旁门外道，欺世造业，无益有损，徒负一生道缘！"

"今日亲蒙大师的谆谆化导，敝人深感受益无穷！多谢大师！"

"张君不必多礼，为了申发此意，下面拙衲就再为你讲一个临济宗的开创者临济大师的故事吧！"

"那太好了，敢请大师赐讲！"

"临济大师当年登上巍巍嵩山，置身嵩顶峻极峰，仿佛伸手就可触摸到蔚蓝色的天穹，心里顿时升起一种崇高而庄严的感觉。纵目望去，只见黄河如一条银线般穿起千山万岭，或明或灭地向东蜿蜒而去。驻足在素有'嵩高峻极'之称的中岳嵩山上，名胜古迹可谓星罗棋布，而其中最吸引临济大师的，当然是隐现在烟岚翠微中的少林寺。当临济大师历经艰难，走到少林寺时，他首先来到其中最大的一座佛塔前，正欲叩拜，忽然听到身后响起一个老者低沉的声音——

"'你是先拜佛呢，还是先拜祖？'

"临济大师回头一看，问话者原来是守塔的塔主，看上去有60多岁。虽然岁月的风霜早已染白了他的鬓发，可在临济大师看来，他在禅修上尚未入门。于是临济大师决意为其抽去肉里钉，拔去眼中楔！遂把头一昂，斩钉截铁地答道：

"'佛和祖，都不拜！'

"那位被佛祖的赫赫威灵压弯了腰的塔主闻言大惊，遂责问道：'亏你还是位高僧，居然连佛和祖都不肯拜，他们跟你究竟有什么冤仇？'

"临济大师闻后，不禁心生悲怜：'唉，塔主啊塔主，你在达摩大师的塔前枉守了这么多年，对大师的精神命脉却茫然不解，仍然落入了知见障，岂不是白白守了这么多年的达摩塔？'

"'你，你这……'

"没等塔主开口斥责，只听临济大师当机立断大喝一声：

"'咄！'

"在轰雷般的断喝中，临济大师拂袖而去！自此，丛林间始终流传着'临济游方，气吞诸方'的话语。

"拙衲今天之所以为你讲临济大师的这个故事，无非是想告诉你，参禅求道的人，如果心不能契入佛陀心，自性不能与佛性打成一片，纵然一天到晚吃斋念佛，甚至像那位塔主那样一天到晚守在达摩塔边也是白费！

"我手何似佛手？我心何似佛心？佛也好，祖也好，自己也好，又有什么区别？如果不能超越彼此之间的鸿沟，拜佛拜祖，吃斋打坐，又有什么用？当年黄檗禅师曾对弟子开示道：'三乘教法的纲要只是适应机变的药方，因此，修行者不能黏缚在一条机语或一句教文上，不能拘泥于文字的解释。'为什么呢？因为实在没有固定不变的佛法可以言说。在禅的天地里，只有投入整个生命去体证、体证、再体证，绝不许思前虑后！"

"大师所言鞭辟入里，足启愚蒙，多谢大师开示！"说罢，这位张先生又站起身来，向石涛合掌三拜。

这时，一位胡姓徽商接着请教道：

"大师，敝人有一事常感困扰，还请大师明示。作为修行的居士，我必须保持清净心、无住心，但作为商人，我们天天需要在生意场上跟各种人打交道，包括那些口是心非的小人。虽说古有'慈不掌兵，义不择商'之说，但我们胡家有祖训在，平生不挣半个昧心造孽钱。在从商与禅修上，敝人常常感到困惑，真不知如何摆好这二者的关系？还请大师开示！"

这又是一个"不离世间法"的问题，石涛见其意诚心正，遂耐心地开导道：

"自古名僧大德，出世之时，无不现身五浊恶世，这正是佛陀所谓乘本愿而出之由。世间众生，凭藉着一己之浮慧浅智，往往沉没于追名逐利的欲海中，只顾眼前利益，不能冷静地观照自心，终至在这五蕴的婆娑世间轮转不息，无有出期，这倒使我想起这样一个故事——

"有个庖人，发明了一种残忍的美食：将甲鱼饿上几天，放在铁板上，下面架起火烤；甲鱼又热又渴，便会大口大口喝调好味的酱汤，如此无需多久，滋味入里，内外俱熟，便可上席，鲜美无比。

"听了这个故事，不少人一定恨不能对这只甲鱼当头棒喝：你为何不跳下铁板？自然这甲鱼是被拴住了的，逃不走，但你看世人不是也都不自觉地陷入这无形的火坑之中吗？他们只顾埋头止一时之渴，有几人想过解开束缚，一步跃出火坑呢？

"不过，话还要从两面说，正因为修行者身处五浊恶世，要想离开'火宅'，必须要有助道的因缘，所以佛家才一再强调，要'以群魔为法侣，以逆境为园林'。"

胡姓徽商赞道："'以群魔为法侣，以逆境为园林'，嗯，此言甚妙！"

石涛接着对这位胡姓徽商进一步开示道：

"一切世间法都是仗因托缘所生，因就是观念，修行者必须在因上努力，所谓'凡夫畏果，菩萨畏因'，必须凭藉着佛法的正念，正见，清净身口意三业。而离苦得乐的关键是觉悟，这离不开人人本具的清净心。所谓'不起凡夫染污心，即是无上菩提道'，在修行的路上，每个因缘都可以磨炼心性，积跬步以至于千里。修行者必须守住正念、随顺觉性，时刻觉察觉照，如此则心无尘染，不起烦恼，处处都是道场，处处皆可圆满如意。"

"阿弥陀佛！至感大师垂教！"

谈至此，石涛似乎意犹未尽，故又继续开示道：

"其实，一个人从政也好，从文从商也罢，都要有一种利益众生的献身精神。当年有人问赵州禅师：'师父平时修福修慧，人格道德至为完美，百年之后，不知会到哪里去呢？'

"'到地狱去！'赵州禅师答道。

"众徒不解，同声问道：

"'以师父您的修持德行，百年以后怎么会去地狱呢？'

"'我若不去地狱，世人所犯的杀、盗、淫、妄罪业，谁去度呢？'

"由此可见，赵州禅师之所以要到地狱去，和地藏菩萨的精神一样，那就是'地狱不空，誓不成佛；众生度尽，方证菩提'。怀着无限的慈悲，带着广大的行愿，所谓'我不入地狱，谁入地狱'。无怪慈航法师会说：'只要一人未度，切莫自己逃了'。"

"多谢大师！今日幸听大师一席话，胡某真是终生受教得益了！"说罢起身，向大师深深叩拜。

"阿弥陀佛！"石涛双手合十，向胡某回礼，然后又继续开示道："有道是'天雨虽宽，不润无根之草；佛法虽广，不度无缘之人'。拙衲见诸位心慈面善，皆为大有佛缘之人，所以还想跟你们多谈几句。所谓禅修之法，贵在实证有得，非造作一番文字而已。"

说到这里，石涛观机斗教，又给大家讲了一个非常有趣的故事——

"在明代，有兄弟二人一同去京城参加乡试，试毕在旅邸等候消息。逮至傍晚，有使来报，为兄的闻之大喜，因为他被通知中榜了。可当他起身接报时，却寻不着另一只袜子，原来匆遽间被他塞在了枕头底下。弟弟见状，讥诮道：'不就是一科名嘛，至于惊慌失措成这样吗？看来兄长还是未能勘破荣名啊。'为兄的听后甚感难堪，不复与言。待到黎明，使者又至，通报为弟的中了解元。为弟的自是大喜过望，赶紧爬起来接报，但同样找不到另一只袜子，急得一身汗，最后才发现：原来是自己一只脚上穿了两只袜子。"

"哈哈哈哈……"大家听到这里，都忍不住捧腹大笑。

石涛也打破了他一贯的矜持与庄肃，对大家笑道："说到禅修，我刚才说过，贵在实证有得，不必取笑别人，事到临头，说不定比别人更不堪。你也许会说：'在名利面前，我能做到不动心。'可依我看，那也只是曾经不动心，未必将来就一定不动；说穿了，也许只是那点名利不足以令你动心而已。诸公以为如何？"

"大师所言甚是，佩服，佩服！"

"希望大师以后经常屈尊前来说法。程某近来有违大师的法教，深感鄙吝日滋啊！"

"是啊，近来未闻大师法教，我觉得心智都变得钝化了！"

"如此说来，我们兄弟几人干脆都拜大师为师，出家学佛得了。"

"告诉你们吧，出了家也未必能够学成佛，所谓'出家一年佛在心间，出家两年佛在大殿，出家三年佛在天边'。"

石涛明知程浚此为戏言，但仍正色道：

"这学佛嘛，还是我刚才所说的，贵在修炼心性，实证有得，不能一味钻牛角尖，佛家有一个著名的'磨砖作镜'的典故，说的是一个叫道一的和尚，认准了坐禅这一修行方式，六祖慧能为了启发他，就不停地在他身边打磨一块砖头，直到引起道一的注意，询问起磨砖何用？慧能才告诉他说：磨砖作镜子——这实际上是在讽喻道一抱死理、一味枯坐的悖晦求悟方式。禅家在参悟过程中讲禅机，讲灵动。后来更发展起棒喝开悟的禅宗派系，即对死不开窍或处于开悟临近点的参悟者，抓住恰如其分的时机，向其灵魂猛击一掌，使其恍然大悟。我想在座的大概都不会去学道一吧？如果有，不妨站出来，我当然不会像慧能那样'磨砖作镜'，但我会用我的独门之法去化解他的迂执！"

"我等根器浅薄，亟待大师化解迂执！"

"大师一定要用您的独门之法！"

"哈哈哈哈……"

此时，室外的蝉正鸣叫，高亢而激烈，混合着大家开怀的笑声。

待大家都走后，石涛忽然想起了什么，遂问程浚道：

"程先生，刚才来的那几位朋友，其中有一位徐先生吧，他今天怎么一言未发呢？"

"唉，这位徐先生有冤案在身，情怀殊恶，所以不愿多言。"

"冤案？什么冤案？"

"唉，不说也罢。"

"说来听听吧。"

程浚见石涛执意要听，只好从头道来："唉，说来话长啊。前些年，徐先生的哥哥不幸因病去世，他那年纪轻轻就守寡的嫂子，被同村的一个富家子弟看上了，一天到晚死乞白赖地纠缠。这位徐先生是老实厚道人，生怕这样会毁了嫂子的名声，私下里给了这个纨绔子弟一大笔钱，求其不要再纠缠他的嫂子。

"谁知这小子收下钱后非但没有收敛，反而继续纠缠。徐先生实在没有办法，只好告到官府。知州于是将富家子弟传来讯问，可富家子弟以没打收条为由，矢口抵赖，还堂而皇之地说：'小人虽未取过秀才、举人，但也出生于书香世家，从小知书达理，绝不可能做此寡廉鲜耻之事！'并且声称道：'小人自己家有良田百顷，且平生最乐善好施，见他嫂子生活无着，才时常以钱粮周济，没想到这位小叔子心生嫉恨，竟对小人妄行诬告，请大人明察。'

"知州心里明白此人所言不足凭信，也了解到这个富家子弟一向品行不端，拈花惹草，好吃懒做；至于他所标榜的大仁大义、乐善好施，更是一派胡言。可由于没有确凿的证据，不好治罪，所以此案一直拖着，无法定谳。"

石涛一听，顿时气得脸色发青，怒问道："那就让这个无耻之徒长期这样逍遥法外吗？咦，对了，程兄跟那位知州大人熟悉吗？"

"当然熟悉。为打这个官司，知州大人从中可是帮了不少忙呢，可惜直到现在还没打赢！"

"这回我教你们打赢！".

"怎么，大师有办法？"

"当然有，但前提是你们，包括知州大人一定要按我所预设的去做。"

"这绝无问题。"

"那太好了！待会我们与徐先生一起去拜见知州大人。"

几天后，这桩旧案再次开庭审理，只听知州在堂上怒斥徐先生道："你身为寡妇的小叔子，竟敢以此污秽之事辱没你嫂嫂的名声，使你哥哥蒙羞于九泉之下，实是大胆刁民，如若胆敢再来告状，定予严惩！"

接着知州又对那位富家子弟说："你不要与他一般见识。你确实是一个悲天悯人的大善人、活菩萨。本官断案一向公正廉明，你且在一旁，看本官如何断案。"

接下来，知州审理了第一个案子。其中原告一方控告被告一方借债一百两白银，两年过去，本息未还。被告一方则完全供认不讳，但却愁眉苦脸地说：

"欠债还钱，天经地义，并非小人有意赖账，实因经营不善，血本无归，短期内实在无力偿还，还请大人开恩，再宽限些时日。"

知州听后眉头紧锁，故作为难之状。忽然，知州又转忧为喜，他指着那个富家子弟大声道："有了，今日有大善人在此，此事无足虑矣。"说完，知州转身对富家子弟道："你刚才都看见了，原告一方急欲索回本息，可被告一方实在无力偿还，两人各有难处，本官也为此犯愁。可一想到你是位大仁大义、乐善好施的大善人，家里又有良田百顷，这区区之数，对您来说，可谓九牛一毛，根本不在话下。依本官看，您就发发善心，代此人偿付了这一百两白银如何？"

富家子弟听后，虽然打底心里不情愿，但牛皮既已吹了出去，也只好忍痛应允，随即打算起身告退。

知州当然不会就此放过他，喝令道："且慢，本官还有案要审。"

接下来要审理的案件是父亲告儿子不孝，当儿子听说父亲要告官司，早已畏罪潜逃。此时知州又对富室子弟说："这位老人之子大为不孝，本应予以严惩，但现在已逃往他地，无法找到。今天如不能亲眼看到这不孝之子受到严惩，老人的气就消不了，必将郁郁而病。你既然大仁大义、乐善好施，现在由你代这老人的儿子受笞罚如何？"

富家子弟一听，吓得魂飞魄散，连忙叩头，哭丧着脸说："这受笞的事，怎可由小人代替呢？"

知州说："有何不可，这也是行善之举。本官虽然断你为仁义为本、乐善好施的大善人，可毕竟没有真凭实据啊！今天本官就给你一个自证仁义的难得机会。"于是脊杖二十。

富家子弟受此刑罚后，惊吓得呆在那里，如一尊木雕泥塑。这时只听知州大喝一声："怎么还不走，难道要等我把下面的案子都审完吗？"

富家子弟一听，如梦方醒，立即抱头鼠窜。

整个案件的审理过程完全按照石涛的原初设计而展开，其结果自然也以石涛的预期而收官。那个富家子弟因多行不义遭到"现世报"，而老实厚道的徐先生也由此获得了应有的赔偿。

此后，在程浚与徐先生及其他朋友的心目中，石涛不仅是一位接引更多有缘众生深入佛法奥义、明心见性、同登觉岸的高僧，还是一位智慧过人、救苦救难的活菩萨！

转眼间，石涛在松风堂已住了几个月了。

表面上看，石涛在此过得非常惬意、滋润，一派优哉游哉之状，但其内心却有一种日益强烈的紧迫感，他深知自己正处于艺术创作的成熟期，只要进入创作状态，自会左右逢源、出神入化。他也深知在一个艺术家短暂的创作生涯中，这种峰值状态不会持续太久；而像目前这种无一事萦怀、无俗务相嬲的创作条件也极难得；因此，他决意珍惜寸阴，笃勤匪息，绘制力作，辉耀艺林。

情瞳昽而弥鲜，物昭晰而互进，经过了很长一段时间的构思，石涛渐觉胸中已勃然有画意，遂开始濡墨作画。下面笔者拟对石涛在此间完成的部分重要作品进行简析——

《清湘书画稿》。

对石涛来说，这一重要的自传手卷，堪称是其高度的灵智活动而结出的圆润果实，整幅作品熔诗、书画于一炉。就画而言，其中有山水、花卉和人物；就书法而言，其中有隶书、篆书、真书、草书、

《清湘书画稿》

行书；就诗而言，则可谓众体兼各，其中有律诗、古风和口号。石涛尝谓，画不是可拟张拟李而后作诗，画中诗乃境趣时生者也。如此看来，石涛俨然是一个没有边界的天才。从这一手卷看，以《南归赋别金台诸公》诗开篇，从京门沿着运河一路南下，直到以"老树空山一坐四十小劫"的老僧形象结束，以生动的视觉化语言，表现出石涛由京城南归扬州的曲折历程及种种见闻，单幅看来，若无奇警；连贯起来，方见波澜。至如结尾处的跋文，更是耐人寻绎：

> 时丙子长夏六月，客松风堂，主人属余弄墨为快。
> 图中之人可呼之为瞎尊者后身？否也。呵呵！丙子（1696）

图中之人，也就是那个老树空山中坐禅的僧人。他自我设问道：那个禅定的老僧，是我瞎尊者（石涛的别号）吗？非，非也。这种否定性的自问自答，隐示着此画实乃石涛人生转捩中的一个重要标

《听泉图》

志：它既是其画风由前期转向后期的界碑，更是他由佛转道的明显征兆。

《听泉图》。

此画的灵感直接来自大自然的听觉启示，单是那饶有诗意的画题《听泉图》，就使人想到天籁——一种仿佛来自崆峒的韶乐，一种需要以晶莹清澈的心灵去感受的自然妙响。

但如何将一种富于音乐感的听觉效果转换为笔墨语言，其难度可想而知；而石涛的卓荦之处就在于他的生命太丰盈、太充沛、太灵透了；他总是不断地为自己设置难题，不断地进行新的笔墨实验，并一次次享受着攻坚克难的艺术快感。

经过反复酝酿，石涛决定利用松风堂有利于绘制大画的优越条件，进行一次164厘米×44厘米的大制作。

大制作必有大难度；而此幅的最大难度就在于"绘水者不能绘水之声"。世传王维能按图识乐，沈括驳之曰："好奇者为之。凡画奏乐，止能画一声。"足见画声之难。既然是画，它就不可能像诗那样，将多维感觉尽现于画面，为了营造多维感觉所构成的氛围，就要克服"画"的局限，将视觉化的笔墨语言转化为一种富于音乐感的听觉效果。

于是，在石涛的笔下，崇岗峻岭直耸云天，清泉碧溪直泻谷底。而石涛的一片匠心，全在越过英石细沙的泉水及流经花汀碧潭的清溪等物象上凝结，通过强化其"流动感"这一"富于包孕性的片刻"，来完成由视觉语言向听觉的转换，使人如禅之有"机"而待"参"然。

为此，石涛还别具匠心地描绘了桥上那位身倚栏杆的高士，精心刻画出其侧耳聆听的神态，从而给人以一种"间关莺语花底滑，幽咽泉流冰下难"的定向联想——而"听泉"的主旨也就在这种审美的直觉化与物象的生动态势的相互默契中，在感觉复合的意象结构中顺理成章地完成了——这种 "与造化争巧"的绘画美学效应，正是石涛在长期的绘画实践中，始终以"玄览"与"神思"为艺术思维之模式，自觉地追求"言外含不尽之意"的虚灵境界的结果。

而更妙的，是画中的题诗——

断岸遥山翠影漫，冥鸿飞去楚天宽。

何年结屋松林下，坐听泉水六月寒。

此正所谓"丹青吟咏，妙处相资"，大有裨益于画旨的显现，还有什么能比坐听鸣泉而陡生"六月寒"之感更能给人带来超越时空的美感体验？所谓"画难画之景，以诗凑成；吟难吟之诗，以画补足"（吴龙翰《野趣有声画序》）的契机，正在于诗画二者相互映发、随机转化的艺术辩证运动。

我们在赞赏活色生香的自然万象在诗心的映照下蔚成活力无限的醉人胜境时，也应当赞美画家创造性劳动的淙淙汗血！

所幸的是，石涛为此所投献的汗血并未随着时光的流滚而消逝。二百多年后，另一位国画大师齐白石正是受此启发，创作出他的名作《十里蛙声出山泉》——画面上几只蝌蚪顺流而下，尾巴轻悠地摇曳，受此引发，人们仿佛听到了画外的"十里蛙声"。

石涛在松风堂期间的艺术创作，当然远不止此。但似乎不必再多加胪陈，藉此数端已足徵石涛是一位胸怀强烈的艺术诉求与创新激情的艺术家，不论走到哪里，他都不曾放弃对笔墨的那种不倦的探索——或者说是一种较量，在时间的一片围猎声中，他正是通过对独创使命的坚守，一次次赢得了个人精神存在的价值与尊严！

一连几天，石涛辛勤作画，确实感到有些疲累了，遂走出"松风堂"，呼吸一下大自然清新的气息。

松风堂外的村景，一直是石涛流连忘返之所；这里没有喧哗和骚动，没有尘烟和异味，只有百鸟鸣啭、夏虫振翅；只有那飘浮着果香的一缕缕微风……

在石涛的视界里，这里不啻是陶渊明所描绘的"桃花源"。千百年来，这一"乌有之乡"，宛如一粒文化"元种"，曾引发过历代文人的诗意向往，他们抓住"生命审美"这一核心不断地加以演绎，其意义至今仍在生长……

怀着这样的思绪，不论是行走于山野、寒林、篱角，还是平芜、芳径，石涛都感到无比喜悦—— 一种被自然所浸润、融解、抚慰的喜悦，他的心境像月夜的烟光那般地宁谧、祥和。

就这样走着，走着，不觉间进入一片竹林，石涛不由地感到了一丝凉意；但他仍悠然地走着，宁愿被这丝丝凉意，幽幽地、幽幽地淹没……

在歙县，"聊发少年狂"的石涛居然又像当年在金陵时那样忽发寻梅之兴，参加了一场由当地举行的探梅之旅。

如果从文学意象创造的视角看，那凌寒傲雪的梅花，其实正是石涛本人精神气格的象征，正是他的个性风神的一种自我写照。他感到自己就是梅花，梅花就是自己，这不正是一种物我为一的价值认同吗？要知，在梅花这一心灵的客观对应物之上，一代一代地层积着千百年的集体无意识，已恒久地成为一种原型意象，它的种种难以言说的隐喻功能及巨大的文化认同力，早已与石涛建立了相对稳定的联系，并终其一生地对他进行文本建构。

若把书画创作作为来自生命主体的一种高度的灵智活动来看，石涛的探梅之举，实乃对"诗意"的一次次重新发现，是一体之悟，那一年一度傲寒绽放的梅花，正代表着对整个世界的一次探望与问候。为此，石涛常常被这透露"天地之心"的寒梅感动得热泪盈眶。

在石涛的视界中，真正的生命必须一次次领受这种神奇的洗礼与净化，这是一场源发于生命深处的大观照、大拥有，是一次自由精神的诗性飞翔！或者可以说，石涛一旦进入"梅境"，在这一原型意象的辐射下，必油然而生出强烈的超越现实的审美冲动。明乎此，我们也就不难理解石涛一生为何会不断地咏梅、画梅乃至将梅花视为自己精神追求的象征。

在此次探梅之旅中，石涛得诗90首，这是他在金陵所作咏梅诗的十倍。这究竟是巧合还是有意为之，已无从得知，可知的是，通过"咏梅"，石涛再次觅得了一片洗濯俗尘、疏瀹五脏的灵魂栖止之所，"素心自此得，真趣非外借"（李白诗），此乃石涛与梅花这一客观对应物之间最深切的心灵感应——

> 古花如见古遗民，谁遣花枝照古人。
> 阅尽六朝无粉饰，支离残腊露天真。
> 便从雪去还传信，才是春来即幻身。
> 我欲将诗对明月，恐于清夜辄伤神。
>
> 扶云立水撑岩壑，出色如非此世春。
> 干老枝枯冰玉屑，花娇色艳洒银皴。
> 几疑绝塞逢才子，忽讶泥途见洛神。
> 尽日抽思难尽写，天教是物斗诗人。

老夫旧有寒香癖，坐雪枯吟耐岁终。
白到销魂疑是梦，月来欹枕静如空。
挥毫落纸从天下，把酒狂歌出世中。
老大精神非不惜，眼前作达意无穷。

何处笛声霄汉来，风清露白意悠哉。
满空香散如烟雾，一片月明飞落苔。
忙把酒杯浇梦醒，肯教诗兴送春回。
老夫会有闲心性，不斗人间绣虎才。

——《广陵探梅诗》三十二首选四

《野梅》

在诗人惊世的才华面前，梅花似乎也沾得灵性，将其矍然绝俗的质性一一打开，化入一种雅逸皓洁的广大圣境中……

总之，在歙县的这段时间，石涛可谓创作丰赡，硕果累累。

既然已经完美地实现了预设的计划，石涛决意要回扬州了。

尽管程浚极力挽留他再多住一些日子，但石涛决定的事情，绝不会轻易改变——这正是他那不随流俗、掉臂径行的独特个性使然。

石涛之所以决意要回扬州，原因固不止一端。首先是孤寂感，更准确地说，这是一种"热闹覆盖下的孤寂"。浓浓的友情，抹不去石涛内心巨大的孤寂感。

他的内心世界越是广大丰盈，孤寂感就越是深入骨髓。

从本质上看，孤寂是天才艺术家唯一可能的生存方式，一切名声、追捧、赞美与喝彩，都不过是对天才艺术家能否回到孤寂中的一个考验。

艺术家愈是杰出，其心理纠结往往愈加奇异；作为孤寂的尤物，他总是需要新的刺激、新的动力、新的创作灵感。在松风堂期间，石涛极力想通过书画创作，使身心超负荷地付出，以此排遣心中的孤寂与郁结，可这种努力却往往会引发出更为强烈的反弹。

其次是疲惫感。无论多么充满创造活力的生命，如果在一个生存点上寄身太久，往往会因疲惫而褪色、变质，想象力会像衰草一样枯萎。他深知一种高度常态化与封闭性的环境会滋生越来越严重的惰性，会越来越弱化其奋发的动力。

石涛是一个需要被不断的创造激情所点燃的天才！

复次是他实在放不下自己的爱徒灵珠；作为一位重情之人，他忘不掉与灵珠离别时，这位可怜的女子的滢滢泪影。

"再这样下去不行，"石涛心想，"我一定要回去了！"

尽管执意要走，可当石涛真的要离开时，竟感到不胜依依；屈指算来，石涛在松风堂已住了半年！

从积极的意义上说，在松风堂销夏的这段时光，无疑给石涛留下了许多难忘的美好回忆，松风堂也成了一个他为自己的艺术人生充电的能量场。

程浚依依不舍地将石涛送上船，又送给他不少徽州特产，如茶叶、笋干、石斛等。

为报答友人的一片盛情，临行前，石涛又为老友绘制了一幅写意山水，并题了一首《客松风堂》的七言古诗：

天都直笋四千仞，中藏三十六芙蓉。
练江二十四溪水，争流倒泻分朝宗。
岑山砥柱中流溶，烟晴二溪声淙淙。
松风堂在笼丛冲，至今开合散天下，出入往往矫如龙。
我生之友交其半，溪南潜口汪吴贯。
君家得药好容颜，美髯鹤发双眸灿。
慷慨挥金结四方，风流文采分低昂。
默而不语神溟溟，琅然歌发声苍苍。
儿孙满座皆英才，雄谈气宇生风雷。
狂澜兴发中堂开，焚香洒墨真幽哉！

情也悠悠，韵也悠悠！

值得注意的是，在石涛的艺术创作中，始终存在着如上这样一种将诗、画互相参透乃至完全"打通"的关系；而这种"关系"的确立，首先是基于创作主体的一种综合修养，并外现为作品的意蕴、风神、情韵、格调、气息。易言之，在"以法致道"的创造过程中，画家的这种"综合修养"，一方面可以濡化与提升画家的精神气象、心理素质与个性气质，另一方面又能够在创作主体心灵与艺术形式之间起到妙不可言的催化作用；至于这种"催化"究竟能在多大程度上从"画外"融入画家的笔墨创造中，就只能视画家的天分了。

由此一认知出发，会对我们进一步洞悉石涛的画作之所以能够达到如此高化之境的内在奥秘，提供一个重要的视角。

经过了一昼夜的舟行，终于抵达扬州。

灵珠、洪正治、程鸣、化九等人早已在岸上迎候，一看到师父，他们便快步迎了上去，接过师父提在手上的裢褡，当洪正治要取下师父背在肩上的行囊时，石涛却不肯依从："不，这个我自己来。"

追随师父多年的洪正治心里明白，这行囊里定然有着师父的心爱之物《百开罗汉册页》。

正当徒儿们搀扶着师父准备往岸上走时，却发现师父身后还跟着一位农妇，一手挎着篮子。石涛正要挥手跟她告别，谁知这农妇"扑通"一声跪在石涛面前，泣声道：

"今天我真是遇到活菩萨了，谢谢活菩萨！"说罢，她向石涛连连磕头。

"使不得，快快请起！"

石涛亲自将农妇拉起来，然后躬身向她合十致礼："阿弥陀佛！"

那位农妇含泪向石涛拜别。

"师父，您贵为当今著名画僧，干嘛要如此屈身向这乡下老妇行此重礼呢？"

石涛一听化九这话顿时来了气，把眼一瞪，敛容道："你难道没听说过波罗提木叉孝顺父母吗？诸佛圣人，无不以孝为先。你知道你刚才看到的这位农妇，命运有多么悲惨吗？她才20出头便开始守寡。这就是说，死者已矣，而她才是悲剧的真正承担者；对她来说，'亡夫'这一事件比世上的任何事都重大，都残酷，除了被压得喘不过气来的痛苦外，一切只能由自己来扛！20多年来，除了种菜、卖菜、劈柴、织布、做饭外，还要抚育两个孩子，为公婆养老送终，整个家庭的重担全部压在她一人身上。儿子长大了，说是出去找活路，结果好几年也没回来，到现在生死不明。她说她是属马的，才40多岁，可她面黄肌瘦、身躯佝偻，且累得一身病，看上去就像六七十岁的老太婆，这都是生活压迫的啊！所以在师父眼中，这位吃苦耐劳的善良农妇，完全与佛身等同。师父向她行礼，难道不应该吗？告诉你吧，师父最讨厌将人强行划分高低贵贱！难道高就是贵，低就是贱？"

石涛愈说愈来气，嗓门也愈来愈大，简直是在厉声叱责了。

洪正治跟随师父多年，深知师父的为人与脾气，故为化九解围道：

"师父，我看化九这话，也是有口无心。师父处处行菩萨心，持平等法，扶贫济弱，徒儿们谁不由衷敬服啊！"

"是啊。"徒儿们同声道。

见石涛怒颜稍霁，灵珠这才上前道：

"师父，这次出门，时间可不短，都半年多了！"

"可不是吗，师父以往出门可没这么长时间。"化九道。

"是啊，告诉你们吧，师父此次出门可不同以往，在外画了好几张大画，好几个长卷，还写了不少东西呢！"

"噢，敢情师父不是去避暑啊？"徒儿们都颇觉意外。

师徒几人边说边走，不觉来到了一家茶楼。这茶楼规模不小，里面还有戏园。

师徒们在此落座后，一边喝着茶，一边叙述别情。

在化九的请求下，他们师徒还共同观赏了一出徽州地方戏。

"师父，徒儿这还是第一次跟您一同看戏呢。"灵珠道。

"是啊"，石涛从桌上拿起一块湿巾，擦了擦满是汗渍的脸，然后道，"师父平时是很少看戏的，在师父看来——人间其实就是一场永不落幕的演出，每一个人都是这舞台上的'角儿'，只不过有的人听命自己，有的人取悦他人。"

石涛此言，看似随口而出，却有至理存焉，令徒儿们品咂不已，觉得这"词"比戏台上的词精妙多了。

由于石涛名气太大，他一回到扬州，席不暇暖，便开始接待一批批络绎不绝的慕名来访者。

不仅如此，石涛那一袭袈裟，也经常飘曳在富商巨贾的深宅大院里，权贵乡绅的宴席上。

这天上午，石涛正在画室作画，又来了一拨人，其中还有一个孩子；经过初步的交谈，石涛才知道他们此次来访，是为了让儿子前来拜师；其实，他们有所不知，已逾"知天命"之年的石涛早已不打算收徒了。

前来拜师这个孩子叫高翔，还是个乳臭未干的稚童，他的父亲高玉珪乃一贡生，一生仕途坎坷，所志未遂。其夫人慧敏贤淑，是石涛的"铁杆粉丝"。早在高翔7岁那年，她就认定这位行止怪异的老和尚是个来自京城的了不起的人物，能与他结邻，乃是天赐的胜缘。因"地利"之便，她并未经人介绍，便私自带着儿子来到石涛的住处，苦苦央求石涛收她的儿子为徒，学习书画。

"跟我学画？"石涛一听，哈哈大笑道："一个六七岁的孩子，还没睡醒呢！"言下颇有拒收之意。

谁料这位妇人接着来了一句：

"听说大师父也是六七岁就开始学书画，很早就开悟了。"

"咦，你知道得还不少哩？"石涛颇感意外。

"这整个扬州谁不知道，大师父在扬州城可是个大名人哩！连我这孩子都知道扬州来了个了不起的大和尚！"

"哈哈，别听他们胡说。"石涛一边说着，一边把那孩子仔细地打量了一番，深感这孩子身上有一团活气，一股灵气；正是这两"气"，使他生出佛家所谓的"欢喜心"，于是便跟这孩子聊了起来。

"孩子，你喜欢画画吗？"

"喜欢。"

"那你知道这画应该怎么画吗？"

"怎么想就怎么画呗。"

"想不出来怎么办呢？"

"不会的，我一闭上眼睛，就能想出好多东西来。"

"我给你笔，你画一张给我看看行吗？"

"好的。"

这孩子接过笔，随手在桌上画了一个由五笔而成的小菩萨。

石涛一看，虽然"无法"，却憨态可掬，菩萨那垂肩的大耳、笔直的隆准、下垂的眼睑，都被他抓得很准，这倒让石涛有些吃惊，觉得这孩子的绘画感觉太好了。

"你还别说，这孩子画得倒是蛮有灵气。不过，孩子，你知道吗，这画画可是很苦、很寂寞的事呀！"

"我不怕，"高翔说，"我一看到画就高兴，大师，不知您肯教我几手吗？"

"哈哈，孩子，画画是教不会的，你不要太迷信我，凭着自己的心去画，画多了，你也一定会有成就。懂吗？"

高翔用力地点了点头。

瞧着这孩子一脸庄重的样子，石涛不禁调侃道：

"这孩子可真不简单，什么都懂。"

孩子的母亲一听此言，高兴坏了："大师，这么说，您是同意收这孩子为徒了？"

石涛微笑着颔首道："这为师的，最大的错误就是收了没有灵气的徒弟，等于是害了人家，这就像武馆里收了几个驼背瘸脚的，那哪儿行啊！"

孩子的母亲一听全明白了，赶紧说：

"翔子，还不快跪下拜师！"

……

高翔入师门后，石涛一直注重其才艺的发展，他一再告诫道：

"翔儿啊，师父多次给你说过，这作画如果需要有十分功夫，那么你必须用四分读书，三分习字，三分画画。如果舍弃七分，只求最后那三分，怎能离俗入雅？你去看看历代大画家，哪一个是不刻苦读书，只在画里求画的？"

"多谢师父教诲，徒儿谨记在心！"

石涛微笑着点了点头，继而问道：

"翔儿啊，你入得师门转眼间已有半年多了，今天你就跟师父学学磨墨吧。"

"磨墨，还要学？"

"当然要学。来，你磨墨给师父看看。"

高翔二话没说，拿起墨便磨了起来。

看着高翔那毛手毛脚的样子，石涛忍不住大笑起来：

"哈哈哈……有道是'执笔如壮士，磨墨如病夫'，你这倒好，整个一个'磨墨如壮士'啊！"

说到这里，石涛亲自做起了示范："翔儿啊，这磨墨，里面可是大有讲究啊！一开始磨墨时，要像师父这样重按轻推，远行近折，按顺时钟方向缓缓运转推行。要注意指力平衡，劲缓力匀，墨磨浓了，施水使其淡化，要一直磨到润泽华滋，墨彩绚丽，就像古人所说的'古墨轻磨满几香，砚池新浴灿生光'。"

高翔听后，搔了搔头，感叹道："真没想到，这磨墨还有这么多的讲究？"

"这就叫作'虽小道，必有可观'，这里面的讲究多着呢。好的墨，磨出来都是活的。"

"师父，您这话徒儿又搞不懂了，这墨怎么就是'活'的？"

"告诉你吧，这磨透后的墨色，犹如小儿的眼珠，乌亮、闪光，富有神采和灵气；这样的墨色，破水用之则'活'。明白了吗？"

"嗯，明白了。师父，这墨要磨到这种程度，需要很长时间吧？"

"是的，所以古人有所谓'非人磨墨墨磨人'之说。但磨墨也能使人静下心来，闻着墨香，读着碑帖，既可琢磨章法，也可达养生之效。"

"嗯，明白了。多谢师父指点！噢，对了，师父，您何时能有工夫教徒儿作诗呢？"

石涛听罢略一沉吟，然后又道：

"翔儿啊，你最近要求师父教你作诗，这很好。师父不是教你背诵古诗文，并把吟咏之法也教给你了吗？这实际上就是把你领入做诗的门阶。至于这诗文之道嘛，如果天分俱足，可以不学而能。但你既要从师学诗，那你就要先从修慧入手，空诸一切有为相，澄心止观，如是经年，下笔必粲然可观矣。"

石涛的这种授徒之法，显然加入了自己幼时学做诗文的切身经验。不仅如此，石涛还经常会因势利导，让高翔从中真实受益——

"翔儿啊，你天资聪慧，悟性强，这一点师父早就看出来了。但越是这样越要沉潜下来，痛下笨工夫，所谓习业必专，行止坐卧都不离此，如是方能后成。这为人也好，为艺也好，最忌一个'急'字，急于发财者，发财之术绝非正途；急于成名者，所成之名不会长久；急于成学者，所成之学绝不受用。这世上的事，除了救灾救难外，都不必求速，明白了吗？"

"徒儿谨遵师训！"说罢，高翔拿起一册唐诗，认真地读了起来。

石涛来扬州后，无日不在思念远在京都的博尔都，而博尔都也常常通过老友曹寅的盐船沿运河北上之便，托他给石涛带上一些礼物，这使石涛甚为开心；其实，他并不在乎这些东西的实用价值，而是注重它的隐性效益；也就是说，它能够显示自己的某种"京城背景"而昂其身价；尤其是在商业气氛十分浓厚的扬州，这身价是可以转化为价值的。当然，博尔都也常常会问起那些复制画的进度，石涛心念旧恩，每天都会抽出一定的时间从事这项临摹工作，以便早日向博尔都有个交代。

描摹累了，石涛便随手打开被他视为生命的《百开罗汉册页》，那工细的线条，人物鲜活的情态，使石涛自赏不已。那时毕竟年轻，心手相应，且拥有着庄子"万物不挠于心"的那份"虚静"，故盈溢在笔墨畦径中的是一团静气、清气、灵气，而如今他自觉已难得再恒久地拥有这份心境。

欣赏了《百开罗汉册页》后，石涛又开始临摹《百美图》，这虽然是一项费时费力、旷日持久的工作，但石涛早已习以为常了。

一天，石涛正在聚精会神地临摹《百美图》，悄立一旁的高翔突然发问道："师父还画这个？"在高翔的认知里，和尚是不能碰这种仕女题材的。

"为什么不能画？"

"徒儿一直以为和尚是不画美女的。"

"这爱美之心嘛，人皆有之；和尚也是人，为什么不能画美女呢？"说到这里，石涛忽然问道："翔儿啊，你不是喜欢听师父讲故事吗？"

"是哪！"

"那好，师父今天就给你讲一个吧。"

"太好了！"高翔两眼一眨一眨地闪烁着期待的灵光，两手托着下巴，这已成了他听师父讲故事时的习惯性动作。

"话说当年啊，有一个小和尚跟随师傅在深山老林里修行，这一修就是好几年。一天，师徒二人下山，这个从没出过庙门的小和尚，看到什么都觉得新奇。一路上，小和尚第一次见到牛马鸡犬，但他全不认得，他师父就指着这些动物一一告诉他：'这是牛，可以用来耕地；这是马，可以驮人驮物；这是鸡，可以打鸣报晓；那是犬，可以看门护院。'小和尚一一将它们记在心里。就在这时，有一位俊俏的少女忽然从眼前走过，小和尚赶紧问：'师父，这又是什么？'师父怕他动了凡心，不利修行，便非常严肃地告诉他：

"'这是大马猴，谁做了坏事都会被她抓走，是个人见人怕的妖怪。'

"小和尚又点了点头，记住了这个'妖怪'的样子。

"晚上回到山里，师父问他：'你今天在山下所看到的东西，都记住了？'

"小和尚回答：'都记住了。'

"'心里有什么老惦记的吗？'

"'别的没有，只有那只大马猴，徒儿心里总也放不下，老在脑子里转悠。'

"'这大马猴这么厉害，你难道不怕？'

"'徒儿倒觉得它挺可爱，好像没那么可怕。'"

"哈哈哈……"

听到这里，机智的高翔忍不住大笑了起来，然后冷不丁地问道：

"师父是不是也喜欢漂亮的姑娘？"

高翔哪里会想到，正是他这一句发问，把石涛的整个心绪全给搅乱了，弄得画兴阑珊。

石涛由此联想到近来所听到的好多流言蜚语，其中不光是对他本人，还有来自禅宗其他门派对他师祖木陈道忞和师父旅庵本月的攻击。其实这佛门本来就非清静之地；尽管世人将其视为净土，但在石涛看来，佛门未尝不是另一种红尘，所谓"不着袈裟原多事，一着袈裟事更多"。

酬唱无虚日，宴请应接不暇，不期而至的文友、画商、俗吏络绎不绝，石涛不久便适应，同时也厌恶了这种生活。天性孤高狂傲的石涛，不愿厕身"世间法"；有相当一段时间，他心里总是憋着一股莫名的恶气，甚至憎恨自己已有的名声，而宁肯回到未成名时的自在和洒脱。

但名气这东西，有时就像滚雪球一样，只会越滚越大，绝不会以个人的好恶为转移。而石涛那不蹈故常的行事，又往往带有几分天然的传奇色彩，故为人们所津津乐道，这不，石涛无意间的一个举动又使他画名远扬——

一天清晨，石涛路过城南的一家米铺，看见一位中年妇女正在铺中号啕大哭，经打听才知米店遭窃，而发生的原因是最近米铺生意特别好，而人手又太少，老板夫妇便请来一位外地的小工帮忙。这小工看上去老实巴交的，挺靠谱，掌柜的对他也就没怎么设防。一天，掌柜的打算叫小工跟他一起去进货，却发现小工不辞而别。掌柜的觉得事情有点诡异，回到账房一看，发现自家的钱柜已被撬开，自己辛辛苦苦攒下的血汗钱被洗劫一空。老板娘一听此事，如同晴天霹雳，当即瘫倒在地，号啕大哭——于是才有了刚才石涛看到的一幕。

大凡生性孤傲倔强的人，骨子里往往善良，富有恻隐之心，石涛就是个中的典型，只见他趋前问道：

"掌柜的，你知道那个伙计是哪里人吗？"

"听口音好像是河南人，有可能逃回老家了。"掌柜的口气中透出几分绝望。

石涛劝导道："掌柜的，你先不要着急，我问你，你能记清这个伙计的长相吗？"

"当然能，他在我这里干了一个多月呢。"

"我一眼就能认出这个家伙。"说这话的是一位街坊。

"那好，请拿纸笔来。"

掌柜的赶紧找来文房四宝，恭敬地呈上。

"掌柜的，请你仔细说说这人的长相。"

石涛一边听着掌柜的具体描述，一边开始画像，仅寥寥数笔，

"相已应焉"。

掌柜的看到这幅惟妙惟肖的人像后，不禁大惊，连声叹道："这像画得跟那个盗贼一模一样！"

"是啊，这跟我见过的那个家伙，实在太像了！"那位街坊也在一旁啧啧称赞。

"那你还不赶紧拿着它去官府报案！"石涛厉声催促，显得比掌柜的还要急切。

"啊，对对对，我马上就去！"说罢，飞一般迈出了门槛。

扬州知州接到报案后，认定那贼人偷盗钱财后一定会外逃，便请石涛尽快赶画几张，以便让衙役们拿着画像火速赶往各处关隘守候；果然不出知州所料，这个窃贼已到码头南岸准备乘船逃走，急速赶到的衙役将其当场抓获。

"我又没犯法，你们抓错人了吧？"那窃贼一开始还极力狡辩，大喊冤枉。

"搜！"

随着这一声令下，两个衙役疾步上前，开始搜身，不一会儿便搜出赃物。

"这是什么？"在赃物面前，这窃贼一开始还想抵赖，"这是我做生意挣来的！"

"你老实交代，你都做的什么生意？"

这窃贼的脸一下子涨红了。

"押回去！"听到这一声怒吼，那窃贼立即耷拉下头，表示认罪服法。

不过这窃贼直到蹲进大牢也没弄明白，为什么衙役一眼就认出了他。

石涛凭着高超的画技帮助官府破案的故事，在扬州城不胫而走，一时间成为家喻户晓的美谈。

随着石涛名气的一路飙升，前来求字求画的人自然也就越来越多。这不，石涛刚一回来，当地一名最具实力的盐商便找上门来。

这位盐商虽不学无术，却又附庸风雅，他自恃有钱，且出价不菲，一开口便带有几分命令式的口吻，他首先要求写的幅式要大，字数要多，印章最好也要多钤几方；更离谱的是，他居然要求明天一早即完成创作。

盐商那幅颐指气使的作派，弄得石涛十分反感；但因有熟人介绍，碍于面子又不便发作，石涛只好另谋应付之策。

第二天一早，这位盐商如约前来取字，当他打开这幅字后，脸上的一丝笑意很快一点点地消失了，他惊诧地问道："怎么，就写了这两个字？"

"对，就这两个字！"

这位盐商顿时面呈不悦之色："昨晚不是已经讲好了吗？"

石涛毫不客气地应道："是讲好了。可我昨晚的感觉就只能写两个字，这是谁也没有办法的事情。如果再续它个千八百字，当然也不成问题，但没了书兴，只能算是赘笔，还谈何书法？大人如果觉得我是在搪塞，那就请便吧！"

这位盐商一向财大气粗，哪里碰过这种"软钉子"，只好拿着字悻悻然地走开了。

对于这些为富不仁却又附庸风雅的巨商，石涛总是有着一种发自五内的挑逗与戏弄情结；有时他"狂气大发"，到了"弗计生死"的地步——

某县令夏金山，也属于典型的胸无点墨却附庸风雅的一路，他听说大名鼎鼎的石涛来到扬州，便动用各种关系，将石涛招邀到府邸，备下丰盛的酒宴进行款待，并请了地方上的几位乡绅作陪；酒后，夏金山又拿出重金，请求石涛为自己庋藏的册页题赠并作画，石涛知其贪婪昏庸，劣迹斑斑，故一向鄙夷其人，如今竟敢当面求画题赠，遂径直言道："你的这本册页很好，就是得在题赠处改三个字！"

夏金山忙问："哪三个字？"

石涛这时突然站起来，厉声说道："夏金山！看到这三个字，拙衲便想焚弃笔砚矣，哪里还有题赠、作画的雅兴！"

此言一出，举座皆惊。

夏金山气急败坏，怒詈道："你这个不识抬举的秃驴，你以为我收拾不了你吗？"

石涛淡淡一笑道："出家人四大皆空，五蕴皆虚，尔奈我何？"言毕即拂袖而去，那派头、那气势，颇有一种凛然不可犯的神威！

"好一个怪僧！"不知是谁冒出了一句。

在场者无不向这位平素默无一言的僧人投出惊诧钦佩的目光。

因求画而遭到羞辱的夏金山，冷哼了一声，悻悻然离去。

可他哪肯就此善罢甘休，一直想伺机报复。一天，他以重金请来几位略通文墨的乡绅，经密议后定下一计，即由石涛过去的一位老友出面，以请石涛前来鉴定宋元古画之名，将他诱入舟中，然后逼其作画。

石涛应邀后，原以为不过是寻常应酬，且有老友从中作介，故未多加设防。可他刚一入船，船即出发。此时，酒宴已经摆好，几位身着长衫的乡绅满脸堆笑地走了过来，其中一位道：

"石公，请入席。"

石涛定神一看，来者他全不认识，便也不管其他，只顾大啖酒菜。

几位乡绅看到石涛这一副与往日作风不类的作派，心中都有几分纳闷，其中一位较年长的乡绅狂拍了一番马屁后，便交出实底，然后取出笔墨请他挥毫。

石涛这才明白过来，质问道："哟，敢情你们是事先设了局，逼我石涛就范？"

"石公千万别误会，一切悉听石公尊便，只是……"

石涛知道他下面要说什么，只见他举起笔砚，将其怒掷于湖中："哼，那好！这就是我的'尊便'！"

躲在内舱里的几个家丁闻声而出，上去就要暴打；可他们哪里是石涛的对手，不出几个回合，石涛就把他们全都打趴在地。

这时从内舱里走出一位师爷模样的人，身后还跟着两个彪形大汉，一看便是镖师之类的人物。这位师爷看了一眼船上那几个在地上哀号不已的家丁，软中带硬地说道：

"大师乃出家之人，可这脾气可不像出家人啊。你扔了砚台，还打了家丁，这让敝人在夏大人那里如何交代呢？"

"你爱怎么交代就怎么交代，这我管不着！哼，亏你也是个读书人，还真好意思一口一个夏大人，其实那就是个禽兽不如的败类，只有他才能想出这样的损招、蠢招。告诉你，我石涛从来不吃这一套！"说到这里，石涛瞟了那两个镖师一眼，厉声道："如再敢相逼，老僧唯有舍命一拼而已。老僧倒要看看，到底是道高还是魔高！"

那位师爷一向慑于石涛的名声，一看石涛这幅凛然不可犯的气势，生怕事情闹大了不好收拾，只好乖乖地送石涛上岸。

发生在石涛身上的这类故事，实难逐一悉举，然仅此数端，足见石涛"狂气"十足；而与此相表里相映发的，乃是其"虽千万人吾往矣"的过人胆魄。

总之，石涛的"狂"，狂出了真性情，狂出了高迈的人格境界，他就是要顶逆着世俗的目光，掉臂迳行，"保厥美而历兹"地将心灵中的天然色彩放射出来；世俗的打压、非难与恐吓，只会使他采取更独特、更高贵的方式去"添得人间一段奇"。

扬州属南方小城，有关石涛"狂气大发"的"新闻"很快便盛传开来，几乎无人不晓；而石涛本人，自然又成了扬州城里的"热点人物"。

石涛在扬州的交友一直非常广泛，其中有政府官员、徽商朋友、扬州与外省文人、僧侣、地方士绅，还有琴师、画商、名医；此外，还有一些身份比较特殊的朋友，如前朝遗民杜书载，侠客卓子任，落拓野客黄仪逋，江上狂客萧征等。这些形色各异的人物，丰润石涛的人生阅历，也充实着石涛性情中的多个侧面与多种元素，使他深切地领悟到什么是真正的"众生相"。

朋友们一听此事，唯恐这个怪和尚再做出什么"出格"的事来，纷纷上门奉劝石涛应藏锋敛气，不宜过事张狂。

首先登门的是卓子任与张山来。

卓子任一见石涛，便大声道："石公啊，您乃当今高士，怎么与这般酒囊饭袋较上劲了，这岂不是抬举了他们！"

石涛合十应道："啊，子任兄，少见，少见，这么点事，居然劳兄大驾，岂不是也大大地抬举了他们？"

"哈哈哈哈，"卓子任一听，大笑了起来，"好了，不提这些家伙了，免得扫了我们的雅兴。"

"石公啊，"张山来紧拉着石涛的手，关切地说道，"这么多年过去了，老兄这脾气可是一点也没改啊！"

"改？为什么要改呢？其实，像姓夏的这种草包，我从来就没放在眼里。别看他现在身居官位，富甲一方，可他心里知道这些东西是怎么来的。而我石涛目前所拥有的一切，完全是靠自己，靠长年累月的历练与修为……"

石涛话还没落音，杜书载先生手持竹笻进来了。

一见到石涛，他便以老兄长的口气教训道：

"石公啊，您这狂气一上来，搞得扬州城这两天街头巷尾都在轰传。依老朽看，石公乃一有道高僧，又何必与尔等伧父一般见识呢？看来，石公的'忍辱波罗蜜'修炼得还欠火候啊！"

石涛一听，苦笑道："也许我前世与这等鄙夫种下了不如意因，今当还报。"

卓子任愤言道："是啊，依我看，对这些没心没肺的家伙，就是要好好教训教训！"

"我看你们啊，都是火气太盛。忍辱，是出家人的基本修行，老夫活了这把年纪，这方面的教训可太多了。"说罢，杜书载为石涛讲述了一个颇有意味的故事——

"你们大概都听说过徐巨源吧，想当年那可是非常有名的人物，他与熊雪堂一向不睦，可熊雪堂也非等闲之辈，曾做过明朝的吏部侍郎，后回乡做了遗民。一天，徐巨源到他家里喝酒，没喝几杯，两人便话不投机，熊雪堂遂以身体不适为由，端茶送客！徐巨源感到自己受了侮辱，临走时竟在熊雪堂家的墙上题了一首诗：

"'千山鸟飞绝，万径人踪灭。孤舟蓑笠翁，独钓寒江雪。'

"这首出自柳宗元之手的诗经徐巨源这一写可不得了，因他是从末句起反着写的，每句最后一字连在一起就是：'雪翁灭绝'！

"这彻底激怒了熊雪堂！他知道徐巨源最怕火，又在山里居住，就到处散布流言，说徐家藏有大量金银财宝。这话传到当地盗贼的耳中，他们连夜摸到徐巨源家，可搜来寻去，并没发现什么宝物，一怒之下就把徐巨源用烙铁烫死了。如果徐巨源懂得忍辱之法，又何至于惹来杀身之祸？"

石涛听罢坦言道："书翁适才所讲，弟也曾有耳闻。当年在九峰拜师时，本月师父曾专门为弟讲了他的'忍辱波罗蜜'，弟那时年轻，觉得所谓'忍辱'无非就是打不还手、骂不还口，是一种退缩和压抑的负能量，其实，真正的忍辱是担当、弘毅、正大与智慧的正能量。没有压抑，没有忍辱，生命就失去了动力。佛家的忍辱法门在本质上是让我们主动地体认进而去化解辱，而不只是一味地被动接受。"

卓子任听罢，不禁击节赞叹："石公说得好！深合吾意！"

"不过书翁所言，也全是出于一片好意。请恕弟直言，就因为这倔脾气，弟平生不知吃过多少亏，可说穿了无非就是六个字：'看得破，熬不住！'"

"'看得破，熬不住！'"卓子任反复琢磨着石涛所说的这六个字，觉得真是妙入心坎，遂竖起大拇指，对着石涛赞叹道："妙，妙！实在是妙！"

第二十五章

黄冠野服由佛转道

结庐筑室久居扬州

1693年初，石涛返回扬州后，先居"大树堂"，后一直暂住西北部甘泉山附近的吴山亭。随着石涛名气的不断飙升，前来拜访求画者日益增多；长此以往，住在这里多有不便。决意定居扬州的石涛，遂有了在此结庐筑室之意。

"唉，没有'家'的人名气再大也是孤魂野鬼。"这是石涛近来常挂在嘴边的一句话，由此可见，石涛深愿自己的余生能有一个"家"，有一种来自"对方"的真切关怀与感情慰藉。对于造园高手石涛来说，园林能否建成他所期许的样貌倒在其次，重要的是能够结束长期以来居无定所的飘蓬般的日子，并在此基础上营建一种"性分所近"的更具有真实意义的生活。

经过一段时间的用心勘察，石涛最终选定了位于扬州大东门外的一块地皮筑室建园；凭藉着超卓的画艺与苦心经营，石涛此时已经有所积蓄，而乐善好施的徽商程道光、江世栋、汪兆璋对其更是大力赞助，遂使石涛的这一意愿成为可能。

大约是在1696年的秋冬之际，石涛的新居"大涤堂"终于初步落成。

这是一座两层楼的草堂，占地面积虽不大，看上去却也玲珑雅致，粉墙黛瓦，竹影兰香；小阁临流，曲廊分院，园中的一木一石，皆呈南派园林之象，尽显文人的"文心"和园林家的"匠心"。

"时来卷石如高山，衙官徐沈骇荆关。"这是老友杜书载赠予石涛的诗，此处的"卷石"，即指叠山造园，极赞石涛是一位精于园林的艺术家，其造园技能，直教衙官为之震骇，亦绝不让朱勔、计成专美于前。

其实，如果我们回到石涛所处的那个历史语境，便会发现，所谓叠山造园，毕生恋恋于园林空间的经营，正是那个时代的名人所普遍热衷的"雅事"。譬如明代山阴才子徐渭在获得胡宗宪所赠稿酬后，立即以此购置宅院。而像钱谦益这样的文坛领袖，在与柳如是定情后，即斥巨资构筑"绛云楼"，藉以藏娇，但见"房珑窈窕，绮疏青琐"，名楼里面充塞着晋唐宋元以来的法书、名画，官窑、哥窑、定窑、均窑之瓷，端溪、灵壁、大理之石以及数万卷的宋刻元版，如此风雅豪奢，绝非寻常士子所能想见。

不过，对于历代营造自家园林的文人来说，他们无不怀有一种潜在的理念，那就是将"胸中丘壑"化作可视可感的人为丘壑，藉此滋养与自己有着文化对应关系的接受者；而接受者一进入这种特定的文化氛围中，整个细胞便会立即鲜活生动起来。据载，明代的李东阳平生最爱他的"怀麓堂"，因为在他看来，"怀麓堂"不仅比其他楼台亭榭更能引发他的野逸之趣，而且还拥有一大批意趣相投的诗家词客，这可真是天大的福缘。至于"大涤堂"，虽难与"怀麓堂"相比列，但对漂泊一生的石涛来说，总算有了一个自己的"家"——有了一个安顿生命、藻雪精神、润泽智慧、五脏疏瀹的所在。

更匪夷所思的是，石涛新居的名字："大涤堂"。

在客厅的醒目处，悬挂着石涛五年前由京城买舟南返时，集陆放翁名句而成的一副对联——

傅抱石《大涤草堂图》

未应湖海无豪士　长恨乾坤有腐儒

此处的"腐儒"显系自指，这大概是石涛对自己当年"欲从宝绘论知遇"之梦的一种自省与自责，逮至五年后，石涛仍深感这一联句最能表达他此时的心境。

"大涤堂"坐落在小秦淮河边。在这里，他每天都能看到画舫在水中悠然来往，居住在这种濒水的草堂中，最能享受到江南城居的情调。在"大涤堂"的背后，就是扬州著名的北柳巷，这是这座小城最热闹的"烟花巷"，每日车马络绎，弦歌不绝。而"大涤堂"则像是在熙熙攘攘的人海中的一座小岛，颇得天时地利人和之便。

石涛之所以选择在这里建宅，除了风光秀丽，当然还要考虑到自己卖画人的身份，用现在流行的话说，就是要与市场接轨。

石涛本来名气就大，再加上拥有了这样一座新居，自然不乏旧遇新知前来瞻拜。

一天，老友汪世栋前来拜访，寒暄了几句后，石涛立即上楼取下一个布包，里面是一件晋人法帖，石涛恳言道："此帖乃弟生平最珍爱之物，如今世人皆有所不知，从此帖中可得古法中之真面目，现赠予我兄收藏。弟如有闲暇，自可随时去尊府观赏，这也是人生一大快意事啊！"

这就是石涛的个性——对于惠助过他的朋友，他一定会竭尽所能，报答盛爱。

汪世栋前脚刚走，老友徐半山就从宣城赶过来了。

二人睽违多年，一朝相见，免不了要寒暄一番。

"好了，我们不妨到园子里走走。"

"好，半山兄请！"

徐半山看到长年漂泊的老友如今有了自己的宅邸，打心里高兴；

他在"大涤堂"中逡巡良久，把其中的一草一石都仔仔细细地看了个遍，然后对石涛慨言道："一入斯堂，便觉云生胸次，令弟蓦然想到陈公继儒所言：香令人幽，酒令人远，石令人隽，琴令人寂，茶令人爽，竹令人冷，月令人孤，棋令人闲，杖令人轻，水令人空，雪令人旷，剑令人悲，蒲团令人枯，花令人韵，金石鼎彝令人古。"

石涛接道："但半山兄还差一样，美人令人怜。"

"哈哈哈……"徐半山闻言大乐；不一会儿，他似乎又想起了什么，遂径直言道："石公啊，适才与兄闲步园中，弟忽然想起了明人徐文长。当年山阴县令刘景孟前来拜访，前呼后拥，而徐文长竟毫不客气地给他来个闭门羹，并赋诗表明拒见的理由，那诗的题目很长，好像是《山阴景孟刘侯乘奥过访，闭门不见，乃题诗素纨致谢》，至于诗，那就更有意思了——

> 传呼拥道使君来，寂寂柴门久不开。
> 不是疏狂甘慢客，恐因车马乱苍苔。

"不过，说起来，这个刘景孟倒还真是个贤官，见到这首诗后，他不仅不生气，反而更加敬重徐渭的为人；于是他换上便服，只身前去求见，可谓礼贤下士。如今这类官员可是难得一见了！"

"是啊，要说有的话，恐怕也只有曹太守堪与比列。"

"兄所言甚是。弟的意思是，我兄名气这么大，新园建成后，方方面面的人免不了都会来凑热闹，兄要尽量少与官场中人来往，免得招惹事端。"

石涛恳言道："至感我兄垂爱。其实，弟从不爱主动攀附官府中人，对于将来的生活要求也并不高，只要有一书僮为我伐薪、烹茗、研墨。我以半日参禅、读书，半日作画。余则弹琴、饮酒、赏花、闻莺、看云、赏玩古董，听鸟声和鸣，游鱼唼喋，水声盈耳，粲然而笑，怡然而睡，日复一日，年复一年，余愿足矣，无复他求！"

"哈哈，石公出则游观园林，入则赏玩古董，此乃至乐也，又何须他求？"

"哈哈，知我者，半山兄也。"

徐半山在此所说的"赏玩古董"，可谓由来已久。早在宣城时期，石涛就收藏了不少古董，在赴金陵寄居前，都悉数分赠宣城友人。素有收藏癖的石涛，在定居扬州后，又陆续收藏了不少古董，种类繁多，举凡典籍、字画、印拓、扇册、砚墨、竹刻、陶瓷、瓦当，以及奇石、尺牍，无不在其集藏范围中。无论怎样忙，石涛每天必挤出些时间来，翻检他所酷爱的集藏品，此时胸怀顿时廓然开畅，了无俗虑，这对石涛来说，真乃无上的享受，他那种对一块美玉、一方砚台的耽迷痴爱，对一片瓦当、一幅古画的摩挲把玩，既构成了石涛作为个人的具体生存形态，同时也体现出一种超越衣食住行的文化陶醉感。

于是，所谓"玩"，便不属于吃喝玩乐等形而下的范畴，而是隐涵着对文物的稽考、对历史的认知、对真赝的品鉴、对雅俗的评判；所谓"玩"，具有特殊价值的历史、文化、审美、精神的内涵。

要之，"玩"作为一种细细咂摸、品味个中意味、神韵的生活艺术，分明构成了石涛从事书画创作的巨大心理背景；一旦投入笔墨挥运，这种"玩"便会被石涛若有神助地转化为创作激情；至于这种转化的内在机制，恐怕连石涛本人也说不太清楚。明乎此，我们也就不难理解石涛对集藏古玩的那种至性深情，那种生命热情投入的沉迷与痴醉——其中的"至乐"，又岂是一个"悠然神会，妙处难与君说"所能了得！

石涛将"玩"视作"至乐"的生活艺术，再次引发了老友许半山强烈的心理共振。只听他坦言道：

"石兄啊，弟多年来一直想做个闲人，只有闲才可以养性，可以悦心，可以好古。至于将来嘛，弟唯愿物阜民安，风俗淳美。弟则家居无事，与三两知己相与轻衣缓带，流连文酒。至于文几上嘛，自然要有钟鼎卣彝可陈，书画法帖可观，窑玉古董可玩，孤本秘籍可藏。正如昆山元长先生所言，一卷书，一尘尾，一壶茶，一盆果，一老仆，一老驴，一溪云，一潭水，一庭花，一林雪，一曲房，一竹榻，一枕梦，一爱妾，一片石，一轮月，逍遥若许年，然后一芒鞋，一斗笠，一竹杖，一破衲，到处名山，随缘福地，也不枉了眼耳鼻舌身意随我一场也。"

"啊，看来半山先生雅兴不浅啊，竟不让大复先生（即昆山元长先生——笔者）专美于前！"石涛与循声望去，原来是前辈陶澂来了。

"啊，原来是陶先生，失迎，失迎！"石涛赶紧拱手致礼。

"不必多礼，老夫此来，不会渎扰二位的雅兴吧？"

"哪里，哪里，陶翁言重了！"

陶翁此番前来，看上去不过寻常过访，实则另有来意，因"大涤"两字，在朋辈中竟无人能通晓个中命义，故寄望于颇有旧学根底的陶澂先生，可这老先生看了半天，只说出了四个字：了无出处。

其实，石涛取"大涤"二字颜其斋号，自有深意存焉。

从表层意义上看，此二字似源自作为道教胜地的大涤洞天，老友汤燕生亦曾以"大涤精舍"颜其斋名。而石涛之所以择举"大涤"二字，决非无意的巧合，而是含有踵武故友之志、饮丹餐霞、通天地之气、独慰飘逸之怀诸义。当然，更妙的是，石涛在此用了"借尸还魂"之法，意在表达一种"上下一齐涤"的痛快淋漓——即在思想、观念、信仰、画风、诗风、处世哲学、人生态度上统统来一次"大涤"！他后来尝作《庚辰除夜诗》组诗，开篇便道：

生不逢年岂可堪，非家非室捐瞿昙。

而今大涤齐抛掷，此夜中心夙响惭。

此诗不仅披示出自己心灵深处的忏悔自新之情，更重要的是阐发出"大涤子"的取意所在，即要抛开一切束缚，荡涤一切尘垢，迎接心灵的清明，这其实已隐然透示出他本人由佛转道的契机。

尤当措意的是，就在这一年的夏天，石涛画了12开的《山水册》，并加盖了两枚尘封已久的印章，分别为"大涤子""靖江后人"。这无疑为世人透发出一个重要的信息：今天之石涛，就是52年前险些死于非命的前明王朝的靖江王之后！

既然"大涤"了，就要"大涤"个痛快，就要彻底改变过去那种扭捏隐晦的生活状态，正如《心经》所言，"无有恐怖，远离颠倒梦想"。

是年秋，石涛在另一本《花卉册》中竟首次大胆地直接署上"若极"这个52年来一直不敢启用的真名。

石涛图章六方

题罢这两个字，石涛不禁失声痛哭！

随后，他又从箱箧中悄悄地取出一方被重重包裹的印章，用他那只颤颤巍巍的手，将印章满蘸着上好的朱砂印泥，然后又长长地在上面呵了口气，盖在了一幅新作的压角位置；当他拿起那方在画面上用力按压了好久的印章，7个朱文大字赫然在目："赞之十世孙阿长"。

石涛久久地凝望着它，不禁再次泪如雨下。

这泪水，涤尽了覆压心头多年的浓重阴云。

不过，必须在此指出，石涛生前从未曾使用过他的宗室全名"朱若极"，这表明他终其一生都保持着某种缄默与谨慎。但考虑到康熙在政治上对遗民叛乱始终充满戒心的历史背景，石涛敢以"赞之十世孙阿长"一印示人，已不啻是公然宣称自己就是靖江朱氏灭门浩劫中唯一的幸存者；仅从这一点看，石涛的确胆气过人！

但"身世之恫"对石涛精神上的戮刺毕竟是深重的。每当他感怀身世，他总会从文箧中取出那首写于宣城广教寺的旧作《钟玉行先生枉顾诗》迭番诵读——

板荡无全宇，沧桑无安澜。嗟予生不辰，髫龀遘险难。
巢破卵亦陨，兄弟宁忠完。百死偶未绝，披缁出尘寰。
既失故乡路，兼昧严父颜。南望伤梦魂，怛焉抱辛酸。
故人出石门，高谊同丘山。揭来敬亭下，邂逅兴长叹。
抚怀念旧尹，指陈同面看。宿昔称通家，两亲及交欢。
须眉数如写，气骨光来寒。翻然发愚蒙，感激摧心肝。
识父自兹始，追相遥有端。便欲寻遗迹，从君石门还。
一为风木吟，白日凄漫漫。

清湘苦瓜和尚昭亭之双幢下

此诗的背景是这样的：故友钟玉行前来看望石涛，"言及先严作令贵邑事"，他"哀激成诗，兼志感谢"。透过诗中的"抚怀念旧尹，指陈同面看""宿昔称通家，两亲及交欢"诸句，可知其人为朱亨嘉的亲信。至于"嗟予生不辰，髫龀遭险难。巢破卵亦陨，兄弟宁忠完。百死偶未绝，披缁出尘寰"诸语，则显系言及其父朱亨嘉自称监国于桂林时事以及后来兵败被杀事，故石涛在诗序中言及自己"哀激成诗"，"不胜惶悚"，而作"风木"之吟。

若揆诸史实，自顺治二年到康熙元年，清政府对南明诸帝王如弘光帝（福王）、潞王、隆武帝（唐王）、绍武帝（朱聿𨮁）、永历帝（桂王朱由榔），都概行绞杀。石涛身为明朝监国靖江王之子，自知会有不测之祸，故不得不屡用隐语（如用谐音法，将"桂"写作"贵"），个中隐痛，非亲历者恐难真正体识。

每当其陷入"身世之恫"时，石涛总会将此诗取出诵读，以寄悲怀。而今日，石涛在"大涤堂"中又重读此诗，在声声不已的吟咏中，一切孤寂与悲苦、痛楚与困顿都因"大涤"之力而消解了；他体味到生生死死的重量，他感到他那万虑撄心的胴体，已被"大涤"的阳光所穿透，似有清泉汩汩流淌。

一天，石涛有事外出，回来时看到有几个孩童正蹲在"大涤堂"前嬉戏。

石涛饶有兴致地走过去，只见他们正围着一只甲虫逗着玩。一生童心未泯的石涛，竟也蹲了下来，加入他们的游戏团。

"快，到这边来。"一孩童拍着手向甲虫喊道。

"快，到我这边来。"另一孩童也拍着手向甲虫喊道。

"到我这边。"

"到我这边。"

石涛也学着孩子们的样子，朝着甲虫使劲拍了拍手，然后拾起旁边的一根草棒在甲虫的头前画了一道线，大声道："快到我这边呀！"

谁知这只甲虫不理不睬，只顾朝着它所要去的方向爬行。

"啊，吾师，吾师也！"石涛情不自禁地向这只甲虫拱手致意。

"咦，老爷爷，您这是……"

这几个孩童有点懵了，觉得这位老爷爷是不是哪根筋搭错了？

石涛见状大笑了起来："哈哈哈……你们知道爷爷为什么要向它致意吗？"

这几个孩童都使劲摇晃着小脑袋，莫知所对。

"告诉你们吧，这只甲虫虽小，但他的主意可不小啊，它认准了方向就一个劲地走，谁招呼都没用！你们长大后做事，也要学它这种精神。你们说，在这一点上，我们是不是要向它学习啊？"

这几个刚才还在玩耍的孩童，一时间神色变得严肃起来，纷纷点头道："是！"

"真没想到，这些跟我们玩来玩去的小虫，怎么一下子成了我们的'老师'了！"一孩童搔了搔头，像是在自言自语。

石涛一听此言，顿时开怀大笑起来："哈哈哈……爷爷这叫持平等法。噢，现在跟你们说这个还有点早；不过，爷爷刚才跟你们说的那些，你们长大后一定会明白的。"

"老爷爷，听说您会画画？"

石涛笑道："是啊，爷爷是会画几笔。"

"那您能教教我吗？"其中一个孩子问道。

石涛看到这孩子那一副认真的样子，脸上泛出笑意，他抚摸着这个孩子的小脑袋，高兴地答应道：

"可以呀，你想画什么呢？"

"画画……"这孩子一时不知如何回答。

"我看啊，你就画画这只甲虫吧。"

"好，好。"其他那几个孩子也都高兴地叫起来。

"那好，你们都画给爷爷看看。"

石涛话音一落，这几个孩子立即撅着屁股画了起来，不一会儿便都画完了。

石涛看着他们画出的那一根根稚嫩而又饶有童趣的线条，乐得合不拢嘴，然后鼓励道："你们今天是第一次画画，画得都挺像，爷爷很满意。你们今后要多画，多观察大自然，多观察各种动物的动态，这样你们就会画得更好。你们觉得爷爷说得对吗？"

"爷爷说得对！"

孩子们异口同声地答道。

"那好，你们接着画吧。等爷爷下次有空，还会教你们的，好吗？"

"好，好好！"几位小朋友一听这话，都高兴地拍起手来。

灵珠听到外面有声音，出门一看："师父，您这是在干什么呢？"

"哈哈哈哈……"石涛爽然一笑道："师父正在跟孩子们一起玩耍呢。好了，孩子们，再见吧！"石涛微笑着向孩子们挥手。

"爷爷再见！"

"再见！"

进得院来，灵珠道："难得见到师父这么高兴地与孩子们在一起。"

"灵珠，你有所不知啊，刚才我拜了甲虫为师。"

"什么，拜甲虫为师？"灵珠被搞得一头雾水。

"对。其实在动物界，禽虫可师者多矣。当年师父与你喝涛师伯云游时，曾见蜜蜂济济如蚁，护卫着蜂王而宿，秩秩然不乱其行。蜜蜂采得花粉后必戴在头上，献给蜂王，绝不自食。又以双翅采挹天池之泉以供蜂王饮用。至如鹡鸰知孝悌，莺犹求旧友，鸿雁有从一之义，不一而足，故诗人每每咏而叹之，藉以敦伦厚俗。至于这些孩子们嘛，师父更应当拜他们为师。"石涛情动于衷地解读道：

"这人在世，之所以闹得这么复杂，活得这么累，其实都是加进了'目的'这个怪物，它一来，简单的东西也会变得复杂，复杂的东西则会变得更复杂。这麻烦其实都是自找的。你看那些可爱的孩子们，他们自由，因为他们不背任何包袱；他们快乐，因为没有复杂的心计，对事物不含敌意和戒备，这样世界在他们面前就会简单有趣。因此人所要做的，只是扔掉目的而已，这样才会像那些孩子们那样轻盈、优雅、快乐和自足。所以啊，师父在心里真想向这些孩子们深鞠一躬，以感激这一只只快乐的精灵，正是他们的降临，使这个世界朴素、单纯、清爽、明亮！"

灵珠听着师父的这番话，连连点头，眼神里噙含着深挚的敬慕："师父说得太好了，徒儿深受教益。师父，刚才我好像听到您已答应了孩子们，以后要教他们画画，师父，您真的要……"

还没等灵珠说完，石涛已明白她接下来要说什么，于是紧接过话头道：

"这孩子嘛，你答应他们的事就一定要做到；你如果欺骗了孩子们，被他们发现了，他们的小脑袋里将永远拂不掉你丑陋的样子；即使你再有名气，再被人吹捧，也绝不可能获得孩子的爱。对孩子们来说，他们没有名利观念，不晓得什么是利害，纯真无瑕。你对他们一百个好，但有一次失信，被他们发觉，一切便完了！在佛法修持上，这叫'善不抵恶！'"

"师父，瞧您说的。"

"怎么，师父说的难道不是实话？此外，你知道师父为什么要教孩子们画画吗？"

灵珠坦诚地应道："这我还真说不好。"

"告诉你吧，是为了培养他们梦想的能力，要让孩子们相信每个梦都可成真！"

这就是日常生活中的石涛——不乏情趣与创意，不乏活力与光华，完全不像一个心如止水的僧人；他的心性是那样纯真，生命感觉是那样活泼，对生活的体察是那样细致入微；尤为难得的是，尽管他身历奇劫，却始终葆有一颗不泯的童心——这一切，没有别的解释，只能是来自一个天才艺术家的特殊资质与禀赋。如果说，孩子们的肢体与心灵应是和大自然最为亲近的；那么，石涛则力图创造出一个可以让孩子们自由描绘、使梦想成真的童话境界。

石涛同时又是一个集多重角色于一身的人，既有才子的风华，诗人的激宕，名士的率性，又有苦行僧的坚忍，他总是活在一种"纵浪大化"的"大逍遥"中，同时又能像骆驼一样地负重远行。

流光如矢。转眼间便到了1697年的春天，从这时起，石涛又进行了一次角色转换——开始像一个苦行僧那样着手为博尔都摹绘《百美争艳图》。

如前所述，早在几年前，石涛就已应诺博尔都，为其摹绘《百美争艳图》，且在京城就已动手临摹了一部分，但在回扬州时由于船难，丢失了他随身所带的所有行李，其中就包括部分《百美争艳图》临摹本，故如今只能从头再来；但由于工程浩大，像以往那种时作时辍的工作方式显然不行，石涛决意暂时排除一切干扰，专心摹制《百美争艳图》。

一天，老友程道光前来看望石涛，此人字退夫，乃一著名徽商。他一看到石涛形销骨立，面如菜色，便惊问道：

"啊，石公，这才两年未见，您的气色，比上次可差多了！"

石涛叹了一口气，应道："唉，这老腰病又犯了，整日头晕目眩，昏昏欲睡，看来确实是老了！"

"石公才刚过了知天命的年纪，何以如此悲观呢？"

"悲观？那倒不至于。这人嘛，一入老境，最怕的就是'悲观’，这等于是和天命联起手来把自己摧毁。时光可以销蚀肉身，但决不能衰化精神；精神一旦衰化，对像弟这样的人来说，就等于死亡已经到来！”

“石公能做到‘年既老而不衰’，且对生死有如此通达的见地，令程某十分钦佩！不过，既然上了年纪，还是要注意节劳，保重身体啊！”程道光对老友叮嘱道。

“好，让我们彼此珍重吧！退公啊，不瞒您说，弟虽不服老，但近来确实宿疾缠身，常有时日无多之感啊！”

“依弟之见，石公当尽早医治。弟与扬州几位名医都有交情，明日即请扬州名医徐先生前来为兄诊脉开方如何？这位徐先生可是扬州城四代祖传世医啊！”

石涛听罢此言，摇了摇头说：“算了吧，还是将就着过吧。”

“这怎么行？有病就一定要治。”程道光显然是有点急

《黄山图》

了，但他转念一想，石涛一定是阮囊羞涩，不便明说，于是有意将话题岔开，言道："对了，前几天，弟碰到兆璋先生，此公对先生备极倾慕，还要与弟一同来拜望石公呢？"

"兆璋先生，就是那位有名的盐商？"

"对啊，就是他。此公为人一向仗义，最近又出资为吴嘉纪刊刻诗集，遂使野人寒士之名，不胫而驰于大江南北，在扬州文士中颇有口碑啊！"

"此事弟亦有耳闻，兄便中不妨代拙衲向汪先生致意。"

"好！弟一定转达。石公玉体欠佳，弟就不多打扰了，明日再会！"

几天后，程道光如期收到了石涛的来函，内云：

> 承老长翁先生如此，弟虽消受，折福无量，容谢不一。

虽寥寥数语，却自有万斛真情包蕴其中。程道光细瞻手迹，遒劲有力，点画灵动，不禁露出了笑容，遂对爱妻道："看来石公的病已大有好转，徐先生毕竟是扬州名医，回春有术啊！"

几天后，友人许松龄来到扬州，石涛邀其去他的新居"大涤堂"茶叙。

入得室来，只见石涛当年的那幅《黄山图》正挂在大厅的醒目处。许氏凝神一看，不禁叹道："啊，说来许某与石公真是有缘啊，弟刚从黄山下来，一见大作，便觉有宝剑出匣之势，令许某心魄为之一动。"

许氏随即又走近画前，凝神观赏良久，情动于衷地赞叹道："此作清雅高华，堪称逸品啊！"

接着，许氏又将目光停留在这幅《黄山图》的年款上："石兄，这可是您30年前的旧作啊！"

“是啊，今日观之如重睹故人！”

“石公啊，也许是刚从黄山下来的缘故，弟满脑子萦绕的就是一个‘奇’字，今日幸观石公这幅逸品，许某强烈感受到的还是这个‘奇’字，叫作寄奇思于奇笔，以奇笔写奇峰，真乃奇人奇作。”

石涛一听许某这“六奇”之赞，心头自然一团快活，遂慨然道：

“劲庵兄一进门就说到我们有缘，对弟这幅旧作又如此爱赏，那就把它送给兄，以结后缘吧！”说罢，石涛略一沉吟，然后疾步来到画案前，濡墨题诗于其上：

> 黄山是我师，我是黄山友。
> 心期万类中，黄山无不有。
> 事实不可传，言亦难住口。
> 何山不草木，根非土长而能寿；
> 何水不高源，峰峰如线雷琴吼。
> 知奇未是奇，能奇奇足首。
> 精灵斗日元气初，神彩滴空开辟右。
> 轩辕屯聚五城兵，荡空银海神龙守。
> 前海秀，后海剖，东西澥门削不朽。
> 我昔云埋逼住始信峰，往来无路，一声大喝旌旗走，
> 夺得些而松石还，字经三写乌焉叟。

款署：友人观此画问黄山之胜，以诗答之。清相瞎尊者元济广陵之大涤堂下，丁丑。此“丁丑”为康熙三十六年（1697）。

此诗以激昂的姿态，灼人的热情，描绘出黄山的奇松、怪石、飞瀑、云海等奇特景观，表达出石涛对于曾激发起自己无穷创作灵感的名山的无限感激与深深依恋，逮至晚年犹无时或忘。

此外，此诗也充分展露出石涛在诗歌方面"年既老而不衰"的旺沛创作力。如所周知，石涛擅作歌行、古风，此类诗体没有平仄对仗那一套严整的法式规定，看似容易实则更难——因有格律可依，只要不"失律"即可；而无严整的格律，则全靠诗人根据具体内容的需要，一空依傍地去独创，去寻求一种与表达内容真正同构、妙合无间的韵律节奏；也就是说，全诗声调之高下，平仄之安排，句法之构造，皆随诗人的情绪、气势起伏而行，并无成法可依，全靠"临事制宜，因宜适变"，这就大大增加了创作上的难度。此诗虽为石涛晚年所作，却宫商和谐，不事雕琢，自然声振，极为美听。其心光不灭，神明未衰，于此可徵。

大约是在1697年的春季，一天，石涛忽然脱去了久着的僧衣，蓄起了长发，身着道服大模大样地出现在街市上！

这无疑是石涛一生中最具华彩的一个经典时刻！盘绕在石涛身上的苦难、疲惫、孤独、屈辱，在与自由精神的结盟中，徐徐幻化为南华梦境上空的瑰丽云朵！

而看惯了石涛那一袭袈裟的僧人模样的朋友们都不禁大吃一惊。一回到家中，高翔不由地大叫起来："啊，师父，您……您穿上这一身道服，还真是一派仙风道骨啊！"

石涛听罢大笑道："你这孩子，嘴倒是越来越甜了。你到底想说什么？"

"师父，您……您怎么又信道了？"高翔疑惑地问。

"什么叫又信道了，佛道本来就不分家嘛。当年师祖木陈道忞就曾主张道家与禅宗的兼容。你师伯梅清赠诗，其中有'既具龙眠姿，复擅虎头赏'之句，这里的'龙眠'指李公麟，为著名的佛徒画家，而'虎头'指顾恺之，以道家的清谈出名。你师伯显然看到了师父当时对道家的兴趣。师父前些年画了《铁脚道人》，在此画的长跋中，师父曾提及当年二上黄山之事。你去楼上把这幅画找出来，师父很想再观赏一下。"

"好的。"高翔应声上楼将画取下来，然后挂在墙上，与师父共同观赏起来。

石涛指着题于画左的跋语，对高翔道："你自己念念吧。"

"是。"高翔应罢，遂一字一句地低声念道：

> 铁脚道人尝赤脚走雪中，兴发则朗诵南华《秋水》篇，又爱嚼梅数片，和雪咽之，或问此为何，曰："吾欲寒香沁入肺腑。"其后采药衡岳，夜半登祝融峰，观日出，仰天大叫曰："云海荡吾心胸！"竟飘然而去。余昔登黄海始信峰，观东海门，曾为之下拜，犹恨此身不能去！

"师父，您还真是夙有道缘啊！从跋尾看，师父大有像铁脚道人那样羽化成仙之意。"

"嗯，够聪明，翔儿最近长进不小啊！"石涛非常自得地夸赞道。接下来，石涛便与他讲起了"一画"论：

"翔儿啊，师父曾给你说起过'太古无法，太朴不散'的观点，那么，什么是'太朴'呢？'太朴'就是原始的浑朴状态，这实际上是出自老子的'朴散则为器'。'太朴'不散，按道家的理论，是指太古之初，整个宇宙混混沌沌，无所造作，无可指名，一切都是没有经过人为的原始状态。既然太朴浑然，无所施为，无可指名，自然也就'无法'。至于'太朴一散'，是指万物都有条理可言，规律也在其中，所谓'法自立矣'，也就是老子所说的'始制有名'。师父的'一画'论，也曾受到老子'道生一，一生二，二生三，三生万物'思想的启发，明白了吧？"

从高翔那紧锁的眉头上，石涛知道他一时还不可能真正明白，这也难怪，他毕竟还是个未满弱冠的孩子嘛。

于是，石涛又继续启发道："至于后面的'立于一画'说，就更复杂了，不说也罢。但你应当知道，佛说觉悟，与道家的'道'都有相似之处，都是指对不可言说的形而上的超越追求。至于佛道在历史上的互融关系，师父以后再跟你慢慢道来吧。"

"还请师父再为我开示！"

这一声急切的请求，足徵高翔确实是一个求知欲极强的可教孺子，这让石涛大感欣慰，一下子又来了兴致，"好吧！"石涛接下来便用深入浅出的故事化方式为他讲述道：

"佛教从万里之外的雪山那边——印度传入华夏中土。相传汉明帝做了一个梦，梦见一个巨大的金人，全身放光。醒来后惊觉此金人为西方神人，叫佛。据《后汉纪》载：佛'身长一丈六尺，黄金色，项中佩日月光，变化无方，无所不入，故能通百物而大济苍生'。

"于是汉明帝便遣使西去求法，于大月氏国遇高僧迦叶摩腾、竺法兰，白马驮经迎归洛阳，从这时起佛教正式传入中国。在汉明帝时，他显然是将佛视为传说中蓬莱岛上安期生一类的仙人。到了桓帝时期，他将佛陀与黄老并行祭祀，把佛教看作道术的一种，祭拜的目的是求福延寿，甚至成仙飞升。而那些来自远方的高僧自然被视作活神仙。再说，早期的佛教徒为了在中土这个陌生的国度宣传教义，也往往要显示一些方术。翔儿啊，你知道一直到了南北朝，一般人称佛教徒为什么吗？"

高翔摇了摇头："不知道。"

"叫作'道人'。"

"'道人'？"

"对，就是有道术的人。这道术，自然是施行于现世的天文书算、医方咒术一类。

"到了隋唐，佛教才完成了自身中国化的过程，不仅形成了天台、华严、法相、禅、净等分宗并存的佛教，而且援孔、孟、老、庄入佛，把觉悟的终极追求转入对人的心性问题的探究，所谓'心佛众生三无差别'，将外在的追求转向内在的超越，从而完成了中国佛教的第一次革新。师父跟你说这许多，就是要告诉你，佛道之间并非势不两立，有着严格的界限；所以对于师父的入道，你实在不必大惊小怪，更不要信从有些人所说的，师父的入道是一时的心血来潮，或神经出了什么问题，明白吗？"

"徒儿明白了。"

石涛对眼前这个天机灵透的徒弟一向十分喜爱，从他的眼神里，石涛知道他这回确实有些"明白"了。至于隐涵其中的更深的义理，石涛却无法用"言语道断"。

一天，长者杜书载来访，一见到石涛，不禁大惊："啊，石公，您……您怎么成了道人了？"

"是啊，石某现在已是有冠有发之人了！"

杜书载再往墙上一看，但见悬挂于四壁的，全是与道家意象有关的诗句——

更忆葛洪丹井畔，数株临水欲成龙。

云树杳冥通上界，峰峦回合下闽川。

崆峒一派泻苍烟，长揖丹丘逐水仙。

知君有道托瑶草，更欲与尔追轩辕。

"石公啊，看来你是真心要做道人了，这倒是与你那种凌越俗尘的'大涤情怀'颇相符契啊。"

"咦?"杜书载抬头一看,斋名"青莲阁"三字赫然在目,不觉一怔,遂问道:"石公连斋名也改了,看来这回是真要追陪诗仙了!"

"是的,杜先生,石某平生'五岳寻仙不辞远,一生好入名山游',最为向往的,就是李白那种'披青巾,按长剑,凭虚御风,泠然而善'的放旷洒脱,超然物外。"

"是啊,依老夫看,石公身上所流贯着的那种不可羁勒、豪纵自恣的'狂气',倒是更近乎道家。看惯了石公身上的那一袭袈裟,老夫刚一进来,着实吃了一惊呢!"

"哈哈,杜先生请坐下慢慢道来。"

杜先生落座后,高翔马上献上茶点。

杜先生微微颔首,接着娓娓说道:"不过仔细想来,佛道并非泾渭分明,所谓'有时为缁侣,有时束道装',来往于佛道之间者,如八大山人等,可说是大有人在,殊不足怪。屈大均初为佛子,晚年出佛入道;张瑶星、张南村等亦佛亦道,长年周游于寺院与道观之间。至于朋友中,像查士标、戴本孝、张白云、方望子等,皆信奉道教,不胜枚举。如今石公也渴望在青莲式的飘逸浪漫中,实现对道教精神的皈仰,想来也不足为怪。"

说到此,杜书载呷了一口茶,略加沉吟,然后道:

"依老夫之见,石公的个性气质、处世方式及价值取向,似乎更接近道家。不过,老夫也隐约地感到,石公忽然脱却穿在身上几十年的袈裟,这其中恐怕也大有隐衷在吧?"

"看来知我者,非杜翁莫属也!老实说,我石某的入道,固然是基于对李青莲的拳拳服膺与无上向往之情。所谓'半壁见海日,空中闻天鸡''海鸟知天风''矫翼思凌空',这正是石某心中追慕不已的天地之大美,大境界。但除此之外,石某的入道,还有一个非常'个人化'的重要原因,不妨在长者面前坦言:石某自皈依莲座后,曾目睹了多少佛门中的败类，尔虞我诈，蝇营狗苟，钩心斗角，上下其手，把这一块净土搞得乌烟瘴气。石某一向不愿趋炎附势，随波逐流，最后被逼得只能装'哑'、装'瞎'，或干脆外出云游——石某之所以脱下袈裟，穿上道袍，莫不与此有关。还有一点，近年来，石某自觉身体每况愈下，故对道教那套长生不老之术，尤其是丹术大感兴趣……"

"嗯，石公以上所言，皆出自肺腑，令老朽十分感佩。石公的气色，确不如前，而道家的不少方术确实大有利于养生益寿，在这方面，不瞒石公说，老朽倒是略有心得啊！"

"噢，那就请前辈日后多多指教！"

"岂敢岂敢，我们不妨共同研讨。"

说到这里，杜书载的眼神里闪射出一丝令人叵测的诡笑，只见他放低了语调，悄声问道：

"石公啊，你知道老夫在你身上还看出什么大异于常人的东西吗？"

"噢，什么东西？还请前辈为我道来。"

"好吧，老朽告诉你——'神仙气'！"

"'神仙气'？"石涛听罢，顿时开怀大笑道："前辈敢情是说，我石某才脱下袈裟便飘然成仙了吧！"

此时，杜书载也捋着他那绺颇显儒雅的美髯，大笑了起来。

如果揆诸石涛一生的主要行迹，那么，杜书载所说的"神仙气"，在石涛身上所体现出的其实就是一种超越、自由的精神，它汇聚了罗浮的奇幻神妙、黄山的松涛瀑语、老庄的睿智通达、谪仙的浪漫高蹈，最终化炼出一种超越世俗力量的"大涤情怀"——无怪乎人们往往称晚年的石涛为"清湘仙客"——正是迹化在其绘画的意蕴风神中的那股源自道家的"神仙气"，使得石涛与"腐气""酸气""匠气"绝缘，在龌龊的现世中有了超越的力量，在俗尘的侵扰中透出活脱脱的生气；也正是这种"神仙气"，使他寄身在天地万物之间，始终能够获得永不枯竭的创作灵源——

> 拈秃笔，向君笑，忽起舞，发大叫，
> 叫一声天宇宽，团团明月空中小。

——这就是石涛的本色。

石涛的这种"本色"，在他的题画诗中也随处可见，如：

> 吾写此纸时，心入春江水。江花随我开，江水随我起。
> 把卷望江楼，高呼曰子美。一笑水云低，开图幻神髓。

在此水墨世界中，石涛俨然已幻化为浪峰上的阳光变成的鹏鸟，培风而上，莫可夭阏；在那里，他彻底进入了一个他所醉心的"自由"境界。

总之，石涛晚年的由佛入道，是他的经历、兴趣、交游、信仰以及生存环境合力产生的结果，并不存在着一个前后划然的断裂层，只是为了寻求一种更适宜自己的生活方式而已。认清这一点，对于理解石涛之所以能够成为实至名归的艺术大师是极为重要的。

在石涛晚年的山水画作中，有不少是以岩洞窟穴为表现题材的，这些山洞岩窟，令人想起石涛的出生地——桂林，进而联想到易代之际四处藏身的避难所；而那个隐于岩洞中的僧人或道士，显然正是石涛本人。

在石涛这类以山洞岩窟为题的画作中，最有意味的当属其晚年所创作的《游张公洞之图》。此画纸本，设色，46.8厘米×286厘米，现藏纽约大都会艺术博物馆。此画未署年款，大约作于1700年，原为张大千旧藏，张氏曾为此画题跋云："大风堂供养，石涛第一，世界流

《游张公洞之图》

传第一。"足见张氏对此画的推崇程度。

　　此画的命名本于汉朝南方道教祖师张道陵，相传他曾居住于江苏南部宜兴城西南之孟峰山麓的大片岩溶洞中，后称为"张公洞"。此画通过一系列颇具隐喻性质的造型变化来表现岩穴，"洞天"正是沟通俗世与仙界的"精气之源"，石涛通过光影幻象的阴阳对比，以及各种"点"法来强化岩洞"泄造化"的"玄机"。此画的出现，向人们透发出这样一个消息：即使到了晚年，石涛仍保持着创作上的放松感与随意性，仍保持着一种笔墨语言上的实验兴趣，而且这种实验是高难度的——

　　这种高难度就体现在石涛不仅把岩洞从里向外反转，显露出其"彪炳即同虎豹是"的意味，更欲展现出"肥遁窟穴渺冥中"的岩洞内部奇观，这又是石涛一空依傍、前无古人的一大创新，细观之下，深感石涛似乎有着源源不断、永无枯竭的开拓之力、创辟之力！

　　在画面下方的醒目处，一名道士出现于洞口，正与两块黝黑的人形岩石进行真实对话，若参考题诗中的"女娲炼石"的意象，不禁使人产生"涉彼洪荒"的远古诗性联想。像石涛的其他重要作品一样，他本人惯以诗句或长跋题于其上，以成完璧。此画的题诗始终弥散着浓郁的道教意韵风神：

> 张公洞中无人矣，张公洞中春风起。
> 春风知从何处生，吹生千人万人耳。
> 遂使玄机泄造化，奥妙略被人所齿。
> 众中谈说向模糊，吾固绘之味神理。
> 此洞抑郁如奇人，兀戛直逼天下士。
> 肥遁窟穴渺冥中，彪炳即同虎豹是。
> 君不见，弥纶石罅尽文章，女娲炼石穷奢侈。
> 杂以林峦左羽翼，文质彬彬亦君子。
> 洞乎洞乎作画图，潜虽伏矣烂红紫。
> 此可目之为山水。

又，石涛在其《炼丹台逢篝庵吼堂诸子》一诗中如是写道：

> 声落空山语，人疑世外仙。浮丘原不远，萝户好同搴。

又云：

> 黄海银涛泛滥铺，不期方域具方壶。（《光明顶》）

> 三间茅屋带松阴，抱膝高吟懒拂琴。
> 万古此日同一日，羲皇原不论山深。（《题山水册四首》）

浮丘、方壶、茅屋、羲皇皆为世间之物，由此可见石涛是怀疑仙界、神仙的存在的，岂必向世外远求，故云："特来一展经纶地，世外烟霞纸上逢"（《长干写雪》）——既然世外仙境并不存在，故石涛决意以"大涤为庐谢尘网"；这就是说，石涛要在他安身立命的大涤堂中，以笔墨修行，远尘脱俗，"超凡成圣"。

需加措意的是，这里的"超凡成圣"，不是远求世外仙境、西方净土或太古的羲皇世界，而是以笔墨"洗尽人间俗山水"，以画修身，以期以画证道的"画圣"境界——这正是石涛大异于一般道士之处。

在石涛的画跋中，还不时地流露出他那种不假外求、随缘适性的超逸心境——

> ……
>
> 乃有怯暑老人，耽嬉稚子。把扇曳杖，扶携至止。或卧或步，意授颐指。徐以观夫儿童之掇采奔竞，而欢同舞雩。香积乍启，瓦钵杂陈。烹从新摘，供谢外宾。盐犹露浥，羹挟雾氲。范攒箸吐，齿颊芳芬。资饱饫于澹泊，息喧嚣以盘桓。……迎皎月于树杪，聊扪腹以髀宽。信矣乎优哉游哉，可以卒岁，而并无事于遥探。《题〈课锄图〉》

> 我爱二童心，纸鹞成游戏。
> 取乐一时间，何曾作远计？（题《二童放风筝》）

在石涛的笔下，生机勃勃的菜园，把扇曳杖的老者，嬉戏笑语、采撷奔竞的稚子，作为一种与石涛晚年"即事多所欣"的心境相契合的意象，共同展现一幅共享天伦的"农家乐"场景。为了强化

《黄澥轩辕台》

题旨，石涛还用了曾点的"浴乎沂，风乎舞雩，咏而归"的典故，藉以表达其"无事于遥探""乐而得其所也"的清心旷怀，充分体现出石涛作为传统士人的精神生活的另一个侧面。

大约在1707年，石涛以垂暮残病之身，于大本堂创作《黄澥轩辕台》；其时，正值黄山元老东翁先生八十大寿，石涛献上此画以作祝寿之举。

此画以古拙高逸之笔描绘高山仙踪，松下一高士面海静坐，翛然有出尘之概。需加措意的，是题于画中的那段以五言古风出之的跋语，内云：

轩皇契至道，鼎湖昼乘龙。
千载渺难追，俄此访遗踪。
岩壑倏已暝，白日翳苍松。
浴罢丹沙泉，过宿轩辕宫。
拂枕卧烟霞，抠衣问鸿蒙。
人生匪金石，西日不复东
藉登黄发期，百岁有终穷。
黄鹄紫霄气，威凤游苍穹。
托迹既已迈，矰缴安所从。

所以青云士，长啸出樊笼。

既为寿人，行自寿也。在石涛看来，自己的生命也需要这样的"紫气"，需要这种"长啸出樊笼"的旷放与洒脱。

细味此诗，我们还会发现，石涛不仅在绘画上力主创新，"法法我法"，其作诗亦同样秉持这一精神。作为祝寿诗，一般都难免落入祷颂一类的格套，而此诗却出现了"西目不复东，百岁有终穷"之类的"破格"之辞，意谓人的世寿终究有限，关键是要在精神上超越时空的有限性，做一个"青云士"——

拂枕卧烟霞，抠衣问鸿蒙。

——这才是真正的道家声口！

快慰平生幸晤八大
又乘佳兴拜会曹寅

"大涤堂"筑成后，坐在水榭旁的小亭上观赏园景，便成了石涛的一种主要的消遣自娱方式。

此时，夕光正逐渐退去，雨后园子里的空气还带有几分湿润，几只细小的、淡黄色的蝴蝶，在花丛中翩翩飞舞，看上去像是一滴滴从天空漏下来的亮光。那一只只扑扇着双翼的蝶影，使整个园中的气息显得更加柔和了。

"师父，在看什么呢？"

"灵珠，你注意到没有，这园子里的蝴蝶是不是很像落叶？"

"是的，确实很像。"

"可有时候，这落叶是不是又很像蝴蝶？"

"那倒也是。师父今天怎么忽然问起这个来了？"

"师父在想，这有生命与无生命的东西到底应当如何判别呢？"

"这个……徒儿实在说不上来，还请师父明教。"

"这个嘛，依师父看，季节很重要，如果是在秋季，这飞舞的蝴蝶很像落叶；而在暮春，这落叶是不是又很像蝴蝶？"

"是这样的，咦，这倒蛮有意思，可徒儿不明白师父为什么会对此这么感兴趣？"

"哈哈，师父告诉你，这物象嘛，各有其特征，关键是看画家把它置于什么样的背景下，这关乎画理啊！"

"噢，敢情师父不是在赏园，而是在琢磨画理呢！"

"是啊，作为一个画家，就是要不断地从自然中有所发现，有所感悟，这'师造化'可不是一句空话啊！"

"多谢师父教诲，徒儿记住了。"

"那就好。连日风雨，今天天气总算转晴了，灵珠啊，我们到院子里走走吧。"

"好的"。

在灵珠的搀扶下，石涛走在园子的甬道上，他发现了一枝横向伸展的树干，遂对灵珠道："像这种横伸开来的树干，由于怕影响人行走，总会被主人削去，而无法自由生长。其实，园子里有几枝这种横伸的树干，反倒能平添几分活气。你告诉高翔，不要把它砍削了。"

"好的，徒儿记下了。"

"灵珠啊，今天这天气真好，我们不妨出去走走吧。"

"好的。"

扬州的花局里，是石涛经常光临的地方；每当他画累了，他总会来此散散心，透透气；尤其是那些旧书摊、旧画店，他更不会错过；由于眼光精到，他经常能在此淘到一些货真价廉的宝物；时间一长，他居然也成了就地砍价的里手。

这天，石涛身着俗家的叉襟薄袍，脚穿一双细麻做的草履，头上戴着一顶青纱的斗笠，在灵珠的搀扶下，又出现在花局里。

石涛随意地东走西看，一派悠然闲适之状。忽然，他在一处画摊前停驻下来，两眼紧紧盯着那张元人的画，一看题款，他便知这位画家的名气并不大，但笔墨清华，堪称上品。

但石涛并不急于与画商成交，而是一再摇头，小声嘀咕着这位画家名气不够，且要价太高。

常言道："挑毛病的是买家。"吃这行饭的画商都精明过人，且经验老到，一听来者在"挑毛病"，便明白了对方的心思。

石涛装出一副无所谓的样子，与画商打起了"心理战"，有一搭无一搭地随意闲聊，聊着聊着，石涛索性把袈裟一撩，蹲了下去，笑眯眯地用扬州话砍起价来：

"再便宜点嘛，太贵了就不好出手了。"

"一个子也不能少，这都赔上血本了！"

石涛一听，立马站了起来，不露声色却又煞有介事地说道：

"还说不贵？这街头上有一家，也有着与此相似的一幅，品相并不比这张差，价钱可比你便宜多了。算了，我再随便转转吧。"

石涛的这个老套路还真灵验；那个画商一见石涛真起身要走，生怕跑了这单生意，赶紧拉住石涛道：

"大师，别急，别急嘛，价钱还可以再商量嘛。"

经过几番讨价还价，画商总算把价钱降到石涛的心理价位，生意终于谈成。

几天后，石涛无意间又从画商手中发现一幅《水仙图》，此画笔墨清逸高古，画风更是别开生面，再一看落款的署号"八大山人"，看起来既像哭，又像笑，古古怪怪的，但石涛还是看出来了，双眸顿时为之一亮，啊，此画竟出自他一直心仪不已的江西画僧八大山人之手！

八大山人笔下的"鱼"，一幅"白眼看他世上人"的冷漠表情，透发出一种藐视现实的孤傲狂气。

一看石涛的这副表情，这位精明的画商心中暗喜，知道有了买家，于是又眉飞色舞地述说起八大山人的种种传奇：

"这位八大山人，他所画的鱼，常作仰视，眼睛以硬硬的方形画出，那黑黑的瞳孔有力地点在眼眶上方，似乎是在恨恨地翻着白眼怒望青天，故有'张口无声瞪眼鱼'之称；他笔下的小鸟，也大多是'白眼向天'，呈仰视或逼视之状；他画的兰花，根不入土，以此暗示此土已非前明之土。"

其实，画商以上所言，石涛早已熟知，也明白画商之所以跟自己讲述这些，无非是为了增添八大山人的传奇色彩，藉以抬高画价，此乃他们的惯用伎俩。于是石涛笑道："看来你对八大山人知道得还真不少，可你注意过他画的荷花吗？"

八大山人笔下的鸟，眼珠顶着眼圈，一幅白眼向天的神情，透发出八大的孤愤心境与倔强个性。

这位画商摆了摆手，然后谦恭地说："请大师明示。"

"告诉你吧，八大山人所画的荷，那荷叶往往垂挂在长长的荷杆上，像一口倒挂的巨钟，这里面可是隐喻着八大山人的深悲大恸啊！"

"多谢大师指教！"

"还有，你知道八大山人为什么总爱画芦雁吗？"

画商摇了摇头，毕恭毕敬地应道："晚生还真的不知道。请问大师，难道这里面还有什么讲究？"

"那是当然。好吧，我再告诉你，雁都是飞而成阵，宿而成群的，可八大山人笔下所呈现的偏偏都是孤雁，如他的《芦雁图轴》。这孤雁，实际上是八大山人凄凉孤独心境的象征；在他看来，自己就是一只失魂落魄的孤雁。人们只是觉得孤雁很'入画'、耐观，可谁又能体识八大山人心灵的苦楚呢？"

"大师学识渊博，见地过人，晚生甚为敬佩。其实，晚生也读过几年家塾，画过几年画，可无名无分的，靠这东西实在无法养家糊口，才干起这个营生。晚生出道甚晚，眼力也不够，今后还请大师多多赐教啊！"说罢，这位画商向石涛连连鞠躬。

"好了，别这么客气了，人来一世，说起来都不容易。"

"大师所言甚是！"

"你下次再介绍八大山人的画时，是否也要将拙衲适才所言加上去啊？"石涛调侃道。

"不敢，不敢，让大师见笑了！"

"加上这些内容又有何妨，哈哈哈……"石涛也开心地笑了；他打心里期望有更多的人能够了解八大山人，因为他实在太孤寂了！

就这样一来二往，石涛与这位画商很快便熟悉起来。

一天，这位画商与石涛又邂逅，便趁机拿出一张他从别人手中收购的八大山人的花鸟画，请石涛为自己掌掌眼。

石涛只瞟了一眼，便下断道："假画一张！"

"请大师再仔细看看，我可是花了大价钱收进来的。"

"不必了！"这回石涛的语气更加斩钉截铁。

"那么，敢问大师，您到底是怎么看出它是一张假画呢？"

"这个嘛……"石涛本不想就此多谈，但他又是一个宅心仁厚之人，一想到此人要养家糊口，还学过几天画，便不忍看着他再任人蒙骗，于是悉心指授道：

"判定八大山人画作的真赝，首先要看他的用笔。八大山人的线条浑厚、内敛，不激不厉，刚柔相济，偶尔你会看到他的线条放出去了，其实仍被他牢牢地控制在手中，关键是他在用笔时，平平稳稳地把线送出，说停就戛然而止，这样的用笔，是由八大山人极其深厚的书法功力决定的，而造假者哪里有这样的功力，所以一出手就露怯，你明白了吗？"

"多谢大师，您的指点太重要了，不然小人哪年能悟到这一层。真没想到小人这辈子能遇到您这样的高人、善人！"说到这里，这位画商又向石涛深深地鞠了一躬。

在接下来的闲聊中，石涛了解到这位画商经常去南昌"出货"；就是说，他把扬州的书画作品贩销到那里，然后再从那里收购一些名头较大的书画作品到扬州出售。八大山人的不少赝品，就是这样来的。

出于对八大山人的一种特殊感情，石涛决定以相对便宜的价格，从那位画商手里将上次他看过的那幅《水仙图》买下来。

"大师，您既然如此喜爱这张画，小人就把它送给您！"

石涛以一种不容商议的口吻道："不行！"

"大师对小人如此厚爱，小人无以为报，这就算是小人的一点心意吧，请大师千万别再推辞！"

"不行！'一身容易一家难'，你要靠它养家糊口，我岂有白白收受之理。好了，不必多言！"说罢，石涛付足银两，然后持画而归。

回到"大涤堂"，石涛亲自从文柜里取了一块他保存多年的"小华墨"（此为明中期徽州制墨名家罗小华所制），细加研磨，然后濡笔在画上题诗道：

> 金枝玉叶老遗民，笔砚精良迥出尘。
>
> 兴到写花如戏影，分明兜率是前身。

这是石涛平生最看重的一首题赠八大山人画的诗，在石涛看来，八大山人不仅是"金枝玉叶"的皇室后裔，而且是兜率宫天神转世下凡，不然不可能有着如此高逸绝伦的大手笔、大境界。更让石涛引以为傲的是，自己不仅与八大山人同为皇室后裔，而且心志相通，堪为侪类。

上回游逛花局里，石涛还买回来一件牙制的骷髅，他回来后便摆在书房中。

"师父，您干嘛要买它，让人看着就瘆得慌。"

"灵珠啊，你还不要小瞧这件东西，师父可是将它奉若神明。过去在宣城时，师父就有过一件，后来师父把它送了人。想想吧，再过一二十年，师父的本相还不是像它一样，又何必去计较身外的一切呢？所以师父一看到它，一想到一二十年以后就像它一样，就什么烦恼也没有了。"

"师父，别说这些了，多不吉利啊！"

"好好好，不说了，不说了。"石涛虽然嘴上这样说，可还是摩挲着这件物品，赏玩不已。

就在这时，老友江世栋登门来访。

江世栋比石涛小十多岁，原本也是一饱读诗书、学问有成的儒者，后弃儒从商，为扬州著名盐商，曾与两淮盐御史曹寅共事，为石涛晚年经济的重要资助者。

由于是神契心通的老友，两人见面后没有过多的寒暄，便归于正题。

"石公啊，今有一事相烦。老友汪柳涧先生倾十余年心力，力仿《江山无尽图》，此乃黄大痴为倪云林所作的一幅传世名作。此画现已完成，就在弟处。"

"噢？"江氏此言，倒是大出石涛的意料。

"不知江兄肯出示否，让弟一饱眼福？"

"那是当然，弟此次专门来请石公，正有此意。请石公随弟前往。"

不一会儿，二人便来到了岱瞻草堂，江世栋小心翼翼地将此长卷徐徐展开。

石涛站在此卷前，观赏良久，然后道："世传大痴此卷，多为赝本。今观汪公此作，深得大痴神韵，足可乱真也！"

说到这里，石涛轻轻地叹了口气道："汪公极善临摹前人名作，惜乎名为前人所掩啊！"

江世栋一看石涛对此卷如此爱赏，遂提议道：

"石公所言极是！弟观汪兄此卷，深感其如明珠之夺目，宝光不绝。石公既然如此爱赏，何不为其题写数行，以光玉帙呢？"

天机灵透的石涛这下终于明白老友请他前来的真正用意了，遂附议道："好，弟现在就题！"

石涛一向才气过人，题此长跋殆同抄书，俄顷之际，竟将此跋题毕。兹将《跋汪秋涧摹黄大痴江山无尽图卷》原文照录如下——

> 余向时观大痴为云林所作江山胜览卷子，一丘一壑无不从顾虎头、陆探微、张僧繇来。发明此道，运笔遒举，点画新奇，此是前人立法不凡处。在大痴、云林、黄鹤山樵一变，直破古人千丘万壑，如蚕食叶，偶尔成文，谁当著眼。故此卷三寒暑方成。今天下画师三吴有三吴习气，两浙有两浙习气，江楚两广中间、南都秦淮徽宣淮海一带，事久则各成习气。古人真面目实是不曾见，所见者皆赝本也。真者在前，则又看不入，此中过关者得知没滋味中，正是他古人得力处。悟了还同未悟时，岂易言哉。时己卯二月二十八日清湘大涤子观于岱瞻草堂，偶书其后。

该跋既指出汪氏笔法的源流，又充分肯定了其自出手眼之处，文末还论析了当时画坛"各成习气"之因由，足徵其识力过人。江世栋在啧啧称赞的同时，亦偶有不解处，遂发问道：

"'悟了还同未悟时'，请问石公，这里面用的是佛典吧？"

"对，此句出自宋人普宁。"

"但不知石公援用此典取义何在？"

石涛略一沉吟，然后要言不繁地解释道：

"此句本于佛教的缘起即性空说。性空即是无自性，无自性即无定相，无定相即为实相。因为缘起即性空，不悟见现象，一悟见实相，所以说'悟了还同未悟'；这也就是说，悟也好，未悟也罢，人还是从前的人，只是心性改变了，定慧增长了，达到了不动即如如的境界。但他的如来藏还与未悟前的如来藏一样，仍然是对境如如不动。只是他此时再也不会向外攀缘，不向外贪求了，因为他知道自己的如来藏本自具足一切法，丝毫不缺少什么，也不多出什么。这时不仅打坐时能彻见本心，行住坐卧也都能见到自心本性，一切时中，都能观察到如来藏的运行和妙用，这就是所谓'悟了还同未悟时'。"

江氏凝神静气地听罢石涛这番深入浅出的讲解，总算明其大意，遂频频颔首，并赞叹道："嗯，妙，妙！石公此跋虽是一挥而就，可这里面的学问却深得很啊！"

恰巧就在这时，老友程京萼来了。

江世栋不禁一怔："咦，韦华兄，稀客，稀客啊，您这是从何而来呀？"

"弟甫从南昌来，一回到扬州，弟就去'大涤堂'拜会石公，没想到扑了个空，经打听方知石公在此。"

"不知韦华兄找弟何事？"

"弟此次前去南昌，见到了八大山人。"

"噢，兄见到八大山人了？"石涛闻之不胜企慕。

"是啊，弟还带来了八大山人对石公的问候；临别时，八大山人还一再叮嘱弟代为致意呢！所以弟才风风火火地找到这儿来了。"

石涛一听此言，惊喜逾常，当即乘兴绘制了一幅《春江垂钓图》。考虑到八大山人画法至简的特点，故此画亦以简笔出之，右下端一柳一枝，上坐一面石垂钓的道人，略施点法，极少用皴，整幅立轴虽着墨不多，却自有一种孤寂清寒之境盈溢而出。在画面的上端，石涛题一绝句云："天空云尽绝波澜，坐稳春潮一笑看。不钓白鱼钓新绿，乾坤钓在太虚端。"全诗那种超然物外的韵致，显然亦与八大

山人那种廓然无累的生命样态
大相契合。

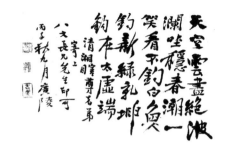

此画杀青后，石涛郑重地
将其交与程京萼，拜托他下次
去南昌时务必面交八大山人；
然后，石涛又打算利用他刚刚
结交的那位画商去南昌之便，
给八大山人修书一封，以结
后缘。

翌日清晨，石涛起了个大
早，他对高翔道：

"徒儿，你去楼上把
我所藏的那块上好的宋墨找
出来。"

"怎么，师父一大早就要
作画？"

"不，不是作画，是写
信，给一位虽未谋面却神交已
久的人物写信。"

《春江垂钓》

"这人是谁呢？很重要
吗？"高翔在心里嘀咕着。

"快去！"

高翔深知师父是个急脾气，一旦决定要做一件事，便容不得半点
犹疑与迟缓，于是赶紧应道："好的。"

高翔迅步爬上楼，不一会儿，便把那块宋墨取下楼来，准备
研墨。

"不，这回师父要自己来。"

　　说罢，石涛来到画案前，拿起那一方上好的宋代松烟墨，舀一小勺清水，然后雍雍容容地开始研磨，尽显一种不矜不伐的定力，一派清悠闲雅的风致。未几，松烟的痕迹便幻化在清水中，愈来愈浓，缕缕墨香由砚边飘出，沁人肺腑，石涛的心境变得一片撄宁。这时，高翔已把信笺铺好，石涛攘袖援笔，开始作书。

　　石涛素有以文藻自矜的才子风度，一向鄙夷那些含毫欲腐的穷酸之士，但这回，却不见了他以往下笔时那种兔起鹘落、蛇惊虺走的快利，甫一握管便颇感踌躇——首先的称谓就使他皱起了眉头，他知道八大山人比自己辈分高；落到纸面上，总要讲这个礼数，可究竟应该如何称呼呢？思忖良久，石涛索性来了个"模糊法"，径称道："八大山人长兄先生"。写毕，他自己看着都不禁摇了摇头，然后又继续写道：

　　　　闻先生花甲七十四五，登山如飞，真神仙中人。

　　接着石涛便径直地提出了自己的具体要求：

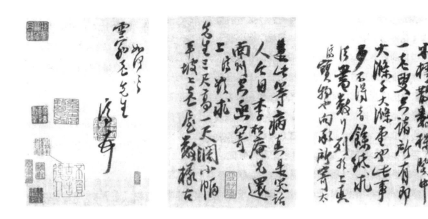

石涛致八大山人手札

　　济欲求先生三尺高一尺阔小幅，平坡上老屋数橼，古木樗散数枝，阁中老叟，空诸所有，即大涤子大涤堂也。……

　　向承所寄太大，屋小放不下，款求书大涤子大涤草堂；莫书和尚，济有冠有发之人，向上一齐涤。

　　石涛没想到，双鲤甫寄，大贲已颁，八大山人不仅寄来了他根据石涛在信中的描述所重绘的《大涤草堂图》，还特为石涛亲书陶渊明《桃花源记》中的一段。受此厚贶，石涛抑制不住心中的感奋之情，遂又浮一大白。

　　"师父，您可不能再喝了，再喝就要醉了。"

　　"不，师父没醉，翔儿，来，再为师父倒上一杯。"

　　"师父，我看您实在不能再喝了。"

　　"别再啰嗦了，快倒上！"

　　高翔在师父身边侍奉多年，深知师父的倔脾气，只好说：

　　"难得师父如此高

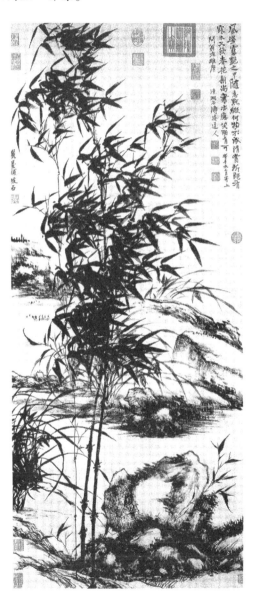

《兰竹图》

兴，不过，就这一杯了，不能再喝了。"

"好，好，快满上。"

"是！"

石涛又端起酒杯，一饮而尽，然后吩咐道：

"翔儿，快给我再磨点焦墨。"

"怎么，师父还要画画。"高翔简直难以置信，师父都喝成这样，居然还能画画。

"对，师父要画一张《兰竹图》。过去不是跟你讲过怀素'酒酣兴发'而作书的故事吗？'醉……醉来信手两……两三行，醒后却书书不……不得。'"

"好，徒儿这就磨墨。"

就在高翔磨墨之时，石涛胸中已勃然饶有画意，只见他手持羊毫笔，在室内呼叫狂走，忽然，他感到有一种"与天地精神相往还"的异样畅快和自由充溢全身，于是迅即来到画案前，只"唰唰唰"几笔，一张《兰竹图》便已杀青。

高翔凑近一看，不觉大惊："啊，这可真是神品啊！虽逸笔草草，却自有'无意于佳而自佳'之妙。刚才看师父作画，徒儿仿佛看到了怀素、张旭当年那种近乎疯癫的状态！"

石涛这时眯起那双微醺的眼睛，看了看这幅墨渖未干的新作，得意地把笔往案上一掷，大叫道："好画，好……好画啊！看来徒儿的眼力大有长进啊，哈哈哈……"

其实，从总体上看，石涛确实是一个非常讲究创作状态的画家；他虽不经常借酒作画，但他熟知古人在画跋中所谓的"戏笔""醉墨"之说。长期的书画创作经验，使他深知酒醉后这种特殊状态下所作的"醉书""醉画"，由于摒弃了对理性的过分依赖与现实的功利性，其精神超然于格度之外，此时"心忘于笔，手忘于书，心手达情，书不妄想"，往往会生发出"无意于佳乃佳""阴阳不测之谓神"的神奇效应。当此之际，石涛虽未刻意求工，却自然能够适符天巧，生机勃露，最终达至上品至境——而这，正是石涛的"醉画"给予我们的一个有益启示。

次日清晨，石涛早早起身，亲自研墨，然后坐在画案前，在八大山人的那幅《大涤草堂图》上题诗一首，宣达感激之忱：

> 西江山人称八大，往往游戏笔墨外。
> 心奇迹奇放浪观，笔歌墨舞真三昧。
> 有时对客发痴癫，佯狂索酒呼青天；
> 须臾大醉草千纸，书法画法前人前。
> 眼高百代古无比，旁人赞美公不喜。
> 胡然图就转丫叉，抹之大笑曰小伎。
> 四方知交皆问予，廿年踪迹那得知。
> 程子抱犊向予道，雪个当年即是伊。
> 公皆与我同日病，刚出世时天地震；
> 八大无家还是家，清湘四海空霜鬣。
> 公时闻我客邗江，临溪新构大涤堂。
> 寄来巨幅真堪涤，炎蒸六月飞秋霜。
> 老人知意何堪涤，言犹在耳尘沙历。
> 一念万年鸣指间，洗空世界听霹雳。

此诗开首便发议高卓，精警练达；珠玑络绎，举笔入神，此类诗对石涛来说，不过是"一时情至"的"急就"之章，然亦堪称穿透八大精神的正法眼藏，可谓文豹之斑，威凤之羽，非八大不足当，非石涛莫能为。

接下来的事实证明，正是这首情深韵纯的诗，打动了八山大人，并促成了这两位在清初画坛上最具创新精神的伟大画家的历史性

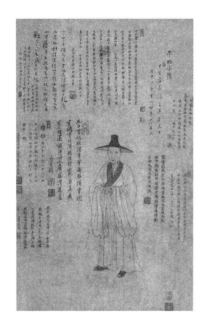

八大山人像。此像为八大山人之友黄安平所绘，为现存唯一的八大山人生前的真实画像。

会面。

1699年四月初一，也就是浴佛节前夕，八大山人从南昌出发，乘舟到鄱阳，入长江后取道瓜洲，再沿运河直抵古广陵扬州。这一路，总共用了3天时间。

八大山人青衫布履，戴着他出门时总也离不开的那顶乌纱小斗笠，风度翩翩地站在船头上。这位74岁高龄的老画家，在船过镇江时就已经在甲板上翘首远眺，希望立刻就见到他日夜盼望的画家石涛。

石涛怀着同样的急切心情，在离扬州40里的瓜洲古渡口，迎接着八大山人的到来。

也许是长期以来的心交、神交，也许是冥冥中某种血缘关系的牵引，也许是这两位大师所特有的"气类之感"和独具的慧眼，当他们还隔着一涯水面的时候，彼此便立刻认出了对方。

八大山人一走下船，石涛便疾步迎了上去，然后两人相互凝视了一会儿，便紧紧拥抱在一起。

石涛一路搀扶着八大山人，一直把他带入"大涤堂"。

一落座，石涛立即开口问道："说来惭愧，我还真不知如何称呼先生！"

"你在信中称我为长兄先生，不是挺好吗？"

"使不得，使不得！"石涛面呈赧然之色："我那不过是寻常函牍之语，失敬，失敬啊！"

"哪里，哪里！"八大山人一边说着，一边竟掐起手指来，然后问道："算起来，你今年应是58岁了吧？小我17岁啊！"

"是啊，如果按俗家的辈分……"

石涛此语一出，八大山人不由地耸了一下肩膀，因为"俗家"指的就是朱氏家族的世系，这在当年可是"国姓"啊！可随着清兵入关，这个"国姓"却成为随时可能招引杀身之祸的危险符号，若非至亲至近之人，谁还敢提它呢？故他一听石涛说起"俗家"二字，便有一种"血缘"之亲。于是，八大山人高兴地应道：

"若按辈分，当年太祖皇帝为了使各藩世系有序化，专门命宗人府为各藩定下了各自的排行，计20字。我属宁王府，这二十字便是'磐奠觐宸拱，多谋统议中。总添支庶阔，作哲向亲衷'；如按行辈，我属统字辈，金字行。你是靖江王府的，你们的世系是如何排列的，因阅年久，我也记不太清了。"

石涛说："我离开靖王府时，也就五六岁，可大概总听家人说起这个，也就在无意中背会了，这二十字为'赞佐相规约，经邦任履亨。若依纯一行，远得袭芳名'，这就是靖江王府的世系。我是若字辈的，谱名若极，木字行。哎呀，如此算来，长兄要高我四辈，我这个族玄侄孙，还得称您为族叔高祖，行三叩九拜之礼才是呢！"

八大山人把手一摆："不必，不必，贤弟言重了！你我自幼出家，早就不厕身这世间法了！"

"是啊，不过，今日能得与长兄叙叙这朱家谱系，倒也觉得蛮有意思。哎哟，要是推究起来，长兄比崇祯帝还要大几辈呢！"

"那倒也是。崇祯帝是燕王府世系，他们的世第排行依次是：'高瞻祁见佑，厚载翊常由。慈和怡伯仲，简靖迪先猷'。崇祯帝是由字辈，由检，木字行，大你一辈，而我是金字辈，与万历皇帝同辈。"

"哎呀，无怪乎人称长兄为'神庙昆仲'，这里的'神'原来指的就是万历皇帝啊。早知如此，我这个族玄侄孙，哪里还敢以长兄相称啊！"

"没关系，贤弟既然觉得有意思，我倒也想与弟叙一叙这朱家谱系，虽然叙起来心情并不轻松，可这毕竟是我们朱家的事体，在当今之世，茫茫人海，能聊起这个话题的，恐怕只有老弟了。不过，话说回来，你要真这样叫来叫去，我听起来反而会不舒服，懂吗？"

心有灵犀的石涛一听便深知其意，赶紧点了点头，连声应道："对，对！"

"我看呐，出家人不拘俗礼，你我都是同道，以画结缘；如果不是因为它，今生我们恐怕未必会有缘见面。所以啊，你还是称我为长兄吧。"八大山人笑道。

"好，小弟从命便是，那您这位长兄可就屈尊了，哈哈哈……"

"哈哈哈……"八大山人也同时发出了多年未曾有过的开怀大笑；这笑声，驱散了笼盖在他们心头多年的阴云。

这时，高翔已沏好了上品的龙井，只见他恭恭敬敬地端上来，然后放于茶几，小心地斟上；他知道今日来的绝非一般客人。

"大伯，请用茶。"

八大山人向他微微一笑。

而石涛也同时向高翔微微颔首；显然，对他刚才非常得体的称呼感到满意。

"这是您的徒弟？"

"是啊，跟随我好几年了，人很纯良，又机灵，弟甚爱之。"

八大山人听后点了点头："是这样，看得出来。"

"长兄，请用茶。"

"多谢！"八大山人微微欠了一下身，然后轻轻呷了一口，不禁赞道："这可真是上等的龙井啊！"

"这水也是上好的泉水。这种泉的泉底，有气眼数处，气起鼓动，如泉水泛涨，周年不息；其实这是气泉，并非水泉，其水质不次于冷泉亭的'鳌鱼吐气'。用这种泉水泡茶，味厚而甘啊。"

经此一说，八大山人不禁又啜饮了一口："嗯，口感确实非同一般，难得能喝到如此好茶啊！"

"那就请大伯多喝点。"说着，高翔又拎起茶壶，为八大山人斟上。

就在这茗香沁脾的氛围中，石涛将话题转到了书画上。他随口提起龚贤、戴本孝等几位当时比较有名的画家，想听听八大山人的看法。

八大山人显然不愿直接对这几位画家的作品发表看法，于是自我转圜道："其实，文人间的相互品评从来就是一个误解麇集、舛讹丛生的渊薮。即使是天才的大画家，其最完美、最精彩的作品，在他们的一生中，都是极少数。但同行们对此似乎并不理解，收藏家又缺乏眼力，于是良莠不分，甚至你越不满意的作品却越是被社会所追捧，所谓'我既有障，物遂失真'，真乃无可奈何之事啊！"

石涛接言道："弟来到扬州后，对长兄所言亦深有同感。唉，有什么办法呢？深刻的交流不了，肤浅的四处泛滥。弟近来一直在苦苦思索，并提出'笔墨当随时代'，因为每个时代的绘画作品都必然具有这个时代的独特风格和气息，并非一成不变。

"而这就必然会牵出一个如何'用法'的问题，佛祖当年传法于迦叶尊者时，曾作偈语：'法法本无法，无法法亦法。今付无法时，法法何曾法'，如将此用来观照'画法'，将会摒除世人由'挟私蔽欲'而生的'好恶'偏执，可收破执解缚之功。用法必须具眼，兄言'我既有障，物遂失真'，对于'法'，窃以为亦当作如是观。"

八大山人专注地听着，且不时颔首称是。

石涛接言道："最近读了长兄不少画，深感长兄愈到晚年，画愈发苟简而清纯，那可都是不可多得的神品，是'损之又损，至于无为'的终极结果。在长兄的画中，佛家的'诸法空相'和道家的'无为'合而为一，略无间隔。"

"幸蒙贤弟谬赏，此番一入扬州，便得知音，看来此行真是实归不负虚往啊！"八大山人笑道。

"岂敢，岂敢，弟不过斗胆直言而已。依弟之拙见，长兄一度哭笑无端，竟裂焚僧袍，足见痛苦至极。后曾自署为'驴'，这表明此时长兄已进入'吾丧我'的状态，没有了理性的掣肘，作品更放得开，笔墨更恣肆雄奇，简约至于极致，那是真正的妙悟不在多言，真正的至人无为，但画界对长兄这一时期的作品似乎并不看重，总是抓住长兄发病后短暂的异行不放，认为长兄画风怪诞，异乎寻常，这就陷入了我执（烦恼障）和法执（所知障）的万劫不复的泥淖。"

八大山人神情庄肃地接言道：

"贤弟所言斩截透辟，理足机圆，足见胸中正有旷观达识，故能以至理出为卓论，佩服，佩服！"

由于石涛刚才在谈话中提到了八大作为名号的'驴'字，故八大就此解释道：

"其实，我当时离开佛门后，所有的名号，包括大家熟悉的传綮、刃庵、雪个、雪衲，都弃而不用了，但究竟再署一个什么名号呢？为此，我颇费踌躇。后来受到黄檗断际禅师'一即一切，一切即一''本源之性，何得有别'等思想的启发，便选取了这个'驴'字，因本源既为一体，何必妄生分别？再说，我俗名的'耷'字就是'驴'，过去赵州从谂禅师也曾说过'我是一头驴'，本乎此，我在书画的落款处，就一直用'驴'这个名号了。"

"啊，原来如此，看来长兄所署的这个'驴'字，还是大有来历啊！"

"其实也不过一名号而已。"说罢，八大山人开始转入"正题"——

"最近，我看了贤弟的不少画作，深感笔墨高华超妙，元气浑沦，使人恍觉这本身便是天地之大美；而这种'大美'，只有在天分具足的贤士笔下才会一现它的光华！"

石涛一听此言，不胜踧踖，"长兄过奖，小弟深感不安啊！"

八大山人正色道："贤弟不必过谦，从尊作可以明显看出，贤弟天赋高，功候深，且长年力避喧嚣、虚静致远，朝乾夕惕，心光自照于闭门独处之时，专务于潜修。真积力久，岂能不技进乎道，日臻于高明。"说到此，八大山人有感于笼罩画坛的"四王"，遂语重心长地恳言道：

"从整个画史看，历代能够卓然而立的大师，其罄尽毕生之力所打开的那扇创造的法门，其实往往只适合他一人独自行走；他在打开这扇法门的同时，也顺手为后来者关上了一扇摹仿之门；这就是说，大凡一味仿古、泥古的画家，皆如云烟过眼，无足称道。"

接着，八大山人又致慨道：

"大道如夷，而民好径。如今从艺者，只一味临摹，学古，不依道而行，而好用智巧，然庄周之著书，李白之歌诗，皆无所用其智巧，而天下之智巧莫能及也。故知法可言，而法之意则不可言。大匠之运斤，率然不经意，而轮扁之巧无以过，从知法必须'近乎道'，余则不足论矣。"

石涛十分激动地接言道：

"小弟深感长兄所给予的醍醐灌顶、豁然醒悟的点化。此掇皮见真之言，非深谙艺道者何能道出！弟之'一画'之创，与长兄所言似有暗合之处，弟亦久有讨教之意。我看这样吧，长兄初来扬州，弟自当尽地主之谊。长兄今晚不妨早点歇息，明天一早弟陪长兄到扬州城尽情游赏一番，然后再谈它个痛快，长兄以为如何？"

"那好吧，贤弟张罗了一天，也该早点歇息了。"

翌日，石涛陪着八大山人遍访扬州胜迹，平山堂、小金山、八大寺、二十四桥。八大山人一路上兴致勃勃，在二十四桥上，他竟效谢安之法，吟咏起杜牧的名篇：

> 青山隐隐水迢迢，秋尽江南草未凋。
> 二十四桥明月夜，玉人何处教吹箫。

"妙！妙！长兄所吟，颇有古法。听来如风之入松，涛之入海，谡谡然、泠泠然、篁篁然，令人栩栩然不酒而醉。弟今日真是耳福不浅啊！"

八大山人把头微微一摇，又随口吟道："'天下三分明月夜，二分无赖是扬州'，今日一见，方知此言不虚。真没想到扬州如此繁华，市声鼎沸，商贾云集，全然不见了当年的刀光血影。"

石涛一听，便知这片上演过"扬州十日"之惨剧的旧地，又勾起了长兄的身世之恸。甲申一变，使得八大山人由皇室贵胄骤然间沦为飘零的闾里庶民，其内心所蕴涵的巨大痛苦，非亲历者实难想见。明乎此，石涛也就理解了长兄为何一再自喟"墨点无多泪点多"。

为何在画跋上总要题上"天地为愁，草木凄悲"之语？

为何他笔下的鸟，总是单腿而立，冷逸逼人，透发出不可名状的孤傲之气？

为何他的署名，总是似哭似笑？

凡诸种种，在石涛看来，远未能宣达其胸中的深悲大恸。

但石涛实在不想让"性命正在呼吸"的长兄再沉浸在这种不堪回首的历史记忆中；他想让长兄利用这次难得的扬州之行，彻底改换一下心情，于是提议道：

"今天我们已经游了好几处胜迹，我看长兄也有点累了，我们不妨先回'大涤堂'歇息，明日接着再游如何？"

"嗯，如是也好。"

于是二人回到了"大涤堂"，又接着昨日未尽的话题，谈论起禅画来。令石涛敬佩的是，八大山人不仅精于笔墨，更深谙画理，只听他从容言道：

"禅画与后来的文人画不同，禅始终是佛教的一宗，而老庄的哲思，尤其庄子所言之至人、神人、圣人之境，与禅家固有高度重叠乃至更多直通艺术之处，但禅修本身却永远是内证之事。在此，徒言境界、名相，不仅不足为法，甚至会成为生命颠倒之本。对禅修者来说，所有哲思都须内化成生命质地，由内至外，打成一片来直接体践才行；正是在这一点上，禅与老庄在生命风光上也有了明显差异。"

一听此言，石涛立即起身，从楼上取出两张画，逐一展开，申言道：

"听长兄所言，弟不禁想起早年临摹过的这两张古画，一为梁楷的《泼墨仙人》，一为马麟的《静听松风》，一禅画，一文人画，正成对比。弟以为文人画重在托物寄情，其现实功能在以山林以补钟鼎之缺，山水遂成为画中文人生命的理想之境。而禅画则不同，因其关涉生命修行，故往往藉助人物，直抒实证之境，直显生命风光。因此，文人画可以为艺术，而禅画却必得扣及它生命的本质。由此看来，禅画率皆笔简，原因正在于唯其'简'，方能洞见事物之真相，才不致为繁华所迷惑。"

真正的大师在运思特点上总是有着天然的契合。对此，八大山人进一步强调道：

"从根本上说，禅是生命的减法，且是彻底的减法，它以众生本自具足，但无始以来逐物迷心，所以谈修行，就只能'破而不立'；只有'打得凡心死'，才能'许汝法身活'！"

"说得好！"石涛话音未落，八大山人居然又来了个"法从例出"，接着申发道：

"禅画的'简'，绝不只是外相的简约，画风的简朴、简净、简素，乃是生命的澹然、超然。禅画以减笔知名者，首推梁楷的《李白行吟图》，极简的两三笔即将其行吟之态写出，其妙处几不可再，因此传世。梁楷于减笔确有创发之功，其禅画成就亦足以横绝古今！"

石涛深为八大山人这种般若飞花般的灵智之语所倾倒，遂将话题转入八大山人的近作上——

"以论当世，以一'简'字贯穿整个画风者，当首推长兄。长兄之画，弟以为妙处不仅在于减笔，更减在内容。长兄笔下的孤鸟、孤鸭乃至无前无后无水的一鱼，虽在画面上，除此而外空无一物，却跃动着生命的机趣，再多的鸢飞鱼跃也不能与之相比。弟最近又看到长兄所画的一幅《双鸟图》，减笔中有着跃动，静态中却蓄着能量；至如《双鹊大石图》中的双鹊，既有独在之跃动，又显待机之啐啄；既可独赏，又可合看；既可远观，亦可近睹。若究其因，则不只在鹊之姿态，更在于禅画的生命跃动，须自笔墨而发。正因如此，兄长笔下的石头竟也充满着内在的生命跃动。

"由是反观世人欲学禅画，则往往只从'简'的外相学起，殊不知'简'是自身的默照、动静的自足，本自具足，故写来总不脱一个'简'字。而世人昧于此理，动辄以'简'相标举，殊不知一有主义，就陷入'我执'；而在禅，若有一法未泯，'简'亦是尘。要之，禅画的'简'是禅家内在生命的跃动；这动，并非逐物之动，而是应机之动。法不应机，即不为法，此所以有'梵天祈请'的公案——释尊悟道后，以众生智薄，不拟说法，及至梵天祈请，释尊乃动。其实，觉者大悲，又何须祈请呢？"

说至此，这两位"鸷鸟不群空今古"的大师相视一笑。

由于八大山人是初来扬州，石涛自当极尽地主之谊。他知道八大山人在扬州不乏心照神交者，遂提议道：

"长兄初来扬州，不少故友都想一睹风采呢。明日有便，弟打算陪同长兄看望抱犊先生以及程浚、朱观、黄又诸君，这可都是本地有名的书画鉴赏家、收藏家啊，不悉长兄意下如何？"

"噢，黄又，"八大山人问道，"就是去年通过京蕚先生的介绍，请我绘制《山水册》12开的那位黄先生？"

"正是他，他现在就在扬州。"

"记得在未开画毕后，我还题了一首诗呢。"八大山人对此诗可谓熟极而流，脱口吟道：

> 郭家皴法云头小，董老麻皮树上多。
>
> 想见时人解图画，一峰还写宋山河。

此诗浑成老到，犹不脱遗民声口，读来真觉子规夜啼，字外有血也。

扬州本来就是书画家、鉴赏家聚集之地，八大山人来此，这消息立即不胫而走；随着"热切指数"的升高，石涛变得更加忙碌了，他要应对各种慕名前来拜访者；这其中，不乏愿出重金求画者。

在未征得八大山人同意前，石涛只能替他一一婉谢了。

"兄长，小弟这样做，您不会介意吧？"

八大山人笑道："如是便好，贤弟知道，我是一向不喜酬酢的。"

"那好，兄长这几天一直在外游走，怕是有点累了？今天兄长打算作何消遣？"

"'难得浮生半日闲'，今日清静，我们不妨合作一张？"

"那太好了！弟也正有此意，"石涛惊喜道："不过，这一张合作早已有人代求了。哎，这扬州确实不比其他地方，这里的人，消息可真是灵通得很啊！"

八大山人听后，淡淡一笑，随口问道：

"此为何人呀？"

石涛在他耳边轻轻地说："贷瞻先生，供养我的。"

"哈哈哈……"八大山人爽朗地笑了起来。"好的，好的，我们不妨现在就画。"

显然，八大山人非常理解石涛身处经济发达的扬州的处境，也深知石涛性情孤傲，一向径行独往；唯其如此，其作品才能超凡脱俗，妙入神机。但他毕竟也要食人间烟火；在世俗的层面上，他像一条鱼，有时不得不游回到物质的河流。

八大山人看了看画案上业已铺就的那张生宣，提议道："我看这样吧，由我先写兰，弟来补竹，如何？"

石涛说："好的，那就请兄长先开笔吧。"

八大山人用手在纸面上比划了两下，对整个布局谋篇已成竹在胸，遂开始挥毫。只见他运笔如刀斫斧截，快利无双。那兰叶笔笔皆中锋自上而下，坚挺婀娜兼之，妙在超脱了表层肤象而直从于心，益觉通体皆灵；俄顷，半幅大写意的兰花便跃然纸上。那矍然不滓的清绝笔墨，运转回环、冲波逆折的神奇腕力，那知雄守雌、知白守黑而无处不可、无处不适的绝妙构图，皆生发出一种不可言说之美，使得那生于深谷的幽兰，更形幽峭冷逸，清雅大气。

石涛在一旁看着，心中暗暗惊叹："啊，长兄毕竟是皇室贵胄，此孤高冷逸之气，绝非等闲之辈所能梦见。我朱氏失去江山，那是天意难违，而朱氏血裔中如今有兄长与我，也足可告慰列祖列宗了！"想到此，石涛充满自信地在八大山人的幽兰周围补上了青竹篁篁。

这是一种同等级的笔墨呈现。石涛笔下之竹，乃峭崖绝壁上的青竹，油然透出一股不可压抑的清高和孤傲，那片片竹叶，用笔轻举而飘逸，如天际白云，泠然从风，自成卷舒，极才人之能事矣。

迨至石涛画毕，一直在旁伫立观看的八大山人，又在翠竹的空隙处补上几笔，整个画面顿时玲珑跳脱，极尽宕逸变化之致。八大山人搁下笔后，高翔立即将这幅墨渖未干的新作高悬壁上，二人细细地观赏一番，不禁相视而笑——那是发自心之绝底的开怀、爽快、默契的笑。

"看来，这幅画要归弟私藏了。"

"那是当然，"八大山人笑道，"不结此墨缘，岂不枉来扬州一场？"

"哈哈，那好，请容弟再来饶舌几句。"说罢，石涛又在原画上题写了如下简跋："八大山人写兰，清湘大涤补竹，两家笔墨源流，向自然独行整肃。"

八大山人看后，向石涛拱手致意。

他们皆为自己能超脱陈式、独辟画风而自豪。

"好了，现在我们就为贷瞻画一幅吧。"说罢，八大山人濡笔画出了古树苔石，石涛在上面补写出水滩枫叶。画毕，石涛兴奋地题诗如下：

> 秋涧石头泉韵细，晓峰烟树乍生寒；
>
> 残红落叶诗中画，得意任从冷眼看。

"这一次，我们大概都不好意思自留了吧？"八大山人调侃道。

"那是，那是。"石涛恳言道："只能割爱了。"

此后，八大山人又与石涛合作了《兰竹双雀图》，又分别创作了《艾虎图》《花鸟书临河叙册》。

《兰竹石图》石涛与八大山人合作

八大山人从四月初来到扬州,待到初秋,才依依不舍地启程返回南昌。

此次扬州之会,对于石涛与八大山人这两位高踞清代画坛之巅的大师来说,其意义皆非寻常。古人尝谓:文人有福者可于五百年后得一知音。似乎是一种不可思议的殊胜因缘使然,八大山人与石涛,在生前便及身遇到彼此间魂魄相通的知音,其服膺之诚,赏契之深,堪称同代知己!

他们的相会,其实还有着另外一种意义,那就是彼此都给对方带来了另一种参照,另一种价值理念,乃至另一种力量,藉以使他们从俗世的羁勒中超脱出来,使得太阳、星辰、山川、草木等天地万物,都成为有意义的存在,成为他们彼此在绘画创作领域获得自由、灵性的生生不尽的源泉。

就在送走八大山人的当天下午,石涛由博尔都函介,前去拜会了新任的扬州盐运使曹寅。在清初,扬州的盐税几乎占全国赋税的四分之一,盐业的兴盛使晚唐诗人杜牧的"腰缠十万贯,骑鹤下扬州"不再是个神话;而由财富堆积起来的繁华,也给扬州带来了重文的风气。

且说曹寅,此人非比等闲,年仅 4 岁便能辨声律,聪颖过人,故有"圣童"之誉。因他是康熙皇帝的"嬷嬷兄弟",故二人从小亲密无间,读书习武,形影不离。1678 年,诏开博学鸿儒科,21 岁的曹寅充任銮仪卫的治仪正,得与入宫参试的诸位名流硕儒来往,其中不乏耻于事清之遗民,对曹寅皆赋诗申慕,备极称赞,足见其德望之隆。人们大都知道康熙皇帝曾六下江南,却鲜有人知道后四次都是由曹寅安排接待的。

由于曹寅与皇帝关系亲密,且经常有密札呈送北京;对此,博尔都在石涛面前一再提及,言下之意是要石涛说话要拿捏分寸,千万不能信口开河。

话说曹寅身为盐运使，因日夕与盐商打交道，身在"金银窝"中，故被人们视作必发大财的头号"肥缺"。可就在这个时候，曹寅却在扬州开设了"诗局"，专为编刊《全唐诗》而殚精竭虑（曾有10位名士相助），这无疑是一项极其宏大的文化工程。

由于两人都是饱学之士，故一见面，便有心照神交已久之感。寒暄了几句后，曹寅说道：

"石公的大名早有耳闻，你在北京时不是在为博尔都大将军复制《百美图》吗？如今此作进展如何？"

"曹大人博闻。仇英的那幅画，高半丈，宽数丈，笔。故虽说是临摹，然必由其形而得其神，方能入妙。然摹形容易，得神良难，故或作或辍，颇有时日，迄今犹未杀青，拙衲干脆把它带到扬州来了。大将军所嘱之事总是不能马虎的。"

"嗯，什么时候告竣，请速告我，我可是要先睹为快的。"曹寅叮嘱道。

"那是自然。"石涛转而问道：

"对了，窃闻曹大人将要开雕《全唐诗》，还有《佩文韵府》，这可是一大功德，非大手笔不办啊！"

"目前还在鉴订校刊之中，此事颇费时费力，且干系重大，故必须放眼长远，不敢有丝毫轻慢敷衍。"

"曹公所言甚是！此事功在千秋，自当惕励而行。好在扬州这地方，虽不比京城，但有一条，就是不乏人才；只要肯出个好价钱，何愁找不出一批专擅此事的文人？"

"哦？"曹寅不无惊讶地说："石公身为方外之人，看不出对扬州近来的市情，倒也了然于胸啊！"

"红尘滚滚，物欲汹汹。拙衲身为方外之人，本当以习静言善为怀，但要在此滚滚红尘中落脚，不学点能耐、谋点营生哪行？拙衲这也是被逼无奈啊！"

曹寅一听便笑了起来："好啊，入世随缘，能屈能伸，此真乃大丈夫也。"

"曹大人见笑了。"石涛自愧道："其实，出家人也是凡人，凡人烦人，红尘勘破易，跳出来可就难了。拙衲不会谈禅，亦不敢妄求布施，唯闲写青山卖耳。"

"好啊，'闲写青山作市价，一得自足求立命'，有意思，有意思啊，哈哈哈……"

此次见面，气氛还是比较融洽的；石涛也基本上实现了其预设的目的：既要在扬州定居，就必须建立一个相对稳固的人脉网络，而曹大人则是其中举足轻重的人物；但有一点石涛绝没想到，这位曹大人竟还有一个叫作曹雪芹的孙子，写出了一本非常了不起的小说，叫作《红楼梦》。

自从与曹寅会面后，石涛尽力摆脱各种俗务，全力投入《百美图》的摹制；用了不到半年的功夫，厥功告成。为守前诺，石涛在将此图寄奉博尔都将军之前，打算先请曹寅大人前来一睹。不料曹寅已去了京城，未果。

几天后，博尔都便收到了石涛这一倾尽三年之功的煌煌巨卷，惊喜之下，遂援笔题跋如下：

> 余即以旧藏宫帧一机，邮寄临摹，三载始成。比归我，即求在朝诸公题咏，无不赏识者。欲装潢时，则鲜有其人。岁在辛巳春三月，复寄索以代为装潢，并求一题，则成全璧矣。

石涛万没想到博尔都居然又将此巨卷寄回，并郑重托付自己"代为装潢"，足见博尔都对此长卷的珍爱程度。当石涛重新展观时，却发现了此卷又新添了两段重要跋语：

清湘道人画法名满天下，无不推重者也，然寸纸尺幅，皆时史所能，巨卷巨册乃目之罕见。惟清湘长于图写，能形容，善于操持，深于布置，盖世士之所不能也。偶过白燕堂中，阅翻古今名迹诚为不少，及观清湘《百美图》，其高过半丈，景长数丈，卷中亭台楼阁、花木竹石及名媛艳丽，袅娜宛然若生，神运种种，各具其妙。岂寸纸尺幅，时史之学而能成此大观也哉！厚庵李光地跋并书。

下面是王士祯的跋语：

古今画家以人物写生称不易作多，因有象故其难也。今石老惯以写生，兼工人物，盖胸中广于见解，一举一动，俱出性情。此数丈长卷，近代诸家有所不为，皆无此深想。惟石老无一怯笔，每逢巨幅，更有潇洒之趣。况问亭先生深究画理，故石老不惜辛劳，当永为白燕堂藏物也。渔洋老人王士祯跋。

此二则极赞石涛画艺的题跋，分别出于当时的文化重臣李光地、王士祯之手，此二人皆当时的显赫人物，由此可见博尔都所谓"即求在朝诸公题咏"，并非徒托空言。

更出乎石涛意外的是，曹寅在博尔都的"白燕堂"不仅看到了此作，并题写了如下跋语：

此巨卷《百美图》，乃大涤子所制，今为问亭先生藏玩。己卯（1699）仲春过白燕堂，始得一观。见是卷中人物山水、亭阁殿宇，风采可人，各各出其意表，令观者不忍释手，真石老得意笔也，于是乎跋其后。楝亭曹寅。

感动之下，石涛遂应博尔都所谓"并求一题"之请，再题一跋如下：

> 盖唐人士女悉尚丰肥秾艳，故周昉直写其习见，实父每尽其神情，纤悉逼真，不特其造诣之工，彼用心仿古，亦非人所易习也。丁丑春月摹写至秋始克就绪，幸得其万一也。
>
> 余于山水树石花卉神像虫鱼无不摹写，至于人物，不敢辄作也。数年来，得越东皋博氏收藏人物甚富，皆系周昉、赵吴兴、仇实父所写，余得领略其神采风度，则俨然如生也。今将军亦以宫帧索摹，不敢方命，依样写成，邮寄京师，复为当代公卿题咏，余何当得也。越数年，复寄来索余觅良装潢，并索再题，是以赘此始末也。

状艺事之艰劬，叙本事之始末，情见乎辞矣。

《仿周昉百美图匹缣巨卷》无疑是石涛平生最重要的作品之一。

此卷既已杀青，石涛遂觉如释重负——他总算对博尔都将军有了一个完美的交代。

这段时间，石涛的心情一直很好，在回来的路上，他指着一家酒馆，对搀扶着他的高翔说："翔儿，师父今儿高兴，你陪着师父进去喝两盅吧。"

"好的，师父，难得看到师父像最近这样高兴。"

"是啊，你师伯来了，《百美图》也完成了，师父能不高兴吗？"

"师父，徒儿看得出，你和师伯间好像有着说不完的话，一聊起来，这一天不知不觉就过去了。"

"是啊，愈聊师父就愈觉得相见恨晚啊！噢，对了，翔儿，你还记得师伯说过的那句话吗，叫作'打得凡心死，许尔法身活'。"

“当然记得。”

“翔儿啊，你要记住，你师伯这话，所强调的就是一种‘法法我法’的独创精神，一种不断破旧立新的精神，这种精神像一棵看不见的大树，人们看到的只是它长出的那些叶子，只有从这种精神的内部去感受它们才能真正看明白。这一点你以后还要好好体悟。”

“徒儿记住了！”

“咦，对了，翔儿，你师伯此次来扬州，你一直陪侍身边，不仅聆其言，复观其艺，跟师父说说，你对师伯的看法。”

“师父，这个……徒儿恐怕说不好。”

“没关系，说说看嘛。”石涛期待着高翔的回应。

高翔认真地想了想，然后坦言道：“如果师父一定要让徒儿说的话，徒儿只有用八个字来表达。”

“噢，八个字，哪八个字。”

高翔立即朗声答道：“‘高山仰止，景行行止。’”

石涛听罢赞道：“嗯，好，说得蛮好！说起你师伯，那可不得了。他天分极高，8岁就能作诗。少年时即能悬腕作米家小楷，又工篆刻，绘画就更不用说了。世人总爱拿他的‘癫狂’‘迂’作为谈资；其实，没有这种‘癫狂’、这种‘迂’，哪里会有他后来那了不起的艺术。

“所以啊，翔儿，你要记住，要想在艺术上有所成就，就必须要有你师伯那股狂劲、痴劲、迂劲、癫劲；画史上也有米元章之癫、倪云林之迂、黄一峰之痴的说辞，他们都是‘痴’于一艺、物我两忘的杰出人物，视黄金与粪土同价，终老不厌，视艺事为人生之至乐。这类人其性情于书画为最近，大凡人多熟一分世故，即多生一分机心；多一分机心即少一分高雅，故癫而迂且痴者，乃书画其性情也。利名之心急者，其书画必也难工，即便工也不能入雅。”

“师父这番话讲得太有道理了，徒儿还要反复体悟。”

"翔儿啊，这艺术上的许多道理都不只是说说而已，要有来自骨子里的那种痴爱。说起来，你现在的学艺条件，比前人不知要好上多少倍，不必以重金购藏'名帖'，也无须四处苦求笔法。远的不说，就说唐代的欧阳询吧，他一见'索靖碑'，痴迷般地观赏了三天三夜不回家；颜鲁公辞官访张旭，以求笔法；怀素和尚在蕉叶上挥洒草书；张颠每痴狂时，则以头发濡墨书壁；宋朝俞处士，家贫力学，糊口已经不易，但见到石碑法书，必捐衣食求之不论价；米芾以投江自尽威胁，求得羲之《五略帖》……"

说到这里，师徒俩不觉已走到一家酒楼门前。

"师父，您请进吧，今天徒儿就陪师父喝两盅。"

"好吧。"

石涛落座后，高翔为师父要了一壶酒，点了几个下酒菜，说："来，师父，徒儿给您满上。"

石涛端起酒杯，一饮而尽，然后自慨道：

"唉，师父也许是老了，这一高兴啊，就想喝两盅。"

石涛刚端起酒杯，忽然听有人在叫他："石兄！"

石涛循声望去，只见从不远处走过来一位气度儒雅的先生，他身穿明朝式样的衣服，头上戴着明代的头巾，正在自斟自饮。

"啊，虬峰兄，没想到您也在这？少见，少见啊！快快请坐！"石涛示意他坐到自己对面的座位。

虬峰先生，名李骥，乃——肚皮不合时宜的遗民；只见他几杯下肚后，便莫名地把一腔郁结发泄到赵孟頫身上：

"子昂虽说书法有相当成就，但他动辄以规摹前人之迹为能事，实不足称道也。而像石公这样在笔墨上能自出己意、法法我法的奇士，世不一见，故李某不胜倾服！"

"虬峰兄过誉了，岂敢，岂敢！"

"石兄不必过谦。李某以为兄不唯在书画上自开生面，且能够独洁其身，无辱皇祖，令李某钦敬之至！相比之下，赵子昂人品不足重，且忘乎祖宗，如与八大山人在地府相遇，岂不愧悔得无地自容！"

石涛并未接过这个沉重的话题继续谈下去，因为在他看来，如今时殊世易，再抱着李骥那种'杞人忧转切，翘首待重明'（《壬申元日》）的复明之愿已不切乎现实，故坦诚地言道：

"弟尝观虬峰兄的诗，如饥凤悲时，孤麟泣遇；兄在诗中每以青松、寒梅自比，其'宁违其好，勿丧所守'之操守，令弟十分钦佩。但时乎？命乎？'时来天地皆同力，运去英雄不自由'，大势既已不可逆，故弟虽为劫后余生之人，似亦不必死抱愤郁之志，如今弟或耽情于画，或买醉于酒，张季鹰所谓'使我有身后名，不如即时一杯酒'之语，最契鄙怀。来，我们不妨再干上一杯。"

"好，干！"

几杯酒落肚后，李骥又不由地发起感慨来：

"石兄多年来由俗入佛，由佛入儒，由儒入道，然后又由道还俗，绝非凡俗所能为？弟实在是无力追攀啊！"

"唉，身逢易代之际，为士者自当对个人的行藏出处作出明睿的反思，时代的激变既能成就一个人，也能毁掉一个人，关键是你如何选择，像王船山、方以智、屈大均等人不都作出了自己的选择吗？"

李骥听罢，居然仍坚守着自己的道德立场，隐示出自己的现实"选择"——

"如今世变日亟，纲常隳坏，而弟则不欲随顺俗流，唯以幼年所学之忠孝节义为本位，吾国数千年之法度纪纲，先祖先父之遗传与教训，皆深印于弟之脑中，故不容不任其至难……"

石涛深知老友李骥其人；既然一时无法改变他那近乎悲壮的遗民立场，便索性将话题转到饮酒，"来，虬峰兄，我们再同尽此杯！"

二人一饮而尽。

"虬峰兄欲独任其至难,壮怀可佩!想我石某,晚年别无所好,除书画、收藏外,便是喝上几口;也正因如此,闲来便留心起史籍上有关饮酒的记载,结果发现,大凡历史上的卓异之人,无不好酒,太白所谓'唯有饮者留其名',倒是甚合鄙意。古者蔡邕号'醉龙'、阮籍号'醉狂'、刘伶号'醉颠'、李白号'醉仙'、欧阳子号'醉翁'。此数君子者无不以一个'醉'字而名。"

"噢?"李骊听得两眼直放光。

石涛一看李骊来了兴趣,遂又侃侃言道:

"这酒嘛,实乃人之不得已而嗜之者也,依石某看,宁为酒仙,不为酒狂;宁为酒狂,不为酒徒;宁为酒徒,不为酒鬼!"

"噢?此话怎讲?"李骊问。

"因酒鬼往往如孟子所说,'恶醉而强酒',醉后又不知醒者也。醉生梦死,百无一用,如此枉度一生,与鬼何异也?"

"嗯,石兄所言极是。古人尝谓饮亦有道,善饮者,不轻饮,不矫饮,不竭饮,不独饮。如是者,酒必不至于为祸!"

"虬峰兄所言极是,弟亦云然。古人常以忆天地山河为醉游,假文章词赋为醉资,妙在醉其形而不醉其心也!"

"嗯,醉其形而不醉其心,妙,妙!"李骊听到这里,不禁击桌赞叹。

话说石涛之所以在李骊面前大谈饮酒、醉酒之乐,自有其良苦用心——他不想看着老友像自己过去那样,深深地陷入遗民情结中不能自拔,而应当以一种更超达的态度去面对新的生活,故以醉酒为话头,隐示他应当积极地去做一番入世的事业。

令人慨叹的是,李骊并未听从老友的劝导,而是一如其旧,既醉其形,复醉其心,故其结局极为惨烈——由于有人诬告其《虬峰文集》内有'白头孙子旧遗民,报国文章积等身'等盼望明朝复兴的

'悖逆'之言，乾隆皇帝降旨将李驎按大逆罪凌迟处死；因李驎此时已死，结果被剖棺'锉碎其首，枭首示众'。

李驎因仰慕石涛其人，故生前曾作《大涤子传》，这可以称得上是最早写石涛的简传。但在这部简传中，李驎对石涛两度朝觐康熙，在北京时期的种种活动，均未着墨，只对石涛的宗室血统详作介绍，并提及石涛谒明陵之事，显示出李驎终生守持的遗民立场。尽管如此，这一简传还是给后人留下了一些颇有价值的本事。在此传的收笔处，李驎慨言道：

> 生今之士，而胆与气无所用，不得已寄迹于僧，以书画名而老焉。悲夫！

心志相通，可谓知己之言！

第二十七章

画论杀青奇峰峻耸

恫瘝在抱情系苍生

且说石涛正在酒店开怀畅饮，而张山来却已在"大涤堂"等候多时。

一见到石涛这副醒困之状，张山来大惊道，"怎么，石公又去寻步兵之趣了？"

石涛并未直接作答，只是双手合十，念了句"阿弥陀佛"，算是行了见面礼。然后道："弟刚才迷迷糊糊，还在'梦蝶'呢！"

"梦蝶？"张山来大惑不解，遂问："什么'梦蝶'？"

"哈哈，山来兄有所不知，弟近来常读大作，触处皆是妙句，令弟叹服不已。如'庄周梦为蝴蝶，庄周之幸也；蝴蝶梦为庄周，蝴蝶之不幸也'。个中义理，隽妙耐人作十日思。愚以为庄周化为蝴蝶，从'生本不乐'之尘世进入逍遥之境，确为庄周之大幸；而蝴蝶梦为庄周，则从逍遥之境步入尘世，这就是蝴蝶的不幸了。幸与不幸，大有深义在焉，山来兄可谓妙得南华之神髓啊！"

受此夸赞，张山来颇感不安，遂言道：

"戋戋之言，竟猥蒙石兄发隐微于默识灵悟之中，令弟既感且愧。说来也巧，小弟此来，还给兄带来一件礼物呢。"

"噢，什么礼物？"

张山来将新刊的一册雕版线装本《幽梦影》交到石涛手中。

石涛接过一看，眼睛顿时一亮，人也来了精神。他立即打开这本散发着油墨清香的新书，兴味盎然地读了起来。

"哎呀，太好了！大著比弟此前所看到的未刊本，又有了不少改动，后出转精啊！印制得也漂亮。此书既出，山来兄足可争耀士林矣！"

"承蒙我兄垂爱，拙稿尚有不少有待推敲之处，还请我兄有以教我！"

"奇文共赏，疑义相析。待弟拜读后再奉陈愚见。"

说罢，石涛起身从文柜中取出一个精致的锦盒，从里面找了半天，才找出一方藏书章，然后认认真真地盖在书的扉页上。

"啊，石公的印章如此之多，在当今画家中怕是无出其右了吧？"

"这个嘛，弟不敢称最，因他人的印章有多少，弟一概不知。但弟的用章确实不少，特别是名号甚多，主要有极、若极、阿长、元济、老侠、粤山、赞之十世孙阿长、零丁老人，后来又用清湘道人、苦瓜和尚、大涤子、瞎尊者，等等，大约有30多方。当然，这还不是全部。还有一些是交代弟的佛家身份的，如'小乘客''金粟如来是前身''善果月之子'等。用得最多的是'石涛'。弟会在不同时期、不同处境及不同心境下，选盖不同的名章。"

"哎呀，石公印章如此之多，怕是连你本人也经常弄不清楚吧？"

"那倒未必。因为这里面确实蕴涵着不少弟个人的感情寄托与精神取向。如弟中年在宣城期间，常落款'小乘客'。后来到了南京，则常落款'枝下人济''枝下叟''苦瓜和尚'及'瞎尊者'。在北京、天津旅居前后，仍常落款'苦瓜''苦瓜和尚''天童忞之孙，善果月之子'。晚年在扬州定居后，其画上最常用的名号是'大涤子'（简称大涤），其余有清湘道人、清湘陈人、清湘遗人、清湘后人、清湘野人、大涤山人、零丁老人、石道人、苦瓜老人、石道者济等。"

"石公以上所云，弟实在是搞不清楚，能记住的倒是兄经常用的几个闲章，如'不从门入''我法''法门''法本法无法''搜尽奇峰打草稿''恨古人不见大涤子极'……其他的嘛，弟一时也想不起来了。"

“还有‘得未曾有’‘前身应画师’。”

“噢，对了，经兄这一说，弟倒又想起来了，兄还有‘道合乾坤’‘墨池飞出北溟鱼’等闲章，这些都与石公晚年的道家思想有关，简直就是兄之艺术宣言的缩影啊！”

“看来知我者，还是山来兄也！在弟看来，诗书画印的合一，正是弟赖以寄托的生命佐证与精神自律，弟正是以此为依托，在一种看似自适自娱的灵智活动中，将个人的心志意趣、价值取向与笔墨追求互融互通。”

“哎呀，小小印章，竟引发出石公如此妙论，弟真是不胜倾倒啊！”

“山来兄且莫谬夸。弟之所以刻制了这么多的名章与闲章，其中还有一点，弟从来没向人道破。”

张山来一听来了兴致：“不悉石公能否对弟透露一二？”

“好吧，今天弟就‘因君一道之’。八大山人因无二名，人易记识。而弟名号如此之多，连知我如兄者尚不易识记，何况他人。既然人不易记，那么，弟只有在笔墨上自树一格，自成一法，才能让人一望便知是我石涛而非他人。因此，弟之用章，并非贪多炫奇，实有自勉自励之意啊！”

听到这里，张山来的面容顿时变得严肃起来，敛容道：

“过去观兄治印，只觉得是一种文人雅好，今日经兄道破，弟才明白原来此中大有深义啊！弟由是深信，以兄之天才与笃勤匪怠之精神，其大名必将流芳画史，自足千秋！”

“山来兄过誉了，弟实不敢当！哦，对了，山来兄，我近来又有一个新的想法。”

“噢，什么想法？”

“弟想写一部书，书名还没定，大概也就是《画语录》这类东西吧，就像诗人之于诗话、诗论。弟自忖五岁出家，六七岁就开始学习书画，转眼间50多年过去了，很想把一些绘画心得好好总结一下，给后人留下点东西。"

"这可是功德无量的大好事啊！"张山来一听便兴奋了起来，"弟亟待此著能早日杀青！对了，石兄，目前开始动笔了吗？"

"仅改定了前两章，其他各章尚有待作进一步的修正与完善。"

说罢，石涛把案上的几页手稿交到张山来手上，说道："此为'一画章第一'，也是全书的纲目。"

张山来接过一看——

太古无法，太朴不散。太朴一散而法立矣。法于何立？立于一画。一画者，众有之本，万象之根；见用于神，藏用于人，而世人不知。所以一画之法，乃自我立。立一画之法者，盖以无法生有法，以有法贯众法也。

夫画者，从于心者也。山川人物之秀错，鸟兽草木之性情，池榭楼台之矩度，未能深入其理，曲尽其态，终未得一画之洪规也。行远登高，悉起肤寸。此一画收尽鸿蒙之外，即亿万万笔墨，未有不始于此而终于此，惟听人之握取耳。

……

读至此，张山来情不自禁地击节称叹道：

"一部画史，作手如林，卷帙山积，对此谁又能脱此茫茫九派之叹？而石公却能据一驭万，发挥衍绎。开首之文虽仅数百字，严劲紧束，斩截有力，别无衬垫闲话，自是大家手笔。至若翻澜之锦，层出不穷；越世高谈，师心独见，此乃论艺之极则啊！"

石涛略加沉吟，然后恳言道：

"山来兄奖誉过甚，愧不敢当。其实，我的这个想法，可以说是由来已久了。目前在画坛上，占统治地位的还是'四王'，他们的笔墨、画法，基本上不脱董香光、倪云林、黄子久那一套，无非就是以师古为己任，以董其昌的'南北宗论'为画学框架。这就导致画坛的风气萎靡不振、缺乏生机，'离开古人不敢着一笔'。作为画家，虽学古却不宜拟古。一味仿效某流派，囿于某家数，势必陈陈相因，作茧自缚，所谓笔墨创造必将成为空话。"

"对此，弟与石公颇有同感。你看王时敏的画，几乎全是刻意师古、摹古，王石谷更是起而振之，凡唐宋元诸名家，无不模仿蹊径，宛然古人。整个画坛，可以说全是'四王'的天下！"

石涛紧接道："所以我偏偏要唱反调，力主'笔墨当随时代'，反对沉醉在古人名迹里讨生活。弟之属意，全在'创发'二字，所谓'法法我法'也。估计此书一旦面世，骂我的人就更多了！"

张山来紧接道："那也要看看骂人的都是些什么人？如果真像兄所说的，尽是些抱残守缺、一味摹古之辈，直可视为'乱正声'的'嚣嚣淫蛙'，不足虑也。"

"快哉斯言！其实，从历史上看，凡不同流俗、径行独往者，无不受庸碌之人所訾笑。周濂溪体认经疏，代圣立言，偶作《爱莲》之说，则被讥为玩物丧志。王阳明当年力倡讲学之风，则被讥为迂而好名；阐发尊德性人皆可以为尧舜之旨，则被讥为近于禅家之顿悟。陶渊明饥至乞食，叩门无辞，但期冥报，则被讥为迂诞无耻；所交皆为脱略功名之士，至入白莲之社，与惠远谈空说无，则被讥为攻乎异端，近乎邪教。凡诸种种，已昭昭于史乘中，由来已久，予欲无言矣！"

说到此，石涛不禁喟然一叹。

"哼，硁硁然小人哉，目光如豆，何足道哉？"张山来愤然道。

"是啊，不细说它了！还是言归正传吧。"石涛接着将此书的梗概向老友娓娓道来——

"山来兄，下面就跟你谈谈此拙著的基本构想，这也是兄乐于知道的。拙著以'一画'法则作为总纲，统摄其余17章，分别为了法、变化、尊受、笔墨、运腕、氤氲、山川、皴法、境界、蹊径，再就是林木、海涛、四时、远尘、脱俗、兼字、资任，各章所论，都不出'一画'之旨，皆为对此一论点所作的有机延伸，使其完整化，有序化，从而揭开中国画的特质，揭开画家在艺术创作活动中究竟应当如何'取法'，如何'开新'，如何获得自由这些根本问题。"

"那么，依石兄之见，中国画的这个'特质'究竟是什么呢？"

"就是对自然法则的遵循，对'道'的遵循，以无法生有法，以有法贯众法也。"石涛不假思索地应道。

石涛接着补充道："我想，书中第二章暂名'了法'，了役人之法障；第三章为'化法'，反对成法，反对'知有古而不知有我者也'；第四章为'尊受'，强调要尊重画家的生命体验与感受……要之，弟所要强调的，就是以'我'为核心的自主创新精神，这也是弟所理解的'笔墨当随时代'的基本精神。"

"石公破覆发的，如剔灯见光，凿石见火，对从艺者可谓是厚泽广披啊。"张山来接着又赞赏道："看得出，石公不屑从浅近处下手，不去过多地谈具体技法；兄所阐发的'一画'论，实乃天地之大法，根本之精义。在吾国浩瀚的传统画论中，应不作第二人观。弟还认为，兄乃一代丹青巨手，笔精墨妙，挥写既久，感悟遂深，将笔墨经验与画学修为相互印证，这就必将为兄的'一画论'奠定坚实基础。"

"哈哈，看来知我者，还是得推山来兄也！"

"不不不，石公矫矫不群，乃间世而出的一大异数，弟实无特识先觉，万不敢谬引为心照神交啊！"

"山来兄不必过谦嘛。其实呀，弟所谓'一画'论，一言蔽之，即以一驭万，万法归一。"讲到这里，石涛又提出了他所创发的一个概念：叫作"智得"。他如是解释道：

"至人的'智得'可以创造出规则的规则，而这个规则就是'无法之法'，也可以说是'至人无法'。"

"噢，这一点还请我兄详示。"在张山来听来，这话似乎有些费解。

"对画家来说，对'法'的理解不同，会画出不同的'一画'，而高下之别却不啻霄壤。就拿弟来说吧，在青年的时候，曾力持'我自用我法'，因为弟深信在笔墨上能突破前人窠臼；中年以后，弟主张'不立一法，不舍一法'，这时弟正力图从自己技法的窠臼中突破出来；现在嘛，弟可用一句话来概括，那就是'是法非法，即成我法'。"

这就是石涛的谈艺风格；别看他平时缄默不言，一旦进入艺术交谈，他所释放出的大密度理论信息和凌厉的思维力度，每令对方感到有一种咄咄逼人的气势和不囿一隅的广博。

"这实在太高超玄妙了！"张山来不禁叹道。

石涛又慨言道："我看到不少画家，终生恋恋于斯道，却昧于画道画理，结果求之愈笃，其去愈远。所以，不解决'一画'这类根本问题，一味画中求画，只能是盲修瞎练，于艺事何补焉？"

"石公，听您这么一说，弟觉得您这部大著义理圆融，妙绪纷披，若能积日累劳，早竟全功，必将成为泽惠画坛的经典，弟翘首以待大著早日杀青！"

"多谢贤弟厚爱！如世寿允许，定当不负雅望！"

石涛果真没有辜负张山来的"雅望"。

——他始终把对友人的承诺看得比自己的生命更为重要！

一向才气过人且精力弥满的石涛，一贯保持着雷厉风行的作风；他一旦决定要干某件事，便会如痴如狂，寝食俱忘，在极短的时间里显示出惊人的能量。这不，还不到两个月，其书便已完成泰半。

接下来的写作，更是情畅而笔顺。由于腹笥宏富，胸罗古今，故行文时神思飞扬，义理来集，似若不召而至。元气流注，精义迭出。在石涛看来，历代论画者，或心摹前构，习见难除；或胶柱鼓瑟，不知变通；或钝锥钻木，蹇涩突兀，鲜有确具通识真赏、别出创见而浸成通尚定论者，故"亦欲以究天人之际，通古今之变，成一家之言"。在撰述过程中，石涛"萌一绪而千变，兆片机而万触"，以其穿梭飞扬任性游心的文字来凌越陈说，目可洞垣，手能发覆，流贯其中的种种般若飞花般的灵智之语，以及无一字凡响的识力笔力，无不是以"圆识""圆通""圆融"为前提的，它具有从文字般若到实相般若的一切观照妙用，体性坚凝，常住不坏。

《苦瓜和尚画语录》（以下简称《画语录》）的杀青，无疑是石涛"化书卷为吾性灵"的一大奇迹，是从"画法"向"画论"、从艺术向哲学的又一次"跨界"。它再次证明：石涛的天才性就体现在他具有远逾时人的高度哲学意识。哲学，在石涛那里，是一种充满激情的思考方式，是一种洞彻一切的学问。它使人回归本体，回归自然，从而获得神光的普照。以故，石涛从不以功利的视角去打量它的"有用"性（所谓无用者乃为大用也），他深知哲学在整个文化系统中占有核心的地位，一旦形成，将使整个文化逐渐成为一个趋向成熟的有机系统；一旦进入生命，进入灵魂，就必将会结出粲然可观的智性硕果。

《画语录》不仅为后人留下了一个奕奕煌煌的珍贵文本，更以其"俟诸后世其论不刊"的理论深度与恒久文化价值而穿越时空的厚壁，进入人类文化的经典殿堂。

由于连日赶撰文稿，用功甚猛，精神一直处于高度紧张状态的石涛，一旦卸却肩头的重任，顿时陷入一种深深的疲惫与倦怠之中；于是，他想出去透透气，放放松，而恰在此时，有友人邀其春游，石涛遂欣然应允，与友人同享湖头放艇之乐。石涛曾赋诗作画以记此游：

　　柳眼媚人新雨后，放船歌入可花天。

　　乾坤与我醉同醒，乳鸭闻雷芳草妍。

　　款署：戊寅春日放艇湖头，归业引动，泼墨清兴，一日共成十纸，各潭其类，瞎尊者济。按，此处的"湖头"，当指秦邮八景之一的"西湖雪浪"，"戊寅"当在康熙三十七年（1689）。

　　从诗与画跋看，石涛此次"湖头放艇"，自始至终都是非常惬意的，清兴盎然，画囊饱满。

　　可就在石涛兴尽返扬的归途中，天却忽然下起了大雨；这滂沱的大雨，伴随着从深渊一样的夜罅中吹起的狂风，倾盆而降，脱柯的树叶如精灵附体般恣意狂舞，闪电的犀利之剑，一次次劈开乌云那沉闷的肉体。

　　这场大雨，导致长江流域遭受百年未遇的水灾。石涛目睹了这场泛滥成灾的洪水给百姓带来的深重苦难，也目睹了令他梦魇的种种人间惨象：那暴露于荒田野径间的累累枯骨，那被抛弃或溺毙的婴儿尸骸。石涛毕竟不是一味地耽情于山水的隐逸者，更不是一个只顾追寻纸醉金迷的风流才士，在赠予老友项宪的一幅字轴上，石涛尝书七言古诗一首，充分体现出他本人对轭下群黎的忧思悲悯——

　　百城烟水梦三湘，东海沿江一带乡。

　　但见愁云阻江汉，人民白骨为鱼粮。

　　前年海啸七月望，海风拔木太守惶。

　　千峰顶上白浪涌，平地推桥堕屋梁。

　　昨年湖水泛田庄，田夫如鸟依枯桑。

　　水深树端人难载，岸远风狂事可伤。

　　今年湖海都一国，楼高纵倚多彷徨。

　　黄水破淮淮水翔，天文漫日无阴阳。

　　元宵风雨入夏至，银河倒泻时倾将。

　　苍桑更古由庚变，造化终然得理昌。

　　眼中不独无烟火，儿女饥啼卧□□。

　　吾庐大涤笙歌旁，画般箫鼓声飞扬。

　　中间儿辈□□□，兴尽悲来学古狂。

　　时哉时哉莫可当，老夫休矣□□□。

　　　　　　　　　　——《寄景翁先生》

　　恫瘝在抱，情见乎辞！正是基于这种至爱深慈，当石涛听项宪父子说起水灾如此深重而上层官僚显贵照样笙歌燕舞、为欢作乐时，当即发出仰天悲叹。

　　回到扬州后，石涛仍为天雨不公、民瘼深重而悲叹不已，并对"城中富豪十万家，米贵粮多不用嗟"这种贫富悬殊现象深致愤恨。

　　这场"灾难的记忆"，使得石涛久久不能释怀。逮至康熙四十四年（1705）6月，巨大的泻洪压力竟冲决了四处堤防，洪水再度吞没江苏北部。而淮扬两郡又连遭大雨，洪流所下，几成泽国，石涛忧心如焚，遂濡墨作《行书记雨歌》，以寄其淑世情怀：

　　四月五月天不昼，风师雨师天不宥。

　　家家问水不观天，却笑天人两不究。

　　雨深水塞路不通，农不望耕市不贸。

　　人民畏雨不畏天，只怪司天错时候。

　　……

　　如此雨多无奈何，何当又被水之又。

　　沿途问驿往来希，州岸城围崩莫救。

　　世间薪米喜者登，世外畛恤真难觑。

　　乾坤不发眼前疮，人民怎去心上肉？

……

语语沉痛，字字泣血，身为僧人，却能够懔然于匹夫之责，痛慨眼前这"农不望耕市不贸"的现实，为"畏雨不畏天"的农人洒上一掬同情之泪，足见其一腔盛爱是何等深挚，何等磅礴！

几个月后，洪水退去，石涛又特为老友张山来绘制《淮阳洁秋图》，藉以表达水灾后对雍熙生活的祈望。

此图是石涛对扬州一带所见实景的写照。画面采用"平远法"构图，河流曲折萦回，蜿蜒如带，由近及远，极婉转舒展、缈远清旷之致。河岸岗丘，则用"拖泥带水皴"之法，连皴带擦，浓淡、干湿、顺逆并用，率意洒脱，极徵功候。两岸丛生的芦荻，繁茂的树林、草丛，则采用了石涛最擅长的点法，错落有致，松灵浑成。而城畔的垂柳意象则具有引发人们慨叹隋朝衰亡历史的隐性功能。画面的左上方，一老渔翁悠然泛舟于如镜的河面上，而另一人则自高楼凭窗远眺，天光水色，尽呈河清海晏之象，好一幅意境清新的淮阳秋景。为使章法更形平衡、完整，石涛在画面上方题以七言古诗，几占整个画面的四分之一，榜题以篆书出之，与正文的行书构成对比，匠

《淮阳洁秋图》

心在焉。虑以原诗较长，兹摘引如下：

> 天爱生民民不戴，人倚世欲天不载。
> 天人至此岂无干，写入空山看百代。
> 百代悠悠甚渺茫，空山对客较短长。
> ……
> 遥思文帝早知儿，丧家之子亡隋脉。
> 隋家炀帝画图空，人道荒唐我述中。
> 当年不废迷楼意，歌管楼台处处风。
> 隋才自捷天难比，隋心自敏通经史。
> 隋仁隋义孰倾心，胶结杨素传遗旨。
> 遗旨元符一望开，隋家处处起瀛台。
> 西池诏起十六院，南州又凿五湖来。
> 五湖八曲风味多，随心称意味天秋。
> 红粉不到隋家死，彩女如何陆地过。
> 隋荒自绝不思量，米珠薪桂天遑遑。
> 征辽日日甲兵起，可怜社稷无人理。
> 宫中李实共杨梅，不重杨梅重玉李。
> 伤情目断平原颠，兴亡不在征辽边。
> 一年三百六十日，只对烟花夜夜眠。
> ……
> 北顾南瞻尽天长，分淮沿水画岐阳。
> 老夫自笑非屑屑，老夫自爱非忙忙。
> 长歌短行非吾别，纵有丹青神不结。
> 今移结神出涤楼，门前水退屋口舟。
> 破砚拂开当日月，突笔写入洁时秋。
> 禹功隋荒具之两不论，而吾之冲口划目有不尽。

　　画面所题长诗，总括扬州的历史沧桑，内容庄肃赡富，丰厚深沉，颇有垂鉴警示之功。从诗艺上看，既有长篇歌行的贯通气势，又有竹枝词等民歌形式的明快晓畅。虽灵极变化，总不脱石涛自家本色，是石涛晚年颇用心力的重要作品之一。

　　总之，天才式的笔墨，大诗人的风华，俱迹化于这幅煌煌巨制之中，读之如入万里"洁秋"，应接不穷。这既是一种般若飞花般的灵智之果，也是石涛黎庶为怀的万斛深情的笔墨呈现。

第二十八章

老病侵寻益形潦倒

家有非事将欲出离

流年转轮而去，不觉已进入1701年的冬季。

窗外树丛上那生动的绿叶已被凛冽的寒风带走，干枯僵硬的枝杈在天空中光裸着。在疏朗的枝杈中，石涛久久地凝视着那一个个草窠——那是鸟的家；但不知在如此寒冷的冬日，那些疲倦了的鸟儿是否已回到窠中，做着酣沉的梦？

天色不觉间已阴沉了下来。石涛的心中不由地涌出晋人陆士衡《叹逝赋》中的名句：

> 日望空以骏驱，节循虚而警立。
>
> 哀人生之短期，孰长年之能驭。

哦，生命的飘忽与脆弱，人生的痛楚、凄凉、悲慨与无奈，往往都会从季节这一维度上体现出来。反正不管怎么说，1701年的冬天对于石涛来说非同寻常——因为过了除夕，他就60周岁了，用传统的说法即为"花甲"，亦称"还甲"。

"唉，须发不耐流年磨，"石涛对刚从外面进来的高翔说，"又要过年了，又向老境迈近了一步！"

高翔没有应声，他只顾忙着把那些为师父采办的食蔬、干果等年货以及祭祀用的香烛等，一一拿出来放到合适的处所；此外，他还特别送来了几颗大白菜。

"师父，一下雪，街上就买不到大白菜了，"高翔说，"这东西耐放，我娘叫我送来几颗。"

"也难为你娘想得这么周全，你替师父谢谢她。翔儿啊，你没来的时候我正在想，我来扬州已经有八个年头了，这些年，我到底做了些什么呢？"

"这些年？"高翔眼珠一转，马上接道："师父这些年做的事情可多了。比如您建起了'大涤堂'，为北京的博尔都大将军临摹并装裱了《百美图》，还画了那么多的好画，做了那么多诗，对了，您还作了好几篇赋呢！"

"噢，说说看，都有哪几篇？"

高翔几乎还真不假思索地屈指答道："有《课锄赋》《题双清图》《题吴南高像》《题牧牛图》《题兰竹芝石图卷》。"

"嗯，徒儿不简单啊，你说的那篇《题兰竹芝石图卷》，连师父都差点想不起来了。"

"还有，那就是师父脱下袈裟，穿起了黄袍野服，从和尚变成了道士。"

"呵呵，你替师父总结得还挺周全，不过，还有一件事，你没有总结出来。"

"什么事？"

石涛笑了，眼睛里闪动出一丝诡谲，悄声道："这件事现在还不能告诉你。"

高翔眨动着两只灵动的眼睛，还是琢磨不出师父卖的到底是什么关子。

转眼间，1701 年的除夕到了。

虽说外面下起了雪，刺骨的西北风，不时摇撼着"大涤堂"薄薄的纸窗，但年味还是让这里洋溢着温暖与幸福。有钱人家开始忙着贴春联，包饺子，那不绝于耳的爆竹声，将人们的欢乐、祈盼与祝祷，向着广袤的昊空无尽地绵延。

可在每年的"换岁"时节，石涛都是孑然一身，虽偶有徒弟相伴，但其仍不时感到孤寂。此时，他正盘腿而坐，如同老僧入定。

这时，灵珠悄悄走了进来，贴近石涛的耳朵，轻轻地问道：

"师父，在想什么呢？"

"听雪。"

"听雪？"

"对，听雪。有道是春听鸟声，夏听蝉声，秋听虫声，而冬天听雪声。"

"噢，听雪，这倒挺新鲜。"

"徒儿有所不知。每当大雪飘飞，你只要用心，即可听见雪洒竹林、萧萧而落之声；这时竹上的积雪越多，雪声也就越重。细小的雪比大片的雪落势快，声音也较轻。随着风声与竹叶相互摩挲，还能听出雪声的轻重缓急，有如玉箫悠然。如有旋风骤然吹来，便会把雪的身子吹斜了。由于积雪愈来愈厚，会不断传来断竹的啪啪之声，雪团轰然坠地，散成碎片，却又如檀板惊梦，让人陡觉寒气骤增。这人啊，如果能做到物我两忘，满耳皆是落雪之声，此乃天籁，又岂是不能忘却营营的寻常人等所能听到的？算了，不说这些了，唉，又到除夕了。"石涛像是在喃喃自语。

"师父，过了今晚，您就六十了！"灵珠道。

石涛一闻此言，顿生感慨："是啊，这世寿不短了！"

"依徒儿看，师父这世寿还长着呢？"

"唉，人生如电光石火，不胜虚空。看来上苍还是很垂悯我的。"

"师父是吉人，自有天相。师父辛辛苦苦一年，今天是除夕，应当开心一点才是啊。"这时，炉上温着的米酒，已弥散出扑鼻的香气，灵珠从厨室端出几盘刚刚做好的酒菜，放在桌上。然后又把灯花挑了，这下豆油灯显得更明亮了。此时，火炉散发出来的热量，明显增加了屋子里的温度，给人以一种暖洋洋的感觉。

"师父，您请坐！徒儿陪您喝一杯。"

石涛这几天偶感风寒，感到身体有些发烧，头脑晕乎乎的。他颤巍巍地走到桌前，端起酒杯，说道："好，过年了，来，我们共饮一杯。"声音低沉而苍老。

几杯老酒落肚后，石涛非但没有进入恍惚迷离的醺然之境，反倒心生怵惕，觉得时间正以一种令人惊心的速度将自己推入生命的老境。

在除夕的爆竹声中，石涛不禁感伤起那些近年来相继去世的老友，梅清、戴本孝、查士标……这些老友曾承载着他的珍贵记忆，承载着他的美好梦想和希望，唉，"天意不留知己在，抱琴更欲向何人"（黄梨洲诗），石涛憾恨自己获得消息太晚，未能亲往凭吊，以寄悲怀。一念及此，一种悲凉与虚空之感顿然袭入骨髓。他多么希望能与心心相契的老友再诉衷肠啊！墓门挂剑，岂独古人为然！

此时，石涛又怀念起情逾骨肉的师兄喝涛，他自年初前来"大涤堂"小住后，又有好几个月未通音问了。回首那些刻骨铭心的往事，那一次次的险夷之变，聚散之情，可惊、可愕、可悲、可叹、可扼腕而流涕者，何可言哉？想到此，石涛不禁又浮一大白，痛放悲声。

"师父，徒儿知道您又在想师伯了。您有病在身，思虑太深，有伤身体啊！"

"唉，眼看着当年无话不谈的老友相继离去，你师伯又与我天各一方，唉，悠悠此世，谁识心曲啊？"说到这里，石涛似乎突然想起了什么，遂问道：

"灵珠啊，你知道什么叫'至伴'吗？"

灵珠摇了摇头，她还是第一次听到这个词。

"师父告诉你吧，此语出自苏辙。他与兄长苏东坡同进退，共患难，友爱弥笃，从无怨尤，所以他称其敬爱的兄长苏东坡为'至伴'。对师父来说，你师伯就是我的'至伴'！能够拥有这样的'至伴'是多大的福缘，又是多么重要的生命依托。没有你师伯，师父早在几十年前就已夭亡了，哪里还有后来的一切！"

灵珠显然被石涛这番至情之言深深打动了，只见她举起酒杯，向师父提议道："今天是除夕之夜，就请师父也端起酒杯，让徒儿陪同师父一起遥敬师伯一杯吧！"

"好，我们共同干了这杯，向你师伯致意，虔祝他新年福寿康宁！"说罢石涛举起酒杯，一饮而尽。

"灵珠啊，过年有你陪在身边，师父竟不会那么孤寂了。"

"那我就永远陪着师父！"

"不行，不行！"石涛连声道。"你不能老是这样陪着师父啊，要经常回宣城老家看看才是啊！再说……"

灵珠知道师父下面将要说什么，赶紧打断道：

"师父别再说了。徒儿哪也不去，就陪着师父！"

"不行！"石涛这回语气更加强硬了。"再这样下去，你的付出反倒助成了师父的贪婪，这可不行。"

"反正徒儿就是不走！师父，您这几天有点受凉，多喝几杯，驱驱寒湿吧！"

"好，好，我们先喝酒吧，这事等过了年再说。"

灵珠嘴一撅，一副好不情愿的样子。

这时，不远处又有清脆的鞭炮声传来，只听"嘭"的一声，一粒火星直入云霄；接着又"啪"的一声，这粒火星顿时四散而变为眩目的火花纷纷坠下，有的落红如雨，有的黄光如霰；有的如万盏明灯，自高空而落，看上去像一团团包孕无限热力的火球，雄劲地向外四射……

而雪却下得愈来愈大了。大片大片的雪花如同扯碎了的棉絮，铺天盖地地落下；一开始，雪是微斜着落下的，风把它们的身子吹斜了，像个醉汉，在空中飘舞着。而石涛此时觉得自己正像那大片大片的雪花，安静地缓慢地落下，与大地融为一体。

石涛一边望着窗外的雪花，一边饮着酒；几杯老酒落肚后，石涛感到舒坦了许多。

灵珠又为师父斟满了酒；为了让师父开心，她又为自己倒上一盅。

多年来，灵珠一直吃斋，平素滴酒不沾，但一想到师父过年时一人独酌的情形，心底便涌起一种莫名的自责。

此时，灵珠发现火盆里的炭，由于未及时加添，已逐渐变成了白灰状，于是赶紧拿起炭铲，往里面加了几块，然后来到酒桌前，双手端起酒杯，敬了师父一杯。

"灵珠啊，你又不能喝酒，何必一定要喝这么多呢？"

灵珠的眼睛里这时已噙满泪花，她不知该如何向师父解释。

由于刚刚加了炭，屋子里渐渐暖和起来，灵珠趁师父喝得酒酣耳热之际，提议道：

"师父，过了今晚，您来到这个世界上就整整一个甲子了。您这一生，大苦大难，大起大落，大开大合，充满着各种雷动风响的传奇，令徒儿打心底里敬佩。此时此刻，徒儿想您的心里一定很不平静，要不要挥毫泼墨，一吐积愫呢？"

"咦，这主意不错，"石涛一下子兴奋起来，仿佛有一团活气注入了他的生命，"灵珠啊，经你这一说，师父还真有了画兴，好吧，你磨点焦墨，一会儿师父要画一张以前从没画过的东西。"

"那太好了！我已很久没看到师父作画了。"说罢，灵珠来到案前，把宣纸铺好，开始磨墨。

石涛轻轻地拿起笔，蘸上墨，然后在砚台上调了几下；可他并未像以往那样开始如痴如狂地纵情挥写，而是把笔放了下来。

"师父，您这是？"

石涛默不作声，只见他深深地吸了一口气，微微地闭上了双眼——

根据灵珠的经验，师父绝不是那种含毫欲腐、涂涂改改的钝智之人，他一贯讲究笔笔生发，注重水墨在纸上洇染的奇妙效果，而且下笔爽利，绝不犹豫，而今天，师父似乎有点异于往常；灵珠为此有些纳闷：师父今天到底怎么了？

灵珠哪里会想到，就在她满腹狐疑时，石涛却正在重温旧梦——

那是前些年发生在歙县村舍中的一桩往事。一天，石涛路过这个村庄，没曾想竟受到当地古道热肠、热诚纯朴的乡亲们"陶渊明式"的盛情款待。他们争相捧出酒瓮、制好酒肴与石涛尽情痛饮。那酒是乡人自制的佳酿，香气醉人。石涛一边喝着酒，一边感受着农家那种儿女绕膝的天伦之乐。此行最令石涛难以去怀的，是两个最常见的农家生活场景：一为一位老者牵着孙子的小手在院内嬉戏；二为一位中年妇女坐在门口给孩子哺乳。

——这不啻是两幅万古常新的图画！

由于某种极为"个人化"的原因，石涛非常羡慕这种看似平平常常的农家生活；因此，他一杯复一杯地为他们祝福，结果喝得酩酊大醉，最后还是这些热诚纯朴的乡里人把酒气熏天的石涛放在牛背上，然后送回大涤堂。

石涛绘声绘色地向灵珠讲述了上面这个故事，接着打趣道："'骑牛而归'，这倒是与老子骑青牛出函谷关颇有几分相似啊。哈哈哈……"说到这里，师徒俩都开心得大笑起来。

"好了，现在开笔。"

也就是不到一炷香的工夫，这张"特殊题材"的画便杀青了。石涛仔细端详了一番，在牛眼的部位提了提神，然后在这张墨沈未干的新作上用他所专擅的隶书题写了一个极为有趣的画名：

《大涤子自写睡牛图》。

此画为纸本，纵23厘米，横47.2厘米。画面上只绘有一牛、二人，石涛把自己画成了一个束发而戴黄冠的老道，若有所思地跨骑在牛背上，双目似闭非闭，神态似睡非睡。其实，这位老道正在思考回

《大涤子自写睡牛图》

味着自己的"没世之踪"。而画面上另一人则行于一侧，以手扶石涛腰间，这大概就是跋语中所提到的"村老"吧。为申足画意，石涛又濡笔在画上题道：

> 牛睡我不睡，我睡牛不睡。今日清吾身，如何睡牛背？牛不知我睡，我不知牛累。彼此却无心，不睡不梦寐。
>
> 村老荷蒉之家，以罍瓮酌我。愧我以少见山林树木之人，不屑与交，命牛睡我以归。余不知耻，故作睡牛图，以见大涤子生前之面目，没世之踪迹也。耕心草堂自匿。

这段颇带有几分酒气的跋文写得妙趣横生，且迷离恍惚莫可究诘——这其实正是石涛微醺后的某种真实情状的投射。搁下笔后，石涛的嘴角掠过一丝诡谲的微笑，乘兴又浮一大白。

灵珠正欲为此作盖印，但她打开印泥盒一看："师父，这印泥已快用完了。"

"是啊，等师父精神好一点，再加调制吧。"

"怎么，这印泥还一定要师父亲自动手吗？"

"那是当然。"

"师父，您就让徒儿试着调制吧。"

"那可不行，这里面学问大着呢。"一说起印泥，石涛顿时来了精神："灵珠啊，师父今天就说给你听。这印泥又称印色，主要原料为红色，这红色的原料又有不同，有用朱砂者，有用银朱者，还有用胭脂者；所用的油也不同，有茶油、蓖麻油、菜油、芝麻油，等等。质料也不同，有用艾者，还有用木棉、灯心草与竹茹的。自明代以降，文人对印泥更趋讲究，到清代则以八宝印泥达到极致。"

"师父，什么是八宝印泥？"

"八宝者，一珠粉，二辰州朱砂，三真腊红宝石，四赤金粉，五石钟乳，六珊瑚屑，七车渠粉，八水晶粉。以此八者细加研调，再用陈年晒油和过筛后的研细艾绒，精心调配，科学加工而成。这样的印泥凸起若出，观之舒心。"

"这印泥里还有这么多名堂啊！"

"是啊，有些东西待师父下次调制时再给你讲吧。"说罢，石涛又乘兴浮一大白，接着就用印盒里所剩不多的印泥在图中钤上"赞之十世孙阿长"之印，然后又在款后分别钤上"大涤子极""半个汉""零丁老人""瞎尊者"四印，这足以表明石涛在晚年已不再继续隐瞒自己的身世了。

尽管如此，此时的石涛还是常常"无端狂笑无端哭"，情绪的剧烈起伏，连他自己都无从把控，这显然是由他那特殊的生活遭遇造成的。这不，刚才还弄墨为乐，快谈印泥，可转瞬间，又悲从中来，泪水竟忍不住簌簌而下。那么，究竟是什么触动了石涛心底的某种隐痛，使他如此不堪为怀呢？

还是缘于他画毕后，盖在画面下方的那五方印章。

这五方印章，对石涛来说，不啻是"自道身世"。这一点，连一向心细如发的灵珠都没有觉察到。

无尽的悲慨，一时间冲决了心堤。只见他一手拿着酒杯，一手拿起笔，在眼前铺开的素纸上疾书下以下这么几行——

> 庚辰除夜，抱疴，触之忽恻恻，非语可尽生平之感者。想父母既生此躯，今周花甲，自问是男是女，且来呱一声，当时黄壤人，喜知有我；我非草非木，不能解语以报黄壤。即此血心，亦非以愧耻自了生平也。此中忽惊忽哦，自悼悲天，虽成七字，知我者幸毋以诗略云。

石涛在此宣达出千回百转的哀情，寄慨遥深。所谓"父母者，人之本也"，故太史公有"人穷则返本"之说，而对于石涛来说，除了自悼悲天，夫复何言？

看着这一字一泪的"至性之文"，灵珠不禁泪如雨下。

"师父！"灵珠一声泣呼！

"灵珠啊，过年了，不哭了，师父还想作几首诗，你再给师父磨点墨吧。"

"好。"灵珠拭干眼泪，开始研墨。

石涛意犹未尽，于是又濡墨和泪写道：

> 生不逢年岂可堪，非家非室冒瞿昙。
> 而今大涤齐抛掷，此夜中心凤响惭。
> 错怪本根呼不悯，只缘见过忽轻谈。
> 人闻此语莫伤感，吾道清湘岂是男！

白头懵懂话难前，花甲之年谢上天。
家国不知何处是，僧投寺里活神仙。
如痴如醉非时荐，似马似牛画刻全。
不有同侪曾递问，梦骑龙背打秋千。

挽得醉夫天上回，黑风吹堕九层台。
耳边雷电穿梭过，眼底惊涛涌不开。
全始全终浑謷立，半聋半哑坐包胎。
擎杯大笑呼椒酒，好梦缘从恶梦来。

年年除夕未除魔，雪满天涯岁又过。
五十有馀枝叶少，一生累及朋友多。
强将破砚陪孤冷，奈有毛锥忍不呵。
郁垒神荼何必用，愧无风味抱嵯峨。

石涛将种种悲慨、喟叹化入一个个充溢着无限悲怨、哀婉的意境中，流露出一种幽凄的情愫、沉重的太息和深刻的自省。

"此夜中心夙响惭"，已逝的岁月，将逝的肉体，连同他本人当年"欲从宝绘论知遇"的精神迷失，一度如痴如醉、"似马似牛"的虚伪人生，全都在"擎杯大笑"中委然委地，唯有那双窥破自我及生存真相的眼睛，在"雪满天涯"的"孤冷"中闪光。

由是石涛又检讨起自己当年"僧投寺里活神仙"的偏激，"不有同侪曾递问，梦骑龙背打秋千"的痴迷，"一生累及朋友多"的怅恨。他当年所立下的"全始全终"的誓愿，以及以"本聋半哑"来应对世态的炎凉，但到头来只落得个"强将破砚陪孤冷，奈有毛锥忍不呵"。尾联的"郁垒""神荼"原为传说中驱鬼避凶的两个门神，末句寄慨遥深，他尝自视的所谓"龙种"，对他来说又何尝不是一种反讽呢？

石涛的这组《庚辰除夜诗》，不啻是他灵魂奥秘的连续自白，是对其晚年自号"大涤子"的具体涵义的诗性诠释，是发自本真的精神救赎，也是把握石涛晚年思想发展脉络的珍贵资料。《庚辰除夜诗》不仅袒示出其灵魂的孤苦与痛楚，也呈现出作为一个生命个体精神的复杂性与本真性。在我国诗歌向来缺少忏悔传统的历史语境下，石涛力图摆脱传统阴影笼盖的这一组诗更显得难能可贵！

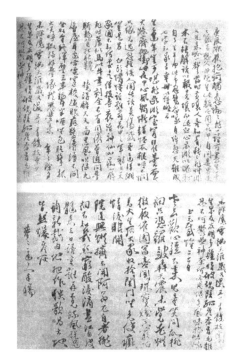

《庚辰除夜诗》

由此一悟解出发，我们不妨作进一步的推阐：所谓艺术，其第一义的东西，不在别处，就在于艺术家的"修身"之道；这种"修身"之道，对于天才的艺术家来说，其实也就是他的"生存之道"。要之，在《庚辰除夜诗》中，石涛回首过往，反思当下，以绝然的姿态，将一种否弃式的忏悔与忏悔式的否弃，将活着的、痛苦着的一切方面，全都汇入了一种自救式的灵魂新生。

正是在这种自救式的"新生"中，我们看到了石涛与古贤同出一脉的"内美"。

写完这组诗后，两行浊泪，不由地从石涛那紧闭的双眼中缓缓流淌下来，并在他那布满深浅皱纹的脸上，凝结成两道清晰的泪痕。

过了半晌，石涛才把眼睛睁开，他发现灵珠两腮的肌肉仍在剧烈地痉挛着，神色痛苦而悲戚，于是劝慰道：

"灵珠啊，大过年的，别难过了！"

可石涛哪里知道，仅他那一句饱蘸万斛泪血的"好梦缘从恶梦来"，便足以掀动起这位沦落风尘的女子深埋胸中的万卷情澜，只听她泣声道——

"师父5岁就出了家，为避祸几十年来只能佯装成'半聋半哑'之人。徒儿想到师父大半生云游四海，浪迹天涯；想到师父'生不逢年'，历经万劫，终于进入到'上下一齐涤'的花甲之年；又想到师父于除夕之夜犹思报'黄壤'，欲将斟满椒酒的杯盅高高地举向双亲……"说到这里，灵珠实在无法禁忍，遂颤声道："师父，您的心，好苦啊！"说罢便大放悲声。

"徒儿啊，不哭了，不哭了！"石涛用他那双枯瘦的手，轻轻地拍打着灵珠的肩头，接着劝慰道：

"佛家言：生本不乐。且各人都有各人的命数。前些年，师父总想像你师爷那样，做'国师'，做'高僧'，做'禅画大师'，也是走火入魔了。其实，师父也像凡人一样，也会念父母，顾兄弟；也与普通人一样，年年岁末禳灾除魔，祈盼来年吉星。"

石涛费了好大气力才把这番话说完；他晚年肾病很重，又好饮酒，面色酡然。酒力发作后，走起路来都东摇西晃，给人以一种弱如蒲柳的轻飘感；而他的双眼则常常会眯缝成一条线，且不时有细细的泪珠从里面渗出。

"师父，您今天太累了，快点躺下歇息吧。"

"好吧。"在灵珠的搀扶下，石涛勉强站起身，颤颤巍巍地上了楼。

就在石涛刚要躺下时，楼下却传来轻轻的叩门声。

灵珠赶紧下楼开门，啊，是高翔！

高翔进了门，赶紧跑到楼上，往师父床前一跪："师父，徒儿给您拜年了！祝师父福寿康宁，长命百岁！”

"哎呀，外面这么大的雪，路又难走，师父以为你不会来了。再说，过年了，你也应该在家陪陪父母啊。"

高翔应道："反正我们弟兄好几个呢，由他们陪吧。徒儿怎能忍心让师父孤零零地过年呢？"

石涛一听此言，再次破颜为笑："我这徒儿，现在是越来越可人了。哈哈哈……翔儿啊，你去磨点墨。"

"嗳，师父，您现在就要作画？"

"师父觉得精神好多了，还想画点东西。"

这就是石涛天才性特征的又一呈现——他的书画创作不仅是一种由外在的触媒所引发的艺术行为，而且是一种精神的本能运动；他把激情、感悟与愿力全都转化成本能，然后开始心无旁骛地进入"笼天地于形内，挫万物于笔端"的创造状态。

由于体力上的原因，石涛晚年基本上已不再画大幅巨制，而多以小品、册页为主，但在他身上，那种"法法我法"、求变求新的"心力"却是一以贯之的。相比之下，那些腐士庸才的最大特点，是"心无力"；由于"心无力"，眼里就不会有惊异的发现，内心就经受不住外界的变化，最后只能流入无关乎个人的生命感觉、创作千手雷同的东西。而作为天才的石涛，其卓荦之处在于，只要一进入艺术创作状态，必有"怪怪奇奇"的笔墨感觉从腕底生发出来，于是他愈画愈兴奋，愈能够彻底地"打开自己"，创发不断，新变频出，直至进入"通灵入神"的境界。

《采菊图》。

此画没有落年款，只署"苦瓜老人济"，显系石涛晚年所作，也是其画作中较为少见的写意人物画。此作甚为简古，仅一人一树。树干以重墨干写，直立无杈，且不出顶，右上只凌空垂下几道干枝，取

《采菊图》

得了整个画面的平衡。此画独创性全在"截断法"之妙用与构图的奇险。石涛将那位把菊花紧贴面部的高士置于画幅的左半边，甚至连题款也安排在画的最左边，右边几乎是空白，匠心在焉。高士的身形以苍劲古朴、力透纸背的粗线条勾出，势奇而机畅，形简而意足。尤当措意的是主人公那向上翻动的眼珠和出气的鼻孔，虽只是点了两个圆点，却活画出人物"睥睨天地之间"的倔强个性，同时也点醒了"与物俱化"、不同流俗的采菊主题。从这个意义上说，将此作视为石涛"更无真相有真魂"的自画像亦未尝不可。

《分明香在梅花上》亦为有大创格的精品。在这一册页中，石涛取冬景入画，画面中部绘一巨石而成独峰，两侧则用稍淡之墨晕染出较为尖利的数峰。画中那位身着厚重的袍、头戴风帽的老者，手持吟筇，于路旁折得一枝寒梅，且行且闻，那副如痴如醉之态，令人想到此翁即是石涛本人。一株蜡梅于路旁怒放，使整个画面诗意盎然。从技法上看，石涛对北宋山水的某种画法有所借鉴，却又化而出之。作为衬景的主峰，以及后面峭拔奇险的几座远峰，皆不用线条，不施皴法，纯以浓淡不一的水墨染成；墨中见笔，斫拂互用，尽显层叠、开合、疏密之妙。而主人公的衣纹及梅干、梅枝与梅花，皆以富有书法意味的线条出之，大有裨益于"分明香在梅花上"的诗意呈现。

再如石涛的另一幅山水册页《岩壑幽居图》。

画面描绘一座隐藏在巨大的岩壑之间的茅屋，里面有一向外而坐的高士，深合画题之义。画面下方，是一块三角形的巨石，背脊突出，左上方则是三块立石，构成远景。至于岩壑轮廓的勾勒，全以充满书法意味的线条出之，极少皴擦，这些极尽浓淡、粗细、疏密变化

《分明香在梅花上》（第十八幅）

的线条，并不仅仅具有造型意义，它好像一张富有生命张力的网，一根根布满山体内部的血管，又像是一根根弹性十足的琴弦，与那些飞动跳跃的点，共同鸣奏着五音繁会的乐曲，更像是匪夷所思的神明制作——线条在那一刻创化出另一个石涛。

再请看《高睨摩天图轴》。

此画是石涛为松风堂主人程浚所作的杰作之一。尽管衰病缠身，濒死累矣，但其笔下仍不带一丝衰飒萧索之气，而是更宽广、深远与宏大。尤为令人称叹的是，即使是到了垂暮之年，其画作仍给人以神奇感，这无疑来自他那超乎常规和经验的天才创造；当我们被这种创造的辐射所击中时，总会陡生出一种莫名的激动。至于石涛为此画所题的那则跋语，则更是要言不繁，妙绪纷披——

《岩壑幽居图》

资其任，非措则可以神交古人、翩翩立世，非独以一面山川贿鬻笔墨。吾于此际，请事无由，绝想亘古，晦养操运，不营天壤，及有得志，遐不知晓。使余空谷足音以全笔墨计者，不以一画以定千古不得，不以高睨摩空以拔尘斜反，使余狂以世好自矫，恐诞印证。古人搜刮良多，能无同乎，能有同乎，期之出处，亦可以无恨于笔墨矣。

这段题跋作于《画语录》成书之后，石涛在此再次申发了他的"一画"论与"资任"的关系——只有心存"一画"、听从内在性灵的召唤，才能在"去蔽""澄明"的创造境界中呈现出纯粹的"我相"——"高睨摩空"，无古无今，无山无水，无人相；即使"及有得志"，也"邈不知晓"。唯有如此，才能"无恨于笔墨"。

此真折肱之论，充分显现出古代画家所普遍稀缺的那种开阔的文化视野与哲学高度。若循此推阐，石涛的这则画跋直可视为中国古代画学的哲学启示录，它象征着书画领域的一种内在哲学精神的伟大苏醒。

此画杀青后，石涛犹激奋不已，只见他久立于画前，反复观赏着，不时地微微晃着头，显然对这幅墨渖未干的新作颇为自得。他像是在教授徒弟，又像是在自言自语地说道："这作画嘛，最重要的是要有自己的性情，自己的呼吸与精神，再把灵气注入画里，这张画就活了，并由此获得了一个生气灌注的统一生命；这样的画，不仅可以存世，甚至可以超越画家有限的肉体生命，使这种艺术的生命力不断地繁衍下去。说到底，因为它来自真切的生命，而生命是相通的！"

说到这里，石涛突然发出了几声剧烈的咳嗽，显然有些体力不支了，他这才不得不从刚才一直沉浸的那种艺术世界中回到现实中来，此时，他感到了疲累，感到了病痛，感到了自己已来日无多——

"唉，我现在是年纪越来越高，身体越来越差，可名气却越来越大，而画债也就越积越多，应付不过来了。刚才师父所画的那张《高睨摩天图轴》，算是还了老友程浚多年的旧债。记得傅山有言：'畏人如畏虎。'师父那时年轻，还不太理解，现在可真是感同身受了！"说到这里，石涛似乎忽然想起了什么，便对灵珠吩咐道：

"灵珠，你去画室，把师父早年的那张旧作拿来。"

"是。"

不一会儿，灵珠便从柜子里将此画取出，并小心地打开。

师徒三人共同观赏起石涛早年这张连款也没落的旧作。

"你们看，师父这张画，在画风上是否有点像郭熙？"

"徒儿曾经临习过他的《早春图》，是有点像，特别是师父笔下的那些曲线，既非北派的刚硬又非南派的圆润。"高翔径直答道。

灵珠指着此画上端的那些山峰说：

"还有，师父把山画得像云，像鬼脸，把树枝画得像蟹爪，都像是受了郭熙的影响。"

"你们说得对。其实，郭熙的《早春图》十有八九都来自后人的仿作，但有的仿本确实高明，可以作为临本。师父再问你们，既然师父反对一味摹古、仿古，为何这幅画又明显有着郭熙的画风？这是不是有点自相矛盾呢？"

灵珠、高翔紧皱眉头，苦思良久，还是回答不上来。

"告诉你吧，师父在年轻时，也曾深入临习过郭熙的画，可你们知道郭熙又是学谁的吗？"

灵珠、高翔摇了摇头。

"其实，郭熙是取法北宋三大家之一的李成，你们刚才所说的画树枝如蟹爪的画法，最早是由李成所创的。他还研创出'惜墨如金'法，用墨很淡，墨润而笔清。李成几乎没有留下原迹，但我们从他和王晓合作的《读碑窠石图》（宋摹本）以及李成画派王诜的《渔村小雪图》中，还是能够体会到他的淡墨法，甚至可以看出山水画在北宋时期李成画派发展变化的基本面貌。师父当年为了寻求这些摹本与宋画，可是花了不少气力啊！"

"师父，李成的'惜墨如金'法，是不是就是强调用墨要淡。"

"不能这样简单地理解。李成善用淡墨，当然与范宽的'墨韵黑沉'明显不同，但李成的'惜墨如金'，主要还是强调用墨的慎重。郭熙正是在这一点上取法李成，所以他的用墨，往往具有清润明净的特点。郭熙特别擅长借水墨表现季节特征以及朝夕自然光线的变化，秀润而明净。我们从他现存的《早春图》可以看出前人墨法不断进步的脉络。"

说到这里，石涛呷了一口茶，稍稍歇息了片刻，然后又接着说道：

"由于师父年轻时曾专心临习过郭熙的画作，所以在创作中自然会显现出郭熙的影子，但师父并未将郭熙的画视为一种'定法'，在摹写过程中，师父还兼习南宋四家的破墨法，就是用粗放的水墨突出表现树石的质感。在画面的空灵上，马远有开拓之功，而夏圭则偏重于苍劲的一路，都是发挥水墨技法的特长，在李唐晚年的技法基础上又有新的发展。所以啊，师父希望你们在临习古人的画作时，不要只注重笔墨的既有程式，也要注意到画派与技法的源流条贯，力求师古人欲再现自然之心，师父不是一再强调吗，'古者，识之具也。化者，识其具而弗为也'。师父的这句话你们应当好好去体悟啊。讲了半天，我看你们听得是不是都有点累了，好了，下面师父再给你们讲个故事吧——

"从前有一个乡下人，娶了个城里的姑娘。一天，他进城给老岳父贺寿，那位还未过门的姑娘怕他出乖露丑，就反复交代他，一举一动，都要仿学同席人，不要乱动，让人笑话。结果在席间，有一人正在吃面条，见他那事事都学人的笨拙举动，忍不住大笑起来，结果鼻子里居然喷出一根面条。这乡下人连忙仿学，可怎么也喷不出面条，竟喷了满桌鼻涕。"

听到这里，灵珠、高翔扑哧笑出声来。

"说来这位乡下人也真有意思，既然出了丑就算了，他回乡后还逢人必说，这城里人，什么都容易学，就是学不会他们从鼻子里喷面条的本事！"说到这里，石涛自己也笑了起来。

"师父今天给你们讲这个故事，你们千万不要一笑了之；师父是想借此告诉你们，学习古人也是很有讲究的，千万不能像这位乡下人盲目死学，以到了喷鼻涕的程度。师父曾多次给你们讲过'以无法为法'的道理。你们要多多体悟。"

一向天机灵透的高翔，表情凝重地点了点头，似乎从中领悟出了某种深奥的道理。

一直在旁用心聆听的灵珠，此时不由地向师父请教道：

"师父一再强调'无法'，但在作画时，这'无法'与'有法'的关系，有时徒儿真感到难以把握呢。"

"灵珠啊，你随师父学画多年，师父今天要郑重地告诉你，师父所说的'以无法为法'，这个'无法'，极易被人误解；其实，所谓'无法'，并不是叫人随心所欲，任意胡来，而是与自然之道相合，进而达到通神的境界。因此，学画当先求法。笔笔皆合法、合理，然后才能参变脱化。《易经》里说：'神而明之，存乎其人。'只有'通神'了，才能谈得上取法、用法与化法。下面师父不妨再跟你们举个例子吧，师父喜爱画松，颇得时誉，可你们知道师父是如何取法的吗？"

灵珠与高翔都摇了摇头。

"告诉你们吧。师父每次画松，都会不由地追怀起魏晋时的李元礼与嵇叔夜，他们被喻为'谡谡如劲松下风''岩岩如孤松之独立'，师父深慕其人，恨不得复见其人，故尔绘松，以申景行仰止之意。说到取法，师父正是从魏晋风度中求其精神气度，此乃根本之取法，至于画松的那些基本技法，倒在其次。这作画嘛，最妙处在于无意求佳而自佳，出乎法度之外。而世人才一拈笔，即欲求好，在取法上其实早已落了下乘，纵然头角俱全，也不过是枉费精神。明白了吗？"

"多谢师父开示，徒儿明白了。"

"嗯，明白了就好！"

石涛一向喜欢他身边这两个徒儿骨子里的那股灵气，一看表情，他便知道他们此话绝非敷衍，故尔微笑着点了点头。

"好了，翔儿，把这张画收起来吧。"

"好。"

其实，像这类早年的习作，若不是出于课徒之需，石涛平时是不会拿出来的。他过去的画作尽管风格各异、形制不一，但他绝不像历史上那些过于自恋的画家，既无心超越自己，更无力超越前人，只能留下一幅幅"行活"；除了增加整个创作的体量外，并无真正有价值的创新。说到底，石涛是一个对自己的天性有着准确估计、对发现和创新有着无穷欲望的大师，他深知若无这种永无餍足的欲望，其人其艺都必将消耗于循环往复的自恋自障之中 ——为艺者焉能不察！

几天后，老友李骥前来向石涛拜年，两人意兴遄飞，谈宴甚欢。李骥此次还拿来一张元人的山水真迹请石涛欣赏。

石涛接过画一看，顿时爱不忍释，遂与老友商议道："能否先把此画放在敝处一两天，让弟再饱饱眼福？"

"这没问题，石兄大可尽情欣赏，弟五日后来取如何？"

"那太好了！"

李骥正欲起身告辞，忽听一声"且慢"。

原来石涛意犹未尽，故尔将老友挽留下来。只见他从画案下面的一只锦盒中挑选出一块上好的鸡血石章料，然后奏刀，在上面镌刻起来。

不一会儿，印章刻毕。李骥凑前一看，老友所刻者乃一方闲章，印文为"头白依然不识字"。

刻罢，石涛气喘吁吁地说："唉，甚矣！吾衰矣！这印章嘛，以后恐怕也刻不动了，今天趁着精神还好，就勉力刻了一方，送给兄留个纪念吧！"

"哎哟，多谢石公，劳兄受累了！"李骥郑重地从石涛手中接过印章，连声道谢，然后接着品茗叙谈，直至夜阑才踏月而去。

等李骥走后，石涛便找出藏之已久的元纸，开始对那张元人山水进行临摹。

五天后，老友李骥如期前来取画，石涛将原作与他的摹品一并拿出来，置于画案上，然后道："弟因喜爱此画，近日特意临摹了一张，以备随时观赏，这原作嘛，就请兄拿回去吧。"

李骥来到画案前，看了半天，竟不知究竟哪一张才是他要取回的原作。

石涛此时却在一旁大笑起来："哈哈哈……这真应了米襄阳那句'人见之不知何为祖也'。"

"虬峰兄，您可看好了；若是拿错了，弟这里可是出门不认账啊！"

经石涛这一激，李骥心里更有点发毛；但他毕竟也是位智性极高的人物，他索性把球踢给了石涛：

"石兄啊，恕我眼拙，一时还真有点拿不准。我看这样吧，兄也就别再难为老弟了。究竟谁'祖'谁'孙'，就请石兄代劳吧！"

"那您就不怕被蒙？"

"区区一张古画而已。弟即便取走的是兄之仿作，亦一大趣事也。再说，弟既然拜托石兄代劳，又岂有疑人之理？"

"好，弟要的就是兄的这份率真！"说罢，石涛用手指着左边那张画，说道："翔儿啊，你把它包起来吧。"

"且慢！"只见李骥又趴在画案前，将左右两张反复比照合观，最后还是摇了摇头，叹道：

"石公啊，看来恐非弟之眼力拙，实在是我兄仿古的本事太大了！"

"虬峰兄过奖了！"石涛一边说，一边把画递到李骥手中。

李骥接过画，调侃道："石公啊，以后弟实在不敢再拿古画到尊府来了。"

石涛虽知此乃戏言，却有意问道："哟，那又是为何啊？"

"一拿来，兄又免不了让弟苦苦地认'祖'，这我哪受得了啊！"

"哈哈哈哈……"

李骥此言一出，立即引发石涛的一阵开怀大笑。

一直在旁伺候的高翔，待师父将李骥送走后，便急不可耐地问道："师父，徒儿多年来很少看到到过您临古人的山水画，怎么这一临，竟连眼力不凡的师叔也辨不出真假来了呢？师父，您这也太了不起了！"

石涛这时不由地显出了几分矜贵，他对高翔道："告诉你吧，临摹古人，一定要临到这种乱真的程度，才算得上'入法'，不'入法'又怎能'出法'呢？"

高翔听罢点了点头，若有所悟。几天后，高翔又似乎想起了什么，遂问石涛道："师父，近来有一事，徒儿一直困惑不解，师叔上次来，您曾对他说，您生平未读书，未尝识字，甚至说自己到了头白也是一个目不识丁的'野人'，还专为师叔刻了一方'头白依然不识字'的印章。但徒弟看到师父整天研究易、老、庄、理学，学问了得。不知师父为何如此自谦呢？"

"翔儿啊，这可不是什么自谦。"石涛此时的神情更形庄肃，他接着说道："告诉你吧，对师父来说，与其说看重'识字'，吾宁说更看重'无字禅'，就是不以纯理性的、名学的方法看待学问，获取真知，不以既成的价值标准评价一切，不以常规的定法拘束自己的心灵。师父所说的'天性粗直''野人'，是指那颗通灵的、澄明的心，没有沾染一丝世俗的杂质，这样的心灵虽然空无一物，却朗彻万有。再说师父自称'瞎尊者''膏肓子''痴绝'，其实也不过是正话反说的'一时情至之语'，所强调的无非是蔑视世俗，睁开真实性灵的眼睛，永葆一颗赤子之心。师父今天所说的这些，你自己慢慢去体悟吧。"

高翔听罢，双眉紧锁，显然是在用心品咂着其中深奥的义理。

定居扬州后，除了绘画，授徒确实占据了石涛相当大的精力。他深知蒙童择师的重要性；尤其是在发蒙之际，若无良师指授，任其肤乱浮嚣之见，品衡一切，无所取准，必将惑以终身。故他并不轻易'为人师'，一旦收徒，必悉心启导，多方培植。高翔当年拜师时，还只是一个连抻纸磨墨都不会的孩子，可十多年后，便开始崭露头角，后来成为著名的"扬州八怪"之一。

作为广大教化的大师，石涛亦深谙"墨守者累其师"的道理，故对门生总是多方启导，观机斗教，"使有志者自励"。

一天，石涛把几个住在"大涤堂"的弟子全都召集来，其中包括洪正治、化九等，他要为对他们进行一次集体授课；由于身体原因，石涛已很久没有这样授课了。

石涛授徒与众不同，极具个人化、个性化、个别化；他总是勒精严，置关键，谈心法，直析骨肉以还父母，故微言精理，函满言席。只听石涛开门见山道：

"诸位弟子，你们跟随师父学画多年，师父今天想问你们一个问题，究竟什么是好画，一张好画有没有什么标准？"

高翔一向思维活跃，他噌地站了起来，抢先道："师父，您这问题可不好回答，因为每个画家的风格不同，追求的东西也不一样，很难一语道断啊。"

"你说得不错。"石涛朝着高翔将手往下一按，示意他坐下，然后道："不过你说的都是一些关乎画家个性的问题，而师父在这里强调的是'标准'；也就是说，一张好画到底必须具备哪些具体特征？"

徒弟们个个面面相觑，莫知所对。

"好吧，师父告诉你们吧。这一张好画嘛，要具备以下几个标准：

"一是'大'，就是要'大气'，包括气象、格局，以及用笔用墨。即使是小画，也要有咫尺兴波、大海回澜之象。

"这二嘛，就是'清'。一张好画一定要有清贵之气，方能入雅。那么，这种'清贵'之气从何而来呢？就来自画家长期的人格修为、知识积累以及他的人生阅历，所谓'腹有诗书气自华'，只有真积力久，方能大成。

"第三就是要'古'，古雅、高古、古老，这也就是孙虔礼所说的'人书俱老'。格调要高古，笔法要老辣，用墨要苍润。如果一张画里看不到古雅浑朴之气，就说明画家的艺术修养与笔墨功夫都是非常欠缺的。

"这第四嘛，就是要'厚'，厚重，浑厚。这不仅指画中的用线要力透纸背，还指画家的用墨用色，要通过层层积染，形成浑厚苍润的效果。你们看师父作画常用积墨法，往往要积数遍甚至十几遍，就是为了达到厚重的笔墨效果。

"第五要'活'，就是在用笔用墨上，要得古法而超古法，在轻重、顿挫、方圆、提按、疾徐等方面都要求活求变，不能'活蛇当作死蛇弄'。如果不管什么表现内容都采用一种笔墨形式，就不可能画出好画。

"最后是"精"，就是精妙、精致、精微。一幅画要做到大气浑成，细节精到，画家既要有布局成势的宏观运思，又要有对细节的精微把控能力，结构精准，用笔精到，无论从大、小、远、近各个方面都经得起反复推敲。

"好了，师父今天就给你们讲这六点，这实际上就是衡量中国画艺术高下的六条标准。师父希望你们今后一定要在心中确立这样一套艺术标准；一画在前，一望便能定出它属于什么标格，什么品级，所谓参禅有四禅之说，评画有四品之论，能品在形，妙品在技，神品在气，逸品在性。明此四品，高下立判，雅郑莫逃。对于画家来说，如果眼力不高，画格又怎么能高呢？"

众弟子在"如是我闻"后，皆有醍醐灌顶之感而无复"我生不辰"之叹。

有一段时间，爱徒洪正治苦于自己一味嗜古，画艺总无进境，石涛遂启导道："为艺者，必当心存弘毅，才思积厚，术业方能渐进，即使蹈袭古人，不越旧规，亦不必过虑，一旦扫去胸中积尘，终有一日会豁然大朗，境界大开。"

为给生徒解疑释惑，石涛还亲手画了不少课徒的画稿，使其悟得"听功不及自挥""识曲不如操缦，心手不齐，两艺适反"（范晔语）的道理。

对于像化九等不入其门未窥堂奥、误以为艺事有敲门砖者，石涛则毫不留情地批评道：

"你们天天嚷着，要让师父教你们一些所谓独门'妙招'，好像只要得此'妙招'，就万事大吉，这简直是视艺事如儿戏，终难成就。所以师父这次授课，专门强调好画的'标准'。你们不要以为师父老是主张'我自用我法'就不讲究'标准'。当然，对此也不能过于迷信。须知绘画之道，之所以好之者众，成之者寡，就在于它'大体则有，定体则无'，'写'的随机生发性远大于规范制约性，心性修炼远胜于技巧研磨，它讲求的是'修持''神思''妙悟''创化'，舍此而外，绝无捷径可走！"

石涛的这番训斥，虽是对化九等弟子而发，但也不啻是对所有不走正途、妄想侥幸成功者的一记无情"棒喝"！

由佛入道后的石涛，若就其初衷来说，无非是渴慕过一种超离俗常、"性分所近"的诗性生活；但现实的给定性，又逼迫着他为了生存必须为"稻粱谋"，不得不非其所愿地经常穿梭于新老道友、富商大贾或性味相同的各种文化小集团里面。这种窘境，使得石涛深感现实中诗意的空气日益稀薄。好在此时的石涛，心境已变得非常澹定，既无非分的奢望，也无腾达的欲念。他已然能够将生活、书画经营与绘画、授徒四者的关系处理得非常"艺术化"，举重若轻，游刃有余，故平常在家时，他总是显出一种悠然闲适之状。至于外界的争执与纷扰，不论是来自佛门，还是书画界，他都尽量规避。由于名太高而迹太近，为了避免人们的物议，他甚至尽量少出门或不出门。

"我老无家，顿觉凄凉"，这是石涛近来总爱喃喃自语的一句话。一天清晨，石涛以行草自书其诗道："长年老病客他乡，闻者不须动颜色。……我老无家安得诀，故人有问常结舌。"

灵珠看后，不禁深叹了一口气，然后宽慰道："师父怎么又做悲凉之语？什么叫'我老无家'，我们不是都在您身边吗？"

"唉！"石涛也叹息道："是啊，有你们在我身边，老怀堪慰。可有些人，真是让师父闹心啊！"

这时高翔突然从里屋走出来，愤然道："师父，徒儿已憋了很久了，叫我说，早就应当叫化九、刘佣他们滚开，干嘛老养活着这些没良心的人？"

"唉，我佛平等慈悲，他们从小就跟着我，既辱相师，岂忍终弃。如果这时把他们轰走，谁知他们在外面又会做出什么事来？"

灵珠气狠狠地说："他们敢在外面胡作非为，自有官府治他们的罪！师父啊，我看您就是太心慈手软了，所以他们才敢背着您那么干！再说那个宋新吧，您当时收留下他时，他才六七岁，我一看他那个德性，就劝您不要收留他，可您老就是见不得他那可怜兮兮的样子，还说您当年出家时就是这个年纪。如今，他倒是长大了，一天到晚跟在化九屁股后面转，学得一肚子坏水，我看啊，这孩子将来肯定不是个省油的灯！"

石涛无奈地叹道："这也是师父的罪过啊！我当初只是收留下他

们的人，可师父的薄德却不足感化他们的心，简直是罪孽啊！唉，万法皆空，惟因果不空啊！"

既然师父已将话说到这个份上，徒儿们也只好面面相觑，实在不好再置喙了。

在石涛晚年的"家"——大涤堂中，住着大约10人，从构成类型看，一类是他来扬州后收留下的；另一类是跟从他学习绘画的"门人"，主要有高翔、灵珠、吴蔼、程鸣、化九等；还有一类是照料他生活的佣人。按常理说，这样一个多口之家，自当有一个治家有方的主事者，可惜石涛家中所缺的正是这样一个人。至于石涛本人，更是从来"不治他伎"，他的全部精神几乎全用在书画创作上。晚年虽在扬州安了一个"家"，但对长年在外云游的石涛来说，根本就没有所谓"家"的概念，更遑论"掌家""治家"。如此一来，日子一久，难免会生变。

其实，这种"变"早就显出端倪，只是一直没有引起石涛足够的警觉而已。

转眼间，上元节到了。

"师父，过上元节了，您先喝点粥吧。"灵珠从里面端出一碗热气腾腾的地瓜粥。

石涛摇了摇头，把碗放到了桌上。

"师父，靠西边的那面墙已倒了好几天了，也该好好修修了。"

石涛又摇了摇头，有气无力地勉强说了句："再等几天吧。"

石涛晚年的困窘，绝非常人所能想象。就在灵珠刚刚走开，石涛便强撑着病体给本地一位大收藏家、也是其老友江世栋写信——

　　　弟昨来见先生，因有话说，见客众不能进言，故退也。先生向知弟画原不与众列，不当写屏，只因家口众，老病渐渐日深一日矣。……得屏一架，画有十二，首尾无用，中间有十幅好画，拆开成幅，故画之。不可作屏画之也。弟知诸公物力，皆非从前顺手，以二十四金为一架，或有要通景者，此是架上棚上，伸手仰面以倚，高高下下，通常或走或立，此等作画故要五十两一架。老年精力不如，舞笔难转动，即使成架也无用。此中或损去一幅，此十二幅皆无用矣。不如只写十二者是。……弟所立身立命者，在一管笔，故弟不得不向知己全道破也。或令亲不出钱，或分开与众画转妙，绢矾来将一半。因兄早走，字请教行止如何？此中俗语俗言，容当请罪，不宣。所赐金尚未敢动。

岱翁老长兄先生，朽弟极顿首。

此信透示出自己的困窘之状，已到了需要有人接济的地步；但从"不与众列""在一管笔"诸语看，石涛仍不失一个艺术大师的自尊，可他却由于经济原因，宁愿写屏；不然，他如何维持这一大家人的基本开支？

一天，一位来自南京的画商前来看望病中的老友石涛，高翔发现化九又躲在一旁偷听，不由怒从中来。事后，高翔厉声道："我就是见不得你那副那鬼鬼祟祟的样子，是不是又跟那些占卜算卦之流串通好了？"

化九连忙申辩道："师弟，你这是什么话？什么叫串通好了？"

"不要以为我不知道。这是你惯用的伎俩。你先刺探好来看望师父的人的相关情况，再在外地人来看师父必经的路旁让人摆摊算命，然后让那个姓刘的去报信，这样算命人必因算得精准而向对方索要高价，银两到手后你们再平分。"

化九听罢，一时气结语塞，竟不知如何应对。

"真是太无耻了！"灵珠紧接过高翔的话，气愤地斥责道："师父养活你这么多年，你不但没有一丝感恩之心，还背着师父尽干伤天害理之事，你就不怕遭天谴，得报应吗！"

"还有更无耻的呢！"高翔愈说愈气，他指着化九，严辞道：

"你常常窃取师父的画，拿到画商那里去卖。后来被发现，遭到师父责骂后，你不仅没有收敛，反而仿制师父的画，然后偷偷盖上师父的名章拿到画店出售。"

化九又狡辩道："你说的这些，有什么根据呢？"

"当然有根据，要不要我把店主找来，你们当面对质？"

化九再也不吭声了。

"唉！"石涛听罢，重重地叹了一口气，然后紧闭上双眼，脸上闪过一丝不易觉察的痛楚与无奈。

凭着女性的直觉，灵珠已预感到这个"家"早晚会出事，为防不测，灵珠精心地呵护着师父，寸步不离；而高翔的家距"大涤堂"不过百步之遥，但为了师父的安全，也出于保护师父一生心血所凝的书画，他干脆主动搬到师父的画室里住。若按佛教的说法，石涛还是很有"福德因缘"的；不然，他晚年怎么会破例收了高翔这样一个聪慧过人却又忠勇有加的关门弟子呢？又怎么会有像灵珠这样贤淑温婉、体贴入微的女徒呢？

一天，洪正治从外面回来，带来一个不好的消息：化九正在外物色买家，打算把"大涤堂"转卖出去。

洪正治一向为人正直，且是与石涛相处最久的学生，他的话应当不是空穴来风。

"可他手头没有房契，如何转卖？"高翔颇感不解。

这时，灵珠快步跑到楼上，找寻了一番，然后神情沮丧地走下楼，说道："不好，房契找不到了！"

"肯定是被化九偷走了！"洪正治气得咬牙切齿："听说他手里还有师父的委托书。"

"这个混蛋！他一定是利用师父废弃了的画稿上的落款，然后把它裁下来，在空白处写上他所需要的内容，给人一种受师父委托的假象。"高翔愤愤地说道。

"这也太卑鄙无耻了！怪不得师父前两天闹着要离开这个家呢。"

"这次一定要把他打趴下来，老老实实叫他交出房契，然后叫他滚蛋！"

"就怕他还会闹出事来！"

"不怕，我自有对策！"高翔显得信心满满。

为了彻底打压下化九等人的邪恶欲念，高翔竟"动用"了小时习武所结交的一帮江湖弟兄，其中的"老大"在扬州内可谓威震四方，无人敢惹。

一天，"大涤堂"忽然来了两个彪形大汉，一望便知是那种飞刀走镖的武林中人。

"快交出房契！"其中一人向化九吼道，带有十足的不容置辩的命令口吻。

化九自知理亏，又远不是他们的对手，只好乖乖地将房契交出。

为了不使家中再闹出"非事"，高翔还让他们隔三差五地上门来，狠狠地教训化九等人，使得这个"家"至少能够维持一种暂时的平静——高翔深知，已是风烛残年的师父，再也经不起任何一点折腾了！

一天，石涛自觉精神稍微好了一点，便在灵珠的侍候下，拿起久已荒疏的笔，先给老友程道光修书一封，内云：

> 屏早就，不敢久留，恐老翁相思日深，遣人送到，或有药，小子领回，天霁当自谢，不宣。
> 上退翁先生。大涤子顿首。天根道兄统此。

然后又作诗两首，一看这诗题，便令人心酸，名曰《绝粒》：

> 寒欺茅屋雪欺贫，绝料还堪遣谷神。
> 傲世不妨寻旧侣，忍饥聊复待新春。
> 时催朽木浑忘倦，一笑空山自解嗔。
> 会得迂疏生事拙，掩关端许砚为邻。

> 风雨猖狂万马奔，堆篱倒竹压蓬门。
> 无柴烧尽过冬火，有粒煨穷养拙根。
> 迤地裁诗湖雁字，破山作画野樵痕。
> 空堂夜夜明如昼，魂断梅花冷落村。

这两首诗，不仅袒示出石涛晚年的窘迫，已到了"忍饥聊复待新春""无柴烧尽过冬火"的地步，同时也预兆着其身后的萧条。

时隔不久，石涛又作了一首题为《梅花》的七律：

> 怕看人间镜里花，生平摇落思无涯。
> 砚荒笔秃无情性，路远天长有叹嗟。
> 故国怀人愁塞马，岩城落日动边笳。
> 何当遍绕梅花树，头白依然未有家。

这里既有着石涛的大悲苦，亦有着他的大寂寞。

稍后，石涛又自画墓门图，并移录其自作《梅花诗》中的两句诗题于其上：

> 谁将一石春前酒，漫洒孤山雪后坟。

石涛勉力绘制此图并题诗，透发出对身后命运的某种隐忧与焦虑，大有言谶之意；看来，石涛确实感到大限已到了。

第二十九章

东涂西抹一时快意

似幻亦真千载难言

石涛病情加重，徒弟们轮番在病床前陪伴。

洪正治就是其中一位。

洪正治，字廷佐，号陔华，歙县人，其家族为歙县望族，多为扬州富商；扬州名园倚虹园、卷石洞天，便是其从弟洪征治的别墅。洪正治曾侍师多年，是石涛最喜爱的弟子；石涛先后赠送其画作上千幅，足见师生情笃，殊非一般。

看着卧在病榻上的师父，洪正治心疼不已，颤声道：

"师父，您受苦了！"

石涛用力地睁开了眼睛，然后伸出那双瘦骨嶙峋的手，紧紧拉住陔华的手："噢，年老之人必定要经历的，无碍。"

"随着天气的日渐转暖，师父一定会好起来的。"

"说好嘛，其实也是假象。唉，恐怕师父是来日无多了！"

"师父何必如此悲观，徒儿相信广陵名医，定然回春有术。哦，对了，"陔华指了指放在桌上的草药，继续劝慰道，"徒儿按照师父陈述的病情，请吾乡名医开了几副草药，请师父服用，必有显效！"

"唉，又让徒儿费心了。"石涛示意服侍一旁的灵珠收起草药，然后问道：

"陔华啊，你最近闲时在忙些什么呢？"

"不瞒师父说，徒儿最近对古琴颇感兴趣，闲来每以此消遣。"

"噢，师父早年也曾耽迷此道，可惜此调不弹久矣。师父这里正好有一古琴，尘封已久，徒儿今日为师父弹奏一曲如何？"

"那好吧，那徒儿就在师父面前献丑了。"

接下来，洪正治轻轻地掸了掸古琴上的灰尘，然后调理了一下琴音，便开始弹奏起来。

石涛微闭着双眼，入神地凝听着，不时地微微点头，显然已沉浸在一种悠远的乐境之中。

待洪正治一曲弹毕，石涛激赏不已地赞道：

"嗯，妙，妙！陔华啊，听着你的弹奏，师父感到精神平和，衰气不入，正所谓天地交泰，远物来集，吾徒可谓深得乐理也。"

"师父过誉了，徒儿于琴道不过好之而已，离道尚远啊！"

"徒儿不必过谦，这琴道也好，画道也好，看似两途，其揆一也。你跟随师父学画多年，已深得'技进乎道'之理。至于这乐嘛，实乃天地之体，万物之性也。和者，合其体，得其性也；乖者，离其体，失其性也。故圣人之作乐，必也顺天地，成万物之生也。"

石涛的这番话，令洪正治倾服不已，他遂情动于衷地慨言道：

"徒儿跟随师父多年，还是第一次听到师父谈论音乐。没想到师父对此道竟有如此精辟的识见！"

石涛微笑着摆了摆手，坦陈道：

"师父所谈的虽是乐理，但也未尝不是画理，乐耶画耶，神理相通嘛。不过，师父刚才注意到你的弹奏，在技法上尚有一些不足……"

"敢请师父多多指教！"

"好吧，你听师父慢慢道来。师父刚才注意到你的指法，手指弹弦时要尽量向琴面俯冲，不要过于向上挑，因为向下俯冲发出的音沉、厚、凝、实；向上挑就容易轻、浮、空、飘。

"还有，用指也很有讲究，一般手指弹弦要用半甲半肉，需要刚用全甲，需要柔则用全肉，需要轻则用手指碰弦向上提擦出音，需要加重可用另一手指做弹弦手指的帮力，如：食指挑七弦，中指可放在五弦上帮助食指用力向琴面俯冲，这些是右手弹弦的基本知识。刚才师父听了你的弹奏，发现其中有按弦音不实、不厚和有怪声的问题，这些毛病主要是左右手的配合问题。如左手按弦落指过早，音就呆滞没有厚度，过慢就会出现双音，也就是所谓散音与按音。

"此外，还有一点需要特别注意，弦有一定的张力，如果指力过重，就会出现'疵'声，反而弄巧成拙。当然，操琴虽为小道，却大有可观者也，需要领悟的东西还有很多，如'八法'，即所谓轻重、疾徐、方圆、刚柔、浓淡、明暗、虚实、断续。还有'十三象'，即所谓雄、骤、急、亮、灿、奇、广、切、清、淡、和、恬、慢。总之，操琴者指下任运，妙在与造化相合……"

听了石涛的这番教言，洪正治佩服得五体投地，他不由赞道：

"哎呀，师父真乃天人也，徒儿今日真是受益匪浅啊！"

石涛微笑着摆了摆手，然后道：

"徒儿过誉了，师父不过随便谈谈而已。唉，这些天，师父一直躺在病床上，脑子昏昏沉沉的，今日听君一曲，颇有'如闻仙乐耳暂明'之感，现在精神好多了。陔华啊，你扶着师父，我们到院子里走走，师父已有日子没下楼了！"

"好的，师父，您慢点！"

石涛在陔华的搀扶下来到院中漫步，忽然，他发现那些干枯的树枝，在冰雪覆盖过的部分竟透露出点点青苍，那青苍的一点痕迹会逐渐结成米粒大的苞，这个过程是非常缓慢的——想到这里，石涛的嘴角掠过一丝苦笑："哎，连师父自己也不知道还能不能看到结苞的那一天。"

"师父千万不要太过悲观。弟子相信广陵名医，一定会回天有术！"

"好吧，那就听天由命吧！"

师徒俩一边踱步，一边又不由得谈起画来。

"师父，徒儿看了您近来的画作，好像风格与题材都大异于前，而且画中以蔬果居多……"

　　"是啊，这都是师父'东涂西抹'之作。为此，师父今年（即1707年，也就是石涛在世的最后一年）又新刻了一方印章，印文就是'东涂西抹'这四个字。"

　　所谓"东涂西抹"，不能作字面化或概念化的理解。在石涛的语境里，"东涂西抹"指的是他画中的那些"特殊题材"，亦即除人物、山水、花鸟外，石涛生命最后几年所画的大量供他日常散享的瓜果蔬菜及其他即兴之作。从画法上看，由于这类画材并无多少成法可依，只是尽情直遂地在一种"若游戏之状也"的松弛心态下放笔写意；对于这类逸出了传统的笔墨审美标准与既成规范的画作，不少美术史家都视为"怪"的美学而加以否定，甚至认为这是石涛艺术创造力走向衰落的表征。此皆皮相之见，不足征信。事实上，石涛是一个最善于发现与创造诗意的画家，用他本人的话说，就是"以助吾笔之兴""遣兴为快"——如果我们把诗意视为艺术家对生活的一种发现与命名，那么，石涛所谓"遣兴""东涂西抹"之意涵，与之庶几近之。

　　在传统的语境中，诗意所表现的往往是一种闲适之境，一种清雅之趣；在历时性的积淀中，画家因耽迷于这种诗境、反复表现这种诗境而形成了一整套现成思路、现成意象与现成笔墨，并被一些"坐享其成"的画家信手拈来——这种"得来全不费工夫"的作品，既无创造的活力，也没有回应历史，是缺乏生命力的。

　　而在石涛那里，他每一次的笔墨挥运，都是基于对诗意的某种发现。石涛在垂暮之年的不少山水画作，往往一落笔就有着枯木寒风的荒疏简逸，白云孤鹤的高渺幽远，苍苔寒潭的萧瑟清寂。

　　表面看来，这似乎是蹈袭了传统的画境；但对石涛来说，也未尝不是一种诗意的发现——那是其晚年所特有的心境使然。

　　下面我们不妨先走进石涛那些"东涂西抹"的笔墨世界中，并对其予以必要的论析。

石涛晚年，往往是在一种不严格受理性制约的状态下作画，且常与酒相伴，主动参与那个供他日常歆享的物欲世界中，如他曾放笔挥写芋头与茄子，并就这两件作品分别题道：

一时煨不熟，都带生吃。

老夫今日听差，拈来当栗棘蓬，生生吞却。

除此之外，石涛在进食栗子、胡椒、红莓时，同样表现出对这些能给自己带来食用享受的蔬果的喜爱之情。

1690年前后，石涛还曾绘制过一组以蔬果为描绘对象的四开画册，第一开所绘为四季豆，题款为：焉能系而不食？

第二开描绘他据以取名的苦瓜，题跋更为隽简：这个苦瓜，老涛就吃了一生。第三开是包心菜和香菇；第四开则为石涛画过多次的枇杷。

或许是一种脱却功名的笔墨快感使然，愈到晚年，石涛笔下的蔬果种类愈多，如1700年夏，他在赠予吴与桥的精彩水墨画卷中，又添加了包心菜、圆萝卜、甜瓜，署款下方还有一只展臂螳螂正极力向外窥视。

1705年，石涛在其所绘的一幅什锦蔬果挂轴上，还增加了南瓜、莲藕、菱角……

那么，石涛的笔下为何会出现如此多的蔬果？或言之，石涛绘制这些蔬果，其背后的心理动因究竟是什么？对此，美国学者乔迅认为：“这些除了是石涛的饮食嗜欲，当然也是典型的都市主题、来自市集脉络的自然元素、市场和消费的隐喻。”

乔迅先生的上述解释看似有理，实则与石涛的创作动机相去甚远。众所周知，在明末清初，石涛所绘的上述题材是不登大雅之堂

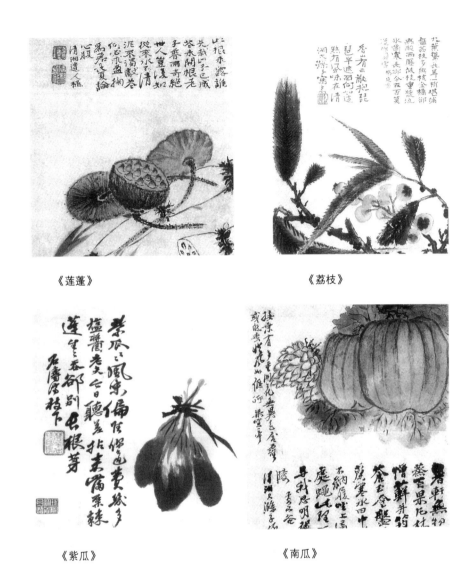

《莲蓬》　　　　　　　　　　《荔枝》

《紫瓜》　　　　　　　　　　《南瓜》

　　的；将其定义为"来自市集脉络的自然元素、市场和消费的隐喻"，亦属牵强。

　　如前所述，石涛晚年由佛转道后，建成"大涤堂"，并在距此不远的城墙边养花种菜，观察各种农作物的生长——这构成了他此前未曾体验的一种生活内容；他曾以一种颇为工致绮丽的骈赋形式，津津有味地描绘这种"农家之乐"——对于阅尽了不堪为怀的尘世沧桑的石涛来说，他似乎更渴望回归为一个"自然人"；对此，他曾赋诗道——

菱角鸡头爱煞人，今朝不比买来新。
阿侬亲向江船上，摘得归来个个珍。

新盛街头花满地，粉妆巷口数花钱。
何如我醉呼浓墨，潇洒传神养性天。

石涛十分羡慕那些不附着于任何观念性的存在而存活的"卖花者""采菱人"，并从他们身上同样发现了"诗意"——他们并不刻意寻求所谓生存的"意义"，只是在日复一日的劳作中伸张着自己的天然权利。然而他们又是知足的；由于他们需要这种平凡的、自给自足的生活，因此也就构成了这样的生活本身。明乎此，我们才能真正理解石涛所谓"设芰情非少，投瓜意可深"（1705年立轴的题诗）的真实意涵。

如果从创作心理学的视角作进一步的深究，便不难发现，石涛从来都不是一个唯理性是从的画家，也从不被某种预设的理念所绑架；他在绘制这类"东涂西沫"的作品时，看似一挥而就，若游戏之状，然而几十年的笔墨实践，使他深知笔墨的生成机制是神秘的，并不全然为画家所掌控，总会有一些东西会从水墨中自动涌现出来，总会有某种超验的力量在浑然不觉中出现。这一过程需要潜意识和潜在感知能力的参与。

同时，石涛亦深知无论什么样的笔墨语言，都必须与人类原始的天真浑朴之性与旺沛的生命活力深深融为一体；必也如是，他笔下的那些"东涂西抹"的画作才会产生如此神奇的魅力；倘若没有这些活泼泼的生机的盈溢，其创作将会寡味几许！

石涛画作中那种活泼泼的生机的盈溢，说到底，还是来自蕴涵在其画作中的丰富的诗意。所谓诗意，其实就是一种对生活的重新发现与命名，是艺术家超越事物一般状态的感觉；因为有了诗意，人与灵感相遇的一刹那，其生命将迸发出一种神奇的再生之力，一种将自己彻底打开的开放性。

在此，笔者还想指出一点，即石涛这类被他本人视为"东涂西沫"却富含诗意的作品，对后世产生了深刻的影响。尤其是到了清末民国，石涛身上那种守正出新、翕辟成变的创发精神、那种鸢飞鱼跃、刚健变易的生命气度，正是感激时代风潮的吴昌硕、黄宾虹、齐白石、徐悲鸿、张大千、傅抱石等一大批有识之士亟欲寻求的非常重要的精神资源。我们从吴昌硕、齐白石等人的作品中，不是可以直接感受到与石涛一脉相承的气韵风神、一种来自历史深处的强大的诗性力量吗？

下面仍回到我们的论旨上来，并结合在石涛画作中最常出现的两种意象展开论析。

第一种是"寒江独钓"。

在石涛的山水画中，经常会出现"独钓寒江"的"蓑笠翁"意象，由于这一意象在中国文化传统中的历史记忆长，文献资源多，原型化分量重，故历代文人都会在其中注入各自的人格化内涵。从石涛的山水画作看，他往往不拘常法，以高简之笔突出"独钓"者的精神特性，画面上则常伴以杨柳、芦丛、怪石、堤畔、野草。表面看来，此类画作似乎是蹈袭了来自传统的某种冷肃萧索、空茫寂寥的意境；但细加寻绎，我们却分明感受到其中充满着诗性的动感，他力图让其笔下的每一块石头与水波都"活"起来。

至于所谓"独钓"，实即石涛对生存体验与价值追寻的诗化表达，是诗人那种遗世独立、兀傲不驯的人格生命和外显，是其本人内心的图像化，故盈溢于其笔墨畦径之表的那种氤氲元气与其审美心态之间互生出一种神秘的感应交合——那是一种脱略了外在羁绊、心灵获得自由解放的"游"的境界。

这一点在其题《春江垂钓图》中已露出端倪——

> 天空云尽绝波澜，坐稳春潮一笑看。
> 不钓白鱼钓新绿，乾坤钓在太虚端。

石涛通过独到的画面处理及题款赋予"垂钓"的意象以高度"个性化"的意涵，从中我们看到了一个"心之所在即为家"的淡泊自适的"我"，并从中体悟到一种悠闲、随缘、自在洒脱的禅意——由此笔者不禁深感类似的主题在石涛山水画作中随处可见，不胜枚举。如《秋江独钓图》，画面上山色空濛，若隐若现；于山涯水湄间著一小舟，有钓翁坐于其上，平添了几分超然尘外之感。为裨助诗意的呈现，石涛题诗道："何处移来一叶舟，人于月下坐船头。夜深山色不须远，独喜清光水面浮。"

画面上的一片清光，宛在灵明境中；而在这灵明境中，总也不离那一种空明廊落、凡尘不染的禅心。

需加措意的是，在石涛的"垂钓"系列中，有不少只以山石、芦苇、舟船点缀画面，并通过水墨的渗化与浸润而形成一种韵律感及独特的笔墨语言形式，却并无题款（如《山水册》），这对于一向主张诗画互融互洽的石涛来说，显得非同寻常。

对此，一个合理的解释是，石涛在创作之始，是基于某种非常具体的人生情景。但在笔墨挥运中却会不断地摒弃它的具体性，使其升华到一种超越具体经验与具体时空的纯粹的"有意味的形式"。透过这种"有意味的形式"，我们可以深切地感受到创作主体的某种来自无意识饶有诗意的东西：石涛将他生命的本真境况以及他对纯粹笔墨形式的追求嵌入了他的创造性的意象化结构中，这就会使人们的视觉感受力朝着来自石涛生命本体的神秘律动敞开，朝着蕴涵在他的笔墨意象中的诗意敞开。

倘如从原型批评的视角看，来自笔墨文本中的意境生成，正是他们与画家共同创作的。由于频频出现在石涛画作中的"寒江独钓"意象，作为一种原型，凝聚着历代画家长期聚积的种种复杂情感经验及巨大心理能量，故其情感内涵远比某种个人心理经验要强烈、丰厚得多，这种原型意象强大的隐喻效应，足以引发读者强烈的文化认同感并震撼我们内心的最深处——这正是石涛此类"寒江独钓"的画作超越了文本创作的有限时空而具有恒久的诗性魅力的内在奥秘。

第二种是"扶筇登山"。

在石涛的山水画作中，常有一老者扶筇山行，这已然成为其画作的又一"典型意象"。

以《秋岗远望图》为例，此为石涛晚年所创作的艺术精品，画面中的陡峭横岭如斧劈箭镞，在石涛的其他画作中似不多见，显然是其"搜尽奇峰打草稿"的"原创性"之作。出现在此图轴左下方的那个站在山岗上悠然闲眺的扶筇高士，同样可视为画家本人的"自画像"——他俨然是一位俯仰天地、流观万物的自在的精灵。

需加措意的是画上的一则题跋：

> 公孙之剑器，可通于草书；大地之河山，不出于意想。枯颖尺楮，能发其奇趣者，只此久不烟火之虚灵耳。必曰：如何是

《秋岗远望图》

笔，如何是墨？与其呕血十斗，不如啮雪一团。清湘陈人济大涤草堂。

这则画跋不啻为一篇画学短论，隽妙耐人作十日思。所谓"公孙"，指公孙大娘，唐开元间教坊名舞伎，善舞剑器浑脱。起句"公孙之剑器，可通于草书"，意谓来自大自然的诸种形态，对书画家皆具启示作用——草书大家张旭当年就从观赏公孙大娘挥舞剑器得到书法线条当作"低昂回翔之状"的启示。"大地之山河，不出于意想"句，犹言山水画中被描绘出来的种种灵奇百变的意象绝非画家凭空臆想所能梦见。至若"枯颖"以下诸句，更是极赞造化采揖无穷的虚灵之境。"与其呕血十斗，不如啮雪一团"，此二语承前而来，足见石涛晚年师法造化、自辟新境的艺术诉求是何等强烈！

又，据相关文献所载，石涛中年时就曾绘制过一幅《上山月在野》的山水册，此画将山冈置于画面下方，上方则是映照溪水的一轮明月。居于画面醒目处的扶筇者正被画面的左方中间处那一条横穿山门的蜿蜒小径引领着，似乎可以乘涛直入月空……而此画的妙处更在于在与山门等同高度的位置，钤有一"法门"印章，而扶筇者正凝视着这"法门"二字，这种"上山月在野，下山月在山"的意境，其实正是石涛开悟后的心境象征。

《上山月在野》

如果我们进一步从精神分析的视角加以审视，便会发现，石涛的确是一个匪夷所思的天才，每至性灵发挥之处，他总是不泥于古，不滞于今，往往一任己意，独辟蹊径，藉以充分表达其倏忽之间变态万千的情绪、余音不绝的妙想以及其自由创造的超强技能。由于中国山水是一个具有东方特色的完整独立的系统，石涛为了充分表达他的某种"自由"创造欲望，他总是自出机杼地避开古人已有的画风，或"借尸还魂"，赋予传统题材以新的生命，从而打开一条通往诗性世界的道路。

因此，当我们观赏石涛这类带有"扶筇登山"意象性质的画作时，切莫以为这只是古典画境的简单重复：事实上，石涛笔下的这类意象，其内在的精神指向，种种难以言说的隐喻、象征功能，早已作为能指符号，与石涛那种高度个人化的精神特点建立了相对稳定的诗性联系。易言之，石涛的画作之所以频频出现"扶筇登山"这类意象，一方面是因为这类意象非常"入画"，而更重要的是它缘发于石涛本人对诗意的发现以及他那种渴求自由创造、自由表达的心理诉求。

从原型批评的视角看，石涛一旦用笔墨将"扶筇登山"这类原型凝结为文化意象，它便成为一个超大容量的"空框结构"，其中既蕴涵着石涛那种不断超越自我、不断探求的卓绝精神，还是其本人高洁绝俗、遗世独立之人格的象征，同时也是其生存体验与价值追寻的诗化表达，是石涛本人内心的图像化……

相比之下，同样是四僧之一的石溪，其笔下也出现过类似的意象，但比起石涛则要狭隘得多。在他的身上，总有一种正统观念，念念不忘守持作为明代遗

《山道策杖图》

民的气节，这几乎成了他一生中的主导情志与重要叙述（包括他绘画中的笔墨语言叙述）。而石涛虽身为明皇室的后裔，在他身上却有着一种更积极、鲜活的生命能量与创造活力，一种超越时空的物质。假如他像石溪那样，一天到晚嚷嚷着要回到皇明正统，其笔墨语言中到处充斥着此类叙述，那他的作品究竟还会有多大的生命力呢？

总之，石涛笔下以"扶筇登山"（包括"寒江垂钓"）为原型意象的山水画作寄寓着石涛无比丰厚与复杂的感情内涵；石涛总是从具体的人生体验出发，然后不断摒弃它的具体性，使其从具体升华到纯粹，最终成为一种超越时空与经验的"诗境"。作为读者，你只能调动自己的自由体验与想象经验去填补其中的"诗性空白"，却无法用概念把这种诗意抓在手里，亦无法用逻辑语言进行条分缕析。从这个意义上说，以"扶筇登山"（包括"寒江垂钓"）为原型意象的山水画作，所呈示的是一个自足的、开放的系统，它能够接纳不同时代读者的内心体验与多元读解——这正是石涛那些以"扶筇登山"（包括"寒江垂钓"及"东涂西抹"的画作）为原型意象的山水画作超越时空的生命力所在。

石涛晚年（1695）还绘制了不少带有情欲色彩与幻象性质的画作，对此，美国学者乔迅多有所述，他以一个西方学者的审美视角对石涛笔下那些具有所谓"特殊性质"的作品作出了非常"个人化"的读解，虽未必尽合石涛创作的原旨，但石涛笔下的不少作品带有情欲色彩甚至是幻象性质，却是一个不争的事实。

石涛的这类画作是个人的、心性的、诗意的、玩味的，而不是共性的、形式的、理性的、制作的——能够以自出机杼的笔墨尽情直遂地表达个人丰富多样的生命意欲与诗意发现，这一点在古代画家中罕有其匹。又，石涛还是一位善于运用隐喻、象征、联觉等艺术手法进行诗意表达的画家，这一点在古代画家中同样无人能及。

如果从创作主体的视角出发，似可作出以下悟解：对于石涛这样一位天才型的画家来说，其灵智活动所凝结的文本是一个复杂的精神与心理现象的综合体，其中难免会出现幻象的更替、梦境的对接、物象的碰撞、时空的隐没、意象的奇突……

而这一切恰好说明，晚年的石涛，已然将笔触深入进潜意识层次，他敞开了浑身的感观系统，并让其内部充满着复杂的、动荡的生命，从而更接近本能，更接近生命的原始动力，这就大大颠覆了历代画家主要从传统题材与成法中填补内心缺口、达成自足范式的陈套，进而获得了本质的新生！

又，石涛晚年由于健康原因，随时感到死亡的阴影在不断笼罩着自己，因此其笔下竟出现了不少与"死"有关的幻象，充盈着浓重的悲凉气息与神秘氛围，这表明源自石涛生命本体的那种暧昧感觉与隐秘冲动，正借助笔墨艺术实现着某种"原欲的转移"。这一点也得到了充分的笔墨呈现——

如《金陵怀古》中的《乘云》一开（绘于1707年），与石涛的"超升"心态互为象征。画面的醒目处为一团冉冉上浮的白云，其状如同长茎灵芝，又如象征长生的如意。而画面左方那位骑马而行者，无疑就是石涛本人，此时他似乎正在那团白云的引领下，飞升天际，幻化成仙。画题《乘云》正有力地提示了这一点。

《徐府庵古松树》所绘的那株六朝古松，相传为梁武帝所植，以此入画入咏，最见诗人深致。请看画面左端的题诗——

> 脱尽凡枝叶，从根鼓直条。
> 周身封古雪，一气撼青霄。
> 自有齐天日，何须问六朝！
> 贞心归净土，留待劫风摇。

前两联从古松的形神着墨，备极精警，此乃石涛晚年壮心不已的

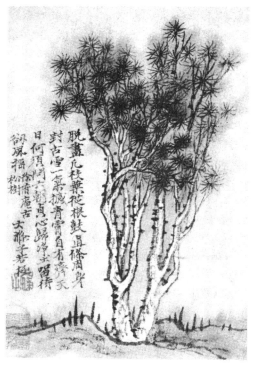

《徐府庵古松树》

生存状况之暗喻。尾联可视为石涛向往阿弥陀佛西方净土的重生之心态象征。而"劫风"二字则透发出石涛自知大限已临的悲剧况味。

同年，石涛又绘制一幅《梅枝》，此画大异于石涛历来所画之梅花，画面上的枝丫濒临断裂，给人一种视觉上的悚惧感。这种不同寻常的构图，加上"枯根随意活"的题诗，更像是石涛面临死亡的降临所释放出的一个强烈的情感符号。

需加指出的是，石涛在创作此类与"死"有关的幻象作品的过程中，并不同于机械化的自动生产流水线：其中的任何一个意象及细节都必然包孕在画家的整体创作构想中；易言之，画家在笔墨挥运过程中，确乎存在着其本人并不"明确"但又确实左右着其创作过程的那种心理动因。

从这个意义上说，画山水、人物的石涛，与画"东涂西抹"的石涛虽不是一个概念，但又是一个不可分割的有机整体，二者之间存在着某种需要不断发掘的互文关系。这种关系的错综复杂注定了不能用简单的几个"关键词"加以"概括"。尤其是石涛在创作这类"东涂西抹"的作品时，其诗意几乎无所不在———这就使得那些在常规意义上甚至不构成绘画题材的事物、某种莫可名状的奇思妙想、某种潜意识层次中的隐秘活动，乃至某种天真浑朴的心性，一旦付诸笔墨，便会在诗意的烛照下，展示出石涛那种与心灵相应的全息性的丰富与真实——他画带有世俗情味的蔬果是诗意，他画尖锐挺劲的竹子是诗意，画坚拔的山体是诗意，画濒临断裂的梅枝是诗意，画"乘云"等具有"超升"意境的幻象是诗意，画"寒江独钓"是诗意，画"扶筇上山"是诗意，画"金陵怀古"也是诗意——总之，一切能激发起他的创造兴趣的东西都是富有诗意的，所谓诗意，不就是一种超越事物一般状态的感觉吗？不就是对人生、自然及自我的一种重新发现与命名吗？有了它，石涛的当下存在遂变成了一种有质感、有厚度的东西，一切都在诗意之光的烛照下，变得丰赡、生动而迷人。

我们唯有由此入手作进一步的发掘，才能够真正接近乔迅所提出的"从心灵自主的私密象限来重新评价石涛的贡献，能够为更正面的论述提供基础"的研究目标。

基于以上知见，笔者还想在此再次强调：作为古代画家中罕见的拥有个人幻象及高度自由意识的一代大师，石涛所营造的那种高度个人化的幻象语言，正是来自对现世生命现象深刻的、穷尽性的抵达与超越，必然带有个体生命的某种本真性。石涛通过这种幻象语言，通过诗意的创造，既安顿了他的生命与痛苦，也让他的生命化作来自吾国悠久的原型意象的一个部分，并呈示为一个开放性的诗意结构，我们只有找出画家平生、创作心理机制与作品之间的互文性，并在对其内部的互文性有相当把握的基础上，才能找出贯穿其中的深层结构和他本人"想象力的特殊性质"以及"创作心灵的原始统一性"，才能找到出入这座精神迷宫的秘密交叉的路径，它才会彻底向我们敞开——我们也只有站在更地道的中国文化的脉络中对此进行立体观照，才能真正与石涛成为魂魄相通相契的"后世知音"。

第三十章

放眼千秋修订文稿
尚存微命再造名园

1707年，是石涛在世的最后一年。

由于长期恹恹卧病，石涛的性灵与体魄已不能息息相通，故笔下难以焕现出昔日的神采；为此，石涛已辍笔多时，只是在他觉得精神好转的时候，才偶尔作画。

哦，窗外又下起了雨。

这淅淅沥沥的雨，直打在石涛焦躁烦闷的心头，给他一种模糊的痛感，他吃力地睁开久闭的眼睛，向外张望着，希望在树丛间翻飞的鸟翼上，能滑下一点令他激动的讯息……

可就在石涛自知生命的黄昏即将来临之时，他却突然作出一个非同寻常的重要决定：利用自己生命中仅剩的一点微光，全力修订并谋求刊刻《苦瓜和尚画语录》（以下简称《画语录》）。

这就是一个大天才的特殊资质——尽管历遭大劫，身处大厄，且濒死累矣，在旁人看来根本不可能再有撰述的心境和条件，他却能在那个只有他自己才能开辟的空间里，独自从事着被命运指派的工作。

这是一条亘贯于石涛一生的艺术创作的长廊，它与石涛的禅道人生长廊并列，各自独立延伸着。

于是，石涛强撑着病体，在这一长廊里像苦行僧一样生活，又像天才一样创造！

此时的石涛，只有一个心愿，那就是：只要世寿允许，一定要给后人留下一个经得起时间检验的画论文本——藉此一端，便足以证明，石涛绝非是那种将"才华"涂在表层的人物，像一个符号和徽章一样戴在身上招摇过市；他深知这是过眼浮云，根本不会给世界留下什么真正有价值的东西，徒存笑柄而已。

修订文稿，确立体例，编定目次，校勘文字……经过几个月废寝忘食的拼命工作，石涛总算将《画语录》修订完毕。

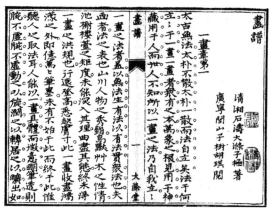

《画谱》

　　接下来，石涛便只剩下最后一个心愿——那就是《画语录》的刊刻。一直卧病在床的石涛，有一次曾对前来看望他的老友张少文披露出他的隐忧——

　　"少文兄，近日来，弟经常想到历史上发生过的那些著书、藏书、毁书及亡书相关的故事，不禁慨从中来。多少文人才士，倾尽毕生精力著书，编书，备尝艰辛，可最终不免空耗心力。如金朝的张汝霖，将其毕生精力投注在大辞典《韵书》的编辑上，每日晨钞暝写，浑然忘倦，仅是用绳头细楷书就的稿本，竟厚如砖块，多达300余册，然终因'力不能刻'，30多年的心血付诸东流，只落得个'笔冢如山，纸堪覆瓿'的惨局。想到此，弟实在不甘心让这部凝聚着我毕生心血的书籍在身后遭受不测啊！所以弟要趁自己还活着的时候，亲力亲为，谋求刊刻。"

　　张少文听罢石涛这番肺腑之言，不禁为之动容，当即决意尽力玉成此事，遂斩然道：

　　"石兄不过多虑，大著的刊刻之资，就由弟来赞助，绝不食言！"

"那就多谢少文兄了！"

从不沉溺于空想的石涛，一旦认定某事值得去做，必力破万难，得竟全功。此刊书之事，虽然遭到不少人的极力反对，但他仍不顾宿疾在身，在灵珠、高翔的搀扶下，勉力为推动此事而奔走。

或许是"精诚所至"吧，此事的进展远比石涛原先的预想要顺利得多。

扬州本来就是著名的刻书之都，而石涛又与当时正主持刊刻《全唐诗》的巡盐御史曹寅、著名刻书家张山来等关系契密，再加上老友张少文在财力上予以襄助，诸缘悉备，厥事可成。

一个月后，当张山来将散发着浓郁墨香的刊刻本《苦瓜和尚画语录》送到大涤堂时，久卧病榻的石涛，伸出他那双瘦骨嶙峋的手，颤颤巍巍地从张山来手里郑重地接过来，婆挲再三，泪水不由得从眼角缓缓渗出，他激动万分地向老友倾吐衷肠——

"山来兄，想我石涛，5岁出家，托迹云水，在外云游了大半生，迄今仍是孑然一身，既无綦功强近之亲，何来子嗣？这倒使我想起明人董斯张所言：'我怒时出我文而喜，是文者，我妻妾也；我殁时得我文而生，是文者，我云耳（意为子孙后裔——笔者）也。'所以自古就有'文字留传胜子孙'的说法。唉，富贵也好，子孙也罢，总无足恃，而我石涛苟活世间几十年，总算在天壤间留下了一部凝结着我毕生心血的书！书在即人在，此书真乃我之子孙啊！"

听罢此言，张山来心情十分沉重，他实在不忍看到老友如此伤感悲苦，遂劝慰道："石公何必如此伤感，大著刊印面世，乃一大佳事，兄当高兴才是啊！"

"对，对，是一大佳事，高兴，高兴！"石涛又强打起精神，用他那颤抖不已的手，轻轻地抚摸着书的封面，两眼眯成了一道细线，然后用微弱到几乎听不见的声音，喃喃低语道："书既已出，我总算可以尽其言而去了！"

　　说到这里，石涛又紧紧地抓着张山来的手，泣声道："山来兄，即便在九泉之下，弟也会铭感在心！"

　　《画语录》的面世，无疑是中国画学史上的一大盛事。它是石涛思想、经验、知识、诗学观念的集成性的抒发。作为一位走在时间前面的天才思想家，石涛始终将自己置身于一个更宏大的文化语境中，将哲学的宏观视野、禅学的思辨精神与极丰富的画学实践熔铸一炉，从整体系统观、宇宙全息观、天人合一观、化生变易观这四个维度展开论述，通过对"一画"论这一具有高度原创性的画学范畴的精心建构，揭示出中国绘画的艺术特质以及创作主体表现天地万物的总体原则与根本规律——正是对这些重大命题的精彩阐发，使得《画语录》中那些精光四射的文字获得了特殊的话语深度。

　　透过这些英辞盘郁可润金石的文字，我们可以看到，石涛始终以一颗拥有着文化良知的博大诗心，去触探一系列关于宇宙本体与艺术哲学的带有根本性的重大命题，诸如"一画""自然""无法与有法"、恒与变、受与识、经与权、笔与墨、守正与出新、蒙养与生活、有限与无限……石涛不蹈袭旧说，卓尔自运。天上人间，无所不窥，正法眼藏，悉归囊中。到岸舍筏，见月忽指，举大以贯小，探本以穷末，流贯全书的那种思辨与诗性、宏观与微察、玄奥与通解、性灵与睿智、通脱与淹博、圆活与深邃，统统集大成地水乳交融成一体，万古源流，一点灵犀。

　　纵观历代的画论，我们便会发现：其中没有任何一部在"品级""气魄""深度""境界"上能望其项背，甚至也没有一部在视野的宏大、发掘的深透、哲思的深邃、表达的精妙与结构的严整上能与之媲美。而作为人类灵智活动的经典标本，其不朽价值就在于这种不可无一、不可有二的"唯一性"。

　　说来也怪，自《画语录》刊刻后，一直恹恹卧病的石涛，生命再次出现奇迹——他不仅能够下床，而且能够在家人的搀扶下在园中漫步。

此时，一轮满月正从树梢后缓缓升起。

石涛惊愕地望着这久违的月光，感到这仿佛是上苍深情的垂顾，感到自己仿佛正沐浴在这明澈而圣洁的辉光中……

在那一刻，石涛俨然感领到大自然的神性，他深信这是自己与神的一次邂逅。

他被一种巨大的幸福感所包围。

他忘情地沉醉于灵魂的节日！

随着《画语录》的流传，前来大涤堂慕名求教者日增，而石涛居然能够亲自送往迎来，释疑解惑，完全不似一位大病初瘥之人。

一天，大涤堂又来两位看上去颇有几分仙风道骨的高士，自称是宫廷画苑的画师，可石涛哪里晓得，他们实际上是拿了县令夏金山的好处，故意来寻衅滋事的。这个夏金山，自上次在船上逼画的诡计被石涛挫败后，便一直怀恨在心。他听说石涛最近已重病缠身，故有意策划了这场闹剧，藉以发泄心头的恶气。

且说这两位"高士"来到大涤堂，表面上是在向石涛请教《画语录》中的相关问题，实际上是想借此找茬，处处刁难，使石涛难堪；怎奈他们根本不是石涛的对手，一来二去，被石涛驳得哑口无言。

这两位"高士"回去后，不仅没有拿到赏金，还被夏金山狠狠地辱骂了一顿。

为了挽回脸面，这两位"高士"居然请他们的师父出山。这位看上去一派仙风道骨的老者可谓来者不善，他一见到石涛，便径直问道：

"老朽近来偶读先生《画语录》中的《山川章》，其中有言：'山川脱胎于予也，予脱胎于山川也'，此话不知何解？"

石涛应道："这有何难？"

那位老者沉吟了一会，竟讥诮道："哼，此话下句倒还得体，可上句嘛，山川脱胎于你，未免过于狂傲了吧。老朽平生看过的画论不少，然此种论调，未之见也。先生可谓敢于大言者也。"

石涛一听此强词夺理之言便不耐烦了，遂质问道："请问长老，此何大言之有？石某所论，与晚年所创发的'一画'论并无二致，所强调的无非是山川与'我'相通相契，浑合为一，神遇而迹化。未悉有何不妥？再说，石某平生最忌拾人牙慧，难道长老非要石某去蹈袭前人说过的话才算得体吗？"

那位老者一时气沮色丧，竟无言以对。

可他并不甘心就此罢手，居然把话题转移到了造园上。只见他用手指了指大涤堂外面的那一大堆石块说："听说先生不仅擅画，还是造园名手，你说山川能从你的画里出，那么请问，这山川能从那堆石块里出来吗？"

石涛思索片刻，然后自信满满地答道："当然可以！"

"那好，老朽届时一定前来拜观！"

待老者走后，石涛仔细地研究了这堆石块，发现它们是盐商运盐返程时，为了压船，从长江沿岸的各省运来的。它们虽然摆放凌乱，但是每块石头的纹理、颜色、形状都十分独特，如果仔细经营布局必能成为一处别样的景致。经过仔细研究、设计后，石涛请来工匠，开始用石块"作画"，并利用这堆石块建造成一座园林——这就是历史上赫赫有名的"万石园"，因其用石逾万而得名。可惜的是，这座由石涛亲自设计并按其画稿布置的名园如今已不复存在了。

清代著名戏曲家李斗曾游览过这座万石园，并在《扬州画舫录》中描写了其中景观："入门见山，山中大小石洞数百。过山方有屋，厅舍亭廊二三，点缀而已。"他还称赞石涛："工山水花卉，任意挥洒，云气迸出，兼工垒石。扬州以名园胜，名园以垒石胜……"

过了一段时间，那位老者如期而至，当他看到这座园子后，顿时惊呆了——他万没想到石涛会在这么短的时间内构建出这样一座精妙的园林！

然而，这位老者既拿了夏金山的好处，自然不会善罢甘休，故又发问道：

"上人的《一画章》云：亿万笔墨，始于一画。请问，万石之园，莫非始于一石？"

石涛回答："无一不成万，无万不成一。"

老者听罢，大笑道："上人恐怕只能以万石造园。若能以片石（指形状不规整的石块——笔者）造园，那才会叫老夫真心佩服。"

石涛想了想，答道：

"愿意一试。"

"那好，老夫拭目以待。"

"好吧，以三个月为期。"

"好，老夫届时一定前来领教。"

"石某随时恭候！"

在江世栋、程浚与许松龄等徽商朋友的大力资助下，石涛随后开始了紧张的造园设计，他首先命匠人在南面用片石紧贴着墙壁堆叠成一座假山，山顶高低错落，主峰在西侧，有石磴道可以登顶，然后采用下屋上峰的处理手法，在山脚下筑石屋两间，俯临水池。主峰堆叠在两间砖砌的"石屋"之上。有东西两条道通向石屋，西道跨越溪流，东道穿过山洞进入石屋，山体环抱水池，显示出石涛在布局上的匠心。整个石块的拼镶技法极为精妙，拼接之处有自然之势而无斧凿之痕，石壁、石磴、山涧皆令人称奇。因整个山体由碎小的湖石叠砌而成，故称"片石山房"。

片石山房（又名双槐园）位于扬州市城南花园巷，在何园内，是一座精美幽深的园中园，一座由西北走向东南的湖石假山，后倚北墙，前临曲池，依照湖石皴纹，层层相叠而起，高九米余，主峰直上青霄，奇峭秀逸。左前有高梧映带，石间有磴道可上，峰顶有百年老梅一株，曲干虬枝偃蹇，更映衬出峰峦的峭立多姿。山腹内藏小石室两间，东西皆有洞门可入。整个园内之山东南诸峰起伏蜿蜒，更反衬出西面一峰的高耸，这正是石涛画论中"一峰突起，连冈断堑，变幻顷刻，似续不续"（《苦瓜小景》）之理念的体现。至如山侧高树映带，石隙藤萝悬垂，则极清幽静雅之致。若逢雨天，主峰西侧则有"水帘横空垂不卷"的流泉飞瀑，沿雨道而下，如银虹堕影，极得天籁不绝之妙。

总之，片石山房的妙处就在于石涛在园林设计中融入了他的"天人合一"的画论理念，崇尚自然，师法自然，进而"妙造自然"。在造园的过程中，石涛极力反对程式化、模仿化等不良习气，不拘成法，与时俱进，随形就势，因地制宜，最终达成"虽由人作，宛自天开""无法之法"的境界。

片石山房一景，牌匾上的四字为石涛所题

听说片石山房建成，那位似信非信的老者到此逡巡良久，不禁暗自惊叹，最后只好彻底服软认输。

但夏金山仍不甘就此罢手，他居然煞费苦心地从深山中请来一位白须过胸的老道人出马。这位老道人一见到石涛，就咄咄逼人地发问道：

"先生《画语录》中有所谓'拈诗为画，景必随时'之说，请问此为先生《四时章》的要旨吗？"

石涛当即回应道："画即诗中意，诗为画里禅。"

"依老朽看，先生作画，区分四时，并无难处。如果是运石叠山，这《四时章》恐怕就不适用了吧？"

这老道人本以为石涛经受不住他如此刁难的一问，不料石涛竟胸有成竹地笑答道："石某叠山，源于画理，岂有不适用的？"

"敢请先生依此画理再造一座园林，让老朽长长见识如何？"

谁知经老道人这么一逼，竟又逼出了片石山房四季分明的独门特色。

为突出此一特色，石涛分峰取石，遵从画理，分别用笋石、湖石、黄石和石英石四种颜色的石头表现春夏秋冬四季山景。笋石叠成的春山淡冶而如笑，湖石叠成的夏山苍翠而欲滴，黄石叠成的秋山明净而多妆，石英石叠成的冬山惨淡而如睡。整个园子的气势、形状、虚实及四季节候的处理跟他的画作皆法造化，并无二致。

这回那位老道人哑口无言了，他暗叹此人惊为天人，莫可造次。

片石山房虽历经沧桑，但迄今仍基本上保持着当年的原貌；尤其是湖石假山一如旧观。墙上嵌砖所刻的"片石山房"四字，为临摹石涛手书而放大。山势东起贴墙蜿蜒至西北角，突兀为主峰，下藏片石山房。出山房抬级蹬道而济其巅，但见假山叠嶂，峰回路转，岚影波光，游鱼可掬；徜徉其间，使人尽得林泉之乐。在主峰之东，叠成水岫洞壑，以虚衬实，以幽深烘托峻峭，相得益彰。尤当措意者，为假山丘壑中的"人工造月"，光线透过留洞，映入水中，宛如明月映波，静影沉璧；不仅如此，从"月牙"还可看到"月圆"，使人不由得进入徐凝"天下三分明月夜，无赖二分在扬州"的诗境。

"拾来片石叠山水，人间绝唱一孤本"，清人钱泳尝谓，清代有不少人堆叠过假山，"堆假山者，国初以张南垣为最。康熙中则有石涛和尚，其后则仇好石、董道士、王天于、孙国泰皆妙手"（《履园丛话》卷十二）。著名园林专家陈从周在其文中则极赞道："在比石涛稍后乾隆时的著名叠山家戈裕良作品中，有很多就运用了这些手法，如苏州环秀山庄、常熟燕园（扬州秦氏小盘谷亦戈氏黄石叠山小品，惜已毁），可看出戈氏能在继承中再提高，由于他掌握了石涛的'峰与皴合，皴自峰生'的道理，因而环秀山庄深幽多变，以湖石叠成……如果说石涛的叠山正如其画一样，为一代之宗师，启后世之先声，这话恐亦非过誉。"（《扬州片石山房——石涛叠山作品》）

陈从周还在另一篇文章里，对片石山房予以高度评价："从叠石手法的精妙以及形制的古朴来看，在已知的现存扬州园林中应推其为年代最早，是一件不可多得的精品，确是石涛叠石的'人间孤本'。它不但是叠山技术发展过程中的重要证物，而且又属石涛山水画创作的真实模型，作为研究园林艺术来说，它的价值是不言而喻的。"（《园林谈丛》）陈氏在此高度评价了石涛叠的假山片石山房是"人间孤本"，是"不可多得的精品"，正是这一"孤本""精品"，奠定了石涛作为清代园林艺术一代宗师的崇高地位。

且说石涛的老友张山来、卓子任、李骥等人得知片石山房建成，相约前来观赏。那天真是机缘凑巧，那位年事已很高的古文高手陶澂先生也乘兴前来，在家人的搀扶下与李骥等人一同观赏。

一走进片石山房，李骥便赞叹道：

"一入斯园，但觉茂林修竹，清风自引，而溽暑全无；水佩风来，不啻置身仙境矣！"

张山来则深为片石山房的匠心设计所迷醉，遂致慨道："久闻石公乃造园高手，今日一见，果然名不虚传，只可惜石公今日临时有事，不能与我等同赏斯园之胜了。"

"是啊，太令人遗憾了！"

陶澂老先生倒是不管这些，居然摇头晃脑地哼出了几句骈赋：

> 春光骀宕，幂生烟于池草；锦鳞唼喋，俾澹虑而忘喧。文木珍禽，俱似句萌之奋；朱华秋水，好参文字之禅。鱼跃鸢飞，触处见大化普运；云散月明，随时悟道体幽玄。

"嗯，妙，甚妙，看来陶翁今日雅兴不浅啊！"

"如此大好园林，不有佳作，何申雅怀？"

那天，陶澂老先生兴致颇高，他一边游园，一边点评道："观此园林如展手卷，而手卷有引首、卷本、拖尾，正如文章有起承转合，乃一浑成整体也。"

"陶翁乃当今文章高手，一谈造园，必及文章，可谓三句话不离本行也。"张山来笑道。

"这就叫隔行不隔理。"卓子任道。

陶澂一听此言，顿时又来了兴致，他接着说道：

"这造园嘛，如同为文，若不着眼于全文之立意气势，只是贪求词汇堆砌，岂能有佳构乎？而石公并不以一池一榭争胜，所谓'亭台到处皆临水，片石虽多不碍山'，盖深得造园之神理也。夫文贵乎气，而气又有阴阳刚柔之分，刚以柔出，柔以刚现，造园亦然。凡悖此理者，皆未深究造园之道而盲为也。"

"嗯，陶翁所言，极徵卓识，佩服，佩服！"卓子任拱手赞道。

"以予之见，石公造园，极得叠石高低错落之妙，拼接之处既显自然之势又不见斧凿之痕，浑朴之石，取其拙也；奇突之石，取其势也；而丑石在诸石中尤为难得，故取其丑中藏美之特性也。石公深通山水画之道，故其叠石亦曲具画理，而水亦赖石以起变，极曲折宛转、生姿生态之致。"

"然。山来兄之见，弟亦云然。"卓子任接言道："斯园妙在水石相激，不惟刚柔并济，亦极得动静之致。园中之山石树木为静，而活水游鱼则为动，动中寓静，静中见动，动静互生，自成妙境。"

"子任兄，你看，由石室出东洞门，山体笔削，山势骤断。但仅一步之遥，山势又起，逶迤延及东南，止于曲池之东。由磴道而上，坡上有罗汉古松一株，极得古茂浑莽之致。从整个形势看，这一段山体略低，更衬托出西边主峰的高峻奇峭。再细看去，山腹中亦有洞曲、碧水，还有青石飞梁、汀步可以穿洞渡水，绕行于主峰之下，达于园之西廊，石公造园，真可谓处处皆见匠心啊！"

"山来兄所言极是，可谓赏园具眼矣！人称'扬州以名园胜，名园以垒石胜'，而石公当称垒石圣手矣！"

恰在此时，一抹夕阳斜照过来，香、影、光、声交相辉映，兰香竹影，鸟语泉声，极视听之娱。而眼底又有锦麟游泳，令人油然而生濠濮之想。

只顾着观赏园景、老半天没开口的李骥此时不禁叹赏道："石公造园布局，妙在并不贪多求大，举凡假山、廊、桥、花墙、隔扇，各得其所，皆成妙用，小中见大，隔中见深。尤其是主峰，峻峭苍劲，而配峰则在西南转折处，两峰之间连冈断堑，似续不续，有奔腾跳跃的动势，颇得'山欲动而势长'的画理，也深合石公画山'左急右缓，切莫两翼'之法。"

陶澂老先生听着李骥此番高论，不禁频频颔首，老先生紧接道："看来李公对造园还是颇有心得。依老朽之见，石公的这座片石山房尽得'莫谓此中天地小，卷舒收放卓然庐'之神韵，充分表现出'一峰剥尽一峰环，折经崎岖绕碧湍。拟欲寻源最深处，流云缥缈隐仙坛'的妙趣。这造园嘛，贵就贵在神韵妙趣兼得；这神韵嘛，乃自主创者书卷气中得来，而妙趣则必从石公之性情中显现。依愚之见，此园足可与江南名园争胜，堪称不可无一，不可有二也。"

"嗯，'不可无一，不可有二'，妙，妙。依弟看呐，此话不仅可用于造园，也可移赠石公本人，在当下，像石公这样在人物、山水、花鸟方面兼擅皆精者，固属难能；今日来此一观，足证石公无愧于当今不可多得之造园大师，像这样的全才，是不是'不可无一，不可有二'呢？"

"对，对，此二语非卓公不能道，非石公不能受也！"

此语一出，顿时又引起了一片赞赏声。倘若石涛在场，不知他会如何应对这至高无上的赞美？通过石涛那守正创新、变古开今的一生所迹化的一系列弈弈煌煌的杰作，足以使我们获得以下悟解——

绘画也好，造园也罢，在任何一个时代，所谓的副本、摹本与复本都是廉价的，真正具有永恒价值的是那些独一无二、无可复制的不朽文本；作为生命个体，所谓"独一无二"，其真正的意涵应当是——

只要他存在，世界就会感受到他的魔力与神奇！

第三十一章

千秋妙墨流芳寰宇
一代画僧埋骨蜀冈

由于前一段时间兀兀不辍地修订文稿，加上指挥造园，耗力甚剧，石涛的病情大大加重；且这一回，来势更加凶猛。

渐入沉疴的石涛，已经有一个多月没出门了，他躺在病榻上，腰疼、牙痛、胸口憋闷、上下气不接、严重失眠。偶有朋友前来看望，他也常常因"服药而卧"无法接待。

一次，石涛从睡梦中醒来，只见他睁着那双仿佛从梦之深处走来的眼睛，对徒儿们讲述道：

"刚才，师父做了两个梦，梦见过桥后，遇见一洗菜女子，在她的引领下，来到一个大院观画，那画奇妙变幻不可言说；又梦见登上雨花台，手掬六日吞下，而师父的书画自此大变，简直如同神助啊！"

如果说，梦是人的潜意识活动，是人的隐秘欲望的某种隐喻表现；那么，石涛的上述两个梦，都指向了绘画本身；这也就是说，石涛的一切显在的或隐在的生命欲望，唯有落实到他用情至深的绘画上才能得以真正实现——由是笔者不禁想到：一个艺术家是否拥有像叶芝所说的进入"精神才智的伟大劳役"的"晚年"，是对其综合实力与创作"底气"的最根本的挑战与考验。而对石涛来说，其最可贵之处就在于直至其随时面临死亡威胁的衰残之年，仍葆有不减当年的"雄心伟抱"——而这种"雄心伟抱"，在石涛身上所呈现的是一种超越历史、超越古人的更根本的、要得到"更高认可"的"伟大劳役"。下面摘录几段石涛在其生命最后几年所题写的画跋——

1702年3月，石涛抱病去乌龙潭观桃花，舟中作《云山图》，并题两则画跋如下：

写画凡未落笔，先以神会。至落笔时，勿促迫，勿怠缓，勿陡削，勿散神，勿太舒。务先精思天蒙，山川步武，林木位置，不是先生树后布地，入于林出于地也。以我襟含气度，不在山川林木之内，其精神驾驭于山川林木之外，随笔一落，随意一发，自成天蒙。处处通情，处处醒透，处处脱尘而生活，自脱天地牢笼之手，归于自然矣！

用笔有三操：一操立，二操侧，三操画；有立、有侧、有画，始三入也。一在力，二在易，三在变。力过于画则神，不易于笔则灵，能变于画则奇，此三格也。一变于水，二运于墨，三受于蒙。水不变不醒，墨不运不透，醒透不蒙则素，此三胜也。笔不华而实，笔不透而力，笔不过而得。如笔尖墨不老，则正好下手处，此不擅用笔之言，惟恐失之老。究竟操笔之人，不背其尖，其力在中。中者，力过于尖也。用尖而不尖，则力得矣。用尖而识尖，则画入矣。款云：清湘大涤子极，壬午三月乌龙潭上观桃花写此。

论画谈艺，皆极精妙，只有深入笔墨那巨大而幽深的内部地带的人，才会作出如此透彻的认知文章。依笔者之见，这两则跋语极有可能曾被石涛写进《画语录》中，后来可能是出于体例或其他方面的考虑而未收入。但不论如何，石涛在此所提出的"三操""三格""三胜"以及"用尖而识尖"等卓见，对《画语录》中的"笔墨"一章无疑都是一种重要的补充。

是年，石涛又绘《竹石图》，此为纸本，墨笔。浓淡竹七八竿，下荫大石。石涛自题云：

唐人有言：指挥如意天花落，坐卧闲房春草深。今老人之所栖，大涤耳。而高台压檐，大江无际，不胜其闲，而好为多事，每于风清露下之时，墨汁淋漓，掀翻烟雾，不自觉其磅礴解衣而脱帽大叫，惊奇绝也。噫嘻！子猷何在？渊明未返，春遗佩于骚人，溯凌波之帝子。踌躇四顾，望于怀长。谁其问我闲房而信手拈来，起微笑者，虽然今日，从君以往矣。天下一时未必无解人。若云只可自怡悦，不堪持赠君，陶真逸得微无隘。时小寒后二日，寄上忆翁先生博笑。清湘大涤子耕心草堂。

文采斐然，风致闲远，全然不似出自一位"将谓苦瓜根欲断之"者之手。

乙酉年（1706）2月，石涛为退夫道长作《梅竹图》，并题云：

> 春秋何事说悬琴，白发看来易素心。
> 尽悔前诗非为詹，讹传俗子枉求深。
> 无声无地还能听，支雨支风不待吟。
> 若是合符休合竹，案头遗失一分金。
> 款署：乙酉二月新雨时，退夫道长兄先生正，清湘遗人大涤子。

此年孟夏，用九先生自江西庐山来扬州看望石涛，因此人与八大山人之侄朱堪注为江西诗友，石涛顾念旧谊，虽初次相见，仍勉力作《匡山读书图》相赠，并题五律一首：

> 曾闻高隐士，昔日住庐山。
> 古道居然复，新声尽已删。
> 远来初一晤，别去倍相关。
> 脉脉怀难语，唯凭梦往还。

由此我们惊异地发现，在石涛身上所呈现的，总是一种"未完成式"（即使在他去世那年），他总是会有新的想法、新的冲动、新的灵感与激情以及新的意象云团在心中翻涌。越是深入认知领域的纵深地带，前面展开的天地越是广阔，风光越是迷人；而与此同步的是未知的领域不断扩大，无法解开的认知谜团也就越多——这正是天才艺术家无可避免的痛苦与宿命，而这一点绝不以死神的日益逼近为转移。可发一慨的是，谁又曾对石涛这种"宿命"投以起码的关注呢？而更要命的是，我们所忽略的，恰恰是我们必须正视却又根本搞不清楚的！

窗外，又下起了雪。这雪，仿佛来自于云层内部的晕眩，又仿佛无数个精灵飘飞于梦的边沿。寒风也在猛烈地呼啸着，尽管门窗紧闭，但还是有一丝丝从宽宽窄窄的缝隙中钻入，烛焰无力地摇晃着，使石涛与灵珠的影子在龟裂的墙壁上时而蜷缩，时而伸展；时而飘忽，时而隐没。

屋檐下终日响着滴答答的水声，使得这个被寒雪所笼盖的冬天显得无比冗长。树枝上、檐角下，到处凝结着亮晶晶、尖耸耸的冰凌，像一把把倒插着的锥子，圆锐而细长。石涛一觉醒来，看到窗外那稀稀落落的呈粉针或末状的碎屑，竟想到它仿佛老人凋谢的白须，经风一吹，给地面轻轻一触，即消殒无痕。一个长期处在孤寂、虚弱、紊乱的低迷状态的重病患者，其心理体积自然会缩小、变异，生出许多尖锐反常的东西；以故，石涛望着雪所产生的那种虚诞古怪的臆想也就不足为奇了。

对于石涛来说，计数时日已不太重要，一种痛苦，一种濒死的痛苦必须由他自己默默吞咽。随着病情的不断加剧，石涛心里明白，时间的度量以死亡为绝对标尺，而对时间的领悟其实就是对死亡的领悟；正是在这样的领悟中，石涛倍感生命的脆弱与飘忽——他甚至觉得那份死亡通知书此时已悄然摆在画案边那触手可及的地方。

一轮新月，冉冉升入天空，淡淡的，如同宣纸上的一痕水墨。在辽阔无垠的天幕上，这一弯新月未免过于孤零了，这让石涛暗中伤怀。由于老病侵寻，石涛益感万绪悲凉。

一天，他偶然发现窗外的一株将要吐露花蕊的梅树忽然枯槁而死，这使得石涛陡生一种不祥的预感。

"师父，该喝药了。"灵珠把药端了过来。

"好，先放在那儿吧。"

"师父，您还是趁热喝了吧。"

石涛听后摇了摇头，他知道喝药对他已经没有多大意义了，不过是暂时延续着他的痛苦而已。

"唉，'药医不死病，死病不求医'，像师父这病，恐怕喝什么药也没用了。灵珠啊，你扶我起来，师父还想下床走走。"

"师父，您先把药喝了再下床吧！"灵珠用了一种近乎央求的口吻道。

"好吧，喝。"石涛无奈地应道；可他哪里知道，灵珠已在药里加进了人参；这是她当掉她仅有的一件首饰悄悄换来的。

石涛喝下后不久，便觉得有了些精神，在灵珠的搀扶下，很快便下了床。

灵珠一边扶着师父，一边劝慰道："师父，您可千万不要悲观，徒儿觉得您的世寿还长着呢！"

石涛微微地苦笑了一下，然后从容地言道：

"'人生寄一世，奄忽若飙尘'，其实，死嘛，本没什么可讳言的。当年不可一世的曹操曾作过一首《龟虽寿》，其中写道：'神龟虽寿，犹有竟时；腾蛇乘雾，终为土灰。'按说人的地位越高、岁数越老，就越怕死，曹操作此诗时已经五十多岁了，可他却断然否定了长生不死的传说——纵然是神龟灵蛇，一样躲不过大限，一样得灰飞烟灭，这种识见，远远高过那些沉溺于寻仙炼药、一心只求长生的帝王。如果按佛教的说法，'死'又叫'往生'，乃大解脱，大自在，这可不是一般玩空灭寂、畏生怖死者所能领会的。依师父看，'死'就是超离苦海，乘愿再来，它未尝不是另一种'生'。"

"师父啊，您别一天到晚老是念叨这些，瞧，徒儿不搀扶，您这不是走得挺好吗？"

"好了，不说了，不说了。灵珠啊，你去研点墨，师父还想画几笔。"在高翔的扶侍下，石涛颤巍巍地走到画案前，吃力地画出了一幅墨梅，题名为《梅枝》。

此幅梅花迥异于此前所作，画面上的枝丫几乎濒临断裂，释放出一种令人悚惧的死亡气息。在此画的下方，石涛还题写了一首五律，这不啻是石涛自知大限已至所释放出的一个强烈的精神信息：

> 收拾太平业，何当此境通。
> 枯根随意活，堕水照人空。
> 只许吟间见，难凭纸上工。
> 远看与近想，不是六朝风。

"师父，您……您可千万别太累了。"灵珠知道拗不过师父的那个倔劲，只能这样劝说。

"好嘞。其实啊，你现在还不懂，这人啊，在世多少年，就是向死亡赊欠了多少年，以至于最后结束的不再是有灵性的生命，而是我早已用完了的不再属于我的躯壳，有什么好计较的？好了，不说这些了，师父已有日子没画画了，很想再画点东西！"

说完，石涛又拿起了他那支曾攻克过无数艺术关隘的羊毫笔，开始绘制《山水册》与《金陵怀古册》。

——这与其说是绘画，毋宁说是大天才近乎悲壮的生命演出，即使是在死亡浓重阴影的笼罩下，石涛胸中仍腾跃着横绝奔泻的强烈冲动，仍期待着那个以内美求大美、物我两忘的奇妙瞬间再次降临；而真正驱策石涛进行笔墨挥运的却正是"灵感"那个"身份不明的人"——它代表着宇宙万物、历史、人类和我们个人身上那股神秘的力量，那股创化和生长的力量，那股歌唱和沉默的力量——之所以说它是"身份不明的人"，是因为在石涛那个时代还没有"灵感"一词，但他笔下经常出现的"变化神奇懵懂间""从混沌里放出光明"诸语，与"灵感"属意大致相同。

石涛恣性地挥运着他的神奇之指，一任感觉流发，在画面上化作无数个自由的精灵，将他本人的层层感悟释放出去……

"数里入无径，千峰掩一篱"为《山水册》之二，此作在构图上大胆打破了传统那种一层地、二层树、三层山的"三叠式"画法，同时也摆脱了"景在下，山在上，云在中"的"两段式"旧套，而是用"截取法"，只从最引人入胜的某个局部取景。由于左侧陡峭的山体被隐去了山顶，而近处的岩石、房屋和树木像是被照相机的特写镜头拉进，更强化了画题中所隐示的那种"数里入无径，千峰掩一篱"的诗境。

《山水册》之二

再如《山水册》之一，在墨法上打破了远山用淡墨加以虚化的传统格套，自出机杼地以浓墨泼染远山，藉以增强前山的明亮感，这是石涛"从于心也"的又一次大胆创发，是"法法我法"的又一个实证。它充分表明：逮至晚年，石涛仍亟欲通过笔墨的不断探险获得艺术上的"新生"！ 他深知笔墨的高化之境，不可能来自因循与重复，它总是产生在一种无以名之的新变中。

《金陵怀古册》原为12开，款中所谓"丁亥"，即为1707年，也就是石涛在世的最后一年。此册现藏华盛顿弗利尔美术馆。

其中的《一枝阁》，主旨系回忆金陵岁月，当年的书斋"一枝阁"坐落于不胜清寒的月雾之中，仿佛远离尘嚣。虽然时隔25年，但在石涛看来，随着那些云水万千的往事的远逝，自己也即将完成一次由生到死的回归。

《待书图》为第二开，甫一打开，一种肃杀空寂之气便弥漫其间。画面上的小径，虽左右可通，却阒无一人，这在石涛的画中并不多见。画面上端的自题诗可谓自揭其秘：

> 四壁窥山月，墙崩老树支。
>
> 酒人催翰去，骚客恶书迟。
>
> 烧竹余新笋，餐松忆旧枝。
>
> 斯时无可对，惟复把君诗。

酒人已去，客书未达，诗人惟有"烧竹""餐松"，把读友人之诗自遣；盈溢于笔墨畦径之表的，是一种砭骨的孤寂感，它大大地烘托并强化了画面中的荒寒之境，而这，显然是与石涛本人那种濒临死亡的复杂心境相对应的。

《金陵怀古册》在画法上仍充溢着其一以贯之的探索与创新精神。如第十一开《采石矶》，忆写被誉为"长江三矶"之一的江南名

《金陵往事》之十一（采石矶）

胜采石矶（史上曾为金陵辖地，今属安徽马鞍山）一带的山水风光。作为主景的采石矶位于左方，仅占画面的三分之一，大部分空间都做了留白处理。在画面的右面，石涛将一首七律用重墨行楷题写，占了三行，既保持了构图上的平衡，又与左边的淡墨形成对比，匠心在焉。江岸观景台立有一亭，矶上隐然有石涛仰慕的唐代李白衣冠冢。远山只用一笔若有若无的淡墨染成。在画面的下方，石涛只用极淡的墨线略写几笔，直令人感到滔滔江水流经当涂天门山，正朝着采石矶滚滚而来。这种极其抽象的画法，在当时是非常前卫的，此乃石涛"从于心也"的又一创发。

需要强调的是，石涛作画一向注重"画不违其心之用"，大力强调"心性"在创作中的重要作用，这种超前意识，与西方19世纪末兴起的后印象派，以及20世纪西方表现主义的艺术主张不谋而合。后印象派重表现而非再现，融主观人格、个性于客观；表现主义则强调艺术是内心主观感受的产物，这类理念，与石涛相比，实际上已滞后200余年！以故，吴冠中称赞石涛提出了20世纪西方表现主义的宣言，并将他尊奉为现代艺术之父，洵非虚言。

下面笔者拟将石涛为《采石矶》所题的跋语照录如下：

天门急涌一拳石，化作三台匹练中。

仙客逸名犹此地，辞人挽起力追风。

沉沉影落物俱静，皎皎山明咏不同。

珍重年年重庆事，莫凡小立碧飞空。

款署：闰中秋登采石旧作，丁亥中秋忆此，拈来作画，大涤子极。

题罢此跋，石涛已累得气喘吁吁，他实在是力不从心了。尽管如此，石涛于艺事仍念兹在兹，朝斯夕斯，只要生命不息，绝不稍自暇逸。他倾其毕生心力，极大地扩展了水墨语言的表情与描述功能，扫除了以往那种依附于前人的陈陈相因的笔墨套式，直接切入生命本体的核心层次；这种个人化的"笔墨实验"的当下呈示，是石涛为建立新的笔墨语言系统的积极探索，他使中国的水墨艺术成为一个充满无限活力的开放领域。

下面笔者就将石涛在其去世那一年（1707）的书画创作胪陈如下：

康熙四十六年丁亥（1707），石涛67岁。此年春分前，石涛曾为友人作《蓬莱仙境长卷》，并题跋语道：

畅谷东升。此卷幅乃宋内宫刻丝蓬莱仙境，旸谷东升景象外，真天孙之技也，虽一代画家亦不能摹写。余仿其大意得此，并报友人之索也。摹宋内宫蓬莱仙境卷轴，丁亥春分前于大涤堂中。靖江后人石涛极。（据程霖生《石涛题画录·蓬莱仙境长卷神品》）

此年春，石涛题赵子昂《神骏图》，云：

　　赵氏画马此八骏，生气流溢鲛绡间。首先一匹魏公倡，子雍一匹未敢望。子明六匹汗且奔，总不能超魏之上。骅骝绿耳世岂无？盐车辘辘嗟已瘠。我今日是相牛夫，空倚精神来按图。图中举肥传干力，骨格全无膔拥玉。尾丝不动委长云，饱腹日撑三斗粟。围人挽控莫敢骑，奉养知为骏神姿。呜呼驰骤须真马，千里当教试蹄下。次日复录少陵画马赞以裕其后。丁亥春日，题子昂《神骏图》。此册得自宣城，数十年未装潢。值守虚子李氏，一日过大涤堂，索观时，一览便携去装潢。遇大涤子南来，问翁往我西山，方属题焉以藏。大涤宝之。瞎尊者主人再题并记。（据汪研山《清湘老人题记》）

　　同年3月，石涛画竹于耕心草堂，并题诗。又为承德堂主人摹《宋人八鹤图》，并题简跋。

　　同年7月，在手腕的长期病痛之后，石涛自觉稍有好转，遂又握管如常，罄力绘制《设色山水册》，计书画各十二帧，并逐一题诗。

　　是年秋，有友人携《别有天地图》来访，石涛展而观之，知为七年前旧作，乃濡墨题道：

　　丁亥秋日，清湘老人坐耕心草堂，时有友人携此过斋头，展之乃吾画也。睹其烟岚透逸之气，近觉反不及此，多为老朽好闲习懒之故也。于是乎题，校前又八年矣。

　　所谓"好闲习懒"，虽为一时情至之语，但也曲透出石涛由于身体原因，笔头无法焕现当年灵气神韵的某种无奈。

　　石涛自知生命的黄昏已然来临，可他多么想多给世人留下一些东西，但自从题毕此跋后，石涛似乎已耗尽了他的最后一点力气；相关文献，此后也再不见有关石涛真笔真墨的记载。

为旧作《别有天地图》所题的这则简跋，遂成为石涛最后的绝笔！

即使是绝笔，从其笔墨畦径间所透发出的，依然是一种郁勃的、健硕的、精进的生命内在力量、一种亟欲超越自我的创造激情，一种近乎严苛的精神自省。神明不衰，心光不灭！

这就是石涛——他一旦认清了自己所身膺的承前启后、化古开今的历史使命，就绝不会放下手中的那支羊毫笔。一息尚存，丹青弗辍！

而更为可贵的是，在石涛那里，传统，永远都是"现在时"，永远因吸纳新质而葆其走向未来的活力，永远在这种吐故纳新的代谢过程中焕发生机。因此，对石涛而言，传统既是巨大的压力，更是无尽的资源；他穷尽毕生精力，殚精竭虑地发掘其"内在因素"，并以其超人的智慧来加入并丰富着传统；正因如此，"创新"在他那里才会化为一个个鲜活的文本，一条条左右逢源的宽广道路。纵转益多师，不患无主；法法我法，自有津梁。卓尔自运，不随他转。

总之，他始终不断地开拓着属于他的"创造空间"，自觉地肩负着创新这一历史使命，并且永远在路上！

"永远在路上"，这正是其使命感的本质。

"永远在路上"，这也是石涛在艺术上斩关夺隘、继绝起衰之精神的生动写照！在这里，一种傲岸是必须的，否则便不能称其为俗世独立的天才；一种"虽千万人，吾往矣"的强悍与决绝是必须的，否则便会被泛滥大地的平庸潮水所淹没！

——不知是冥冥中自有定数，还是纯粹的巧合，石涛竟将其绝笔之作诗命题为"别有天地"，绝妙地象征着其"永远在路上"的创发精神与进取气象。

在死亡的笼盖下，自知尘缘将了的石涛，此时心头还有唯一放不下的一桩事，那就是《百开罗汉册页》的归宿。

一天，石涛醒来后，自觉有了点精神，便让徒儿把老友徐半山、张山来、许松龄、江世栋、程浚等一一请来，当着广教寺方丈一如法师的面，用他那微弱到几乎听不清的声音讲述着《百开罗汉册页》的来历——

"我早年从黄山上下来后开始画罗汉，为承前诺，第一卷绘成后归曹太守所有。此后又绘制了《十六阿罗应真图卷》，此卷耗力甚巨，后来梅清兄看到了，欣为题跋，且以'神采飞动，天趣纵横，笔痕墨迹，变化殆尽'之语赞之，将此视为神物。可惜此卷后来不幸丢失了！为此，我痛苦极了，一连三年都不愿开口。后来，我开始画《百开罗汉册页》，可用了三年多的时间仍未画完，因我对此卷期许甚高，不肯落他龙眠窠臼中，故对前人所立之法，我即舍之；对前人于此未立一法处，我即出一法。通过这一取一舍，自有神形飞动之势。对于此卷，我极为珍爱，并一直对其进行增益、完善。屈指算来，如今已二十多年过去了，不论走到哪里，它一直跟随着我。如今，我自知大限已到，现在我就当着诸位的面，把它郑重地捐献给广教寺，希望一如大德体悯微情，善加宝护！"

一如方丈庄肃地用双手接过这本珍贵的册页，潸然道：

"此乃石公早年在敬亭山之宝绘，历时数年，为石道人平生之精制，心血之凝结，足以为本寺增辉，为灵山护法。拙衲定当备加珍护，永葆厥华！"

"嗯，那就拜托了！果能如此，石某即使在九泉下也会瞑目的。好了，感恩诸位大德高贤，石某心中再无挂碍了！"

次日清晨，灵珠一睡醒来，发现师父竟独自出门了，直到傍晚才回来。接下来，灵珠发现师父很有些异样，只要他一有了点精神，便喜欢一个人出去溜达，而且一去就是老半天。

"师弟啊，师父以前常常是一个多月都不出门，可这几天为什么老爱独自出门，拦都拦不住，也不让人跟随。师父的身体能吃得消吗？他到底会去哪里呢？"

"师姐，其实我早就注意到了，为防不测，师父每次外出，我都会暗随其后，结果发现师父好像并没有什么固定的目标，只是独自在郊外漫无目的地溜达，东看看，西望望，一转就是大半天。"

一天，高翔见师父又从外面回来，故意问道：

"师父，您身体一直欠佳，老这么在外转悠，不累吗？您老到底想做什么，请告诉我，徒儿一定会替您做好。"

石涛神色诡谲地朝着高翔笑了一下："师父不是告诉过你吗，有些事情，别人是无法替代的。"

"那您也得告诉我们，您到底想要做什么？这么冷的天，老这样往外跑，身体哪能吃得消啊！"

"师父当然会告诉你们；放心吧，师父不会瞒你们多久了。"

是啊，还能瞒多久呢？石涛已隐然感到自己飘忽的生命就像挂在一个破损的蜘蛛网上，随时都有可能跌入死亡的深渊。

按世俗的眼光看，石涛深知自己实属社会上的一个"另类"，非僧非道，无儿无女，也没有亲族，而他又不想过多地劳累朋友，甚至门徒；于是他暗自作出决定：自己的后事，必须在生前自己了断！

几天后，石涛带着高翔、灵珠来到了城西的蜀冈。

蜀冈，又称十里蜀冈，其实是江淮丘陵的余脉，其上三峰凸起，有五烈墓、胡（胡瑗）范（仲淹）二祠、平山堂、大明寺、观音山、功德山诸胜，可谓扬州文化的龙脉与发祥地——石涛选择此地作为生圹，用心在焉。

时值初冬，雪后凛冽的北风，将晚秋刚刚疏浚过的运河吹得结了冰，河面卜覆盖着一层薄薄的积雪。在两个徒弟的搀扶下，石涛气喘吁吁地爬上了一个小山包，但见远山明灭于天际，长江如练，整个瘦西湖的全貌依稀奔来眼底。石涛指着对面的那个小山包说：

"你们都看见了吧，那儿很好。"

灵珠、高翔不解，怔怔地看着师父。

"那里位于蜀冈之北，溪水之南，风水很好。你们记住，师父死后，就埋在那里。不必铺张，入土为安。至于诵经、念忏、做七、营斋之类，一概免了！"

徒弟们对师父忽然交代后事，一时大为困惑而迷茫，于是问道：

"师父今天何出此言？"

"不是今天，师父已察看了好长时间了。"

"噢，怪不得师父最近老是独自往外跑，原来是……"

"是的，可此事师父并不想早让你们知道。其实，世间万物，荏苒代谢，百年不过旦暮耳。至于形骸，更不足恃。人哪有长生不死的呢？块状躯壳，无时不在明抽暗换，终至骨化形销，才回归到本来面目。所以嘛，你们对此也不必太难过。常言道：'纵有千年铁门槛，也逃不过一个土馒头。'古往今来，曾出现过多少功标青史的人物，秦始皇、汉武帝、唐太宗，生前曾费尽移山心力，创立了多少不世的伟业丰功，可以说能征服的都被他们征服了，可唯一征服不了的就是寿命。晚年的秦始皇妄想掌控寿命，曾下令让一批又一批方士到东海去寻不死之药，可到头来还不是得乖乖地把'命'交出来！再如唐玄宗，当年是何等不可一世，耳边的'万岁'之声沸反盈天，可转眼间便成了白头宫女闲坐的谈资。这人嘛，不论是谁，最后都是与时间抗衡的败北者，时间的威力实在是太可怕了，它可以轻而易举地成就一切、衡量一切、摧毁一切！总之一切的一切，最后都由它说了算！"

灵珠一下子被师父这番话给说懵了，遂对高翔说："咦，师父今天这是怎么了，过去可从没跟我们说起这些。"

石涛好像根本没听到徒儿刚才所说的话，继续慨言道：

"一般说来，一个人意识到死，都是从他父母的死开始的。父母一死，你就暴露在死亡直接降临的地方。可师父五岁就没了父母，所以对生死这类问题可以说早就参透了。如果以生言之，则物无不寿；如推之以死，则物无不夭。谁又能预知死亡与明天哪一个先来临。只有以'死'来反观'生'，人才能做出超越世俗生活的有意义的事情。师父近来常想，以数十年必死之身，求不可必得之欲，欲未足而身已先死；如以数十年必死之身，求千百年不死之名，骨虽烂而名未必亡。至于再过五十年、一百年，后人还会不会记起这世上曾经有过一个石涛，现在不好说，但师父相信，时间会无情地抛弃一切艺术之外的人为因素，即使用最顶级的文辞去捧抬也没有用。在无情的时间之流中，你哪怕只有一幅作品溜了进去，你也就获得了永生！说到底，就看时间能不能追认了！"

"师父今天这话说得好深啊！"高翔挠了挠头，极力地品咂着其中的意味。

"师父，您今天说得太多了，累了吧？我们赶紧回去歇着吧！"灵珠实在不忍心再让师父说下去了。

石涛深叹了一口气，然后道："'一切有为法，如梦幻泡影'，不去管它了！好吧，师父确实有点累了！我们回去吧。唉，有道是'未归三尺土，难保百年身。既归三尺土，难保百年坟'，统统不去管它了！"石涛提高了嗓门，又把刚才那句话强调了一遍。

刚才还一直勉力支撑着病体的石涛，此时实在已难以自持，在徒儿的搀扶下，踉踉跄跄地回到大涤堂，头一沾枕便睡了。

大约过了两个时辰，石涛一觉醒来，他那双近来一直微闭着的眼睛忽然睁大了，且闪动着异样的光亮，只听他断断续续地述说道：

"昨夜，师父梦见了……好多人，这里面有我的父母，我的师爷、师父、师兄喝涛，还有梅清、八大山人、本孝、半山等好多老友，啊，他们都来了……来叫我了，看来大限已到，师父就要随他们而去了！"

灵珠、高翔此时已泣不成声："师父，您别再说了！"

　　"其实啊，你们也不必太难过，师父这一生啊，不知多少回与'死神'擦肩而过，从少年起，便与师兄联袂云游，已记不清多少次遭遇险情，命悬一线，濒死累矣。要不是你师伯处处悉心呵护，师父怕连个惊恐的表情都来不及做就已经死掉了。如今师父已六十有七，这世寿不短了！想想师父 5 岁便出家，虽说四大皆空，五蕴皆虚，但父精母血，天恩地德，来世上走一遭也着实不易，如今因缘既了，可也不能说毫无牵挂……"

　　高翔、灵珠知道师父现在唯一放心不下的，就是那些字画、书稿。

　　没等师父开口，高翔便指着锁在柜子里的那批画，抢过话头说：

　　"徒儿们知道那都是师父一生的心血。师父放心，我们一定会把它看得比自己的生命还要贵重百倍！"

　　"好，有你们这话，师父也就放心了。有事要多跟程先生、江先生和许先生商量啊！"

　　高翔、灵珠此时热泪纵横，泣声道："谨记师嘱！"

　　石涛听后微微点了一下头，又昏睡了过去。

　　这一睡就是两天。

　　待到第三天清晨，石涛总算醒来，但却并未出现人们所期待的"生命的奇迹"，只见他双目无光，气息明显地微弱下去；更可怕的是，石涛的脸上还泛着暗青色的光，那是只有在垂死之人身上才会出现的。

石涛大和尚之墓。此墓位于蜀冈，为 2011 年重修。

但石涛整个面部却没有一丝悲戚，他吃力地向徒儿们诉说着刚才在梦里看到了他所画的一朵莲花正在天边绽放，这让他感到无比的祥和与宁静。说罢，他颤颤巍巍地抬起了手，从容地理了理自己那并不太长的胡须，脸上露出冬阳般惨淡的笑意，然后咽了气！

时在1707年，享年六十有七。

石涛去世后，市场上仍有他的"新作"出售，化九等人甚至直接把师父的印盖在自己的画上索取高价，不过圈内人一看便知，那是个别不肖弟子所仿制的赝品。

但人们同时发现，在人流杂遝的街头，再也看不见那位黄冠野服、步履蹒跚的老者的踽踽身影了！

结语

每一位艺术家，都希望自己的作品让时间之手亲自打上戳记，永远鲜亮如初。可是多少生前名噪一时的艺术家，在时光的魔河面前一一消解了，唯有石涛以其独创性、稀有性与特异性的笔墨艺术语言所赢得的卓越建树与显赫名声，将永镌史册，昭垂万古。

如果从美术史的视角看，历代画坛上虽流派纷呈，作手如林，然而真正出类拔萃、垂辉千春者，不过数人而已，由是益知天之笃才之难。而石涛则无疑是一位不世出的"全能型"天才：诗文书画兼擅并能，山水花鸟色色精工，他那种自拓衢路的创新活力，守正出新、法法我法的独到笔墨范式，出幽入明、控古勒今、"独与天地精神相往还"的"诗家之心"，皆是他留给后人的一笔不断增长的遗产。至于他那种被千重劫难万般泪血所穿透的大悲大苦的传奇经历，出世入仕的精神纠葛，庄谐杂糅的奇闻轶事，均构成一种复杂的丛聚，一直得到世人广泛的关注。

石涛还是一位不断"跨界"的罕见的"复合构成体"，他集画家、书法家、诗人、哲学家、理论家、佛学家、园林家、鉴赏家于一身，取精用宏，师心独造，融通博赅，卓尔不群，其在艺术上的开张性、开合度如此之大，在历代画家中罕有其匹，从而实至名归地成为清初以来的最伟大的画家。

当这样一个曾经释放过绚烂光华与高贵激情的生命，一旦归于寂灭，总会使人陡生无尽的怅憾与追怀。

石涛生前曾编定其《画语录》，整理画稿，并自营生圹，这实际上都是在考虑他本人死去之后的存在感，这也是每一位艺术家在世时所剩下的最后一个难题。而石涛的深邃之处就在于他悟透了"纸墨更寿于金石"而"物之废兴成毁，不可得而知也"（苏东坡《凌虚台记》）的道理。雄杰瑰丽的凌虚台尚且如此，况且是一座小小的墓茔！如今，随着岁月的流滚，石涛的墓地早已无从寻觅了，但盈溢于其笔墨畦径之表的那股以借古开今、守正创新为基质的"精气"犹昭然而未失，潜行而不绝；她正穿越过时空的藩篱，源源不断地为后人提供着使高贵的创造激情内燃的柴薪。

因此，每当我们面对石涛的《画语录》，他的《百开罗汉册页》以及其他一系列笔精墨妙的山水、花鸟画作时，我们仍仿佛面对着一个心灵的"现场"，仍置身于"大涤"的时空里；石涛笔下那一幅幅凌越时空的画作，仍使我们确信：石涛从来就不是一个退出时间的局外人；我们仍活在石涛之中，仍愿将其人其艺视为一种"正在进行时"。

从这个意义上说，真正能够使石涛安寝的墓茔其实正是他的创作文本。

由此指认出发，对石涛本人及其创造文本重新进行甄别与发掘，将会大有助于启发我们进一步体悟东方民族的独特智慧、审美规律及艺术思维方式。

——将会大有助于我们高屋建瓴地审视中国书画艺术的本体特性、内在规律，正确认识传统与创新的关系，找到发展与推动中国文化传统发展的延续性动力，以及"与未来接轨"的力量，重铸当代艺术之魂。

——将会大有助于我们深入理解如何传承中国文化的正脉，阐发古典内蕴，弘扬传统精华；同时也将大有助于我们准确认识中国书画艺术的传播特点及传承规律，以及经典之所以成为经典的内在奥秘与不朽价值。

　　下面笔者就结合《百开罗汉册页》这一典型个案的流播过程，从现代传播学的视角对此作进一步的申发。

　　像所有经典化的名作一样，其背后都有一串鲜为人知的故事，只是《百开罗汉册页》较石涛的其他名作，其辗转流传过程更曲折、更传奇。

　　石涛的《百开罗汉册页》，原本是为广教寺画的，在画成一百页后，便由广教寺收藏。广教寺在收藏这套册页时，在一百页罗汉图的每一页上都钤印"敬亭山广教寺永远供奉"。一百页装裱后成一盒，上有题签："苦瓜大和尚百页罗汉图册神品，敬亭山广教寺供奉。"由于石涛在宣城时尚未自号"苦瓜和尚"，到了南京后始自号"苦瓜和尚"，故广教寺装池题签必在康熙十八年之后。

　　但这套《百开罗汉册页》并未被广教寺"永远供奉"。后来不知是什么原因，这套册页被徽籍画家方士庶收藏。

　　方士庶（1692—1751），宁洵远，号环山，因小字师子，故号小师道人、小师老人、天慵庭主、天洵等。原籍安徽新安歙县，后居扬州。曾受学于黄鼎，然笔墨秀逸过之。善山水、花卉，学之者甚众，人称"小师画派"。著有《环山诗钞》《天慵庵笔记》（一版作《天慵庵随笔》）等。方士庶博学善鉴，有声于时，扬州大盐商购画往往请他代为鉴定真伪。从石涛的这套《百开罗汉册页》看，其中共钤有八枚收藏印，分别为：（朱文）"士庶"、（朱文）"环山"、（白文）"方洵"、（白文）"洵远"、（白文）"天慵书屋"、（朱文）"环山审定"、（白文）"举肥"以及（白文）"小师老人"。据朱良志先生考证，这八枚收藏印与上海博物馆所编《中国书画家印鉴款识》（上册，第188页）中收录的方氏用印无异，故可推定，这套《百页罗汉册页》确曾为方士庶本人所收藏。尽管在与方士庶的相关文献中并未有这一方面的任何记载。

　　家境并不富裕的方士庶，晚年能收藏石涛的这一套《百开罗汉册页》，绝非易事，可谓倾其所有，足见其对此图册的钟爱程度。

方士庶于1751年4月6日去世。之后，此册一度不知落入何处。

一百年后，这套册页归入僧人几谷明俭之手。

据《墨林今话》卷十五所记，"释明俭，字智勤，号几谷。丹徒王氏子，出家小九华山，能诗。善摹晋人法帖，工画山水、花卉，山水出入荆关马夏，下笔如风，墨采沉郁，与海昌释六舟善，其与黄崖总镇汤公（陈指贻汾）借游雁荡六日。穷极幽美，归画长卷纪盛……尝访予吴门……"从文献记载看，几谷明俭活动于江浙沪一带。他得到这套《百开罗汉册页》后，并未在图上钤印，但题有简跋如下：

石涛大士早年在敬亭山所绘五百罗汉图，历时数年，为石道人毕生之精制。庚戌年腊月几谷明俭题识。

按，石涛所画罗汉实际上只有310位，并非其跋中所称"五百"，这似乎表明几谷明俭是承藏家之请作鉴赏题跋，并非他本人所藏。此跋中所谓"庚戌年"，为公元1850年。

从方士庶到几谷明俭，其间隔约百年；又过了近百年，这套图册到了扬州仇森之手中。

仇森之生于1906年，和大收藏家兼实业家仇焱（1910—1980）是同胞兄弟，祖籍太仓，仇英后裔。仇森之号苦藐居士，又号梦栖桐馆主。早年师从扬州书画大家陈含光、王石如，后考入杭州的美术专科学校，善写意花鸟，画风清丽隽逸，又雅好琴棋，后从事盐业，曾侨居南通十余年，热心公益慈善事业。又喜好收藏，家藏甚丰，有明四家、扬州八怪及近代诸名家之作，此外也有瓷器和古籍善本。在近来嘉德等拍卖行所拍的一些作品上，也经常可以看到仇森之的题跋或印鉴。在现今存世的《百开罗汉册页》上，每开都钤有"苦藐居士"的白文方印，其中大部分印钤在方士庶印之上。尤当措意的，是下面一段长跋：

> 僧元济号石涛，别号清湘老人、大涤子，俗家姓朱名若极。为明靖江王后裔。后久游皖苏等地，卒于扬州。工诗文书画，天才横溢，自成一家。清湘遗人效李伯时，着色人物山水走兽，无不精明，皆自能出机杼，表现出高古奇骇、意趣盎然、神秘恐饰、不可意测之景象。大士此图册百页，有康乾大家方士庶过眼，并钤印多枚，由道光间明俭珍藏并题识。丁亥春广陵梦栖桐馆主重装并珍藏。子孙永保。

此跋一般论者都认为是仇淼之所作，实则为陈德培题跋。有学者据南通博物馆所藏《苦藐归隐图》碑中记载仇氏卒年为丙戌（1946）年，而跋尾中的"丁亥年"则为1947年，故认为在时间上似有未合。

实际的情况是，此一册页装裱后不久，仇淼之即去世，然后由陈德培作跋。陈氏在跋语中简要地交代了《百开罗汉册页》的鉴藏过程，并钤有"陈德培"朱文方印，而起首"步""瀛"二小印亦非仇淼之印，而是陈德培之印。至于所谓"丁亥春"，实为陈培德题跋的时间。

惜乎仇淼之的子孙并未能"永保"。20世纪40年代，《百开罗汉册页》又流入日本，被日本大阪市一位收藏家收藏，这位收藏家不愿透露姓名，也未钤印题跋，一直秘藏到20世纪90年代。2008年，饶宗颐先生鉴赏这套册页后，欣然为之题"小乘客山水人物百页。戊子选堂题"，钤印"饶宗颐印"。

2012年文物出版社出版《石涛百页罗汉》，2021年紫禁城出版社出版《石涛大士百页罗汉画册》、荣宝斋出版《石涛罗汉百开画册》，此作由是化身千万，广为世人所知。

以上，我们对石涛《百开罗汉册页》的流传情况作了一个简括的追溯，由此足见其流传过程，与中国人的时间观和生死观完全同构——每一次的得而复失，并不意味着消亡；而每一次的失而复得，则是新一轮生命的再生与开始。从这个意义上说，《百开罗汉册页》便不复是一件静态的、孤立的作品，而是在历代艺术家、收藏家的不断流传中具有了动态的性质，它与石涛的一系列书画艺术精品，与他的《画语录》，与他雷动风响的人生传奇，与他的文化理念与创新精神，共同凝结成为一个完整体系，构成古典中国艺术版图的一部分，也构成着中国人的审美观念与文化精神，并持续地对后世产生重要影响。

如今，300多年过去了，石涛的伟大，并未在21世纪因文化时空的巨变而减弱光芒；相反，其无远弗届的影响力仍在以"令世人换新耳目"的艺术魅力进入中国书画创作的现场——这正显示出石涛的先锋性活力。

近年来，石涛的作品，一直是国内外一流收藏家重点收藏的对象。作为国宝的《百开罗汉册页》也一印再印，一展再展，广传瀛海，化身千亿藏品。尤其是，当我们看到《百开罗汉册页》跨过300多年的时光，闪亮展出于国家博物馆时，石涛所创造这些经典作品的经典瞬间有了一次逆时空的回溯和重放，整座硕大轩敞的文化空间顿时被激活了，不少观众心目中的"石涛"（专擅山水、花鸟）被眼前的这个"石涛"所取代，他们跟随着那些灵奇百态的罗汉进入了一个个属于石涛的诗意空间！

从这个意义上说，不是时间带走了他，而是他赢得了时间。

对此，石涛本人在生前似已有所预知，他尝谓："余画当代未必十分足重，而余自重之。""我也无如之何，后世自有知音。"石涛的这种自信，无疑是建立在"屡变屡奇"（黄宾虹语）的艺术自觉与借古开今、"我用我法"的成功笔墨实践基础上的。石涛理应毫无愧色地进入这个世界由最优秀、最富有创造活力的灵魂构成的永恒者的行列！

对于集聚在石涛身上那种超越时空、无远弗届的文化辐射力、影响力及作用场，历代名家硕彦几乎有笔共书——

南北宗开无法说，画图一向泼云烟。

如何七十光年纪，梦得兰花淮水边。

禅与画皆分南北，而石尊者画兰，则自成一家也。

——八大山人题石涛《疏草幽兰图》

余所思佩兰画岩两人，苦瓜子掣风制颠一至于此哉。何故荒垒人，解佩复转石。闻香到王香，乃信大手笔。家住扬州城，来往青齐道。齐云与庐岳，相见老不老（原小注云：两山之中皆有五老峰也），辛巳一阳之日，八大山人观并题。

——八大山人题石涛《兰草图》

松风水月，未足比其清华，仙露明珠，讵能方其朗润。类莲花之出水，赫焕无方；若桂月以空悬，光明洞澈。西庐老人王时敏书。

——王时敏题《石涛画册》

石涛画法千变万化，离奇苍古，而又能细秀妥帖，比之八大山人，殆有过之无不及者。然八大名满天下，石涛名不出吾扬州，何哉？八大纯用简笔而石涛微茸耳。且八大无二名，人易记识，石涛宏济，又曰清湘道人，又曰苦瓜和尚，又曰大涤子，又曰瞎尊者，别号太多，翻成搅乱。八大只是八大，板桥亦只是板桥，吾不能从石公矣。

——郑板桥《板桥题画》

八大山人长于用笔，而墨不及石涛。清湘大涤子用墨最佳，笔次之。笔与墨和合生动，妙在用水。余长于用水，而用墨用笔又不及二公。甚矣，笔墨之难也。

——李鱓《画跋》

万以治一，化一而成氤氲，天下之能事毕矣。苦瓜和尚论画秘录十八章，空诸依傍，自出神解，为从来丹青家所未道。氤氲一章，尤为简括，妙蕴因见。

——何绍基（摘录自江世清《石涛诗录》）

画至八大、石涛，其用笔施墨，粗之至、奇之极矣。然我尝见山人画梅，疏花劲干，殊得高逸之致。见大涤子画竹，风枝露叶，殊得萧散之趣，气韵之妙，无以复加。通观全幅，绝无一点霸悍之气扰其笔端。可见其于画理，研究极深，迥非漫然涉笔点墨者比也。

——金城《题跋》

济师画险急极矣。其思想大与人别：于水际不能出峰处，忽奇石岸然；于万山不能置屋处，忽危亭翼然。余论画：奇到济师而极，幽到石溪而极，二绝不能分高下也。

——林纾《春觉斋论画》

石涛画，凡美人、山水、花卉、翎毛、草虫，无不精通；貌似拙劣，其实精妙，其俊秀处，殆难以言语形容。

——陈衡恪《中国绘画史》

下笔谁教泣鬼神，二千余载只斯僧。

青藤、雪个、大涤子之画，能横涂纵抹，余心极服之。恨不生前三百年，或为诸君磨墨理纸，诸君不纳，余于门之外，饿而不去，亦快事也。余想来之视今，犹今之视昔，惜我不能知也。

——齐白石《五十八岁日记》

清湘老人所画山水，屡变屡奇。晚年自署"耕心草堂"之作，则粗枝大叶，多用拖泥带水皴，实乃师法古人积墨破墨之秘。从来墨法之妙，自董北苑僧巨然开其先，米元章父子继之，至梅道人守而勿失。明代白石翁一生，全从苍润二字用功。蓝田叔能苍而不能润，蓝不如沈以此。石涛全在墨法力争上游。

——黄宾虹《虹庐画谭》

石涛、八大是画家，又是出家人，无俗念，至少俗念比在家人少，所以他们的绘画成就高，至今无人可以与他们相比。石涛、八大的画属于文人画一路，用笔落墨高人一等，意趣也高人一等。

——潘天寿《潘天寿谈艺录》

石涛之艺术，登峰造极，其声望之雀起扬州，于后起八怪之画艺画风，不能不有深厚之影响。故世人评为石涛开扬州，极为正确。

——潘天寿《论画残稿》

观夫石涛之画，悉本其主观情感而行也，其画皆表现而非再现，纯为其个性、人格之表现也。其画亦综合而非分析也，纯由观念而趋单纯化，绝不为物象复杂之外观所窒。至其画笔之超然脱然，既无一定系统之传承，又无一定技巧之匠饰，故实不以当时之好尚相间杂，更说不到客观束缚，真永久之艺术也。观石涛之《画语录》，在三百年前，其思想与今世所谓后期印象派、表现派者竟完全契合，而陈义之高且过之。呜呼，真可谓人杰也！

——刘海粟《石涛与后期印象派》

石涛可谓博大精深。我认为石涛的歌行体诗是杜甫之后第一人。书法也绝佳，八分书是清代三百年间第一。

——石壶《石壶论画语要》

山水画空间感很重要。好的构图在于穿插，有深度。画好空间感，要掌握好近景的关系，近、中景要有联系。石涛很聪明，通过一条路，或者是两棵树的空隙看到中景，使之互相联系。

——李可染《李可染论艺术》

自一九二七年至一九三七年，这十年间……上海方面，则于吴派消沉后，代之而起的是石涛八大的复兴时代……几至家家石涛、人人八大。

—— 俞剑华

石涛是世界美术发展史上一颗冠顶明珠。

我尊奉石涛为中国现代艺术之父，他的艺术创造比塞尚早两个世纪。

——吴冠中

以上诸家所论，足徵石涛作为前无古人、后启来者的一代宗师，其伟大之处就体现在他始终开辟传统而非因袭传统，最终实现对传统的超越；从他身上，我们看到的是一个依然充满无穷活力与生机的流动着的传统——大圣哲的妙悟，大诗人的风华，通人式的博综，大天才、大智慧与大精进合而为一，最终矗立起一座后人无法超越的高峰。

——由此我们更加确信：真正能够经受住终古如斯的流光淘洗的，是那些具有永恒价值与魅力的东西，它能够逸出个体生命的有限性，进而充分证明一种全面"复活"了的中国文化艺术传统，会因一个人盖世才华的注入而大放光芒。

——由此我们会惊异地发现：石涛总是走在时间前面；像一切不世的天才一样，他必须在"虽千万人，吾往矣"的孤绝探险中默默地走完历时的长夜，直到共时的太阳照亮了人们的眼睛，世界才会在辉煌的惊叹中告慰先知独行天才的亡灵。

因此，笔者愿在此再次强调，也许时间的巨手可以抹平一切，唯有文明的传承之灯将长明不熄。从这个意义上说，后来的创新者，不过是一个又一个石涛而已。

于是，在我们的"灵视"里，大大小小的石涛复活了，在历史的深处复活了！在时空的流变中复活了！在一代代薪火相传的文明接力与再创中，复活了！

很多年后，当笔者来到宣城的双塔寺下，来到扬州的大涤堂遗址前，来到扬州何园中那座相传是石涛亲手建制的片石山房前，发现，石涛好像正迎风坐在那里，他笑着，递给我一卷《画语录》和一本《石涛画册》。蓦然间，我觉得石涛更像是一个洞悉中国传统文化奥秘的智者，他深知"纸墨更寿于金石"的道理；从物质层面上看，纸的坚固度远远比不上青铜，但它以其独有的临摹、刻拓与刊印的方式，更易于复制和流传，从而以文字与图册的形式，通过不断的翻印，延续着纸张本身的有限寿命；当那些纪念碑式的建筑化作了废墟，它们仍在时空的流变中显示出水滴石穿般的强大力量，弱化甚至否弃着"死亡"的虚无！

总之，一个以创新为使命的伟大艺术家可以通过他的笔墨与文字进入永恒，他生命中曾释放过的万古光华必将藉助文字图册的传播力得以永存，这是中国文化传统中一项特有的承诺；为了艺术，石涛奉

献出了他的全心全灵，并以一种超越死亡的方式，回应了中国的这一
文化传统——

文字不朽！

笔墨不朽！

石涛不朽！

涛號清湘
□人又號大
□瓜和尚又
□蕭千者畫

石涛生平提要

1640年（明崇祯十三年庚辰）

出生于广西桂林靖江王府，姓朱名若极，明朝第一任靖江王朱守谦之后。其父朱亨嘉，为第13代靖江王。

按，据石涛60岁生日所自书的《庚辰除夜诗》（上海博物馆藏），影印本见郑为编《石涛》（画集）（上海人民美术出版社1990年版）第77页前小序所云："庚辰除夜，抱疴，触之忽恸恸，非一语可尽生平之感者。想父母既生此躯，今周花甲，自问是男是女，且来呱一声，当时黄壤人喜知有我。……"此"庚辰除夜"为清康熙三十九年（1700）除夜。由此"今周花甲"上推，当为明崇祯十三年庚辰（1640）除夜。

又据石涛在北京所作的《原济山水图册》（广州市美术馆藏）之题识："诸方乞食苦瓜僧，戒行全无趋小乘。五十孤行成独往，一身禅病冷于冰。庚午长安写此。"此"庚午"为清康熙二十九年（1690）。由此上推"五十"，可知为明崇祯十三年庚辰（1640）。若将二者合而观之，所谓"庚辰除夜""今周花甲"与"五十孤行"所推出的石涛生年皆指向明崇祯十三年庚辰（1640）之除夜，殆无疑义矣。

1641年（明崇祯十四年辛巳）　1岁

是岁，朱若极受哺于靖江王府。

按，朱若极为嫡长，明制满一岁时具请封为长子，故取乳名：阿长。宗谱名：若极。为赞之十世孙，第13位靖江王朱亨嘉嫡长子。

1643年（明崇祯十六年癸未）　3岁

清太宗皇太极驾崩，五岁儿子福临（1638—1661）登基为顺治帝，皇太极胞弟多尔衮（1612—1650）摄政。

1644年（明崇祯十七年甲申、清顺治元年） 4岁

李自成攻陷北京，国号大顺，4月25日崇祯帝自缢于煤山。是年5月，多尔衮以顺治名义入北京，明亡，明福王朱由崧在马士英等人的拥立下即位于南京，年号弘光。中国南方的抗清力量多于此地凝聚，各自称帝，统称为南明。

10月，清帝福临在北京即位，号曰大清，纪元顺治。

1645年（隆武元年乙酉、清顺治二年） 5岁

扬州陷，抗清名将史可法拒降遇害。明鲁王朱以海监国于绍兴。

9月，桂林朱亨嘉自称监国于桂林，被瞿式耜指挥的南明隆武帝朱聿键军队击败，押送福州，后幽死于狱中。在此清剿行动中，靖江王室被满门抄斩。若极由内监亮救出，得以逃离险境，旋即在全州报恩光孝寺削发为僧，改名字为石涛，法名原济。内监亮改名字为喝涛，法名原亮。

1649年（清顺治六年己丑） 9岁

在全州报恩光孝寺为僧。

在湖广一带云游数年，多数时间在武昌，曾到过荆门、洞庭湖、长沙、衡阳等地。

1650年（清顺治七年庚寅） 10岁

多尔衮卒，顺治帝重掌大权。

是年初，清兵攻克韶州。永历帝逃奔梧州。2月，清兵围困广州，旋又攻克全州。

为避兵祸，喝涛不得不连夜挈石涛由光孝寺逃至梧州，客居冰井寺。

是年开始收集图画、书籍。

1651年（清顺治八年辛卯）　11岁
客居梧州冰井寺。

1652年（清顺治九年壬辰）　12岁
驻锡梧州冰井寺。
除对读书识字及绘画深感兴趣外，开始研习书法。

1654年（清顺治十一年甲午）　14岁
驻锡全州报恩光孝寺。
是岁开始跟喝涛习画，作《双勾兰竹》，并题跋道："十四写兰五十六，至今与尔争鱼目。"又从曾任县令的陈一道（1647年进士）学习绘兰。

1656年（清顺治十三年丙申）　16岁
驻锡全州报恩光孝寺。

1657年（清顺治十四年丁酉）　17岁
在武昌，拜曾任河南孟作令的陈贞庵（一道）先生学画兰竹。
正月初，与师兄喝涛从全州乘船沿江东下，开始云游访道。
渡洞庭湖，登岳阳楼，抵达湖南省，经长沙至衡山。然后游至湖北武昌，石涛开始作画以纪吟踪，并题诗于其画上云："落木寒生秋气高，荡波小艇读《离骚》。夜深还向山中去，孤鹤辽天松响涛。"
款署：石涛济。

此为石涛最早有纪年的诗歌。

4月，与喝涛游览西湖，在冷泉作画。据清人汪绎辰所辑《大涤子题画诗跋》第一辑，收有《画山水册子题跋》，款署云："丁酉偶画，漫识于西湖之冷泉。"此为石涛有意以画纪其游踪之始。尤当措意者，此画上题有石涛后来曾多次重复的一则重要画跋："画有南北宗，书有二王法。张融有言：不恨臣无二王法，恨二王无臣法。今问南北宗，我宗耶？宗我耶？一时捧腹曰：我自用我法。"此段题跋，可视为肇其创新意识之端倪的标志性宣言。在以董其昌、"四王"倡导拟古、守旧之风盛行的明末清初，此论一出，颇具振聋发聩之效。

1658年（清顺治十五年戊戌）　18岁
仍在江浙一带云游。

1659年（清顺治十六年己亥）　19岁
仍在江浙一带云游。
浙江临济宗天童系住持木陈道忞（1596—1674）一改原先效忠明朝的立场，接受顺治帝之诏，偕门徒旅庵本月赴京讲法。同年稍后，木陈返回南方，旅庵仍留京师。

1660年（清顺治十七年庚子）　20岁
木陈道忞（1596—1674）还山，旅庵本月入北京善果寺开堂讲法，故称善果月。

1661年（清顺治十八年辛丑）　21岁
在江西、浙江一带云游。
顺治帝因天花驾崩后，子玄烨即位，纪元康熙。

1662年（清康熙元年壬寅）　22岁

旅庵南返，驻锡于江苏南部松江昆山泗州塔院。

石涛与喝涛云游到武昌，受多位友人之邀登黄鹤楼，作七古一首，并作《黄鹤楼卷》。

10月，石涛与喝涛云游到上海松江昆山九峰泗州塔院拜旅庵本月为师，成为临济宗第36代传人。

1663年（清康熙二年癸卯）　23岁

继续在松江昆山九峰泗州塔院禅修，师承证道。

玄烨（1654—1722）登基为康熙帝，由于年少，朝政由鳌拜领导的辅政大臣执行。同年，最后一位明朝称帝者在云南被处决，南明告终。

画家弘仁卒。

1664年（清康熙三年甲辰）　24岁

在松江昆山九峰泗州塔院禅学师承证道结束，师父旅庵本月没有把两人留在青浦，反而要他们游历天下（特别是江南一带）。

二人沿江东下，曾至庐山。又转至浙江、苏南。

1665年（清康熙四年乙巳）　25岁

是年二度游览西湖，登灵隐寺飞来峰，作《山水图册》。

1666年（清康熙五年丙午）　26岁

是岁10月，石涛随师兄各地云游后回到松江泗州塔院。身受清政府优渥宠遇的旅庵本月禅师，深知作为明宗室后裔、四处云游的石涛，面临着随时被屠戮的危殆处境。11月，旅庵本月派人潜护他们师兄二人束装就道，去宣城广教寺暂避风头。

先后驻锡于金露寺、宛津庵与闲云庵等寺庙。

1667年（清康熙六年丁未）　27岁

居宣城，同时小住歙县。

此年参加宣城当地文人组织的"诗画社"。

7月中下旬，石涛初游黄山。作《初上文殊院观前海诸峰》七古一首。

在山中与新任太守曹鼎望（1618—1693）相遇，承请为其绘制一套黄山七十二景图册。

归来作《黄山图》。

应太守之邀客居徽州府治歙县（新安）太平寺中的罗汉寺，曹鼎望请他绘《十六阿罗应真图卷》，石涛用白描法绘成，署款正式自称为"天童忞之孙，善果月之子"。

晤梅清，相与论艺，有相见恨晚之慨。

《十六阿罗应真图卷》失窃，石涛为此一直闷闷不乐，沉默不语几达三载。

1668年（清康熙七年戊申）　28岁

居宣城，偶然下榻歙县太平寺。

9月，过净因庵，为陈元孝作《高仕闲居图》。

1669年（清康熙八年己酉）　29岁

居宣城。

夏，到新安，客居紫阳书院，作《金竺朝霞图》。

作《山水册》八帧。

9月，在曹鼎望之子曹钤的陪同下再登黄山。完成《白描十六尊者卷》第二卷，为自藏品。

年仅15岁的康熙帝逮捕鳌拜，重掌大权，标志辅政时期告终。

冬，作《山水册》四开，题黄山诗七绝一首。

1670年（清康熙九年庚戌） 30岁

春，从黄山回到宣城，拜访梅清，相与论画，并画赠梅清，梅清则答以长歌为谢。

此年或翌年间，石涛与喝涛接管广教寺，致力于其正在进行的复修工程。

1671年（清康熙十年辛亥） 31岁

居宣城广教寺。为曹鼎望作《山水图十二屏》。

夏作《书画册》，并书诗7首，其中有黄山诗3首。

秋作《山景画轴》。

是岁重阳节，为一位老道翁作《采菊图》。

1672年（清康熙十一年壬子） 32岁

居宣城广教寺。

秋，乘舟游石梁，为汪玠作《石梁观瀑图轴》。

历经五年，终于于此年完成《百开罗汉图册》。

此一巨制造型精准，气韵生动，格调高华，线条本身的浑涵灵变和虚实、阴阳、藏露、有无之间的相互渗透，抑扬顿挫中所蕴蓄着的那种沉着痛快的节奏感，尽现出石涛拨灰见火的超凡功力与天才的光芒，未可方物，出神入化——从而使此一煌煌巨制获得具备了"经典"的性质——它大大地填补了清初人物画史的空白，在我国美术史上占有彪炳千秋的独特地位。

1673年（清康熙十二年癸丑） 33岁

居宣城广教寺。

上元日，作《策杖图》《行书》。

是年秋，作《敬亭山》，并题一则画论云："作书作画，无论老手后学，先以气胜得之者，精神灿烂，出于纸上……"

是年冬，作《香在梅花》，颇具创意。又作《疏竹幽兰》。

赴扬州，客居净慧寺，为闵世璋作《古松人物图》。

又作《采芝图》。

1674年（清康熙十三年甲寅） 34岁

居宣城广教寺。

4月，在敬亭山采茶，于云雾阁作山水画册六帧。

主持广教寺的重修。

5月长至日，在双塔寺写《水墨观音像轴》。

11月，在敬亭山双塔寺作《自写种松图小照》，并自题五律一首，云："双幢垂冷涧，黄蘖古遗踪。火劫千间厦，烟荒四壁峰。夜来曾入定，岁久或闻钟。且自偕兄隐，栖栖学种松。"

木陈道忞卒，后建塔于扬州净慧寺。

1675年（清康熙十四年乙卯） 35岁

居宣城广教寺。

6月，受友人之邀乘船赴真州，又至广陵，随即作图题识以记之。

7月，曾赴松江探视师父旅庵本月。

8月，自松江九峰返宣城，作《诗画合卷》第二段，书《八月九日问归船》七古一首。

是年秋，作《松阁临泉图》，其跋云："时乙卯秋日，粤西济山僧石涛。"

1676年（清康熙十四年丙辰）　36岁

居宣城广教寺。

春，再访泾县，游桃花潭，作设色山水。

作《松瀑鸣琴图》《放鹤图》（梅清为之题诗）。

10月，客居扬州，为汪楫作《山水册》十开。

旅庵本月卒。

1677年（清康熙十六年丁巳）　37岁

居宣城广教寺。

寺院重修竣工于此年或之前。

夏季，浙江钟平（1659年进士）来访，自称其父为石涛父亲在明末任职县令时旧交。石涛为其作《石门钟玉行先生枉顾诗》。

12月，为彦怀居士写山水册。

1678年（清康熙十七年戊午）　38岁

居宣城广教寺。

春，王撝从江苏太仓至宣城广教寺来访。

夏，应金陵钟山西天道院之请，赴金陵。

1679年（清康熙十八年己未）　39岁

居南京西天寺。

夏，于怀谢堂作《山居图》，有"用情笔墨之中，放怀笔墨之外"之跋语；游江苏溧水县，客居永寿寺，拜访祖琳禅师，并作画以赠。

1680年（清康熙十九年庚申）　40岁

石涛将离宣城，散尽资财，广赠旧友。唯其平生最心爱之物——《百开罗汉册页》一直由他本人秘藏，"相随二十余载"。

是年闰八月，石涛至金陵，挂锡长干寺，于一枝阁独居，此小斋位于秦淮地区重要僧院长干（报恩）寺范围内。

是年中秋节，登采石矶（安徽马鞍山），相传李白在此因醉入水中捉月而死，故石涛在记游诗中有"仙客逸名犹此地"之句。

秋冬之际，梅清及其他宣城友人曾前来探望石涛。

又据《五灯全书》卷九十四载：石涛在长干寺期间，曾开堂说法。

是年，岭南诗人屈大均客居金陵，曾往一枝阁拜访石涛，并为其题《石公种松歌》。

1681年（清康熙二十年辛酉）　41岁

居南京一枝阁。

七夕后二日，为蓼庵先生作《花卉山水册》。

9月9日，与程邃、周京、黄云、冯蓼庵诸公登周处台赋诗。

是年底，为粲兮先生补题山水《山窗研读书图》六言诗一首。

作《秋声图卷》，楷书题老山髯农先生七古一首，识云：老山髯农先生云：吾此诗自不知何为而作，持寄和尚，当明以教我耶？清湘道人苗头画角，作颤拍板声，持去髯翁一笑。辛酉湘源济山僧石涛阁中识。钤白文"济山僧"、朱文"湘源谷口人"二印（上海博物馆藏）。

1682年（清康熙二十一年壬戌）　42岁

居南京一枝阁。

清明后五日，作《烟林晴阁》。

10月，游扬州，在邗江平山堂作画。

冬，在一枝阁中写山水册，题云："似董非董，似米非米；雨过秋山，光生如洗。今人古人，谁师谁体？但出但入，凭翻笔底。"

是年作画甚夥，主要有《黄山八景》图册（现为日本住友氏所收藏）、《烟林晴阁》《游华阳山图》《疏林夕照图》等，皆堪称神品。尤其是《疏林夕照图》，写雨后秋山，其中烟云透着水气，疏林苍润欲滴。

又创作《金陵怀古书画册》。且在每一幅画上都分别冠以"伤心玄武湖""如此黄天荡""九思朝天宫""怕听凤城钟"这样一些直抒胸臆的标题，且逐一系之以诗。

1683年（清康熙二十二年癸亥） 43岁

3月，游天台山，作《乔松图》。

夏日，在一枝阁以行楷题常涵千先生五十寿锦屏："唐画，神品也；宋元之画，逸品也。神品者多而逸者少，后世学者千般，各投所识，古人从神品中悟得逸品，今人从逸品中转出时品。意求过人，而究无过人处，吾不知此理何故？岂非文章翰墨，一代有一代之神理，天地万类，各有种子，而神品终归于神品之人，逸品必还逸品之士，时品则自不相类也。若无斩关之手，又何敢拈弄笔墨，徒苦劳耳。余少不读书，而喜作书作画；中不识义，而喜论诗谈禅，自觉又是一不相类之一汇也……"此一题跋，颇有画论之价值。

七夕后二日，为蓼庵先生作花卉（上海博物馆藏）。

12月，为粲兮先生补题山水《奇峰叠云图》六言诗一首。

秋，作《柳岸清秋》。

是岁，万石年翁来访于一枝阁，石涛以"癸亥近稿一卷"赠之。

《鬼子母天图》为石涛第二度尝试的主要佛教作品，可能绘于是年。

1684年（清康熙二十三年甲子）　44岁

居南京一枝阁。此年康熙首次南巡，驻跸金陵，并巡幸长干寺，石涛与寺中僧众一同接驾。

3月，作《幽溪垂钓图》。

4月，为"阆翁大词宗夫子"作《山水图册》十开之十，并再次题写"画有南北宗"那则重要跋语。

是年，为1682年至1688年间任职南京的提督学政赵崙（1636—1695）及其子赵子泗（1701年卒）作画多幅。

款印"善果月之子，天童忞之孙原济之章"首次出现（题《忍庵居士像》，大都会美术馆藏）。

1685年（清康熙二十四年乙丑）　45岁

居南京一枝阁。

2月，雪霁，独自踏上长途探梅之旅，先后登上青龙山、天印山、东山，又瞻拜明太祖的孝陵，游览灵谷寺。

探梅归来后对园梅写照，并题诗九首。

2月，夜宿天印山古定林寺，作《梅菊合卷·梅图》之二。

夏，过五云精舍，为苍公作《万点恶墨图卷》，并再次题跋云："似董非董，似米非米，雨过秋山，光生如洗。今人古人，谁师谁体？但出但入，凭翻笔底。"

1686年（清康熙二十五年丙寅）　46岁

居金陵一枝阁。

正月，作《海屋奇观图》。

浴佛日作大幅《黄山形胜图》，录南宋程元凤黄山诗。

夏，作《蕉菊竹石图轴》，并以楷书题五律一首。

7月，为永老道翁作《水阁抚琴图轴》。

深秋，宿天龙古院，快然作画。

冬，作《山水卷》。

在此一时期前后，曾多次赴钟山吊孝陵，并写有《谒陵诗》，因诗已亡佚，具体时间尚难具考。

在一枝阁复题丁未年的旧作《黄山图轴》。

是年底，拟北游，作《生平行——留题一枝别金陵友人》。

1687年（清康熙二十六年丁卯）　47岁

居金陵一枝阁。

初识戴本孝，因其擅绘华山，石涛擅画黄山，故在书画圈内被合称为"双绝"。

在绘画理论上，石涛强调"以形写画，情在画外"，戴本孝则主张"取意于言象之外"；石涛强调"画从于心"，戴氏则主张"写心"，这种在艺术主张上一致强调"我用我法""我自用我法"的趋同性，使二人心心相印，契密无间。

自与戴本孝订交后，开始涉入金陵的书画圈子。

是年春，应孔尚任之邀，赴扬州参加由其召集的秘园雅集。

是夏，在华藏下院为"子老道翁"作《细雨虬松图》。此画受到元人倪瓒和同时代弘仁的影响。山石以折带皴勾勒为骨，很少皴点。仍不失安徽派画风却又脱化出一种新的韵致，显现出画家的一种新的探索。诚如此画跋语所云："泼墨数十年，未尝轻为人赠。山水杳深，咫尺阴荫，兴以往兴未穷。写以赠君子，尝有句云：细雨霏霏远烟湿，墨痕落纸虬松秃，能入鉴否？时丁卯夏日，子老道翁出宋罗纹纸，命余作画，风雨中并识于华藏下院。清湘石涛济山僧。"

10月，作山水团扇，并题有一段妙趣横生的题跋，可与《细雨虬松图》之画跋并读参印："客广陵十月，无山水可寻，出入无路，如堕井底。向次翁、东老二三知己求救，公以扇出示之，曰：和尚须自救。雨中放笔，游不尽的三十年前草鞋根了，亦有放光动地处，有则尽与次翁藏之，使他日见之，云当时苦瓜和尚有这等习气。丁卯十月，清湘石涛济山僧。"如此"若游戏之状"的跋语，在石涛笔下并不多见。若细加寻绎，诚如他本人自谓："纵有时触着某家，是某家就我也，非我故为某家也，天然授之也。我于古何师而不化之有"（石涛《画语录》"变化章第三"）。

是年冬，北游不果，客居扬州大树堂，与吴次卣谈黄海之胜，为作《黄山松云图轴》，黄山奇松、怪石、飞瀑、云海等奇特景观，尽呈笔底，并题"黄山是我师，我是黄山友"著名古风一首。

1688年（清康熙二十七年戊辰） 48岁

居扬州大树堂。

3月，为"东老"作《兰竹图轴》。

夏，题新安吴有和《墨笔山水》，其中有"气运生动"之语。

12月，作《淡着色山水大轴》。

1689年（清康熙二十八己巳） 49岁

居扬州大树堂。康熙第二次南巡，二月抵达扬州，石涛获赐在平山堂与城间道上迎驾，并获皇帝召见。因作《客广陵平山道上接驾恭纪》七律二首，中有"去此罕逢仁圣主，近前一步是天颜""两代蒙恩慈氏远，人间天上悉知还"之句，深信如果师祖、师父在天有灵，也一定会为自己此次"圣聪忽睹呼名字，草野重瞻万岁前"的恩遇而大感欣慰，披示出石涛在"迎圣驾"后的真实心态。

作《海晏河清图》，着力描绘在康熙王朝统治下国家的昌盛繁荣之象，康乐承平中的子民们正引颈企盼着皇帝的南巡。为申足赞颂之意，石涛又题诗一首，中有"尧仁总向衢歌见，禹会遥从玉帛呈"之句，同时又特治一方"臣僧元济"的印章，重盖画上，显然有呈献皇帝之意，又从"臣僧元济九顿首"的落款来看，足徵此意。

初识陪同康熙南巡的辅国将军博尔都，此人为促成石涛下一步进京的重要人物。

从此时起，石涛强烈萌发出以画入仕之想，亦更坚定北上的决心。

将离扬州北上，作《古墩种松歌》与长篇自传诗《生平行》。

1690年（清康熙二十九年庚午）　50岁

初春，沿大运河启程赴北京，下榻丁忧中的前史部侍郎王封溁（1703年卒）之且憨斋，直到来年7月。

甫抵京城，一方面忙于各种应酬，另一方面又在热闹的覆盖下感到了一种从所未有的落寞，故日以作画自遣。

在且憨斋作《出峡图》。

是年秋，为燕老道先生作《山斋清趣图》，并以楷书题七绝一首。

受辅国将军博尔都之邀，前往其宅邸畅叙。

作友人绘制《山水堂轴》。落款处特为钤盖一方新近篆刻的印章"善果月之子，天童忞之孙原济之章"，显寓表明师承、期遇明主之意。

又作《竹外荷花图》《长安雪霁图》，后者赠予素以为官清廉著称的户部尚书王骘；为彰其德，石涛又赋古风一首题于画上。

作《杂画册》十四开，其中六开皆为书法。

1691年（清康熙三十年辛未）　51岁

居北京且憨斋。2月，为王封溁作著名的《搜尽奇峰打草稿》图（北京故宫博物院藏）。

此一长卷集中体现了石涛"师造化"的艺术精神，笔精墨妙，苍润浑雅，元气氤氲，一片化机。气象万千，奇格毕出，堪称石涛山水创作题材中的翘楚。是作卷尾有石涛自题长跋："……不立一法，是吾宗也；不舍一法，是吾旨也，学者知之乎？……"

2月间，通过博尔都的斡旋，由石涛绘制兰竹，王原祁衬以坡石，合绘千古杰作《坡石墨竹图》。

此为清初画坛上的一次最高级别的艺术交流，也是两位顶尖级的绘画大师仅有的一次天衣无缝、完美无瑕的高端合作，被传为画坛佳话。

3月，受王泽弘招邀去八里庄看杏花，归来赋诗作《墨笔山水图轴》，又为其作《古木垂阴图轴》。

是年秋，有故友绘制《树下聚石执拂小像》，石涛观后濡笔为题诗跋云："快活多，快活多，眼空瞎却摩醯大。岂止笑倒帝王前，乌豆神风蓦直过。要行行，要住住，千钧弩发不求兔。须是翔麟与凤儿，方可许伊堪进步。"

重九日，夜烧灯为"寿桐君先生"作《山水卷》，并合其诗韵赠之。

冬日，应天津张氏兄弟之招，前往闲居堂做客，雪中赋诗酬赠。

在天津期间，作《游华阳山图》。

是年，在北京与王翚合作《兰竹图》。

在留耕堂为主人作《临风长啸图》。

1692年（清康熙三十一年壬申） 52岁

元日，在北京观日食，并赋诗记之。

是年春，为拱北先生作画。又于海潮阁为伯昌先生作《垂钓听泉图》，并题有专对"泥古不化"的保守势力而发的"师古人之迹而不师古人之心，宜其不能一出头地也，冤哉"之重要跋语。

是年夏，于博尔都处得以观览不少重要名画，拟南归。

是年秋，买舟南返，沿大运河还扬州。整个南下情形，具见于稍后所作《清湘书画稿》。

遭遇船难，丢失行李，其中包括积存的诗稿、书籍、画卷。

回到扬州后，先客居西北部甘泉山附近、属于姚曼的"吴山亭"，作《山水》。

冬，客居大树堂，赋诗怀天津张笨山。

是年，康熙皇帝敕令京城名手绘制十二卷的历史大型图卷《南巡图》，身在京城的石涛却并不在受邀之列，反倒是从千里之外请来王石谷与杨晋等人共主其事。

作《诸方乞食山水图轴》，并题诗以寄其自嘲亦复自哂的真实心态："诸方乞食苦瓜僧，戒行全无趋小乘。五十孤行成独往，一身禅病冷如冰。"

同年冬，在写赠张霖的诗中再次表露出类似的心态："半生南北老风尘，出世多从入世亲。客久不知身是苦，为僧少见意中人。"

1693年（清康熙三十二年癸酉）　53岁

是年春，作《南归赋别金台诸公》长诗。又作《寄梅渊公宣城天延阁》诗。

夏，作《拟倪黄山水图》。

在锡恩寺作《浅绛山水》。

作画题《喜雨歌》。

10月，在扬州大树堂作《梅兰竹石松菊芭蕉芙蓉通景》十二幅。

冬，为张景蔚再题《余杭看山图卷》。

戴本孝卒于南京。

1694年（清康熙三十三年甲戌）　54岁

在扬州。

正月，补题《梅兰竹石松菊芭蕉芙蓉通景十二幅》中第九幅。

处暑日，八大山人题与石涛合作的《书画合璧卷》。

7月，过平山堂，作设色山水立轴并题诗。

8月，为黄律作《山水册》，并在跋文中评论当时画坛诸大家的创作特点："此道从门入者不是家珍，而以名振一时，得不难哉！高古之如白秃、青溪、道山诸君辈，清逸之如梅壑、渐江二老，干瘦之如垢道人，淋漓奇古之如南昌八大山人，豪放之如梅瞿山、雪坪子，皆一代之解人也。吾独不解此意，故其空空洞洞、木木默默之如此。问讯鸣六先生，予之评订，其旨若斯，具眼者得不绝倒乎？"

1695年（清康熙三十四年乙亥）　55岁

在扬州。

上元日，作《雷电轰开新甲子》行草诗轴。

2月，为季老作山水花卉册十帧。

4月，作《墨色人物花卉册》八开，并请多位友人为之题写诗跋。

5月，应前尚书李天馥及当地太守张纯修（汉军旗人）之邀，作安徽北部合肥短暂之行。

泊舟芜城，作《山水二段》之一，以楷书题诗一首，中有"故交零落泪将枯"之句。

6月，从合肥东下返回途中，阻风巢湖数日，为张见阳作《巢州图》以申谢。题跋以隶、行出之，几占画面三分之一。

7月，重过芜湖，为玉振林作山水立轴，并题诗。

夏，应仪征商人、著名收藏家许松龄之邀，在其宅邸避暑。

夏，邂逅另一位重要好友兼赞助人黄又，并拜访郑肇新的著名仪征别业"白沙翠竹江村"。

是年底，客许园读书学道处。

冒风雪奉访"西王道兄"，并为之作《范宽笔意图》。

1696年（清康熙三十五年丙子）　56岁

2月，八大山人书《桃花源记》一段寄予石涛，以待其补图。石涛收到后即补以山水，并题识以记。

3月，仍客居许园读书处，作《桃花海棠卷》。

6月，应徽商老友程浚之邀，在其歙县别墅松风堂避暑，度过整个夏季；在此期间，曾为程浚所藏弘仁《晓江风便图》题跋，并先后创作出如下几幅重要作品：

自传手卷《清湘书画稿》；《听泉》。

9月，作《春江垂钓图》轴寄赠八大山人。

大约在此年的秋冬之际，大涤堂终于初步落成。

冬，访"畹翁老先生"，并为其作《墨醉图册》十二开。

是年底，作《双钩兰竹》，并题七绝一首。

1697年（清康熙三十六年丁丑）　57岁

在扬州。大涤堂落成。年初，抱恙观八大山人《水仙》，并题七绝二首。

初春，题画送牧老道兄之闽海。

3月上巳，与客居扬州的陈鼎时有往来，石涛的《苦瓜和尚画语录》可能于此时成稿。

4月，题龚贤《满船载酒图轴》七绝二首。

夏至，作《山水册》12页。

自春至秋，完成博尔都临仿周昉《百美图》的重要委托。

此一时期，与八大山人直接书信来往，在信中径称自己"乃有冠有发之人"，不啻是公开声称自己已由佛转道。

作《黄山图》，款题："友人观此画问黄山之胜，以诗答之。清湘瞎尊者元济广陵之大涤堂下，丁丑。"所谓"以诗答之"，即指那首著名的古风："黄山是我师，我是黄山友。心期万类中，黄山无不有。"从此图此诗看出，石涛 "年既老而不衰"的旺沛创作力。

立冬后一日，在大涤堂作《后赤壁赋图》轴，寄予博尔都。

为西斋先生作《狂壑晴岚》图轴。

梅清卒。

1698年（清康熙三十七年戊寅） 58岁

居扬州大涤堂。

2月，同友人到宝城观梅，作《梅竹双清图》轴。

春，放艇湖头，归来作《山水册》十开。

5月，驰函请八大山人绘《大涤子草堂图》。

7月，淮扬一带洪水成灾，因作《戊寅水》七言古诗一首，寄予友人项宪。

初识李骥，一见如故。此人乃最早为石涛作传者。

作《桐阴图》。又作《桃源图》以赠乔白田。

花朝日，作《梅竹双清图》。

是年5月，接到八大山人所寄《大涤草堂图》。

9月，为怀念老友戴本孝，作《访戴鹰阿图》。

冬，作《苍松老屋图》。

是年底，为"定老道翁"作《长干风塔图》。

查士标卒于扬州。

1699年（清康熙三十八年己卯） 59岁

在扬州。

2月，在扬州大树堂为邓琪棻作《松风泉石图卷》。

在大涤堂作《山水花卉十二开》。

在岱瞻草堂观汪柳涧《摹黄大痴江山无尽图卷》并作长跋。

3月，为咸翁先生作《山水册》并题诗十二首；为云老作《江天山色图》。

4月8日浴佛日，八大山人为岱老年翁写《古树苔石》，石涛为补水滩红叶，并题诗一首。

5月，作《重午即景堂幅花卉》并题诗，诗中有"耄耋太平身七十"之句。

7月，许松龄游黄山返扬州，集河下，与石涛说黄山之胜，石涛遂以《黄山图卷》相赠，并题七言长诗一首。

应真州吴文野之请作《瑞兰图》。

作《写兰册》十二帧并题诗九首，第九首中有"十四写兰五十六"之句。

是年，致函八大山人，请求其再画《大涤草堂图》。

1700年（清康熙三十九年庚辰）　60岁

在扬州。

上元前二日，应老友之子吴与桥之请，为作《溪南八景图册》。

上元后二日为老友吴文野作《山水花卉图》十二帧。

2月，为博尔都摹《百花图设色长卷》。

春，作《石榴萱草图》赠少文先生。

3月，为西玉道兄画扇面。

夏，作《冬瓜螳螂图卷》寄吴与桥。

秋日，作《秋葵图》。

12月，画山水册八帧。

除夕夜，作《庚辰除夜诗》七律四首。此乃祖示出其灵魂的孤苦与痛楚的"忏悔"之作，是把握石涛晚年思想发展脉络的珍贵资料。

1701年（清康熙四十年辛巳）　61岁

在扬州。

正月初七人日，李驎过大涤堂拜访。

3月，博尔都将石涛临摹的《仿周昉百美图》从北京寄到扬州，请石涛觅良工装裱，并索再题。石涛即赋《汉殿轻凉秋七夕》七古一首书于其上，并加跋语于后。

长至日，作《山水图轴》赠松风堂主人葛翁先生。

4月，满族弟子图清格到扬州，石涛往访其天宁寺寓舍。秋，访图清格于扬州以北的邵伯官署。

8月，作《芍药》赠友人。

初冬，为博尔都作《携杖看枫图》，款落"若极"，以王孙名字用于署款，此为最早。

1702年（清康熙四十一年壬午）　62岁

在扬州。

上元前五日为费此度作《费氏先茔图》。

2月，春分前五日作《山水立轴》寄松庵。

3月，作《海棠》，仿黄筌遗意。是月到金陵乌龙潭观桃花，舟中作《云山图》轴，并题重要画论二则，用了"天蒙""生活"等词语。

8月，作《水仙竹石图》。又作《泼墨山水》，上题重要画论："天地浑融一气，再分风雨四时。明暗高低远近，不似之似似之。"

10月，在大涤堂作《扶筇独步图》。

1703年（清康熙四十二年癸未）　63岁

在扬州。2月，为小翁年莹先生作画，题跋中有"书与画，天生自有一人职掌一人之事"之语。

夏日，书画论一则，其中有"笔墨当随时代"之语。

7月，为望彩堂主人画《摩诘诗意》一图，落款"清湘陈人大涤子阿长"。

秋，为刘石头先生作画，上题关于点苔法画论一则。

1704年（清康熙四十三年甲申）   64岁

在扬州。

初夏，在耕心草堂作《墨笔笋竹》。

7月，在耕心草堂作《赭墨山水图》，并题诗道："半空半壑远山村，疑是风烟势欲吞。险到无边堪绝倒，凭天不尽画云门。"又作《松竹兰》立轴，落款"大涤子阿长"。

秋，跋《阁帖》。

冬，作巨幅《听泉山水》，仍在耕心草堂。

1705年（清康熙四十四年乙酉）   65岁

在扬州。是年春，康熙第五次南巡至扬州。随即，曹寅在天宁寺设立诗局，主持御制《全唐诗》的刊刻。

孟夏，作《匡山读书图》送别用九先生。

是年6月，淮扬两郡连遭大雨，洪流所下，几成泽国，石涛忧心如捣，遂濡墨作《行书记雨歌》，以寄其恫瘝在抱的淑世情怀。

几个月后，洪水退去，特为老友张山来绘制《淮阳洁秋图》，藉以表达水灾后对雍熙生活的祈望。

新夏，嚼公大师以神宗磁管笔见赠，石涛作诗答谢，其中有"化却江南梦，情怀故土灰"之句。

重九日，在大涤草堂作《山水轴》。

是年至1707年之间，修订完成《画语录》稿本，后来名为《画谱》印行（出版人胡琪序于1710年）。

八大山人卒于南昌。

1706年（清康熙四十五年丙戌）　66岁

在扬州。

春，得宋罗纹纸一卷，书《梅花吟》诗并画梅于后，中有"何当遍绕梅花树，头白依然未有家"之句。

3月，作《水亭闲趣图》。

5月，作《双松竹石图》。

秋，为圣岐作《云山无尽图》。

8月，作《梅竹图》。

9月，《全唐诗》成书。在《全唐诗》编印期间，石涛跟曹寅有所交往。

冬，作赭墨《松山图》。

12月，作《竹屋松岩图》；又作《山水册》。

又，清代著名戏曲家李斗在《扬州画舫录》卷二《草河录下》中记云：石涛"工山水花卉，任意挥洒，云气迸出，兼工垒石。扬州以名园胜，名园以垒石胜，余氏万石园出道济手，至今称胜迹"。

著名园林大家陈从周则对片石山房予以高度评价："从叠石手法的精妙以及形制的古朴来看，在已知的现存扬州园林中应推其为年代最早，是一件不可多得的精品，确是石涛叠石的'人间孤本'。它不但是叠山技术发展过程中重要证物，而且又属石涛山水画创作的真实模型，作为研究园林艺术来说，它的价值是不言而喻的。"（《园林谈丛》）陈氏寥寥数语，足徵石涛作为清代园林艺术一代宗师的崇高地位。

至于石涛何时主持构建万石园与片石山房，尚无明确的文献记载，笔者认为不出石涛生命的最后两年。

1707年（清康熙四十六年丁亥） 67岁

在扬州。

春分前，为友人摹宋刻丝《蓬莱仙境长卷》。

春日，题赵子昂《神骏图》。

3月，画竹。为承德堂主人摹《宋人八鹤图》。

7月，石涛手腕得风痛病，仍作《设色山水册》，书画各12帧，且各题一绝。

秋，为"远闻世道兄"作《长干秋色图》。

在大本堂作《竹石大轴》。

据旧诗作《金陵怀古册》中的《中秋登采石》一页。

据《金陵怀古册》所见，直到是年秋，石涛仍继续使用"大涤草堂"和"耕心草堂"；但同年间又增添了"大本堂"斋号，以隐喻1368年奉明太祖命设于南京明朝宫中用作训育皇子的场所。此斋号成为自秋季以来其印章和署款中最常见的一个。

又，目前所知不曾见于此年之前的印章，包括两方"大本堂"印以及其他如"大本堂极""大本堂若极""大涤子""清湘遗人"和"东涂西抹"等。

10月，在大本堂为贺姚曼八十大寿作《黄瀚轩辕台》。

是年秋，题《别有天地图》："丁亥秋日，清湘老人坐耕心草堂，时有友人携此过斋头，展之乃吾画也。睹其烟岚透逸之气，近觉反不及此，多为老朽好闲习懒之故也。于是乎题，校前又八年矣。"

据傅抱石先生考证，自此跋后，再也不见有关石涛真笔真墨的记载。

是年秋，抱疴已久的石涛病情急遽恶化，于大涤堂溘然长逝。墓在蜀冈之北，溪水之南。

参考文献要目

《周易》，王弼注，上海涵芬楼四部丛刊影印本。

顾炎武：《明季三朝野史》，石印本。

阮元：《广陵诗事》。

梅清：《天延阁删后诗》十五卷、《敬亭唱和集》一卷、《天延阁联句唱和诗》一卷、《天延阁后集》十三卷、《天延阁赠言集》四卷，均为康熙刻本。

释道忞：《布水台集》，康熙刻本。

张力、黄修明主编：《中国历代高僧》，吉林教育出版社1997年版。

梅清：《瞿山诗略》三十三卷，康熙刻本。

梅庚：《知我录》，出自《昭代丛书丙集》卷四十四，世楷堂藏版。

戴本孝：《余生诗稿》十卷、《不尽诗稿》一卷，康熙守砚斋自刻本。

方以智：《浮山文集》，清初方氏此藏轩刻本。

屈大均：《翁山文钞》，康熙刻本。

屈大均：《屈翁山诗集》，康熙李肇元等刻本。

屈大均：《道援堂集》，康熙徐抡三刊本。

屈大均：《翁山诗外》十八卷，康熙苔南凌皋亭刻本。

阮元辑：《淮海英灵集》，嘉庆三年小琅嬛仙馆刊刻。

博尔都：《问亭诗集》十二卷、《也红词》一卷，康熙三十五年刻本。

博尔都：《问亭诗集》十四卷，康熙四十四年钞本。

查士标：《种书堂遗稿》，康熙四十三年查氏种书堂刻本。

高翔：《南阜山人诗集》，乾隆刻本。

超永编：《五灯全书》，续藏经本。

姜实节：《鹤涧先生遗诗》，出自罗振玉辑：《丛书集成续编本》。

费密：《费氏遗书三种》（弘道书、荒书、燕峰诗钞），江都费氏家乘刻本。

乔迈：《枳溪集》，康熙刻本。

全祖望：《鲒埼亭集》，嘉庆九年史梦蛟刻本。

曹寅：《栋亭诗钞》《楝亭词钞》《楝亭词钞别集》《楝亭文钞》，康熙刻本。

朱绪曾、朱绍亭、陈作霖：《金陵诗征》，光绪刻本。

卓子任：《遗民诗》十二卷，康熙刻本。

卓子任：《近青堂诗》一卷，康熙刻本。

孔尚任：《湖海集》，康熙介安堂刻本。

《江苏诗征》，王豫手订，道光年间焦山诗征藏版。

阮元辑：《广陵诗事》，嘉庆六年琴于浙江节署本。

施闰章：《施闰章集》，黄山书社1993年版。

梅清等编：《梅氏诗略》，康熙刻本。

李桓辑：《国朝耆献类征初编》，光绪十年李氏刊本。

钱仪吉等辑：《清代碑传全集》，上海古籍出版社1987年版。

《明清进士题名碑录》，上海古籍出版社1980年版。

葛寅亮：《金陵梵刹志》，出自《续修四库全书史部》。

汪扶晨等编：《黄山志续集丛书集成续编》。

邓牧：《大涤洞天记》三卷，涵芬楼影印明正统道藏本。

李斗：《扬州画舫录》，出自《清代史料笔记丛刊》，中华书局1960年版。

毛德琦：《庐山志》，康熙五十九年顺德堂刻本。

英杰总纂：《续纂扬州府志》，同治十三年刊本。

《扬州丛刻》，陈恒和辑刻，出自《中国方志丛书本》。

尹会一、程梦星等纂修：《雍正扬州府志》，雍正十一年刊本。

赵之璧纂：《平山堂图志》，乾隆三十年刻本。

曹守谦纂：《康熙太平府志》，李敏迪修，康熙四十六年钞本。

孙星衍等纂：《嘉庆松江府志》，宋如林等修，嘉庆二十三年府学明堂刊本。

姚文田等纂：《嘉庆扬州府志》，阿克当阿等修，嘉庆十五年刊本。

陆师纂修：《康熙仪征县志》，江苏古旧书店钞本。

姚光发等纂：《光绪松江府志》，博润等修，光绪九年刊本。

丁维诚等纂：《光绪溧水县志》，傅观光等修，光绪九年刊本。

刘文淇纂：《道光仪征县志》，王俭心修，光绪十六年刻本。

许承尧纂修：《民国歙县志》，一九三七年铅印。

王毓芳等纂修：《道光怀宁县志》，道光五年刊本。

洪亮吉纂：《嘉庆泾县志》，李德淦修，嘉庆十一年刊本。

赵懋耀等纂：《泾县续志》，阮文藻等修，道光五年刊本。

杨廷栋等纂：《乾隆宣城县志》，吴飞九等修，乾隆四年刊本。

谢开宠总纂：《中国史学丛书本》，中国台湾学生书局。

铁保纂：《嘉庆两淮盐法志》，同治九年刊本。

《新安程氏世谱》，程佐衡修，光绪十九年刊本。

李玉棻：《瓯钵罗书画当过目考》，自园印行。

秦潜辑：《曝画纪余》，梁溪秦氏活字本。

陆时化：《吴越所见书画录》，宣统顺德邓氏刻本。

《名人书画全集》，西泠印社1933年版。

《大涤子山水册》，出自《中国名画集外册》第五十五卷，上海有正书局影印。

《石涛上人山水册》，出自《中国名画集外册》第五卷，上海有正书局精印。

《风雨楼扇粹》，神州国光社宣统三年印行。

《大涤子兰竹画册》，上海有正书局。

《大涤子乾净斋唱和诗画册》，神州国光社。

《石涛上人山水册》，出自《泰山残石楼藏画（第三册）》，西泠印社。

《清湘老人山水册》，出自《神州国光集外增刊之三》。

《清湘老人山水册之二》，出自《神州国光集外增刊之五十七》。

《石涛名画册》，长乐郑振铎藏书。

张大千：《大风堂书画录（第一集）》。

邵松年：《澄兰室古缘萃录》十八卷，上海鸿文书局石印本（光绪三十年）。

《清初四画僧清品集（上）》，上海博物馆1987年版。

《石涛绘罗汉图册》影印本，天津高古籍书店1990年版。

崔如琢编：《石涛百页罗汉》，故宫出版社2018年版。

李一氓编：《明清画家黄山画册》，安徽美术出版社1985年版。

《野逸画派》，台北艺术图书公司1985年版。

《新安名画集锦册》，风雨楼藏。

《神州大观集外名品》，神州国光社。

《大涤子兰竹画册》，上海有正书局。

《神州大观集》1—21辑，国学保存会精印（自光绪三十四年始）。

《神州大观》1—12辑，神州国光社。

《神州大观续编》1—4辑，神州国光社。

《八大山人石涛上人画合册》，出自《中国名画集外册》第四十三册，上海有正书局。

傅抱石：《石涛上人年谱》，载《京沪周刊社》1948年。

徐复观：《中国艺术精神》，华东师范大学出版社2001年版。

朱季海：《石涛山水》，载《艺苑掇英》1978年第1期。

邓实、黄宾虹编：《大涤子题画诗跋》，出自《美术丛书》后集第十集，上海神州国光社。

卢辅圣主编：《清湘老人题记》，出自《中国书画全书》第八册，上海书画出版社1994年版。

张潮：《幽梦影》，黄山书社1991年版。

傅抱石：《明末石涛上人朱若极年谱》。

王云五主编：《新编中国名人年谱集成》，台湾商务印书馆。

《石涛诗文集》，朱良志辑注，北京大学出版社2017年版。

吴冠中：《我读石涛画语录》，荣宝斋出版社1996年版。

胡晓明：《万川之月——中国山水诗的心灵境界》，华东师范大学出版社2020年版。

伍蠡甫：《名画家论》，中国大百科全书出版社1988年版。

伍蠡甫：《中国画论研究》，北京大学出版社1983年版。

郑午昌：《中国画学全史》，上海书画出版社1985年版。

俞樾：《春在堂随笔》，江苏古籍出版社2000年版。

徐邦达：《历代书画家传记考辨》，上海人民美术出版社1983年版。

白尘：《禅诗化禅》，商务印书馆2019年版。

章宏伟主编：《苦瓜和尚画语录》，吴丹青注解，中州古籍出版社2013年版。

杨成寅：《石涛画学本义》，浙江人民学术出版社1996年版。

汪世清编：《石涛语录》，河北教育出版社2006年版。

朱良志：《石涛研究》，北京大学出版社2005年版。

詹石窗：《生命灵光——道教传说与智慧》，云南人民出版社1997年版。

郑拙庐：《石涛研究》，人民美术出版社1961年版。

陈传席：《中国山水画史》，天津人民美术出版社2001年版。

陈传席：《中国绘画美学史》，人民美术出版社2000年版。

韩林德：《石涛画语录研究》，江苏美术出版社1989年版。

王宏印：《画语录注译与石涛画论研究》，北京图书馆出版社2007年版。

俞剑华：《石涛画语录》，江苏美术出版社2007年版。

俞剑华：《中国绘画史》，商务印书馆1954年版。

冒襄：《影梅庵忆语》，柴静染译注，重庆出版社2020年版。

陈滞冬编：《陈子庄谈艺录》，河南美术出版社1998年版。

王伯敏编：《黄宾虹画语录》，上海人民美术出版社1961年版。

孙世昌：《石涛的艺术世界》，辽宁美术出版社2002年版。

胡晓明：《江南文化诗学》，上海人民出版社2018年版。

秦燕春：《清末民初的晚明想象》，北京大学出版社2008年版。

吕凤子：《中国画法研究》，上海人民美术出版社1978年版。

丁福保：《佛学精要辞典》，宗教文化出版社1999年版。

包兆会：《庄子生存论美学研究》，南京大学出版社2004年版。

［法］程抱一：《中国诗画语言研究》，涂卫群译，江苏人民出版社2006年版。

刘墨：《石涛》，河北教育出版社2002年版。

陈国平：《石涛（上下卷）》，广西美术出版社2014年版。

［美］乔迅：《石涛——清初中国的绘画与现代性》，邱士华、刘宇珍等译，生活·读书·新知三联书店2010年版。

［日］笠原仲二：《古代中国人的美意识》，杨若薇译，生活·读书·新知三联书店1988年版。

敖晋：《齐白石谈艺录》，上海书画美术出版社2016年版。

陈中浙：《慧能的世界》，商务印书馆2018年版。

陈林、赖永海、徐敏：《无量寿经》，中华书局2010年版。

计成：《园冶》，黄军凡绘，江西美术出版社2018年版。

陈从周：《书带集》，生活·读书·新知三联书店2002年版。

胡光：《八大山人》，吉林美术出版社1996年版。

邱振中主编：《日常书写》，中央编译出版社2017年版。

刘景丽：《论中国传统人物画中的佛教因素》，江西人民出版社2016年版。

张庆军、潘千叶编著：《京城玩主张伯驹》，中国社会科学出版社2004年版。

西川：《北宋：山水画乌托邦》，四川人民出版社2021年版。

白谦慎：《傅山的交往和应酬》，广西师范大学出版社2016年版。